美国陆军指挥官法律手册

（下）

李卫海◎等译

本册译者

崔　岩◎译

中国政法大学出版社

2022·北京

目 录

第十三章　文职人力资源管理 ……………………………………… 511

第一部分　导言 ……………………………………………………… 511
13-1. 本章内容 ……………………………………………………… 511
13-2. 文职人员的种类 ……………………………………………… 512
13-3. 陆军劳动力混合 ……………………………………………… 513
13-4. 分散管理 ……………………………………………………… 513

第二部分　文职人员管理的组织 …………………………………… 513
13-5. 功绩制度原则 ………………………………………………… 513
13-6. 人事管理办公室 ……………………………………………… 516
13-7. 拥有联邦政府范围内权力的其他机构 ……………………… 517
13-8. 国防部 ………………………………………………………… 519
13-9. 负责人力与预备役事务的陆军部助理部长 ………………… 519
13-10. 其他负有文职人员职责的陆军组织 ………………………… 520

第三部分　文职人力资源服务供给 ………………………………… 521
13-11. 文职人员人事咨询中心 ……………………………………… 521
13-12. 自动化工具 …………………………………………………… 521

第四部分　军事设施/机构层面的人事管理 ……………………… 523
13-13. 人事管理职责和权限 ………………………………………… 523
13-14. 指挥官职责 …………………………………………………… 523
13-15. 监管人员职责 ………………………………………………… 524

13-16. 职位分类与薪资 ……………………………………………… 524

13-17. 招聘、选举与指派 ……………………………………………… 526

13-18. 雇员绩效评估和奖励/激励计划管理 ……………………………… 527

13-19. 雇员的训练与发展 ……………………………………………… 528

13-20. 工作人员赔偿计划 ……………………………………………… 529

13-21. 沟通、纪律与劳资关系 ………………………………………… 531

13-22. 陆军文职人员健康计划 ………………………………………… 533

第五部分 陆军中的均等就业机会 ………………………………………… 533

13-23. 陆军中的均等就业机会和多样性 ……………………………… 533

13-24. 均等就业机会投诉计划与程序 ………………………………… 535

第六部分 执行官与高级专业人员 ………………………………………… 538

13-25. 执行官与高级专业人员的结构与组成 ………………………… 538

13-26. 高级行政服务机构成员的资格 ………………………………… 539

第七部分 国防文职情报人事系统 ………………………………………… 540

13-27. 国防文职情报人事系统的结构和组成 ………………………… 540

13-28. 国防文职情报人事系统与陆军文职人事计划的关系 ………… 540

13-29. 文职远征工作人员 ……………………………………………… 541

第八部分 陆军人事转型 …………………………………………………… 542

13-30. 当前以及正在转型的文职人力资源管理 ……………………… 542

13-31. 职业生涯管理 …………………………………………………… 543

13-32. 雇佣改革 ………………………………………………………… 543

第九部分 总结与参考文献 ………………………………………………… 544

13-33. 总结 ……………………………………………………………… 544

13-34. 参考文献 ………………………………………………………… 545

第十四章 训练和领导发展 ……………………………………………… 548

第一部分 导言 ……………………………………………………………… 548

14-1. 本章内容 ………………………………………………………… 548

第二部分　战略训练框架 ········· 548
- 14-2. 概述 ········· 548
- 14-3. 陆军愿景与战略目标 ········· 549
- 14-4. 陆军训练战略目标 ········· 549
- 14-5. 训练挑战 ········· 551

第三部分　作战训练 ········· 552
- 14-6. 作战部队训练 ········· 552
- 14-7. 领导职责 ········· 552
- 14-8. 兵力生成 ········· 553
- 14-9. 部队训练的规划与实施 ········· 554
- 14-10. 部队院校 ········· 555
- 14-11. 对部队训练的陆军支持 ········· 555
- 14-12. 陆军训练模型 ········· 556
- 14-13. 作战训练中心 ········· 557
- 14-14. 陆军参谋长作战训练中心会议 ········· 560
- 14-15. 陆军总体兵力政策 ········· 561
- 14-16. 统一行动（联合、跨机构、跨政府和多国） ········· 561

第四部分　院校训练 ········· 562
- 14-17. 概述 ········· 562
- 14-18. 陆军院校系统 ········· 562
- 14-19. 联合专业军事教育及训练机构 ········· 567
- 14-20. 院校的领导训练和教育类别 ········· 568
- 14-21. 课程指导（教学方法） ········· 569
- 14-22. 陆军个人训练需求的制定 ········· 571
- 14-23. 陆军个人训练要求和资源的管理 ········· 573
- 14-24. 陆军大学 ········· 575

第五部分　军事职能区域和技能训练 ········· 577

14-25. 概述 ··· 577

14-26. 联合教育及训练机构 ··· 577

第六部分 陆军训练的未来 ··· 578

14-27. 概述 ··· 578

第七部分 训练管理 ··· 580

14-28. 训练将官指导委员会 ··· 580

14-29. 训练将官指导委员会综合论坛 ······································· 583

14-30. 高级领导战备论坛 ··· 584

第八部分 领导人发展 ··· 584

14-31. 领导人发展 ·· 584

第九部分 文职人员训练和领导发展 ··· 589

14-32. 概述 ··· 589

14-33. 文职人员教育系统 ··· 590

第十部分 训练支持 ··· 595

14-34. 训练支持系统 ·· 595

14-35. 训练支持系统管理 ··· 597

14-36. 训练弹药 ··· 599

第十一部分 政策、需求和资源配置程序 ···································· 601

14-37. 概述 ··· 601

14-38. 组织 ··· 602

14-39. 需求和资源配置程序 ··· 604

第十二部分 总结与参考文献 ·· 605

14-40. 总结 ··· 605

14-41. 参考文献 ··· 606

第十五章 信息管理与信息技术 ··· 608

第一部分 导言 ·· 608

15-1. 本章内容 ··· 608

15-2. 首席信息官/主管通信的副参谋长的角色与职责 …… 608

15-3. 首席信息官的职责与责任 …… 608

15-4. 主管通信的副参谋长 …… 610

第二部分　陆军网络战略 …… 611

15-5. 陆军网络与陆战网 …… 611

15-6. 网络转变 …… 612

第三部分　陆军体系管理 …… 613

15-7. 标准化体系信息技术管理 …… 613

15-8. 陆军信息技术管理 …… 614

15-9. 指挥、控制、通信与计算机/因特网技术投资战略 …… 614

15-10. 核心体系服务 …… 615

15-11. 陆军体系服务管理框架 …… 616

15-12. 陆军体系架构概述 …… 616

15-13. 陆军数据管理-陆战网络2020以及联合信息环境 …… 618

15-14. 网络安全 …… 620

第四部分　陆军首席信息官/主管通信的副参谋长的战略伙伴关系 …… 621

15-15. 陆军的合作伙伴关系 …… 621

15-16. 外部伙伴关系 …… 623

15-17. 文化变革 …… 624

第五部分　总结、关键术语和参考文献 …… 625

15-18. 总结 …… 625

15-19. 关键术语 …… 625

15-20. 参考文献 …… 626

第十六章　军事设施管理社区 …… 628

第一部分　导言 …… 628

16-1. 本章内容 …… 628

16-2. 历史 …… 628

16-3. 军事设施管理社区层级 …… 631

第二部分　角色与使命 …… 632

16-4. 主管设施、能源和环境陆军部助理部长 …… 632

16-5. 主管军事设施管理的助理参谋长 …… 634

16-6. 军事设施管理司令部和其他土地管理司令部 …… 638

16-7. 军事设施战备委员会 …… 645

第三部分　倡议和计划 …… 646

16-8. 主要的军事设施管理倡议和计划 …… 646

第四部分　总结和参考文献 …… 650

16-9. 总结 …… 650

16-10. 参考文献 …… 650

第十七章　陆军卫生系统 …… 653

第一部分　导言 …… 653

17-1. 本章内容 …… 653

17-2. 军事医务的革命 …… 653

17-3. 陆军医务部的规模 …… 654

17-4. 陆军卫生系统支持 …… 655

17-5. 对转型中陆军的医疗支持 …… 655

第二部分　陆军医务部的任务与对指挥官的支持 …… 656

17-6. 陆军医务部的任务 …… 656

17-7. 陆军医务部对指挥官的支持 …… 658

17-8. 陆军医务部对应急管理和军事设施指挥官的支持 …… 658

第三部分　陆军卫生系统 …… 660

17-9. 关键机构 …… 660

17-10. 参谋部的关系与职责 …… 661

第四部分　指挥与管理 …… 663

17-11. 陆军医务部组织结构 …… 663

- 17-12. 美国陆军医务司令部 ······ 665
- 17-13. 区域卫生司令部 ······ 666
- 17-14. 美国陆军医学研究与装备司令部 ······ 667
- 17-15. 美国陆军医务部中心和院校-陆军卫生战备卓越中心 ······ 667
- 17-16. 陆军医务部在维持单位中的作用 ······ 668
- 17-17. 参谋部军医 ······ 669
- 17-18. 卫生勤务后勤 ······ 669
- 17-19. 陆军部部长在国防部执行机构中的执行官代表 ······ 670
- 第五部分 总结与参考文献 ······ 672
- 17-20. 总结 ······ 672
- 17-21. 参考文献 ······ 672

第十八章 陆军部的民事职能 ······ 674

- 第一部分 导言 ······ 674
- 18-1. 本章内容 ······ 674
- 18-2. 民事职能的定义 ······ 674
- 18-3. 领导与组织 ······ 675
- 18-4. 与作战能力的关系 ······ 678
- 18-5. 私营部门的能力和伙伴关系 ······ 678
- 第二部分 土木工程计划 ······ 679
- 18-6. 授权、国会监督和资金供应 ······ 679
- 18-7. 土木工程计划活动 ······ 679
- 18-8. 研究与发展 ······ 688
- 第三部分 对其他政府机构的支持 ······ 689
- 18-9. 概述 ······ 689
- 18-10. 相关支持机构 ······ 690
- 第四部分 工程兵海外活动 ······ 692
- 18-11. 概述 ······ 692

18-12. 对外军售 …… 692

18-13. 军民应急战备 …… 693

18-14. 工程师参与 …… 694

18-15. 战区安全合作与塑造（XISQ 管理决策执行一揽子措施）…… 694

18-16. 对海外美国机构的支持 …… 695

第五部分　对联合作战指挥官的支持 …… 696

18-17. 对作战能力的益处 …… 696

18-18. 联合作战指挥官的支持的概览 …… 696

第六部分　总结与参考文献 …… 697

18-19. 总结 …… 697

18-20. 参考文献 …… 697

第十九章　公共事务 …… 699

第一部分　导言 …… 699

19-1. 本章内容 …… 699

19-2. 公共事务任务 …… 699

19-3. 公共事务信息原则 …… 699

19-4. 公共事务职责 …… 700

19-5. 公共事务活动 …… 701

19-6. 公共事务任务 …… 702

第二部分　陆军公共事务组织机构 …… 704

19-7. 公共事务处处长办公室 …… 704

19-8. 陆军区域公共事务办公室 …… 705

19-9. 国防公共事务相关机构 …… 706

19-10. 公共事务部门 …… 706

19-11. 陆军司令部、陆军军种组成部队司令部和直接报告单位的公共事务部门 …… 706

19-12. 军级和师级的公共事务部门 …… 707

19-13. 旅战斗队和多功能/职能旅公共事务部门 ………………… 707

19-14. 美国陆军预备役与陆军国民警卫队公共事务 ………………… 707

19-15. 标准需求代码45单位（Standard Requirements Code 45 Units）公共事务 ………………… 708

19-16. 新闻营总部 ………………… 708

19-17. 机动公共事务特遣队 ………………… 708

19-18. 公共事务特遣队 ………………… 709

19-19. 广播行动特遣队 ………………… 709

第三部分　总结、关键术语和参考文献 ………………… 709

19-20. 总结 ………………… 709

19-21. 关键术语 ………………… 710

19-22. 参考文献 ………………… 710

第二十章　民政当局的国防支持 ………………… 712

第一部分　导言 ………………… 712

20-1. 本章内容 ………………… 712

20-2. 民政当局的国防支持概览 ………………… 712

20-3. 民政当局的国防支持的宪法和政策基础 ………………… 713

20-4. 国内军事支持的历史背景 ………………… 713

20-5. 现今国防部在国土安全中的作用 ………………… 714

20-6. 为民政当局提供国防支持的原则 ………………… 715

20-7. 民政当局的国防支持的系列任务 ………………… 716

第二部分　国内紧急事件管理环境 ………………… 717

20-8. 国家突发事件管理 ………………… 717

20-9. 地方响应 ………………… 720

20-10. 州支持 ………………… 721

第三部分　联邦在国家响应程序中的作用 ………………… 722

20-11. 主要的联邦部门与机构 ………………… 722

20-12. 国家响应与恢复工作的联邦结构 ·········· 723

20-13. 促进联邦与州之间工作的统一 ·········· 725

20-14. 紧急支援职能-3（公共建设与工程）·········· 726

20-15. 民政当局的国防支援架构 ·········· 728

第四部分 国防支持程序 ·········· 729

20-16. 规划考量 ·········· 729

20-17. 民事当局的国防支持请求与援助程序 ·········· 730

20-18. 紧急响应机构 ·········· 732

20-19. 应急权 ·········· 732

20-20. 媒体考量 ·········· 733

第五部分 民政当局的国防支持的任务种类——灾难与宣布的紧急状态 ·········· 733

20-21. 国防部国家响应部队响应程序 ·········· 733

20-22. 国防部突发事件响应 ·········· 735

20-23. 化学、生物、放射、核响应的特殊考量 ·········· 735

第六部分 民政当局的国防支持任务种类——恢复公共卫生与服务以及社会秩序 ·········· 739

20-24. 对于执法的支持 ·········· 739

20-25. 其他类别的民事当局的国防支持之公共卫生与服务 ·········· 740

第七部分 民政当局的国防支持任务种类——特别事件与计划内的定期支援 ·········· 740

20-26. 民政当局的国防支援任务种类——特别事件 ·········· 740

20-27. 民政当局的国防支持任务种类——计划内的定期支援 ·········· 741

第八部分 总结与参考文献 ·········· 742

20-28. 总结 ·········· 742

20-29. 参考文献 ·········· 742

术语 ·········· 745

术语表 ·········· 756

第十三章 文职人力资源管理

第一部分　导言

13-1. 本章内容

a. 自独立战争以来，文职人员已经成了美国陆军的一个重要组成部分。陆军部部长于 2006 年 6 月 19 日组建了美国陆军文职人员队伍并确立了《陆军文职人员队伍信条》。该名称统一了陆军民事服务的内容，也体现了作为美国陆军队伍基本组成部分的文职人员的承诺。陆军文职人员在所有战区中提供服务，并在全世界范围内进行部署，以支持陆军的任务与海外应急行动。《陆军文职人员队伍信条》定义了陆军文职人员的目的和作用：

我是一名陆军文职人员——陆军队伍中的一员。
我将献身于我们的陆军、我们的军人以及平民。
我将永远支持这一使命。
我将在战时与平时保障陆军的稳定性和连续性。
我将支持并捍卫《美国宪法》，并将服务我们的国家与陆军视为一种荣誉。
我将恪守忠诚、责任、尊重、无私服务、荣誉、正直以及个人勇气的陆军价值观。
我是一名陆军文职人员。

b. 美国陆军文职人员队伍包括拨款资金雇员和非拨款资金雇员，以及外国或当地国家的雇员（详细信息请参阅表 13-1）。这些文职人员的工作种类有 530 多种，在后勤、研究与发展以及基地运作职能方面的集中度最高。文职人员不得担任法律规定的需要现役军人担任的职位，但由于以前的军事职位正在被转变为文职人员职位，因此文职人员被越来越多地用于作战勤务支援。

c. 必须了解文职人员的种类以及管理文职人员的规章制度，以了解文职人员运作的管理与行政环境。陆军文职人员相关的法律、法规、人事政策和惯例因其资金来源不同而各异。

13-2. 文职人员的种类

a. 拨款资金文职人员。拨款资金是指由国会提供的资金，通常是在年度《国防拨款法案》立法时提供的。美国公民以及符合条件的非美国公民的薪酬来自拨款资金，并在联邦公务员法这一架构中进行管理。依据工作的性质，拨款资金雇员又进一步分为两类：具有军事职能的文职人员负责履行与国家军事战略目标直接相关的支援职责；具有民事职能的文职人员负责履行与美国陆军工兵部队管理的陆军土木工程计划相关的职责。土木工程包括规划、设计、施工、运作与维护能够改善国家水资源基础设施的项目（例如，航行、防洪、水力发电以及法律规定的其他土木工程）。管理拨款资金雇员的法律由美国人事管理办公室实施，将在本章的后续章节进行详细讨论。

b. 非拨款资金文职人员。

（1）非拨款资金雇员的薪酬来源于"向授权客户销售""授权客户交付的酬金"和"面向授权客户的收费"所产生的资金。此类别包括美国平民、外国公民（通常来自当地劳动市场）以及在非工作时间兼职的应募服役人员。所有人都是在择优的基础上竞争上岗。

（2）非拨款资金雇员在向军事人员及其家属提供家庭和士气、福利与文化娱乐服务方面发挥着重要作用。在大多数陆军军事设施中，陆军俱乐部、陆军宾馆、托儿所、工艺品店、保龄球馆、游泳池、健身房以及许多其他非拨款资金机构雇用了大量的雇员，为提高军人的整体生活质量做出了贡献。

c. 外国/当地国民文职人员。美国陆军还在海外地区雇用了外国和当地国民来担任拨款资金与非拨款资金的职务。在特定东道国有效的《部队地位协定》构成了这些雇员雇用系统的基础。在该框架内，雇员管理必须与东道国的惯例、美国法律以及陆军的管理需要保持一致。在某些情况下，东道国政府可以全部或部分偿付薪资以及相关的人事开支。

13-3. 陆军劳动力混合

a. 陆军的作战环境已经发生了变化，因此陆军也需要转型。自冷战结束以来，美国陆军必须执行的任务的数量和范围大大扩展。后冷战时代的延伸于 1999 年结束，在 1999 财年至 2004 财年间，美国陆军文职人员的数量缓慢增加。2005 财年至 2010 财年间，由于海外应急行动任务转变为基地任务，"扩充陆军" 预算方案，例如，增加基地保障职能、承包商向文职人员转变、军事薪资的再资本化以及军事岗位转变为文职人员职位，这些情况使得文职人员的数量大大增加。但是，由于当前正在进行减少预算以及赤字的审议，所以文职人员的数量在未来可能不会继续增加。

b. 美国陆军在如何确定总人力方面正在发生着根本性的变化。变革的挑战在于如何在陆军内部实现文职人员、承包商和军人之间的适当平衡。

13-4. 分散管理

招募、使用、发展和维持陆军部文职人员的各个系统大多是分散的。文职人员的分散管理与军事人员的集中管理有很大不同（参见表 13-1）。文职人员的监管与管理权中的大部分已经通过指挥链委托给了最低的可行层级。某些文职人员职能是在区域、司令部范围内或陆军部范围内履行的，这样做会使运作更为有效（例如，位于莱利堡的"陆军福利中心-文职人员"负责为全陆军范围内的各位雇员提供福利和为福利变更提供自动化支持方面的咨询）；另一方面，这会导致需要高于本地水平的管理视角才能够实现计划目标（例如，陆军部总部负责管理陆军部职业计划中实习生的招募和训练）。高级行政服务机构雇员的管理在陆军部总部层面也是集中管理。

第二部分　文职人员管理的组织

13-5. 功绩系统原则

a. 功绩系统原则是对行政部门工作人员工作进行管理的九条基本标准。这些原则是 1978 年《文职人员改革法案》的一部分，可在《美国法典》第 5 编第 2301 节中找到。下列功绩原则管理着所有的人事实践活动：

（1）招聘人员应该来自适当来源的合格人员，以争取培养一支来自社会各个阶层的工作队伍。选拔与晋升应该基于相关的能力、知识以及技能，且应当在公平公开的竞争之后进行，以便确保所有人都享有平等的机会。

（2）所有的雇员与申请人员都应该在人事管理的各个方面接受公平、公正的对待，而不论其政治派别、种族、肤色、宗教、民族、性别、婚姻状况、年龄或残疾状况，并适当考虑隐私权和宪法权利。

（3）应当坚持同工同酬，同时应该考虑私营部门的用人单位所支付的全国及地方薪资，并应当提供适当的激励与认可，以实现卓越的功绩。

（4）所有雇员都应该在正直、行为和关心公众利益方面始终保持高标准。

表 13-1 军人与文职系统的差异

项目	军事人员	文职人员
法令	《美国法典》第 10 编	《美国法典》第 5 编
权力	按军衔	按职位
人员获取	基于结构与授权进行填充；由美国陆军征兵司令部、美国军事学院、军校学员司令部、人力资源司令部以及负责人事的副参谋长进行管理。	基于职位空缺填充；由督导员、指挥官、文职人事咨询中心、职业计划主管以及负责人力与预备役事务的陆军助理部部长进行管理。
个人训练	军事和领导才能的学校层级	职能训练主要与职业有关
分配	强制性调动以满足全球需求	自愿调动（通常）
部署	非自愿（基于陆军需求）	自愿（除非工作标准另有规定）
职业发展	集中选择和管理	高度分散的管理
过渡	合同义务和强制离役/退休	更多的个人选择和更长的任期

（5）应该有效且高效地使用联邦工作队伍。

（6）应当根据雇员的绩效情况来确定其能否得到留用。绩效不好应该进行更正。不能或不愿提高自身绩效以达到要求标准的雇员应该离开岗位。

（7）如果某类教育与训练能够为组织与个人带来更好的绩效，那么雇员就应该接受此类有效的教育与训练。

（8）应当保护雇员免受任意行为、个人偏好或党派政治的迫害，不得利用自己的职权或影响力干扰、影响选举或提名结果。

(9) 如果雇员因合理地认为某些信息能够被证明违反了任何法律、规则或规定，或管理不当、严重浪费资金、滥用权力或对公共健康或安全造成实质或具体的危险，进而合法披露了该信息，则该雇员应该免受报复。

b.《美国法典》第 5 编第 2302 节（b）条规定了 12 项禁止的人事措施。任何有权采取、指示他人采取、建议或批准任何人事行动的雇员在行使权力时，不得进行以下行为：

(1) 不得因为以下内容歧视或区别对待雇员或申请人员：

(a) 根据 1964 年《民权法案》第 717 条（《美国法典》第 42 编第 2000e-16 条）禁止基于种族、肤色、宗教、性别或民族的歧视；

(b) 根据 1967 年《防止就业年龄歧视法》第 12 条和第 15 条（《美国法典》第 29 编第 631 条、第 633 条第 a 款）禁止年龄歧视；

(c) 根据 1938 年《公平劳动标准法案》第 6 条第（d）款 [《美国法典》第 29 编第 206 条（d）款] 禁止基于性别的歧视；

(d) 根据 1973 年《康复法案》第 501 条（《美国法典》第 29 编第 791 条）禁止残疾歧视；

(e) 任何法律、法规或规章都禁止的基于婚姻状况或政治派别的歧视。

(2) 基于个人知识或与工作相关的能力或特征的记录之外的其他因素，征求或考虑雇用建议。

(3) 胁迫任何人参与政治活动（包括提供任何政治贡献或服务），或因任何雇员或工作申请人拒绝参与此类政治活动而对此人采取任何报复行动。

(4) 欺骗或故意妨碍任何人的竞争就业。

(5) 影响任何人退出职位竞争，以改善或损害任何其他人的就业前景。

(6) 赋予任何人未经授权的优先权或优势，以改善或损害任何特定雇员或申请人的就业前景。

(7) 从事裙带关系活动（即雇用、晋升或提倡雇用或晋升亲属至某个文职人员职位）。

(8) 从事报复行为，即由于雇员或申请人披露其任何信息而对任何雇员或申请人采取、未能采取、威胁采取或威胁不采取相关人事措施（雇员因合理地认为某些信息能够被证明违反了任何法律、规则或规定，或管理不当、严重浪费资金、滥用权力或对公共健康或安全造成实质或具体的危险，而合法披露了该信息，且上述披露行为不受法律禁止，以及出于国防或外交事务的考虑，行政命令并没有特别要求对信息保密；如果受到法律或行政命令的相关限制，则仅在面向特别法律顾问、监察长或相应机构官员披露信息，披露行为才会受到保护）。

（9）针对任何采取了下列行为的雇员或申请人采取、未能采取、威胁采取或威胁不采取相关人事行动：行使了上诉、投诉或申诉权利；为他人作证或协助他人行使上述权利；与特别法律顾问或监察长合作或向他们披露信息；或者拒绝服从需要个人违反法律的命令。

（10）基于雇员、申请人或其他人员对在职绩效无不利影响的个人行为进行歧视。

（11）采取或未能采取、建议采取或批准某项人事行动（如果采取或未能采取上述人事行动将违反退伍军人优先要求）。

（12）采取或未能采取某项人事行动（如果采取或不采取上述人事行动将违反"执行或直接地关系到《美国法典》第 5 编第 2301 节规定的功绩系统原则"的任何法律、规则或规定）。

13-6. 人事管理办公室

a. 人事管理办公室是行政部门的人事机构，其任务是执行大多数联邦法律与行政命令，这些法律与命令涉及处理联邦部门中的文职人员管理与行政的所有方面。一些法律与行政命令将某些人事管理职责直接交给机构或部门主管，但必须接受人事管理办公室的政策和审查的约束。其他情况下，人事管理办公室将保留相关权力，以制定具体的计划标准，同时规定进而控制行政机构或部门人事管理工作的主要方面的执行方式。

b. 人事管理办公室负责制定与联邦人事有关的法律与行政命令的提案，并制定和发布实施联邦人事法律和行政命令的具体政策、程序与规定。人事管理办公室的职责还包括：向各机构提供工作申请人员的测试、评估与推荐；评估机构人事管理系统；在制定有效的人事管理计划方面为各机构提供建议与援助；以及监督国防部对人力资本政策、计划与实践的鉴定与评估。此外，人事管理办公室还制定相关标准，并根据这些标准进行以下事项：对工作进行分类（即薪资系统、支撑、工作类别以及级别）；管理退休、健康与人寿保险计划；裁定职位分类申诉。

c. 人事管理办公室通过审计、审查和检查来执行、管理并实施文职部门的规则与条例。如果机构未能遵守规定的标准、要求和指示，则可能导致人事管理办公室委托的人事管理权力被撤回。

d. 根据人事管理办公室管理的大多数法律的规定，非拨款资金雇员在法律上均不被视为联邦政府的雇员，因此，在政策、程序和享有的权利上，与从拨款中支付薪资的雇员是不同的。但是，在某些情况下，行政上已通过了不适用于非拨款资金雇员的立法。

13-7. 拥有联邦政府范围内权力的其他机构

除了来自人事管理办公室的控制外，还有 4 个独立的联邦机构具有监督职能，以确保各机构遵守功绩原则，保障劳动关系，并保护平等就业权。这 4 个机构是：

a. 功绩系统保护委员会。功绩系统保护委员会是行政部门中的一个独立的准司法性质的机构，是联邦功绩系统的守护者。该委员会的任务是保护联邦功绩系统和这些系统中个人的权利。非拨款资金雇员不受功绩系统保护委员会的保护。功绩系统保护委员会主要通过裁定个别雇员的申诉并开展功绩系统研究来履行其法定职责和权限。此外，功绩系统保护委员会还负责审查人事管理办公室的重要措施，以评估这些措施对功绩的影响程度。

（1）由功绩系统保护委员会管辖的案例包括：

（a）雇员针对机构的不利行为提出申诉。不利行为包括免职、停职超过 14 天、降级或减薪、休假等于或少于 30 天、裁员、拒绝级别内涨薪。

（b）人事管理办公室适用性决定。

（c）人事管理办公室关于退休事务的决定。

（d）特别检察官办公室对被指控违反了《哈奇法案》（the Hatch Act）的人或机构提出的纪律处分（强迫政府雇员从事政治活动）。

（e）特别检察官办公室有权对机构或联邦雇员给予纠正或纪律处分，这些雇员被指控采取了某种被禁止的人事管理措施，或已经违反了某种公务员法律、规则以及规定。

（f）要求保留特别检察官办公室指控的人事处分（该处分源于违反某项被禁止的人事措施）。

（g）要求审查人事管理办公室发布的规定或某个机构就人事管理办公室规定的执行情况。

(h) 就涉及拟议的基于绩效的高级行政人员免职的案件举行非正式听证会。

（2）功绩系统保护委员会还对以下有关事项的指控拥有管辖权：与可以通过其他方式向功绩系统保护委员会提出申诉的处分有关的就业歧视，以及某些雇员的指控，这些指控必须按照调解申诉程序进行处理，包括可以通过其他方式向功绩系统保护委员会提出申诉的处分。

b. 特别检察官办公室。特别检察官办公室是一个独立的联邦调查与检察机构。特别检察官办公室的权力来自四项联邦法令：《文职人员改革法案》《检举人保护法》《哈奇法案》（对政府雇员的政治活动进行法律限制）以及《统一军人就业与再就业权利法案》。特别检察官办公室的主要任务是保护功绩系统，这一职能通过保护联邦雇员和申请人员免受被禁止的人事管理措施的报复（尤其是对检举进行的报复），性取向歧视以及父母身份方面的雇佣歧视被视为行政命令禁止的人事管理措施。对于基于这些理由的就业歧视的指控将会提交给特别检察官办公室并接受其调查。

c. 联邦劳动关系局。联邦劳动关系局是一个独立的联邦行政管理机构，负责裁定联邦雇员的集体谈判纠纷，包括解决关于不公平劳动做法的投诉；确定单位的劳工组织代表的适当性；裁定仲裁人裁决的例外情况；裁定与谈判职责以及可谈判性相关的法律问题；以及在谈判期间打开僵局。

d. 均等就业机会委员会。均等就业机会委员会是一个独立的联邦机构，负责执行联邦法律，禁止在私人及公共部门出现基于种族、肤色、民族、性别、年龄（40岁及以上）、宗教、遗传信息、精神或身体残疾产生的就业歧视，或因从事受保护活动（例如反对歧视或参与反歧视投诉或诉讼）而受到报复性就业歧视。均等就业机会委员会还负责对所有联邦部门均等就业机会规定、实践及政策进行监督和协调，并向总统、国会及相关国会委员会提交关于联邦工作人员的年度报告。委员会的规定贯彻落实了联邦部门均等就业机会计划（《联邦条例法典》第29篇第1614节），要求每个联邦机构执行并维持有效的均等就业机会计划。在正式的联邦部门均等就业机会投诉程序，以及行政投诉程序的上诉程序中，均等就业机会委员会行政法官负责进行裁判。对于均等就业机会委员会作出的歧视裁判结果，各机构不得在联邦法院提出上诉。

13-8. 国防部

根据第 9830 号行政命令的指导，总统将权力委托给各机构负责人（包括国防部部长），这些负责人有权处理文职人员人力资源事务，且一切行动均应当根据适用的政策、计划要求、标准和指示进行。

a. 国防部部长办公室。在国防部部长办公室中，负责人事与战备的国防部副部长以及负责文职人事政策的助理国防部部长助理对整个国防部范围内的文职人力资源政策负责。负责文职人事政策的助理国防部部长助理负责制定规划、政策和计划，以便与各军种一道，再由联邦法律、行政命令和政府规章构建的框架内管理国防部文职人员（包括非拨款资金和当地国家工作人员）。负责文职人事政策的助理国防部部长助理还可以通过其国防文职人员人事咨询服务部，在整个国防部范围内提供某些文职人力资源服务。

b. 国防部调查与决议科。调查与决议科负责调查和协助处理均等就业机会投诉，以及未被协商申诉程序涵盖的正式雇员申诉。对于在行政申诉系统下非拨款资金雇员提出的复杂正式申诉，或者拨款资金雇员提出的正式申诉，决策官员可以选择保留调查与决议科提供的服务，以便审查事实并提出建议。

13-9. 负责人力与预备役事务的陆军部助理部长

a. 美国陆军部文职人员管理权由国防部部长进一步委托给美国陆军部部长。陆军部部长又通过 2017 年 1 月 5 日发布的第 2017-01 号通令，将一些文职人员管理职责（包括人事政策、计划和监督责任）下放给负责人力与预备役事务的陆军部助理部长。陆军部部长保留了文职执行官与高级专业人员的任命和薪资设定权限（由总统或其他更高级别机构任命的人员除外）。其中包括高级行政服务机构与国防情报高级行政局中的科学与技术专业人员、高级专家。根据 2009 年 8 月 3 日的一份备忘录，陆军部部长将下列权力委托给了负责人力与预备役事务的陆军部助理部长：对于文职高级领导管理办公室的任务、职能及人事的权力、指导与控制权。负责人力与预备役事务的陆军部助理部长在制定、协调及实施与军事和文职人员入职、发展、分配与维持直接相关的规划和政策方面，向主管人事的副参谋长负责。负责文职人员人事的助理副参谋长负责监督陆军中的文职人事政策，管理相关文职人员的职能。

b. 任命权是批准人事行为的权力，被委托给了各陆军司令部司令、陆军军种组成部队司令部司令、直接报告单位的指挥官/负责人，以及陆军部部长的行政助理。为了简化陆军部文职人员的执行程序，陆军文职人力资源局通过各区域主管或指定人员，为他们所服务的组织批准文职人事行为。此类人事官员将代表任命当局行事，以进行批准。验证官只有在负责的管理人员批准行动，确定其符合法律规定，并承担适当的信托责任以确保财务稳健之后，才能通过电子方式批准人事行为。在处理人事行为之前，验证官负责确保其符合适用的文职人员法律、法规、规章和政策的规定，因此也肩负着任命官的职责。用一个示例来说明这种"代表"关系：当某地区处理中心批准并处理一项正式的人事行为时（例如任命某人担任某职位），即意味着他"代表"了所服务组织的指挥官，从而行使了该指挥官的人事管理权。地区与文职人员人事咨询中心各主任对他们所服务的指挥官直接负责，以正确行使这一权力。

13-10. 其他负有文职人员职责的陆军组织

a. 军事设施管理司令部下属陆军家庭、士气、福利与文化娱乐司令部。军事设施管理司令部下属陆军家庭、士气、福利与文化娱乐司令部的任务是：在家庭、士气、福利与文化娱乐这一总体范畴下，发展并管理针对陆军家庭和社区活动的系统和计划。陆军家庭、士气、福利与文化娱乐司令部将结合人才管理计划，负责安排具体的士气、福利与文化娱乐委员会管理职位（包括拨款资金和非拨款资金职位），并为所有陆军非拨款资金雇员管理福利计划。

b. 情报人员管理办公室。情报人员管理办公室是陆军部总部主管情报的副参谋长办公室的下属机构，是陆军负责国防文职情报人员系统政策和管理的联络点，同时向陆军主管情报的副参谋长和负责人力与预备役事务的陆军部助理部长报告。情报人员管理办公室在文职人员管理问题上与其他联邦情报机构保持联络，制定政策和计划，并制定和提供训练与指导。情报人员管理办公室还向文职人员人事咨询中心提供人事管理建议和协助，文职人员人事咨询中心反过来又为情报组织或具有国防文职情报人员系统雇员的组织提供文职人事管理支持。

第三部分 文职人力资源服务供给

13-11. 文职人员人事咨询中心

a. 咨询职能需要人力资源专家、管理者和雇员之间面对面的互动，这一职能通常位于文职人员人事咨询中心（军事设施/机构层级）。人事行为的处理、记录备案与数据库管理职能则集中在地区处理中心。陆军已建立了若干区域性的地区办事处和文职人员人事档案中心。区域办事处为文职人力资源局的文职人员咨询中心提供监督和指导，这些中心负责为军事设施/机构及其雇员提供全面的运行生命周期人力资源服务、建议和支持。每个文职人事咨询中心通常都位于作为咨询服务的服务对象的军事设施之中或附近。

b. 文职人员咨询中心的具体职责如下：

（1）提供必要的文职人事服务和协助，以获取、供资、发展、运用并保持一支有效的文职人员队伍，以及保障文职人员部队的秩序和纪律；

（2）促进所服务的编制单位中的机会均等；

（3）协调人员管理需求和所服务组织的需求；

（4）向管理者和监督者提供信息以及参谋协助和指导，以帮助他们通过提高管理能力来最有效地利用文职人力资源。

（5）协助军事设施和机构层面的司令部建立劳务管理关系，这种关系重点为：支持并加强陆军的国家安全任务，建立并维持高效能的工作场所，以及尽可能低的成本提供最高质量的产品和服务。此类关系应致力于寻求各种解决方案，以促进提高质量和生产率、客户服务、任务的完成、效率、生活质量、雇员权利、组织绩效和军事战备。同样，应该寻求双方一致同意的解决争议的方法，例如，替代性争议解决办法和基于利益的谈判。

c. 非拨款资金人力资源办公室是功能全面的人力资源部门，位于文职人员咨询中心内。所有的非拨款资金人力资源职能均在非拨款资金人力资源办公室中执行。

13-12. 自动化工具

a. 国防部的政策是将信息技术投资作为投资组合进行管理，以确保信息技术投资能够支持国防部的愿景、任务和目标；确保能够有效且高效地提供军事能力以支持作战人员；以及最大限度地提高企业的投资回报率。企业投资组合由文职人员人力资源管理-信息技术系统组成，可在整个"端到端"的人力资源生命周期中提供军事能力。(参见《国防部指示》第 1100 卷 1400.25)

b. 国防部具有一个由一套文职人员人力资源管理-信息技术系统组成的单一企业范围内有效的文职人员人力资源管理-信息技术解决方案。这包括国防文职人员人事数据系统，该系统使用一套标准配置来进行人事活动的处理、报告和数据检索。除了现有企业范围内使用的系统外，陆军还将继续使用陆军专用系统，直到获得或开发出企业范围内的解决方案为止。以下是用于完成文职人力资源任务的一些系统：

（1）国防文职人员人事数据系统。国防文职人员人事数据系统包含世界上最大的相关数据库，可容纳并处理国防部的所有文职人力资源数据。该系统旨在为拨款资金、非拨款资金以及当地的国家人力资源活动提供支持。国防文职人员人事数据系统提供了一系列全面的、使用了最先进技术的人事处理能力。管理人员可以通过各种报告和独立面屏来访问组织、获取历史和雇员数据。功能包括 MyBiz+、就业证明、人事活动和人事信息。

（2）文职人员人事在线图书馆门户。文职人员人事在线图书馆包含有关陆军文职人员管理和行政方面的政策和指导文件，包括时事通信、公告、操作手册、指令、表格、日息率和薪资表。文职人员人事在线图书馆门户是一个一站式安全站点，可为陆军文职雇员、管理人员和人力资源专家提供访问个人门户的途径，该门户提供了一整套与就业相关的资源、链接和基于网络的应用。

（3）自动化创新中心和 AutoNOA 工具。作为文职人员人力资源的战略合作伙伴，自动化创新中心和 AutoNOA 工具将继续最大限度地发挥文职人力资源局满足不断发展的劳动力需求的能力，同时提高自动化输出的质量和数量，从而在全面支持陆军方面做出积极的、有远见的贡献。

（4）就业目标。Business Objects Xi 是一个基于网络的用户友好型报告构建系统，用于查看和创建与陆军文职人员数据有关的报告。

（5）电子正式人事记录。电子正式人事记录涵盖了涉及雇员整个联邦职业生涯的官方福利、人事活动以及与职位相关的文件。

（6）雇员福利信息系统。雇员福利信息系统使得雇员可以在线访问并更改其文职人员福利，如医疗与人寿保险。

(7) 全自动化分类系统。全自动化分类系统是一个集中式系统，可以将职位分类和职位说明信息发送到用户的桌面。它提供针对有效职位说明和组织信息的在线访问功能。

(8) 国防事业雇佣解决方案：USA Staffing 系统和 USAJobs 网站。USAJobs 网站是联邦政府提供联邦工作清单和就业机会信息的官方网站。求职者可以通过该网站获取数百个联邦机构和组织中成千上万的工作机会，从而帮助各机构履行其公示联邦就业机会的法律义务（《美国法典》第 5 编第 3327 节和《美国法典》第 5 编第 3330 节）。一旦求职者找到了感兴趣的职位空缺，USAJobs 便会将申请人转入某个批准的人才培养系统，以进行申请接收、评估、推荐和选择工作。USA Staffing 系统是国防事业雇佣解决方案的人才取得系统。

第四部分　军事设施/机构层面的人事管理

13-13. 人事管理职责和权限

领导陆军文职人员日常的责任主要由军事设施与机构层面的监管人员、管理人员及指挥官承担。除了对执行官与高级专业人力资源的管理外，陆军部部长已将其他人事管理权委托给了各指挥官，他们有权进一步将权力委托给各独立野战机构的指挥官。因此，美国陆军部文职人员的实际管理工作（包括职业发展、激励奖项、纪律、评估、劳资关系以及大多数其他生命周期人事职能）都被分散给了军事设施与机构的指挥官及当地的管理人员与监管人员。文职人事咨询中心负责协助该指挥体系行使上述职责。执行官与高级专业人员由文职高级领导管理办公室进行集中管理。

13-14. 指挥官职责

军事设施指挥官负责领导和管理文职雇员，以及有效利用其人力资源资产。同时，责任指挥官负责发展、授权并利用下级监管人员、管理人员和文职人员人力资源参谋，以便建立这样一种工作环境，在该工作环境中，雇员具有积极的工作动力和高绩效。具体职责是执行《美国法典》第 5 编 "政府组织与雇员"、《联邦条例法典》第 5 章 "行政人员"、国防部 1400.25-M "国防部文职人员手册"、《联邦条例法典》第 5 章第 410 部分与第 412 部分 "训练、监管、管理与行政发展"中规定的文职人员管理政策、程序、计划以及符合适用的谈判协议的其他法律法规。

13-15. 监管人员职责

a. 指挥官通常将领导和管理文职雇员的权力下放给下级主管与监管人员。下放的权力带来的具体职责包括：

（1）提供准确的职位说明；

（2）招聘、选择与指派雇员，并为这些雇员设定工资；

（3）评估雇员的绩效，并训练和发展雇员；

（4）管理奖励与激励计划；

（5）保持管理层与雇员之间的沟通；

（6）传达雇员的期望，执行建设性纪律措施，并及时处理雇员绩效不足的问题；

（7）维持积极的劳资关系计划。

b. 下文将阐述这些领域中监管人员的职责，以及为协助履行这些职责而建立的职能系统。

c. 陆军拥有一个非正式的文职人员指导计划。该计划的创建是为了在全陆军范围内重新强调、重新启动并增强指导。

（1）监管人员应当鼓励雇员通过陆军指导资源中心寻求指导。

（2）《陆军部手册》690-46"军队文职人员指导"提供了进一步的指导。

13-16. 职位分类与薪资

a. 拨款资金职位的职位分类与薪资。

（1）职位分类权限被委托给了陆军内部的管理人员和监管人员，他们可以进一步将权力下放给文职人力资源局进行日常活动。通过与适当的分类标准或指南进行比较来对各个职位进行分类。这些标准或指南是由人事管理办公室或国防部基于对联邦机构中代表性工作的综合职业研究而制定的。陆军条例将保持准确职位描述的责任指派给了监管人员。职位等级和薪资的差异一般归因于工作的难度、责任和技能需求的差异。

（2）以下薪酬系统覆盖多数职位：总计划表；人事示范项目（涵盖专业、

行政、技术、牧师及保护性等职业的白领工作人员）；联邦工资体系（涵盖技艺、手艺、劳工及类似职业的工作人员）。多数总计划表中的职位薪金（包括地方薪资），是根据劳工部对私营部门薪金情况进行的调查得出的。联邦工资体系工资是基于联邦机构根据人事管理办公室政策对私营部门工资进行的实地调查而确定的。人事示范项目依据广泛的薪资等级系统（而非总计划表）进行运作。

（3）由1995财年、1996财年和1998财年的《国防授权法案》授权的人事示范项目，依据广泛的薪资等级系统（而非总计划表）进行运作。这些系统中的分类权限仅能被委派给相应的管理官员。这些官员通过将义务及责任与相应的宽泛薪资等级或因子层面的描述项进行比照，来对职位进行分类。广泛范围层面或因子层面的描述项在示范项目的《联邦公报》通知中被列出。通常，具有相似特征的职业会被归为同一职业路径，例如，工程/科学、业务/技术和通用支持。根据示范项目的不同，每一职业路径都可能有2种~6种薪资等级。薪资等级允许管理人员在同一等级内灵活设定薪资。人事示范项目雇员的薪金通常包括人员配备补贴，通常与总计划表中的地区薪资以相同的方式进行管理。根据工作绩效，可以逐步提升雇员的薪资等级。管理人员还可以利用招聘、超期服役和更换工作地点等激励措施以及下文第14~17段所述的其他灵活薪酬构建手段来管理薪资。

b. 拨款资金职位的职位分类与薪资。

（1）国防部非拨款资金使用薪酬等级系统进行职位分类和薪酬发放。薪资等级的确立包括建立几个宽泛的薪资等级，并允许管理人员在既定的薪资等级范围内设置单独的薪资数额。这使得非拨款资金管理人员可以在面对绩效突出但没有得到晋升或绩效奖励的非拨款资金雇员时，为其提供更高的薪酬。国防部薪资等级系统包括非拨款资金的牧师、行政、销售、技术、管理、执行、专业以及劳务职位，但不包括儿童照管和手工艺职位。

（2）第一种分类方式：共计有6种薪资等级，使用代码NF-1至NF-6进行标识（NF为非拨款资金的简称）。各级会有重叠的最低薪资和最高薪资。前两个级别（NF-1和NF-2）的最低和最高薪资以及NF-3的最低薪资是根据相应的当地私营部门职位的薪资调查来确定的。NF-3的最高薪资以及NF-4至NF-6的薪资与总计划表和高级行政服务机构的薪资范围相关。

（3）儿童照管的薪资等级被包含在了一个单独的薪资等级系统中，这个系统与陆军部护理人员薪酬计划一致。第二种分类方式：共计两种薪资等级，并且通过术语"薪资等级Ⅰ"或"薪资等级Ⅱ"来明确标识。儿童照管的薪资等级职位的薪资范围与总计划表-2（GS-2）的第 1 级到总计划表-5（GS-5）的第 10 级的时薪相同，这一标准对于总计划表中所规定的儿童照管职位的工资标准也适用。陆军部儿童照管人员薪资计划于 1999 年 2 月得到了扩展，将青少年服务部门中具有类似义务与职责的职位涵盖在内。当前的儿童与青少年人员薪资计划遵循与儿童照管人员薪资计划相同的指导方针。

（4）手工艺职位不受薪资等级的影响。他们的薪资是通过联邦工资体系覆盖的那些职位所使用的通用薪资系统确定的。

c. 外国雇员职位的职位分类与薪资。这些职位通常不包含在上述任何一种薪资体系中。这些职位的雇员根据所在国家的薪资范围和条件发放薪水。

13-17. 招聘、选举与指派

a. 管理层有权考虑来自各个适用来源的候选人，包括但不仅限于因功晋级、复职和调动的合格人员，《退伍军人就业机会法案》的适用人员，有严重生理或精神残疾的个人，符合第 12721 号和第 13473 号行政命令的合格家庭人员，以及经人事管理办公室或受委托的审查机构认证为合格的人员。在决定雇用来自哪一来源的人时，管理层应考虑来自这一来源的候选人是否可以满足该机构的任务需求，能否提出新的理念和观点，以及是否符合该机构平权行动和特殊就业计划。招聘来源还包括根据第 13562 号行政命令"招聘与雇用学生或应届毕业生"制定的衔接课程计划。衔接课程计划包括实习计划、应届毕业生计划以及总统管理生计划，这些计划将在下面进行阐述。在进行正常的招聘流程之前，必须先考虑对空缺职位享有法定或优先安置权利的人员。

（1）应届毕业生计划。该计划针对的是贸易和职业学校、社区大学、综合性大学以及其他符合条件的机构的应届毕业生。若想要符合标准，申请人必须在取得学位后的 2 年之内提出申请（但是，因服兵役而被迫休学的退伍军人可在取得学位后的 6 年之内提出申请）。申请成功的求职者将被安排参与 1 年~2 年的职业发展计划。那些成功完成该计划的人可能会被考虑以非竞争方式直接录用/有条件地录用。

（2）实习计划。该计划为中学、社区大学、四年制大学、职业学院、职业与技术教育计划及其他具有资格的教育机构和计划的学生提供带薪实习机会，让他们于在校期间即可在机构工作并了解联邦职业生涯。成功完成该计划的学生可以以非竞争方式被直接录用/有条件地录用。

（3）总统管理生计划。该计划旨在为联邦吸引来自各个学科领域的不限性别的优秀毕业生，他们须对公共政策与计划的领导和管理感兴趣，并愿意投身于此类事业。成功完成该计划的人可以以非竞争方式被直接录用/有条件地录用。人员选拔决策必须仅基于考绩以及与工作相关的原因作出。

b. 近年来，与其他雇主一样，陆军部也发现针对高技能雇员的招聘和超期服役都较为困难，稀缺职位的工作或者劳动力市场在特别紧张的地区尤为如此。由于预计在不久的将来会出现退休潮，并且近期联邦政府也进行了裁员，陆军部预见到了在竞争十分激烈的环境下填补关键任务空缺会很困难。因此，监管人员与管理人员应当明白，对于招聘和超期服役异常困难的职位，可使用特殊激励措施。这些激励措施可包括招聘奖励、更换工作地点奖励、超期服役奖励、优秀人才任命（因其资历较高或对该候选人的服役有特殊需要而下达的任命，其薪资高于总计划表等级的最低水平）和特殊薪资水平（最低薪酬和薪酬范围高于总计划表标准）。此外，各机构可确定当地的短缺职位，以便为长期职位支付首个任职单位费用和入职前面试差旅费。关于以上及其他激励措施的信息可在人事管理信息与支持系统中找到。陆军招聘还提供休假、保险和退休福利，通常也会提供家庭宜居的环境、有意义的公共服务工作以及基于功绩的训练和晋升机会。这些都是帮助陆军作为雇主提高市场竞争力的重要工具。

13-18. 雇员绩效评估和奖励/激励计划管理

a. 文职人员管理层在实施评估和绩效激励职能时，需要管理人员和监管人员同时履行领导和财政职责。这还需要对工作环境的了解，以及个人对咨询、认可和奖励方面需求的理解。文职人员激励奖励计划包括金钱奖励与荣誉奖励。文职人员激励奖励勋章与奖品的批准权将尽可能地与军事奖励系统保持一致。以下对陆军文职人员绩效管理计划的详述请参见本章参考材料中所列出的各规章、手册以及国防部和人事管理办公室指南。

（1）针对执行官与高级专业人员、白领、蓝领和非拨款资金雇员的绩效规划和评估计划。

（2）适用于所有文职雇员的基本薪资调整政策与程序（执行官与高级专业人员加薪；总计划表和联邦工资体系等级内加薪；非拨款资金雇员加薪）。

（3）现金及荣誉奖励计划，旨在表彰个人和团体的重大贡献（高级行政服务机构绩效奖金；总计划表、非拨款资金和联邦工资体系绩效奖励；总计划表质量等级提升奖励；以及假期和荣誉奖励）。

（4）用于处理未能达到预期绩效的雇员的政策与程序。

（5）人事示范项目和执行官与高级专业人员使用的系统，该系统的奖励侧重于绩效高低或对任务的贡献量，而较少强调薪资和超期服役方面的任职时长。

b. 与军事绩效评估系统一样，文职人员评估程序旨在增强监管人员与雇员之间的沟通及日常协调，以提升整体绩效。在每个评估周期开始时，评估监管人员和雇员共同确定工作要求并制定年度绩效计划。其中，绩效计划应反映组织的任务和目标以及义务和责任，这些义务和责任应当与个人职位说明相一致。若任务需要重新规定职责和优先事项，绩效计划可在年内进行调整。在绩效周期中（通常是在评估期间的中期），评估官员必须进行至少一次的雇员绩效过程审查。过程中审查通常包括对以下内容的讨论：雇员的成就、预期绩效的任何变更，以及改善绩效的方式。在评估周期结束时，评估系统会将个人贡献与绩效计划的要求进行比较，并给出记录评级。记录评级将被用于制定晋升/加薪决策和训练决定，为基于绩效的现金奖励和名誉奖励提供书面证明，并为裁员/工作队伍构建提供额外的可靠依据。评估程序还被用于为遇到绩效问题的雇员提供帮助。绩效咨询可被用于帮助雇员达到预期的绩效水平，或者若雇员未达到标准，可用作裁员理由。成功的绩效管理的关键在于频繁、双向的沟通和及时、适当的行动，以便对具有重大贡献的雇员进行认可，或者帮助无法满足期望绩效的雇员提高绩效。

13-19. 雇员的训练与发展

关于"雇员训练、监督、管理和行政发展"的重大联邦变更方案于2009年12月10日生效。这些变更由人事管理办公室在《联邦公报》中发布，属于《联邦条例法典》第410编和第412编"训练、监督、管理和行政发展"的一部分。根据这些新的要求，陆军正在制定和维持一些训练计划。这些计划不但把支持组织任务的训练活动涵盖在内，还满足了联邦定期评估陆军训练计划和规划的需求（这些训练计划和规划是关于完成机构的特定绩效规划和战略目标的）。组织主管和监管人员必须制定、协调和管理其训练和发展计划。陆军执行人员、管理人员和监管人员必须确定自己的训练需求，以便通过能力训练为雇员发展的生命周期管理提供支持。

a. 训练计划。训练类别涵盖很多领域，从行政与管理课程到成人基础教育均有涉及。训练被分为短期训练与长期训练（长期训练超过 120 天）。实际训练可以通过在职训练线上资源的形式提供。能够提供在职训练的机构包括：当地机构、美国陆军院校、国防部院校、文职人力资源局站点、跨机构院校、正规学校以及某些政府与非政府机构。文职人员也可以通过竞争的方式参加高级军官学院等机构的正式训练课程。《陆军条例》215 系列文件规定了拨款资金和非拨款资金雇员在士气、福利与文化娱乐委员会活动中的训练要求。这一训练主要通过军事设施管理学院倡议和/或开设的课程进行。

b. 职业管理系统。

（1）为了确立针对指定职业中的雇员的招募、指派、训练与发展的基本政策和计划要求，陆军开发了陆军文职人员训练、教育与发展系统，《陆军条例》690-950 "职业管理"对该系统作出了概述。这些系统为监管人员招募长期职业机会候选人提供支持，并确保在 31 个文职人员职业的专业、技术与行政领域的陆军职位具有稳定的人员流动，且这些人员是有能力、完全符合标准且已完成训练的。

（2）职业管理系统利用陆军和外部设施为各种职业专业提供了明确的晋升路线，使该专业的雇员能够成功晋升至承担更大责任的职位，并且为他们提供了配套的训练和发展计划。另外，该系统还提供了用于为雇员提供咨询、制定个人发展计划以及评估雇员工作能力的程序。新雇员需要参加规划好的工作或轮岗指派任务，这些工作旨在发展他们的技术和领导能力，为将来的管理职责做准备。陆军文职人员训练、教育与发展系统是整个陆军部范围内的计划，通过这些计划可以达成上述目标，并为之提供资金。

（3）对于更高级别的职位（通常是指总计划表中第 13～15 级职位的雇员），应在全陆军范围内考虑候选人。申请程序取决于具体的职业计划。

（4）以上程序适用于拨款资金人员，包括从事士气、福利与文化娱乐委员会计划的人员。

13-20. 工作人员赔偿计划

a. 拨款资金。

（1）根据《联邦雇员赔偿法》的规定，因工作直接导致受伤或生病的联邦雇员，在无法工作时有权获得医疗护理和薪水替代（补偿）。若雇员的死亡与工作有关，其未亡配偶及家属也可获得补助。此外，若雇员因工作而遭受身体某一部分的永久性损失或损伤，则有权获得一笔一次性付清的补偿金。雇员补偿计划对陆军来说花销巨大，这种代价既包括资金方面的损失，也包括人力方面的流失。大部分的成本来自那些永远不会返回陆军工作的人员，因为他们在有生之年还会终生领取替代薪资。

（2）为了控制这些成本，每一处军事设施都必须设有一个《联邦雇员赔偿法》工作组，该工作组由高级指挥官建立并主持。《联邦雇员赔偿法》工作组的成员包括伤病赔偿专员以及管理、医疗、安全和调查服务人员的代表。工作组需至少每季度召开一次会议，以便分析趋势并制定成本控制计划。位于文职人员咨询中心的伤病赔偿专员在军事设施层面上牵头工作人员赔偿计划的管理。永远不会重返工作岗位的雇员有权终生领取替代薪资（补偿金）。伤病赔偿专员和监管人员负责确保对有疑问的伤害或疾病索赔提出异议，以避免陆军支出不必要的费用。伤病赔偿专员应当与所有受伤的雇员保持频繁联系，并确保每位主治医师理解陆军十分愿意为雇员提供较为轻松的工作或对工作作出改变。

（3）管理人员和监管人员在《联邦雇员赔偿法》计划中承担以下几项义务：

（a）确保所有工作场所都尽可能安全，雇员已经进行了安全工作方面的训练，为雇员发放了适当的安全装备，并且能够始终践行安全标准。所有在工作场所发生的伤病均应经过监管人员与安全办公室的调查，以确保造成伤病的因素得到纠正；

（b）确保雇员了解受伤后的报告程序；

（c）告知雇员有权就伤病寻求医疗；

（d）与雇员和伤病赔偿专员合作，根据医疗限制调整工作分配，以便使雇员在医学允许的情况下尽快返回工作岗位。

b. 非拨款资金。非拨款资金雇员有权获得根据1958年《非拨款资金机构法案》（《美国法典》第5编第8171-8173条）之规定确立的雇员补偿福利，该法案扩展了《海岸和港口工人补偿法案》的相关规定（《美国法典》第33编901条及其后）。雇员补偿金是为因工作相关的伤病而致残的非拨款资金雇员或因工作相关的原因而死亡的雇员的未亡配偶和经授权的受益人家属提供补偿金。补偿金适用于在美国本土内部雇用的非拨款资金机构/实体雇员或在美国本土以外地区雇用的美国或美国领地、属地的美国公民或永久性居民担任的非拨款资金机构/实体雇员。补偿金不适用于非拨款资金机构/实体雇用的现役军人或海外非拨款资金机构/实体雇用的当地文职人员。《陆军条例》215-3"非拨款资金人事政策"和《陆军条例》215-1"士气、福利与文化娱乐机构及非拨款机构"概述了与非拨款资金雇员补偿相关的既定流程和程序。

13-21. 沟通、纪律与劳资关系

监管人员负责努力发展合作型的劳动力和管理层间的关系；施行劳资协议；向下属传达管理目标、决策和观点；以及将下属的观点传达给高层管理人员。监管人员必须分析问题、制定解决方案并评估决策结果。文职人员人事咨询中心负责协助处理雇员绩效、纪律、个人不当行为、表彰和奖励的有效运用、"劳-资-雇员"三方关系、批假和工时以及卫生与安全条件之类的日常管理工作。

a. 若雇员认为自己的权利被剥夺，或适用了错误的程序，或管理层未经授权采取行动导致权利受损，则可利用适当的平台进行救济。此类平台包括但不限于：行政申诉程序、协商申诉程序、替代性争议解决方案、功绩系统保护委员会、特别委员办公室以及均等就业机会渠道。功绩系统保护委员会诉讼可以对不当行为提出申诉（不多于 14 天的短期停职除外）。对于短暂的停职和训诫，可以通过行政申诉系统或协商申诉程序提出异议。随后，还可以诉诸法庭。

b. 申诉程序（依据政策或者通过协商达成的协议）规定了解决雇员对工作条件、工作关系或就业状况方面的不满所应遵循的步骤。陆军政策鼓励在尽可能低的层级及时解决问题。但是，申诉可随着指挥体系不断升级。如果走的是协商申诉程序，则最终可发展成为强制性仲裁。

c. 管理层与当地工会共同制定的劳动合同对协商申诉程序进行了概述，只有工会才有权代表所有进行谈判的雇员（而不论该雇员是否为工会成员）。《美国法典》第 5 编第 71 章是联邦雇员的劳资关系计划的法律基础。该法规定，行政部门中的劳工组织与集体谈判均是符合公众利益的。雇员、工会和机构管理层的权利和义务也被规定在了《陆军条例》215-3 中，该条例为解决非拨款资金雇员的劳资关系提供了框架。

d. 监管人员有义务保持与劳工组织进行集体谈判的意愿。但是，尽管各方在谈判中做出了热切的努力，有时还是会陷入僵局。法律规定，对于双方都无法解决的分歧，应当由中立的第三方打破僵局。这一工作由联邦调停机构以及联邦机构僵局处理小组负责。联邦调停机构协助各方达成自愿协议。否则，联邦机构僵局处理小组可向双方提出强制解决方案。

e. 管理层应努力确保培养非对抗性的劳资关系，以便劳动关系程序能够促进而非阻碍任务的完成。管理层还负责以下事项：

（1）就雇佣条件（例如，人事政策、惯例及影响工作状况的事项）展开真诚的谈判。

（2）为工会代表提供工作时间，以协商达成集体谈判协议及谈判协议规定的其他代表性目的。

（3）从符合扣除工会会费资格的雇员的薪资中扣除工会会费，并将这些扣除份额分配给获得认可的工会。

（4）通知适格工会，并给予他们参与管理层与一名或多名雇员之间正式讨论的机会。

（5）在对接受调查的雇员进行任何审查时，如果该雇员有理由认为审查可能会导致纪律处分，或该雇员申请工会代表参与，则应给予工会代表参与审查的机会。[这被称作"温加腾权利"（the Weingarten Right）]

f. 确立某些基本原则，以便维护法律的基本要义。联邦劳动关系局是一个独立的行政机构，由美国总统任命的3名成员主管。联邦劳动关系局是联邦劳资关系计划的中央政策制定机构。它负责决定代表权问题（工会是否有资格代表某些雇员小组，或特定雇员是否属于适格谈判单位）；裁决可协商性纠纷（是否有义务就特定提议进行谈判）；裁决不公正的劳工惯例（即违反了《美国法典》第7编的规定）；以及决定是否对仲裁员的裁判提出上诉。

g. 文职人员人事咨询中心主任的职责。文职人员人事咨询中心主任由军事设施/机构指挥官任命，并且作为文职人员人事咨询中心的负责人，负责文职人事计划的施行。需要注意的是，指挥官在管理和领导文职工作人员方面仍担负总体责任。文职人员人事咨询中心主任负责实施、维护和评估当地人事计划，以协助监管人员履行人事管理职责并实现机构任务目标。文职人员人事咨询中心主任还负责解释人事政策和规定，并在职责范围内就人事事宜提供指导和帮助。文职人员人事咨询中心主任必须设法确保影响文职雇员的管理行为可以提高陆军作为良好、公正雇主的声誉，确保雇员的工作效率，支持均等就业机会，并维持有效的社区关系。最后，文职人员人事咨询中心主任还负责监督当地的非拨款资金人事计划。在施行非拨款资金纪律与劳动关系计划时，文职人员人事咨询中心主任可以获得来自非拨款资金人力关系官员的协助。

h. 第 13522 号行政命令。2009 年 12 月 9 日，奥巴马总统签署了第 13522 号行政命令"设立劳资论坛以促进政府服务的提供"。另外，该行政命令还规定，应当在公认级别以及劳资层同意的其他适当级别上建立劳动管理委员会。劳动管理委员会旨在为确认问题并提出解决方案提供帮助，以更好地服务于公众和机构任务。除建立劳动管理委员会外，该行政命令还规定，雇员及其工会代表有权在作出决策前，在可行的最大范围内参与所有工作场所事项的讨论。文职人员人事咨询中心可以就当地执行该行政命令的规定提供额外的指导和说明。

13-22. 陆军文职人员健康计划

陆军文职人员健康计划可帮助雇员提高身心健康、预防健康问题、从事促进健康行为以及在需要时寻求帮助和支持。研究表明，平均而言，那些健康、对自身和职业满意的雇员的生产率更高，因病缺勤的天数更少，且更专注于工作。陆军的"健康愿景"声明如下：通过健康教育和活动，鼓励和支持积极的生活方式以及向健康的生活方式的转变，改善陆军部雇员的健康和福祉，从而提高雇员的生产力和士气，为军队节省医疗成本。《陆军条例》600-63 "陆军健康促进计划"涵盖了健康计划。

第五部分　陆军中的均等就业机会

13-23. 陆军中的均等就业机会和多样性

a. 工作场所的歧视会对雇员的士气、工作效率和团队合作造成负面影响，增加雇员的缺勤率和离职率，并使工作重点从任务战备偏移开来。

b. 为了确保法律得到充分遵守并实现立法意图，陆军部应当遵守（包括但不限于）以下法律法规：1964 年《民权法案》（修订后）第 7 章；《联邦法规法典》第 29 编第 1614 部分；1973 年《康复法案》（修订后）第 6 章第 501、504、508 节；1963 年《同工同酬法案》（修订后）；1967 年《反雇佣中的年龄歧视法案》（修订后）；1968 年《建筑壁垒法》（修订后）；《反基因歧视法案》(《美国法典》第 42 编第 2000 节）；以及国防部、均等就业机会委员会和人事管理办公室适用的所有实施指令。

c. 陆军部政策旨在为所有人提供平等的就业机会，禁止由于种族、肤色、宗教、性别、民族、年龄、残疾或基因而造成的就业歧视，并促进在管理所有人力资源时充分实现均等就业、奉行多样性和包容性原则。任何人都不得因反对任何非法行为或参加根据这些法规进行的行政或司法程序的任何阶段而遭到报复。

d. 均等就业机会委员会是联邦部门的均等就业机会计划的主管当局并负有监督职责，同时也负责为联邦机构提供指导，以阐明如何通过积极的就业计划模型获取均等就业机会计划、实践和程序范例，从而确定就业障碍，并实施多元化和包容性战略。均等就业机会委员会还规定了均等就业机会投诉程序。该程序鼓励人们以行政手段迅速地解决就业歧视指控，并为此提供机会。陆军将管理和指挥陆军的均等就业机会和多样性计划的权力下放给了主管多样性与领导力陆军部助理部长帮办。

e. 在主管多样性与领导力陆军部助理部长帮办办公室内，政策和计划处负责对陆军的均等就业机会和多样性计划进行行政监督，并切实支持《陆军条例》690-12 的施行。

f. 具有均等就业机会、平等就业、多样化、包容性、教育和训练计划职责的机构之广，覆盖了从陆军部部长到负责人力与预备役事务的陆军部助理部长，再到主管多样性和领导力的助理部长帮办，以及各级指挥官和领导人的各个角落。陆军的均等就业机会和多样性计划的重点在于评估陆军工作人员（包括文职和军事）的人口状况，与适当的劳动力统计数据、趋势和/或就业障碍以及低于预期的群体参与率进行比较，以便制定和实施相应战略，以解决内部训练和发展以及外部拓展问题，从而创建能够完成任务的激励型人才库。陆军每年在《联邦均等就业机会进度报告-管理指令》715、《机构状况简报》和 31 个陆军职业计划的管理中记录进度、优点和缺点。

g. 负责人力与预备役事务的陆军部助理部长担任均等就业机会局局长，负责均等就业机会、多样性和均等就业机会合规以及投诉审查/裁决政策。

h. 主管多样性与领导力陆军部助理部长帮办负责制定、指导和实施陆军均等就业机会、多样性、均等就业机会合规与投诉政策，评估计划并报告需求。

i. 指挥官有责任保证均等就业机会计划的有效执行，营造一种氛围，让军人和文职人员明白非法歧视和骚扰（包括性/非性）是不可容忍的。所有歧视指控都将根据所有适用的法律法规和程序得到认真、迅速且有效的处理。指挥官将签署均等就业机会政策声明，表示支持陆军均等就业机会和多样化政策，并每年发布一次。指挥官在绩效评估和审查程序中担任均等就业机会官员的高级评估员。

j. 均等就业机会官员是指挥官的个人/特别参谋人员。均等就业机会官员是管理团队的一部分。他们不是雇员的代言人，而是领导、联邦民权、正当程序、雇员权利、均等就业机会投诉程序和人力资本战略管理的代言人。陆军指挥官将维持这样一个报告体系，它使得均等就业机会官员可以直接接触指挥官和高级领导，并作为一个可靠和保密顾问机构发挥作用，以有效管理均等就业机会计划，并为之开展制定解决方案、报告、合规、效率和资源工作。均等就业机会官员和参谋人员将作为一个重要的合作伙伴/顾问，负责管理和实施文职人力资源计划程序。

13-24. 均等就业机会投诉计划与程序

a. 在主管多样性与领导力陆军部助理部长帮办的办公室内，平等就业机会履行与投诉审查处负责陆军均等就业机会投诉计划的行政监督，同时还是《陆军条例》690-600"平等就业机会歧视投诉"的牵头倡议者（该条令被用于支持投诉计划的实施）。平等就业机会履行与投诉审查处负责监督陆军履行有关均等就业机会投诉处理的法律、法规和规定，并每年向均等就业机会委员会报告陆军的履行情况，同时管理陆军的投诉记录。当被要求或请求作出最终机构裁决时，平等就业机会履行与投诉审查处还是陆军对正式均等就业机会投诉的裁决方。

b. 均等就业机会办公室通常扮演以下两个角色：业务和行政管理。业务型均等就业机会业务办公室负责处理均等就业机会投诉，并向雇员提供训练和信息。许多均等就业机会业务办公室都位于陆军军事设施中，可为设施中的寄驻司令部及自己的司令部提供服务。行政管理型均等就业机会行政办公室负责监控其职责范围内的投诉活动，但通常不会自行处理均等就业机会投诉。陆军司令部、陆军军种组成部队司令部和直接报告单位总部均等就业机会办公室通常都是行政管理型。一些行政管理型均等就业机会行政办公室对业务型均等就业机会业务办公室负有监督和支持的责任。

c. 均等就业机会官员代表指挥官，负责公正执行均等就业机会投诉计划并确保遵守正当程序。其应向指挥官概述司令部内当前的投诉情况、替代性争议解决方案的适用、投诉处理的及时性、整个办公室的投诉量（如果均等就业机会办公室处理临时组织和司令部的投诉）以及可能对司令部产生影响的投诉趋势。均等就业机会官员还应酌情向其他高级领导人概述其职责范围内的投诉状况。

d. 投诉程序。如果美国陆军雇员、前雇员、求职者以及承包商认为自己受到了陆军基于种族、肤色、民族、宗教、性别、年龄（40岁及以上）、心理或生理残疾、基因信息的歧视，或是因参加受保护的均等就业机会活动而遭到打击报复，则有权向美国陆军提起均等就业机会诉讼。可能引起投诉的雇佣行为包括但不仅限于：聘用和晋升决策、绩效评估、调任、纪律处分及骚扰。

e. 个人必须联系均等就业机会办公室或与均等就业机会有关的任何人/机构，以便提起预投诉。这一联系必须在个人了解或应该了解所指控歧视之日起45个日历日内发起。均等就业机会办公室的工作人员将对此人（称为受害人）进行一次预投诉采访，并记录其索赔及陈述信息。另外，还将指派一名均等就业机会顾问对所提起的索赔进行有限的调查。当均等就业机会官员认为合适，并与"劳–资–雇员"关系部门官员、法官和陆军管理层协调之后，其可以向受害人提供替代性争议解决方案，以便解决投诉。如果在此程序中的任何一刻解决了投诉，则解决方案的条款将被记录在书面协商解决协议中。指挥官和其他高级领导人可以推动替代性争议解决方案计划，并鼓励其组织中的管理人员和监督人员参与到替代性争议解决方案之中。如果投诉无法解决，则受害人将收到一份提起正式歧视投诉的权利通知书。受害人自收到通知之日起15个日历日内有权提起正式投诉。

f. 均等就业机会官员在收到书面正式投诉后，将确定是否可以根据《联邦法规法典》第29编第1614节以及《陆军条例》690-600中规定的程序性事由驳回申请。不能驳回的任何申请都必须受理。均等就业机会官员将在收到正式投诉后的15个日历日内发出受理和/或驳回投诉中主张的索赔的信函。如果申请被受理，则将安排正式调查并可能再次提出替代性争议解决方案。

均等就业机会办公室将要求国防部调查与决议科指派一名调查员。调查与决议科就指派调查员的请求收取固定的行政手续费。调查与决议科的费用由被指控出现歧视的机构支付，该机构还应当确定付款的机构联络人。指派调查员后，均等就业机会办公室负责协调调查工作的进行。调查与决议科以事实调查会的形式进行调查，这是陆军的首选调查方法。事实调查会的参会人员包括：调查员、投诉人与投诉人代表以及其他相关管理层人员、证人、机构代表和有资质的法院书记员。指挥官和其他高级领导人必须确保其组织能够满足均等就业机会官员针对司令部中被确定为证人的军人或文职人员提出的提供证明文件或证词时任何要求。投诉人、应诉管理层人员和其他证人在提供证词前必须先进行宣誓，且证词应当被记录在案。被指控出现歧视的机构还负责支付法院书记员的费用，书记员的工作是对调查进行逐字记录。调查员将使用该逐字记录和投诉文件起草调查报告。调查报告是经宣誓后收集的事实与证据的集合，可被用于以后判定投诉的是非曲直。陆军有责任确保在正式起诉日期后的180个日历日内，或在出现投诉涉及可向功绩系统保护委员会上诉的问题后的120个日历日内完成调查。均等就业机会办公室收到调查报告之后，调查工作正式结束。

g. 均等就业机会办公室在收到调查报告之后，应当将报告副本和"调查后选择通知"寄送给投诉人。该通知为投诉人提供了两种选择，可以请求在均等就业机会委员会行政法官面前举行听证会，或申请均等就业机会履行与投诉审查处作出最终机构裁决（Final Agency Decision）。如若投诉人未能作出选择，均等就业机会办公室将代表投诉人请求最终机构裁决。如果投诉涉及可向功绩系统保护委员会提起上诉的问题，则将投诉移交给均等就业机会履行与投诉审查处进行最终机构裁决。如果投诉人选择请求召开听证会，则将听证请求以及投诉文件的副本移交给适当的均等就业机会委员会地区或野战办公室，并指定均等就业机会委员会行政法官来听取投诉证词。确定听证会时间表后，证人须出席听证会并提供经宣誓的证词。被指控出现歧视的机构同样需要支付法庭书记员的费用，书记员的职责为逐字记录听证会内容。听证会结束后，均等就业机会委员会行政法官将发布裁决书，说明是否发生了歧视。均等就业机会委员会行政法官的裁决书须递交给陆军均等就业机会履行与投诉审查处，以发布最终决定（Final Agency Action），进而执行行政法官裁决。投诉人可选择就最终决定或最终机构裁决向均等就业机会委员会联邦行动办公室提出上诉，也可选择在联邦法院提起诉讼。陆军也可选择不发布最终决定，而是将均等就业机会委员会行政法官的裁决上诉至均等就业机会委员会联邦行动办公室。

h. 如果拒不配合投诉程序，陆军将处于不利境地。如果陆军拒不配合，事实调查员（例如，均等就业机会委员会行政法官或均等就业机会履行与投诉审查处）可认定为"推定发生了非法歧视"。这被称为"不利推论"，本质上意味着可以初步判断歧视案件成立，并且该机构负责举证驳斥不利推论。若事实调查员确定发生了歧视，则发生歧视的机构负责负担投诉人应得的救济，如损害赔偿金（包括律师费）、启动人事工作以及对确定有歧视行为的管理人员进行责任调查，以便决定应该给予何种（如果有）纪律处分。被认定为存在歧视雇员的管理人员可能会受到处罚（包括解雇），可采用的处罚项目被规定在《陆军条例》690-700 第 751 章"处罚表"中。而且，如果认定存在歧视行为，该管理人员可能会丧失某些获奖资格，而军官则有可能无法晋升至将官级别或在将官军衔中继续晋升。

第六部分　执行官与高级专业人员

13-25. 执行官与高级专业人员的结构与组成

a. 文职高级领导人在支持军事行动方面发挥着至关重要的作用，其职能范围广泛，是军队取得战场胜利的必要条件。这种关键作用包括在采购、后勤、研发、财务以及人力资本管理方面所起到的作用。执行官与高级专业人员职位级别高于总计划表规定的第 15 级，且薪资可达到与将官一样的标准。人事管理办公室负责确定执行官与高级专业人员职位的规定和分配方案。美国陆军部通过国防部部长办公室请求分配人员。陆军经授权的执行官与高级专业人员职位包括跨越美国和海外的各种职业系列。但是，陆军的执行官与高级专业人员职位几乎有一半都位于华盛顿特区都会区。

b. 2010 年 8 月 9 日，陆军部部长签署了《执行资源委员会章程》。执行资源委员在为陆军执行官与高级专业人员计划制定政策以及管理、治理和监督方面起着积极、强健的作用。执行资源委员还负责对影响执行官与高级专业人员成员和职位的某些行动（包括指派给由陆军提供行政和后勤支持的作战司令部的执行官与高级专业人员）进行审查并提供决策或意见。执行资源委员为陆军部部长提供有关陆军执行官与高级专业人员（包括职业高级行政官员、高级领导人、科技人员、国防情报高级行政服务机构人员和国防情报高级人员）的雇用、训练和发展、运用、绩效评估及薪酬方面的建议。执行资源委员也可以就与陆军其他执行官级别职位相关的事项提供建议和监督。

13-26. 高级行政服务机构成员的资格

a. 所有潜在的高级行政服务机构成员在选举之前必须具备五种行政核心资格，分别为：

（1）领导变革。此核心资格包括在组织内外均能带来战略变革以实现组织目标的能力。其本质是能够构建一种组织愿景，并在不断变化的环境中实现它。

（2）领导人员。该核心资格包括引导人员实现组织愿景、任务和目标的能力。其本质是能够提供一个包容性的工作场所，这种工作环境可以推动他人的发展，促进合作与团队合作，并为制定冲突的建设性解决方案提供支持。

（3）结果驱动。此核心资格涉及满足组织目标和客户期望的能力。其本质是通过应用技术知识、分析问题和计算风险来作出能够取得高质量结果决策的能力。

（4）精于业务。这项核心资格包括战略性地管理人力、财务和信息资源的能力。

（5）建立联盟。此核心资格包括在组织内部与其他联邦机构、州和地方政府、非营利和私营部门组织、外国政府或国际组织建立联盟以实现共同目标的能力。

b. 总计划表第 14 级和 15 级或同等级别职位雇员的行政发展是司令部的一项重要职责。执行官与高级专业机构成员的领导能力应当能与陆军将官的能力相当。因此，对于渴望获得执行官与高级专业人员职位的文职人员来说，参加高级军事学院课程是非常可取的。被任命为执行官与高级专业人员是非政治性文职行政职位的最高成就。这些职位被赋予了相当于中将、少将或准将级别的礼节优先地位。

c. 有关高级行政服务机构职位的更多信息，请访问 http://www.opm.gov/ses/index.asp。

第七部分　国防文职情报人事系统

13-27. 国防文职情报人事系统的结构和组成

a. 国防文职情报人事系统雇员是由拨款资金提供薪资的美国公民。与其他的拨款资金文职人员不同，他们由一个法定的例外人事系统管理。这个系统是针对国防部情报界的，由国防部部长办公室进行管理。

b. 在这个人事系统中，大约有6800名陆军文职人员。陆军将所有与情报机构具有明确关联的各系列及专业的雇员纳入了国防文职情报人事系统，而无论他们在哪里任职。例如，132系列的情报专家和134系列的情报助手（不分职能），以及080系列的安全专家和086系列的安全助手，他们的职责当中有51%或更多是与情报相关的，而非与执法相关。国防文职情报人事系统按系列/职能的分类范围使得大多数主要司令部都能至少拥有一些国防文职情报人事系统雇员。陆军还将所有执行主要情报任务的司令部内的雇员（所在国公民除外）都纳入了该系统。在诸如美国陆军情报与安全司令部等司令部中，有许多被纳入国防文职情报人事系统的行政、技术与支持系列的雇员，同样也有陆军情报与安全专业人员。

13-28. 国防文职情报人事系统与陆军文职人事计划的关系

a. 国防文职情报人事系统被视为陆军总体文职人员计划的一部分，并且已经为陆军和国防部测试了创新人事管理功能。作为法定的替代性人事系统，国防文职情报人事系统不受《美国法典》第7编中职务分类规定的限制，而是采用了国家安全局的分类系统，以便使职级与情报界的其他职级更好地保持一致。国防文职情报人事系统同样不受许多人事管理办公室雇用条款的约束，并且可以通过自己的功绩系统直接考虑非政府雇员的职位申请。2009年，美国国防部调整了国防文职情报人事系统，以涵盖所有的国防部情报界，而不仅仅是各军种的。

b. 对于美国本土情报活动的文职人事服务支持工作被并入亚利桑那州华楚卡堡的文职人事咨询中心与西部地区处理中心。这一合并增进了对于人力资源的理解和对系统专业知识的掌握，并且提高了人事服务的效果和效率。

c. 国防文职情报人事系统于 1990 财年实施，首先是一个名为文职情报人事管理系统的三军服务系统，后来因 1997 年《国防部授权法案》（1996 年《国防部文职人员情报人事政策法案》）的规定，将国防部情报部门的所有文职人事管理系统合并为一个广泛的独立服务系统，故而演变为国防文职情报人事系统。针对国防文职情报人事系统的立法和支持计划将不断完善，以建立一个适用范围广泛的通用架构，该架构将覆盖政策、系统和标准，同时能保护单个军种和机构的特权。国防文职情报人事系统负责规划通用的就业和薪酬架构，以及跨界的轮换和发展计划。该系统还负责制定共同的高级行政官与领导者计划，其中包括针对情报执行官的国防情报高级行政局计划和《美国法典》第 8 编"文职远征工作人员"中针对高级专家的国防情报高级人员计划。

13-29. 文职远征工作人员

a. 国防部于 2009 年 1 月 23 日发布了新的国防部指示 1404.10 "国防部文职远征工作人员"。此新指令重新发布了先前的国防部指示 1404.10 "应急要素-国防部美国公民文职雇员"（1992 年 4 月 10 日），以制定一项政策。该政策可以事先确立适当规模的国防部文职工作人员小组，对他们进行组织、训练与装备，以便更好地运用这些人员的能力来满足作战需求。这些作战需求是针对国防部文职人员制定的，用于协助军队，并且通常远离国防部文职人员的正常工作地点，或可在疏散了其他文职人员的地点和情况下进行。上述雇员被统称为国防部文职远征工作人员。国防部指示 1404.10 还取代了其他国防部指示和指南中任何与之相冲突的部分。根据国防部指示 3000.05，国防部文职远征工作人员将进行组织、训练、许可与装备，并做好部署准备，以支持包含作战行动、紧急事件行动、应急行动、人道主义任务、救灾行动、秩序恢复行动、禁毒行动以及维稳行动在内的国防部军事行动。

b. 新的国防部指示 1404.10 利用应急要素-文职雇员职位的现有类别，为指派部分国防部文职远征工作人员更新了政策和职责，并且利用非战斗要素职位、基于能力的志愿者雇员及前国防部雇员的新类别，为指派部分国防部文职远征工作人员确立了政策和职责。

c. 兵力整合。国防部将文职人员军事能力整合到了其国防部总部队规划流程中。根据国防部指令 1100.22 "确定劳动力结构的政策和程序"中的人力政策和程序来发起和指定文职人力需求。国防部文职远征工作人员需求已被纳入国防部全球部队管理程序。

d. 在陆军中实施文职远征工作人员计划需要司令部来确定并指定一部分工作人员为文职远征工作人员。此外，主要司令部指挥官负责确保所有指定的文职远征工作人员都经过了适当的训练和装备，且做好了部署准备。司令部指挥官还负责确保完成部署返回的雇员完成了所需的部署后健康评估（如部署后30天、90天和180天的健康评估）。为了帮助指挥官确保其指定的文职远征工作人员的战备状态，陆军雇员通过位于得克萨斯州布利斯堡的美国本土补充中心进行处理检验。

e. 文职远征工作人员的名称与定义。

（1）应急要素。基于职位的名称，也被称为"关键（key）"，其根据《美国法典》第10编第1580节的规定，为作战行动的成功或作战要素系统的可使用性提供支持。

（2）非战斗要素。基于职位的名称，也被称为"关键"，为非战斗或非战斗支援情况提供远征需求支持。

（3）基于能力的志愿者。雇员可能会被要求做到如下这些：自愿部署，在其他文职人员撤离后留下来，或填补其他国防部文职人员职位（这些职位因已部署而空缺），以支持可能在个人职位范围内外的重大远征需求。

（4）基于能力的前雇员志愿军。前（包括退休的）国防部文职雇员集体，他们已经同意作为有意愿但有时限的雇员返回联邦部门以满足远征需求，或者作为填补为满足其他远征需求而空缺的职位的人员而被列入数据库。

（5）关键雇员。按照国防部指示1200.7的规定，指定为应急要素与/或非战斗要素职位的国防部文职雇员。

第八部分　陆军人事转型

13-30. 当前以及正在转型的文职人力资源管理

当前的文职人员人力资源队伍对于陆军执行任务来说至关重要。文职人员人事咨询中心的每位成员都是接受服务的司令部、主管与监管人员的战略合作伙伴。如今，随着陆军向一支更加敏捷且注重技术的部队转变，陆军正面临着巨大的挑战。文职人员人力资源界将使用精益六西格玛方法重新设计业务流程和服务交付方法，并将节省下来的资金重新投入到组织中，以便继续为用户提供世界一流的服务。

13-31. 职业生涯管理

2011年，美国陆军采取了转型举措，将职业规划覆盖面扩大至所有的文职人员（包括拨款资金和非拨款资金）（国民警卫局技术人员和间接雇用的外国公民除外）。职能部门主管和职能部门首席代表的作用和职责得到扩展，以适应不断发展的战略性的和基于能力的生命周期管理计划环境，并跨司令部处理职业和事业计划管理事务。

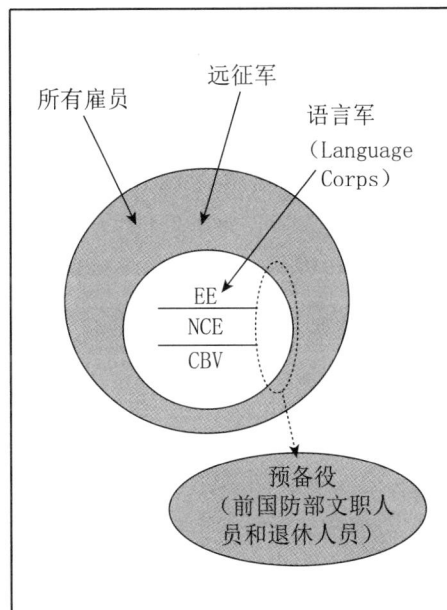

特征：
· 指定的雇员子集在收到通知后72小时至30天内做出回应。
EE-应急要素：
基于职位的指派，用于支持战斗区域中的作战行动或战斗必要系统（《美国法典》第10编第1580节）。雇佣条件之一为可部署性。
NCE-非战斗要素：
基于职位的指派，用于支持非战斗任务。雇佣条件之一为可部署性。
CBV-基于能力的志愿者：
基于人员的指派，用于支持自愿确定雇员职位范围之外的针对应急要素和非战斗要素要求的能力。
预备役-国防部雇员或已退休雇员的清单：
进行准备，以支持回填或已部署的需求。

图 13-1　文职远征工作人员模型

13-32. 雇佣改革

陆军的人力资源界将继续支持为提高雇佣程序的质量和速度而制定的招聘与雇佣改革目标。此外，这些雇佣改革也要求管理人员与监管人员在规划、招聘和选拔其下属雇员时承担更大的职责和责任。

第九部分 总结与参考文献

13-33. 总结

a. 陆军文职人员管理系统的目的是提供一支积极性高且技术合格的劳动队伍，以满足陆军的需求。文职人员队伍是陆军不可分割的一部分。陆军文职人员在陆军所有的任务中均发挥着重要作用，陆军的成就也有他们的功劳。陆军之所以雇用文职人员是因为他们拥有独特的技能，能够确保作战的连续性，成本合理，且使得军事人员能够聚焦于履行军事职责。文职人员管理系统及其配套政策和服务机构为完成陆军总体任务做出了重要贡献。

b. 超过一半的陆军文职人员职位是由工会代表的谈判单位职位。陆军文职领导和军事领导都必须承担其劳动管理职责。不得出现由于领导不接受法律规定的建议、咨询以及谈判的义务而导致出现不健康的劳动环境，从而损害作战效率的情形。

c. 随着部队缩减规模并采取了将以前的军事职务转变为文职职位的举措，更多的文职人员开始在司令部与支持机构、学校与训练中心及基地运作中担负重要角色。对于上述重要职位，可能无法雇用具有必要技能的人员。因此，陆军必须从其现有的人员中培养文职人员。

d. 本章简要介绍了文职人员人事管理系统，以阐述陆军如何设计一些主要程序来为陆军领导人提供支持。了解联邦文职部门的法律基础、陆军系统在联邦系统内的运作方式，以及陆军非拨款资金人事系统的法规基础和惯例，对于陆军来说非常重要。此外，各级指挥官和管理人员还必须清晰地了解文职人员的结构、规划和任务的性质及其职责，以便提供有效领导和管理。美国陆军部文职人员是一支由各种雇员组成的陆军团队的一部分，致力于尽最大努力确保陆军有效完成任务。陆军和国防部文职人员网站包含大量有用的信息，网址：https://acpol.army.mil。拥有注册于联合兵种中心的美国陆军知识在线账号的人员可以通过 https://www.cslmo.army.mil 访问文职高级领导管理办公室安全网站。

13-34. 参考文献

a. 5 CFR Parts 410 and 412, Training; Supervisory, Management, and Executive Development.

b. Age Discrimination in Employment Act of 1967.

c. Americans with Disabilities Act of 1990.

d. Architectural Barriers Act of 1968.

e. Army Regulation 10-89, U.S. Army Civilian Personnel Evaluation Agency.

f. Army Regulation 215-1, Morale, Welfare, and Recreation Activities and Non-Appropriated Fund Instrumentalities.

g. Army Regulation 215-3, Non-Appropriated Funds Personnel Policy.

h. Army Regulation 570-4, Manpower Management.

i. Army Regulation 600-3, The Army Personnel Proponent System.

j. Army Regulation 600-7, Nondiscrimination on the Basis of Disability in Programs and Activities Assisted or Conducted by the Department of the Army.

k. Army Regulation 600-63, Army Health Promotion.

l. Army Regulation 672-20, Incentive Awards.

m. Army Regulation 690-11, Use and Management of Civilian Personnel in Support of Military Contingency Operations.

n. Army Regulation 690-12, Equal Employment Opportunity Program and Affirmative Action.

o. Army Regulation 690-13, CIPMS-Policies and Procedures.

p. Army Regulation 690-400, Chap 432, Reduction in Grade and Removal Based on Unacceptable Performance.

q. Army Regulation 690-400, Chap 4302, Total Army Performance Evaluation System (TAPES).

r. Army Regulation 690-600, Equal Employment Opportunity Discrimination Complaints.

s. Army Regulation 690-700, Chap 751, Discipline.

t. Army Regulation 690-900, Chap 920, Senior Executive Service.

u. Army Regulation 690-950, Career Management.

v. Civil Rights Act of 1991.

w. Civil Service Reform Act of 1978.

x. DA Pamphlet 672-20, Incentive Awards Handbook.

y. DA Pamphlet 690-11, Guide to Civilian Personnel Management.

z. DA Pamphlet 690-46, Mentoring for Civilian Members of the Force.

aa. DA Pamphlet 690-47, DA Civilian Employees Deployment Guide.

bb. DOD Civilian Intelligence Personnel Policy Act of 1996.

cc. DOD Authorization Act of 1997.

dd. DOD Manual 1400.25 Subchapter 920, Executive and Senior Professional Pay and Performance.

ee. DOD 1400.25-M, Civilian Personnel Manual.

ff. DOD 1404.10, DOD Civilian Expeditionary Workforce.

gg. DOD Instruction (DODI), 1400-25, DOD Civilian Personnel Management Systems: Volume 250, Civilian Strategic Human Capital Planning (SHCP).

hh. Equal Employment Opportunity (EEO) Act of 1972.

ii. Equal Employment Opportunity Commission Management Directive 715 (EEOC MD 715).

jj. Equal Pay Act of 1963.

kk. Executive Order 9830, Amending the Civil Service Rules and providing for Federal personnel administration.

ll. Executive Order 12721, Eligibility of Overseas Employees for Noncompetitive Appointments.

mm. Executive Order 13473, To Authorize Certain Noncompetitive Appointments in the Civil Service for Spouses of Certain Members of the Armed Forces.

nn. Executive Order 13522, Creating Labor-Management Forums to Improve Delivery of Government Services.

oo. Executive Order 13562, Recruiting and Hiring Students and Recent Graduates.

pp. Federal Anti-Discrimination and Retaliation Act of 2002.

qq. Genetic Information Nondiscrimination Act of 2008.

rr. Hatch Act of 1939.

ss. HQDA General Orders No. 3, 9 July 2002, and amendment No. 2002-03.

tt. Longshore and Harbor Worker's Compensation Act (33 USC, 901 et seq.).

uu. Management Directive 715 State of the Agency Report.

vv. Non-Appropriated Fund Instrumentalities Act of 1958 (5 USC, Sec 8171-8173).

ww. Rehabilitation Act of 1973.

xx. Title 5 USC, Government Organizations and Employees.

yy. Title 10 USC, Section 1580: Emergency Essential Employees: Designation.

zz. Title 33 USC, Navigable Waters.

aaa. Uniformed Services Employment & Reemployment Rights Act of 1994.

bbb. Whistleblower Protection Act of 1989.

第十四章 训练和领导发展

第一部分 导 言

14-1. 本章内容

a. 本章介绍了陆军训练和领导体系发展，内容涵盖了对军队训练领域、组织、管理、配套系统、管理方式、政策、需求及武器、弹药和装备的介绍。

b. 本章详细介绍了作战和院校训练、单兵和协同训练以及单位部队训练。本章是对本书"文职人力资源管理"一章的补充，进一步阐述了如何为陆军军官、准尉、士官、文职人员和士兵提供量身定制的训练、教育和领导力发展。

c.《陆军条例》350-1 规定了发展、管理和进行陆军训练与领导发展的政策、程序和职责。

第二部分 战略训练框架

14-2. 概述

第 39 任陆军参谋长就任后的首次讲话，以及陆军部部长于 2016 年 2 月 11 日发布的训练指令（建设训练战备）推动了陆军的训练愿景和训练战略目标的制定。陆军采用其所推出的"目标、方式和手段"结构进行建设。其中，"目标"即训练目标或将要完成的任务，"方法"是实现战略目标的行动方针或战略设想，"手段"包括实现以上设想和陆军训练目标所必需的特定资源。

14-3. 陆军愿景与战略目标

陆军愿景是"复杂世界中的战略优势"。第 39 任陆军参谋长在其首次讲话中阐述了战略优先事项，指出陆军的三个战备优先事项为战备、未来陆军和部队照拂（Take Care of the Troops）。陆军参谋长认为战备工作是我们的第一要务，也是基本任务。训练是战备的关键部分，所有训练都必须为战备服务。

14-4. 陆军训练战略目标

a. 陆军训练是对陆军愿景的直接支持。训练适用于陆军的全部兵力，即所有组成部分。对于陆军而言，训练的目的是使其成为经过充分训练的、有能力的并且做好实现陆军愿景准备的部队。陆军的目标是培养具有良好品格的、可信赖的专业人员，使他们具备所需的领导特质和能力，以及培养可以行使任务指挥权的领导者，使他们可以作为可信赖的团队的一部分，成功完成分配给他们的任何任务。这是机构陆军（教育或训练机构）、作战部队（组织或单位）和个人的共同责任，将通过领导发展来实现。作战陆军和机构陆军应当共同努力，确保协同工作，以支持作战指挥官的行动。

b. 陆军训练战略目标：一支准备就绪的（训练有素的）陆军。

（1）训练全军使其在复杂环境中能够进行快速部署、战斗、自我维持以及应对复杂的国家和非国家威胁（如远征思维模式）。

（2）训练以确保能够正确组合作战待命部队和响应部队，确保军事能力能够快速满足应急作战司令部的需求，同时保持作战和战略后备力量。

（3）通过使用作战训练中心以挑战陆军编队的方式进行训练，以重建陆军联合兵种演习的核心能力，并维护广域安全和特种作战核心能力。训练通过果断行动实施联合地面作战。联合地面作战运用陆军所有七项核心能力，在现实训练环境中以任务式指挥的方式进行，以应对强调联合行动伙伴和特种作战部队/常规部队相互依赖的混合威胁。

表 14-1　陆军训练目标、方式和方法

目标	方法	手段
实施…… 陆军参谋长优先事项 -战备（当前战斗） -未来陆军（未来战斗） -部队照拂（总是）	院校训练 （首次军事训练军事职业专业-内部职业转换训练职能、职业军事教育武器资格、陆军体能测验性别中立、战士任务）	·条令 ·政策 ·训练指导 ·时间 ·设备 ·范围 ·弹药 ·装备 ·模拟器 ·教官 ·训练领域 ·持续战备 ·Objective-T ·陆军训练网络 ·部队联合兵种训练战略 ·完成任务所需的基本训练科目表 ·系统训练计划 ·计划目标备忘录/预算
支持…… 统一行动	驻地训练 （个人和集体、情况训练演习、野战训练演习、实弹演习、火力协同演习、指挥所演习、武器训练、陆军体能测验、个人组、战时任务和战斗演习）	
通过…… 联合地面作战 陆军部队已经过训练并随时准备进行快速部署，以对抗混合威胁并取得胜利，作为联合部队的一部分，为联合行动提供支持	作战训练中心管理计划 （机动和任务指挥训练计划、作战训练中心、战斗机演习、可输出战斗训练能力、作战训练中心、外部评估、紧急部署战备演习、与特种作战部队一起的训练、高强度训练、聚焦网络、训练多组成部队、持续反暴乱）	
通过训练来实现…… 战备目标：陆军能力与容量 ·远征军 ·动员 ·战区设置 ·果断行动 ·再生成 ·陆军对其他军种的支援 ·其他独特陆军能力（打击大规模杀伤性武器、特种作战、弹道导弹、网络空间） 作战力量、作战深度、战略深度	联合陆军演习计划 （紧急部署战备演习/海上紧急部署戒备演习、作战演习、联合和联合武器演习、战区安全合作、太平洋弹道、作战司令部、演习、弹道导弹防御、网络）	
"地面作战战备是（并将持续是）美国陆军的第一优先事项"——第39任陆军参谋长		

（4）使用由陆军训练支持系统提供的具备实战、虚拟、演习和建设性能力的一体化训练环境，进行艰苦、现实的多梯队常驻地训练，以复制高保真度、复杂的作战环境，从而训练出敏捷、适应性强的领导者和多功能部队。

（5）训练利用多级联合和多国司令部演习、参谋实地考察、模拟训练及任务指挥训练计划，建立具有地区能力的联合部队地面组成部队司令部和联合特遣部队总部。

（6）确保陆军部队在本土防御、民事当局的国防支持、空间、网络空间、导弹防御、打击大规模杀伤性武器和消除大规模毁灭性武器等领域，为当前新出现的和不断发展的任务进行训练并做好准备。

（7）利用陆军部文职部门的专业知识和能力。这是军人在战场上取得成功并建立一个灵活、精简且反应迅速的全球军队的关键，可谓至关重要。

（8）在所有部队和院校训练、领导发展计划以及开展专业军事教育中的过程中，增强陆军价值观和道德领导能力。

（9）教育并训练所有军人及文职人员，以增强他们的知识能力并加深他们对复杂的当代安全环境的了解，从而更好地领导陆军、"联合、跨机构、跨政府和多国"特遣部队以及各类小组。

（10）在维持战斗力的同时，向女性开放先前不允许女性从事的职位和职业专业。该倡议力求消除尽可能多的障碍，使有天赋的人，不论什么性别，都能在其能够胜任的任何职位工作。

14-5. 训练挑战

陆军训练所面临的挑战是如何优化、同步和支持学校中的训练、部队中的训练和教育以及自我发展训练，以培养能够应对各种军事作战行动的兵力和领导。最大的挑战是如何安排各类指挥官的职责和需求，这些职责和需求与能够实现整个部队的战备的训练与执行部队行动的可用时间有关。对行动和需求进行优先排序是必不可少的。《陆军条令出版物》7-0、《陆军条令资源出版物》7-0和《野战手册》7-0为"部队如何训练以做好训练战备"提供了陆军的条令基础。部队联合兵种训练战略是完成任务所需的基本训练科目表，它以训练战略为基础，可支持战备报告需求。它们旨在训练部队执行其任务、促进就业、增强能力和履行职能，并包含完成所有旨在训练部队的集体任务。部队联合兵种训练战略中的训练项目为可用于训练这些任务的方法提供了建议。训练活动通常被设计为渐进式训练路径，以便指挥官选择适当的训练难度，从而与部队执行与该任务相关的联合任务的熟练程度相匹配。对于旅级战斗队或功能/多功能旅和兵团，部队联合兵种训练战略是嵌套全员级别的（nested crew-level），它们整合了《陆军部手册》350-38，并提供了关于训练对象、内容、方式和频率的建议。它们提供关于使用训练辅助器材、设备、模拟器与模拟、训练关卡、多梯队训练和资源的建议，并为每项训练活动提供基础的目的、结果和执行指南。部队指挥官有两项主要的训练职责：使部队为完成设计或分配的任务做好准备，并训练士兵或领导者以承担未来的职责。指挥官将使用基于完成任务所需的基本训练科目表的部队联合兵种训练战略，来为部队执行任务做准备。这些任务在理论上被设计成了可以在各种军事行动中执行的任务。在指派部署任务时，领导人可以与上级总部指挥官协商，并在陆军军种组成部队司令部指挥官的指导下，将训练重点放在"完成任务所需的基本训练科目表"（METL）中的任务上，这些任务旨在为部署使命提供支持。针对新任务及指派任务的"完成任务所需的基本训练科目表"任务的制定程序请参阅《野战手册》7-0。

第三部分　作战训练

14-6. 作战部队训练

训练能够使部队做好准备，并按照理论上的设计执行作战行动，或执行指派的任务。训练能够发展团队合作、增强信任并促进相互理解，这是指挥官在执行任务时所需要的，也是军队实现团结一致所需要的。军队部署后训练不会停止。如果部队没有正在进行作战行动或正在从作战行动中恢复，则表示正在为今后的作战行动做准备。

14-7. 领导职责

领导负责本单位的战备和训练的完成。作战领域包括了由作战部队执行的训练活动：既包括由整个作战部队实施的，也包括由部队的子部门实施的；既包括由部队领导实施的，也包括由个人执行的。这些训练活动包括：部队领导人在驻地和其他区域/国家/国际训练区/设施进行的训练；在陆军主办的训练场进行的训练,例如作战训练中心轮换、陆军国民警卫队的可输出战斗训练能力通道和美国陆军预备役作战支持训练演习;以及由部队执行的训练演习,例如多国、联合和/或军种主办的演习。

14-8. 兵力生成

a. 全球响应的陆军。陆军必须建立并维持一支随时可用的、有能力的整体型陆军,能够为执行各种军事行动提供联合和组合兵力,且能够为远征行动提供持久的陆军力量。这支军队应当具备独特的能力,如作战领导力、机动性、指挥与控制能力,以及可作为各梯队战区后勤的能力。无论何时何地,只要国家利益受到威胁,它都将迅速部署、战斗并取得胜利。具有全球响应能力的陆军将在国内外保持反应灵敏的部队态势以及有效的军事设施和军事能力网络,以保护美国及其盟国的利益,同时积极寻求改进部署程序,以消除体制障碍,并根据地理作战司令部的要求,提升待命部队的反应速度。最后,全球响应部队将为联合部队提供关键支持(例如航空、情报、工程、后勤、医疗、信号和特种作战),这种支持既覆盖与联合行动伙伴一起前往远征地点的途中,也覆盖远征环境中的作战行动。

b. 区域联合。陆军可与地理作战司令部联合。区域联合提供可部署和可扩展的、以区域为中心的陆军部队。这些部队是基于任务组织起来的,用以直接支持地理和职能作战指挥官的需求以及联合需求。进行区域作战的陆军负责为区域指挥官塑造及设定战区,同时利用独特的整体型陆军特点和能力来影响安全环境、建立信任、发展关系,并通过轮换部队、多边演习、军事交战、联合训练和其他机会获得准入。进行区域作战的陆军还负责确保前方部署和轮换的兵力准备就绪,以支持国防战略,并加深对士兵、领导和部队的区域理解,以加强战术上、作战行动上和战略上的规划和行动。最后,区域联合改善了特种作战部队与联合兵力之间的相互依赖和整合情况,以实现"防御-塑造-胜利"战略。区域联合部队的训练通常会根据作战指挥官的具体训练需求进行扩充,包括文化、地域和语言的训练。

c. 兵力生成程序。陆军使用精密的程序来满足陆军部队的作战需求。美国陆军部队司令部负责管理陆军的兵力生成,并确保将任务需求分配给部队且部队了解陆军/战区/任务需求,以及确保部队获得成功完成任务所需的训练支持(例如预定的作战训练中心轮换)。

d. 持续战备。持续战备是陆军的兵力生成概念，适应于全球响应和区域作战的应急部队的需要。持续战备使整个部队保持最佳的战备状态；消除了陆军兵力生成下部队常见的"战备悬崖"问题——规范人员配置；使装备在现代化阶段与作战需求同步；评估陆军满足当前全球兵力管理计划要求和作战计划要求的能力；为陆军领导人提供与可用资源一致的适当的缓解战略；使预备役部队进入现役；利用陆军国民警卫队和美国陆军预备役部队的独特能力支持早期和中期部署部队；通过分析美国在未来4年内满足需求的能力，延长陆军的计划时间线；同步战备资源决策与计划目标备忘录的制定。

e. Objective T 为陆军（常规部队、陆军国民警卫队和陆军预备役）建立了客观的基线标准。它为任务熟练程度建立了客观的任务评估标准，从而提高了整个陆军的信心。它更好地定义了 T 评级的战备就绪程度，并在完成使命所需任务的熟练程度、个人和集体操作资格以及集体实战射击能力之间建立了清晰的联系。Objective T 巩固并实现了部队训练管理工作。它以《野战手册》7-0"训练以在当今复杂的世界中取胜"为开端，聚焦于与"操作方法"相关的手册和内容，以增强对训练管理条例的理解和使用。Objective T 还重新建立了分级结构的陆军任务框架，包括所有部队类型和梯队，并允许个人任务与更高级别集体任务的明确交叉。通过改进《训练和评估大纲》，它重新激发了人们对训练标准化的共识。Objective T 还提高了管理水平，优化了训练资源，并在训练活动、成本和备战生成之间建立了联系。

14-9. 部队训练的规划与实施

a. 部队领导按照陆军训练管理条例规划和实施训练活动。

b.《陆军条令参考出版物》7-0"训练单位和发展领导人"扩展了《陆军条令出版物》7-0 的基础和配列者。与 2011 年版的《野战手册》7-0 的"为全频谱作战训练部队并发展领导"相比，其最大的变化是将作战程序作为公认的模型进行了规划，不仅包括作战行动，还包括了部队训练和领导者发展。《陆军条令参考出版物》为训练和领导发展废除了作战程序中存在单独和独立的训练管理程序的规定。诸如，远程规划和短程规划这样的早期概念目前以军事决策程序和部队领导程序为基础，这两个程序被规定在《陆军条例参考出版物》5-0、《作战程序》以及《陆军战术、技术和程序》5-0.1 中。《陆军条令出版物》7-0 和《陆军条令参考出版物》7-0 都支持这样一种观点，即训练一个部队与为某一行动训练部队并无本质区别。在部队训练中学习作战程序的概念、思想和术语，可以使领导者及其部队从训练到作战的过渡更加顺畅。

14-10. 部队院校

部队院校在司令部或陆军军事设施层面上，为训练的实施及管理提供支持。指挥官将利用部队院校作为其部队训练战略的一部分，以获得、加强、维持和补充通过院校训练基地不易获得的个人军事技能或指挥官任职前教育。军人应在部队的兵力生成周期中尽早掌握这些军事技能，以优化他们对部队的贡献。这些军事技能包括但不限于空中突击行动、军械室安全、防雷防伏车辆战术驾驶、空载计划、连军士长课程等。

14-11. 对部队训练的陆军支持

a. 陆军训练管理系统。部队使用由陆军训练管理系统提供的网络资源记录和管理训练，该系统包括陆军训练网络、联合兵种训练战略制定工具和数字化训练管理系统。

b. 陆军训练网络为部队提供线上陆军训练条令、产品、技术和可下载资源。陆军训练网络访问地址为：https://atn.army.mil。

c. 联合兵种训练战略。联合兵种训练战略是为连长级和更高级别的编制装备表部队以及已确定的功能能力（如稳定性、任务式指挥等能力）而制定的。联合兵种训练战略提供了一种基于任务的、作战驱动的战略，该战略确定了一系列渐进的训练活动，可供部队制定单位训练计划，以按照其陆军司令部的标准化"完成任务所需的基本训练科目表"（见《野战手册》7-0）所反映的部队能力或按照分配的任务进行训练。部队联合兵种训练战略中的训练活动涵盖从单兵、小组、班级层级的活动到连、营、旅、师以及军层级的活动，并提供爬行、步行、跑步的训练方法，以便部队能够逐步提高针对这些任务的战备水平，这些任务原则上是为执行而设计的。部队联合兵种训练战略提供了关于训练方法的建议，这种方法能够利用实时、虚拟或想定的训练环境，对事件中的任务进行训练。部队联合兵种训练战略是嵌套的从小组级别到旅战斗队级别的战略，整合了《陆军部手册》350-38 "训练委员会标准"中列出的武器训练战略，并提供有关训练对象、内容、方式和时间的建议。部队联合兵种训练战略还提供了关于使用训练辅助器材、设备、模拟器与模拟、训练关卡、多层次训练和资源配置的建议，并为每项训练活动提供基本的目的、结果和执行指南。部队联合兵种训练战略提供了这样一种策略，领导者可以根据该策略制定单位训练计划，以获得完成任务所需的基本任务能力，从而用于战备报告。

d. 数字化训练管理系统。数字化训练管理系统为《陆军条令出版物》《陆军条令参考出版物》《野战手册》7-0 中所述的理论训练程序提供支持。该系统使得单位领导能够查看其单位的陆军部总部标准化"完成任务所需的基本训练科目表"。数字化训练管理系统旨在协助单位领导规划训练，并在个人训练记录和单位训练记录中记录任务熟程度。个人训练记录记录了单个士兵完成训练的情况，包括陆军部总部要求的强制训练记录，以及《陆军条例》350-1"陆军训练和领导人发展"规定的其他训练记录。单位训练记录包括单位一级的训练完成情况。指挥官使用数字化训练管理系统持续评估单位训练表现，以提高任务完成水平。

14-12. 陆军训练模型

a. 陆军训练模型是一系列相互联系的模型，为计划、规划和预算系统提供支持。当前有三种主要模型：训练资源模型、航空训练资源模型和制式训练资源模型。这些模型为陆军部总部的训练资源需求开发提供了基础，并对不断变化的陆军输入值（如兵力结构、训练策略、经修正的编制装备表授权设备、成本因素、学生人数等）进行了快速调整或评估。训练资源模型、航空训练资源模型和制式训练资源模型已被指定为权威数据来源。训练资源管理信息系统是一种基于网络的工具，它汇集了上述三个模型的输出值，为陆军参谋部和陆军司令部提供访问训练资源信息的权限。

b. 训练战备成本计划是一项陆军计划，旨在获取成本并使用 Objective T 评级的标准衡量部队战备的生成情况。陆军必须能够以最优方式为实现战备目标所需的部队和活动提供资金。这一数据分析反映了以下内容：执行了哪些事件、每个训练项目的车辆密度和使用情况、根据 Objective T 评级标准生成的战备情况，以及与部队训练相关的成本。分析结果将被反馈到训练资源模型中，以同步资金与可持续战备部队生成过程中为所有部队类型设定的战备目标。

14-13. 作战训练中心

a. 愿景。陆军作战训练中心计划仍然是一项综合战略的基石，该战略旨在建立训练有素、业务精练且随时准备战斗的部队和领导人，以作为联合部队的一员，在复杂世界中开展行动并取得胜利。陆军作战训练中心为在复杂和高度真实的决定性行动环境中进行训练的部队和领导提供了重要经验，这种环境旨在通过在最困难的条件下针对艰难的、自由思考的、现实的混合威胁采取行动，来强调每一项作战职能，以复制战斗情景。陆军作战训练中心将通过向部队和领导人发出挑战以适应战场条件，并提高杀伤力以及美国与联合行动伙伴和特种作战部队在整个军事行动范围内合作的能力，从而加速恢复基于标准的训练，并加快陆军向联合陆地作战过渡的步伐。它的最终目标是使部队和领导人能够做好在全球范围内部署战斗的准备，信心满满地进行战斗，并能够在任何时候、任何条件下战胜任何对手。

b. 计划目标。作战训练中心计划的目标是：提高部队的战备状态；培养战场领导者；纳入条令；向参与者提供关于部队战术效能的反馈；提供数据以改进"条令、组织、训练、装备、领导、教育、人员、设施和政策"对作战和训练发展过程的输入值。《陆军条例》350-50 为作战训练中心计划的管理制定了陆军政策。作战训练中心计划依据陆军与联合条令，提供贴近实战的实质性联合与组合兵种训练。作战训练中心计划如下：

（1）以完成任务所需的基本训练科目表为重点，将其作为联合小组的一部分，对作战行动进行训练。

（2）为联合陆地作战和关键行动任务进行训练，包括进攻、防御、维稳和为民政部门提供防务。

（3）强调针对以下部队的现实、持续、多梯队和全面综合的集体联合陆地作战训练：旅战斗队和使能者（enablers）、战区支援司令部、远征支援司令部、支援旅、功能与多功能支援旅、特种作战部队；作为作战陆军的师、军团和陆军军种组成部队司令部、联合部队地面部队司令部指挥官或联合特遣部队的总部。

（4）在根据既定任务、条件和标准评估的基于决定性行动训练环境的方案中，注重面向任务的训练。

（5）通过结合使用实战、虚拟和想定的模拟实战，支持实现并维持领导发展和部队作战战备状态。

（6）通过实战、兵力对抗和计算机模拟演习，促进指挥官的战备状态评估。这些演习整合了致命和非致命影响的各个方面，是根据从排级到团级的作战环境而量身定制的，并且以作战训练中心能力范围内的部队作战重点为基础。

（7）纳入轮换期间配备仪表的城镇作战训练经验。

（8）合并"接收、集结、前送与整合"作战、重组和部署训练。

（9）全面整合决定性行动，包括特种作战部队或常规部队交接协调中的具有大规模杀伤性的小型化学武器。

（10）根据需要，实施旅及旅以下的任务预演和师及师以上的任务战备演练。

（11）作为一个具有多个组成部分的团队进行训练，通过在每一个梯队和机会中纳入现役陆军、陆军国民警卫队和美国陆军预备役士兵、领导和单位，来实施总体陆军政策。

c. 严格。在战斗训练中心进行训练期间，指挥官将携带任期内参战时规定需要配备的装备进行战斗。为了提供真实的训练环境，每个作战训练中心将：

（1）提供一个决定性行动训练环境。在该环境中，轮换部队的指挥官可以按照既定标准进行训练（例如，完成任务所需的基本训练科目表、联合兵种训练战略和已批准的训练指南）。

（2）在各种作战环境评估中捕捉作战环境的复杂性，以仿制（而不是复制）该部队可能部署到的战区的作战环境。

（3）实施基于条令的事后评估，该做法聚焦于可观察的战斗表现，使士兵与领导能够了解"发生了什么，为什么会发生以及如何保持强项并改进弱点"。

（4）强调决定性空地作战行动中的所有作战职能，以及在这种作战中可以采用的致命和非致命解决方案。

（5）提供一支能够自由思考、基于能力且拥有同等获胜机会的对抗部队。

（6）制定战术或战争想定方案，这种方案应当是结果不确定的，并能够提高指挥官的计划导向的作战技能。

(7) 确保军事决策的结果能够充分发展，以展现因果关系。

(8) 将部分轮换用于重新训练某些任务，这些任务是指挥官认为对其部队提高作战熟练程度至关重要的任务（重新训练并不意味着之前训练的失败）。

(9) 依照适用的安全法规、可持续性或者环境法规进行训练（例如，《陆军条例》385-10、《陆军条例》385-63、《陆军条例》200-1，以及《陆军部手册》385-30）。

d. 作战训练中心。作战训练中心计划包括任务式指挥训练项目、联合多国战备中心、联合战备训练中心和国家训练中心。联合多国战备中心、联合战备训练中心和国家训练中心被统称为机动作战训练中心或地面作战训练中心场地。

(1) 任务式指挥训练项目位于堪萨斯州的莱文沃思堡，是陆军的顶级作战训练中心，使用由专业对抗部队所描绘的想定模拟进行任务指挥训练。它为陆军部队的战备状态、兵力生成程序、任务准备进度和其他陆军需求提供支持。任务式指挥训练项目还组织实施在全球范围内的作战环境中模拟联合地面作战的训练，并为此提供支持。任务式指挥训练项目为国民警卫队旅战斗队、多功能支援旅、功能支援旅、远征支援司令部、师、战区支援司令部、军团、陆军军种组成部队司令部、特种作战联合特遣部队、联合特种作战联合特遣部队和联合部队地面部队司令部指挥官提供训练活动。其与联合参谋部之训练局合作，为被指定为联合特遣部队的司令部和/或参谋部提供训练。任务式指挥训练能够提供训练经验，使陆军高级任务指挥官能够进一步发展当前的、相关的、提升战斗质量的、联合和远征任务式指挥的本能及技能。

(2) 联合多国战备中心位于德国的霍恩费尔斯，处于前沿部署环境之中，使用实战、虚拟和想定的训练模型，通过在充满了各种冲突的联合场景中实施兵力对抗和实战训练，以训练旅战斗队。这一模型将使用专业的对抗部队，并由专家和经验丰富的联合多国战备中心作战小组控制。训练是在艰苦的、现实的、模拟战斗的条件下进行的，包括各种可能的战术作战和能够完全融入更高层次的演习和想定的任务预演。为了支持陆军部队的战备和兵力生成过程，联合多国战备中心通常将重点放在支持美国欧洲陆军旅战斗队的集体训练活动上。联合多国战备中心每年进行一次作战训练中心计划和旅战斗队轮换，在霍恩费尔斯和格拉芬沃尔区域和相关机动区域进行，这种轮换也可以增加到每年4次。根据指示，联合多国战备中心还支持非作战训练中心计划的活动，例如北约响应部队、欧洲轮换部队和区域联合部队的训练，使用战区提供的资产和资金进行训练，同时酌情利用作战训练中心的设施以及仪器、训练辅助器材、设备、模拟器与模拟。在非作战训练中的活动使用作战训练中心设备及仪器、训练辅助器材、设备、模拟器与模拟将包含战区的维护或维修费用补偿。

（3）位于路易斯安那州波尔克堡的联合战备训练中心和位于加利福尼亚州欧文堡的国家训练中心，使用实战、虚拟和想定的训练模型，通过在充满了各种冲突的联合场景中实施兵力对抗和实战训练，以训练旅战斗队。这一模型将使用专业的对抗部队，并由专家和经验丰富的作战小组控制。训练是在艰苦、现实、模拟战斗的条件下进行的，包括各种可能的战术作战和能够完全融入更高层次的演习和想定的任务预演。为了支持陆军部队的战备和兵力生成过程，联合战备训练中心和国家训练中心常将重点放在支持旅战斗队提高决定性行动熟练程度的集体训练活动上。然而，根据全球兵力管理分配需求的要求，联合战备训练中心和国家训练中心也可能负责执行重点轮换任务，以支持旅战斗队的任务准备进度。

14-14. 陆军参谋长作战训练中心会议

a. 陆军参谋长每半年召开一次作战训练中心会议，与陆军高级领导人讨论和决定作战训练中心计划。这些陆军高级领导人包括：副参谋长、陆军参谋部主任、陆军军士长、陆军部主管作战、民事与训练事务副参谋长、部队司令部将级军官、美国欧洲陆军将级军官、陆军训练与条令司令部将级军官、陆军装备司令部将级军官、陆军预备役部队长官、陆军国民警卫队队长、美国陆军特种作战司令部将级军官、联合兵种中心将级军官和副指挥官、第七陆军训练司令部将级军官、联合战备训练中心将级军官、国家训练中心将级军官、任务指挥训练计划指挥官、陆军部主管作战的副参谋长/训练处处长以及作战训练中心委员会主席。其他领导人也可以根据需要参与其中。

b. 陆军部总部主管作战，民事与训练事务副参谋长/训练处处长是制定安排和议程、准备会议、执行及协调作战训练中心会议正式记录的牵头人。作战训练中心委员会在所有上述活动中为训练处处长的工作提供支持。为了精简领导行程安排并降低临时任务成本的影响，4小时的会议通常被与其他高级领导活动（4星级会议、陆军训练和领导发展会议）一起安排。(参见图 14-1）。

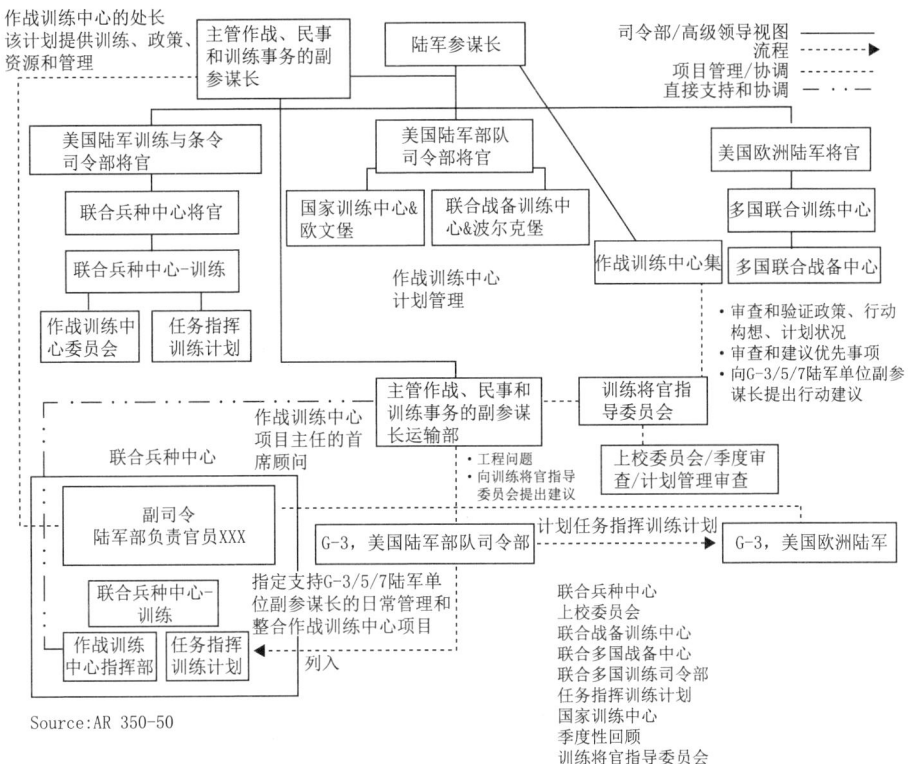

图 14-1 作战训练中心管理

14-15. 陆军总体兵力政策

陆军实施总体兵力政策，以提供可预测、可重复和可持续的军事能力，以支持国家军事战略和陆军在全球范围内的责任。陆军总体兵力政策的目的是将现役陆军、陆军国民警卫队和美国陆军预备役部队无缝融合到一个全球可用的、区域一致的多组成部分的陆军中，以协同支持国家军事战略。

14-16. 统一行动（联合、跨机构、跨政府和多国）

a. 陆军建立的部队具有联合地面作战能力，能够与联合、跨机构、跨政府和多国合作伙伴在各种军事行动中有效地协同作战,并向联合作战指挥官提供有能力且准备就绪的兵力,以支持国家安全战略和国防战略。如果适当地加入作战计划和行动中,联合、跨机构、跨政府和多国合作伙伴可以提供陆军以外的能力和权限,并且可以有效地提升作战能力。

b. 陆军编队必须做好与联合、跨机构、跨政府和多国合作伙伴一起作战的准备。陆军部总部兵力管理处（G-37）之训练科（HQDA G-37 Training）与国防部部长办公室人事与战备处（OSD-PR）以及联合参谋部之训练部合作,将联合背景引入优先等级高的陆军训练场所（例如作战训练中心）。此外,陆军部总部兵力管理处（G-37）之训练科与作战指挥官和陆军军种部队司令部合作,以支持陆军参与联合演习。美国国防部部长办公室提供的增量资金,超出了正常训练资金的成本以及将人员和装备转移到联合演习中的运输资金。（请参见《陆军条例》350-28）。

第四部分　院校训练

14-17. 概述

陆军院校训练和教育系统为士兵、领导和陆军文职部队提供了在战斗和在本国驻地中成功作战所需的属性和能力。院校训练在其整个部队职业生涯中为所有的军人和陆军文职人员提供支持。

14-18. 陆军院校系统

陆军院校系统是一个由现役组成部队、美国陆军预备役组成部队、美国陆军国民警卫队和陆军文职机构组成的综合性院校系统。陆军院校系统负责实施以下训练：初步军事训练（例如旅战斗队训练、同一基地部队训练、高级单兵训练和军官基础课程）；重新分类训练（例如军事职业专业和军官本科资格）；军官、准尉、士官和陆军文职专业发展训练和教育（例如军官教育系统、士官教育系统和文职教育系统）；职能训练（例如额外技能标识、技能资格代码、技能标识、语言标识代码）。这些训练要求通过标准的驻地和远程学习课程完成。预备役组成部队的陆军院校系统单位在功能上与适当的训练倡议者是一致且相联系的。

a. 现役组成部队训练机构。它作为预备役组成部队院校的联络机构，负责确保以下事项：训练的等效性；质量保证；教员认证；陆军训练系统教学课件的可用性；分析、设计、开发、实施和评估课程设计方法的使用；分散式学习策略。陆军训练系统教学课件确保所有陆军军人，无论其属于何种部队，无论由哪个陆军学校系统机构进行训练与教育活动，都能获得相同的关键任务指导。

（1）美国陆军训练与条令司令部。陆军训练与条令司令部是美国陆军最大的现役训练机构，监管着8个卓越中心（航空、网络、消防、情报、机动、机动支援、任务式指挥和维持）下的34所陆军院校。每个卓越中心都专注于陆军内部一个独立的专业领域（例如机动和信号）。这些中心每年为超过50万名服役人员提供训练。

（2）训练与条令司令部卓越中心。负责在指定的专业领域内的指定司令部或组织执行以下事务：

（a）执行一项或多项训练与条令司令部核心职能的指定职责。

（b）使训练与条令司令部能够在陆军作战职能内部和整个部门之间发展和整合"条令、组织、训练、装备、领导、教育、人员和设施"能力。

（c）执行兵力现代化倡议者对所指派陆军的职责。

（3）陆军训练与条令司令部中心和院校共34所，分别为：

（a）南卡罗来纳州杰克逊堡的副官学校；

（b）佐治亚州本宁堡的空降学校；

（c）俄克拉何马州西尔堡的防空炮兵中心/学校；

（d）佐治亚州本宁堡的装甲中心/学校；

（e）弗吉尼亚州李堡的陆军后勤大学；

（f）堪萨斯州莱文沃思堡的陆军管理参谋学院；

（g）佐治亚州戈登堡的网络中心/学校；

（h）亚拉巴马州罗德堡的航空中心/学校；

（i）弗吉尼亚州尤斯蒂斯堡的航空后勤学校；

（j）南卡罗来纳州杰克逊堡的军队牧师学校；

（k）密苏里州伦纳德伍德堡的化学学校；

（l）堪萨斯州莱文沃思堡的指挥和参谋学院；

（m）南卡罗来纳州杰克逊堡的操练军士学校；

（n）亚利桑那州瓦丘卡堡的电子战争学校；

（o）密苏里州伦纳德伍德堡的工程学校；

（p）俄克拉何马州西尔堡的野战炮兵中心/学校；

（q）南卡罗来纳州杰克逊堡的金融学校；

（r）佐治亚州本宁堡的步兵中心/学校；

（s）亚利桑那州瓦丘卡堡的情报中心/学校；

（t）非常规战争学校（地点待定）；

（u）密苏里州伦纳德伍德堡的宪兵学校；

（v）佐治亚州本宁堡的候选军官学校；

（w）弗吉尼亚州李堡的军械机械维修学校；

（x）亚拉巴马州红石兵工厂的军械弹药和电气维修学校；

（y）佐治亚州本宁堡的体育学校；

（z）弗吉尼亚州李堡的军需官中心/学校；

（aa）佐治亚州本宁堡的游骑兵学校；

（bb）南卡罗来纳州杰克逊堡征召和保留学校；

（cc）堪萨斯州莱文沃思堡的高级军事研究学院；

（dd）乔治亚州戈登堡的信息技术学院信号中心；

（ee）俄克拉何马州麦克阿里斯特的军事包装技术学校；

（ff）得克萨斯州布利斯堡的军士长学院；

（gg）佐治亚州戈登堡的信号学校；

（hh）弗吉尼亚州尤斯蒂斯堡的交通中心/学校；

（ii）亚拉巴马州罗德堡的准尉职业中心；

（jj）部队司令部、美国欧洲陆军、美国第8集团军、美国陆军特种作战司令部，以及训练与条令司令部、陆军国民警卫队和陆军预备役内的多个地点的基础领导者课程。

（4）非训练与条令司令部学校包括：

（a）弗吉尼亚州贝尔沃堡的陆军管理学院；

（b）得克萨斯州萨姆堡休斯敦的陆军医疗中心和学校；

（c）弗吉尼亚州贝尔沃堡的陆军监察长学校；

（d）北卡罗来纳州布拉格堡的约翰·肯尼迪特种作战中心和学校；

（e）纽约西点的美国军事学院；

(f) 乔治亚州吉姆堡的犯罪调查实验室；

(g) 俄克拉何马州玛卡莱斯特的国防弹药中心和学校；

(h) 俄克拉何马州玛卡莱斯特的陆军管理工程学院；

(i) 亚拉巴马州汉斯维尔的工程专业发展支持中心；

(j) 密苏里州伦纳德伍德堡的主要电力学校（2009-2010 财年起隶属于工程学校）；

(k) 亚拉巴马州拉德克堡的陆军安全中心；

(l) 堪萨斯州莱文沃思堡的外国军事文化研究大学（红队）；

(m) 宾夕法尼亚州卡莱尔军营的陆军战争学院；

(n) 在美国本土及大陆以外的多个地点均设立的预备役陆军院校系统；

(o) 在美国本土及大陆以外的多个地点均设立的陆军国民警卫队陆军院校系统（81 所院校，包括 54 所区域训练机构）；

(p) 学员司令部管理的数百所院校和预备役军官训练队地点的基本军官领导课程。

b. 预备役组成部队训练机构（见图 14-2）。

(1) 美国陆军预备役。负责提供基础设施，该基础设施被规划进入旅和营训练司令部。这些机构使用由陆军训练倡议者通过美国预备役司令部批准和分配的课件，在多个地理驻地和分布式教学地点提供院校训练。陆军预备役第 80 训练司令部（陆军院校系统）负责提供军事职业专业重新分类、士官教育系统、军官教育系统、额外技能标识/技能资格代码和职能课程。根据在其上级司令部、美国陆军预备役司令部和训练与条令司令部之间的协议备忘录，第 80 训练司令部的任务是：管理计划并执行指定的陆军个人训练计划，该计划由陆军部总部结构和人员配备决议审查中主管人事的副参谋长和主管作战、民事与训练事务的副参谋长指导，并由训练与条令司令部协调；报告学校执行情况、预测任务冲突，并确定预测的制约因素；根据需要每月更新训练与条令司令部陆军学校系统的战备报告系统；参与陆军个人训练集中申请程序以支持统一陆军院校体系（One Army School System）；参与倡议者层次的教学大纲的制定程序；向训练与条令司令部的倡议者学校增派质量保证军官、导师和支援人员。[注：通过批准陆军作战计划第 74 号决策点，陆军参谋长指示训练与条令司令部于 2009 年 10 月 1 日接管第 80 训练司令部（陆军院校系统）的作战控制职能。]

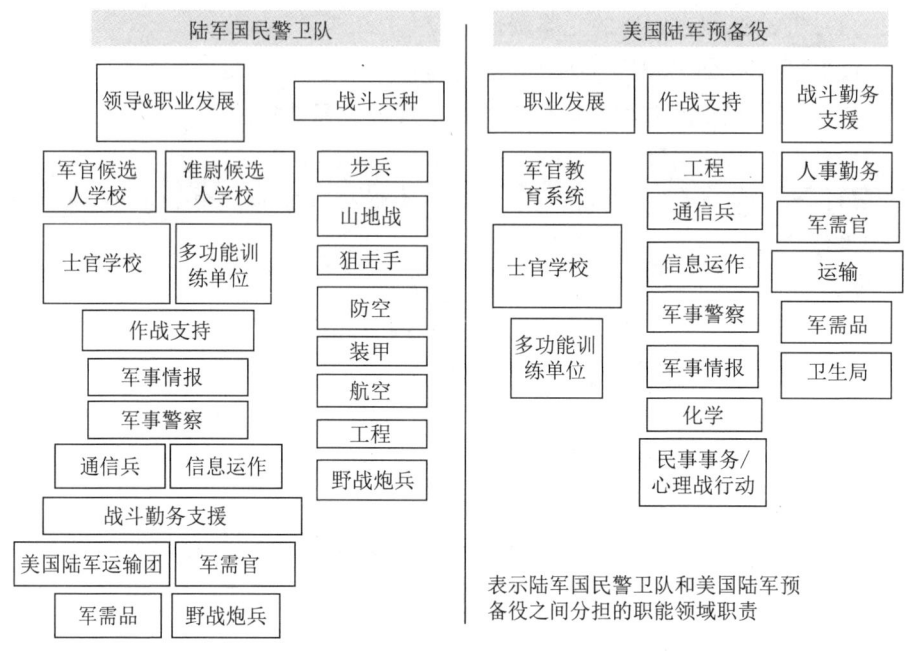

图 14-2 预备役组成部队陆军院校系统职能调整

（2）陆军国民警卫队。陆军院校系统的任务是训练军官候选人学校、准尉候选人学校、军事职业专业重新分类、士官教育系统、额外技能标识和有关领导、机动、火力和效果的功能课程；作战支援；部队维持训练通道。陆军国民警卫队与陆军预备役陆军院校系统中的学校共享领导班子、作战支援和部队保障通道。陆军院校系统根据地理和人口数据（现役和预备役兵力结构）将美国本土和领土划分为 6 个区域。根据任务训练需求，每个区域都包括军官教育（军官候选人学校、准尉候选人学校、军官职业发展）、入伍教育（军事专业人员内部职业转换培训、士官教育系统）、功能课程、额外技能标识课程和技能资格代码课程。陆军院校系统训练营隶属于旅或团，与每个职业管理领域的倡议者保持一致。各训练营负责管理教官小组。每个教官小组都有多个教学点，以确保为所有军人提供分散式指导。各个州都有陆军国民警卫队陆军学院系统的训练团，它们在州内保持一致，但为各军种组成部队军人的训练提供类似的区域训练内容。

14-19. 联合专业军事教育及训练机构

a. 联合教育机构为军官和国防部文职人员在联合或组合总部/司令部执行任务做好准备。联合职业军事教育应当遵守参谋长联席会议主席令 1800.01E "军官职业军事教育政策"。联合职业军事教育是职业军事教育的子集；它从士官机构开始，并贯穿将官教育。联合职业军事教育提供了一套知识体系，以强化职责的履行，这些职责与联合事务相一致，并落入联合职能（即指挥与控制、情报、交战、行动与机动、保护和维持）的范围内。联合职业军事教育是职业军事教育的一部分，负责为满足联合军官资格的教育要求提供支持。[请参阅《美国法典》第 10 编第 38 章第 661（c）节和 2014 年 3 月 4 日针对联合军官资格发布的国防部指令 1300.19 "国防部联合军官计划"] 该教育通常能够使学员做好准备，以完成联合司令部和参谋部的职能，并执行战略和作战规划。

b. 陆军认可的联合职业教育机构包括指挥与参谋学校（JPME Ⅰ）、高级战略领导力研究计划（JPME Ⅱ）和美国陆军战争学院驻地计划（JPME Ⅱ）、远程教育计划（JPME Ⅰ并正在进行 JPME Ⅱ）。联合职业军事教育其他机构包括：姊妹军种司令部和参谋部级机构（JPME Ⅰ）、国家情报大学（JPME Ⅰ）、姊妹军种战争学院（JPME Ⅱ）、位于华盛顿麦克奈尔堡的国防大学，项目包括国家战争学院（JPME Ⅱ）、艾森豪威尔学校（JPME Ⅱ）、国际安全事务学院（仅有 JPME Ⅱ 高级课程）和信息与网络空间学院（仅有 JPME Ⅱ 高级课程），以及弗吉尼亚州诺福克联合部队参谋学院，包括联合高级战争学校（JPME Ⅱ）、联合和组合战争学校（JPME Ⅱ）以及高级联合职业军事教育课程（目前仅针对预备役组成部队，相当于 JPME Ⅱ 同等课程，支持联合资格等级 Ⅲ，致力于对所有军种开放并获得完整的 JPME Ⅱ 认证）。

c. 联合职业军事教育及训练机构还提供针对特定司令部或跨国受众（例如北美条约组织）的专业课程。德国奥伯拉麦戈北约学校（访问网址：https://www.natoschool.nato.int）提供了北约参谋官的入门课程；该课程是所有初次被任命为北约参谋职位的 0-4 至 0-6 级现役陆军和现役警卫队与预备役军官的必修课程。该课程使学员熟悉北约的任务、组织和程序，为毕业生完成北约任务做好准备，并确保与盟友的有效互动。

14-20. 院校的领导训练和教育类别

许多军官教育系统、准尉教育系统、士官教育系统及文职课程都是互补的，因为每个课程都是供特定组织级别的领导训练时使用的。它是领导者实现其最大潜能的基础。训练和教育通常先于重要的、新的和更高级别的行动任务。它包括分科课程和职能训练。下列课程与所列的组织级别相对应。

a. 军官任职前计划对学员、军官候选人、准尉进行教育与训练，评估他们作为少尉或一级准尉的准备情况和潜力。任职前计划为个人的进步和持续发展做好准备。《陆军条例》350-1 第 2 章介绍了美国陆军和陆军国民警卫队的内容。任职前计划内容包括：军官领导才能基础课程阶段 A、准尉候选人学校课程、预备役军官训练队课程、美国军事学院课程、军官候选人学校课程、直接任职程序（详细内容请参阅《陆军条例》350-1 第 68 页，第 3-32 段"任职前训练"）。准尉候选人学校课程是一门非实质的分科课程，它旨在为入伍士兵在现役陆军、陆军国民警卫队和美国陆军预备队中担任一级准尉做好准备。准尉候选人学校塑造了一个高压力环境，旨在从第一天起就对准尉候选人发起挑战。候选人在位于亚拉巴马州拉克堡的准尉候选人训练学校接受训练。符合条件的陆军国民警卫队和陆军预备役候选人也可以在州域内的训练学校参加准尉候选人学校的训练。

b. 首次军事训练旨在实现从平民生活向军事生活的有序过渡。这是将平民转变为军人的第一步。它向军人教授在第一个指派单位中需要掌握的任务、辅助技能以及精通这些技能所需的知识。首次军事训练包括基本战斗训练、高级个人军事职业专业训练/同一基地部队训练和初级军官领导课程兵科技术训练（课程 B）。

c. 首次入伍训练旨在培养具有技术和战术能力的军人，这些军人体现了军队的价值观、实战精神，将成为军队的一员。对于入伍军人，该训练包括传统的基本战斗训练、高级个人训练、统一基地部队训练，以及其他在入伍之前应接受的正规陆军个人训练。

d. 职业军事教育。有关职业军事教育的详细信息，请参阅第九部分"领导发展"。

e. 军事职业专业-重新分类/内部职业转换训练旨在使个人具备新的军事职业专业资格。一旦训练圆满完成，军人便将被授予新的军事职业专业，此军事职业专业作为其主要的军事职业专业获得任命。参加军事职业专业训练以进行内部职业转换的军人享有与常设部队同级士兵相同的特权。军事职业专业-重新分类训练课程的倡议者取消了非军事职业专业特定课程（例如通用核心课程）。参加这些课程的军人已经完成了首次军事训练，因此不需要重复基本的军事训练。如果该营获得认证并且以学历训练模式教授陆军院校系统课程C，则现役陆军军人可以参加陆军训练系统营的训练（详细信息请参阅《陆军条例》350-18第24页第3-6段"关于军事职业专业训练的介绍"）。

f. 职能训练为合格的军人和陆军文职人员提供特定技能的训练，使他们获得职位（例如空降兵和游骑兵训练）所需的特定职能技能和知识（例如额外技能标识、技能资格代码或技能标识）。它提供训练，使军人有资格被授予额外技能标识、技能资格代码或技能标识，以提供经过额外技能标识/技能资格代码训练的合格军人，并提供特定部署（任务战备）和后续任务所需的其他职能训练。

g. 文职人员教育系统。请参阅第四部分"文职人员训练和领导者发展"。

14-21. 课程指导（教学方法）

陆军院校系统的某些机构和单位将教学作为主要的授课方法，而另一些机构和单位则将训练作为重点。更多的单位通过设置各类课程，结合使用上述两类指导方法。

a. 驻地训练在具有所需范围、设施（教室、住房、生活区等）和设备的集中训练地点进行，以满足所有训练需求（例如陆军学校和训练中心）。驻地训练的优先次序由主管训练的陆军司令部决定。

b. 非驻地训练是在没有现场讲师、小组负责人或其他指定的训练人员在场的情况下，指派给学生个人训练，由学生独自完成。

（1）分布式（Distributed Learning）学习通过使用基于计算机的技术，在适当的地点和时间向士兵、文职人员、部队和组织提供标准化的个人、集体和自我发展训练。分布式学习包括同步学生-教师交互（即实时，例如通过双向音频/视频电视）和非同步学生-教师交互（即非实时，例如通过计算机训练）。它还可能涉及自定进度的学生教学，这种方式无须通过讲师进行（例如函授项目）。有关分布式学习发展要求的更多信息，请参考训练与条令司令部行政出版物的网站 http://www.tradoc.army.mil/tpubs 和/或联合兵种中心网站，以获取有关分布式学习要求的最新指导。

（2）机动训练小组由一名或多名被派往国外执行临时任务或授课的美国军事或文职人员组成。该小组的任务是训练当地雇员操作、维护和使用武器及配套系统，或发展针对特定技能的自我训练能力。国防部部长可根据东道国的要求，指示一个小组训练当地的军事或文职人员。

（3）视频远程训练。财政紧缩和临时任务预算的减少对训练军人进行战斗和执行其他任务提出了挑战。陆军已经建立了一个减少临时任务需求的计划，该计划允许一名教官通过使用视频远程训练计划，在不同地点为多名军人授课。美国陆军视频远程训练计划向军人广播训练课程，无论他们是在佐治亚州本宁堡的教室里还是德国威斯巴登的数字训练基地，都可以接受此类训练。位于弗吉尼亚州尤斯提斯堡的陆军训练支持中心负责管理视频远程训练计划，此计划是更为广泛的倡议的一部分，旨在在教室外进行训练和教育，这与2015年陆军学习模型非常吻合，该模型正在改变陆军的个人学习方法和过程。

（4）训练教员的课程旨在提供特定的学习目标，以及如何将这些目标教授给指定的个人（即教员），随后这些人将返回其单位并传递信息。这些新的教员通常只有指导和记录训练的职责。这与在部队中设置的领域专家或额外值勤人员不同。后者除进行训练外，还负有额外的行政和咨询职责，以供指挥官使用。（例如，对最近的士官评估报告文档的培训，就是通过训练教员以向各部队传递信息来实现的。）但是，接受"性骚扰/攻击的回应和预防"培训或射击助理员训练的人员，除了为部队提供训练外，还将承担额外职责。

（5）在职训练是一项正式的训练计划，具有特定的学习目标，由教员在学员履行学习的职责时执行。在职训练内容仅限于立即履行的短期职责。

c. 陆军训练需求与资源系统。陆军训练需求与资源系统是陆军的管理信息系统，用于记录学员训练的输入值。在线系统将个人训练的人力需求与一个程序整合在一起，通过该程序，可以配备训练基地的资源，并对训练计划的执行情况进行记录。该自动化支持工具包括制定训练需求、确定训练计划、管理课程时间表、确定班级配额、进行学员预订，以及记录学员输入值和毕业数据。它支持包括编制人员配备决议审查在内的许多陆军部程序。结构和人员配备决议审查的产品是陆军个人训练计划，这是和平时期和动员期间训练基地资源配备的任务文件和输入数据。陆军训练需求与资源系统将为陆军主管人事的副参谋长办公室训练需求科在全军范围内的任务提供支持，即在和平时期与动员期间将所有的输入阶段整合进训练管理之中。该系统还为训练的规划、计划和预算阶段提供支持。

14-22. 陆军个人训练需求的制定

a. 概述。制定现役陆军个人训练方案的起点为：确定来自人事管理授权文档以及现役陆军军事人力计划的兵力结构授权。人事管理授权文档由陆军主管人事的副参谋长制定，每半年制定一次，通常是在每年的1月和8月进行。该文档列出了军事职业专业与级别层面的授权人数。陆军主管人事的副参谋长还负责每月制定一次现役陆军军事人力计划，内容包括人员配备数据，例如，现役部队年终兵力、每月招募需求以及7个财年的训练输入值。

b. 军事职业专业级别系统。军事职业专业级别系统程序负责利用人事管理授权文档预测现役组成部队（士兵）的技能需求。军事职业专业级别系统通过应用新增、损耗以及晋升因素，将军事职业专业人数与该财年的"年老"兵力清单（the aged inventory）进行对比。授权人数与"年老"兵力清单之间的差额构成了训练基地必须提供的训练有素的军人的数量，即输出物。在技能层级上应用训练损耗率即可得出需要开始训练的军人数量，即输入物。

c. 其他训练需求。人力资源司令部负责确定军官与在役士兵的其他训练需求，这些人员需要接受训练与教育，以支持职业发展、再应征入伍或重新分类计划以及任务需求。陆军主管人事的副参谋长负责确定陆军文职人员的训练需求。另外，人力资源司令部将通过陆军单兵训练集中申请向其他陆军司令部、陆军军种组成部队司令部、直接报告单位、各州副官长以及其他军种与机构征求在役训练需求。人力资源司令部每年进行一次陆军单兵训练集中申请调查。入伍启动、在役以及其他基于任务的训练需求被合并为陆军训练需求与资源系统中的总体原始训练需求。陆军训练需求与资源系统的自动化数据库包括一系列陆军基于任务的训练课程，包括训练时长、容量、频率以及地点。它还包括陆军人员参加的其他军种的课程。基于任务的需求将被转化成课程需求，进而在课程细节等级上按组成机构和财年成为陆军的训练需求。

d. 为每个军事职业专业/陆军职业编码制定训练计划。在制定课程训练需求之后，课程的下一个主要任务是为每个军事职业专业/陆军职业编码制订训练计划。建立培训计划的第一步是进行由主管人事的副参谋长办公室与主管作战的副参谋长办公室共同主导的结构和人员配备决议审查。该审查的参与方包括来自以下组织的代表：主管人事的副参谋长办公室；主管作战、民事与训练的副参谋长办公室；主管后勤的副参谋长办公室；军医署署长办公室；陆军训练与条令司令部；陆军装备司令部；陆军医务部中心与院校；人力资源司令部；部队司令部；国民警卫局；陆军预备役局局长办公室；工兵主任办公室；其他军种；陆军兵力管理系统；国际军事教育与训练；单个倡议院校。结构和人员配备决议审查的目的是在陆军内部就第一与第二个计划目标备忘录年份的院校训练计划以及下一个预算年度的重大变更达成共识。此外，结构和人员配备决议审查还负责验证训练需求（军人和文职人员将在正式的教育/训练课程中进行训练），将训练需求与校舍现有的资源能力（设施、营区和人力）进行对比，并调整训练需求或资源，以形成推荐的训练计划。结构和人员配备决议审查于每年10月进行。个人训练需求最初是针对第三年的计划目标备忘录年度制定的，在第二年计划目标备忘录年度（结构和人员配备决议审查的主要关注点）进行验证，并针对第一年计划目标备忘录年度进行微调。

　　e. 结构和人员配备决议审查对课程的分类。结构和人员配备决议审查将对每门课程进行分类。第一类课程是指总体训练需求可以通过现有资源得到满足的课程。第二类课程是指训练需求超出训练基地的资源配置能力的课程。对于这类课程，可以通过提供资源或将需求减少到资源能力能达到的水平来解决，而不会对人员配置计划产生重大影响。第三类课程是指需求超出训练能力，需要大量资源，且无法在不显著影响人员配置计划的情况下减少需求的课程。这些课程被称为受限课程。结构和人员配备决议审查的结果将报告给上校委员会，该委员会应当尽最大努力批准对第二类课程的调整/资源，并尽可能多地将第三类课程转为第二类课程。

　　f. 将官指导委员会。第二类和第三类课程将交由将官指导委员会。训练处处长和人力与人事处处长共同担任将官指导委员会主席。在该委员会中，将官们根据上校委员会的建议采取行动。应当对每一个仍属于"受限课程"的课程进行审查，审查内容包括当前授权、预计的作战兵力、训练需求、训练能力、限制因素的来源、消除限制所需的资源、所需资源的可得性以及建议的行动方案。该审查使得该财年每门课程的训练需求都具备充足的资源，这种资源配置齐全的训练需求被称为经批准的训练计划。

g. 陆军个人训练计划。将官指导委员会完成审查之后，主管人事的副参谋长办公室-训练需求处将在陆军个人训练计划中发布训练需求与训练计划。陆军个人训练计划是训练基地及陆军在进行新兵征募和职业发展教育方面的任务文档。陆军个人训练计划（按财年）确定已开设课程个人训练预期需求，以及为满足新课程需求的基于任务的课程的个人训练预期需求。根据确定的训练需求，进而展开后续行动以提供资源（人力、财力、设施、弹药和装备），以训练所需数量的军人和陆军文职人员。预计进入院校与训练中心的军人数量可协助我们制定合适的时间表，以支持陆军个人训练计划批准的各门课程的训练需求。时间表将被输入到陆军训练需求与资源系统中。陆军训练与条令司令部负责审查时间表，以确保能够支持陆军个人训练计划需求以及陆军训练与条令司令部的时间安排政策。

h. 动员规划系统。动员规划系统是陆军训练需求与资源系统的子系统。它为军事设施层级或以上层级的训练管理人员提供了迅速获取所需信息的机会，以便规划陆军训练基地动员的实施。动员规划系统被用于协助制定动员陆军个人训练计划，该计划能够按照基于任务的课程预测受训人员与学员人数，以满足动员人力规划系统确定的动员后对完成训练人力的需求。

14-23. 陆军个人训练要求和资源的管理

a. 结构和人员配备决议审查是一个验证陆军训练席位需求的论坛，并将这些需求与可负担、可接受且可执行的训练计划进行后续的协调（见图14-3）。训练需求最初是针对第三个计划目标备忘录年度制定的，在第二个计划目标备忘录年度（结构和人员配备决议审查的主要重点）进行验证，并针对第一个计划目标备忘录年度进行微调。在可能的情况下，根据训练活动的资助能力来实现微调目标（请参阅《陆军条例》350-10）。

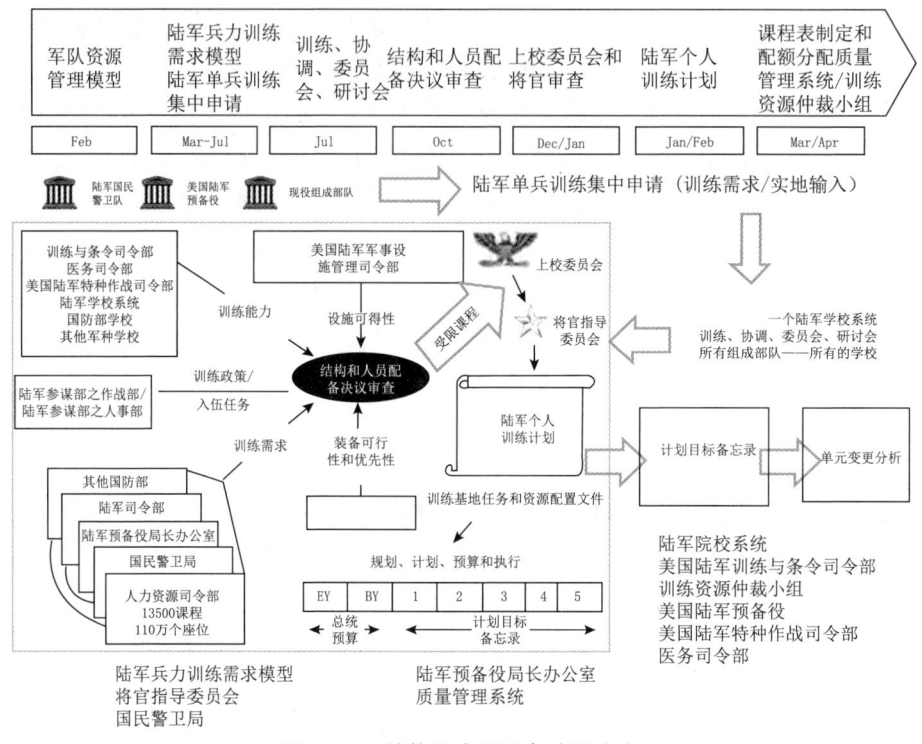

图 14-3 结构和人员配备决议审查

b. 训练资源仲裁小组在执行年度和预算年度期间，处理陆军个人训练计划未规划的训练席位变更。这些变更可能会产生未经规划的资源需求，例如额外的人力、基地运行（例如设施、膳食、住宿）、装备、弹药和资金，为此，司令部可能需要通过陆军部总部进行资源调配。如果需要通过陆军部总部进行规划的资源配置，则训练资源仲裁小组可以帮助陆军部总部确定是批准未规划的训练席位变更，还是拒绝并接受风险。陆军部总部主管作战、民事与训练事务副参谋长和主管人事的副参谋长共同担任训练资源仲裁小组的主席。《陆军条例》350-10 包含了有关训练资源仲裁小组工作程序的详细指南。

c. 变更单元分析是一个旨在解决影响预算年度和执行年度训练问题的论坛。这些问题过于复杂，因此无法在训练资源仲裁小组或结构和人员配备决议审查中解决。该分析的作用是提出建议，以解决影响计划训练的输入的关键问题。问题包括：由于现行授权文件、陆军政策、当前人力资源清单、预计损益、训练损耗率、训练策略和资源可用性的变化而导致的训练负荷变化。《陆军条例》350-10 包含了有关变更单元分析的政策指南。

d. 陆军单兵训练集中申请是陆军训练需求与资源系统数据库中的一个模块。联邦和国防部机构、全体陆军、其他军种、安全援助训练野外行动（外国军事训练需求）和文职机构均使用此模块提交他们的训练席位要求，以便在结构和人员配备决议审查的资格批准程序中竞争。

e. 训练需求和资源管理。输入训练管理将官指导委员会（Input to Training Management General Officer Steering Committee）的职责是批准陆军个人训练计划并解决影响陆军个人训练计划的关键问题。主管人事的副参谋长办公室和主管作战、民事与训练事务副参谋长办公室共同担任输入训练管理将官指导委员会主席。

14-24. 陆军大学

a. 陆军将其教育事业重组为大学架构，以最大限度地为士兵提供受教育的机会。实现这一目的的方式是为军人在服现役期间获得的教育和经验提供有效学分。这项工作旨在为陆军节省学费援助和失业开支，并提高军人在服役后获得优质就业机会的能力。陆军大学涵盖所有训练与条令司令部的院校，为部队提供有关陆军所有教育事务的单一联系点，满足陆军的教育需求，同时为士兵和文职人员提供实现其各自学术目标的机会。此外，陆军大学将与位于宾夕法尼亚州卡莱尔市的美国陆军战争学院、位于亚拉巴马州洛克堡的准尉候选人学校、位于堪萨斯州莱文沃思堡的指挥与参谋学院以及美国陆军卓越中心密切合作，利用各方优势进行训练和研究。陆军大学的宗旨是：提供专业学位和认证机会；传达陆军对教育的重视；成为国家认可的教育机构；加强与公立和私立大学的合作；发现人才；整合整个教育系统中的最佳实践。如图 14-4 所示，陆军大学将训练与条令司令部中的所有院校整合为单一的教育结构，该结构以许多州立大学系统为模型。这一教育结构包括了军官、准尉、士官和文职教育系统的所有要素，包括了现役和预备役人员的教育计划以及预备役军官训练队的试运行计划。

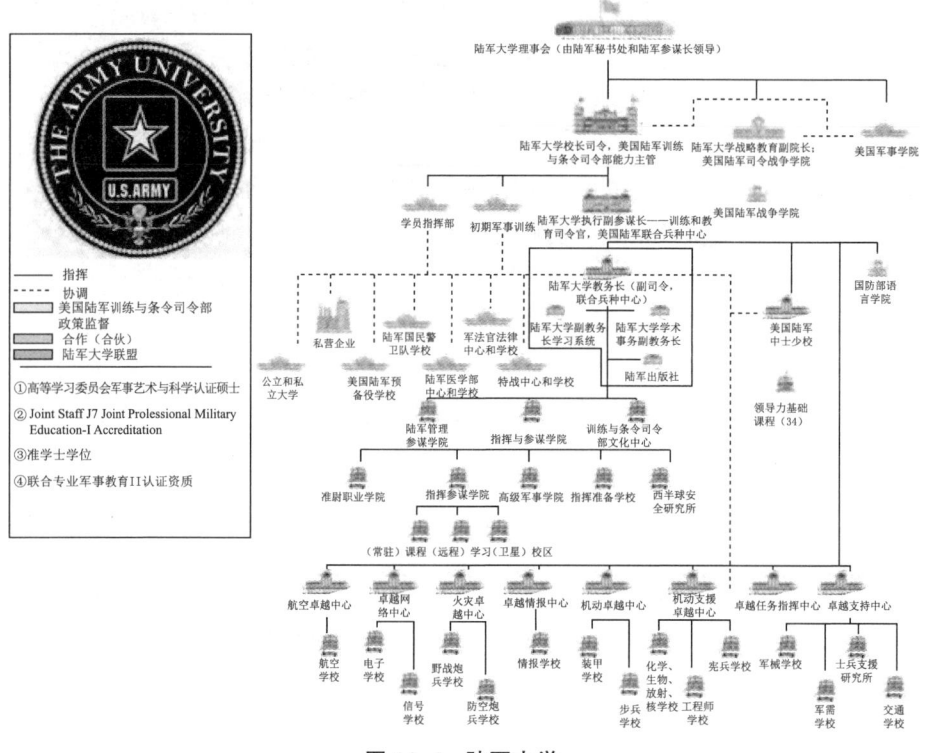

图 14-4 陆军大学

b. 美国陆军战争学院。美国陆军战争学院是陆军大学结构中战略教育和研究的重点和协调者，同时也是一所可独立认证和管理的研究生学院。因此，它作为陆军参谋长的直接报告单位，保持着独特的地位。陆军战争学院指挥官将兼任陆军大学负责战略教育的副校长，负责培养战略领导人，为全军提供体系级战略教育指导，并为陆军高级领导层做研究。美国陆军战争学院接受陆军参谋长对有关任务和战略教育需求的直接指导，保持独立的预算授权［包括从其501（c）（3）条款下机构收到的任何资助］，并在单独的访问委员会的监督下运作。美国陆军战争学院还将继续参加与陆军和联合教育要求有关的所有工作组和委员会。使其在陆军大学中获得这种独特地位的第二个驱动因素是对于美国陆军战争学院授予硕士学位的法定要求。为了授予《美国法典》要求的硕士学位，美国陆军战争学院必须符合其地区认证机构，即中级国家高等教育委员会的标准，该委员会与陆军大学的地区认证机构是不同的。中部各州委员会要求美国陆军战争学院通过其指挥官和教务长控制其机构的学术管理，以保留其地区认证资格。同样，美国陆军战争学院因其获得第二类联合职业军事教育（JPME Ⅱ）资格而得到联合参谋部的认可，从而对军事教育协调委员会和联合参谋部之训练部作出了回应。最后，美国陆军战争学院指挥官近期的任务是执行和协调从准将到中将的所有陆军将官教育。因此，美国陆军战争学院必须保持其在陆军大学中独特的地位以及其在陆军参谋长办公室直接报告单位的地位。

第五部分 军事职能区域和技能训练

14-25. 概述

职能课程使陆军人员做好分配到特殊单位或特定岗位的准备，并提高他们对陆军的价值。这些课程为军人提供了获得相应职务所需技能和知识的机会，而这些技能和知识是通过参加其他机构课程无法获得的。这些课程为军人提供的训练使军人有资格获得额外技能标识、技能资格代码或技能标识。陆军训练需求与资源系统课程目录包含职能和技能资格课程的完整列表。

a. 人力资源司令部司令负责指派处于临时任务和途中的现役陆军人员（牧师、陆军医务部和军法署署长团人员除外）参加专业课程，同时进行永久性调动或军官入伍。进行永久性调动的军人将在同一地点参加为期20周的课程或课程组合。每个负有训练职责的倡议者都应具备陆军训练需求与资源系统课程目录（访问网址：www.atrrs.army.mil）中指定的课程先决资格。

b. 陆军司令部、陆军军种组成部队司令部和直接报告单位负责指派执行临时任务和处于返回状态的现役陆军人员参加专业课程。

c. 国防采办大学是一所为所有采办、技术和后勤人员提供强制性训练的大学。该大学还负责提供全方位的基础、中级和高级课程训练，以及针对特定任务的持续学习机会，以支持国防部采办、技术和后勤人员的目标和专业发展。

14-26. 联合教育及训练机构

联合教育机构为所有军种的军官和文职人员在联合或组合总部/司令部执

行任务做好准备。该教育通常能够使学员做好准备，以完成联合司令部和参谋部的职能，并执行战略和作战规划。联合教育机构可以提供针对特定联合或组合任务的专业课程。北大西洋公约组织的参谋人员定向课程就是这类课程的一个例子。位于华盛顿特区麦克奈尔堡的国防大学全年开展数次此类课程。被首次指派给北约组织参谋职位的所有O-4到O-6级的现役陆军军官和现役警卫队与预备役军官，都必须参加北约组织参谋人员定向课程。该课程使学员熟悉北约的任务、组织和程序，为毕业生完成北约任务做好准备，并确保能够与盟国同时进行有效互动。

第六部分 陆军训练的未来

14-27. 概述

陆军教育与训练正在从传统教室的讲师授课向驻地学习、分布式学习以及单位训练相结合的方式转变。此方法利用自动化技术来提高生成、分配与执行教学内容的效率。这一变革对个人与集体训练均产生了影响。自动化网络是旨在为军人、领导以及单位生成并分发学习材料的渠道，以便满足他们特定的需求，从而为各种全球性的应急事件进行训练并做好准备。自动化技术的运用并不会改变军人、文职人员与单位的预期绩效标准，故而对传统的训练方法的依赖将继续下去。但是，这些训练会因商业万维网、因特网和其他信息传输系统的可用性与通信能力而得到加强。为了实现这一愿景，陆军发起了诸多项目，以提供坚实的教育与训练信息基础。陆军训练需求与资源系统是被用于注册陆军教育和训练（包括分布式课程）的工具。

但是，从2014财年开始，陆军文职人员开始使用GoArmyEd完成训练与教育注册工作。目前，陆军继续教育系统正在使用GoArmyEd这一系统，用于军人学费的资助。陆军训练需求与资源系统为陆军文职人员使用的大多数训练与教育课程的学生注册、课程安排、注册、训练记录跟踪以及财务追踪提供便利。

a. 学习环境。课堂学习环境正从以教师为中心、以讲课为基础的方法向着以学习者为中心的体验式教学的方法转变。知识和综合学习目标以及个人学习活动均在课堂外进行，包括自定进度的技术教学和研究。学生和学员还将参与讨论、协同学习活动、问题确定和小组问题解决等学习活动。同时，这种学习环境也可以使学习者参与（与其工作环境相关的）协作实习课程和旨在解决问题的练习。学习者除了能够学习到特定的知识内容外，还可以培养首创精神、批判性思维、团队合作和责任感等关键能力。

b. 分布式学习。为了迎接未来的挑战，陆军利用分布式学习的方式，以便在需要的任何时间、任何地点向军人提供教育和训练。分布式学习的类型包括交互式多媒体教学（个性化的自定进度教学）、视频远程会议、网络管理教学和模拟课堂。陆军分布式学习并未从根本上改变陆军的训练方式，而通过使用当前和新兴的技术来强化训练，这些技术用于管理并在需要时向军人提供训练。凭借这些技术，可以将教室引入单位、单位引入教室，在全球虚拟训练环境中提供训练。处于战地、单位、院校以及家中的军人可以通过陆军知识在线网站访问信息数据库，以便进行训练。各单位须根据自身需要、可供训练的时间、距"现场"训练地点的距离和其他资源限制，选择训练方案（驻地和非驻地）。分布式学习系统使用统一学习管理支持系统，该系统可以自动化处理学生注册、课程安排和训练记录。分布式学习系统还可以提供数字课件，包括实时视频远程训练、视频和音频记录、基于网络和计算机的训练材料以及模拟。陆军分布式学习计划文档和相关材料可以在以下网址获取：http://www.tradoarmy.mil/tadlp/index.ht。分布式学习的类型包括：

（1）陆军学习管理系统。陆军学习管理系统是陆军分布式学习系统的核心。该系统能够简化、巩固陆军的训练程序，并为此提供总体指导。它是一个基于网络的信息系统，可以在驻地和非驻地训练环境中为军人提供训练，管理训练信息，并提供训练协作、时间安排和职业规划能力；还可协助陆军训练人员和训练管理人员在其职业生涯中指导和管理军人、陆军文职人员的训练。

（2）数字训练设施。数字训练设施为陆军军人和文职人员提供了在陆军现役军事设施和陆军预备役训练场地进行训练的途径。

（3）部署数字训练校园。部署数字训练校园是一个可部署的网络教室，它使用卫星通信、无线连接和视频远程训练装备，来提供倡议者认可的分布式训练。卫星通信通过以下方式与全球部署的部队建立联系：视频远程训练装备；视频电话会议；万维网；非保密互联网协议路由网络；无法通过其他方式获得的校舍资源。

（4）陆军国民警卫队的分布式学习教室和移动分布式学习教室。陆军国民警卫队的分布式学习计划是陆军分布式学习计划的一个组成部分。它提供了多种分布式学习方法和技术支持的标准化单兵和协同训练，这些方法和训练与陆军国民警卫队各军人和单位的战备需求相关。

（5）训练与条令司令部体系课堂计划。该计划包括教室二十一（Classroom XXI）、任务式指挥艺术与科学计划、基本战斗训练/同一基地部队训练以及院校训练技术计划。体系课堂计划能够维持教学能力，支持已批准的训练需求和优先事项，可被应用于陆军学习模式 2015 中。

第七部分　训练管理

14-28. 训练将官指导委员会

结构。训练将官指导委员会负责管理训练体系。它为训练体系提供愿景、目标、目的和方向，并为陆军规划、计划、预算和执行程序提供关键内容。训练将官指导委员会负责牵头制定管理程序，这一程序负责对训练政策和战略的改进提出建议，并提高为组合、联合、跨机构和多国部队作战指挥官提供训练有素且准备就绪的军人、领导、文职人员和单位所需的能力。此外，训练将官指导委员会还负责确保陆军训练领域（作战、任务、机构和训练支持系统）能够维持必要的军人、领导、文职人员和单位战备状态，并能够支持陆军和国防部转型需求。

（1）陆军部总部主管作战、民事与训练的副参谋长担任训练将官指导委员会主席，副参谋长缺席时，由训练处处长或训练处副处长接任主席职位。主管作战、民事与训练的副参谋长之训练处处长与主管人事的副参谋长之军事人员管理处处长是陆军参谋部的代表，具有投票权。其他陆军参谋部人员也可能会被邀请进入委员会。

（2）训练将官指导委员会的主要成员同样具有投票权，包括来自各陆军司令部、陆军军种部队司令部和直接报告单位、陆军国民警卫队和陆军预备役部队的将级军官或高级行政官员，他们负责训练和发展领导者。训练将官指导委员会主席可根据议会议题，邀请陆军部总部和联合参谋部将官或高级行政官员参加。

（3）一般来说，每个 1-2 星级训练将官指导委员会均会与一个 3 星级训练将官指导委员会进行视频电话会议，以解决 1-2 星级训练将官指导委员中重要的新问题或有争议的问题。3 星级总将军指导委员会为陆军高级领导人提供了一份关于总将军指导委员会周期结果的背景简报。

（4）会议频率。训练将官指导委员会每季度（或根据需要）举行一次会议，以确定和解决问题、确定问题的优先次序，并作出决策，以支持陆军训练和领导人发展，为陆军高级领导人提供同步和综合的战略建议。一些上校委员会将为训练将官指导委员会发展和制定与训练相关的问题提供支持，以供陆军领导人作出决策。

（5）目的。训练将官指导委员会提供了这样一个管理程序，在该程序中能够确定和解决问题、确定问题的优先次序，并作出决策，以支持陆军训练和领导人发展，为陆军参谋长制定同步和综合的战略建议，以支持陆军转型和部队战备。训练将官指导委员会的所有建议都应当考虑以下内容：政策影响、未被采纳后的影响、一般资源需求以及与其他陆军训练和领导人发展计划相关的一般优先事项。

（a）秋季训练将官指导委员会。秋季训练将官指导委员会的目标有二：第一，为训练计划评估小组提供全面指导，以形成计划目标备忘录计划，从而最大限度地提高训练平衡和战备质量。第二，纳入关键利益攸关方的输入值，以提供优先考虑其需求的机会。关键输入值包括：短程训练需求分析；非系统训练装置；战略项目组合分析审查；结构和人员配备决议审查；执行评估；高级领导人战备论坛的任务状态；陆军职业和领导发展论坛倡议；陆军领导发展计划优先表；特殊情况下的直接需求。在召开秋季训练将官指导委员会之前，开展联合上校委员会和相关的综合论坛。委员会主要产物包括平衡的训练计划评估小组的评估和优先次序，以及更新的作战训练中心议程。秋季训练将官指导委员会于每年 11 月 15 日前举行。

（b）冬季训练将官指导委员会。冬季训练将官指导委员会的目标有二：第一，提供调整后的计划目标备忘录计划，以便审查和批准陆军训练计划评估小组的差额和风险；第二，为当前财政年度进行年中审查，并影响审查的进行。主要输入值包括：陆军训练计划评估小组的指导调整，指挥官的概要评估关切。在召开冬季训练将官指导委员会之前，开展联合上校委员会和综合论坛。委员会的主要产物包括调整后的计划目标备忘录计划和技术指导备忘录成形指导。冬季训练将官指导委员会于每年 2 月 28 日前举行。

（c）春季训练将官指导委员会。春季训练将官指导委员会的目标有二：第一，审查当前财政年的年中审查报告，以确定并尝试降低风险；第二，为未来决策制定新的计划，并审查和评估这些计划。在召开春季训练将官指导委员会之前，开展联合上校委员会和相关的综合论坛。委员会的主要产物包括年中审查、未来计划和优先事项（Way Ahead and Prioritization）、高级领导人战备论坛议程以及夏季训练将官指导委员会的决策点。春季训练将官指导委员会于每年 5 月 30 日前举行。

（d）夏季训练将官指导委员会。夏季训练将官指导委员会的目标有三：评估下一财年预算的差额和风险，了解当前的风险和资源挑战；评估即将提交的预算概算报告（在第一年的计划目标备忘录之前），以了解即将到来的风险和资源挑战；确认纳入训练计划评估小组指南的新计划；验证训练计划评估小组的新需求并确定其优先次序。在召开夏季训练将官指导委员会之前，开展上校委员会和相关的综合论坛。委员会的主要产物是针对新计划和/或政策变更的决策。夏季训练将官指导委员会于每年 9 月 30 日前举行。

表 14-2　训练将官指导委员会管理

	训练将官指导委员会管理			
	第四季度/夏季（视频会议）	第一季度/秋季（现场）	第二季度/冬季（视频会议）	第三季度/春季（现场）
训练将官指导委员会	·转变规划视野 ·验证新出现的需求 ·审查训练战备评估 ·制定计划目标备忘录之前的事后评估	·进行短程训练需求分析以确定/执行贸易空间分析的优先事项 ·为训练计划评估小组提供指导 ·审查计划目标备忘录以外的输入	·根据计划目标备忘录以外的指导和其他新出现的需求提升短程训练需求分析 ·审核并批准计划评估小组均势与风险 ·审查年中审查不佳特征报告并确定其优先次序	·为下一个计划目标备忘录审查新兴需求 ·审查高级领导战备论坛的议程和关键议题

续表

训练将官指导委员会管理				
训练需求一揽子计划	・转变规划视野 ・批准 D 年的作战需求模型 ・审查人员指导 ・审查陆军装备/现代化 ・审查兵力结构 ・设定秋季陆军同步和资源配置会议的条件 ・审查选择的单位类型	・审查 ASRF/计划目标备忘录以外和热门的议题 ・批准 C/D 年的决策支持模板 ・确定高于基础训练战略的预备役组成部队额外战备需求 ・推荐《美国法典》第 10 编第 12304b 节规定的需求 ・批准财年战备最终目标 ・审查选择的单位类型	・审查选择的单元类型 ・更新决策支持模板 ・为短程训练需求分析推荐战备目标 ・设定春季陆军同步和资源配置会议的条件	・更新决策支持模板 ・审查选择的单位类型

14-29. 训练将官指导委员会综合论坛

综合论坛的主要职能是通过整合配套的上校委员会，准备训练将官指导委员会议程，以确保提出的建议符合陆军训练和领导者发展需求。陆军部总部主管作战、民事与训练事务的副参谋长之训练处参谋长，或指定的上校/总计划表第 15 级代表共同主持综合论坛。综合论坛的参与者包括来自各配套上校委员会的陆军部总部主管作战、民事与训练事务的副参谋长之训练处上校/总计划表第 15 级代表。陆军部总部主管作战、民事与训练事务的副参谋长之训练处参谋长可在需要时邀请陆军司令部、陆军军种组成司令部、直接报告单位、陆军国民警卫队和陆军预备役部队选定的陆军参谋部以及其他代表（领域专家）。训练将官指导委员会主席负责制定指南并将其提供给各配套上校委员会，这些委员会包括：作战上校委员会、任务上校委员会、机构上校委员会和训练支持系统上校委员会；其他根据需要设立的上校委员会，例如陆军弹药需求上校委员会。各上校委员会主席以训练将官指导委员会的指导为基础，根据需要确定工作组，投票选举各上校委员会成员，并公布其行动章程（该章程由训练处处长批准）。

14-30. 高级领导战备论坛

高级领导人战备论坛的前身为陆军训练和领导人发展会议，该论坛是一个年度高级领导人论坛，为陆军参谋长提供机会，以促进高级指挥官和陆军训练人员就支持陆军训练和领导人发展政策及资源配置问题所需的变革进行信息对话。高级领导人战备论坛专注于当前和未来的战略训练以及当前和未来战斗领导人的发展问题。高级领导人战备论坛的主要成员来自以下组织的负责训练和领导人发展的将级军官：陆军司令部、陆军军种组成司令部、直接报告单位、陆军国民警卫队、陆军预备役部队、陆军各处和陆军院校。

第八部分　领导人发展

14-31. 领导人发展

a. 领导者发展是一个深思熟虑的、连续的、循序渐进的过程，其以陆军价值观为基础，使军人和军队文职人员成长为能够采取果断行动的、有才能的、自信的领导者。领导人的发展是通过终身的知识、技能和经验的综合发展来实现的，这些内容来自机构领域、作战领域和自我发展领域的发展。陆军领导人发展模型（见图 14-5）描述了其框架及其主要组成部分。陆军提倡 2013 年陆军领导人发展战略中描述的 7 项领导人发展指令，用以指导政策和行动，最终使领导人能够应对 21 世纪的挑战。2013 年陆军领导人发展战略可以在以下网址获取：http://www.usacac.army.mil 或 http://usacac.army.mil/cac2/cal/repository/ALDS5June%202013Record.pdf。这些指令是用于制定深思熟虑的、连续的、循序渐进的领导人发展程序的指导原则：

（1）致力于陆军职业、终身学习和发展。

（2）平衡领导者发展的训练、教育和经验三个方面。

（3）管理陆军中的军事与文职人才，以便使机构和个人均受益。

（4）选拔并培养具有积极的领导品质和精通核心领导能力的领导者，以承担更高层次的责任。

（5）培养能够适应复杂的作战环境和整个军事行动领域且具有创造性的领导者。

(6) 在领导发展中嵌入任务式指挥原则。
(7) 重视广泛的领导经验和发展机会。

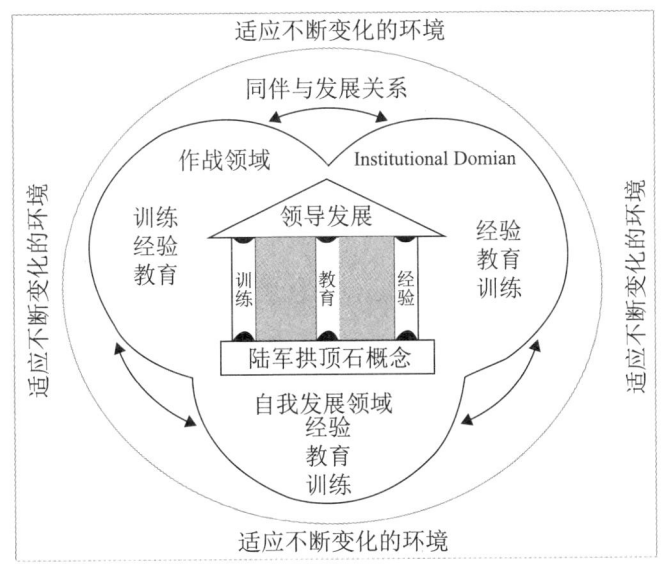

图 14-5　陆军领导发展模型

b. 职业军事教育。职业军事教育是经过深思熟虑的、持续的、有序的、渐进的培养程序中的一个组成部分，其培养的领导者能够体现出陆军的基本领导素质和能力，并已准备好领导军人。

(1) 士官教育系统。士官教育系统为士官提供循序渐进的、连续的领导、技术和战术训练，为他们领导和训练军人，并为执行单位任务做好准备（见图 14-6）。士官教育系统包括：

(a) 基本领导者课程（曾是战士领导课程）；基本的、未分兵科的领导训练。

(b) 高等领导课程（Advanced Leader Course）；领导训练和基本的、具体兵科的、班级和排级的训练。

(c) 高级领导课程（Senior Leader Course）；前沿的、具体兵科的、排级和系统级别的训练。

(d) 硕士领导课程；填补了高等和高级教育之间的空白，聚焦于战略、作战和批判性思维；问题解决；有效沟通（口语及书面）。

(e) 军士长课程；高级别的、未分兵科的参谋训练。

(f) 高级领导研讨会；针对指挥军士长/军士长。

(g) 行政领导课程；针对 1-2 星级总部/机构的提名的指挥军士长。

(2) 军官教育系统。军官教育系统负责培养军官和准尉，以便在更高的层面上提升其领导能力、责任和绩效。

准尉和军官发展见图 14-7 和图 14-8。军官教育系统包括：

(a) 初级教育（二级中尉-上尉，一级准尉-三级准尉）(2LT-CPT，WO1-CW3)：初级军官领导课程（例如，初级军官领导课程 A，对学员进行任务前/任命前的训练，以便使他们有资格担任军官。初级军官领导课程 B，对学员进行军官首次入伍训练和兵科资格训练）；准尉基础课程（例如，初级军官领导课程 A，针对任务前/已任命的训练。初级军官领导课程 B，针对具体兵科训练）；上尉专业课程（例如，领导连级规模单位和服务于营和旅的战术、技术和领导的知识和技能）；准尉军官高级课程（例如，基于技能、知识和经验的通用核心和特定兵科训练）。

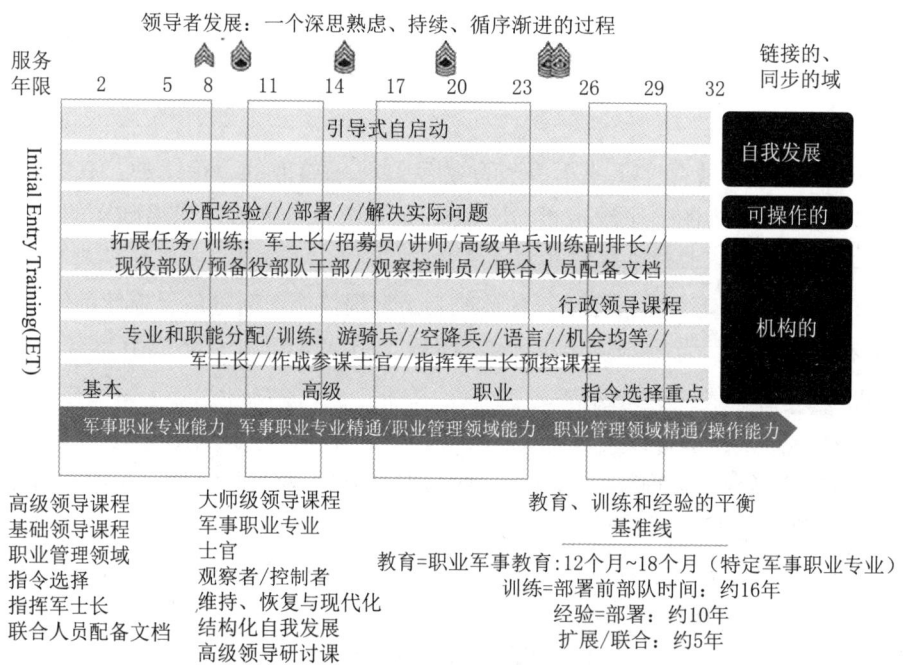

图 14-6 基本现役组成部队士官职业发展时间线

(b) 中级教育（少校，4级准尉）指挥与参谋军官课程（例如，在联合、跨机构、跨政府和多国环境中开展决定性行动的教育和训练）；准尉中级教育（例如，未分兵科的中级参谋军官和领导技能）；高级军事研究学院（例如，为选定的中级教育毕业生提供军事艺术和科学方面的高等教育，为军官在军事行动范围内规划和开展未来行动做好准备）。

(c) 高级教育（中校-上校，五级准尉）：指挥官培训班（例如，为陆军未来高级领导人提供指挥准备，这种指挥准备能够提供集中的领导发展机会）；准尉军官高级勤务教育（例如，准尉军事教育的顶层课程，聚焦于服务旅级战略层面所需的高级参谋军官和领导技能）；陆军战争学院——驻地、远程教育和奖学金（例如，教育并发展服务于战略层面的领导者，同时提高对全球范围内应用地面力量的认识）；高级领导研讨会；在高级军事研究学院进行的高级战略领导力研究项目（例如，发展战区层面的领导，以担任重要职务，包括作战司令部、联合特遣部队和其他4星级总部的战略思想家和规划人员）。

c. 自我发展。自我发展是有计划的、以目标为导向的学习，它强化并扩展了个人知识储备、自我意识和态势感知能力的深度和广度。自我发展能够补充在课堂和工作中所学到的知识，提高专业能力，并帮助个人实现其目标。自我发展有三种类型：

(1) 结构化自我发展是一门贯穿整个职业生涯、与课堂和体验式学习紧密相连并同步进行的必要学习过程，是参加士官教育系统课程的先决条件。结构化自我发展旨在将作战和机构领域进行链接，并通过确保学习的持续性和持久性，为个人和职业的持续发展创造条件。它是一组集中管理的特定内容，必须在指定的职业节点内完成，作为参加士官教育系统课程的先决条件，这既是个人责任，也是一线领导的责任。军人在完成基本战斗训练/同一基地部队训练以及后续的基本领导课程、高级领导课程、硕士领导课程和军士长课程后，方能有资格参加结构化自我发展课程。

图 14-7　准尉发展时间线

领导者发展：一个深思熟虑、持续、循序渐进的过程

级别 教育水平	初级	中级	高级	将级
课程和教育机构	初级军官领导课程，上尉专业课程，高级文职教育和进修研讨会	陆军司令部和参谋部学院，姊妹军种司令部和参谋部学院，联合作战课程	陆军战争学院、姊妹军种战争学院、国防大学学院和奖学金	陆军战略教育计划——基础教育、高级教育、高级教育、定点教育、顶尖教育等
军事教育的重点	指定的分支知识/技能/能力、参谋工作、对联合事务的介绍	作战、对战区战略对介绍、对作战行动的战略影响	战略领导发展，联合、跨机构、跨政府和多国作战，国家战略层面的交叉领域作战	联合事物，国家安全，整合程序，多国作战
联合强调	联合意识 联合战争/跨领域功能	联合职业军事教育阶段一 国家军事能力，司令部结构和战略指导，联合&多国部队	联合职业军事教育阶段二 国家安全战略，国家军事战略，联合战争，联合、跨机构、跨政府和多国环境中的战区战略，国家和联合规划程序，设计，战略适应性	拱顶石 国家安全战略，联合作战条款，国家规划系统和组织架构中的作战，联合、跨机构、跨政府和多国环境中的领导力/影响力
战争重点和工作层面	战术 排领导，合同官，营和旅参谋，企业职能工作	作战的 营和旅参谋，军和主要司令部参谋官，企业职能工作	战略的 营和旅指挥官，军指挥官和主要司令部参谋官，企业职能工作	副师长，师和军指挥官以及主要司令部熟悉参谋官，职能领导
长期职业发展	领袖的品格 终身学习技能/自我发展/批判性思维/有效沟通 区域和文化教育：从意识到能力			
所需品质	了解安全环境和国家安全工具 预测和应对意外和不确定性 预测和识别变化，并领导转型 通过信任、授权和理解，有目的地作战 基于武器职业的道德决策 从战略角度思考关键问题，在各级战争中应用联合作战原则			

图 14-8　军官发展时间线

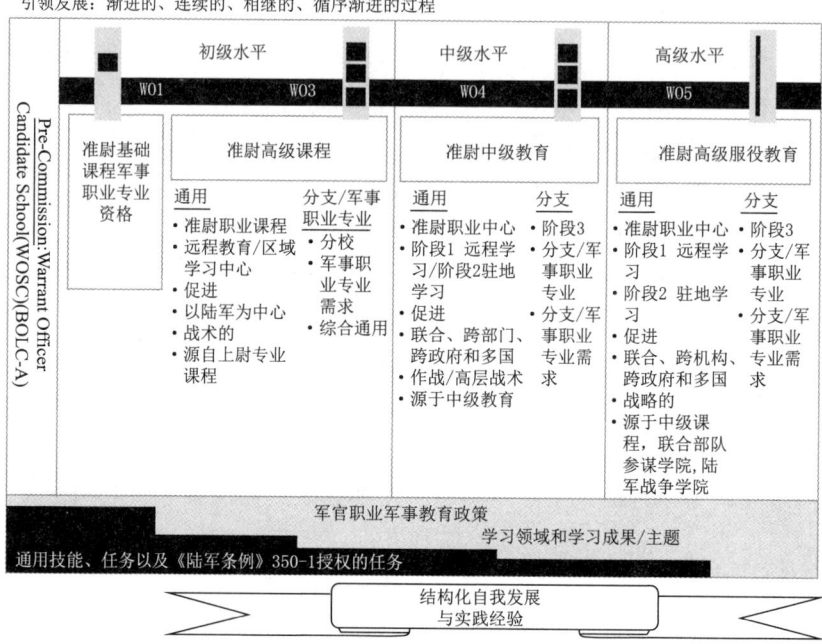

（2）引导式自我发展是推荐的但可选修的学习类型，有助于保持人员在其职业生涯中随时准备改变技术、职能和领导责任。

（3）个人自我发展是一种自发学习，由个人确定学习目标、速度和程序，例如，进高校深造和/或完成高级学位课程。

d. 文化、地域和语言。有能力采取果断行动的、能干且自信的领导者必须了解当今复杂的作战环境。虽然只有特定专业要求领导者具备特定语言能力，但所有人都必须具备文化意识和地区知识才能成功完成任务。这就是陆军在部署前训练和职业军事教育中都包含跨文化能力和区域理解要素的原因。陆军文化、地域和语言的另一关键职能是作为国防部执行代理，管理国防语言学院外语中心。作为国防语言学院外语中心的执行代理，陆军负责对各军种的外语培训工作进行计划和资源配置，并向各军种的领导和专家提供这项服务。这一执行代理的职能可能给训练体系带来挑战。尽管国防语言学院外语中心与其他训练与条令司令部机构一样，属于训练计划评估小组，但其资金来自军事情报计划。资金的使用必须按照国防部对于管理军事情报计划资源的指令进行管理。对国防语言学院外语中心资金的变更需要通过陆军部总部之情报部进行协调，并且需获得主管作战、计划和训练事务的副参谋长（训练处处长）的批准，以确保变更的合规性。

第九部分　文职人员训练和领导发展

14-32. 概述

对陆军文职人员队伍的训练和发展是维持一支随时准备执行任务的陆军所必需的活动。《美国法典》第5编第4101节为训练陆军文职雇员提供了授权。与穿军装的人一样，文职雇员必须是具有各种能力、适应性强并致力于军队使命的职能熟练、技术过硬的领导者。训练和领导发展是陆军职业计划主管、监管人员和雇员的共同责任。领导发展是通过训练和教育相结合，以及文职职业生涯中的经验和自我发展来进行的。陆军部文职人员应当具备的职业素质和信念记录在文职人员信条（《陆军条令资源出版物》6-22）中。

14-33. 文职人员教育系统

文职人员教育系统计划是面向陆军所有文职人员的陆军领导发展计划。它为担任关键职位的文职人员在其整个职业生涯中提供循序渐进的教育。指导课程是通过分布式学习和驻地教学法结合的方式提供的。随着文职人员职业的发展，文职人员教育系统课程将在特定时间段内按顺序进行。陆军部总部 G-37-TRV 是陆军文职人员教育系统课程的倡议者。位于堪萨斯州利文沃思堡的陆军管理参谋学院负责执行文职人员教育系统课程。文职人员教育系统课程是大多数陆军文职人员的核心领导发展课程，以文职人员在职业生涯发展过程中的级别和同等工资范围等级为基础。所有课程注册都是通过文职人员人力资源训练应用系统（陆军训练需求与资源系统的一部分）完成的。每位注册者都必须建立一个档案，以便完成所有文职人员教育系统课程的注册。

a. 责任。司令部负责根据文职人员数量确定和预测文职人员教育系统的需求。在未来年份，这些需求每年都将被输入到陆军单兵训练集中申请中。司令部每年都会参加结构和人员配备决议审查，以验证其训练需求，进而将其转化为文职人员教育系统课程的配额。

b. 注册。文职人员教育系统课程的注册由文职人员人力资源培训应用系统的雇员完成。司令部配额由司令部配额来源管理者进行管理，该管理者通常位于陆军组织的人事部门和作战部门。对大多数陆军文职人员来说，文职教育系统课程是集中供资的。常驻席位的优先次序为：第一，监管人员、管理人员和小组领导；第二，非监管人员、管理人员和小组领导；第三，文职人员的非陆军雇员和军事监管人员。第三优先级的雇员必须由他们的司令部或组织供资。详细说明和其他信息请参阅《陆军条例》350-1。

c. 核心领导文职人员教育系统课程。

（1）基底课程的目标是为陆军文职人员提供领导者发展理念的指导，为他们建立职业生涯，并使他们成为陆军文职人员的领导者。该项课程的目标是使学员：了解美国陆军领导条令；提高与其职业相关的自我意识；了解团队建设、团队动力和有效沟通；评估个人价值观及其与职业道德的关系；了解如何管理职业发展和利用职业潜力；完成对陆军文职人员的管理需求。

（2）基础课程旨在培养能够领导小型团队并管理项目的陆军文职人员。

基础课程通过分布式学习和 2 周的驻地训练进行。驻地训练是在成功完成分布式学习过程后进行的，地点在大学之内，包括教室教学与小组讨论。基础课程是所有总计划表 01 级至 09 级或同等薪酬级别的陆军文职人员所需的领导发展课程。

（3）中级课程的目标人群是中层领导，他们必须更加灵活、更具创新意识和自我意识，且已准备好有效地领导和照顾其人员并管理指派的资源。训练和发展性练习的重点是任务规划、团队建设、建立指挥环境和资源管理。中级课程是通过分布式学习和为期 3 周的驻地训练进行的。驻地训练是在成功完成分布式学习阶段之后进行的，授课地点在大学之内，授课形式包括教室教学与小组讨论。中级课程是所有总计划表 10 级至 12 级或同等薪酬级别的陆军文职人员所需的领导人发展课程。

（4）高级课程的重点在于：使陆军文职人员能够具有领导一个复杂组织的技能，以支持国家安全和国防战略；整合陆军和联合系统以支持联合部队；激发想象力和创造力；实施变革；管理程序。高级课程是通过分布式学习和为期 4 周的驻地训练进行的。驻地训练是在成功完成分布式学习阶段之后进行的，地点在大学之内，授课形式包括教室教学与小组讨论。高级课程是所有总计划表第 13 级至 15 级或同等薪酬级别的陆军文职人员所需的领导人发展课程。

（5）高级领导继续教育课程提供继续教育维持计划，将高级文职领导人聚集在一起，讨论陆军面临的当前相关问题。该计划的目的是让领导人不断地返回高级领导人继续教育（至少每年一次），以更新当前的陆军计划。高级领导人继续教育课程通过分布式学习和为期 4 天半的驻地训练进行。分布式学习包括阅读材料和书面作业。驻地训练包括小型和大型团体活动。课程结构为客座演讲者和互动练习两种形式的结合。该课程对总计划表第 14 级至 15 级或同等薪酬级别的陆军文职人员、现役中校、上校、4 级至 5 级准尉和军士长开放。

（6）监管人员发展课程是陆军强制性监督训练和复习/维持训练的唯一来源。监管人员发展课程是一门基于网络的课程，课程的重点是监督文职人员，是所有负责监督陆军文职人员的文职和军事人员的必修课。监管人员发展课程必须在担任监管职位的第一年内完成，时间与其一年的监管试用期一致。根据法律规定，监管人员必须每 3 年完成一次该课程，以作为进修训练。监管人员发展课程作为一种自我发展工具，可供所有陆军雇员使用。

（7）针对执行官的监管人员发展课程适用于曾经担任过文职人员监管职位的有经验的高级领导（高级行政官员/将级军官）。本课程的目的是满足国家 2010 年《国防授权法案》的要求。本课程是一个指南，介绍了陆军、国防部和人事管理办公室在《国防授权法案》中指定的关键领域，包括：功绩制度原则/禁止的人事行为；绩效管理；咨询、指导和教育；对抗的工作环境；重视多样化的劳动力；管理和劳动关系；领导发展和文职人员教育系统课程。

（8）现役军官发展课程是一个基于网络的课程，侧重于陆军的"参谋工作"实践。现役军官发展课程包括：组织和管理；完成复杂的参谋工作；管理时间和优先事项；召开会议和会谈；解决问题和作出决定；沟通；达到陆军标准书面写作能力；协调；进行简报；道德操守。现役军官发展课程是所有陆军实习生的必修课程，完成该课程是实习计划的必要环节。现役军官发展课程作为一种自我发展工具，可供所有陆军文职人员使用。军事和文职人员在职业生涯的任何时候都可以参加该课程。

（9）管理人员发展课程是一门基于网络的课程，聚焦于管理和领导人员。管理人员发展课程包括以下模块：组织文化；时间管理；目标和计划；问题解决和决策；规划、计划和预算；人力管理；通信；信息技术应用；陆军环境计划；平等就业机会；职业道德；内部管理控制；陆军家庭团队建设。管理人员发展课程作为一种自我发展工具，可供所有陆军雇员使用，并被推荐给担任监督或管理职位的陆军文职人员使用。

d. 竞争性职业发展。

（1）竞争性职业发展计划是一个有规划、系统、协调的职业发展计划，用以支持陆军的组织目标和任务。该计划包括在学术环境、商业/工业环境或其他战略性规划的职业发展任务中的按职能定制的发展机会，这些任务已在批准的职业规划主要训练计划或个人发展计划中被确定下来。训练活动既可以是短期的，也可以是长期的，资金来源有多个渠道。这些课程和计划由陆军部总部集中管理，或由个人职业计划提供资金。

（2）集中管理的课程包括：陆军国会奖学金计划、联邦行政学院的民主社会领导、哈佛大学的高级行政研究员计划、国家安全领导层的高级管理人员课程、高级领导人研讨会以及高级领导人发展课程。学历训练属于职业发展和集中管理的范畴。这些课程的倡议者是陆军部总部文职人员训练和领导发展处（G-37-TRV）。

（3）职业计划训练，也被称为文职人员职能训练，为陆军雇员提供了参加计划内的且协调的科学、专业、技术、机械、贸易、文书、行政或其他领域的课程或学习计划的机会，这将提高个人和组织的绩效，并有助于实现陆军的使命和绩效目标。除了传统的课堂和在线训练外，如果计划认为发展任务、行业训练和学位获取是满足职业计划战略人力需求的最实际的方法，职业计划还会为这些机会提供资金。

（4）文职人员训练和领导发展集中管理计划被包含在《陆军条例》350-1中。《陆军条例》600-950"文职人员职业生涯管理"更详细地介绍了职业生涯计划管理。附有训练计划的职业规划图可以在陆军文职人员训练、教育与发展系统和陆军职业跟踪系统中被找到。职业计划主管会不断更新职业规划图，以反映职业计划的持续发展。

（5）职业计划训练和教育所有课程的注册，以及所有学历训练，都必须在 GoArmyEd 自动化的训练应用系统中完成。每位雇员和监管人员都必须建立一个 GoArmyEd 账户，以便申请和批准训练。

e. 高级系统人才管理。高级系统人才管理和系统人才管理计划是结构化的文职人员职业发展系统，旨在以高效的方式满足陆军的长期绩效需求。高级系统人才管理和系统人才管理计划是陆军培养承担陆军最高职责职位的高级文职人员的手段。这些计划旨在为选定的总计划表第12级至第15级及同等薪资等级的文职人员提供特殊的职业发展、高级教育或体验式学习机会。高级系统人才管理和系统人才管理计划按照陆军指令2015-24"陆军部高级系统人才管理计划"中规定的政策和程序运行，由负责人力与预备役事务的陆军部助理部长进行全面监督和监管，并由文职人员高级领导管理办公室执行。负责人力与预备役事务的陆军部助理部长和文职人员高级领导管理办公室还负责确保高级系统人才管理计划能够补充并利用其他国防部和陆军领导发展计划和倡议，同时避免重复。高级系统人才管理和系统人才管理计划由10个部分组成：系统部署计划并指派为陆军系统雇员；系统部署计划高级行政服务派遣；基于计划的高级系统人才管理临时任务指派；出席高级军事学院；出席国防高级领导发展计划；陆军高级文职人员奖学金；指挥与参谋军官课程；行政领导发展计划；基于计划的系统人才管理临时任务指派；领导影子跟学实践（Leadership Shadowing Experiences）。

f. 高级军事学院。高级军事学院处于陆军文职教育系统的顶端，负责为陆军培养在国防部承担更大职责职位的文职人员。总计划表第 14 级至第 15 级和同等薪资级别的陆军文职人员有资格申请。高级军事学院为需要了解复杂政策和作战挑战并深入了解国家安全任务的领导人提供高等教育机会。进入学院是具有竞争性的，其由陆军部总部的高级系统人才管理委员会进行选拔。进入高级军事学院的人将被从其原组织的配备与装备数量表中移除，并被指派到文职人员训练账户。他们需要签署高级军事学院/毕业生部署计划调动协议，从而取得新的固定职位。毕业后应立即安排部署，并要求学员在国防部的任职时长 3 倍于该计划的时长。

g. 国防高级领导管理计划。国防高级领导管理计划是高级国防文职人员的首要行政人员发展计划。该计划通过以下方式提供联合领导学术学习实践：非陆军高级职业军事教育；从体系的角度开展的国防独有领导研讨会；基于参与者个人发展计划的个人发展机会。这是一个为期 2 年的计划，包括参加姊妹军种的驻地高级军事学院。国防高级领导管理计划的申请是通过高级系统人才管理程序实现的。总计划表第 14 级至第 15 级和同等薪资级别的陆军文职人员有资格申请。国防高级领导管理计划的申请者在其计划期间参加高级军事学院的，将被从其原组织的配备与装备数量表中移除，并被指派到文职人员训练账户。他们需要签署高级军事学院/毕业生部署计划调动协议，从而取得新的固定职位。同样，要求学员在国防部的任职时长 3 倍于该计划的时长。

h. 系统人才管理。系统人才管理旨在为委员会选拔的总计划表第 12 级至第 13 级和同等薪酬计划/等级的文职人员提供职业和领导发展的机会。该计划在负责人力与预备役事务的陆军部助理部长和文职人员高级领导管理办公室行政人员的监督下运行。它由 4 个部分组成：领导影子跟学实践；系统人才管理临时任务指派；国防部行政领导发展计划；指挥与参谋学院。

i. 国防行政领导发展计划。对于国防部雇员来说，国防行政领导发展计划是一个独特且具有挑战性的机会，可以培养他们的洞察力、对他们进行训练，并使他们了解作战人员的任务和作用。参加训练的人员包括各军种以及世界各地的联合部队和盟军。总计划表第 12 级至第 14 级和同等薪资等级的文职人员有资格参加该计划。2015 财年以前，国防行政领导发展计划由国防部总部文职训练和领导发展处（G-37）管理。2016 财年，该计划被移交给了高级系统人才管理办公室。

j. 高级行政官员的教育、训练和发展。陆军部高级行政服务机构的成员是级别相当于将级军官的陆军文职人员,包括最高行政、管理、监督和政策任命职位。高级行政服务机构的成员是高度敏捷且工作熟练的人,他们能够有效地领导广域作战,并且能够适应挑战。高级行政服务机构的成员充分展现了其专业技能,自信、正直的品质以及批判性判断能力和适应能力。陆军高级管理人员可以在复杂多变的环境中作战;在技术变革中组建团队;提供愿景和方向;创造性地解决问题。除了专业、技术和计划知识及技能外,高级行政服务机构的成员还需要具备核心行政资格和能力。人事管理办公室确认了高级行政服务机构成员所需的5项行政核心资格:领导变革、领导人员、结果驱动、商业才能和建立联盟。文职人员高级领导管理办公室和负责人力与预备役事务的陆军部助理部长,负责为陆军高级行政服务机构人员提供集中的生命周期管理。文职人员高级领导管理办公室在陆军执行资源委员的建议和支持下,负责规划、管理和执行陆军高级行政官员的教育、训练和发展计划。该计划的目标是培养出一种持续学习的文化氛围,以便通过部门、联合、跨机构、跨政府和多国环境中的教育、训练和实践,提高领导能力。高级行政官员教育、训练和发展计划包括:强制性基底训练、基于职位的训练、高等继续教育、联合资格训练、人才和继任管理以及执行资源委员会结果。陆军部部长人才和继任管理委员会使得陆军高级领导能够针对高级行政服务机构成员开展能力增强发展任务。人才和继任管理委员会负责确保行政人员的潜力能够在职业生涯中得到发展,且能够利用其技能和才干应对当前和未来的陆军挑战。执行资源委员可确定高级行政服务机构成员的发展任务、重新分配、继续教育或训练。执行资源委员指导的教育和训练将优先考虑受限课程分配的优先申请人。

第十部分　训练支持

14-34. 训练支持系统

a. 训练支持系统为陆军训练的运行提供了基础。如《陆军条例》350-1与《陆军条令出版物》7-0所述,训练支持系统是一个"系统体系制度",负责提供网络化、一体化以及可互操作的训练支持能力，这是在任何时间、任何地点为军人、单位与陆军文职人员提供与作战相关的"联合、跨机构、跨政府和多国"训练所必需的。训练支持系统包括产品（仪器、训练辅助器材、设备、模拟器与模拟）、服务（训练支持行动与人力）和设施（靶场、模拟中心、任务训练建筑群、训练支持中心），这些产品为真实地描绘作战环境并实施训练战略创造了条件。

训练支持系统通过向指挥官提供工具，以便在驻地、作战训练中心、陆军训练与条令司令部院校/卓越中心对军人、领导、任务式指挥与单位集体进行训练以达到标准（包括自我发展），来强化作战训练战略和院校教育计划。

b. 训练支持体系由5个相辅相成的主要计划组成，共同促进陆军训练支持系统能力的生成。这些计划包括：可维持靶场计划；任务式指挥训练支持计划；作战训练中心现代化计划；军人训练支持计划；训练信息基础设施计划。每个训练支持系统计划由配套职能或可能包含下述内容的组成部分作为其标志性内容：计划政策和程序、人力和配备与装备数量表结构、现代化战略、作战支援职能和资源、连接性和管理支持系统。

（1）可维持靶场计划是陆军改进靶场设计、管理、使用和长期维护的途径。该计划以两个核心计划为标志：第一，靶场计划包括靶场现代化和靶场作战；第二，训练用地计划聚焦于土地的管理和维持，通过综合训练区管理程序、训练用地征用和可维持靶场计划的延伸进行，这为上述两项可维持靶场计划核心计划提供了支持。综合训练区管理提供了地理空间信息系统能力，以支持靶场现代化、靶场作战和综合训练区管理。

（2）任务式指挥训练支持计划负责提供参谋人员及训练人员、设备、基础设施及其他必要资源，以支持陆军、陆军预备役部队和陆军国民警卫队编队的任务式作战训练。任务式指挥训练支持计划能够提供虚拟和想定的训练环境，以便为联合兵种训练提供支持，这一训练可以在全频谱冲突范围内复制陆军作战行动。该计划为个人和单位的任务式指挥训练提供支持，范围覆盖从连级到团级，从战术层面的指挥行动到联合特遣部队、陆军军种组成部队司令部和联合部队地面部队司令部层面的指挥行动。任务式指挥训练支持计划中建立的训练活动能够帮助陆军领导发展现有的、与任务式指挥相关的才能和技术。它为陆军任务式指挥系统训练和作战指挥的基本能力提供支持，能够为个人和小型单位提供授权，并允许基层领导在分散行动中起主导作用。

任务式指挥训练支持计划包括任务式指挥训练能力行动和设施，集中的虚拟和想定"训练辅助器材、设备、模拟器与模拟"，陆军训练演习以及实时、虚拟、想定的综合训练。

（3）军人训练支持计划包括通过小组层面的虚拟和实时的"训练辅助器材、设备、模拟器与模拟"、训练支持中心以及虚拟训练设施进行训练的单个军人。军人训练支持计划负责管理训练设备的"训练辅助器材、设备、模拟器与模拟"的制造和发行，并为特定的虚拟"训练辅助器材、设备、模拟器与模拟"和其他"训练辅助器材、设备、模拟器与模拟"支持设备提供指导员/操作员，以便指挥官能够开展个人训练、作战训练及院校训练。

（4）训练信息基础设施计划由2个主要部分组成：陆军训练信息系统和远程学习的交付点系统。陆军训练信息系统包括对陆军训练信息系统的整合，并为训练管理、行程安排、发展和内容管理提供了一体化架构。交付点系统负责维护和升级驻地、可部署的和机构的系统及基础设施。

（5）用于为陆军条令的变更提供支持的演习作战训练中心（国家训练中心、联合战备训练中心和联合多国战备中心）的作战训练中心现代化和生命周期技术更新，涵盖了对抗部队、仪器、训练辅助器材、设备、模拟器与模拟和设施，以便在实兵对抗和实战想定中为基本战斗训练提供逼真的训练环境。作战训练中心现代化计划通过为作战环境提供联合环境来确保作战训练中心保持相关性，并提供基于条令的反馈，以促进陆军兵力生成训练周期中规定的领导和单位训练的开展。由此产生的训练能力的输出物是生成训练有素且准备就绪的作战单位、领导和军人，以应对当代作战实践中针对混合威胁（广域安全/联合兵种演习）的各种冲突。

14-35. 训练支持系统管理

a. 陆军部总部G-37训练模拟科（DAMO-TRS）为训练支持系统规划、计划与资源配置提供总体管理与政策。训练支持系统通过陆军部总部G-37训练模拟科、训练与条令司令部陆军联合兵种中心-训练部门组成的体系进行管理，并由主管模拟、训练和仪器的计划执行官和体系信息系统的计划执行官提供支持。陆军训练与条令司令部为此提供牵头机构方面的支持，包括训练支持系统需求验证。军事设施管理司令部警备区与训练支持系统体系协同，负责训练支持系统的实施。军事设施管理司令部总部和各地区分部共同负责监督美国本土训练支持系统的实施，以便为陆军现役组成部队和陆军预备役部队提供支援。受支援司令部包括：部队司令部、训练与条令司令部、陆军预备役司令部、陆军医务司令部、美国军事学院和华盛顿军区。美国驻欧陆军、美国太平洋陆军和陆军国民警卫队负责在其军事设施中以及陆军军种组成部队司令部的责任区域内实施训练支持系统。负责作战训练和院校训练的陆军司令部、陆军军种组成部队司令部和直接报告单位负责维持一个参谋机构，用于为其下属司令部验证训练支持系统需求并确定优先次序。

b. 体系组织。下面列出的各组织代表着训练支持系统体系的核心，并在以下领域支持训练模拟科：政策制定和传播；需求发展；一体化验证与优先排序；资源分配；对实施情况的监管与任务分配。

（1）陆军部司令部 G-37 训练模拟科负责提供适用于全陆军范围的政策和资源。

（2）训练与条令司令部负责为陆军提供训练支持，并为训练支持系统指派牵头机构。它还负责管理训练支持系统的主要计划和数据库，并提供分析支持能力。

（3）训练与条令司令部能力主管（例如，实时、虚拟与想定、演习和一体化），与训练支持系统的主要计划保持一致，并与这些计划有所交叉，负责确定计划需求，并为该领域的产品、设施和服务的规划、计划、预算、发展和采办活动提供支持。

（4）训练与条令司令部院校/卓越中心负责制定支持其机构/学校联系点训练的需求，并作为倡议者确定训练支持系统需求，以便为作战单位的训练提供支持。

c. 管理程序。训练支持系统管理程序包括定期管理审查，以便确保训练支持系统的规划、计划以及执行活动能够与当前和未来的训练需求同步。训练支持系统现代化审查和定期管理审查每半年开展一次。

d. 训练支持系统能力评估。训练支持系统需经历持续评估，以确保有能力支持陆军训练战略和陆军战役计划。

（1）评估指标包括：

（a）任务基本需求：由主要训练支持系统计划确定的产品、服务、设施和后勤保障。任务基本需求确定了支持训练战略所需的内容。

（b）使用的实例：能够确定交付给各个训练支持系统的实施地点达到任

务基本需求的水平。各训练支持系统主要计划都设置了参数，使用的实例根据这些参数得到确定。

（c）基准标志：源自陆军战役计划，并能反映适用的规划、计划、预算与执行程序的周期。基准标志通常以财年来衡量，在该财年内，每个使用的实例都要符合任务基本需求。

（d）长期投资需求分析：运用整体方法从 30 年周期的角度管理"训练辅助器材、设备、模拟器与模拟"的生命周期，并寻求在现代化、后勤、训练和军事设施界同步需求、采办和资源配置规划。

（e）目标备忘录的构建：通过训练支持系统短程训练需求分析完成。

（2）评估程序包括：

（a）每 2 年进行一次主要评估活动，以支持目标备忘录的制定。上述内容是通过执行训练支持系统战区过程中审查来完成的，以便根据上述标准来确定训练支持系统需求。

（b）每 2 年进行一次陆军军种组成部队司令部/司令部层面的过程中审查。

（c）每年进行一次训练支持系统审查（由倡议军种院校实施），以便按战场职能确定训练支持系统的广泛的职能方案。

14-36. 训练弹药

a. 训练弹药需求程序。

（1）陆军每年按财年制定弹药需求，以支持陆军武器训练。

（2）陆军武器训练战略的全部弹药供应均通过陆军弹药需求工作小组/上校委员会程序批准。只有通过陆军弹药需求工作小组/上校委员会批准的弹药资源才能在《陆军部手册》350-38 和训练与条令司令部的教育计划中发布。

（3）为支持上校联合委员会批准的武器训练战略，计划、采购、生产和分发弹药的标准准备时间至少为 4 年。当务之急，是在采办和训练战略制定程序中尽早向陆军弹药需求工作小组/上校联合委员会提出弹药资源配置战略。一旦课程的初始发展规划获得批准，或者对于新能力来说，一旦在里程碑 A 点（技术开发阶段）完成，倡议者即可提出资源配置战略草案。

（4）在陆军弹药需求工作小组/上校联合委员会批准任何武器训练战略的弹药资源配置后的 90 天内，训练与条令司令部倡议者会将批准的战略提交给训练与条令司令部实战训练处的系统训练计划办公室,以审查并进一步提交至主管作战、民事与训练事务副参谋长之训练需求分析处(训练弹药主管),进行最终验证,并发布到训练弹药管理信息系统中。

b. 驻地训练。

(1)《陆军部手册》350-38 为指挥官提供了主管作战、民事与训练事务副参谋长批准的个人、小组和集体武器训练战略,并确定了执行该战略所需的弹药资源和训练辅助器材、设备、模拟器与模拟资源。这为确定单位训练弹药需求提供了基础。《陆军部手册》350-38 中的所有武器训练战略均在训练弹药管理信息系统中发布并进行维护。《陆军部手册》350-38 的第一章、术语汇编和附录 A 将继续通过陆军出版局出版。

(2)每所训练与条令司令部院校都负责为所有个人和小组的认证训练制定全陆军范围的训练战略,这种认证训练是针对该院校倡议的个人或多人操作的武器的认证训练。

(3)在作为集体训练活动的倡导者时,训练与条令司令部院校负责确定所有训练涉及的多人操作武器和武器平台的集体训练战略。

(4)训练与条令司令部在配备有联合训练中心的司令部的配合与投入下,负责制定所有的武器训练战略,以支持在联合训练中心进行的集体训练。战略必须包括为对抗部队提供训练支援需求的资源配置方案,并使用标准的陆军弹药。

(5)训练与条令司令部倡议院校将根据批准的陆军条令制定所有陆军武器训练战略。

(6)具有持久的(能够持续 3 年或更长时间)司令部特有武器训练需求的陆军司令部将向陆军弹药需求工作小组/上校联合委员会提出针对这些训练需求的战略,以供批准。在将战略提交陆军弹药需求工作小组/上校联合委员会批准之前,陆军司令部必须与相应的训练与条令司令部倡议院校协调这种司令部特有的战略。经批准的司令部特有战略将包含在《陆军部手册》350-38 中。

(7)《陆军部手册》350-38 每年更新一次,并于该执行财年的 10 月 1 日正式发布。因此,用于在 20×1 财政年度执行的《陆军部手册》350-38 于 20×0 年 10 月 1 日发布。

(8)训练与条令司令部的倡议者将明确识别所有训练辅助器材、设备、模拟器与模拟并将其纳入所有武器训练表,作为武器训练战略的一部分。

（9）所有单位均将利用训练弹药管理信息系统来计算其在驻地和作战训练中心武器训练的弹药需求。训练弹药管理信息系统从陆军组织服务器，主管作战、民事与训练事务副参谋长的兵力管理记录系统中提取人员和武器密度信息，用于编制装备表和/或对配备与装备数量表进行管理。训练弹药管理信息系统还根据附录B从陆军组织服务器中提取兵力数据。单位授权文档会不断变化。有时，单位可能已经配有编制装备表和/或配备与装备数量表授权的武器和人员，而这些武器和人员却未被反映在训练弹药管理信息系统中（或出现相反情况）。这些现有且适当授权的武器和人员的弹药需求是有效的需求，但必须手动输入至训练弹药管理信息系统的需求模块中，直到编制装备表和/或配备与装备数量表数据在陆军组织服务器中更新并导入训练弹药管理信息系统中。为了验证这些需求，单位将向主管作战、民事与训练事务副参谋长之训练需求分析处提供一份"验收单"或编制装备表和/或配备与装备数量表的副本，以表明武器或人员已被授权进入该单位。

（10）单位的某些需求可能是"超出系统训练计划"标准的。这些需求包括未被纳入《陆军部手册》350-38的非持久性（少于3年）训练活动的需求。单位必须在训练弹药管理信息系统的需求模块中手动输入这些需求，并提供理由以支持其批准。理由必须包括：

（a）活动名称。

（b）活动说明。

（c）活动频率。

（d）活动中的武器数量。

（e）支持该活动的每个武器的子弹数。

（f）《陆军部手册》358-38中提供的资源不足以支持所需训练的原因。

（11）司令部弹药的管理人员负责确保仅将有效需求提交至主管作战、民事与训练事务副参谋长之训练需求分析处，以供批准和资源配置。在可能的情况下，司令部将利用其现有授权来支持超出系统训练计划和教育计划的需求。

第十一部分　政策、需求和资源配置程序

14-37. 概述

训练计划评估小组负责根据陆军训练战略和陆军高级领导的指导，为4

个项目组合（作战训练、院校训练、训练支持服务和作战任务）中的训练战备需求提供指导、执行决策以及为其资源配置进行辩护。该小组负责规划、计划、管理训练资源并为之辩护，这些资源是支持陆军在规划、计划、预算和执行程序中提供训练战备能力的保障。其输入值来自人力模型、兵力结构变更和资源配置行动。训练项目从下列项目中获取陆军运作与维修拨款资金：预算项目1（作战部队）、预算项目2（动员）、预算项目3（训练和征募）、预算项目4（行政管理和军种范围的活动）。其他拨款包括：陆军国民警卫队人员拨款、陆军国民警卫队运作与维修拨款、陆军预备役人员拨款、陆军预备役运作与维修拨款。

14-38. 组织

主管作战、民事与训练的副参谋长将院校训练与单位训练以及训练支持的职能结合在一起，负责批准并管理陆军个人、集体以及现代化训练、陆军文职人员训练和教育计划。其为陆军提供了一个单一进入点，用以解决影响训练的各种问题。主管作战、民事与训练的副参谋长还负责对陆军部总部进行监管，以制定陆军训练、教育以及领导发展的概念、战略、资源、政策和计划。其他能够对训练系统产生直接或间接影响的陆军部参谋机构要素包括：

a. 主管人力与预备役事务的陆军部助理部长。主管人力与预备役事务的陆军部助理部长设有一个训练科，用于协助其制定、执行并审查与实现陆军有效而高效的训练与教育目标相关的政策与计划。该助理部长还负责就与人力资源与预备役事务相关的所有事项（包括战备与训练）向陆军部部长提供建议。

b. 主管财务管理与审计的陆军部助理部长。主管财务管理与审计的陆军部助理部长负责制定陆军预算，发布人力与资金指导，向司令部与机构分配资金，并监督偿付专款划拨率与重新计划措施。

c. 主管采办、技术与后勤的陆军部助理部长。主管采办、技术与后勤的陆军部助理部长负责管理个人与单位在执行任务期间使用的装备与非装备项目的生命周期。该助理部长还负责为研究、发展并采购系统与非系统训练辅助器材、设备、模拟器与模拟以及其他针对训练支持材料的已批准需求提供政策与指导。此外，主管采办、技术与后勤的陆军部助理部长还为新装备的训练提供资金并进行协调。

d. 主管设施、能源和环境的陆军部助理部长。主管设施、能源和环境的陆军部助理部长负责为与下列要素相关的政策、规划和计划的制定、执行与审查提供秘书层面的管理：靶场与训练用地计划；环境、安全与职业健康；《国家环境政策法案》；土地利用需求研究。

e. 主管人事的副参谋长。主管人事的副参谋长负责整合人员的战备与训练，并管理陆军训练需求与资源系统，该系统被用于支持陆军个人训练计划管理程序。主管人事的副参谋长通过训练资源仲裁小组管理由人员战备需求驱动的年训练计划变更申请。他还负责管理军官授衔前计划（美国军事学院、预备役军官训练队以及军官候选人学校）的人力需求，以及均等机会训练和酗酒与毒品滥用。

f. 人力资源司令部。人力资源司令部负责按财年预测训练需求，该预测以主管作战、民事与训练事务的副参谋长为陆军现役组成部队军官和士兵分配的训练空间为基础。主管作战、民事与训练的副参谋长根据预期的单位需求与分配政策为现役组成部队军官与士兵拨配训练空间。

g. 陆军预备役人力资源司令部。人力资源司令部负责指挥与控制所有的单个待命预备役人员，并为单个待命预备役人员、军官和士兵提供个人训练管理（请参阅第六章）。它还负责陆军预备役部队的军官人事管理系统与陆军预备役部队的士兵人事管理系统，并为陆军预备役部队的军官与士兵预测训练需求（按财年进行）。人力资源司令部将根据预期的训练需求和适用的陆军兵力生成周期为陆军预备役军官与士兵拨配训练空间。

h. 主管军事设施管理的助理参谋长。主管军事设施管理的助理参谋长具有以下职责：为工程计划、环境合规、恢复、污染预防、环境保护、环境计划管理以及不动产总体规划提供政策与指导；在土地采办方面提供指导与协助，以支持靶场与训练用地计划；为军事设施中的训练支持中心的运作提供公共设施与人力基础设施方面的支持。

i. 主管情报的副参谋长。主管情报的副参谋长负责制定对抗部队计划并协助主管作战、民事与训练的副参谋长制定情报训练政策并管理国防外语计划。

j. 主管后勤的副参谋长。主管后勤的副参谋长负责陆军部队的后勤战备，包括部队单位装备（包括训练资产）的可支持性和可维护性。

k. 陆军首席信息官/主管通信的副参谋长。陆军首席信息官/主管通信的副参谋长负责为陆军视觉信息和多媒体支持提供政策和程序指导。

l. 监察长。监察长负责在全陆军范围内对训练发展与训练管理进行评估，以便评定训练政策的执行情况以及训练对战备、可维持性和单位进行战斗并取得胜利的能力的影响。评估聚焦于训练资源，并向指挥官提供反馈，以提高训练效率。

m. 军医署署长办公室。军医署署长办公室负责预测训练需求，并在陆军医务部内部分配课程空间。

n. 国民警卫局局长。国民警卫局局长通过《陆军国民警卫队条例》350-1 为陆军国民警卫队单位制定训练政策。国民警卫局局长也负责为国民警卫队的训练规划资源，并为每个州、地区和哥伦比亚特区分配训练空间。国民警卫队的单位指挥官对本单位的训练负责。部队司令部负责确定训练标准并监督陆军国民警卫队单位的训练。相关政策与指导被包含在《部队司令部/陆军国民警卫队条例》350-2 中。

o. 陆军预备役部队长官。陆军预备役部队长官为陆军预备役部队规划训练资源，并监督其训练活动。陆军预备役部队长官通过履行人力资源职能管理陆军预备役部队军官、准尉以及高级士官的职业发展训练（请参阅第七章）。

14-39. 需求和资源配置程序

a. 训练计划评估小组。作为《美国法典》第 10 编规定的陆军 6 个计划评估小组之一，训练计划评估小组与训练体系、整合者和利益攸关方计划一起，根据"五年国防计划"，负责资源分配工作。

b. 管理决策执行一揽子措施。训练计划评估小组负责管理各部分内各方面的训练资金，覆盖从个人到单位的各个方面。训练计划评估小组将管理决策执行一揽子措施分为四个投资组合：作战-集体训练；院校训练-个人和领导发展；训练支持系统-训练机构；支持任务完成、网络空间和网络作战的任务。主管作战、民事与训练事务的副参谋长办公室之训练处副处长和主管人力与预备役事务的陆军部助理部长共同主持训练计划评估小组。管理决策执行一揽子措施的管理者负责在计划目标备忘录中，对计划评估小组的资源需求进行阐述并为之辩护。管理决策执行一揽子措施的管理者使用各种成本模型来确定和创建需求。

c. 规划、计划、预算和执行程序。计划评估小组利用规划、计划、预算和执行程序来制定陆军计划目标备忘录中的训练部分。各种系统和模型为这一程序提供了输入物，如人力模型、兵力结构模型、训练模型、成本模型和资源配置行动。图 14-9 描述了如何将训练融入 2018 财年的规划、计划、预算和执行程序的作战节奏中。

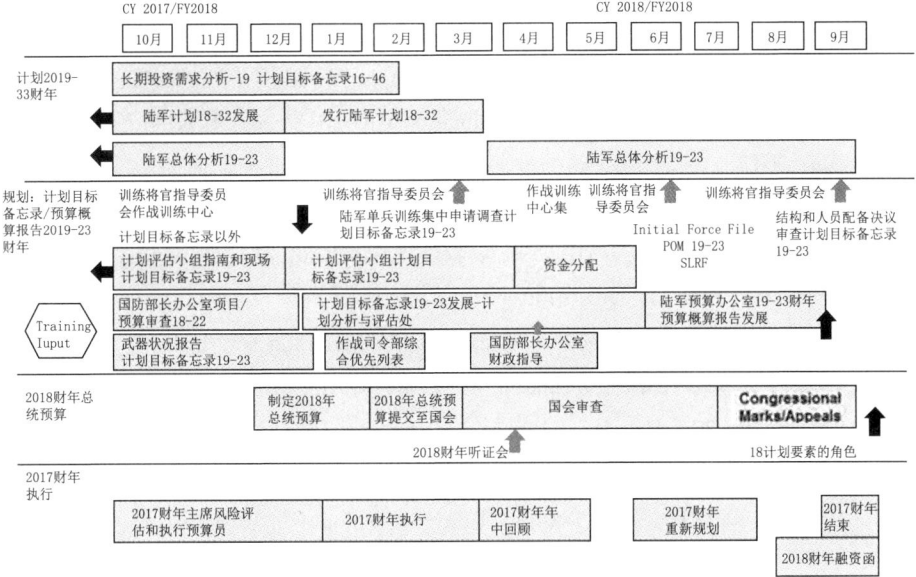

图 14-9　规划、计划、预算和执行程序的训练输入物

第十二部分　总结与参考文献

14-40. 总结

所有的训练和领导发展行动都发生在陆军文化中，包括价值观和道德观、勇士精神、标准以及持久的原则和规则。陆军训练包括三个领域：作战训练、院校训练和自我发展训练。陆军训练战略用于同步每个训练领域在建立部队战备状态中所扮演的角色。训练能够建立信心、培养能力，同时提供基本的技能和知识。训练的结果是使单位进入战备状态。单位的指挥官负责安排和开展训练活动。领导者发展是一个深思熟虑、连续、循序渐进的过程，其以陆军价值观为基础，使军人和军队文职人员成长为能够采取果断行动、有才能、自信的领导者。

14-41. 参考文献

a. 出版物：

(1) Army Doctrine Publication (ADP) 3-0. Unified Land Operations, Oct 2011.

(2) ADP 7-0, Training Units and Developing Leaders, Aug 2012.

(3) Army Doctrine Reference Publication (ADRP) 3-0, Unified Land Operations, May 2012.

(4) Army Leader Development Strategy 2013.

(5) Army Regulation (AR) 5-13, Total Army Munitions Requirements Process and Prioritization System, Dec 2009.

(6) AR 12-15, Joint Security Cooperation, Education and Training, Jan 2011.

(7) AR 25-1, Army Information Technology, Jun 2013.

(8) AR 25-30, The Army Publishing Program, Jun 2015.

(9) AR 220-1, Army Unit Status Reporting and Force Registration, Apr 2010.

(10) AR 350-1, Army Training Leader Development, Aug 2014.

(11) AR 350-2, Operational Environment and Opposing Force Program, May 2015.

(12) AR 350-10, Management of Army Individual Training Requirements and Resources, Sep 2009.

(13) AR 350-19, The Army Sustainable Range Program, Aug 2005.

(14) AR 350-38, Policies and Management for Training Aids, Devices, Simulators, and Simulations, Mar 2013.

(15) AR 350-50, Combat Training Center Program, Apr 2013.

(16) AR 525-29, Army Force Generation, Mar 2011.

(17) AR 600-100, Army Leadership, Mar 2007.

(18) AR 600-8-19, Enlisted Promotions and Reductions, Feb 2015.

(19) AR 600-8-29, Officer Promotions, Feb 2005.

(20) Army Training Strategy, Oct 2012.

(21) DA Pamphlet (Pam), 350-38, Standards in Training Commission, Oct 2014.

(22) DA PAM 600-3 Commissioned Officer Professional Development and Ca-

reer Management, Dec 2014.

(23) DA PAM 600-25, U. S. Army Noncommissioned Officer Professional Development Guide, Sep 2015.

(24) Draft Army Training Strategy April 2015.

(25) Francis A. Rivera CP26, "Investing in Force Management", Manpower and Force Management Career Program Bulletin, spring 2014, pp. 10~11.

(26) TRADOC Regulation 350-18, The Army School System (TASS), Jul 2010.

(27) TRADOC Regulation 350-70, Systems Approach to Training Management, Processes, and Products, Mar 1999.

(28) The U. S. Army Training Concept 2012-2020, 23 Nov 2010.

(29) The U. S. Army Learning Model for 2015, 14 Sep 2010.

(30) DODD 5160.41E Defense Language, Regional Expertise, and Culture (LREC) Program dated 21 Aug 2015.

(31) DODD 5205.12 Military Intelligence Program (MIP) dated 14 Nov 2015.

(32) DODI 5160.70 Management of the Defense Language, Regional Expertise, and Culture (LREC) Program dated 30 DEC 2016.

(33) AR 11-6 Army Foreign Language Program dated 18 Feb 2016.

(34) AR 350-20 Management of the Defense Foreign Language Program dated 15 Mar 1987.

b. 相关链接:

(1) http://tradoc.army.mil.

(2) http://apd.army.mil.

(3) http://dls.army.mil.

(4) https://www.atn.army.mil.

(5) https://www.atrrs.army.mil.

(6) http://usacac.army.mil.

(7) https://www.us.army.mil/suite/portal/index.jsp.

(8) www.dliflc.edu.

第十五章 信息管理与信息技术

第一部分 导言

15-1. 本章内容

本章概述了陆军如何开展信息管理和信息技术业务。本章的关键概念包括：首席信息官/主管通信的副参谋长的信息管理、信息技术角色和职责；陆军网络战略；陆军体系管理；与首席信息官/主管通信的副参谋长的合作伙伴关系。本章的最后一节提供了关键术语和参考文献列表。

15-2. 首席信息官/主管通信的副参谋长的角色与职责

首席信息官/主管通信的副参谋长是高级陆军军官，在陆军信息管理和信息技术方面具有双重角色。首席信息官的职责在范围和权限上不同于主管通信的副参谋长的职责。下面两节内容将分别阐述陆军首席信息官和主管通信的副参谋长的职责。

15-3. 首席信息官的职责与责任

首席信息官是陆军部部长在陆军信息管理和信息技术的战略、政策和执行方面的首席顾问。首席信息官还负责：就信息管理和信息技术对作战能力的影响向陆军部部长提供建议；创建体系架构；制定信息共享政策；维护陆军资源管理程序；确保陆军网络活动的同步。本章将这些职责分为4个主要类别：战略/政策；标准/架构；信息技术财务管理；执行监督。

a. 战略/政策。

（1）制定陆军部总部信息管理战略。

（2）制定并实施信息管理和信息技术资本规划和投资管理战略。

（3）为信息管理资源的规划、计划、预算和执行建立战略方向。

（4）制定符合法律的信息管理政策和指南。

（5）制定获取信息管理、信息技术和信息资源的政策，以实现信息技术投资价值的最大化。

（6）制定信息共享标准的政策。

（7）为陆军网络安全活动制定政策和指南，包括关键基础设施、通用访问卡和其他技术计划。

（8）就业务运营、政策制定、程序和规划文件与首席管理官的战略指导进行协调并提供输入值，以实现信息管理、信息技术的数据战略和指令的一致与整合。

b. 标准/架构。

（1）开发、实施和维护陆军的信息技术体系架构。

（2）制定信息共享标准和架构。

（3）制定网络安全标准和架构。

c. 信息技术财务管理。

（1）审查所有国家信息技术安全系统的预算请求。

（2）促进所有主要信息资源管理程序的有效设计和运行。

（3）向国会报告陆军的信息技术预算。

d. 执行监督。

（1）制定、协调和实施陆军信息管理计划的评估程序，包括程序是否遵守信息管理的政策、指南、标准和监控。

（2）就信息管理、信息技术和信息资源的获取向主管采办、后勤和技术的陆军部助理部长提供建议和协助，以确保信息技术资源的获取和管理符合首席信息官规定的政策和程序。

（3）担任陆军首席信息官执行委员会主席，并在信息管理问题和关注点上代表陆军部总部。

（4）开发、实施和维护基础设施和门户。

（5）监督信息共享标准的执行。

（6）监督网络安全需求的执行和遵守情况。

（7）通过确定机会、验证需求、筛选业务案例、提供指导以及监控业务程序方案和计划中信息管理能力和依存关系的实施来进行信息技术组合管理。

（8）进行信息技术投资绩效管理，并就信息管理或信息技术计划或项目的继续、修改或终止向陆军部部长提供建议。

（9）确保陆军部总部有足够数量的训练有素的信息资源管理和信息安全人员，并确保这些人员能够实现信息资源管理目标。

（10）确保信息技术和国家安全系统符合联邦政府和国防部的标准。

15-4. 主管通信的副参谋长

主管通信的副参谋长的职能是：从网络功能的角度向陆军参谋长提供有关信息管理/信息技术和通信问题及其对作战能力影响的建议。主管通信的副参谋长的职责分为四个主要类别：战略/政策；标准/架构；资源管理；执行监督。

a. 战略/政策。

（1）制定陆军网络战略。

（2）为以下方面制定战略和政策：

（a）信息和通信业务；

（b）陆军信号部队兵力结构；

（c）通信部队的装备和部署。

（3）为陆军所有网络层的通信需求提供政策和指导，包括最高机密和更高级别的安全性以及对联盟网络的访问。

b. 标准/架构。

（1）开发、实施和维护陆军网络体系结构。

（2）开发参考架构，以实现解决方案采购的标准化。

c. 信息技术财务管理。

（1）确定资源并为之辩护，这些资源是为作战人员提供指挥、控制、通信与计算机以及信息技术解决方案所必需的。

（2）将作战人员的信息管理、信息技术和信息资源需求转化为资金需求。

（3）为陆军所有网络层的通信需求提供资源，包括最高机密和更高级别的安全性以及对联盟网络的访问。

d. 执行监督。

（1）制定、协调和实施陆军通信计划的评估程序，包括评估程序是否遵守了管理政策、指导、标准和监控。

（2）评估与信息管理相关战略、政策、计划、勤务和计划对作战人员的影响。

（3）监控信息管理需求的执行。

（4）指导和监督陆军全球体系网络的实施。

（5）执行陆军的数据和信息共享计划。

（6）实施首席信息官有关陆军网络安全活动的政策和指导。

（7）监督全陆军的以下活动：指挥、控制、通信和计算机、卫星信息网络、陆军信息和信息技术在体系范围内的整合，以及业务连续性、灾难恢复与应急支持的信息管理相关活动。

（8）监督其他陆军通信计划的实施，包括陆军频谱管理、非情报空间、联合军事卫星通信计划和项目，以及视觉信息。

（9）作为通信职能领域体系化信息环境任务领域的负责人，通过发现机会、验证需求、筛选商业案例、提供指导、监控业务程序方案中信息管理能力和依存的实施，来进行信息技术组合管理。

第二部分　陆军网络战略

15-5. 陆军网络与陆战网

陆军网络，也被称为陆战网，由作战、体系和设备通信、计算、网络操作和安全组件组成。陆军网络必须是强有力、可靠且可信赖的。为了满足这些要求，陆军的网络环境必须是一个单一、安全和标准化的，这样才能确保在有需要时，可以对其进行访问并实现全球协作。

a. 首席信息官/主管通信的副参谋长负责领导陆军的网络现代化工作，提供及时、可信且共享的信息。首席信息官/主管通信的副参谋长的任务还包括为陆军网络创造这样一种环境：在该环境中，创新和服务能够通过信息系统来增强陆军和任务合作伙伴的能力。该信息系统必须能力出众、反应敏捷、能够协同合作且可靠可信。

b. 网络现代化。网络必须是一个单一的实体，即从国防部信息网络到军事设施，再到最遥远的战术边缘的网络都应是统一的。它必须为常驻基地和战区内下马的军人（dismounted Soldier）提供相同的基本解决方案。网络现代化的最终目标是实现任务式指挥，赋予编队强大的杀伤力、保护能力和态势感知能力，以实现战术优势。实现战术优势需要一个总体的网络架构，该架构将从班到联合特遣部队的所有层级联系起来，以确保领导者在正确的时间获得正确的信息，从而作出最佳决策。陆军必须以全面、同步的方式设计、开发、获取和部署网络。陆军的首席信息官/主管通信的副参谋长将与主管采办、后勤和技术的陆军部助理部长合作，通过信息技术管理改革数据中心整合和标准化以及应用/系统合理化和迁移计划实现网络现代化，从而大幅度地提高效率、节约成本。这些改革将有助于建立一个单一、安全、标准化、与联合信息环境相一致的网络。

c. 端到端能力。陆军网络由作战、体系和军事设施通信、计算、网络操作和安全组件组成。在过去的十年中，陆军在增强和一体化陆战网络作战解决方案方面投入了大量资金。然而，在同一时期，体系和军事设施组件却相对停滞不前，因此差距巨大。随着陆军向基于美国本土的作战部队的转变，使用与战区相同的技术和程序进行训练的需求，以及缩减其在作战区域的占地面积的需求，都要求陆军网络的组成部分实现转型。陆军必须重新平衡陆军网络，使其成为端到端的网络，同时保持战备状态，保证互操作性，并将成本降至最低。

d. 网络2020及未来计划（Network 2020 & Beyond）。继能力集法（capability set approach）在任务式指挥领域中的成功实践之后，陆军将逐步对陆战网络的组成部分进行升级，并对解决方案与作战网络进行同步。这些升级对终端用户来说通常是透明的，能够为陆军领导、数据中心运营、网络用户和网络运营商提供显著的服务改进，同时增强网络的安全态势。网络2020及未来计划还将提高有效性、高效性和安全性（有效性，如应用程序和数据存储库的单点登录访问，以及强大且始终可用的协作解决方案；高效性，如通过集中的网络操作和同步的网络供资对网络进行指挥和控制；安全性，如可靠的身份和访问管理，以及对网络和数据中心安全状况的持续监控和风险评估）。

15-6. 网络转变

陆军网络战役计划是陆军战役计划和陆军作战概念的支持计划。陆军网络战役计划通过提供愿景和方向来支持任务战备,为网络2020及未来计划的发展创造条件、铺平道路,并通过共同的努力来打造一个满足陆军当前和未来作战和业务需求的现代化网络。陆军网络战役计划每年更新一次,由3个文档组成,并通过这3个文档实现总体愿景。第一份文档是一份总体文件。在陆军信息技术人员履行其职责时,该总体文件通过确定优先事项和汇聚力量来支持陆军计划。《陆军网络战役计划实施指南(近期)》列举了执行的活动,并反映了不断变化的陆军预算、采办、资源和任务。《陆军网络战役计划实施指南(中期)》从能力的角度为网络现代化制定计划,以指导资源规划并制定计划目标备忘录。

a. 网络能力集。陆军将使用能力集管理结构来管理跨职能领域的网络。为了实现陆战网络2020及未来计划的全面作战能力,网络能力集必须整合作战需求和机构需求,即作战能力集和机构能力集。作战能力集的定义如下:支持单位和组织的任务式指挥硬件、应用程序、通信传输和勤务。机构能力集的定义如下:支持陆军业务、军事设施管理以及陆军单位和组织的硬件、应用、勤务和通信运输。机构能力集负责为生成部队和作战部队的训练、部署准备和部署提供支持。在途中和前方部署时,作战部队能够从陆军/国防部各军事设施的解决方案中获得响应性支持。

b. 行动线(Lines of Effort)。首席信息官/主管通信的副参谋长通过指定的行动线行使职责。陆军网络战役计划对行动线作出了定义。

第三部分　陆军体系管理

15-7. 标准化体系信息技术管理

陆军正向陆战网络2020计划和联合信息环境迈进。随着向这一整体体系概念的发展,首席信息官/主管通信的副参谋长将同步需求,并为体系提供解决方案,从而确保陆战网络2020计划能够达到最佳效果。随着解决方案的交付,陆军淘汰了本地系统,并提供了体系服务,从而最大限度地发挥陆战网络2020计划的全部优势。

15-8. 陆军信息技术管理

陆军首席信息官/主管通信的副参谋长领导着两个主要的管理委员会，用于支持首席信息官和主管通信的副参谋长履行其职责。这两个委员会分别是：首席信息官执行委员会和首席信息官/主管通信的副参谋长陆军体系网络委员会。

a. 陆军首席信息官执行委员会是一个平台，旨在与各个陆军司令部、陆军军种组成部队司令部、直接报告单位以及陆军部总部共享陆军首席信息官/主管通信的副参谋长的战略、政策、行动和指导，并接收来自野战部队的反馈和问题。此外，该执行委员会还是一个被用于交流和讨论陆军体系网络委员会决策的平台。委员会成员包括将级军官、高级行政官员以及来自陆军参谋部、各陆军司令部、各陆军军种组成部队司令部和直接报告单位的其他高级别参与者。

b. 陆军首席信息官担任陆军体系网络委员会的主席。陆军体系网络委员会是协助首席信息官和主管通信的副参谋长履行职能的高级决策论坛，用于确保陆军体系化信息环境任务领域的战略目标能够为国防部的联合信息环境提供支持。陆军体系网络委员会确保经验证的需求可追溯至作战任务区和业务任务区，并完全满足上述两区的需求。陆军体系网络委员会为三层管理结构，并由2个下级委员会组成，分别为：一星/二星级委员会和上校委员会。陆军体系网络委员会负责就网络安全、陆军核心体系服务和建设网络能力三个领域，提供战略指导，使行动解决方案成为可能，并为决策提出建议。陆军体系网络委员会将进行组合评审，以便与规划、计划、预算和执行评审程序的需求保持一致。在项目组合评审期间，项目组合管理人员将根据是否遵守战略优先事项、架构整合、《克林格-卡亨法案》标准、能力缺口和/或冗余分析、成本-收益分析和/或其他标准，以及上述标准的遵守情况进行需求验证。这些审查将为联合能力整合与发展系统、国防采办系统或相应行动的其他程序提供信息。

15-9. 指挥、控制、通信与计算机/因特网技术投资战略

高效且有效的利用信息技术资源将直接影响到陆军执行任务的能力。陆

军首席信息官/主管通信的副参谋长负责管理信息技术投资，并在所有任务区域内制定协调统一的投资战略。信息技术规划程序负责制定互联网技术投资战略，并按照《克林格-卡亨法案》（《美国法典》第 10 编、第 40 编以及第 44 编）的规定，推荐一份信息技术投资优次序清单，和/或建议是否继续、修改或终止某个信息技术计划/项目。

在整个规划、计划、预算和执行程序以及采办程序中，推荐的优先次序清单是计划评估小组内部的参考与支持工具。该优先排序程序负责处理所有的互联网技术投资领域内的能力缺口、投资风险、信息技术的依存以及时序问题。这有助于陆军最大限度地利用有限的信息技术投资资金，并将投资与战略优先事项联系起来。

15-10. 核心体系服务

体系化信息环境任务领域的目标是：为那些支持当前和未来部队作战、业务和情报任务区域的最终用户提供核心系统服务。为促进陆军作战和机构程序的端到端连接，体系服务允许广泛使用标准化解决方案（例如勤务、工具或应用程序）。首席信息官/主管通信的副参谋长负责监督陆军为提供体系服务而采取综合方法。首席信息官/主管通信的副参谋长还负责整合计划、政策和资源，以满足陆军的业务和作战需求。体系服务提供了一系列执行陆军任务的关键方案。这些方案包括通用勤务、特定职能领域的勤务，以及在联合、跨机构、跨政府和多国环境中支持陆军任务的勤务。

a. 首席信息官/主管通信的副参谋长负责整合体系服务，同时确保遵守适用的法律以及联邦、国防部和联合指导。根据法律规定，首席信息官在执行陆军任务和职能时，需要对信息技术资源的使用进行管理、整合和问责。根据陆战网络 2020 及未来计划，陆军将部署体系服务，这也是其能力及部署的一部分。

b. 陆军的网络现代化工作还包括陆军对体系服务的投资，以推进联合信息环境的实施。陆军将信息技术解决方案作为体系服务进行管理，可以通过批量购买降低总购置成本，同时也减少了因管理多个独立解决方案而产生的安全风险。此外，在网络现代化方面的投资还包括系统电子邮件、系统内容管理和协作服务，以及系统资源规划投资，如通用资金体系业务管理系统。

15-11. 陆军体系服务管理框架

a. 陆军体系服务管理框架是陆军首席信息官/主管通信的副参谋长实施的信息技术服务管理模型，该模型旨在指导帮助陆军设计、实施和维护高质量的体系服务。完成该目标还需要与其他陆军管理程序相整合，如联合能力整合与发展系统和规划、计划、预算和执行程序。陆军体系服务管理框架是一种基于程序的方法，用于提供符合陆军战略和作战目标的体系信息技术服务。陆军体系服务管理框架基于行业最佳业务实践，符合"国防体系服务管理框架"和国防部指示8000.01"国防部信息体系管理"。

b. 陆军体系服务管理框架依靠人员、程序、职能和技术，以便能够在完备的治理结构中有效地提供信息技术服务。目前，陆军体系服务管理框架能够应用于陆军指挥、控制、通信与计算机，以及信息管理服务清单中列出的所有信息技术服务。遵循陆军体系服务管理框架的生命周期方法（如战略、设计、过渡、运行和持续服务改进）将为陆军提供满足其作战任务需求的有效、安全和高效的信息技术服务。关于陆军体系服务管理的更多信息可查询陆军体系服务管理作战概念和陆军体系服务管理参考架构。

15-12. 陆军体系架构概述

陆军体系架构指的是架构描述或架构实施。作为"国防部体系架构框架2.0"中定义的架构描述，陆军体系架构再现了当前或未来实际配置中的资源、规则和关系。一旦该描述进入了系统发展生命周期程序的设计、开发和获取阶段，陆军体系架构便转化为该领域的真实资产。陆军体系架构框架为这一转变过程提供支持。具体来说，陆军体系架构可以：

a. 提供政策和指导，用于管理军队内部或独特架构领域内架构文档，以及独特的架构职责。更多的军队架构信息可查询网页：http:// architecture.army.mil。

b. 用于分析作战概念和系统，并根据下述文件，为新的能力和需求提供支持：参谋长联席会议主席指令3170.01"联合能力整合与发展系统"；国防部5000号系列采办文件；信息支援计划程序；其他权威文件。

c. 支持联合能力整合与发展系统的关键需求和解决方案制定程序，包括：作战任务区；业务任务区的业务能力生命周期；国家安全委员会在体系化信息环境任务领域的部署。

d. 为任务、执行任务所需的技术以及为响应不断变化的任务需求而实施的新组织、程序和技术的过渡程序提供定义。

e. 通过向决策者提供可用格式的正确数据，协助推进陆军的信息技术投资战略，以解决能力缺口、投资风险、相互依存的问题，并与陆军和联合作战条令保持一致。

f. 以全面和同步的方式支持网络的需求定义、设计、发展、获取和部署。

g. 支持一体化和互操作系统的获取、实施和管理，这些系统能够提供支持全频谱作战所需的作战能力。

h. 通过提供作出数据驱动决策时所需的信息，来为陆军的信息技术转型奠定基础。这些决策与当前和未来的陆战网络密切相关。陆军体系架构还向首席信息官/主管通信的副参谋长提供必要信息，以跟踪信息技术管理改革的实施进展，以及相关的效率提升、成本节约和规避情况。

i. 描述用于连接从班级到联合特遣部队的端到端结构，以确保领导者在正确的时间获得正确的信息，从而确定给定任务的最佳行动方案。

（1）陆军体系架构的构成。陆军体系架构描述了陆军体系的各个方面。为陆军总体设计做出贡献，并为陆军在联合环境下作战能力提供支持的三个陆军体系架构组成部分是：作战部队、生成部队和网络。陆军使用分层方法管理陆军体系架构，此外其架构将根据首席信息官/主管通信的副参谋长批准的基于规则的框架进行开发，并与国防部信息技术标准保持一致。

陆军体系架构包含以下内容：

（a）单元、段和域指南（Unit, segment, or domain architecture guidance）。域和组织架构是陆军体系架构的组成部分。它包括参考模型和联合架构概念。上述模型和概念根据需要，使用符合目的的架构模型来描述不同层级架构（例如，单元、段和域架构）之间的关系。域架构由域数据管理员进行开发或赞助。

（b）任务区描述了支持不同陆军行动的勤务和装备投资的信息技术组合：支持作战部队的信息技术是在作战任务区编制的；支持生成部队和15个端到端业务程序的信息技术是在业务任务区编制的；而支持机构陆军、军事设施和提供系统服务的信息技术则是在体系化信息环境任务领域中编制的。

（c）用于构建信息技术投资和支持分析的程序。体系化信息环境任务领域的信息服务为作战任务区和业务任务区的信息技术/网络需求提供支持。

（d）有关陆军体系架构与外部架构关系的规则和指南。陆军体系架构必须符合国防部信息体系架构和联邦架构的政策和指令。当陆军体系架构与其他国防部外部机构的架构相连接时，必须描述为垂直和水平对齐。

（2）陆军体系架构执行架构师。执行架构师负责作战部队、生成部队和网络部分，这三个部分共同构成了陆军系统。他们负责在职责范围内验证、确认、认证、批准和评估架构。陆军体系架构的现任执行架构师包括：

（a）负责生成部队的主管业务转型的陆军部助理副部长。

（b）负责任务式指挥解决方案架构的主管采办、后勤和技术的陆军部助理部长。

（c）负责信息技术、网络和技术架构以及网络/技术标准的首席信息官/主管通信的副参谋长。

（d）负责作战部队体系架构的主管作战、民事与训练事务的副参谋长。

（e）负责作战行动架构的美国训练与条令司令部指挥官。

（3）架构视图与经批准的框架。由于陆军生成部队、作战部队和网络体系结构具有多样性，以及支持国防部部长办公室和联邦政府架构需求和最佳实践的需要，因此要在各种框架下开发架构产品：

（a）这些框架包含以下形式：规则集（rule sets）、参考架构、实体（ontology's）、共同操作环境或标准。

（b）若特定的架构工件被强制要求用于支持主要的国防部程序或联合程序，如联合能力整合与发展系统或规划、计划、预算和执行程序，那么陆军体系架构便应拥有可用于开发所需产品的权威数据和工具。

（c）决定视图、工件和其他产品的要素包括：该架构需解决的问题、要做出的决策、程序报告需求、使用的架构工具以及最重要的架构数据。

15-13. 陆军数据管理-陆战网络 2020 以及联合信息环境

数据是战略资产。陆军首席信息官在战略层面上负责并制定陆军的信息管理政策。根据这一职责，陆军首席信息官通过陆军数据管理计划建立并监督数据转换。陆军首席信息官负责任命陆军首席数据官。首席数据官负责为陆军发展、实施和执行陆军和联邦数据标准和战略。每个任务区/职能区倡议者将确定一名数据管理员（Data Steward），该数据管理员由陆军首席信息官授权在其职能区内履行与首席数据官相同的职责。作为一个团队，他们将领导对网络中心性至关重要的数据转换。

a. 陆军数据战略与国防部数据战略保持一致，并在以下方面为陆军提供指导：确保数据和信息在数据生命周期内对任何授权的国防部用户或任务伙伴可见、可访问、可理解、可信任（包括保护、保证和安全），并在法律和国防部政策允许的最大范围内进行互操作。陆军数据战略将为数据生产者提供指导，以最大限度地为授权用户提供可用数据。这不仅将使指挥官及其组织能够广泛而高效地访问数据，从而减少领导人/军人及其联合/多国伙伴的重复工作，还将提高系统间的互操作性，降低开发成本。陆军数据战略包括以下组成部分：

（1）陆军信息架构。陆军信息架构通过下述两种方式为陆军以网络为中心的信息共享转型奠定了基础。第一种方式是出台用于信息共享的设计和发展指南；第二种方式是出台整套合规要求，以评估系统对以网络为中心的信息共享目标的达成程度。

（2）权威数据源。权威数据源使指挥官、决策者和利益相关者通过选定公认的系统来获得特定的可靠信息，如社会保险号码和单位战备情况，而不必从诸多系统中选择正确的数据。

（3）信息交换说明。通过选取相同的定义和格式以促进更大规模的系统组重新使用信息，系统之间实现了信息交换，并节约了大量资源。换句话说，如果系统之间使用相同的语言，那么系统间的数据交换便会更加容易。

（4）治理。在像陆军这样的大型体系中，数据往往是针对特定需求的，因此这些数据通常来自许多不同的部门。但是，和陆军的情况一样，当数据需要在整个体系中共享时，除了部门的特定需求之外，还需要考虑其他因素，包括信任、安全、政策、可理解性、质量等。数据治理是解决这些问题的手段。根据陆军指令2009-03"陆军数据管理"，首席数据官创造了一种治理方法，可为全陆军内的积极参与提供协作环境。首席数据官也认识到，正如陆军部助理部长、陆军司令部和副总参谋长所确定的那样，所有部门都应对各自领域的行动的成功负责，同时这些部门也应寻找数据的最佳利用方法以成功完成任务。

b. 陆军数据管理计划。陆军数据管理计划为生成数据标准建立了所需的政策和程序，以确保陆军信息资源系统范围的机器处理能力，以及陆军信息系统之间所有相关数据交换的互操作性。陆军数据管理计划致力于：在作战和业务系统内部或系统之间，创建和实施适用于自动化系统、软件应用、数据交换、数据库、记录和文档管理和信息呈现的数据标准。对于陆军数据管理计划的结构、职位、职责以及其他信息，《陆军条例》25-1也有所提及。陆军数据管理计划促进了整个陆军、国防部和联邦政府的组织和信息系统间的信息传播和交流。陆军数据管理计划负责实施《国防指标状况报告》的信息标准部分，并为国防部的网络中心数据战略提供补充。网络中心战略的关键是：无论信息和服务所处何地，都能对其进行定位和检索。因此，若想允许授权用户访问其所需信息，采取通用的数据管理战略至关重要（参见国防部指示8260.1中关于信息共享限制的内容）。

15-14. 网络安全

网络攻击每天都在威胁着陆军网络及其信息的安全，使作战和相关人员暴露在风险之中。指挥官需要网络空间的行动自由，以便识别漏洞，将风险降至最低。因此，对于保护陆军的信息和通信系统，以及确保作战网络和业务信息系统的完整性（这也是决定陆军任务成功与否的关键因素）来说，网络安全至关重要。

a. 陆军首席信息官/主管通信的副参谋长负责监督和管理陆军网络安全计划。陆军信息保障计划通过识别、检测和降低风险来保护信息及其关键要素，包括使用、存储和传输信息的系统和硬件。网络安全整合了作战安全、通信安全、传输安全、信息安全、人员安全和实体安全职能，以保护和保障陆军信息技术、通信技术以及作战和业务解决方案。

b. 维护网络安全是每个人的责任。所有领导者都必须将网络安全纳入他们的风险管理计划中，确保下属能够为自己对信息和通信技术造成的风险负责，并将网络安全与战备就绪联系起来。所有人员都必须意识到他们所带来的潜在风险，并采取适当的预防措施来保护委托给他们的信息。

第四部分 陆军首席信息官/主管通信的副参谋长的战略伙伴关系

15-15. 陆军的合作伙伴关系

首席信息官/主管通信的副参谋长的跨部门任务是提供一个综合、安全、基于标准的信息环境，以满足陆军的任务需求，因此其内部和外部伙伴关系至关重要。合作伙伴需要准确、安全地定义、发展、执行和共享关键信息，以满足陆军、国防部、其他联邦机构和任务合作伙伴不断变化的需求。

a. 陆军部总部的主要官员。陆军部总部的主要官员在各自领域以及指定的职责范围内提出信息需求和相关条令、组织、训练、装备、领导和教育、人员、设施和政策解决方案。作为倡议者，主要官员管理各自职责领域内的职能程序，以最大限度地提升体系程序的效率和信息系统的有效性。这些主要官员负责提出资源请求并为之辩护，这些资源通过规划、计划、预算和执行程序来支持发展、部署、运行、安全、后勤支持和改良信息技术投资所需。

b. 主管采办、后勤和技术的陆军部助理部长。陆军信息官/主管通信的副参谋长和主管采办、后勤和技术的陆军部助理部长是战略合作伙伴，通过该合作伙伴关系，两者为作战人员提供了标准化、可兼容、可互操作、安全和丰富的解决方案。主管采办、后勤和技术的陆军部助理部长与首席信息官/主管通信的副参谋长合作，担任获取信息技术解决方案的来源选择机构。此外，主管采办、后勤和技术的陆军部助理部长还负责监督项目主管和项目执行办公室的工作，以确保信息技术和国家安全系统能够满足陆军的信息技术需求。首席信息官/主管通信的副参谋长在与信息技术相关的计划上与下属代表密切合作，包括：

（1）项目执行办公室之体系信息系统。通过发展、获取、整合、部署和维护以网络为中心的基于知识的信息技术和业务管理系统、通信和基础设施解决方案，项目执行办公室之体系信息系统利用商业和企业服务，帮助联合组织和陆军组织获得信息主导地位。项目执行办公室之体系信息系统同时还监督计算机硬件、系统软件解决方案以及陆军知识在线的管理。

（a）计算机硬件、系统软件解决方案办公室向陆军、国防部、外国军队、军人以及符合国防部和陆军部总部政策的联邦机构提供全面的信息技术、信息基础设施和信息系统（硬件、软件、外围设备、网络和基础设施支持服务）。

（b）陆军知识在线是陆军目前获取信息的体系门户。然而，随着陆军向体系服务（如系统电子邮件）过渡，经批准的系统解决方案和工具也将会发生改变。

（2）项目执行办公室之指挥、控制、通信-战术。项目执行办公室之指挥、控制、通信-战术为陆军作战以及赢得国家战争提供了所需的计算机系统、无线电和通信网络。它负责监督军事技术解决方案和对作战人员战术信息网的管理。

（a）军事技术解决方案提供了基于网络的工具和技术，以提升员工协作，为作战人员提供更快、更有效的支持。军事套件（MilSuite）提供了知名的社交媒体网站的受防火墙保护版本。

（b）作战人员战术信息网项目主管提供了（卫星和地面）通信网络和服务，使军人能够发送和接收信息以执行任务。作战人员战术信息网逐步开发和交付产品，简化网络初始化和管理，并显著提升能力。

c. 陆军主管情报的副参谋长。作为陆军情报部门的职能领导，陆军主管情报的副参谋长与首席信息官/主管通信的副参谋长合作，确保该领域的信息技术投资与陆军信息技术投资战略保持一致。

d. 主管作战、民事与训练事务的副参谋长。首席信息官/主管通信的副参谋长与主管作战、民事与训练事务的副参谋长进行战略合作，以实现作战人员所需的能力。主管作战、民事与训练事务的副参谋长负责对陆军网络需求进行验证、同步和优先排序，以满足作战指挥官当前、正出现的和未来的需求。主管作战、民事与训练事务的副参谋长还负责确保所有与网络相关的需求都符合陆军体系网络，作为陆战网络能力集的一部分。

e. 主管财务的副参谋长（DCS, G-8）。首席信息官/主管通信的副参谋长与主管财务的副参谋长密切合作，发展并维护陆军的信息技术计划；共同制定指挥、控制、通信、计算机、情报、监视与侦察职位，并提交给相关管理委员会。此外，作为首席信息官/主管通信的副参谋长的下属系统，陆军组合管理解决方案位于陆军部总部之财务部数据仓库，以便与通用资金体系业务管理系统更紧密地保持一致。

f. 美国陆军网络司令部。美国陆军网络司令部是由美国战略司令部的陆军军种组成部门司令部，为美国网络司令部提供支持，以控制网络空间行动的信息。该司令部旨在成为唯一一个陆军网络空间和信息作战时的对外联络机构。作为负责所有绝对机密的附带内容和陆军以下网络作战的唯一指挥与控制机构，美国陆军网络司令部与首席信息官/主管通信的副参谋长密切合作，以建立军事设施、信息、基础设施现代化计划的愿景、方向和架构。

g. 美国陆军网络体系技术司令部。根据美国陆军网络司令部的指示，美国陆军网络系统技术司令部扮演着陆军体系指定审批机构的角色。美国陆军网络系统技术司令部为陆军体系服务领域的端到端管理提供建议，以确保首席信息官/主管通信的副参谋长建立起一个单一的虚拟系统网络。

h. 主管人力与预备役事务的陆军部助理部长。在陆军文职人员职业发展计划倡议系统内，负责人力与预备役事务的陆军部助理部长与陆军首席信息官/主管通信的副参谋长进行战略合作，提供结构化的计划、程序和活动，以便为陆军信息技术/网络人力在整个文职人力资本生命周期内系统、组织、职业和个人方面的发展提供支持。

15-16. 外部伙伴关系

a. 联邦首席信息官委员会。首席信息官/主管通信的副参谋长是联邦首席信息官联席会的成员。联邦首席信息官联席会与所有联邦机构合作，为首席信息官提供平台，以改进联邦信息资源的设计、使用、共享和性能，以及应对跨机构挑战。

b. 国防部首席信息官。国防部首席信息官既是首席参谋助理，也是国防部部长在信息资源管理方面的顾问。国防部首席信息官制定蓝图和战略目标，并在执行政策和实践方面为国防部提供指导，以提供灵活和安全的信息能力，并支持决策和作战任务。国防部首席信息官和陆军首席信息官/主管通信的副参谋长是解决国防部信息管理、信息技术业务和作战信息能力的合作伙伴，这些能力对于全体系的解决方案和作战效能至关重要。首席信息官/主管通信的副参谋长是国防部首席信息官执行委员会和军种部首席信息官执行论坛的成员，就战略方向、需求和战略实施为国防部首席信息官提供建议，以满足陆军的关键信息任务需求。

c. 其他国防部合作伙伴。陆军首席信息官/主管通信的副参谋长还与国防部其他部门（如国防信息系统局、联合参谋部和其他军种部的首席信息官）建立了信息能力交付合作伙伴关系，以解决交叉信息和服务交付需求，实现安全可信环境的通信、协作和维护。此外，这些合作还包括如何提供信息以及如何制定和交付系统服务解决方案。

d. 行业合作伙伴。来自不同行业的合作伙伴在陆军首席信息官/主管通信的副参谋长完成其任务过程中发挥着重要作用。这些企业提供了技术和战略咨询，为当前和未来部队提供了信息技术解决方案。此外，首席信息官/主管通信的副参谋长还与行业合作伙伴一同开发和实施体系许可。通过利用陆军的购买力，该体系许可实现了成本节约和效率提升。

15-17. 文化变革

a. 在当前的经济环境下，陆军预算的不确定仍会持续，而威胁国家安全的潜在因素也会继续发展。与此同时，美国陆军正不断回归美国本土，但充满威胁的环境要求陆军具有在几乎不引起注意的情况下进行全球部署的能力。为了实现美国的国家安全目标，陆军必须灵活机动，并做好到达后即作战的准备。此外，陆军必须在战区占据更小的空间，在战术边缘向军人提供各种所需的支持，同时必须能够与所有任务伙伴共同作战。在陆军向规模更小、能力更强的远征军转变的过程中，网络是助力陆军实现其目标的核心。

b. 通过参与到国防部联合信息环境的发展完善过程中，陆军为网络现代化工作提供了支持。作为国防部信息架构，联合信息环境旨在提供一个单一、安全、可靠、及时、有效和灵活的指挥、控制、通信与计算机系统信息环境，以供联合部队和非国防部任务伙伴在所有运行范围、所有层级和所有作战环境中使用。首席信息官/主管通信的副参谋长已经调整了其顶层信息技术计划，以支持联合信息环境工作，而无须依赖该信息环境。

c. 其他重要的网络现代化工作包括：

（1）通过改善治理、促进合规、实施灵活的信息技术采购，以及确保透明的信息技术支出，实现网络现代化和平台化。

（2）对通用操作环境的标准进行统一。通用操作环境是经过集中批准的基于商业的计算机技术和标准，网络本身以及使用网络的所有应用程序和系统都必须遵守这些技术和标准。

（3）更新和巩固网络基础设施。

（4）巩固和保护网络。

（5）向能力集管理结构转型，以促进端到端的网络现代化。

（6）建立全面的信息技术/网络人员发展战略和实施计划，以最大限度地提高军人和文职人员的管理水平。

第五部分　总结、关键术语和参考文献

15-18. 总结

a. 陆军转型将增强陆军的作战能力。首席信息官/主管通信的副参谋长的目标为：提供一种战略，以便能够比美国的对手更好、更快地作出决策。

b. 信息技术/讯息管理战略通过无缝连接网络，实现了信息处理、存储与传输的一体化与互操作性，从而使全体陆军都能够访问通用且安全的陆军知识。陆军正努力建立一个单一的、安全、基于标准的网络，以确保在有需要时可以对其进行访问并实现全球协作。为此，陆军将对当前的运作系统进行考察，以了解它们取得的成果以及为陆军带来的利益。如果这些系统对顶级的网络中心知识系统没有帮助，那么它们将面临被淘汰，或被转移至能够发挥作用的系统中去。

c. 首席信息官/主管通信的副参谋长致力于应对将陆军转变为一支具有战略响应能力与优势的部队所带来的挑战。首席信息官/主管通信的副参谋长正在投资当今的技术，以便刺激条令、组织设计以及领导训练的发展，从而强化未来部队。这样做将扩大陆军的技术优势。

15-19. 关键术语

a. 信息管理。信息在其整个生命周期中的规划、预算、操作和控制。

b. 信息技术。执行机构用于自动获取、存储、操作、管理、移动、控制、显示、切换、交换、传输或接收数据或信息的任何设备或互联系统或子系统。就上一句而言，执行机构使用该设备指的是执行机构直接使用该设备，或者是由承包商根据与执行机构的合同使用该设备。具体来说：①要求使用该设备；②要求在执行服务或升级产品时大量使用这种设备。术语"信息技术"包括计算机、辅助设备、软件、固件和类似程序、服务（包括支持服务）以及相关资源，不包括联邦合同附带的联邦承包商获得的任何设备，也不包括1996年《克林格-科恩法案》定义的国家安全系统。

c. 通信。《联合出版物》6.0将联合通信系统描述为由网络和服务组成的能够实现联合和多国能力的系统。联合通信系统的目标是：为指挥和控制联合部队司令部的军事行动提供协助。有效的指挥和控制对于适当整合和利用能力至关重要。陆战网络是陆军部总部的端到端通信系统，该系统为联合部队指挥官提供支持。国防部信息网络在概念上将国防部的信息系统和网络统一为一个实时信息系统，该系统为联合部队提供增强了的信息能力。通信系统不仅只包含电子箱、电线和无线电信号，国防部信息网络也不仅仅是信息网络的集合。上述部分的相互依赖性以及这些系统的程序、政策和数据已经渗透到了日常生活以及作战准备和执行中。一个有效的通信系统有助于指挥官在关键时刻和关键地点保持全军团结，并运用部队的能力来实现战斗目标。

d. 信息资源管理。信息资源管理指的是管理信息资源以完成机构任务的过程。该术语既包括信息本身，也包括相关资源，如人员、装备、资金和信息技术。

e. 资本规划和投资管理。资本规划和投资管理指的是信息资源投资的持续识别、选择、控制和评估的管理程序。该程序将预算制定和执行联系起来，并侧重于机构任务以及实现特定的计划成果。

f. 陆战网络。陆战网络是由陆军运作的国防部信息网络的一部分。陆战网络包含了一整套信息解决方案和相关程序，用于收集、处理、存储、传播和管理作战人员、政策制定者和保障人员所需的信息，而不论这些信息是互联的还是独立的。这些信息包括：自有和租赁的通信和计算系统和服务、软件（包括应用程序）、数据、安全服务、其他相关服务以及国家安全系统。

g. 网络空间作战。网络空间作战包括网络空间进攻作战、网络空间防御作战和国防部信息网络作战。

15-20. 参考文献

a. Army Regulation 10-87, Army Commands, Army Service Component Commands, and Direct Reporting Units.

b. Army Regulation 25-1, Information Technology.

c. Army Regulation 25-2, Information Assurance.

d. Army Regulation 70-1, Army Acquisition Policy.

e. CIO / G6 Enabling Success @ http://ciog6.army.mil.

f. Department of the Army Pamphlet 25-1-1, Information Technology Support and Services.

g. General Order 2017 – 01, Assignment of Functions and Responsibilities Within the HQDA.

h. General Order 2002-05, Establishment of the U. S. Army Network Enterprise Technology Command / 9th Army Signal Command; Transfer and Re-designation of the Headquarters and Headquarters Company, 9th Army Signal Command; Discontinuance of the Communications Electronics Services Office and the Information Management Support Agency.

i. Joint Publication 6-0, Joint Communications System.

j. Office of the Chairman of the Joint Chiefs of Staff. Joint Information Environment White Paper. Washington D. C. : Joint Chiefs of Staff, 2013.

k. SECARMY, "Information Technology Management Reform (ITMR) Implementation Plan," Washington, D. C. : Office of the SECARMY, 2013.

第十六章 军事设施管理社区

第一部分 导言

16-1. 本章内容

本章涵盖了军事设施管理社区内各组织的历史、层级、角色与任务、计划与倡议。军事设施的重要性不言而喻。截至2016年,主管军事设施管理的助理参谋长和陆军部总部管理的国防和陆军预算与资源超过151亿美元。军事设施占地超过了1350万英亩,总面积大于马里兰州、康涅狄格州和罗得岛州的总和。这些设施包括139 000多栋建筑,建筑总覆盖面积超过9.82亿平方英尺。陆军设施的重置价值超过4370亿美元。军事设施既是部队的"家",也是陆军大家庭的"家"——陆军的生活、工作、训练、部署、维持和迎接未来挑战的准备工作都在这个家中进行。军队驻地和周边社区居住着超过100万军人及其家属。这些军事设施容纳了大约1/3的军人家庭,同时可容纳近20万名永久的单身军人。陆军军事设施也是25万文职雇员和近15万合同雇员每天的工作地。

16-2. 历史

a. 20世纪80年代至90年代初,大量的考察、研究与调查结果表明,军队可以更加有效且高效地管理军事设施。因此,陆军领导层采取了以下行动,以整合多种多样且往往相互竞争的军事设施管理职能,以便更好地武装指挥官,使他们能够应对日益复杂且十分重要的陆军和国防部军事设施的运行工作:

(1) 于1993年设置了主管军事设施管理的助理参谋长;

(2) 于1993年设置了集中选拔的警备区指挥官；

(3) 于1994年出版了《野战手册》100-22"军事设施管理"。

b. 为了使其警备区标准化，陆军于2002年10月1日成立了军事设施管理社区，以推动军事设施管理的转型。军事设施管理社区采用体系化的方法，减轻了15个主要司令部的基地支援负担。通过统一全球184个军事设施和服务，2006年的相关开支与2003年相比减少了45亿美元。

c. 转型取得成功后，陆军将该机构改为美国陆军军事设施管理司令部。2006年10月，将美国陆军环境司令部并入陆军军事设施管理司令部，成为其下属司令部。通过创造良好的环境以平衡军事训练，美国陆军环境司令部40年如一日地提供知识、工具和程序来支持准备就绪、灵活坚韧的军人、军事设施和司令部。2006年10月，在军事设施管理司令部的支持下，成立了家庭和士气、福利和文化娱乐司令部。2011年6月，家庭和士气、福利和文化娱乐司令部成了军事设施管理司令部下属的民事处。这些整合确保了陆军军队《社区契约》（Community Covenant）的相关规定。该契约旨在促进和维持州和社区与军队的有效伙伴关系，确保军人及其家属无论身处何地（驻扎本地或转移到其他州）都能享受到得到提升的生活质量。这是州和地方社区对陆军、现役军人、警卫和预备役军人及其家属的承诺。虽然《社区契约》最初是陆军发起的计划，但之后也延伸到了其他军种部，这也体现了许多社区对军人及其家庭的支持，无论他们穿的是何种制服。该契约也使得陆军驻地成了如今军人、家庭和文职人员的战备和恢复平台，并通过各种计划和服务来增强那些国家号召响应者的思想、体魄和精神。仅仅几个月后，2005年《基地改组与关闭法案》就进行了大量的调整：将马里兰州的亚伯丁试验场和弗吉尼亚州的水晶城迁至得克萨斯州圣安东尼奥联合基地的一个区中。2012年10月，军事设施管理司令部将其后勤处移交给了美国陆军装备司令部。

d. 2015年10月，军事设施管理司令部成了陆军参谋长的一个三星级直接报告单位，指挥官不再兼任主管军事设施管理的助理参谋长。陆军环境司令部仍然是军事设施管理司令部的主要下属司令部。2016年11月1日，军事设施管理司令部对其地理区域进行了调整，并设立了五个职能统一的下属部门：即军事设施管理司令部-战备处，与美国陆军司令部相邻；军事设施管理司令部-训练处，与美国训练和条令司令部相邻；军事设施管理司令部-

维持处，与陆军装备司令部相邻；军事设施管理司令部-欧洲处；以及军事设施管理司令部-太平洋处。该调整完成后，各局的效率得到了显著提高，并且在目标统一、需要管理的警备区数量减少以及社区人口相似的基础上完善了任务指挥。各处负责解决警备区指挥官面临的职能挑战，协调军事设施管理司令部各总部的工作，并支持、推动和评估警备区执行的服务交付。

e. 国会授权的 5 轮基地改组与关闭行动对陆军军事设施进行了重大改造，这 5 轮改造分别发生于 1988 年、1991 年、1993 年、1995 年和 2005 年。

（1）通过 2005 年的基地改组和关闭行动，陆军如今每年能够节省约 10.4 亿美元的开支，而之前的 4 轮基地改组和关闭行动也使每年开支减少了约 9.43 亿美元。

（2）每一轮基地改组和关闭行动都使陆军有机会全面审查其不动产投资组合，重新评估军事价值的计算方法，检查任务完成情况，并优化任务以确保任务顺利完成。5 轮基地改组和关闭行动不仅节省了每年近 20 亿美元的开支，而且更好地协调了兵力结构、军事价值和基础设施。

（3）根据《基地改组和关闭行动建议（2005 年）》中的第 146 条建议，在 2011 年 9 月 15 日前，陆军、海军、空军和海军陆战队的 26 个军事设施应调整为 12 个联合基地。牵头军事勤务部门，被称为"提供支持部门"，负责管理和提供两个或以上联合基地设施的支持服务。联合基地的其他军事勤务部门也被称为"受支援部门"。所有的军事设备支持职能（除非明确排除）都从受支持部门转移到提供支持部门，包括受支持部门相关不动产和装备的支持资金、人员和装备。主要的联合基地政策文件是《联合基地实施指南》。12 个联合基地和指定的牵头机构如下：

（a）阿纳卡斯蒂亚-波林联合基，位于华盛顿哥伦比亚特区，属海军。

（b）安德鲁斯联合基地-海军航空兵设施，位于马里兰州华盛顿，属空军。

（c）查尔斯顿联合基地，位于南卡罗来纳州，属空军。

（d）埃尔门多夫-理查德森联合基地，位于阿拉斯加州，属空军。

（e）兰利-尤斯蒂斯联合基地，位于弗吉尼亚州，属空军。

（f）刘易斯-麦科德联合基地，位于华盛顿，属陆军。

（g）麦克奎尔-迪克斯-莱克赫斯特联合基地，位于新泽西州，属空军。

(h）迈尔-汉德森霍尔联合基地，位于华盛顿哥伦比亚特区，属陆军。
(i）珍珠港-希卡姆联合基地，位于夏威夷州，属海军。
(j）圣安东尼奥联合基地，位于得克萨斯州，属空军。
(k）小克里克堡联合远征基地，位于弗吉尼亚州，属海军。
(l）马里亚纳斯联合区域，位于关岛，属海军。

16-3. 军事设施管理社区层级

陆军通过有效的军事设施和保障能力网络，即军事设施管理社区，来发展和实施战略、政策、计划和资源。图 16-1 显示了军事设施管理社区中各指挥和参谋机构的主要行动层级。

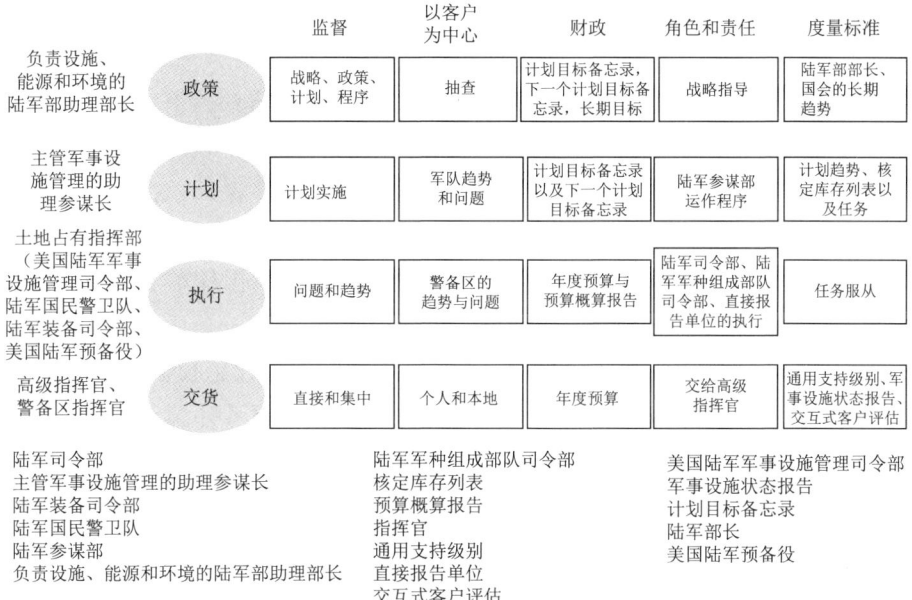

图 16-1 军事设施管理界层级

第二部分 角色与使命

16-4. 主管设施、能源和环境的陆军部助理部长

a. 主管设施、能源和环境的陆军部助理部长是陆军部部长的主要顾问，负责与陆军军事设施、能源安全以及陆军环境合规、安全和职业健康标准相关的事务。主管设施、能源和环境的陆军部助理部长还负责制定战略方向，并确保陆军的工作符合法律、法规和政策。主管设施、能源和环境的陆军部助理部长具有以下职责：

（1）主管设施、能源和环境的陆军部助理部长在其职责范围内，为规划、计划、预算和执行程序确定战略方向，包括设施投资、军事建设、军事设施、陆军不动产、能源和水安全、作战能源、可持续性、环境、安全和职业健康，以及相关的资源的分配决策和政策。与下述人员/组织协调和整合方向：主管财务管理与审计的陆军部助理部长，首席信息官，主管作战、民事与训练事务的副参谋长，主管财务的副参谋长，主管后勤的副参谋长，主管军事设施管理的助理参谋长，以及其他国防部官员和组织。主管设施、能源和环境的陆军部助理部长与主管军事设施管理的助理参谋长共同担任军事设备计划评估小组（第二计划评估小组）的主席。

（2）实施战略指导，并监督由陆军参谋机构执行的设施投资、军事建设、能源和水安全、作战能源、海外基地和环境倡议的政策、计划和方案。上述陆军参谋机构包括：主管军事设施管理的助理参谋长、主管后勤的副参谋长，以及其他国防部官员、组织和司令部（如美国陆军工程兵团）。

（3）监督和促进包括军事设施投资在内的陆军设施的发展和管理，以支持军事设施的战备、设计、建造、实体安全和关键基础设施维护，确保行动连续性、能源和水安全、环境、安全和职业健康，并就军事设施是否适合驻扎向陆军部部长和陆军参谋长提出建议。

（4）监督陆军不动产政策和计划的制定和实施，包括购置、管理、处置、交换、公共领域撤出、征用和捐赠。制定政策并监督军队拥有或租赁的历史遗留财产的管理以及军队房主补助计划的实施。

（5）制定相关政策，并确保下述相关政策的实施：基地改组与关闭、驻

扎、规划和利用，以及再利用和经济调整计划。

（6）监督陆军私有化倡议及其实施。

（7）监督和制定陆军军事建设的政策和预算需求，包括海外军事建设协议，并与法律法规、陆军和国防部政策保持一致。

（8）监督陆军能源和水安全及可持续性，包括制定战略和政策；协调行动；与联邦监管机构、州及地方政府合作协调，以监督陆军部总部理事会和委员会，以及代表陆军环境和可持续性利益的组织机构。

（9）监督和制定军队环境工作的政策和计划，包括环境合规；污染预防；环境影响分析；自然、文化和历史资源的管理；以及环境清理和恢复，包括先前使用过的防卫场所。

（10）与主管采办、后勤和技术的陆军部助理部长协调，确保环境、安全、健康、能源和水安全、作战能效、绿色采购和军事设施管理问题：由设施开发商采取适当的方式解决；整合到采办计划规划和文件中；在重大决策审查期间作为风险领域处理。

（11）提供政策并监督全军范围内的安全、职业和环境健康风险管理，包括环境卫生和个人卫生。

（12）监督国防部化学品去军事化计划中与环境、安全和职业健康相关的陆军政策，并与主管采办、后勤和技术的陆军部助理部长以及主管作战、民事与训练事务的副参谋长相协调，担任陆军化学、生物、核和常规条约核查和合规官员。

b. 首席陆军部助理部长帮办。主管设施、能源和环境的陆军首席助理帮办是高级别的美国陆军部助理部长帮办，直接向主管设施、能源和环境的陆军部助理部长报告工作，负责将主管设施、能源和环境的陆军部助理部长的活动纳入陆军秘书处和陆军部总部参谋部。首席陆军部助理部长帮办被指定为美国国家陆军博物馆的项目执行官。

c. 主管设施、能源和环境的陆军部助理部长下有4个陆军部助理部长帮办。

（1）主管能源和可持续发展的陆军部助理部长帮办是陆军的高级能源主管。该办公室为整个陆军体系的能源和可持续发展提供战略、政策指导以及计划监督和外联服务，以增强当前的军事设施与运营能力，保护资源，并为未来的选择保留空间。主管能源和可持续发展的陆军部助理部长还负责监督军事设施对气候变化的适应度、由指挥部执行的陆军零净政策、能源和水项目的第三方融资,以及能源倡议办公室的工作。

(2) 主管环境、安全和职业健康的陆军部助理部长帮办对陆军的环境、安全和职业健康计划提供政策、规划和监督;监督所有陆军环境计划;提供爆炸物、弹药和化学战物资应对方面的技术援助;就相关问题向陆军装备重大决策机构提供建议;执行陆军的军备控制计划;担任几个国防部计划的执行代理。此外,主管环境、安全和职业健康的陆军部助理部长帮办还提出了陆军安全和职业健康政策和计划。

(3) 在房地产、军事建筑、工程、住房和基地改组与关闭方面,负责军事设施、住房和合作伙伴关系的陆军部助理部长帮办根据陆军部部长在《美国法典》第10编中的职责,为其提供全球政策、规划和监督。同时,主管军事设施、住房和合作伙伴关系的陆军部助理部长帮办也代表了陆军在私有化/伙伴关系项目(如住宅社区计划、陆军住宿私有化计划以及政府间支持协议)中的商业利益。根据法规要求,主管军事设施、住房和伙伴关系的陆军部助理部长帮办在其责任领域监督审查、批准、国会证词和通知工作。此外,主管军事设施、住房和伙伴关系的陆军部助理部长帮办还负责协调基础设施的分析以及不动产的评估和安置工作。

(4) 主管战略整合的陆军部助理部长帮办是将军事设施计划整合和协调至整个陆军政策和计划中的主要官员。主管战略整合的陆军部助理部长帮办是主管军事设施、能源和环境的陆军部助理部长在该职能方面(包括陆军战役计划)的代表。该帮办还负责制定战略,在秘书处一级执行业务转型,并在第二计划评估小组中为主管设施、能源和环境的陆军部助理部长处理日常业务。

16-5. 主管军事设施管理的助理参谋长

a. 主管军事设施管理的助理参谋长是主管设施、能源和环境的陆军部助理部长在众多计划中的首席军事顾问,这些计划包括军事设施和基础军事设施管理、环境计划、住房、设施后勤、公共和私人合作伙伴关系、能源和水安全以及可持续发展。主管军事设施管理的助理参谋长是陆军参谋长在军事设施和家庭支持事务方面的主要参谋顾问,并作为陆军部部长的代理协助陆军参谋长实施批准的计划和建议。主管军事设施管理的助理参谋长还是主管人力与预备役事务的陆军部助理部长和主管财务管理与审计的陆军部助理部长的首席军事顾问，协助其处理与家庭和士气、福利和文化娱乐、非拨款资金管理机构，以及军人和家庭战备计划有关的事项。在主管设施、能源和环境的陆军部助理部长、主管人力与预备役事务的陆军部助理部长和主管财务管理与审计的陆军部助理部长的监督下，主管军事设施管理的助理参谋长负责计划、发展、实施、提供资源、监督和评估战略、政策、计划和计划的执行情况，以交付军事设施服务和基础设施，并为战备状态提供支持。主管军事设施管理的助理参谋长与主管设施、能源和环境的陆军部助理部长共同担任第二计划评估小组的主席。主管军事设施管理的助理参谋长的职责如下：

（1）在军事设备投资需求、住房、私有化、设施、环境、水管理、能源安全和可持续发展计划方面，监督和协调政策、计划和战略的制定、实施和评估。

（2）监督和协调环境计划、住房、私有化、水资源管理、能源安全和可持续发展计划的发展、验证和执行。

（3）制定评估军事设施和基地运作的标准，包括环境合规和能效。

（4）担任军事设施管理条令的倡议者。

（5）作为陆军参谋部的倡议者和执行者，负责陆军范围内与军事设施相关的环境计划和国防部分配给陆军的军事设施环境计划。

（6）在主管设施、能源和环境的陆军部助理部长的监督下，执行经批准的行动计划，以便实现军事设备的改组、调整和关闭。

（7）开发基础设施，并监督军事设施服务和管理程序的执行，以支持战备状态并提高军人和家庭的福祉。

（8）在设施、士气、福利和文化娱乐计划以及非拨款资金管理机构的规划、发展、预算、实施和评估方面，协助和支持主管人力与预备役事务的陆军部助理部长。

b. 主管军事设施管理的助理参谋长下有4个部门：军事设施勤务部门、信息技术部门、运作部门和资源部门。

（1）军事设施勤务部门负责阐释战略指导、提供政策并确定资源的优先次序，以便通过全球领先的住房、环境管理、后勤、合作伙伴关系以及提升军人、文职人员及其家庭的生活质量的一系列计划，创造一个支持性且可持续的环境。军事设施勤务部门由4个处组成。住房处侧重提供高质量的军人和家庭住房设施、计划和服务，其工作包括社区住房倡议、2020年军士长军营计划、将官宿舍、房屋家具，以及发展营房买断/升级和现代化计划。职业规划第27支持办公室（Career Program 27 Proponency Office）由高级住房专家牵头，该专家直接向主管军事设施管理的助理参谋长办公室军事设施勤务处主任报告，职业规划第27支持办公室还负责支持所有陆军住房管理小组成员的职业发展。该办公室的目标是向所有成员提供教育、训练、职业发展和未来发展方面的支持。私有化住房处是负责军事设施管理的助理参谋长的私有化和合作伙伴卓越中心，通过与私营部门合作，确保军队资产和服务的最大化和可持续性。主要计划是住宅社区计划、军队住宿私有化以及现役士兵及军官无人住房私有化倡议。后勤和服务处致力于减少温室气体排放；优化非战术车辆车队；为市政服务、洗衣、干洗和文职囚犯劳动制定政策和计划；制定政策和程序以便在全危害环境中提供灵活的消防和应急服务；制定标准化的消防员资格、职责说明和训练需求。军人和家庭战备处为促进军人和家庭战备、适应性和独立性的政策、资源和战略提供支持，包括：军队社区服务；儿童、青年和学校服务；社区娱乐和商业项目；非拨款资金管理机构；高级领导倡议（如全陆军增强计划）。环境处负责管理陆军环境计划，以支持作战和生成部队、计划和项目资源；确定计划执行优先次序并批准工作计划；以及为陆军制定规章和计划指南。

（2）信息和技术部门负责确定战略方向，提供有效的信息技术和信息管理能力，使主管军事设施管理的助理参谋长办公室的业务领域能够为军人、文职人员及其家人提供支持。该部门由两个部分组成：治理、战略和网络处；体系整合处。治理、战略和网络处提供了一个客观和标准的治理结构和支持程序，以确保信息技术投资是可见的、可选择的、可监控的，并且符合法律法规。该处室还负责提供信息保障计划、运行安全、风险管理框架支持，以确保适当级别的保密性、完整性、认证性、不可否认性以及军事设施管理数据、信息和相关知识的可用性。该处室还与陆军部总部的信息技术服务提供商合作，为台式机、网络和体系管理的信息技术需求和服务提供综合信息技术支持。该处室也负责运行和维护用于知识共享和协作的主管军事设施管理的助理参谋长办公室知识门户。体系整合处负责管理总部陆军业务任务区内的军事设施、能源和环境工作。该处室通过领导陆军设施业务体系架构、资本规划和投资管理以及投资组合管理计划，支持陆军和军事设施管理业务转型战略和优先事项。该处室还通过国防业务系统管理委员会的投资管理程序，确保在军事设施、能源和环境方面的国防业务系统投资能够支持业务需求，同时最大限度地降低风险，实现国防部和联邦的业务系统战略。该处室还在以下业务程序中表现出色：不动产采办到退役、服务请求到解决以及环境责任端到端业务程序。

（3）运作部门负责监督与军事建设、能源、军事建设和不动产相关的计划需求、战略、政策和报告的制定和协调，以支持陆军目标并提高军人、文职人员和家庭的生活质量。运作部门下设5个处：基地改组和关闭处、建设处、能源和设施政策处、不动产资产管理处、战略计划运作处和战略计划处。基地改组和关闭处始终为未来的基地改组和关闭工作做好准备，清理和转移基地改组和关闭过程中以及指定的非基地改组和关闭中产生的多余陆军财产。建设处负责规划、计划和执行陆军军事建设项目，并为非拨款资金建设项目提供接口。建设处还负责监督并参与美国陆军工程兵团对陆军建设计划执行情况的定期更新工作。能源和设施政策处负责管理陆军的能源和水计划。根据主管军事设施、能源和环境的陆军部助理部长的授权，该部门负责执行公用事业私有化计划。该处室还负责管理陆军设施标准化委员会，并运行陆军能源和水报告系统、道路铺筑机、铁路运输工具和建筑商维持管理系统。该处室通过可持续发展政策和技术转让来提高陆军设施的战备状态。此外，该处室还负责管理公用事业服务和商品的政策、资源配置和监督、第三方投资、能源和水安全以及设施相关控制系统的网络安全。不动产资产管理部门下设2个分支机构，并履行以下职能：提供全陆军范围的设施、可持续管理、勤务战备情况评估数据的可见性和可访问性。通过陆军记录系统和不动产资产管理部门执行和发展军事设施需求、管理资金和政策、分析和报告工作。陆军记录系统包括：不动产规划和分析系统、总部军事设施信息系统、军事设施状态报告、军事设施地理空间信息和服务以及陆军驻扎和军事设施计划。不动产资产管理部门应当及时、准确地报告陆军不动产库存，并加强对决策和规划工作的支持。此外，不动产资产管理部门还负责提高设施需求的生成能力；制定战略性设施计划；规划、执行和管理生命周期地产活动；保护地产权益。为现役和预备役组成部队实现全面的设施维护、恢复、现代化、租赁和拆除规划。战略规划处是主管军事设施管理的助理参谋长与主管作战、民事与训练事务的副参谋长和陆军作战行动计划的纽带。该处通过陆军战略战备状态评估和战略战备状态更新，完成对陆军设施战备状态的评估。该处室还负责协调兵力结构、驻扎和联合基地需求，并且对陆军设备投资战略和年度设备投资指南提供同步支持。

（4）资源部门是陆军所有组成部队（现役、警卫队和预备役）军事设施管理组合的资源倡议者。资源部门是第二小组评估计划的联合执行单位，其任务是整合、验证、规划和保护军事设施的基础设施、服务和计划资源，以支持陆军战备。该部门还负责制定、审查、整合和执行军队财务管理政策和程序；确保财务和绩效系统的可靠性和数据准确性；发展并提供关于各种记录、数据集、成本计算技术和公式解释的数据库的训练和支持；提供与军事设施管理相关的审计建议，并与审计机构的指导保持同步；维持《陆军条例》5-9；规划年度陆军卓越社区的颁奖计划和仪式；管理主管军事设施管理的助理参谋长办公室的内部控制计划。资源部门由3个处组成：计划整合处、需求模型处和财务管理处。

16-6. 军事设施管理司令部和其他土地管理司令部

a. 军事设施管理司令部是土地管理司令部，为美国本土和美国本土以外的欧洲和太平洋地区的70多个警备区、联合基地、社区和基地提供军事设施管理服务和支持。此外，军事设施管理司令部还通过陆军支援活动为非土地管理司令部的组织提供服务，例如为部分陆军预备役、空军和海军拥有和管理的军事设施/驻地提供各种军事设施管理服务和支持。

b. 土地管理司令部负责不动产维护，并执行军事设施管理和基地运作活动。这些司令部负责军事设施管理，包括美国陆军装备司令部、陆军国民警卫队、军事设施管理司令部、美国陆军预备役部队和阿灵顿国家公墓。

c. 陆军国民警卫队独立于军事设施管理司令部，单独执行军事设施管理，且陆军国民警卫军的军事设施管理在州一级进行。每个州、地区和领地都与联邦政府签订合同，通过提供服务和设施来支持陆军国民警卫队的任务。联邦政府通过合作协议管理这类合同。根据合作协议，联邦政府为各州提供资金，使其提供服务以完成联邦政府的任务；国家负责报销各州分担的费用。国民警卫局是联邦政府和州政府之间的接口。每个州都有一名指派的国民警卫局第10级官员（美国财产和财政官），该官员与州领导密切合作，确保所在州提供的服务能够得到适当的联邦补偿。此外，每个州指派一名建筑和军事设施管理官员，负责管理该州陆军国民警卫队的设施和相关服务。（注：根据本书撰写目的和意图，陆军国民警卫队下有 55 个军事设施，它们位于 50 个州、哥伦比亚特区、波多黎各、关岛、维尔京群岛，以及弗吉尼亚州阿灵顿的陆军国民警卫队战备中心。下文的军事设施管理司令部是本书所要详述的主要现役土地管理司令部。

d. 军事设施管理司令部。2002 年，陆军军事设施的"所有权"从一些职能性的陆军司令部移交给了军事设施管理局。2006 年 10 月 24 日，军事设施管理局改制为军事设施管理司令部，军事设施管理司令部总部承担管理职责。

（1）军事设施管理司令部总部位于得克萨斯州圣安东尼奥联合基地。作为直接报告单位，军事设施管理司令部对陆军参谋长负责，为任务提供有效的警备支持，并为现役陆军提供基地支持服务。军事设施管理司令部下属的 5 个部门，各由一名高级行政服务机构的政府雇员领导，该政府雇员还担任下属部门的主管，并直接向军事设施管理司令部指挥官报告。军事设施管理司令部的任务是整合并提供基地支持，使陆军成为全球响应的军队。军事设施管理司令部总部、各下属部门和各警备部队为主管作战、民事与训练事务的副参谋长提供全面的军事设施分析，以便推进可行的单位部署。

（2）军事设施管理司令部下属各部门负责执行、指导和监督政策和计划的执行。通过在整个陆军范围内执行标准，确保军事设施之间的公平性，采用最佳业务实践，提升效率，巩固伙伴关系，并与各陆军司令部、陆军下属组成司令部、国防部队和其他组成部门和/或机构进行对接，军事设施管理司令部总部下属各部门为警备区提供支持。

（3）每个陆军军事设施都有一个警备区司令部，该警备区司令部直接向军事设施管理司令部总部下属部门报告工作。警备区指挥官负责为高级指挥官提供支持。警备区指挥官进行指挥和领导，向所有当地单位、租户和客户提供军事设施和基地支持服务，整合和同步警备服务。

（4）除了基地作战、支持后勤服务，军事设施管理司令部警备区还负责提供全方位的军事设施支持服务。

（5）《陆军条例》600-20 规定了警备区指挥官的角色和职责，下文对其与高级指挥官的关系进行了进一步的描述。警备区指挥官由担任文职职务的警备区副指挥官提供支持，以便为警备区及其支持的民众持续提供服务。

e. 警备区指挥官/高级指挥官的角色和责任。在管理设施时，高级指挥官的角色通常（但非总是）是军事设施的高级将官。高级指挥官的任务是照顾军人、军人家庭和文职人员，并实现单位战备。虽然高级指挥权是直接从陆军部总部下放的，但高级指挥官定期与军事设施管理司令部共同解决设施问题，如有需要，还与相关的陆军司令部、陆军军种组成部队司令部或直接报告单位合作解决军事设施问题。在执行设施任务时，高级指挥官的上级总部（如陆军司令部、陆军军种组成部队司令部或直接报告单位）代表陆军部总部，在高级指挥官执行军事设施任务时监督其工作。高级指挥官将警备区司令部作为向客户提供服务和资源的主要组织，以完成相关任务。在高级指挥官行使其职责时，所有相关的司令部都为其提供支持。因此，高级指挥官是由军事设施管理指挥部、其他设施勤务部门和租户提供支持的指挥官。高级指挥官负责同步和整合与军事设施相关的陆军优先事项、计划和可持续战备状态。就军事设施管理指挥部管理的军事设施而言，高级指挥官需要与军事设施管理司令部下属部门（包括训练处、战备处、维持处、太平洋处、欧洲处）建立强有力的合作关系。尽管高级指挥官负责军事设施内的指挥工作，但几乎所有基地运作活动的资金都来自军事设施管理司令部。

  f. 警备区指挥官是由陆军部总部挑选的中校（第5级薪资等级中校）或上校（第6级薪资等级上校）军官。警备区指挥官负责警备区内的指挥工作，是高级指挥官中执行军事设施活动的高级执行官，由军事设施管理司令部下属部门的主管考核，而高级指挥官则会对其进行高级考核。警备区指挥官负责军事设施和基地支持服务的日常运行和管理。警备区指挥官还负责确保军事设施服务和能力与下述计划/指导保持一致：陆军部总部所指导的计划，以及高级指挥官、通用支持级别和军事设施管理司令部的指导。警备区指挥官还提供额外服务支持，以遵守陆军部总部指令，并根据谅解备忘录或协议备忘录和/或军事设施支持协议提供有偿服务。警备区指挥官负责完成家庭与军事设施计划，协调并整合其他服务部门提供的支持，并从高级指挥官处获得军事设施主计划的批准。在设施和军事设施支持领域，高级指挥官可任命警备区指挥官为简易军事法庭召集人或特殊军事法庭召集人。在极少数情况下，警备区指挥官可被任命为总军事法庭召集人。在某些情况下，军事设施中的高级官员也可能是警备区管理人员。除《美国统一军事司法典》权限和指挥权之外，警备区管理人员（相当于警备区文职指挥官）拥有与警备区指挥官相同的职责和权力。在任命警备区管理人员之前，要首先指定警备区的指挥权和《美国统一军事司法典》权限。警备区指挥官的职责如下：

（1）根据最高指挥官的指令，在周边社区代表陆军和军事设施。

（2）根据陆军条例的相应规定，批准并发布警备区政策；或根据最高指挥官的指示，批准并发布有关租赁单位的军事设施层面的政策。

（3）实施针对军事设施管理司令部文职人员的政策。

（4）制定并实施综合保护计划，该保护计划涵盖了陆军保护计划的职能要素（反恐、关键基础设施风险管理、应急管理、实体安全、执法、消防和保护服务以及行动连续性）。

（5）为动员站的需求提供支持。

（6）整合所有勤务部门在军事设施处提供的军事设施勤务。

g. 对由军事设施管理司令部管理的设施，陆军司令部、陆军军种部队司令部和直接报告单位指挥官负有的职责如下：

（1）向军事设施管理司令部提供影响下属单位的军事建设、陆军/军事建设、陆军预备役项目和需求的优先清单，这些清单为军事建设计划和计划目标备忘录提供支持。

（2）就军事建设和基地作战，向军事设施管理司令部提供附属任务的优先需求。

（3）通过司令部支持级别程序和其他需求制定程序，向军事设施管理司令部明确满足任务需求所需的警备区支持水平。此外，向军事设施管理司令部明确司令部支持级别服务中未包含的其他支持需求。与军事设施管理司令部合作，制定适用于所有警备区的警备区支持需求。

（4）评估军事设施服务和支持的有效性，并参与这些服务和支持的优先排序工作。

（5）根据《陆军条例》10-87和《陆军部总部行政命令》的规定，动员下属部门。

（6）向军事设施管理司令部提供与信息技术和训练支持有关的优先需求。

（7）司令部若有人员位于军事设施中，无论是长期还是临时，该司令部都将支持和遵守高级指挥官指示的警备区部队保护行动。

（8）根据《陆军条例》600-8和相关官方指南中的规定，指挥陆军总赞助计划的执行。

（9）就（位于军事设施管理司令部设施上的）重要基础设施和提供支持

服务所需的（没有位于军事设施管理司令部设施上的）重要基础设施，为军事设施管理司令部提供关键基础设施的职能、关键性和保护需求。

h. 军事设施战备。

（1）流程简化、战略合作伙伴关系和良好的资源管理能够满足陆军的优先事项和任务需求，同时促进了军事设施战备的圆满完成。军事设施战备能够进行转化，为不断壮大和转型的陆军提供所需的基础设施和支持服务，以便使陆军无论是现在还是未来都能够持续高效、具备远征能力，以及维持战役状态。

（a）军事设施作为战备平台，使指挥官能够计划军力和动员兵力以支持国家军事战略。此外，作为战备平台，军事设施还通过设备和服务为作战人员提供支持，这些设备和服务使陆军能够执行任务指挥、收集/处理情报、训练、维护、武装、保护、驻扎、动员、部署和接收兵力，从而进行作战并取得战役取胜。陆军参谋长负责指导修订陆军战略战备评估，并基于7项标准，评估陆军是否能够满足国家军事战略需求。通过3条行动线，主管军事设施管理的助理参谋长办公室建立了相关战备措施和指标，以评估军事设施标准战备风险：任务战备、军人和家庭战备以及军事设施能力。第一次评估的重点是：通过陆军部总部和司令部之间的协作来检验军事设施的战备情况，并发现运行状况不良或出现故障的重点战备设施，从而为高级领导的政策和资源配置决策提供信息。

（b）设施战备驱动框架于2017年建立，该框架使陆军能够根据指挥官的意见，重点关注战备报告并优化设施投资。2017年8月3日发布的《陆军部总部行政命令》265-17为陆军司令部、陆军军种组成部队司令部和直接报告单位提供了3个阶段的行动指导，根据对战备造成的相对影响，识别不良和故障设施。设施战备驱动的等级标识将被保存于陆军记录系统中，该系统为战备报告提供支持。设施战备驱动框架将为陆军高级领导人提供战备情况的增强视图，为资源配置和政策决策提供信息。在未来，经过不断发展，军事设施能够识别设施能力以及军人和家庭战备的战备风险。这一进步改进了陆军军事设施社区，使其能更好地识别与战备相关的情况。

（2）可持续性是军事设施战备的一个主要方面。如今，卓越使命、能源安全、环境管理和社区关系之间的相互依存比以往任何时候都更加重要。军事设施社区已经制定了能源组合、水组合和环境组合，以表彰这些领域中军事设施运行所取得的成功。军事设施社区还通过日常行动以及教育、激励措施和替代能源，制定了环境维持战略。军事设施管理司令部与产业界以及陆军司令部合作，建立比过去更节能、独立维持能力更强的设施，而陆军净零计划（Army Net Zero Program）是该行动的关键。军事设施管理司令部还将继续与军事设施社区伙伴合作，在完成长期目标的同时实现可持续性，解决侵权问题，并再次认定该军事设施为"有价值的邻居（valued neighbors）"。军事设施管理司令部将继续更新被用于军事设施训练的设备，以支持联合地面作战训练。军事设施管理司令部负责提供训练区域和设备，为军人提供真实的体验，使他们能够充分做好应对所有突发事件的准备。军事设施管理司令部将继续关注当前和新兴的技术，充分利用各种机会，以节约能源、推进节水、减少浪费、保护自然资源、提高培训的现实性，以及降低供应链的脆弱性。

（3）高级指挥官、警备区指挥官、领导和员工需要了解军事设施所在处的当地情况，以便针对所有危害和威胁评估、风险管理、保护和响应规划、培训、演习作出决策，并评估与其设施保护相关的资源分配。陆军防护态势管理结构由陆军防护态势董事会、陆军防护态势将官指导委员会、陆军防护态势上校委员会和相关工作组组成。在陆军部总部层面，陆军防护态势扩展了计划监督范围，巩固了高级领导的问责制，并促进了合理的决策制定和资源分配。所有陆军防护态势机构都有负责军事设施管理的助理参谋长和军事设施管理司令部的代表。当国防部任务保障战略被用于军事设施管理时，军事设施管理司令部通过宪兵长/保护部门为陆军提供执行支持。陆军防护态势由以下非战争作战职能要素和陆军设施的相关支持职能组成：反恐、作战连续性、关键基础设施风险管理、应急管理、消防和应急服务、执法、实体安全、信息保障和作战安全。

i. 建立标准。陆军的长期军事设施计划指明了未来二十多年的军事设施管理方向。该计划被用于识别效率计划、确定资金需求，并描述衡量工作成功与否的标准。该计划的目标是提供高质量、低成本、高效率的任务战备军事设施，确保这些设施规模合适、位置合适，并在需要时可供使用。军事设施的管理规划侧重对服务和劳动力进行精简、调整和标准化，调整投资并降低成本。为达成该目的，主管军事设施管理的助理参谋长作为陆军参谋长的代表并行使其权力，以宣传政策并整合与陆军军事设施运行相关的条令。主管军事设施管理的助理参谋长负责建立性能指标,并实施应用于全陆军的军事设施管理标准和基地运作工作。

j. 陆军卓越社区计划。

(1) 陆军卓越社区项目由3个陆军组成部门负责实施:军事设施管理司令部、国民警卫队和陆军预备役部队(陆军预备役组成司令部)。陆军卓越社区计划获得了陆军参谋长的支持,并由主管军事设施管理的助理参谋长根据《陆军条例》5-1进行监督。通过评估军事设施管理的各个方面是否符合陆军任务和陆军参谋长的优先事项,陆军卓越社区计划表彰那些表现卓越的陆军设施。陆军卓越社区计划是一项激励措施,目的是促使指挥官进行自我评估,以检验其在完成军事设施管理目标时所取得的进步。

(2) 陆军卓越社区计划的目标是改善军事设施运作和战备情况。该计划鼓励使用一体化管理系统和现有模型(如军事设施状态报告和交互式客户评估系统报告),使领导层可以在了解资源的情况下作出决策,并通过识别管理优势和需要改进的关键领域,提供训练有素、准备就绪的最佳部队。衡量成功的能力对于进一步提升军队实力至关重要。陆军卓越社区计划应当覆盖不同部门,并跨越数年。

(3) 陆军卓越社区计划的终点是颁奖典礼,该颁奖典礼由陆军参谋长或陆军副参谋长主持,并由主管军事设施管理的助理参谋长组织和策划。陆军卓越社区奖项颁发给那些在环境、设施和服务建设方面达到卓越水平的现役部队、国民警卫队和预备役部队以及军事设施。陆军卓越社区奖的申请者由其指挥部/部门总部根据陆军优先事项和基准进行长达1年的评估。

(4) 上述3个陆军部门都负责评估申请者提交的材料,并制定了五角大楼举办的陆军卓越社区颁奖典礼的出席名单。评奖结束后的第一个季度,获胜的部门将获得(本财政年度以后)下一财年的奖金。该计划将重点放在推动部门在军事设施和负责方面追求卓越上,因为这对于战备来说极为重要。奖项提名程序和最佳商业实践与军事设施管理界共享,并保存在主管军事设施管理的助理参谋长资源处的SharePoint网站上。陆军卓越社区的现役获奖部门被提名为美国陆军国防部总司令年度军事设施卓越奖,该奖项旨在表彰那些在设施运作和维护方面奉献力量、卓越创新的人员。这一极具竞争力的总统奖章将被颁发给每个军种选出的5名获奖者,以表彰他们在国防部任务中展现的榜样力量。

k. 军事建设。

（1）按照标准成功管理军事设施的根本条件是确定军事/基地行动军事建设项目的可行标准程序。该程序的简化部分包括以下内容：

（a）警备区指挥官负责推进高级指挥官优先清单中的军事设施管理司令部下属部门的所有项目。

（b）军事设施管理司令部下属部门在其职权范围内优先处理所有基地运作项目，并向军事设施管理司令部总部报告。

（c）军事设施管理司令部总部优先处理所有基地运作项目，并向负责军事设施管理的助理参谋长报告。

（d）陆军司令部、陆军军种组成部队司令部、直接报告单位负责确定其任务项目的优先次序，并将优先次序提交给军事设施管理的助理参谋长。

（e）在高级指挥官向陆军司令部、陆军军种组成部队司令部、直接报告单位汇报时，上述单位可能会提出有关基地运作项目优先次序的建议。这些建议的优先次序将被提交给负责军事设施管理的助理参谋长和军事设施管理司令部。

（2）在收到陆军司令部、陆军军种组成部队司令部、直接报告单位和军事设施管理司令部总部的优先项目清单，以及使用高级陆军领导的指南后，负责军事设施管理的助理参谋长和主管作战、民事与训练事务的副参谋长共同主持军事建设一体化规划小组，以建设陆军的优先项目清单。负责军事设施管理的助理参谋长和主管作战、民事与训练事务的副参谋长将推荐的优先项目清单提交给陆军部副部长和陆军副总参谋长批准。军事建设项目从现有的财政限制内获取资金。

16-7. 军事设施战备委员会

a. 军事设施战备委员会是一个咨询机构，就与陆军设施、军事设施基础设施、军事设施服务（包括军事建设、军人福祉和军需品服务、后勤服务、训练支持、医疗支持、信息技术、住房和住宿）以及士气、福利和文化娱乐计划相关的主要战略行动、计划和项目提出建议。军事设施战备委员会对陆军部部长和陆军参谋长负责，确定陆军参谋部发展所需的政策、规划和资源变更。军事设施战备委员会取代了士气、福利与文化娱乐委员会的职能，并涵盖了与陆军军事设施相关的所有计划、政策和倡议的整合和同步工作。军事设施战备委员会由陆军副参谋长、主管人力与预备役事务的陆军部助理部长和主管设施、能源和环境陆军部助理部长三方主持。三方主席负责评估对军人和家庭战备至关重要的设施和士气、福利与文化娱乐计划是否得到适当的重视和监督。军事设施战备委员会提出决策建议，包括但不限于以下方面：

（1）为计划和行动设立战略目标和标准。

（2）建立战略指导和优先投资项目，这些指导和项目能够明确所需的设施性能，推动军事设施战备，并优化实施和监控战略计划所需的资源和计划。

（3）建立、监控和影响用于计划和行动的性能措施，这些措施用于解决重要的战备不足问题并优化军事设施的计划、政策和性能。

（4）审查、批准或认可对整个陆军有影响的基地运作行动和建议。这些行动包括但不限于确定勤务交付的新标准和/或确定所提供勤务的类型和数量变更。

（5）在可用资金范围内，批准并优先考虑非拨款资金建设项目，以纳入国防部提交国会的关于非拨款资金主要建设计划的年度报告。

（6）对陆军士气、福利与文化娱乐和所有非拨款资金机构进行信托监督。

（7）审查、批准和推进部门内部和部门间那些无法在陆军内部实施的行动（例如，军事设施上的非军队租户）。

b. 军事设施战备委员会旨在整合和扩大士气、福利和文化娱乐委员会以及未授权的勤务和基础设施核心体系委员会的职能责任，提供一个平台来指导所有军事设施战备职能部门。士气、福利和文化娱乐委员会成立于2011年，是一个管理机构，负责审查和批准与士气、福利和娱乐计划和非拨款资金机构相关的主要管理战略、计划和项目。2010年，勤务和基础设施核心体系委员会取代了军人和家庭战备委员会。

c. 军事设施战备委员会是一个主要的官方机构（三星级和四星级），包括一个辅助性的将官指导委员会（二星级和三星级或同等职级）和辅助性的上校委员会。军事设施战备委员会三方主席可根据需要调整委员会成员。在有需要时，或议程要求时，可增加陆军参谋部代表。

第三部分 倡议和计划

16-8. 主要的军事设施管理倡议和计划

a. 勤务文化倡议是一项长期行动，通过该行动，军事设施管理司令部为下属机构灌输卓越勤务文化（共享价值）。军事设施管理司令部负责决定何种勤务文化最有助于陆军适应因资源减少而不断变化的环境，以提高战备要求。勤务文化倡议通过领导和员工的广泛参与来灌输卓越的勤务文化，这是一个欢迎和使加入军事设施管理司令部的士兵和文职人员完全融入职场的入职计划，是一个有效推进陆军使命、目标和价值观的员工认可计划，也是一个在整个警备区范围内实施的标准化客户勤务训练计划。勤务文化倡议及其领导者负责帮助军事设施管理司令部执行其特有使命，为陆军参谋长调整陆军文化的工作提供支持，并致力于为陆军塑造以下文化：将陆军作为职业、自立自强、授权、忠于部队、社区福祉以及互相照拂。

b. 通用支持级别是军事设施管理司令部的体系平台。根据《陆军业务战略2017-2021》，军事设施管理司令部致力于实现最高级别的战备状态和最佳效率，并通过该平台交付、追踪和报告性能指标。通用支持级别负责确定通用的基地运作支持勤务、子任务（勤务支持计划）以及性能目标，并建立勤务交付和性能衡量的标准。通用支持级别为高级指挥官和警备区指挥官提供了以下能力：

（1）具备预测所需资源的能力，并在其基础上提供适当级别的勤务，以及提供计划、执行、跟踪和比较性能的方法。

（2）根据可用资金，为警备区提供明确的性能指导，以执行按标准交付的核心服务。

（3）在军事设施之间分配可用资源，以执行指导。

（4）评估警备区性能，以确保达到预期性能。

（5）告知客户他们可以从整个陆军警备区获得的支持级别。

通用支持级别设立的原则如下：军事设施管理司令部的所有军事设施将为其设施中的陆军客户提供无偿的基地运作。这种支持是标准化的，但也会根据具体的军事设施情况（例如，任务、人口或地理为之需求）进行调整。警备区根据陆军的军事设施状态报告-勤务计划，提供军事设施管理支持服务，该计划规定了每个勤务部分的内容和推进措施。警备区提供这些勤务所需的资金总额是根据军事设施状态报告中定义的勤务范围来计算的。然而在历史上，警备区从未收到过每项勤务所需的全部费用。因此，警备区也无法提供全部勤务，并且必须要找到确定在可用资金的范围可提供何种勤务的方法。通用支持级别为整个陆军范围内的决策制定提供了方案，以实现高质量、一致性和可预测性的决策目标。

　　c. 军事设施勤务标准。制定陆军基线标准基于绩效的衡量方法这一工作,最初聚焦于军事设施状态报告中的勤务,这些勤务的质量是确定所需资源的关键,并使潜在的绩效衡量变得更为简单。发展成本估算关系有助于实现资源计划发展目标,其中勤务质量起着重要的作用,同时还需要陆军基于勤务的成本计算数据作补充(基于勤务的成本计算是一个捕捉基本勤务操作成本的模型)。这项不断的工作的最终产物为绩效衡量手段和所有95项勤务的标准,这些内容由陆军基线标准特遣部队(2015财年,由主管军事设施管理的助理参谋长任命)制定。此外,还将出台用以确定勤务和勤务提供部门的军事设施勤务目录,该目录包含了已建立的基础标准、适用的法规、绩效和促进措施(以成本作为驱动因素),以实现共同的勤务目标;并确定了明确的无偿勤务标准,以便更准确地体现计划目标备忘录中的需求(这些需求应当有效且可辩护)。

　　d. 军事设施状态报告。军事设施状态报告计划负责协助陆军领导层作出明智、负责的决策,以维持或改善军事设施设备、任务支持能力和勤务的管理。该计划为陆军部总部、陆军司令部、陆军军种组成司令部、直接报告单位和负责军事设施状况报告的领导提供了下述方面的执行层面的信息:军事设施的不动产资产,以及军事设施支持服务。军事设施状态报告由以下三个部分组成:

　　(1) 军事设施状态报告-基础设施。军事设施状态报告-基础设施的目的是通过评估可满足军事设施需求的军事设备数量,并将军事设施设备的质量与既定的陆军标准进行比较,来记录并显示军事设施上的基础设施的状态。

　　(2) 军事设施状态报告-任务能力。军事设施状态报告-任务能力侧重以下两个计划领域:任务支持和可持续性。它旨在为各级领导提供决策支持的工具,将主要指标与任务支持和可持续性联系起来。根据土地、空气、能源和水资源的可用性和能力,军事设施状态报告-任务能力对报告中各组织的任务需求支持能力进行客观分析。

　　(3) 军事设施状态报告-勤务。军事设施状态报告-勤务侧重评估军事设施勤务的质量、效率和可用性。自1993年7月以来,主管军事设施管理的助理参谋长办公室一直将军事设施状态报告-勤务中的绩效和成本数据作为制定基地运作需求的基础。军事设施状态报告记录了军事设施状态的总体情况,并显示了军事设施缺陷是如何影响任务表现的。军事设施状态报告还提供了将战备与军事设施条件、优先级和资源联系起来的相关信息。在满足不同部门需求（陆军部总部、陆军司令部、陆军军种组成司令部、直接报告单位和军事设施）的同时，军事设施状况报告也为军事设施指挥官提供了可以影响陆军军事设施管理政策的机会。军事设施状态报告为陆军提供了一个通用的标准和语言。《陆军条例》210-14"军事设施状态报告计划"一节包含了军事设施状况报告的详细信息。此外，军事设施状态报告的数据还为陆军部总部关于陆军战略战备报告供资的决策支持。

e. 设施投资战略是一项改善设施质量的整体方案，该战略的投资包括以下方面：长期维持设施、改善现有设施条件（特别是能源和公用设施效率）、拆除不再需要的设施，以及建造设施以解决严重短缺。陆军将采取各种形式的设施投资，包括未指定陆军小型军事建筑、运作与维修以及在最适宜之时推进军事建设。陆军将使用军事设施状况报告和不动产规划和分析系统来评估投资结果。

f. 核心能力。

（1）军事设施-勤务。我们将提供与军人及其家属贡献相称的生活质量。我们规划在未来提供灵活、适应性强的设施和勤务，以支持作战部队和生成部队。陆军范围内的勤务提供标准应以客户为导向，利用与社区和私营部门的成功伙伴关系，协助高级指挥官完成任务，并推进勤务人员及其家庭的福祉和战备。我们将根据体系业务模式提供勤务，并反映旨在消除冗余的体系标准、优先事项和资金策略。

（2）军事设施-基础设施。我们将提供基础设施，使陆军能够在全球范围内完成任务，并以最低成本达到陆军的质量和能力标准。到2025年，陆军的基础设施应当是安全和可持续的。能源和环境计划将为遍布全球的周边社区树立典范。我们的设备将为军人及其家属提供与他们的贡献相称的生活质量，并有助于减轻对人员、装备和基础设施进行重复作战部署所带来的压力。我们将作为一个整体，以合理部署军队，调整陆军的全球基础设施，使陆军能够完成其训练和作战任务，并执行国防战略的要求。

（3）军事设施同步-人员、程序和工具。英明的军事设施管理者将基于经验寻求创新方法，并将陆军和国防部内外基准组织的最佳实践制度化。军事设施管理人员将采取各种方法（绩效管理、地理空间、财务管理和通信工具）

来满足陆军的需求，并促进体系管理。内部的军事设施职能将得到简化，并将重点聚焦于军事设施勤务和基础设施的核心能力上。军事设施将在陆军管理系统内运转，积极寻求公公合作和公私合作机会，采取适当的程序来发展和维持人力资源并建立真正的军事设施职业化。

军事设施管理作为一个体系，拥有众多勤务部门。军事设施管理者将协调和同步所有勤务部门，以确保整体、平衡和高效的勤务交付。

第四部分　总结和参考文献

16-9. 总结

通过使用最佳业务模式，指定相关标准，全面遵守陆军标准，以及与陆军司令部、陆军军种组成司令部、直接报告单位、高级指挥官和任务指挥官合作，军事设施管理司令部在陆军范围内提供了有效的军事设施管理，为上述人员/组织提供具体信息反馈，并通过规模经济实现了空间效率。军事设施管理司令部将关心人员，确保战备状态不受损害；为陆军和国防部的转型计划部署军事设施，并代表陆军在以下方面的承诺：改善设施，保护环境，保障军人、平民和其家庭成员的福祉，以及支持所有相关单位的战备。

16-10. 参考文献

a. 出版物：

（1）2017 Army Campaign Plan（ACP）.

（2）Army Regulation 1-1, Planning, Programming, Budgeting, and Execution System, 23 May 2016.

（3）Army Regulation 5-1, Management of Army Business Operations, 12 November 2015.

（4）Army Regulation 5-9, Area Support Responsibilities, 16 October 1998.

（5）Army Regulation 5-10, Stationing, 20 August 2010.

（6）Army Regulation 10-87, Army Commands, Army Service Component Command, and Direct Reporting Units, 11 December 2017.

（7）Army Regulation 115-11, Geospatial Information and Services, 28 August

2014.

(8) Army Regulation 200-1, Environmental Protection and Enhancement, 13 December 2007.

(9) Army Regulation 210-14, Installation Status Report Program, 19 July 2012.

(10) Army Regulation 210-20, Real Master Planning for Army Installations, 16 May 2005.

(11) Army Regulation 405-70, Utilization of Real Property, 12 May 2006.

(12) Army Regulation 405-90, Disposal of Real Estate, 10 May 1985.

(13) Army Regulation 420-1, Army Facilities Management, 12 February 2008 (Rapid Action Revision Chapter 25, 24 August 2012).

(14) Army Regulation 420-41, Acquisition and Sales of Utilities Services, 3 March 2015.

(15) Army Regulation 600-3, The Army Personnel Development System, 26 February 2009.

(16) Army Regulation 600-8-8, The Total Army Sponsorship Program, 4 April 2006.

(17) Army Regulation 600-20, Army Command Policy, 6 November 2014.

(18) Department of the Army General Order 2017-01, Assignment of Functions and Responsibilities within Headquarters, Department of the Army, 5 January 2017.

(19) Department of the Army General Order 2015-05, Designation of the U.S. Army Installation Management Command as a Direct Reporting Unit of the Chief of Staff, Army, 23 October 2015.

(20) Department of the Army Pamphlet 5-13, Procedures for Army Stationing, 3 June 2015.

(21) Installation Management Community Campaign Plan.

(22) Office of Management and Budget (OMB) Circular A-76 (Revised), Performance of Commercial Activities.

b. 相关链接：

(1) Deputy Under Secretary of Defense for Energy, Installations & Environment [DUSD (EI&E)] http://www.acq.osd.mil/eie.

(2) Assistant Secretary of the Army for Installations, Energy & Environment [ASA (IE&E)] http://www.army.mil/asaiee.

(3) Assistant Chief of Staff for Installation Management (ACSIM) http://www.acsim.army.mil.

第十七章 陆军卫生系统

第一部分 导言

17-1. 本章内容

本章介绍了陆军医务部门的任务和其为指挥官提供的支持，陆军卫生系统的关键要素、关系和职责，以及陆军医务部门、医务司令部、区域卫生司令部和陆军卫生战备卓越中心的指挥和管理。

17-2. 军事医务的革命

战略环境是一个复杂的相互依存的环境，包含两个主要部分：首先，一般来说，环境包括各种政治、经济和社会力量，这些力量并不是陆军医务或联邦政府所独有的；其次，陆军医务组织的内容包括陆军和军事卫生体系。目前，美国的医疗保健正处于一个关键时刻，这为陆军医疗事务带领国家脱离现状提供了机会。技术进步不仅有希望改善医疗保健的功效和实现方式，而且新的通信方式还将重新定义个人之间、与合作伙伴之间以及与患者之间的联系方式。此外，不断增加的数据收集和分析也为医疗干预和理解提供了新的机会。《陆军医务2020行动计划》取代了《陆军医务行动计划2017》，并规划了美国陆军医务司令部和军医署署长办公室实现陆军医务展望的综合组织战略。《陆军医务行动计划2017》概略提出了一种运作方式，该方式描述了陆军医务必须采取的广泛行动，以便将当前的条件转变为最终状态所期望的条件。陆军医务将基于下述4个行动线开展工作，以实现其预期的最终状态：

a. 行动线1：战备与卫生。陆军医学必须敏捷灵活、适应性强，能快速响应作战人员的需求，并保持适当状态以部署健康的个人和组织，为世界一流的作战部队提供支持。

b. 行动线 2：医疗保健服务的提供。从战场到驻地环境，陆军医务将支持作战指挥官的作战需求，同时确保向所有受益者提供医疗保健服务。

c. 行动线 3：兵力发展。陆军医务必须快速发展可扩展和快速部署的医疗能力，该医疗能力不仅要能响应作战需求，还要能够在国内联合/多国联合环境中有效运行，该环境的特点是高度分散的作战和（如果有的话）最少的预先建立的卫生服务基础设施。

d. 行动线 4：照顾好自己、军人、陆军部文职人员和其家庭。陆军医务将继续照顾好部队、军人、各军种同僚、陆军部文职人员以及现役成员的家庭。

17-3. 陆军医务部的规模

陆军医疗部包括那些由军医署署长监督和管理的陆军特殊兵科。具体来说，这些特殊分支机构分别是医疗队、牙医队、兽医队、医疗勤务队、陆军护理队和陆军医疗专家队。陆军医务部是世界上最大的卫生系统之一，涵盖医疗、牙科、兽医和其他相关医疗保健的所有内容，从政策和决策制定到野外的战地医疗都被包含其中。

a. 陆军军医署署长具有双重职务，既是陆军部总部的首席参谋长，也是陆军最大的现役直接报告单位即陆军医务司令部的司令官。

b. 军医署署长就陆军卫生系统的发展、政策方向、组织和整体管理向陆军参谋长提出建议。

c. 军医署署长还通过军医署署长办公室（陆军参谋部的陆军医务部组成部分）监视和管理全陆军范围的医疗与卫生服务。与其他陆军管理程序（陆军总体分析，规划、计划、预算和执行）并驾齐驱的是陆军医务部实施的各种计划，这些计划旨在满足武装部队的兵力现代化、单位战备、研究和发展、预防医学和病人护理任务需求。

d. 作为陆军医务司令部的司令官，军医署署长有权指挥超过 69 000 名医护人员以及数百个生成部队的卫生战备组织和平台。

e. 陆军医务部通过战士过渡司令部负责陆军"战士照拂和过渡计划"的各个方面，该计划提供了一种以患者及其家庭为中心的整体方法，以帮助伤病军人康复并重返社会。

17-4. 陆军卫生系统支持

陆军卫生系统和陆军的医疗和牙科福利是总体军事补偿的重要组成部分，并根据法律要求，向军事人员提供全面和优质的医疗保健服务。根据《美国法典》第10编与其他法律法规的规定，其他符合资格的陆军人员（如退役人员与家属）也有权享受医疗与牙科护理服务，但是要根据设备以及医疗与牙科人员的可得性而定。卫生服务对于招募并维持一支高质量的部队来说是至关重要的。军人若知晓自己及家庭能够得到优良医疗战备系统的支持，那么他在战场上的信心就会增加。卫生系统是人的维度以及待命和韧性行动（Ready and Resilient Campaign）的关键推动力，这两者都可以优化人员的表现、健康战备、韧性和整体个人健康。卫生系统培养了一批敬业的、有能力的受益人，它们将承担个人责任以改善、恢复和维持陆军大家庭的健康状况。卫生系统是一个全面、同步、一体化、响应迅速且可靠的系统，旨在改善战备状态，挽救生命并优化健康状况，以支持所有军种人员、退休人员及其家人。全面的军人"生命周期健康管理"这一概念将始于入伍与首次入伍训练，并将延伸至驻扎与部署/重新部署周期，直到过渡或从陆军撤离为止。卫生系统所蕴含的概念是：陆军能够自己照顾自己，并能够通过改善陆军的健康状况来提升国家的健康状况。

17-5. 对转型中陆军的医疗支持

a. 陆军医务正在从医疗保健系统向卫生系统转变。陆军医务始终如一地为受益者提供基于证据的增值服务，改进现有的健康战备计划和服务，并开发新的程序和举措来改善委托护理的人群的健康。除了传统的患者护理环境，这种转变还包括：提高那些在生活、工作和社交场所（例如，生活空间）的人们的参与度；影响健康的决定因素；提高军队的战备状态。

b. 陆军医务向卫生系统的转变，将通过4条行动线达成：

（1）行动线1：战斗伤员救护。战斗伤员救护指的是从受伤开始，经过持续的医疗或兽医治疗，到最终治疗、康复治疗、休养治疗和过渡治疗的连续医疗过程。战斗伤员救护由陆军医务人员、服务机构和条令提供支持，以拯救生命，并保持现役人员和军事作业动物的健康战备状态。

（2）行动线2：待命和可部署的医务兵力。待命和可部署的医务兵力指的是陆军医务人员，他们经过专业训练，能够灵活运用联合、跨机构、跨政府和多国合作伙伴提供的能力，为整个陆军大家庭提供最高水平的卫生战备。陆军医疗部通过提供训练有素、随时待命的医疗和兽医人员，满足了地理作战指挥官和陆军军种组成部队司令部的需求。

（3）行动线3：部队的卫生战备。部队的卫生战备指的是能够表明并满足战备需求的军人和军事作业动物，他们能在日益复杂的世界中执行任何任务。任务式指挥要求军人有更强的战略重点和更快的决策能力，从而防止战争、塑造战争并赢得战争胜利。陆军医务通过维持、恢复和改善军人在身体素质、情感和认知方面的优势来实现卫生战备和全陆军的最佳表现。

（4）行动线4：家庭和退休人员的健康。这种健康的定义为身体、精神和社会的全面健康状态，而非仅指身体未患疾病或未处于虚弱状态。提供医疗保健以及促进包括退休人员在内的全陆军家庭成员的健康，这既是权益，也是承诺。这种能力也使陆军医务能够进行训练、部署和提供战斗伤员救护。为了军人及其家庭，陆军医务将持续发挥引领作用，以满足未来不断变化的卫生战备需求。

第二部分　陆军医务部的任务与对指挥官的支持

17-6. 陆军医务部的任务

陆军医务部的任务是："使陆军人员保持健康，保存战斗力，为有资格的人员提供卫生保健，并在发生战争、国际冲突或自然灾难时为陆军人员提供卫生支持。"该任务直接关系到陆军的战备状态。陆军医务部负责维持医疗单位和人员的临床、技术和战斗准备状态，为战区部队提供支持。作为军事卫生系统的组成部分，陆军卫生系统负责卫生服务支持和部队卫生保护任务的作战管理，以便推进训练以及部署前、部署中和部署后的行动。陆军卫生系统还包括陆军医务部执行、提供或安排的所有任务支持服务，这些服务为陆军以及（依据指示）为联合、政府间、联盟和多国部队的卫生服务支持和部队卫生保护的任务需求提供支持。

a. 卫生服务支持被定义为：由陆军医务部执行、提供和安排的所有支持和服务，以促进、改善、维持或恢复陆军人员以及其他军种、机构和组织人员的身心健康。卫生服务支持包括伤员救护、医疗撤运和医疗后勤，其中还涵盖了许多陆军医务部的职能：建制和区域医疗支持、住院、牙科护理和行为健康和/或神经精神病的治疗、临床实验室服务，以及化学、生物、放射、核和高当量爆炸物患者的治疗。

b. 部队卫生保护被定义为：促进、改善或维护军人身心健康的措施。这些措施可以使部队更加健康强壮，能够预防伤病，并使部队免受健康危害的困扰。部队卫生保护还包括了陆军医务部的一些预防职能：预防医学，例如医学监测以及职业和环境健康监测；兽医服务，包括食品检验和动物保健任务；人畜共患疾病预防；战斗和作战压力控制；牙科服务（例如预防牙科）；实验室服务（例如区域医学实验室支持）。

（1）陆军的可部署医疗单位执行部队卫生保护，并特别依赖于预备役组成部队的医疗能力。这些单位被分配给世界各地的作战司令部。

（2）陆军医务部的任务包括：在医务中心、社区医院、医务室、牙科诊所、兽医服务处为军人及其家属提供医疗服务；医疗研究与发展；教育与训练、康复护理与训练；保健与预防医学。隶属陆军医务部的固定医疗单位以区域为基础向作战单位提供直接支持，因为区域因素涉及指派的医务人员的训练与医疗设备。

（3）医疗保健专业人员的招募与超期服役以及他们的技能的维持对于保持一支高质量、作战战备良好的医疗部队来说至关重要。部署医疗部队是陆军医务部的主要任务之一。在和平时期，部署在医疗单位中的绝大多数医疗保健专业人员以及技术支持人员都在陆军的固定医院、医疗中心以及其他医疗保健设施中工作。在这些环境中，医疗保健专业人员及其支持人员开展日常医务工作，为临床技能维持以及合作能力奠定了基础，上述技能与能力对于在军事行动期间护理伤病军人来说必不可少。

c. 受益人医疗与TRICARE卫生保健计划。陆军医务部的第二项任务与第一项同样重要，该任务是通过保持军人及其家人的健康来维持整个陆军的人员战备水平。

（1）为军人、退休人员及其家人提供优质的医疗保健是极为重要的宝贵权益。如果军人体检合格、健康状态良好，并知晓其家庭成员会得到良好的医疗保障，那么他们在作战环境中的部署和任务执行能力将会大大增强。

（2）为了满足战备需求并更好地满足军人及其家庭的健康需求，国会指示国防部开发并实施了一种新的军事医疗保健模式，该模式将使病人可以更容易地获取医疗保健服务，确保高质量的护理，并控制不断上涨的医疗保健成本。TRICARE卫生保健计划也因此应运而生。TRICARE卫生保健计划是一项针对现役军人及其家属、退役人员及其家属以及所有军人遗属的医疗计划。TRICARE卫生保健计划依靠跨军种与军民医疗资源的共享，以便提高医护服务的可得性，并提高效率。该计划是由主管卫生事务的国防部助理部长进行监督的国防部计划，由军队和地方承包商合作管理。每个TRICARE卫生保健计划区域都设有一位负责该计划的陆军、海军或空军牵头执行官（通常是某个军事治疗设施或地区医务司令部的指挥官）。有关每个TRICARE卫生保健计划的详细信息，请访问 https://www.tricare.mil。

17-7. 陆军医务部对指挥官的支持

a. 指挥官应对其军人的健康与身体状态负责。陆军医务部通过以下方式为指挥官提供支持：担任医疗条令的倡议者；在所有与健康相关的事务方面为指挥官提供建议；执行陆军卫生系统领域内的司令部政策。

（1）向司令部提供措施建议，以便保证所有陆军人员的卫生、健康与活力。

（2）根据指示担任倡议者，以便提供确保卫生与健康所必需的一些措施。

（3）发展、训练并维持部队，以便为作战环境中的陆军提供必要的部队卫生保护。

（4）执行例行的医疗监察，以便识别对军人的战备与健康造成影响的主要伤害与疾病趋势。

（5）对由疾病、环境危害以及伤害引起的潜在的健康威胁进行现场调查。

b. 陆军卫生系统在作战环境中极为重要。陆军卫生系统为疾病与非战斗伤害预防提供支持，以确保实现最大的作战能力。当发生人员伤亡时，医疗系统将提供迅速的初步治疗，使伤员稳定，并将其撤运至医疗设施中。

17-8. 陆军医务部对应急管理和军事设施指挥官的支持

a. 陆军医务部为国家战备目标提供支持，以实现"一个更加安全和坚韧的国家,其具备各界所需的能力,以预防、防范、减轻和应对造成最大风险的威胁和危害,并从中恢复过来"(参见2011年9月《国家战备目标》)。军医署署长/医务司令部负责提供医疗和人员健康方面的总体政策,这些政策与陆军军事设施战备和应急管理计划的陆军军事设施活动和作战有关,包括针对潜在和残留的全部危害污染的相关考虑。军医署署长负责确保所有的医疗总部能够制定适用的应急管理计划,这些计划应符合国家突发事件管理系统和联合委员会的要求,并在适用的情况下与它们进行相互操作。

b. 医务司令部负责提供综合全面的应急管理卫生服务支持,通过可实施和可持续的方式避免受益人和任务能力受到任何危害,以支持陆军的应急管理计划。

c. 所有的管理文件和作战计划都支持陆军医务部资产和资源的快速部署和无缝使用,以及其与总统、国防部、陆军部总部、军医署署长/医务司令部、设施(包括联合基地,其中姊妹军种为主导机构)和机构合作伙伴文件发布和指令之间的协调。这些文件发布和指令确定了政策、明确了职责,并制定了相关程序,以发展、实施和维持军事设施战备、陆军防护态势、应急管理计划、一体化应急管理计划和机构间应急管理计划(例如,联邦、州、地方、部落司法管辖区、地方政府、私营和非营利部门以及公众)。这些管理文件和作战计划是相互兼容的,并能够支持联邦政府授权的计划和程序,如国家战备指南、国家战备系统、国家响应框架、国家突发事件管理系统、国家灾难救助医疗系统、突发事件指挥系统和医院突发事件指挥系统,以及针对下述内容的所有应急计划:特定任务、(由美国总统或国防部部长批准的)所有其他国家计划,以及用于管理有助于实现和维持国家战备计划的民事当局的国防支持行动的国防部文件。

d. 应急管理作战计划涉及一系列的综合规划框架,这些框架被用于管理塑造、缓解、战备、响应和恢复;构建可扩展、灵活和适应性强的调整结构,以协调关键角色和职责;使用通用术语和方法进行协调。协调活动涉及详细的行动概念、关键任务和职责的描述、详细的需求(例如人员、装备和训练)以及用于快速整合的具体规定。应急管理作战计划还确定了资源指南,如针对人员共享能力的安排、旨在实现全国互操作性的装备指南,以及国家训练和演习计划指南。

第三部分 陆军卫生系统

17-9. 关键机构

a. 军医署署长/军医署署长办公室。军医署署长负责一体化陆军卫生系统的发展、条令、政策指导、组织与整体管理；编制陆军的医疗物资；担任陆军部部长的代表，代表国防部各个联合医疗训练、研究与健康服务执行机构。军医署署长办公室是陆军参谋部的组成部分，负责为陆军卫生系统、健康危害评估、健康标准的制定以及为医疗装备制定条令、政策与条例。军医署署长在陆军医务部内部也拥有人员管理倡议权。

b. 卫生服务。卫生服务包括为了促进、改善、维持或恢复个人或集体的身体或行为方面的健康而执行或提供的（与所处地点无关的）所有服务，也包括为健康环境的维持或恢复作出贡献的那些服务。卫生服务包括但不局限于以下方面：预防性、治疗性与恢复性健康措施；医疗条令；化学、生物、辐射、核与高当量爆炸物防护的医疗；保健活动和预防伤害；健康威胁与应对措施的评估；医疗行动规划；医疗情报；卫生专业教育与训练；与健康有关的研究；伤病员的运输；挑选身体健康人员并处置身体不健康人员；医疗保健管理；医疗后勤；医疗装备维修；医疗设施生命周期管理；医疗、看护、牙科、兽医、实验室、光学与其他专业服务的提供等。

c. 计划与预算。自1991年以来，军事医疗保健通过国防部统一医疗计划与国防卫生计划拨款获取资金（而非军种预算）。主管卫生事务的国防部助理部长负责发布政策指导，而TRICARE卫生保健计划负责管理并监控各军种对国防卫生计划拨款与国防部统一医疗计划的执行情况。国防卫生计划拨款包括：运作与维修；研究、发展、试验与鉴定；为军事卫生系统中的非军事人员需求提供资金支持的采购资金。陆军医务部于2003财年实施了国防部医疗保险符合条件的退役人员医疗保健基金（Medicare Eligible Retiree Healthcare Fund）。该基金是一项自然积累型基金，旨在为具有医疗保险资格的退休人员及其家属以及遗属享有的医疗保健服务进行支付。

（1）通过国防卫生计划与陆军拨款，军医署署长办公室/美国陆军医务司令部参谋部（参见下文的"统一参谋部"计划）编制人力计划，并为其提供资金支持。国防卫生计划资金被用于配备与装备数量表单位（如陆军医务中心和社区医院）的大多数和平时期的医疗保健行动，以及由 TRICARE 卫生保健计划管理的护理支持合同。绝大多数的陆军医务部人员均由国防卫生计划提供资金支持。陆军资金为可部署的编制装备表医疗单位以及医疗战备任务提供支持。

（2）军医署署长办公室/美国陆军医务司令部参谋部为陆军资金制定计划，并为陆军计划目标备忘录提供建议。该参谋部还为国防卫生计划资金制定计划，并通过 TRICARE 卫生保健计划为国防卫生计划目标备忘录提供建议。军事人员费用由国防卫生计划目标备忘录中的 TRICARE 卫生保健计划制定计划，而计划内的预算授权总额将在预算概算报告准备好之后提交至陆军军事人员拨款。在执行年期间，文职人员费用可以从国防卫生计划运作与维修防务资金中得到偿付。军事与文职人员的授权均被规定在陆军人力文档中。

17-10. 参谋部的关系与职责

a. 主管卫生事务的国防部助理部长办公室对国防部内部的保健事务的总体监管负法定责任，同时也是国防部部长在所有的国防部卫生政策、计划以及活动方面的首席参谋助理与顾问。

（1）TRICARE 管理机构。TRICARE 是负责人事与战备的国防部副部长的国防部野外机构，该机构的运作由主管卫生事务的国防部助理部长进行指挥、控制与指导。TRICARE 的任务是领导并管理 TRICARE 卫生保健计划，同时领导、管理并监控各军种对国防卫生计划拨款与国防部统一医疗计划的执行情况。

（2）TRICARE 卫生保健计划区域办公室负责在各个地理卫生服务区域内协调医疗保健事务。每个地区都有一个承包商，该承包商通过医疗战备平台以及由民用医院和医疗服务提供者组成的网络，管理和协调医疗保健服务。每个 TRICARE 卫生保健计划区域办公室的职责如下：

（a）监督区域一级的区域行动和卫生计划管理。

（b）管理与区域承包商的合同。

（c）为军队治疗设施指挥官提供支持。

（d）为非军队治疗设施区域（如偏远区域）制定业务计划。

（e）为区域倡议提供资金支持，以优化和改善医疗卫生服务。

b. 军医署署长办公室的陆军参谋部职责如下：

（1）协助陆军部部长与陆军参谋长履行《美国法典》第10编规定的针对陆军以及其他有权享有军队卫生服务的机构与组织的卫生服务职责。

（2）制定与陆军卫生体系、健康危害评估、卫生标准制定和医疗物资有关的条令、政策和法规。

（3）与行政部门、国会、国防部机构和其他组织协商期间，就影响陆军的所有卫生政策方面代表陆军。

（4）担任国防部中心机构，负责协调北约化学、生物、辐射与核医疗措施。为北约化学、生物、辐射与核医疗工作组以及通用医疗工作组提供美国代表团团长。

（5）管理化学、生物、辐射与核医疗防御计划的所有方面的事务。

（6）就所有与卫生与军队卫生服务支持有关的政策问题，向陆军部部长、陆军参谋长以及其他主要官员提供建议和协助，具体包括：

（a）关于陆军环境计划在卫生方面的政策与规定。

（b）对陆军进行卫生专业教育和训练，包括针对所有医疗、护理、牙科和兽医专业领域的训练计划。

（c）关于营养与健康的研发活动，为国防部膳食勤务提供支持。

（d）医疗装备的生命周期管理。

（e）陆军预备役计划中的医疗装备。

（f）医疗装备的概念、需求、有效性和可行性。

（g）医疗与非医疗装备的技术审查与评估，以确定可能的健康隐患。

（h）针对陆军医疗保健自动化的计划管理。

（i）电子健康记录。

（j）陆军对国防医疗系统支持中心的执行情况。

（k）安全援助计划的医疗方面。

（l）充当陆军运作与维持计划第84号计划（医疗）的倡议者。

（m）担任陆军部部长的执行代理，负责所有的国防部兽医服务。

（n）医疗设施生命周期管理。

（o）野战医疗为概念、条令、训练与领导发展计划与用户测试提供支持。

（p）医学情报训练。

（q）医疗动员训练。

第四部分 指挥与管理

17-11. 陆军医务部组织结构

a. 1998年，军医署署长指导了"统一参谋机构"（One Staff）概念的实施，将军医署署长办公室与得克萨斯州休斯敦市山姆堡的美国陆军医务司令部总部的参谋部进行了合并。现在，两地人员现在作为同一个参谋部开展工作，共用一套领导班子，负责履行陆军参谋部职能与陆军司令部职能（见图17-1）。2001年，军医署署长进行了自下而上的审查，产生了下述效果：增加了陆军医务部将官在国家首都区的存在感；缩减了关键领导的控制范围；使军医署署长办公室/医务司令部总部的参谋部与陆军部总部的参谋部能够更好地保持一致；将医务司令部总部转换为运作公司模型，以减少参谋部之间的差异，并实现总部程序的标准化。此外，医务司令部于2005年发起了医务司令部的转型概念，旨在将医疗、牙科、公共卫生和战士照拂更好地整合到医务司令部总部中，同时在统一参谋机构内部提升患者安全性和照拂质量的地位。根据医务司令部转型的概念，以下主要下级司令部总部合并为医务司令部总部的统一参谋机构：公共卫生司令部转型为医务司令部总部主管公共卫生的副参谋长；战士过渡司令部转型为医务司令部总部主管战士照拂过渡的副参谋长；牙科司令部转型为医务司令部总部主管作战、民事与训练事务副参谋长牙科局。所有下属的第6薪资等级（上校）公共卫生司令部区域和区域牙科司令部分别改名为公共卫生司令部和牙科司令部。这些组织随后在各个区域卫生司令部的领导下进行了重组。

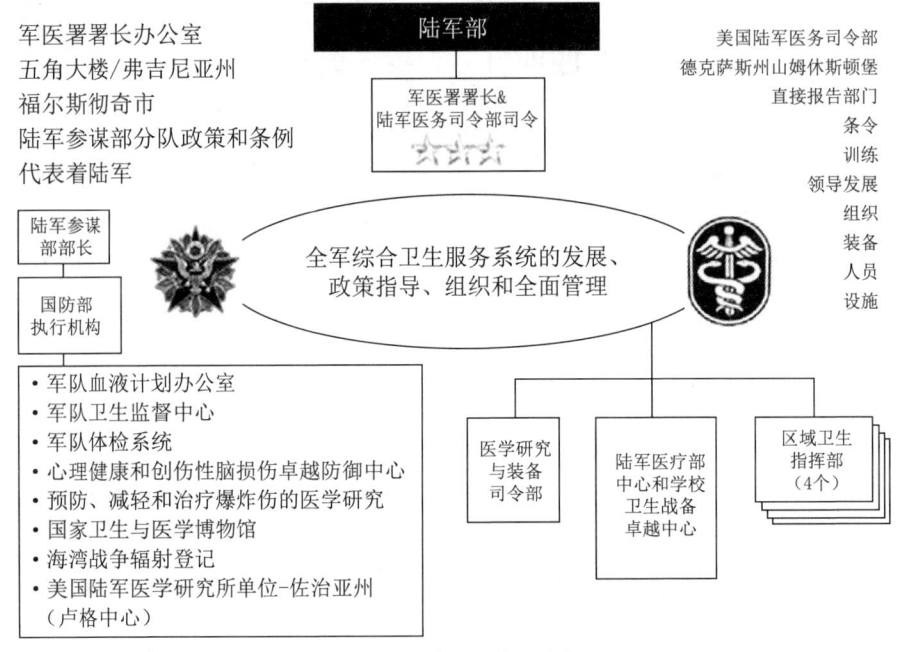

图 17-1 陆军医务司令部

b. 1996 年，美国陆军医务司令部合并了全球医疗资产，这一做法大大提高了指挥和控制效率，以便满足 21 世纪陆军的医疗保健需求。为了实现最为高效与有效的任务式指挥结构，实行了统一参谋机构概念，这一做法突显了陆军医务部持续改善品质的承诺，也使得陆军医务部明确了自己在陆军转型中的角色。

c. 统一参谋机构负责陆军医务部全球的政策、规划与运作，并重点关注战略规划。其任务是：

（1）为陆军医务部提供愿景、指导与长期规划。

（2）为陆军卫生系统制定并整合条令、训练、领导发展、组织、装备与军人支持。

（3）在全球范围内分配资源，分析卫生服务利用情况，并进行绩效评估。

（4）在各个陆军医疗中心协调并处理研究生医学教育计划。

（5）美国陆军医务司令部被参谋长联席会议主席指定为北方司令部的医疗装备战区主管机构。

17-12. 美国陆军医务司令部

a. 医务司令部是陆军医务部的生成兵力要素。作为前文提到的 2015 年医务司令部转型概念的一部分，医务司令部启动了对医务司令部总部及其"指定的主要下级司令部"的全面重组。图 17-2 描述了医务司令部的现状，以及医务司令部总部主要的参谋单位（牙科司令部、公共卫生司令部和战士过渡司令部）的相关情况，从而在战略层面上提升卫生战备的整合、同步和监督。

图 17-2 美国医务司令部当前结构

b. 此外，医务司令部的主要下级司令部还包括：

（1）区域卫生司令部-欧洲。

（2）区域卫生司令部-中央。

（3）区域卫生司令部-大西洋。

（4）区域卫生司令部-太平洋。

（5）美国陆军医务研究与物资司令部。

（6）陆军医务部中心与院校，陆军卫生战备卓越中心。

c. 区域卫生司令部负责监督其区域内的卫生战备平台、公共卫生司令部和牙科司令部的日常运作。统一的公共卫生和牙科资产由区域卫生司令部的医疗队管理，是美国本土陆军军团和本土外陆军军种组成部队司令部有关卫生战备的唯一问责点。

17-13. 区域卫生司令部

a. 区域卫生司令部是医务司令部内部为不同地理区域提供医疗保健服务的关键运作机构。区域卫生司令部和主要下级司令部在指挥官的监督下运行。其任务职责包括：

（1）建立可负担的、跨学科的、以客户为中心的、拥有高质量军队卫生服务系统的区域医疗队；

（2）支持陆军的卫生战备需求；

（3）发展和维持技术医疗保健和领导技能，以便为医务司令部的战备目标提供支持；

（4）在整个区域医务司令部内分配资源、分析使用情况并评估表现。

b. 作为主要的卫生战备整合机构，区域医务司令部的职责如下：

（1）对装备编制表/配备与装备数量表上的医疗资产进行日常使用，整合现役和预备役训练，以及制定动员需求；

（2）预算、维护并分配战备成本和资金；

（3）通过扩大网络覆盖范围、转移区域卫生司令部资产并协调预备役组成部队覆盖范围，在部署期间预先规划卫生战备平台专业回填需求；

（4）确保陆军的卫生战备需求被充分整合至国防部医疗保健区域的活动中；

（5）针对卫生战备平台动员、专业回填活动和部署行动，进行训练演习；

（6）为全球的应急行动提供医疗规划和战备计划；

（7）为基于战备的临床研究提供支持；

（8）提供及时可靠的口腔保健服务，包括：

（a）担任满足陆军和合格受益人的牙齿健康需求的倡导者；

（b）在全球范围提供研发中心、牙科活动、牙科诊所司令部以及牙科治疗设施的医疗队。

（9）促进军人和退休人员及其家庭以及陆军部文职部门雇员的健康，并预防疾病和伤残；确保为陆军和国防部兽医任务提供有效的全方位兽医服务。

17-14. 美国陆军医学研究与装备司令部

a. 美国陆军医学研究与装备司令部是陆军医疗装备的研发机构，同时也负责医疗研究、发展、采办以及医疗后勤管理。该司令部总部设在马里兰州德特里克堡，其下属12个司令部分布在世界各地。

b. 6个医学研究实验室司令部负责科学和技术计划的执行，研究有关各个生物医学研究领域的医学解决方案，包括军事传染病、战斗伤员救护、军事作战医务、医学化学和生物防御，以及临床和康复医学。该司令部管理着一个大型的外部研究计划。该计划涉及大量的合同、拨款和合作研究与开发协议，旨在提供更多领先的学术机构、私营企业和其他政府组织的科学技术能力。

c. 另外6个司令部侧重医疗装备的高级开发、战略和作战医疗后勤，以及医疗研究和发展合同，以完成医疗装备采办的整个生命周期。

17-15. 美国陆军医务部中心和院校-陆军卫生战备卓越中心

a. 概述。美国陆军医务部中心与院校-陆军卫生战备卓越中心是医务司令部的主要下级司令部。美国陆军医务部中心与院校-陆军卫生战备卓越中心并非隶属美国陆军训练与条令司令部，该中心遵循陆军部总部的能力发展、整合以及训练法规和政策。

b. 任务。设想、设计、训练、教育并激励世界一流的军事医务力量，以实现陆军战备并增强美国陆军力量。

c. 职能。

（1）根据《陆军条例》350-1"陆军训练和领导发展"，开发、整合、协调、实施、评估和维持全球现役和预备役医疗部队的训练/训练产品。

（2）发展、整合、分析、测试、验证并评估概念、新兴条令医疗系统以及条令和训练文献。

（3）执行所有陆军医务部军官、士兵和文职倡议者的职能，人员清单和职业领域的生命周期管理。

（4）发展作战卫生服务支持的概念、系统和兵力结构。

（5）作为条令和训练需求的整合中心，系统地开发或制定战备相关的课程、训练设备、手册和维持装备。

（6）为陆军医务部人员提供训练、教育和评估。

（7）测试和评估新的或者替代的医疗装备。

（8）担任部队卫生保护在战区的倡议者。

（9）开展医疗保健研究，以提高陆军医务部的效率和效力。

（10）向陆军医务部提供统计和分析咨询，并为医务司令部的下属机构提供辅助支持；为陆军医务部高层领导的决策提供专业建议；在整个陆军医务部内提升数据的质量、真实性和标准性。

（11）维持评估和质量保证计划。执行有效且高效的内部和外部评估/质量保证计划，以提升训练效果，维持战备水平，并控制或降低成本。

（12）促进陆军医务部和其他辅助信息管理/信息技术系统的成功开发和部署。

（13）执行适用的兵力设计现代化方案，以便为陆军转型提供支持。

（14）根据《陆军条例》350-1，担任陆军医务部的代理机构，通过陆军训练需求与资源系统管理个人军事教育。

17-16. 陆军医务部在维持单位中的作用

a. 除了一些固定的医疗设施，陆军还在所有的可部署的司令部内部拥有一些担负维持任务的医疗单位。这些医疗单位与后勤以及人事单位进行协作，以便形成陆军部队的维持核心。可部署的医疗资产包括现役与预备役组成部队中的编制装备表单位。美国本土现役组成部队医疗单位被指派至美国部队司令部。美国本土以外地区的医疗单位则被指派至陆军组成部队司令部。可部署的医疗单位在规模、任务范围以及能力方面不尽相同，小至医疗分遣队，大到战区医院。从总体上说，这些医疗单位共同组成了一个完整而连续的医疗撤运与治疗链，从战场上的伤病治疗到军以上部队中的医护服务，再到美国本土的专业治疗。

b. 若进行动员，则陆军医务部预备役组成部队医疗单位通常将是最先进行部署的部队之一。约有68%的医疗部队位于预备役组成部队，因此陆军医务部真正体现了陆军的部队构成。在动员期间，为确保完成陆军的部队保健任务，训练有素且处于待战状态的预备役组成部队医疗单位是必不可少的。依据职业军官填充信息系统，在经核准的参谋长联席会议作战计划得到实施或应急行动得到执行之后，在配备与装备数量表单位中服役的有资格的现役陆军人员将会被指派，以填补美国部队司令部即将部署的经修正的编制装备表单位、美国太平洋司令部陆军、美国欧洲司令部陆军以及第 8 集团军前沿部署单位。来自陆军固定医疗保健设施的预先指派人员，将会占到即将部署至作战区域以及已经驻扎于作战区域的单位中的专业人员的一大部分。

c. 战斗伤员救护医疗通信是关键的运作推动者。战斗伤员救护医疗通信为陆军战术医疗部队整合了一个医疗信息管理系统，为所有服役人员提供全面的终身电子医疗记录，并提高了作战指挥官的医疗态势感知能力。战斗伤员救护医疗通信整合了下述各项内容：战区医疗信息计划；战场医务信息-战区；武装部队医疗保健纵向技术应用；美国运输司令部管理、指挥与控制撤离系统；国防医疗后勤标准支援；国防医疗监视系统。通过完全一体化的作战体系结构以及全球信息网基础设施，战斗伤员救护医疗通信充分整合了全球医疗网络。战斗伤员救护医疗通信将使得指挥官能够有效地协调全世界范围内的任何战场中的医疗救护工作。

17-17. 参谋部军医

在各个司令部担任现职的陆军医务部高级军官拥有以下官方头衔：

a. "司令部军医"（针对陆军司令部与陆军军种组成部队司令部）。

b. "军医"（针对野战司令部，如美国本土陆军的兵团）。

c. "卫生局局长"（针对军事设施层级）。

d. 军医与卫生局局长负责为所有的（除牙科与兽医事务之外的）健康事务与政策提供参谋监管。卫生局局长与牙科局局长将在军事设施指挥官的参谋机构中服役。通常，医务中心或医疗机构的指挥官是卫生局局长，而牙科机构的指挥官则是牙科局局长。

17-18. 卫生勤务后勤

a. 卫生勤务后勤是陆军卫生系统不可分割的一部分，并作为军事卫生系统的核心职能领域，由陆军医务部进行管理。这使得司令部军医能够影响并控制挽救生命所需的资源。军医署署长在整体陆军后勤系统的框架内制定医疗后勤政策与程序。卫生勤务后勤包括：医疗装备（包括医用气体）、血液与血液制品的管理、光学器件制造、医疗设备的储存以及医疗装备的维护（这是提供医疗服务所固有的）。医疗商品（第Ⅷ类）具有使其与其他类别补给品明显不同的特征。医疗装备包括药品、麻醉剂与血液制品，这些物品的效力与保质期（注有日期）需要特殊处理以确保安全。大多数物品必须符合外部机构的规定与标准，这些机构包括食品和药物管理局、环境保护局、药品管理局以及联合委员会。医务后勤人员需要广泛了解这些要求，因为他们的职责与卫生勤务支持密不可分。

b. 一体化医疗后勤管理员的任务是：指定一个统一的机构或军种组成部队来为在战区作战的联合部队提供管理，并提供卫生服务后勤支援。血液是唯一不受一体化医疗后勤管理员直接控制的医疗制品。血液供应由各个作战司令部中的联合血液计划军官进行协调与管理。

c. 医疗装备战区主管机构对战区医疗装备的分发与补给链进行统一管理，在与国家层面的部队保健行动与产业伙伴进行密切协作的基础上，提供医疗用品所需的集中管理。

d. 美国陆军医务司令部为重新部署单位以及"战区提供的装备-医疗"设立了医疗设备的重置作业。重新部署单位将与区域医务司令部及其军事设施医疗补给机构进行协调，共同在常驻基地开展战地层级的重置作业。维持重置（仓库级别）活动通常在以下三个仓库所在地之一进行：犹他州希尔空军基地、加利幅尼亚州特蕾西陆军仓库以及宾夕法尼亚州托比汉纳陆军仓库。将为战区中的单位提供"战区提供的装备-医疗"重置服务，以便减少将要部署单位的装备需求，并保持养护的连续性，从而支持作战行动。较高的使用率与恶劣的环境增加了维修需求，并加速了耗损。"战区提供的装备-医疗"归战区所有，战区利益相关者与美国陆军医务司令部共同为其提供生命周期管理服务。

e. 陆军医疗后勤体系。2009年，军医署署长组建了陆军医疗后勤体系，包括了医疗后勤生成机构与医疗后勤运作机构，这些机构在协作与网络化的框架内开展工作，并满足陆军卫生系统的医疗后勤需求，使其为陆军与/或联合部队司令部司令提供医疗支持。

17-19. 陆军部部长在国防部执行机构中的执行官代表

a. 执行官代表。执行官是国防部组成部门的牵头人，国防部部长或国防部常务副部长向执行官指派了特定的职责、职能与权力，以便为涉及两个或两个以上国防部组成部门的作战任务、行政或其他的指定活动提供特定级别的支持。国防部执行官可以将权力委托给其所在组成部门内的下级指定人员（如军医署署长），该下级官员履行国防部部长或国防部常务副部长委派的任何或所有的执行官职责、职能与权力。军医署署长担任以下执行官：

(1) 武装部队血液计划办公室。

(2) 心理健康和创伤性脑损伤卓越防务中心。

(3) 预防、减轻和治疗爆炸伤害的医学研究。

(4) 波斯湾战争暴露登记处。

(5) 美国陆军医学研究单位-佐治亚（卢格中心）。

b. 除陆军医务部主要下级司令部中的国防部执行官之外，军医署署长还担任其他非常重要的联合医疗机构的执行官，这些机构包括：

(1) 肢体创伤与截肢者卓越中心。

(2) 研究性的新药-强制卫生保护。

(3) 联合创伤系统卓越中心。

(4) 入伍医学标准分析与研究活动。

(5) 武装部队病虫害治理委员会。

(6) 文职雇员职业健康与医疗服务计划。

(7) 作战牙科研究。

(8) 国防医学虚拟图书馆。

(9) 迪洛伦佐 TRICARE 卫生保健计划卫生诊所。

(10) 国防部营养研究计划。

(11) 国防部/退伍军人事务局临床实践指南制定。

(12) 国防部药物经济学中心。

(13) 海湾战争疾病研究计划。

(14) 入伍处理司令部-医疗。

(15) 军事传染病研究计划。

(16) 多重耐药生物和储存库监测网络。

(17) 营养标准和教育计划。

(18) 同行评审医学研究计划。

第五部分 总结与参考文献

17-20. 总结

本章讨论了陆军医务部的任务、组织、职能以及参谋机构之间的关系。陆军卫生系统包括所有层级的医疗、牙科、兽医以及其他相关的医疗护理,从政策与决策制定层级到野外的战地军医都被包含在内。陆军内部的卫生服务由军医署署长通过美国陆军医务司令部以及军医署署长办公室进行指示与监督。TRICARE 卫生保健计划显著地改变了和平时期的军事卫生系统,并将继续进行改进,以便确保能够向所有的受益者提供世界一流的医疗保健。在经历长达 12 年的持续冲突之后,陆军卫生系统将继续进行转型,以便满足陆军以及国家的需求。

17-21. 参考文献

a. Army Doctrine Publication (ADP) 3-37, Protection.

b. ADP 3-0, Unified Land Operations.

c. ADP 4-0, Sustainment.

d. Army Doctrine Reference Publication (ADRP) 3-0, Unified Land Operations.

e. ADRP 3-37, Protection.

f. ADRP 4-0, Sustainment.

g. Army Medicine Campaign Plan 2017, dated 3 Nov. 2016.

h. Army Regulation (AR) 10-87, Organization and Functions Army Commands, Army Service Component Commands, and Direct Reporting Units, 11 December 2017.

i. AR 40-1, Composition, Mission, and Functions of the Army Medical Department.

j. AR 40-4, Army Medical Department Facilities/Activities.

k. AR 40-61, Medical Logistics Policies.

l. Army Tactics, Techniques, and Procedures 4-02, Army Health System.

m. Call to Action: 43rd Surgeon General, United States Army, 2012.

n. DOD Directive (DODD) 5101.1 DOD Executive Agencies.

o. DODD 5136.1, [ASD (HA)].

p. MEDCOM Memorandum 10-2, Organizations and Functions, Headquarters.

q. MEDCOM/OTSG Regulation 10-32.

r. MEDCOM Regulation 10-1, Organization and Functions Policy.

s. U.S. Army Medical Department Website, www.armymedicine.mil.

t. FM 4-02, Army Health, dated 26 Aug. 2013.

第十八章 陆军部的民事职能

第一部分 导言

18-1. 本章内容

除了执行军事任务，陆军部还实施了大量的项目，以支持美国的经济发展和环境管理。这一概念可以追溯到托马斯·杰弗逊总统，他曾设想建立一支能够执行"民用"任务及军事活动的部队。本着这一想法，他在西点军校成立了美国军事学院，其工程课程重点被一直延续至今。面向民用的最大工程是"土木工程计划"，该项工程由美国陆军工程兵团在负责土建工程陆军部助理部长的监督下执行。该计划主要围绕水资源展开，其内容可以追溯到1824年美国陆军最早参与改善的航海工作。多年来，随着陆军专业知识的增长，主管部门和国会还对其他与水有关的任务进行了分配，包括水灾风险管理、供水、水电、娱乐、水生生态系统恢复、应急管理等。如今，"土木工程"是一项每年耗资60亿美元的计划，由国防拨款以外的资金支持。该计划提供了超过16∶1的投资回报率，并给国家带来每年1100亿美元的收益，包括预防洪灾、通过港口和内河的运输、廉价无污染的水电、娱乐机会、城市和农场的供水等。本章将对以下内容进行介绍：民事职能的定义、授权、关系、领导者、组织、活动、研发以及对其他政府机构、海外活动以及对战斗指挥官的支持活动。

18-2. 民事职能的定义

传统上由陆军部执行的许多活动通常被称为民事职能。这些职能中，最广泛的是由美国陆军工程兵团（以下简称"兵团"）负责的土建工程计划。

土木工程计划将重点放在农场开发、保护、恢复国家的水利以及相关土地资源。实施运作土木工程项目的目的是商业领航、水灾风险管理、环境恢复、水力发电、娱乐、市政与工业供水等。兵团多年来为支持土木工程任务而建造的基础设施，现今估值约为 2.5 亿美元。

民事职能还包括：对美国可通航水域（包括许多湿地）的管理活动，包括允许通航、疏浚、建造、填充材料的排放和其他类似活动；各种自然灾害的备灾活动以及应对和恢复活动；对联邦政府、州和地方机构的非国防相关活动和陆军工程兵团海外活动提供工程和建设支持（而不仅仅是支持美国海外部队）。

18-3. 领导与组织

a. 负责土木工程的陆军部助理部长。根据特定的法律条款、陆军部部长的通令以及陆军部内部规章，负责土木工程的陆军部助理部长被指定负责民事职能。国会在 1970 年《洪水控制法案》(the Flood Control Act of 1970)（公法第 91-611 号）第 211 节中确立了负责土木工程的陆军部助理部长这一职位，并在 1986 年《戈德华特-尼科尔斯国防部改组法案》(the Goldwater-Nichols Department of Defense Reorganization Act of 1986)（公法第 99-433 号）第 501 节中重申了这一立场。《戈德华特-尼科尔斯国防部改组法案》明确规定，负责土木工程的陆军部助理部长的职责为全面监管与保护水利资源以及开发计划相关的陆军部职能，具体内容包括水灾风险管理、航行、环境恢复以及其他与管理相关的事项。负责土木工程的陆军部助理部长直接向陆军部部长报告。

b. 美国陆军工程兵团。陆军工程兵团是国防部内的行政分支机构，也是陆军主要指挥部门，负责履行大部分陆军的民事职能，由 800 多名军人和 3.3 万名文职人员组成。美国陆军工程兵团是世界上最大的公共工程、设计与建筑管理机构。除上述职能外，陆军工程兵团还提供不动产服务；执行研发任务；开展规划与工程研究；为陆军、空军、其他联邦机构以及外国政府设计并修建军事设施。陆军工程兵团中大约有 280 名军事人员和 22 100 名文职人员参与了民政活动。

c. 工兵主任。工兵主任不仅是陆军部总部的主要参谋，还负责指挥陆军工程兵团。工兵主任、主管民事与应急行动的工兵队副司令以及土木工程民事主管将就土木工程计划向主管土建工程的陆军部助理部长报告。

d. 区和分区。工兵主任管辖 9 个区,其中有 8 个区担负土木工程任务。这些区下面又细分为 43 个分区,其中有 38 个分区在美国境内。美国本土负责土木工程计划的分区以及分区界线一般都与分水岭和流域盆地的边界线保持一致,如图 18-1 所示。这些轮廓线反映出了工兵部队的水利资源任务。另一方面,军事建设区通常与州边界保持一致,并非所有的州、区都有军事建设任务。

图 18-1 美国陆军工程兵团的分布

e. 海外办事处。陆军工程兵团还包括多个海外办事处,这些办事处承担的任务包括:支援美国部队修建建筑;援助其他国家与国际组织;支援其他美国海外机构。

(1) 太平洋区的总部位于夏威夷的檀香山,包括的下属分区分别是日本、韩国、夏威夷与阿拉斯加。

(2) 北大西洋区包括欧洲分区与 5 个美国本土分区。

(3) 2009 年 10 月,美国陆军工程兵团成立了跨大西洋区,总部位于弗吉尼亚的温彻斯特，一个分区设在阿富汗，另一个分区负责陆军工程兵团在中东和非洲其他地区活动。2017年，巴格达增加了第三应急区，以支持美国和国际社会在"坚定决心行动"（Operation Inherent Resolve）期间针对ISIS的工作。

（4）莫比尔分区的任务还包括对美国南方司令部的支持。

f. 美国陆军工兵部队中的其他组织。工兵部队内还包括其他几个组织：

（1）陆军工程研发中心位于密西西比州维克斯堡，该研发中心由7个实验室组成（请参阅18-8"研究与发展"）。

（2）美国陆军工程与支援中心位于亚拉巴马州亨茨维尔，负责为全国或较大范围或者工兵部队通常不会提供相关服务的计划，包括提供工程与技术服务、计划与项目管理、施工管理以及创新的合同签订方案。亨茨维尔还是陆军工程兵团的主要训练中心。

（3）水资源研究所位于弗吉尼亚州的贝尔沃堡，它通过制定并运用新的计划评估方法、政策与数据，来预估不断变化的水利资源管理条件，以支持土木工程处和其他工兵部队司令部。该研究所的下属机构包括位于加利福尼亚州戴维斯的水文工程中心；位于路易斯安那州新奥尔良的水运商业统计中心；位于科罗拉多州莱克兰市的风险管理中心；位于贝尔沃堡的国际水资源综合管理中心、航行和土木工程决策支持中心以及冲突解决和公众专家参与中心。该研究所还向国际航运协会的美国分部提供支持。该协会的美国分部与其他40个国家的成员合作，致力于解决政策、工程和环境问题，以促进水路运输的发展。

（4）美国陆军工程兵团财务中心位于田纳西州米林顿，负责为整个工兵部队提供财务与会计职能。

（5）美国陆军工程兵团后勤机构位于田纳西州米林顿，负责向兵团提供后勤支持，内容包括供给、维持、战备、物资、运输、旅行、航空、设施管理、综合后勤支持、管理控制以及战略规划。

（6）海事设计中心位于宾夕法尼亚州的费城，负责在和平时期提供规划、工程和造船合同管理服务，以便支援兵团、陆军以及国家的水利资源项目，并在全国紧急状态或动员时提高军事建设能力。

（7）汉弗莱斯工程中心支援机构位于弗吉尼亚州的贝尔沃堡，负责为美国陆军工程兵团总部与各个战地办事处提供行政与作战支持。

（8）陆军工程兵团的可部署战术作战系统提供了移动任务指挥平台，以便使陆军工兵部队能够迅速执行初始应急响应任务。可部署战术作战系统旨在响应各地区、分区、全国以及国际事件。

（9）第249工兵营（精锐力量）负责生产并分配基本电力，以支持作战、救灾、维稳与支援行动，同时在电力和配电系统的各个方面提供建议和技术援助，还负责维持陆军的发电和配电战争储配。

（10）第911工兵连负责为华盛顿特区提供专业技术搜救支持，是负责美国首都地区联合部队总部（负责美国首都地区的国土安全）的重要支持成员。

18-4. 与作战能力的关系

民事职能负责补充并增强陆军的作战能力，通过维持一支训练有素且准备就绪的工兵部队来应对各类冲突局势，且这种维持不会增加国防部军事预算，在人员配备方面花费也很少。由土木工程计划提供资金的工作岗位中，有超过1万名工兵已经被短期调派至伊拉克、阿富汗以及其他海外地区。例如，陆军工程兵团保有一支应急工程师响应小组，来为伊拉克当地合同和后勤民事扩编计划建设的工程设计、环境和建筑质量保证增加盟军地面部队组成司令部-Ⅰ的人员数量。这些专业知识由陆军工程兵团的各个部门和分区提供。此外，还可通过陆军工程兵团的"回程"计划获得土木工程计划中的专业知识，该计划将作战指挥官与政府、私营部门以及学术界的该领域专家联系在一起，以制定针对复杂问题的工程解决方案。

18-5. 私营部门的能力和伙伴关系

美国陆军工程兵团与私营部门的合作关系是数十万名建造师、工程师以及建筑工人的力量倍增器，他们时刻准备着在紧急情况下为国家提供支持。私营部门是土木工程小组的重要组成部分。私营建筑公司几乎承担了工程兵团所有的建筑工作，雇用人员一度高达30万。兵团在其超过一半的设计工作中雇用私人建筑、工程以及建造公司。2013财年，美国陆军工程兵团签订的土木工程项目合同总额约为48.6亿美元。其中，17.7亿美元（占36.3%）是与小型企业签订的，这又包括与小型弱势企业签订的6.76亿美元（13.8%）的合同。

第二部分　土木工程计划

18-6. 授权、国会监督和资金供应

尽管在资金筹措和监督方面与其他陆军计划有所不同，但民事职能是陆军整体任务及其向国家提供的服务的组成部分。与土木工程计划相关的财政和人力资源主要依据《水资源开发法》进行授权，并由《年度能源与水利开发拨款法案》（非国防拨款）单独提供资金。依据上述法案获得的计划资金通常为每年50亿至60亿美元。这些资金将被用于：研究关乎联邦利益的水资源问题（土木工程可能适用于这一问题）；由国会授权和资助的项目的设计和建造；已完成项目的运作与维修；用于应急管理的资金；美国水域的监管活动；用于原核电站的"旧址整治行动计划"；总部和分区的开支。更多资金可通过《补充拨款法》提供。例如，2017财年补充拨款为救灾和恢复活动提供了10.25亿美元。1986年的《水资源开发法》以及修订后的《水资源开发法》要求各州与地方政府赞助方分摊土木工程活动所需的大部分资金，这些款项总计约每年5亿美元。

美国陆军工程兵团针对其他非国防机构的支援活动向这些机构提供资金，由联邦应急事务处理局拨款的应急响应活动也包括在内。国会委员会，比如众议院运输与基础设施委员会的水资源与环境下属委员会，或参议院环境与公共工程委员会的运输与基础设施下属委员会，负责立法监督与授权立法，而众议院与参议院拨款委员会的能源与水利开发下属委员会则负责提供拨款。

18-7. 土木工程计划活动

a. 计划。土建工程计划负责在全国范围内开发与管理水利以及相关土地资源，包括水灾风险管理、航行以及生态系统与其他环境恢复项目的规划、设计、施工、复原、运作与维护，也包括多功能水利资源项目。土木工程规划职能是新的水利资源建设项目的制定与授权过程中总体计划的基础。除上述项目的目的外，完工后的兵团项目可能包括水力发电、供水、休闲设施以及自然和文化资源管理。这些项目总共包括大约1200万英亩（相当于18 800平方英里）的陆地与水域。除了联邦直接投资计划，土木工程计划还包括一

项重要的监管任务,即根据1899年《河流与港口法案》对通航水域的建设项目进行监管。兵团还负责按照1972年的《清洁水法案》对美国水域(包括湿地)内的疏浚与填充材料的沉积情况进行监管。此外,土木工程计划还包括应急抗洪、救援行动以及防洪工程的修复与恢复,所有这些工作都是按照第84-99号公法中规定的美国陆军工程兵团拥有的权力执行的。陆军工程兵团还作为主管公共建设与工程的规划与运作牵头代理机构(第三类紧急情况支援职能)(参见第20章),履行国家响应计划所规定的国防部相关职责,以支持联邦应急事务管理局与其他联邦机构。

b. 经济基础设施。

(1) 自1824年首个航行项目实施以来,美国陆军工程兵团一直是美国良好的水资源基础设施的开发、建设与维护工作的主要贡献者。商业航行和洪水风险管理是土木工程计划的长期任务。其中航行职能包括改善并维护用于处理全国所有海上贸易的港口以及五大湖区的港口。兵团利用港口维护信托基金的资金,维护着183个港口(每年处理超过25万吨货物)以及884个较小港口的适航性。美国有超过1500万个工作岗位依赖于美国进出口贸易,因此商业港口对于美国的经济安全至关重要。兵团已经建立了一条12 000英里长的近岸与内河商业航道网络,并在193个地点运营了239处船闸室。内河航道设施的主要改善工作的部分资金由内河航道信托基金提供。这些水路上每年有超过6亿吨的商业往来,但成本是铁路运输成本(每吨英里)的1/2,是卡车运输成本的1/10。维护港口与内河航道系统需要每年清理超过1.85亿立方的疏浚物。该航道网络的主要航段包括:

(a) 密西西比河下游(1015英里);

(b) 密西西比河上游(936英里);

(c) 俄亥俄河(981英里);

(d) 田纳西河(785英里);

(e) 密苏里河(735英里);

(f) 阿肯色河与怀特河(706英里);

(g) 哥伦比亚-蛇河河系(468英里);

(h) 南大西洋海岸(1111英里);

(i) 墨西哥湾沿海航道-西段(得克萨斯州布朗斯维尔至佛罗里达圣马克段)(1501英里);

(j) 墨西哥湾沿海航道-东段（佛罗里达州迈尔斯堡至清水城段）（431英里）。

（2）美国陆军工程兵团与美国国土安全部下属的联邦应急事务处理局共享相关专门技术和授权，以解决该国可能遭受洪水相关灾害的侵害与破坏的脆弱性。自19世纪以来，陆军工程兵团一直在俄亥俄州和密西西比河上参与水灾风险管理活动。1927年，密西西比河流域曾暴发了大面积洪灾。随后，在1928年，美国陆军工程兵团建造了密西西比河及其支流防洪工程。1936年，《洪水控制法案》确立了联邦在全国水灾风险管理中的作用。此后，陆军兵团的职责范围得到扩展。新职责包括：管理水灾风险并制定结构性与非结构性解决方案；检查现有的洪水管理基础设施的状态；为州与区提供技术与规划支持；采取事先应急措施减轻即将到来的洪水的影响；修复遭到洪水破坏的堤坝与其他洪水管理基础设施。在国家对水灾风险管理方面投资中，每投入1美元，就可以减少近9美元的洪水损失，即使在排除通货膨胀因素之后也是如此。2012年，美国陆军工程兵团完成了对新奥尔良飓风和风暴损害降低风险系统的重建，达到了"100年"的保护水平（能够承受在特定年份内有1%发生概率的风暴）。在2012年8月飓风艾萨克来袭期间，飓风和风暴损害降低风险系统在预防财物损毁和人员伤亡方面的工作完成得非常成功，在建立系统上仅花费了147亿美元，避免了约900亿美元的损失——第一年的投资回报率为6:1。水灾风险管理工作的范围之广，覆盖从小型的当地保护项目到大型的湖泊与水坝的维护项目等各类项目。1986年通过《水资源开发法》以来，大多数上述项目都是以联邦政府与非联邦赞助方共同出资的合资企业形式修建的。陆军工程兵团负责运营并维护大部分水坝，但是对于大多数其他项目，包括约14 700英里防洪堤，一旦建成就需要由赞助方运营并维护。

（3）兵团通过各种类型的授权与计划来提供洪水管理援助。例如，通过泛滥平原管理服务计划，兵团为州以及当地社区提供信息、技术援助以及规划指导（由联邦政府出资），来帮助他们解决水灾风险管理问题。典型的重点领域包括水灾风险评估、溃坝分析、洪水预警防范、洪泛平原管理等。如果某些特定区域面临即将发生洪灾的风险，那么兵团有权即刻采取预先措施来保护生命与财产安全，例如修筑临时的限流建筑物以及清除木材残片堵塞物。不过，管理全国水灾风险的责任并不只由诸如陆军工程兵团与联邦应急事务处理局这类联邦机构来承担。相反，它由多个联邦、州以及当地政府机构共同承担，并具有一套复杂的计划与授权，其中包括普通公民与私营部门，比如银行业、保险公司及开发商。陆军工程兵团与联邦应急事务处理局都制订了相关计划，旨在协助各州与社区减少洪灾损害，并促进建立良好的水灾风险管理机制。然而，泛滥平原的土地利用方式的决定权以及防洪方面的执行权都完全由州与地方政府掌握。各州和地方官员作出的泛滥平原管理选择可能会影响联邦计划最大限度地降低洪水风险并降低联邦洪灾损失的效果。但是，联邦投资受到联邦和非联邦伙伴之间协议的保护。

（4）2007年11月，陆军工程兵团制订了一个防洪堤安全计划，这一举动十分重要，是确保公众知晓与美国陆军工兵部队计划中的防洪堤相关的风险的重要一步。该计划的任务是评估防洪堤系统的完整性与防洪能力，并提供建议采取的措施，以确保这些系统不会面临无法接受的风险。其主要目标是将公共安全放在首位，减少不利的经济影响，并发布可靠且准确的信息。在该计划中，陆军工程兵团建立了一个国家防洪堤数据库，以促进相关活动的发展并建立活动间的联系。这些活动包括：水灾风险通信、防洪堤认证、防洪堤检查、洪泛区管理以及风险评估。该数据库目前包括美国陆军兵团计划或联邦应急事务处理局的国家洪水保险计划中的防洪堤情况。2007年的《水资源开发法》扩大了陆军工程兵团的权限，允许录入所有自愿进入数据库的非联邦防洪堤的情况。另外，陆军工程兵团目前正在开发一种对现有的防洪堤基础设施进行技术风险评估的方法，来对全国范围内的防洪堤进行评估。该计划还包括一些额外的活动：建立国家小组，以制定与防洪堤安全相关的新政策，例如，检查现有的防洪堤系统，验证或建立现有的大地测量控制，制定针对新防洪堤系统的最低标准，以及采取临时性风险降低措施。在关键的政策问题上，美国陆军工程兵团、联邦应急事务处理局以及其他利益相关方需要进行密切合作。具体来说，这些问题包括：绘制洪水灾害地图，对防洪堤进行检查和评估，防洪堤的运营和维护，以及应急响应和撤离。

（5）陆军工程兵团负责运营75座水力发电站，几乎占全国水力发电能力的1/4，或全国总发电量的3%。美国陆军工程兵团修建的水坝可被用来蓄水，这些水可供市政（包括饮用水）、工业用水和灌溉使用，也可以为鱼类与其他野生动物提供栖息地。此外，上述402个项目（主要为湖泊）也得到了开发，用于娱乐。这些项目每年接待游客几乎达到2.5亿人次。兵团估计，有1/10

的美国人每年至少会参观一次土木工程项目。这一娱乐活动为美国提供了27万个私营与公营部门的工作岗位。美国陆军工程兵团是美国最大的户外休闲服务提供商之一，在2%的联邦土地上接待了20%的联邦休闲区游客。

(6) 土木工程计划中开发的运输基础设施在国防方面发挥着作用。美国陆军工程兵团维护的港口和航道为海军提供服务，同样，也是必须在全国乃至全球范围内运输大量物资、运送人员时至关重要的物流节点。国陆军工程兵团与地面部署和分配司令部以及当地港务局进行合作，以确保港口已完成相关准备工作，能够在有需要时支援军事装备与补给品的运输活动。这种伙伴关系在运输"持久自由行动"以及"伊拉克自由行动"所需的几乎所有陆军装备与补给时显得尤为有效。由美国陆军工程兵团开辟、运营并维护的航道同样具有直接的军事用途，可用于战略机动。得克萨斯州、俄克拉何马州与阿肯色州的国民警卫队单位已经成功实现了从阿肯色、密西西比与伊利诺伊河到自己的夏季训练场的调动，第101空中突击师也已成功通过水路完成了从肯塔基州坎贝尔堡到路易斯安那州的调动。另外，美国陆军工程兵团的水灾风险管理项目也通过保护重要的公路与铁路节点，为兵力投送作出了贡献。因此，土木工程计划通过各种不同的活动，如为装备的运输提供便利以及保护重要的基础设施，来为国家安全作出贡献。

c. 环境。

(1) 项目活动。土木工程计划通过建设相关项目来恢复和保护生态系统以及其他环境功能与价值，为实现国家环境目标作出了重要贡献。在2017财年正在进行的最大规模的此类项目包括：南佛罗里达生态系统修复（2017财年为1.15亿美元）、哥伦比亚河鱼类减缓项目（当年资助7000万美元），马里兰州杨树岛（6300万美元）、新泽西州梅伍德市土地补救行动计划修复实施现场（3400万美元）、密西西比河上游修复（3300万美元）、密苏里河鱼类和野生动物恢复（2017财年为3100万美元）以及船舶运河疏散屏障（2014财年投资1200万美元，用于防止亚洲鲤鱼从密西西比河流域扩散到大湖地区）。上述工作大多是与其他各方合作进行的，这些合作方包括联邦与州的其他机构或认可的美洲印第安部落、阿拉斯加土著以及其他地区。2002年，陆军工程兵团与大自然保护协会建立了合作伙伴关系，以改善美国河流的管理情况，恢复河流，同时维持各个项目低成本运营。此外，陆军兵团还和国家鱼类与野生动物联合会以及野鸭基金会签订了协议，以促进重要生态资源的恢复。

(2) 项目授权。

(a) 1990年通过的《水资源开发法》将环境恢复与保护确定为水资源项目的规划、设计、建设、运营与维护时的主要任务之一，其重要性相当于航行以及水灾风险管理的重要性。该项新规定激励了美国陆军工程兵团及其非联邦项目倡议人，使他们以环境恢复为项目主要目的来规划与实施新项目。

(b) 与陆军工程兵团的其他大型项目一样，大型恢复项目也必须得到国会批准。在执行有史以来最大的环境恢复与保护项目时，陆军部以及内政部与佛罗里达州合作，致力于一起恢复佛罗里达州南部大沼泽地区的水文情况。国会在2000年的《水资源开发法》（公法第106-541号）第6章中批准了美国陆军工程兵团的大沼泽地区全面恢复计划。作为该项目组成部分的首份可行性研究报告需要专门授权，已于2002年完成。

(c) 陆军工程兵团正在与路易斯安那州合作，致力于一起恢复并保护该州不断缩小的沿岸湿地，同时阻止该湿地目前每年25平方英里~35平方英里的消失。该生态系统能够对水污染进行自然过滤，并为美国70%的水鸟提供重要的冬季栖息地，对美国的环境卫生极其重要。作为主要海鲜产业的所在地，该生态系统对于美国的经济至关重要。这些湿地与堰洲岛还保护着内陆城市、工业和农业地区，包括新奥尔良和其他数十个社区（这些地区承载着美国独有的文化）免受飓风和沿海风暴的侵袭。卡特里娜飓风将全国注意力集中到了海岸湿地在削弱风暴潮与波浪作用方面的作用，此后，路易斯安那州海岸地区的恢复工作就变得更为紧迫了。

(d) 除了得到明确授权的一些项目（比如佛罗里达州至南部大沼泽地区与路易斯安那州海岸地区的恢复项目），环境恢复是通过针对小型项目的三个计划授权完成的。根据1986年《水资源开发法》（第99-662号公法）第1135节的规定，美国陆军工程兵团有权对先前建设的项目进行改造，以使项目"更环保"。第1135节还授权美国陆军工程兵团在其原始项目造成环境损害时完成环境恢复工作。1992年《水资源开发法》第204条授权美国陆军工程兵团可以正当使用疏浚物。该授权允许美国陆军工程兵团将航道项目中产出的疏浚物用于环境恢复。第三项授权来自1996年《水资源开发法》的第206节。该规定确定了一项水域生态系统恢复计划。根据该计划，可以建设小型项目，而不必与陆军工程兵团现有的项目建立联系。为了实现"无湿地净损失"这一国家目标,土木工程计划正在开展恢复现有的湿地并建设新湿地的项目。

(3) 规范性计划。

(a) 美国陆军工程兵团的规范性计划在保护国家水域方面有着悠久的历史。1899 年《河流和港口法》授权美国陆军工程兵团,通过发放许可证,来规范美国适航水域中的建筑物和相关工作,包括疏浚、填充活动。该规范性计划的主要目标之一是确保为商业与休闲航行的用户改善并维护航道。随着时间的推移,陆军工兵兵团的"公共利益审查"成了决策程序的一个重要部分,陆军工程兵团地区指挥官运用该程序来批准、修改或拒绝许可证申请。

(b) 1972 年《清洁水法案》第 404 节授权陆军工程兵团,发放相关许可证,用以管理美国水域(包括湿地)中疏浚和填充材料的排放活动。该法案对陆军工程兵团的管理职责进行了扩充,职责范围超出了 1899 年《河流与港口法案》规定的范围,扩充到了美国所有水域。此外,20 世纪 60 年代末、70 年代初颁布的其他环境法律(包括《国家环境政策法案》《濒危物种法案》和《国家历史保护法案》)都要求联邦决策制定者考虑自身行为对环境的影响,并对其行为后果负责。

(c) 经修订的 1972 年《海洋保护、研究和禁猎法案》第 103 节授权美国陆军工程兵团,发放相关许可证,从而允许将疏浚物运输到海洋中进行处理。其中规定,陆军工程兵团必须确保倾倒行为不会威胁人类的健康与福祉,破坏海洋环境、生态系统或经济潜力。

(d) 最高法院的裁决,包括其在 2001 年北库克郡固体废弃物处理局的裁决和 2006 年在拉帕诺斯的裁决。得出的结论都是,最高法院已经裁定美国陆军工程兵团的管理权限不得延伸至所有的水域。这些裁决给确定受《清洁水法案》法规约束的美国水域的权利限制带来了挑战,比如需要确定特定水域是否与传统通航水域有着明显的联系。2015 年,环保局和陆军工程兵团发布了一项新的"美国水域"规定,具体规定了水体是否受《清洁水法案》第 404 节的约束。由于法院的诉讼,该法规最终未能实施。2017 年 2 月,特朗普总统下令对该法规进行审查。

(e) 许可决定应当在监管计划中通过评估陆军工程兵团在职权范围内活动的影响,以及评估提案对公共利益的利弊作出。该评估程序有助于在环境保护与经济增长之间达成平衡。在 2016 财年,陆军工程兵团与项目倡议者合作，评估了美国水道和湿地上数以万计的活动，并在许多问题上与其他机构、部落和公众进行协调和咨询。针对影响最小的水域中开展的活动，共计为将近55 000次全国或区域活动发放了许可。对于那些因不符合任何一般许可的条款或条件而需要进行单项许可评估的项目，陆军工程兵团为3200个活动（包括必要的特殊条件）颁发了单项许可，并拒绝了87项活动的许可申请。

（4）管理。美国陆军工程兵团负责管理42个州1200万英亩（相当于18 831平方英里）的土地与水域。森林、野生动物栖息地、渔场与土壤的养护涉及多种资源以及健全的生态系统管理原则。美国陆军工程兵团既依靠自身的管理能力，也依靠与各州以及当地政府的合作伙伴关系、志愿者以及与各种利益团体的业务协议来实现这一目标。

（5）合规。美国陆军工程兵团以5年为一个周期，通过环境合规评估计划对所有的项目进行合规评估。用于评估的工具是《运营环境审查指南》，它是一份一览表，其中包含联邦与州的环境法令以及美国陆军工程兵团的要求。项目和设施主管以及外部机构负责运用《运营环境审查指南》来系统地查找与纠正环境缺陷。

（6）非结构性水灾风险管理。近年来，美国陆军工程兵团越来越重视非结构性水灾风险管理的方法。非结构性替代方案着重解决洪泛区域的发展情况。这些替代方案包括：对泛滥平原进行分区；参考国家洪水保险计划；制订并执行水灾预警系统（与国家海洋和大气管理局的水灾预警计划进行协调）与应急撤运计划；建设单个的防洪建筑；从具有极端水灾危险的地区移除建筑。

（7）土木环保活动与陆军任务的关系。土木工程计划中的环保活动是陆军21世纪环境战略的重要组成部分。学习土木工程任务专业的人员（涉及自然与文化资源、水体质量、泛滥平原管理或危险废弃物管理）可以帮助陆军"超越合规"，进而在自然资源管理方面发挥领导作用。土木工程专业知识协助陆军开发出了诸如环境达标评估系统以及综合训练区管理之类的管理工具。土木工程计划负责管理陆军约一半的土地，并善于在自然环境保护与人类利用之间达成平衡，而这正是陆军面临的主要问题。该计划也是陆军文化资源专业知识的储存库，陆军在多个优先等级的任务中都利用了该储存库。

d. 应急准备与灾害响应。

（1）美国陆军工程兵团负责在出现自然或人为灾害以及应急事件时响应

国家需求。美国陆军工程兵团的各项计划负责提供各类援助，以保护人民的生命与财产安全，减轻人民痛苦，帮助人民从灾害的影响中恢复，并减轻损害，减少未来的威胁。响应与恢复活动是对各州与当地工作的一种补充。灾难发生时，会在全国范围内动员陆军工程兵团小组和其他资源来协助当地地区和办事处执行他们的响应任务。陆军工程兵团拥有50多个签署了紧急事务协议且经过了特殊训练的响应小组，以执行各种公共事务和与工程有关的支持任务。陆军工程兵团将使用预先授权的协议，这些协议可以为满足任务需求而快速生效，从而执行诸如碎片清除、临时住房搭建、商品分发和发电机安装等任务。作为联邦政府针对灾害和应急情况做出的全国统一反应的一部分，陆军工程兵团每年都会部署数百人来提供技术工程专业知识，并促进国内外的能力发展。2016年，陆军工程兵团部署了1096名人员，响应了33项灾难需求声明中的一项或多项任务。

（2）根据第84-99号公法的规定，美国陆军工程兵团负责针对所有类型的自然灾害进行规划和准备工作，并针对洪水与沿海风暴开展响应与恢复工作。洪水和沿海紧急情况拨款负责为公法第84-99号公法中提及的所有活动提供资金。这些准备与响应工作包括：灾害准备措施、采取措施减轻潜在的水灾威胁、抗洪活动、保护受威胁的联邦政府建设的海岸项目以及生命救援行动。

（3）恢复与缓解措施包括受损的防洪工程、海岸保护项目以及非结构性项目的修理与复原。第84-99号公法还授权美国陆军工程兵团为水源受污染的地区以及受干旱影响的地区提供应急净水。此外，如果任何遭受自然灾害地区的州长依据《斯塔福德法案》向联邦政府请求援助，那么陆军工兵部队则有权在该地区提供服务，并协助恢复基本公共基础设施，最长可达10天。

（4）依据《罗伯特·T.斯塔福德灾难救助和应急事件援助法案》（参见《美国法典》第42编第5121节）的授权，联邦应急事务处理局（国土安全部下属机构）建立了一个国家响应框架，该框架负责协调28个联邦签约部门与机构的响应与恢复行动的执行情况。陆军工程兵团必须结合自身的工程专业知识及其响应与恢复能力，根据国家响应框架履行国防部的职责。国防部已经将其第三项紧急支援职能（公共事务与工程）方面的职责委托给了美国陆军工程兵团。

（5）美国陆军工程兵团作为执行第三项紧急支援职能的国防部（及联

邦）牵头机构，担负着许多常规任务，包括供水、供冰、应急供电、清除残损物、提供临时住房以及搭建临时房屋。联邦应急事务管理局将根据需要将公共事务与工程领域内的其他任务分配给陆军工程兵团。所有这些任务都是针对受灾国的需求量身定制的，并与受灾国进行了协调。联邦应急事务管理局将根据一项经批准的任务分配有偿协议，为所有这些任务提供资金。每项指定的任务都是以陆军工程兵团的能力为基础的，这些能力包括重要且迅速的合同签订能力。联合参谋部之作战部（J-3）下属的联合军事支援处负责协调不在第三项紧急支援职能任务范围内的国防部需求。

e. 国土安全。美国陆军工程兵团已经掌握了较高水平的反恐/防护作战职能技术专长，拥有许多在霍巴塔、俄克拉荷马市、世贸中心、五角大楼以及其他事发现场中拥有丰富经验的成熟工兵。他们运用这些技术专长来保护重要的水资源基础设施免受恐怖袭击。在过去的几年中，陆军工兵部队一直与其他机构（包括垦务局、能源部、田纳西流域局、环境保护局与联邦调查局）合作，一起开发综合的安全评估程序，以识别重要设施（如水闸、水坝与水力发电设施）的风险。

18-8. 研究与发展

a. 工程研究与发展中心是陆军工程兵团的首要研究组织，旨在解决国家和现今军队面临的最严峻挑战。其独有的部队防护技术可以挽救国内外军人与平民的生命。工程研究和发展中心的创新活动使得美国的军队能够在世界各地迅速完成部署，以执行军事和人道主义任务。工程研究和发展中心解决方案可以帮助美国的士兵更迅速地调动，保证安全，并在当今与未来的战场上占据优势地位。高级研发部门负责处理可能影响国家环境和水资源问题，包括防洪、濒危物种、污染物、航行、基础设施、飓风和风暴防护以及其他各种问题。从全球最快的超级计算机到独一无二的物理模型，这些独特的、世界一流的设备和设施，为美国陆军工程兵团的研发工作提供了创新优势。工程研究和发展中心的最大优势在于其人员——他们都是国际公认的工程师、科学家、物理学家、数学家、技术人员和支持人员（共2500人）。他们通过创新的解决方案来应对美国最严峻的挑战。

b. 陆军工程兵团土木工程计划将致力于开展研发工作，以利用迅速发展的技术。在开展土木工程活动时，这些技术将协助陆军工程兵团大大节约开支，增加可靠性与安全性，提高效率，并改善环境的可持续性。制订研究与发展计划的目的是支持各项分配的土木工程任务及其配套的核心技术能力、环境恢复与管理、经济与决策支持、寒冷地区工程建设以及疏浚物管理。技术融入工作是陆军工程兵团总体工作的一部分，与陆军工程兵团各分区的地区业务中心和已建立的专业技术中心协同，追求维持一支训练有素、准备就绪的且能够响应各种紧急情况的工程兵队伍。

c. 陆军工程兵团还通过其工程研究与发展中心与水资源研究所，开展与土木工程相关的研发。工程研究和发展中心的总部位于密西西比州维克斯堡的航道实验站。该中心由7个独立的研究实验室组成：

（1）密西西比州维克斯堡海岸与水力实验室；
（2）新罕布什尔州汉诺威市寒冷地区研究与工程实验室；
（3）伊利诺伊州香槟市建造工程研究实验室；
（4）密西西比州维克斯堡环境实验室；
（5）密西西比州维克斯堡海岸与水力实验室；
（6）密西西比州信息技术实验室；
（7）弗吉尼亚州贝尔沃堡地形工程中心。

d. 水资源研究所的总部位于弗吉尼亚州的贝尔沃堡，负责提供经济和决策方面的研发支持。其水文工程中心位于加利福尼亚州戴维斯市。

第三部分　对其他政府机构的支持

18-9. 概述

根据跨机构与国际服务计划，陆军工兵部队负责向大约70家非国防部的联邦机构以及许多州、部族及外国政府提供工程与建设支持。该计划的资金由接受支持的机构提供。陆军工程兵团还为其他机构的基础设施计划提供支持。具体包括：为海关和边境保护署管理边境控制和滞留设施的设计与建造，为联邦应急管理援助局提供紧急管理援助，为国务院建造设施，以及为退伍军人事务部翻新医疗保健设施。陆军工程兵团还负责支持旨在实现国家重要环境目标的其他联邦机构的计划与项目。这些计划与项目包括美国环境保护局的超级资金计划。这些被用于支持国内利益相关方的支援活动在2016财年的支出总额为 10.4 亿美元，比 2015 财年增加了 3.81 亿美元。

在总体计划的执行方面，国内一些关键的利益相关方包括退伍军人事务部（3.11 亿美元）、美国海关和边境保护署（8600 万美元）、国家航空航天局（6300 万美元）、能源部（3400 万美元）、联邦应急事务管理局（3400 万美元）、内政部（3000 万美元）、美国国际开发署（1200 万美元）、千年挑战公司（700 万美元）以及国务院（500 万美元）。

18-10. 相关支持机构

a. 能源部。2016 财年，美国陆军工程兵团与国家核安全管理局、美国能源部环境管理办公室以及美国能源部计划评估办公室签署了下一个五年协议备忘录。此外，陆军工程兵团和国家核安全管理局还签署了一项体系计划管理方案，该方案提供了支持国家核安全管理局设计和建造计划的框架。

b. 美国国际开发署。2016 财年的重大成就包括在巴基斯坦的水资源管理方面的持续技术援助和能力发展；对洪都拉斯的美国国际开发署水库计划进行了评估，以减轻干旱的影响；在孟加拉国继续建设飓风避难所和其他基础设施。

c. 国务院。在 2016 财年，为了支持美国驻巴格达大使馆馆长的工作，美国陆军工程兵团与伊拉克政府根据《外国援助法》签署了一项新协议，根据协议内容，陆军工程兵团将担任伊拉克政府的工程师，对摩苏尔大坝的注浆作业进行施工监督。此外，陆军工程兵团还利用其在流域管理、备灾与响应以及合作规划方面知识，来支持国务院的"湄公河下游行动计划"，以加强东南亚湄公河流域的区域合作和可持续发展。

d. 内政部。陆军工程兵团与内政部签署了一份新的协议备忘录，内容涵盖了陆军工程兵团向内政部提供的全方位支持。新协议将之前的各个独立的协议备忘录都替换成了内政部的下设机构。

e. 千年挑战公司。陆军工程兵团签署了三项关于工程和环境服务项目的机构间协议，以支持千年挑战公司任务。除此之外，4 个现有机构之间的协定范围也得以扩展，从而能够继续在非洲的几国以及约旦、菲律宾提供援助。

f. 核管理委员会。2013 财年，陆军工程兵团与核管理委员会签署了机构间协议，要求其提供专业技术知识来评估陆军工程兵团和其他大坝管辖范围内的下游核电站的洪水风险。这项工作是核监管委员会在 2011 年日本福岛第一核电站事故后,对洪水危害进行重新评估的一部分。

g. 退伍军人事务部:陆军工程兵团与退伍军人事务部的合作关系在签署正式协议后正式达成,合作旨在对 8 个州的 14 个重点医疗机构进行设计和建设监督,耗资约为 60 亿美元。2016 财年,陆军工程兵团和退伍军人事务部的建筑与设施管理办公室共同制定了体系计划管理方案,将其作为计划执行的框架。在信息与情报系统部门中设立了一个计划管理办公室,并配备了 2 名全职计划主管。计划管理办公室未来的人员配备将纳入其他专业的工程及建筑部门,以及陆军工程兵团与退伍军人事务部医疗建设项目相关的专业岗位。

h. 海关与边境保护局:陆军工程兵团已与美国海关和边境保护局建立了长期的合作关系,包括通过房地产收购、环境服务、设计、建造、维护、修理以及更换等方式来支持边界围栏的搭建,以落实 2006 年到 2008 年《安全围墙法案》的相关规定。陆军工程兵团目前正在向海关和边境保护局提供项目支持,以根据行政命令"边境安全和移民执法改进"在南部边境修建实体隔离墙。目前,陆军工程兵团正在进行市场调查,以评估建设利益与能力,这将为执行任何指定的建设任务的采办战略提供依据。2017 年 3 月 1 日,旨在衡量工业能力和利益的原始资料招标结束,目前正在对招标情况进行评估。采办计划草案已提交给负责合同签订事务的首席助理。2017 年 3 月 17 日,海关与边境保护局发布了 2 个提案申请书,以获取多种概念围墙设计理念,从而建造多个建筑原型。原型将被用来确定未来的设计标准,这些标准可能会进一步发展,以满足美国边境保护局的要求。陆军工程兵团在沃斯堡地区、工程研究与开发中心以及防护设计中心的代表负责在制作招标书的过程中提供技术援助。第一阶段的评选委员会工作已经完成。第一阶段对招标情况进行了评估,并将邀请最权威相关方在第二阶段提交其评估意见。陆军工程兵团将在委员会中设立代表来协助完成评选工作。根据第 170125 号行政命令,陆军工程兵团和海关与边境保护局签署了机构间协议,以执行海关与边境保护局边界屏障系统要求的方案、采办、计划规划以及计划执行活动。陆军工程兵团已经获得了 1150 万美元的初始资金用于新边界屏障的维护工作。

格兰德河谷的第一个长达 2.93 英里的未向计划已确定将在不久的将来得到批准。计划管理办公室的边境基础设施部门已与海关与边境保护局以及国际边界及水域委员会会面,以协调堤防墙建设计划。在本财年中为政府提供资金的综合法案规定的资金不包括特朗普总统要求在美墨边界目前不设围栏的地区修建边界围墙或围栏所需的资金。但综合法案确实包括用于边境安全的资金，包括更换现有围栏、巡逻以及出入境的费用。陆军工程兵团正在对一批更换计划进行研究，这些计划包括更换圣地亚哥和埃尔帕索地区约40英里的围栏，以及在格兰德河谷安装的闸门。

第四部分　工程兵海外活动

18-11. 概述

美国陆军工程兵团负责执行各种海外活动，除了专门为美国海外部队提供支持的活动外，其他活动则被视为陆军民事职能的一部分。负责土木工程的陆军部助理部长与主管战略、计划和政策的陆军副参谋长协调后，为陆军工程兵团的海外活动（民事职能部分）提供计划指导。2016财年，陆军工程兵团在一百多个国家或地区为美国外交政策提供了支持。陆军工程兵团最大的海外计划位于阿富汗。在阿富汗，兵团参与了道路施工以及其他民用基础设施和新阿富汗军队军事设施的建设工作。美国陆军工程兵团的海外支持活动包括：为各作战司令部提供人道主义援助项目（建立学校、诊所、水井等）；以大型基础设施计划协助美国千年挑战公司；为美国国际开发署提供支持。陆军工程兵团还通过利用其水资源专业知识帮助发展中国家进行能力发展，从而支持美国的目标。此类活动包括：为湄公河委员会提供技术咨询并建立共识，以及与巴西陆军工程师进行战略性水资源合作。

18-12. 对外军售

作为国防部在世界多地的建筑代理机构，美国陆军工程兵团为符合条件的外国政府提供国际安全援助，作为实现国家安全战略与国防部政策的一种手段。在对外军售计划的授权下，按照负责国防出口与合作的陆军部助理部长帮办的批准，并在国防安全合作局授权下，陆军工程兵团可以为符合条件的外国政府的国防基础设施提供有偿设计与建设服务。2016财年获得资助的重要实例包括：沙特阿拉伯皇家空军阿帕奇设施、比利时的欧洲盟军最高司令部国际学校、以色列军事基础设施方面的持续工作以及为以色列计划对美国空军的支持。此外，还包括：参与美军驻非洲司令部 2282 号反恐合作计划资金项目/外国安全部队建设能力计划，以及韩国、约旦、科威特和亚美尼亚的其他高影响力计划。美国陆军工程兵团通过在全球各个国家（包括韩国、巴拉圭、马尔代夫、危地马拉和乌克兰）发展项目，在建立新关系的同时继续有效地支持现有的合作伙伴。

陆军中央总部：71 个在案案例，总计划价值为 25 亿美金。美国陆军工程兵团在该地区的项目包括为卡塔尔阿帕奇直升机和爱国者防国防计划提供的支援设施。

美军欧洲司令部：58 个在案案例，总计划价值为 10 亿美元。美国陆军工程兵团的北约欧洲盟军最高司令部学校翻新工程是美军在该地区最重要的项目之一。

美军太平洋司令部：4 个在案案例，总计划价值为 3.15 亿美元。C-17 印度项目仍然是美国在该地区最大的对外军售工作。

美军非洲司令部：18 个在案案例，总计划价值为 1650 万美元。通常，根据第 1206/2282 号建筑合作伙伴能力计划提供仓库、车辆维护与飞机库。

美军北方司令部：1 个在案案例，总计划价值为 1000 万美元。在这个计划中，利用了美国陆军工程兵团的核心竞争力，包括美国在加拿大"指挥、控制、通信、计算机、情报、监视与侦察"项目中所使用的地理空间技术专长。

美军南方司令部：3 个在案案例，总计划价值为 1620 万美元。陆军兵团通过在水资源总体规划方面提供技术援助来促进巴西的商业航行。

18-13. 军民应急战备

美国陆军工程兵团参与了 24 项国际备灾活动，以支持地理作战司令部 2016 财年的安全合作目标。这些活动有助于各国建设"全险"战备和后果管理的能力。着眼于北约、其他合作方以及美军南方司令部责任区域中的国家，美国陆军工程兵团实施了 24 项活动（相较于 2015 财年增加了 8 项），并从威尔士倡议资金、国防环境国际合作计划以及传统作战司令部机构获得了 150 万美元的资金。

18-14. 工程师参与

美国陆军工程兵团继续接待国际代表团，以寻求与各种技术以及工程问题相关的最佳操作与信息交流情况，这些问题包括建立一支兼备类似工程师能力、能够进行结果管理和综合水资源管理的兵团。2016 财年，陆军工程兵团接待了来自阿富汗、巴基斯坦、韩国、中国、巴西工兵主任以及湄公河下游委员会的代表团。根据国务院的国际访问学者项目，美国还接待了来自智利、埃及、以色列、匈牙利、老挝、墨西哥、蒙古国、摩洛哥、尼泊尔、巴勒斯坦、巴拉圭、中国、秘鲁、俄罗斯、塔吉克斯坦、坦桑尼亚和越南的小组。通过工程和科学交流计划，美国陆军工程兵团与日本防卫省共同制定了新的交流计划，进一步了解美国的反恐/军事保护协定。陆军工程兵团从 XISQ（XISQ 是管理决策执行一揽子措施中"对其他国家的支援/传统对联合作战指挥官活动"的代码）安全合作资金中获得了超过 60.6 万美元的资金，以支持在印度、越南、中国、老挝、蒙古国、哥伦比亚、洪都拉斯、斯威士兰与墨西哥的活动，应对与水资源、备灾相关的国家和全球的重要挑战以及基础设施开发和环境保护问题。美国陆军工程兵团继续在所有地理作战司令部、几个陆军军种组成部队司令部以及美国国际开发署与其他机构中设置工程师联络员。

18-15. 战区安全合作与塑造（XISQ 管理决策执行一揽子措施）

陆军建立了安全合作，并将其视为一项持久任务，旨在将稳定状态的安全合作作为有效、高效实现国家安全战略、国防战略指南、四年国防评估、国家军事战略以及作战指挥官目标的手段。该任务已被载入下列文件：陆军愿景、陆军作战概念、陆军安全合作战略指、《陆军条例》11-31、陆军安全合作政策和《陆军部手册》11-31 以及《陆军安全合作手册》。美国陆军工程兵团还具有塑造安全环境的独特立场。兵团通过区域协调和全球业务，利用其特有的机构间以及国际合作伙伴关系、权威机构、采办工具与专业知识来满足广泛的技术工程需求，从而保持美国政府的影响力和可及性，加强联合、跨机构、跨政府和多国社区的建设，并建设合作伙伴能力。随着开展安全合作活动的势头日益增强，人们越来越认识到，陆军、作战司令部和机构间对美国陆军工程兵团能力的需求和要求是它们各自国家和战区安全合作战略不可或缺的组成部分。以下实例要重点介绍如何利用美国陆军工程兵团能力来塑造安全环境：

a. 通过联合、跨机构、跨政府和多国的合作，协助战略合作伙伴应对东南亚的湄公河地区、波罗的海和东欧、南美的巴拉圭和圣弗朗西斯科流域以及非洲的尼日利亚水路和塞内加尔流域的重要水域和环境安全挑战，利用流域管理、风险管理、灾难准备和响应的广泛知识，增强区域合作、提高可持续发展实践能力与弹性的协作计划方法（支持包括中国、盟国和合作伙伴在内的多个美军太平洋司令部行动线，以及所有危害美军南方司令部行动线 4、人道主义援助/救灾、关键通道和战略伙伴关系、美军欧洲司令部的防灾和环境安全协议书以及美军非洲司令部行动线）；

b. 通过在巴西、哥伦比亚、智利、秘鲁、安哥拉、肯尼亚和利比里亚等国家的双边交流，协助重要伙伴国家的陆军工程师开展转型计划（支持美军南方司令部行动线 5、国防和安全部门改革/国防机构建设以及所有美军非洲司令部行动线）；

c. 响应巴西水务局的请求，评估和建议水质监测和泥沙管理解决方案，以解决米纳斯吉里亚斯地区最近发生的矿山违规事件和里约多塞受影响的地区（支持美军南方司令部行动线 4、人道主义援助/救灾和灾后重建、关键通道和战略伙伴关系）；

d. 应巴拿马运河管理局要求，就有关运河的运营、管理、保存、维护和现代化的事项，展开一系列年度主题专家技术交流和磋商，以维持重要通道和战略伙伴关系（支持美军南方司令部行动线 6、重要通道和战略伙伴关系）。

18-16. 对海外美国机构的支持

美国陆军工程兵团也为海外的美国机构提供支持。例如，美国陆军工程兵团需要在发生自然与人为灾难后对美国国际开发署支持；为格鲁吉亚共和国边防部队以及美国海关与边境保护部队修建边境设施；为特遣部队-非洲之角提供埃塞俄比亚与肯尼亚的水文模拟训练；为千年挑战公司的主要基础设施项目开展政府尽职调查。

第五部分　对联合作战指挥官的支持

18-17. 对作战能力的益处

土木工程计划赋予了美国陆军工程兵团在国防部中的独有的能力。美国陆军工程兵团拥有包括工程师、科学家与经济学家在内的各类专业人员，因此能够开展重要的团队工作，以便在国家层面对工程兵基础架构改善以及机构建设工作进行规划。美国陆军工程兵团的野战工程部队可以利用从土木工程计划中获得的训练与经验，为联合作战司令部指挥官及其陆军组成部队司令部提供支持。工程兵建设的基础设施能够为未来的作战行动提供便利与基础。美国陆军工程兵团利用其区域联合和全球影响力，以及特有的授权、协议以及技术和工程能力提供综合解决方案，从而支持国家安全战略并促进美国在国内外的利益。陆军工程兵团正在与全球合作伙伴合作，开发创新的解决方案，以增强合作伙伴国家应对资源安全和灾难风险管理挑战的能力，这对于实现国家和地区的稳定、可持续性和经济发展至关重要。兵团积极与作战司令部、陆军军种组成部队司令部和机构间合作伙伴合作，以保持与主要盟友的伙伴关系，建设合作伙伴能力并增强全球安全。陆军工程兵团利用与联合、跨机构、跨政府和多国合作伙伴的远征关系，以及多种民用和军事技术与工程专业知识的组合来支持作战司令部、陆军军种组成部队司令部和全球机构间的活动。兵团还通过工程和技术能力的"工具包"来提供协作解决方案，支持作战司令部的战略目标。此外，已经指派了美国陆军工程兵团的主要下属司令部来支持每个地理作战司令部，并且在每个地理作战司令部以及精选陆军军种组成部队司令部和特种作战司令部中都设置了陆军工程兵团联络点。

18-18. 联合作战指挥官的支持的概览

水资源开发、水灾风险管理、航路运营、疏浚、海岸工程、环境管理以及灾害响应方面的技术专长是对陆军军事建设计划与军事设施支持计划相关技能的一种补充。负责作战的作战司令部指挥官以及国防部其他机构经常请求使用这些技术专长。陆军参加战斗时，陆军工程兵团的人员将利用在土木工程与军事计划当中获得的经验，为作战人员提供及时的分析与解决方案。美国陆军工程兵团的海滩动力学方面的知识，包括在密西西比州维克斯堡工程研发中心的海岸与水力学实验室开发的各种海况预测模型，将协助确定岸上登陆点。当上述知识与其他地形机动模型相结合时，陆军工程兵团就能够为指挥官提供最为有效的登陆地点计划，并与内陆道路网络相结合，以优化在作战地区的接收、集结和前进行动。兵团在土壤力学/工程地质学方面的专业知识可以为装甲车确定最佳路径。在通常情况下，在建设道路时会用到土木工程计划中开发的技术。陆军工程兵团在冬季航行工作中获得的经验将有助于陆军穿越冰冻的河流。各层级指挥官都会使用弗吉尼亚州贝尔沃堡地形工程中心开发的地理空间产品与卫星导航系统。

第六部分　总结与参考文献

18-19. 总结

陆军通过执行其民事职能为维持并强化国家经济与环境健康提供了宝贵的服务，其民事职能在直接与间接推进国家安全目标方面也被证明是非常有价值的。与上述职能相关的财政以及人力资源情况主要由《水资源开发法》授权，并由每年的《能源和水资源发展拨款法案》提供资金。因此，民事职能机构及其提供的对陆军工程兵团人员的训练活动几乎不需花费国防部的军事预算。陆军工程兵团是军事和土木工程与科学领域的全球公认领导者。其土木工程任务是美国公共基础设施的重要组成部分，可促进美国人民的经济增长以及生活质量、环境健康和国家安全的提升。兵团中具有高端技能的人才为国家带来了巨大的价值，即经济、安全和生活质量。而且，陆军工程兵团并不是"孤军奋战"。其他机构的众多合作伙伴（机构间、地方/地区/各州领导和承包商）也都参与了土木工程任务。

18-20. 参考文献

a. Civil Works Strategic Plan, 2014-2018.

b. CALL Study: USACE Lessons and Best Practices (http://usacac.army.mil/organizations/mccoe/call/publication/16-01).

c. HQDA General Orders No. 3, Assignment of Functions and Responsibilities within Headquarters, Department of the Army, 9 July 2002.

d. Public Law 84-99, Amendment of Flood Control Act of August 18, 1941 (Emergency Flood Control).

e. Public Law 91-611, Flood Control Act of 1970.

f. Public Law 93-288, Disaster Relief Act of 1974 (also known as the Stafford Act).

g. Public Law 99-433, DOD Reorganization Act of 1986 (also known as the Goldwater-Nichols Act).

h. Public Law 99-662, WRDA of 1986.

i. Public Law 105-245, Energy and Water Development Appropriations Act, 1999.

j. Public Law 105-277, Omnibus Consolidated and Emergency Supplemental Appropriations Act, 1999.

k. Public Law 106-541, WRDA, 2000.

l. Public Law 110-114, WRDA, 2007.

m. Public Law 113-121, Water Resources Reform and Development Act (WRDA), 2014.

n. Public Law 114-322, Water Infrastructure Improvements for the Nation Act, 2016.

第十九章 公共事务

第一部分 导言

19-1. 本章内容

本章对公共事务的角色、职能和任务进行了梳理。第一部分描述了公共事务界如何通过使命、原则、职责、活动和任务来为指挥官提供支持。第二部分描述了公共事务的组织结构，包括总部、单位、部门和支队。第三部分提供了总结、关键术语和参考文献。

19-2. 公共事务任务

a. 公共事务的任务是：通过履行陆军的义务使美国人民和陆军了解情况，增强人们对陆军的信心，并使陆军随时做好全谱系作战的准备。

b. 陆军公共事务源自《美国法典》第 10 编第 303 章第 3014 节的规定，该节要求陆军部部长指定一个专门负责公共事务的办公室职能领域。

c. 陆军公共事务办公室由内部信息、公共信息和社区参与活动组成，面向对国防部工作感兴趣的内外部公众。

19-3. 公共事务信息原则

信息原则是国防部的基本公共事务原则。陆军公共事务部专业人员为国防部政策提供支持，为决策制定提供及时、准确的信息，以便公众、国会和新闻媒体可以评估和了解与国家安全和国防战略有关的事项。具体原则如下：

a. 信息将完全、随时可用，且符合法定要求，除非当前的保密等级规定这些信息不能公布。《信息自由法》的条款应当在字面和精神上，都得到执行。

b. 一般信息和军事信息将在没有审查或政治宣传的情况下被自由地提供给武装部队人员及其家属。

c. 信息不会被列为机密或以其他方式被截留（这些行为的目的是保护政府，使其免受批评或质疑）。

d. 只有当信息披露会对国家安全产生不利影响或威胁到武装部队人员的安全或隐私时，才会被拒绝披露。

e. 国防部有义务向公众提供其主要计划信息，这可能需要在该部门内部或与其他政府机构进行详细的公共事务规划和协调。这种规划与协调的唯一目的是加快向公众披露信息的速度。国防部公共事务工作中并不包括政治宣传。

19-4. 公共事务职责

a. 陆军公共事务的原则和政策与联合部队公共事务的原则和政策以及国防部和陆军部的政策是一致且兼容的。《野战手册》3-61 是陆军公共事务行动的条令手册。它描述了向国内外关键参与者和公众（军人、家庭成员、退休人员、政治领导人、盟友和对手）提供信息的基本原则和概念，以及公共事务在作战和驻地环境中的职责、角色、任务、能力和组织。

b. 司令部负责各自的公共事务。在每个指挥级别，公共事务军官直接向指挥官报告。各级指挥官通过指挥工作和规划小组，确保公共事务的规划与其他信息相关能力相协调，并消除彼此之间的冲突。

c. 指挥官通过其指定的官方发言人与公众进行沟通，但是公共事务工作的成败取决于指挥官的个人支持和直接参与。因为，在传达信息时，没有任何一位公共事务发言人能够完全理解指挥官的个人观点和职责。

d. 公共事务军官是指挥官的侍从参谋，负责监督公共事务的参谋部门或附属的公共事务单位。公共事务军官负责制定战略，并领导和监督内部信息、公共信息和社区参与的相关工作。公共事务军官的主要职责是：就相关内外部公众如何接受和理解该单位的政策和业务，向指挥官和参谋人员提供咨询和建议。

e. 指挥官有权指定发言人发布与其司令部有关的信息。由于公共事务本质上是政府的职能，因此发言人是军方或国防部/陆军部的文职雇员。

f. 指挥官和公共事务专业人员应该教育并鼓励所有的军事人员、文职雇员和合作商提供适合公开发布的近期信息，以便向外界讲述陆军的故事，通过与陆军人员家人或朋友的访谈或互动，传达信心、承诺和真实信息，这可以增进公众对军事行动和相关活动的理解。

19-5. 公共事务活动

公共事务活动在以下三个职能领域进行同步行动与沟通：内部信息、公共信息和社区参与。公共事务参谋人员负责制定沟通政策、计划和规划，以支持司令部的目标和行动。当前的全球技术信息环境模糊了曾经职能领域的界限；可以预见与特定受众共享的信息可能会被许多其他人知道（例如，司令部网站既是内部信息平台，也是公共信息活动的工具）。

（1）公共信息。陆军与地方、国家和国际公众间的沟通，通过使用协调的（符合安全、准确、政策和适当标准，以及国防部信息原则的）计划、规划、主题和信息进行（见图19-1）。信息技术（如司令部网站和社交媒体）为公共信息战略提供了广泛的基于互联网的信息机遇。但是，在很大程度上，公共信息的目的仍是确保媒体代表能够获得他们报道军事政策和行动所需的信息。媒体活动为美国和国际大众提供信息。指挥官及其公共事务参谋人员负责计划媒体会议和采访，发布声明，回答询问，安排媒体进入作战单位，并向媒体提供适当的设备、运输和通信支持。每个作战阶段都有包含具体规定的媒体计划。

国防部的政策是提供及时、准确的信息，以便公众、国会和新闻媒体能够评估和了解有关国家安全和国防战略的事实。
组织和公民对信息的要求应迅速得到答复
在执行国防部政策时，应遵循以下信息原则-
- 除非国家安全限制或有效的法定授权或例外情况阻止了信息的发布，否则应按照法定要求充分和随时提供信息。《信息自由法案》将在文字和精神上得到支持。信息将完全、随时可用，且符合法定要求。
- 应向武装部队的人员及其家属免费提供一般和军事信息，而不经审查或宣传。
- 信息不会被列为机密或以其他方式被截留，以保护政府免受批评或尴尬。
- 当信息披露会对国家安全造成不利影响、威胁美国政府人员或其家属的安全或隐私、侵犯美国公民隐私或违反法律时，应拒绝披露信息。
- 国防部有义务向公众提供其主要计划信息，这可能需要在该部门内部或与其他政府机构进行详细的公共事务规划和协调。这种规划与协调的唯一目的是加快向公众的信息披露速度。国防部公共事务工作中并不包括政治宣传。

来源：美国国防部指示5122.2，2000年9月27日

图19-1 国防部信息原则

(2) 内部信息。内部信息指的是与内部军事、文职和合同雇员及其家庭成员的通信，旨在帮助司令部成员了解组织的目标、行动和重大发展。公共事务专业人员负责制定战略，通过军事设施和组织出版物、社交媒体平台、基于互联网的多媒体产品以及市政会议来使用和同步信息。通过评估和借助基于互联网的能力（如社交媒体和电子邮件），公共事务专业人员能快速、准确地向公众传达紧急情况、作战变化和危险等信息。在军事行动中，指挥官将考虑所有可用的传播方式，以传达可公布的细节以及行动中军方的作用。

(3) 社区参与。社区参与是与附近或对军事感兴趣的人群合作的过程，目的是增强他们对陆军/司令部通信目标的理解和支持。社区参与的目标包括：提高公众意识和对陆军的支持，最大限度地减少对任务的干扰，以及为全志愿部队的招募/超期服役提供支持。公共事务专业人员还负责评估和制定战略，以便与主要领导人交流，以及与官员、社区影响者、组织、企业和对军队感兴趣的个人建立联系。

19-6. 公共事务任务

在公共事务的三个职能领域（公共信息、内部信息和社区参与）内，陆军公共事务的核心任务构成了指挥官通信计划和目标的基础，这些核心任务分别是：

a. 向指挥官提供建议和法律顾问。公共事务办公室是指挥官的高级顾问，负责公共事务的战略和计划。为了在计划期间保持态势感知和访问能力，公共事务办公室需要与指挥官保持直接、及时的联系，并建立有效的工作关系。

b. 执行公共事务规划。连续的、协作的计划制定是核心任务，旨在制定同步的、有凝聚力的、全面的公共事务计划，并满足指挥官的沟通目标。公共事务的规划成果包括：

(1) 公共事务评估。公共事务的评估涉及信息环境的各个方面，无论它们是否在指挥官的控制之下。评估的主要重点是确定、测量和评估外部信息环境的影响。但是，公共事务部门并不控制外部信息环境，而是通过连贯全面的战略，以及早期融入司令部的规划和决策程序向外界提供信息。

(2) 主题、信息和谈话要点。公共事务专业人员负责就公共事务的主题、信息和谈话要点，为指挥官提供建议，调整和指导相关沟通人员，以实现更高的通信目标和指导。

(3) 公共事务的运行评估。公共事务的运行评估是对当前公共事务状况的持续评估。详细的评估在规划阶段制定，并不断更新。该评估描述了现有的全球信息环境、新兴趋势、当前事件以及内部和外部沟通问题。

(4) 公共事务沟通计划。公共事务沟通计划为指挥官沟通目标的规划、制定、执行和评估提供支持。沟通计划是指挥官的蓝图和设计，用于协调和同步主题、信息、图像和行动，以便更好地支持公共事务和其他信息相关目标。这种同步可确保将司令部的主题和信息完整、一致地传达到最低战术级别单位。

(5) 拟议的公共事务参考指南。拟议的公共事务参考指南能够为特定任务提供指导意见，以支持公众对该任务的讨论。拟议的公共事务参考指南是在地方这一层级制定的，并通过司令部提交给主管公共事务的国防部助理部长办公室批准。主管公共事务的国防部助理部长办公室是批准公共事务参考指南的唯一机构。在批准和发布后，拟议的公共事务参考指南将成为公共事务参考指南。之后，将根据需要继续对公共事务参考指南进行新增或补充。

c. 进行公共事务训练。公共事务训练应当遵循单位训练和领导发展中的计划、制定、执行和评估的运作程序，并通过运用《陆军条令参考出版物》7-0中讨论的单位训练管理进行。公共事务专业人员应当参与并利用军事决策程序来规划公共事务训练。公共事务专业人员负责训练和指导非公共事务部门的信息传达人员、盟友、国际伙伴和其他人员，使它们了解媒体的作用以及与媒体交流相关的机会和责任。

d. 提供媒体便利。媒体便利指的是规划、制定、执行和评估媒体参与的过程。由于与记者的接触可能不在计划内，因此，公共事务专业人员将为司令部预测和制定与司令部媒体政策相关的具体指导，以及适当的应对技巧和策略。

e. 进行公共交流。公共交流指的是：陆军与地方、国家和国际公众之间通过使用协调的计划、规划、主题和信息所进行的交流。它包括接收和交换有助于增进公众对陆军的理解以及推进与军队对话的想法和意见。公共交流包括通过新闻发布、公共服务公告、媒体参与、多媒体网站和社交网络发布官方信息。公共交流还支持指挥官履行其为人民和陆军提供信息的责任。公共事务专业人员需了解与当今多种媒体平台相关的机遇和挑战，包括了解观众的偏好、访问和行为。

（1）传统媒体（如电视、广播、报纸和杂志等）通常以原始印刷、广播形式或其他在线形式存在。

（2）基于互联网的媒体包括在线期刊、杂志和传统媒体（如电视、广播、报纸和杂志）的线上版本。上述媒体都有传统的编辑、法务办公室，甚至是监察员。

（3）基于互联网的博客、微博和多作者博客、个人出版的书籍和社区广播没有传统的编辑功能，这也拓展了新闻记者传播影像和观点的范围。

（4）社交媒体为基于互联网的实时、交互式信息交流提供了支持。社交媒体应用程序使公共事务专业人员能够与用户互动，以了解错误信息和虚假信息，并促进准确信息的传播。

（5）所有基于互联网的信息都可能在全球范围内即时共享，这通常是出于公共利益的考虑。

第二部分　陆军公共事务组织机构

19-7. 公共事务处处长办公室

a. 根据第 2017-01 号陆军通令，陆军部部长已指派公共事务处处长为公共事务行动的负责人。

b. 作为陆军部部长和陆军参谋长在陆军公共通信政策和战略方面的首席顾问，公共事务处处长负责评估、计划、实施和评估陆军现役和预备役组成部队的政策和计划。公共事务处处长具有以下职责：

（1）担任所有公共事务问题的倡议者，领域涉及条令、训练、领导发展、组织、装备、军人/文职人员支持，并担任陆军部部长和陆军参谋长在与美国战略沟通相关的陆军支持方面的主要顾问。

（2）管理陆军的公共信息安全审查计划。

（3）管理信息的审查与批准，以便由陆军部部长办公室和陆军参谋部发布到国防部外部。

（4）就制定和宣传与内外部公众的沟通战略、主题和信息，向陆军部总部提供建议、协助和指导。

（5）管理陆军部部长办公室和陆军参谋部的公共事务计划。

（6）监督公法的实施，该法律授权陆军特定部门制定可被用于商业销售的记录。

（7）规定并监督陆军对国家军事协会年度会议的支持水平和能力。

（8）批准陆军部总部层级的公共事务奖项。

（9）管理国防部发起的联合文职新进人员训练会议的陆军参与者筛选程序。

（10）与信息系统处处长协调有关指挥、控制、通信及计算机视觉信息活动的政策和授权，包括美国本土广播和电视设备的管理程序以及互联网政策。

（11）处理公共事务政策例外申请。

（12）处理美国陆军降落伞队（绰号为黄金骑士）进行示范演习的申请，并批准该队的年度示范演习时间表。

（13）处理公众活动中的陆军空中活动申请。

（14）制作及时的新闻和信息，以及有限的娱乐节目，并通过陆军新闻和国防媒体活动进行传播。

19-8. 陆军区域公共事务办公室

公共事务处处长办公室下设三个区域办公室，配备了公共事务的军事和文职专业人员，旨在协助与社区和商界领袖、媒体、体育团队、军队和退伍军人服务组织以及其他机构和媒体中心之间的协调。区域办公室还涵盖了与图书项目、电视/电影/纪录片项目有关的具体专业知识。

a. 公共事务处处长办公室之东北办公室，位于纽约市，负责向东北地区的10个州提供陆军部层级的公共事务支持，同时通过建立和维持与国家新闻和娱乐媒体、公民领袖、媒体中心、退伍军人和兵役组织的联系，展现陆军的领导力。该办公室还负责管理陆军图书计划，并与民间图书作者协调出版作品。

b. 公共事务处处长办公室之中西部办公室，位于芝加哥，负责向中西部的16个州提供陆军部层级的公共事务支持；建立并保持与中西部地区的公民领袖、媒体中心、退伍军人和兵役组织以及国家娱乐和媒体组织的联系。

c. 公共事务处处长办公室之西部办公室，位于洛杉矶，负责为整个陆军的娱乐媒体项目提供陆军部层级的公共事务支持。此外，通过建立和保持与国家新闻和娱乐媒体、民间领袖、媒体中心以及退伍军人和兵役组织的联系，为 13 个西部州提供支持。

19-9. 国防公共事务相关机构

a. 国防媒体机构是国防部的一个机构，负责向世界各地的美国军队和家庭提供新闻和信息。该机构通过各种媒体平台（如广播、电视、互联网、印刷媒体和新兴媒体技术）提供新闻、信息和娱乐服务。

b. 国防情报学院是所有美国国防部公共事务和视觉信息专业人员的联合勤务训练和教育中心。

c. 《星条旗报》是国防部和指定的联合作战司令部完成任务所需的机构。《星条旗报》按照美国商业报纸的编辑政策和惯例运作。它不代表包括国防部或多国联合作战司令部在内的美国政府的官方立场。由销售、广告和拨款资金支持提供资金。

19-10. 公共事务部门

公共事务部门设在陆军旅级、师级和师以上级别的总部中。这些部门作为指挥官在公共事务问题上的主要顾问，为司令部提供公共事务支持。这些部门负责公共事务规划和有限的公共事务行动，规模覆盖从高级士官到具有小型参谋机构的上校。公共事务军官通常在国防情报学院接受有关公共事务特定知识和技能的训练和教育。人员和物资方面的限制则要求标准需求代码 45 单位对公共事务部门进行扩充，以满足大多数作战行动需求。

19-11. 陆军司令部、陆军军种组成部队司令部和直接报告单位的公共事务部门

陆军司令部公共事务处军官或陆军军种组成部队司令部公共事务处军官的级别为上校，担任指挥官的侍从参谋，对司令部和附属于指定的或与陆军结盟的单位负责，并为多国联合或国内联合作战提供训练、动员或部署支持。陆军军种组成部队司令部公共事务部门与其他政府机构、联军司令部和其他部队的公共事务部门密切协调，在适当的时候，同步开展公共事务行动。作战司令部公共事务部门可以指挥陆军军种组成部队司令部作战区域的规划、优先事项和公共事务活动。这些公共事务部门组织结构完整、人员配备齐全、训练有素且装备精良，能够快速进行部署，以支持战区陆军级别的行动，并指导公共事务活动，为指挥官的沟通战略提供支持。部署后，陆军总部公共事务工作人员将由新闻营总部或多个机动公共事务特遣队补充，并承担该组织的所有任务和能力。

19-12. 军级和师级的公共事务部门

军级公共事务军官的级别为上校，是军指挥官的侍从参谋。而师级公共事务军官的级别为中校，是师指挥官的侍从参谋。这些部门组织结构完整、人员配备齐全、训练有素且装备精良，能够快速进行部署，以便为特遣部队的行动提供支持。军级和师级的公共事务部门为军级和师级指挥官以及所有指派或附属的单位提供公共事务支持，以支持国家、国家间、国家联合或国内联合作战。军级和师级的公共事务部门对附属于指派的或受各自总部控制的所有公共事务单位行使规划和监督权限。公共事务军官与下级和相邻司令部的公共事务部门以及其他部队密切协调，以开展公共事务行动，为指挥官的公共事务行动提供支持。部署后，公共事务参谋人员可以由公共事务特遣队或机动公共事务特遣队进行扩充。

19-13. 旅战斗队和多功能/职能旅公共事务部门

旅战斗队公共事务军官的级别为少校，担任旅指挥官的侍从参谋。这些参谋部门组织结构完整、人员配备齐全、训练有素且装备精良，能够快速进行部署，以便为旅特遣队的行动提供支持。旅战斗队公共事务部门与更高级别的公共事务部和其他部队密切协调，开展公共事务行动。多功能/职能旅的公共事务部门由 2 名训练有素的公共事务军人组成，他们是旅指挥官的特别参谋。多功能旅公共事务部门由 1 名公共事务一级士官和 1 名公共事务中士组成。职能旅公共事务军官的级别为上尉，或配备 1 名公共事务中士。公共事务参谋部门负责接收来自高级别公共事务参谋所提供的支持。在公共事务特遣队对公共事务部门进行扩充且没有指派或授权的公共事务军官时，公共事务特遣队指挥官可充当旅级公共事务军官。

19-14. 美国陆军预备役与陆军国民警卫队公共事务

公共事务的绝大多数资产都位于美国陆军预备役部队和陆军国民警卫队

中——占公共事务总兵力的65%以上，以及可部署的编制装备表单位结构的85%。这些陆军预备役部队和陆军国民警卫队的单位和人员必须与现役部队实现无缝整合，并聚焦于支持陆军的总体目标和目的。下文将讨论主要位于陆军预备役部队和陆军国民警卫队的4种类型的编制装备表公共事务组织。

19-15. 标准需求代码45单位（Standard Requirements Code 45 Units）公共事务

美国陆军是唯一拥有可部署公共事务单位的军种。标准需求代码45单位有四种类型：新闻营总部；机动公共事务特遣队；公共事务特遣队；广播行动特遣队。这些单位旨在为战区、军、师、旅、特种部队（空降）和其他公共事务参谋部门提供支持，以支持联合地面作战。标准需求代码45单位虽然能够在作战环境中完全运行，但仍需要来自受支援司令部的管理和支持，如现场补给和单位级维护。

19-16. 新闻营总部

新闻营总部是标准需求代码45单位清单中最强大的。它由中校指挥，通过模块化的组织、人员配备、训练和装备进行快速部署，以支持从特遣队到联合部队地面部队司令部和战区陆军层级的军事行动。新闻营总部能够在责任区域/联合行动区域内指挥和领导下属公共事务机构和单位。新闻营总部有能力执行所有核心的公共事务任务。拥有足够的运输和视听设备来为内部或外部受众制作广播、电视和印刷产品，并且有资源来认证、介绍、陪同和支持来访的媒体。当新闻营总部进行部署以支持陆军或联合军种行动时，新闻营总部将由一个广播作战特遣队和1个至3个机动公共事务特遣队作补充。新闻营总部常常部署在战区或责任区域最高级别的美军司令部附近，为其提供支持。

19-17. 机动公共事务特遣队

机动公共事务特遣队由少校指挥，可根据具体任务拆分成2个或3个小组，指派至战区、军、师或联合特遣部队总部，接受高级公共事务军官或新闻营总部指挥官的作战和战术控制。它组织结构完整、人员配备齐全、训练有素且装备精良，能够快速进行部署，以便为旅、军、师级的特遣部队行动提供支持。机动公共事务特遣队的分配比例为：每 3 个旅级单位有 1 个机动公共事务特遣队。

19-18. 公共事务特遣队

公共事务特遣队由上尉指挥，自行配备运输工具和足够的静态和视频设备，能够为内部观众制作印刷、广播和电视产品。公共事务支队通常为师或旅级特遣部队的行动提供支持。公共事务特遣队为陆军、国家间、国内联合或多国联合行动提供支持的单位提供直接支持。虽然公共事务特遣队是附属于或指派给师级或旅级特遣队的，但它还能为特种部队小组、文职事务和等同于旅级单位的单位提供支持。公共事务特遣队按照模块化方式进行组织、人员配备、训练与装备，以便能够实现快速部署，并为作战行动提供支持。公共事务特遣队可分为两个小组，提供旅级支持，并扩展公共事务部门，或在指定司令部的责任区域内提供区域支持。

19-19. 广播行动特遣队

广播行动特遣队由少校指挥，包含 1 个指挥小组、2 个广播小组和 1 个维修小组。作为该类型在国防部和陆军中唯一的单位，广播行动特遣队每天 24 小时不间断运营，制作内部或外部信息产品，并维持广播电台和设施。广播行动特遣队旨在通过运营移动广播和电视广播设施，为武装部队广播和电视服务的运行提供支持，或与其他独立设施合并，形成一个战区网络。广播行动特遣队作为新闻营总部的广播支持机构，通过国防媒体机构为国内外公众制作广播产品。当新闻营总部受到指派时，广播行动特遣队也将被指派到新闻营总部所在的战区陆军总部、联合特遣部队，或战斗司令部。

第三部分　总结、关键术语和参考文献

19-20. 总结

自美国建国以来，陆军通过自由独立的媒体向美国人民传递信息，这也是公共信息计划的一部分。民主共和国意味着要赋予公民了解其民选政府活动的权利，因此政府有义务向其公民通报其活动。这些权利也适用于由《宪法》规定的军事活动，以使美国实现共同防御（common defense）和公共福利（general welfare）。将信息传达给民众的最重要的渠道之一便是《宪法》所保障的新闻自由。

当今的信息环境使得向全球公众即时传播突发新闻成为可能。像往常一样，美国公众始终关注着身着制服的军人，尤其当军人执行作战任务时。美国陆军参与的现实行动的数量和种类不断增加，行动也日趋复杂，这已吸引了大量公众和媒体的兴趣，在未来这种高关注度也将持续存在。可以想象，将媒体排除在作战之外，或者有类似意图，以及在作战规划和执行过程中忽视公共事务的参与价值，指挥官们可能会赢得战斗，但却会因此输掉信息战。

19-21. 关键术语

a. 社区参与。在国内和军事行动中为军事和平民社区关系提供支持的公共事务活动。

b. 内部信息。军事组织面向内部受众的沟通，使内部受众了解组织的目标，并告知他们影响个人和组织的重大事态发展，提高他们作为组织代表的效力，并让他们了解组织中正在发生的事情。这一术语之前被称为司令部信息。

c. 公共事务。面向对国防部感兴趣的内外部公众的内部信息、公共信息和社区参与活动。

d. 公共事务指南。与公共信息、司令部信息和社区关系活动有关的机构建立的约束和规则。其内容还可能涉及向公众发布信息的方法、时间、地点和其他细节。

e. 公共信息。在公共事务中，具有军事性质、符合安全规定并被批准发布的信息。

19-22. 参考文献

a. Army Regulation (AR) 25-55, The DA FOIA Program.

b. AR 340-21, The Army Privacy Program.

c. AR 360-1, The Army Public Affairs Program.

d. DOD Directive (DODD) 5105.74, Defense Media Activity.

e. DODD 5122.05, Assistant Secretary of Defense for Public Affairs [ASD (PA)].

f. DODD 5122.11, Stars and Stripes Newspapers and Business Operations.

g. DODD 5230-09, Clearance of DOD Information for Public Release.

h. DODD 5400.07, DOD Freedom of Information Act Program.

i. DODD 5400.11, DOD Privacy Program.

j. DODD 5410.18, Public Affairs Community Relations Policy.

k. DOD Instruction (DODI) 5410.19, PA Community Relations Policy Implementation.

l. DOD 5120.4, DOD Newspapers, Magazines and Civilian Enterprise Publications.

m. DODI 5230.29, Security and Policy Review of DOD Information for Public Release.

n. DODI 5400.13, Public Affairs Operations.

o. DODI 5400.14, Procedures for Joint PA Operations.

p. DODI 5405.3, Development of Proposed PA Guidance.

q. DODI 5410.15, DOD PA Assistance to Non-Government, Non-Entertainment-Oriented Print and Electronic Media.

r. DODI 5410.16, DOD Assistance to Non-Government, Entertainment-Oriented Motion Picture, Television, and Video Productions.

s. FM 3-13, Inform and Influence Activities.

t. FM 3-61, Public Affairs Operations.

u. JP 3-61, Public Affairs.

第二十章 民政当局的国防支持

第一部分 导言

20-1. 本章内容

本章讨论了联邦、州和地方机构之间响应官方需求,利用联邦和州军事资源,在发生人为或自然灾害时提供救济时进行的交流与合作。

20-2. 民政当局的国防支持概览

a. 美军以组织、训练、装备、规划和执行作战与维稳行动为主要任务。但是在民政当局要求或总统指示时,美军也拥有极大能力,能够在国家各种紧急情况和灾难中,快速响应并提供支持。国防部根据其职业道德的基本原则——服从民政当局,在文职人员的控制下开展这些行动。若州长请求补充州和地方政府的力量与资源,联邦军队通常会正式响应,以支持另一联邦机构。基于美国政体,并根据其历史经验,军方不得领导联邦响应行动,除非发生严重的国家紧急情况或灾难。

b. 国防部指示3025.18将"民政当局的国防支持"定义为:在响应民政当局应对国内紧急情况、执法和其他国内活动的支援请求,或其他有资格的机构应对特殊活动的支援请求时,由美国联邦军队、国防部文职人员、国防部合同商、国防部各组成部分资产以及国民警卫队(当国防部部长与受影响的各州州长协调,选择并请求使用《美国法典》第10编中规定的部队时)提供支持。

20-3. 民政当局的国防支持的宪法和政策基础

a. 使用军事力量支持民政当局这一做法源于宪法传达出的美国核心国家价值观,宪法已经预见到了在美国境内使用联邦军事力量的情况。《美国宪法》第 1 条第 8 款规定:"国会有权……对号召民兵执行联邦法律、镇压暴动及驱逐入侵的行为作出规定。"第 2 条第 3 款规定,美国总统"必须确保法律得到切实执行"。《美国宪法修正案(十)》为联邦政府(包括国防部)提供援助以支持州和地方当局提供了法律基础。其中部分内容为:"宪法未授予合众国、也未禁止各州行使的权力,应当由各州保留。"

b.《2015 年国家安全战略》确定了国家利益(诸如美国及其公民的安全),以及战略风险(诸如对于美国国土或关键基础设施的灾难性袭击)。

c. 2013 年 2 月,国防部发布了最新的《国土防御和民政当局的国防支持战略》。上述战略均认为,美国军方可响应国家除了作战之外的各种需求,民政当局的国防支持也为满足美国国家安全需求作出了重大贡献。

20-4. 国内军事支持的历史背景

a. 自美国成立之初,陆军就在需要时为民政当局提供过支援。洪水、暴乱、飓风、地震及森林火灾都是些使各州部署国民警卫队,并偶尔请求联邦武装部队提供支援的例子。美国为实现关于应对恐怖主义、大规模杀伤性武器和非法毒品贩运的目标,也会用军事力量来补充民事职能部门的力量。

b. 1787 年,美国开国元勋齐聚费城起草《美国宪法》时,谢伊的叛乱还历历在目,因此暴动也是要考虑的因素。为维系政府的存在,他们建立了制止叛乱或暴动的相关机制。1794 年的威士忌暴乱带来了一个基本准则,即军队应当支持民政当局,该准则已被写入现行法律。纳税人的反叛以及日益增加的暴力引起了总统的响应以及联邦民兵的部署。在处理对联邦统治的威胁的过程中,华盛顿总统作出指示:军方应支持地方官员,而非取代他们。这一原则现在仍是有关国防为民政当局提供支援的法律、政策及程序基础。

c. 就现行法律和政策而言,1995 年 4 月对俄克拉荷马市阿尔弗雷德·P.穆拉大楼的国内恐怖袭击事件意义重大。袭击发生后,克林顿总统发布了第 39 号及第 62 号总统决策指令,明确了各联邦机构在反抗与打击恐怖主义方面的作用和使命。上述指令对以下术语作出了定义：危机响应管理、后果管理和牵头联邦机构。此后，这些术语在后续文件（尤其是第 8 号总统政策指令"国家战备"）中又有了新的含义。

d. 当前的灾难响应组织、系统和程序是从 1973 年撤销的美国大陆陆军司令部的民防任务演变而来的。1979 年，卡特总统的第 12148 号行政令建立了联邦应急事务管理局，并将许多以前由美国大陆陆军司令部正式执行的任务移交了过去。1988 年《斯塔福德救灾和应急援助法案》和第 12656 号行政命令（将《斯塔福德救灾和应急援助法案》中规定的总统享有的大部分权力委托给了联邦应急事务管理局局长）是确定当今跨机构职责的重要依据。历史上，军方还负责确保在国家紧急情况下政府的存续性，而第 12656 号行政令则明确了机构责任并完善了这些程序。

e. 随着 2001 年 9 月的恐怖袭击、2005 年的卡特里娜飓风和 2012 年的桑迪飓风，美国在军队如何支持民政当局方面处于另一个不断演变的时期。国防部行政和行动代理的职责被从陆军分别移交给了国防部部长办公室和联合参谋部。国土安全总统令-5"国土安全"和随后的总统政策指令-8 将联邦、州和地方的协调结构、能力和程序调整为一个统一、全科、全风险的针对国内事件管理的方法。该国土安全总统令-5 将危机响应管理和后果管理整合在一起，认识到了在所有响应灾难或紧急情况的机构都这样做的同时，可以根据法律和政策保留各自的权力和责任。

20-5. 现今国防部在国土安全中的作用

a.《2002 年国土安全国家战略》把国土安全定义为："一种各方协调的国家工作，旨在防止在美国境内发生恐怖袭击，降低美国在恐怖主义面前的脆弱性，以及，在恐怖袭击发生之后将损失降到最低并尽快恢复。"卡特里娜飓风过后，许多观察员期望下一份国土安全国家战略能够扩大国土安全的定义，将自然灾害和其他人为灾害涵盖其中。虽然我们必须承认，对于国家而言，由化学、生物、放射、核和高当量爆炸物和大规模杀伤性武器造成的威胁前所未有，但《2007 年国土安全国家战略》并没有改变国土安全的定义，仍然集中于恐怖主义。自 2001 年 9 月 11 日以后的 10 年中，这一针对国土安全的鲜明而紧迫的威胁导致国防部在国土安全文化和能力方面（尤其是民事支援或对于民政当局的国防支援任务方面）发生了巨大变化。随着国防部持续通过其在海外的军事任务和国土安全工作作出贡献，变革的步伐放缓了，但任务集仍在不断发展。

b. 《2013年国防部国土防御与民事支援战略》确立了两大任务领域：国土防御与民事支援，以及面向民政当局的国防支持。战略使用"领导、支持或赋能"的结构，对国防部确保美国免受直接袭击的活动进行分类。国防部对国土防御负主体责任，是负责执行该任务的主要联邦机构。国土防御是国防部的主要责任，其定义为：保护美国主权、领土、国民以及重要防御基础设施免受外部威胁、侵略和美国总统指示的其他威胁。本章不涉及国土防御与民事支援，仅涉及面向民政当局的国防支持。

c. 国防部曾抗拒执行民事支援任务，认为仅在拥有充足资源来提供援助时，才能接受这些任务。但如今，美国国防部最大的变化为：由于美国国土面临着前所未有的威胁，国防部必须能够执行化学、生物、放射和核的后果管理，将其作为国家安全工作的一部分。《2008年国防授权法案》首次指示国防部为此任务分配预算。本章将说明国防部如何投入资源以发展其在面向民事的国防支援中担任的角色。

d. 任务确认同样与国防部的国土安全架构相关，它包括在国家安全紧急情况下，确保国防部为美国总统和国防部部长提供支持。任务确认传统上被描述为：通过支持旨在确保实现持久宪政的国家政府连续性和行动连续性计划，来为国土防御和面向民政当局的国防支持打下基础。从联邦层面上来看，政府连续性是政府各分支内部的协调工作，旨在确保发生危机时能够继续维持最低限度的基本职能；行动连续性计划是政府各个部门、机构和组织内部的工作，旨在确保有能力继续支持政府连续性和持久的宪政。

e. 自从2010年9月的国土安全部与国防部协议备忘录讨论了相互支持的基础以来，国防部在网络空间中的作用（与国土防御和面向民政当局的国防支持有关）持续发展。

20-6. 为民政当局提供国防支持的原则

a. 若民政部门提出申请，并得到了国防部部长的批准，国防部一般都会为民政当局提供国防支持。若收到美国总统或国防部部长的指令，或获得单个有资质机构的授权，国防部也可提供支持。

b. 国防部始终支持民政当局且通常支持主要联邦机构。

c. 《国防部国土防御与民事支援战略（2005）》重申：保护美国免受侵袭是国防部的最高优先事项。除非国防部部长有其他指示，否则进行中的军事或国土防御任务应当优先于向民政当局提供国防支援任务。

d. 国防部根据适用的法律、总统令、行政命令和国防部政策，向民事当局提供国防支持。参与支持程序监督的官员应承担绝对、公开的责任，同时负责维护国家的宪法原则和公民自由。

e. 通常首先使用民事资源，仅在联邦应急事务管理局或其他负主要责任的联邦机构确定需求超出了民事当局的能力范围时，才为民事当局提供国防支持。民事当局的国防支持的重点在于国防部独特的技术和结构，但应当限制范围和持续时间。国防部认为，国防支援应当是最后的、迫不得已的资源，通常还是最昂贵的资源。

f. 国防部向民事当局提供国防支持，通常是在民事法律的指导下，通过指定的联邦机构，运用既有的协议和计划，并且遵循下属原则：除非发生恐怖主义和其他联邦政府具有主要管辖权的事件，否则联邦政府仅从旁协助州机构。

g. 除非法律规定或国防部部长指示，否则国防部各部门不得专门为向民政当局提供国防支持而采购或维护补给品、物资或装备。

h. 不论何时，军队应始终处于军事任务指挥之下，并一直受国防部执行代理控制。

i. 除绝对必要的情况之外，国防部各部门不履行民事政府的任何职能。即使必要，也仅是暂时履行。

j. 如非例外，民事当局的国防支持由民政当局报销。针对总统宣布的灾难，主要依据《斯塔福德救灾和应急援助法案》；针对其他情况，主要依据《经济法案》。仅国防部部长和国家总统有权批准偿款豁免。

20-7. 民政当局的国防支持的系列任务

为民政当局提供国防支持的环境非常复杂多变，故很难清晰、一致地对不同任务进行简单分类。此处使用《联合出版物》3-28"面向民政部门的国防支持"所列类别，这种分类与《陆军条令参考出版物》3-28 的规定有所不同，但相互补充，且可能同时生效。随后各章节将说明这些类别，并描述国防部可能被要求提供支持的各种任务集（并非全部）。

a. 支持全危机响应。灾难和已宣布的紧急事件可能由总统宣布。实际上，大多数由地方指挥官享有紧急响应权的情况都归于此类。灾难和紧急事件可以是自然或人为的。例如：自然灾害（洪水、暴风雪、地震等）；野火扑灭；化学、生物、放射和核的后果管理。

b. 支持民事法律执法机构。这一类别包括恢复公共卫生和服务以及公民秩序，包括民事骚乱行动及在公共服务员工罢工或停工的情况下（例如1981年空中交通管制员罢工）提供支持，还包括总统指令的关键基础设施保护工作。若非已经宣布的紧急事件，此类别还包括大规模移民紧急事件、边境安全和动物疾病消除。

c. 其他国内活动和特别事件。特别事件包括由国土安全部特殊事件工作组确立的任何需要国防支持的反复性事件或独特事件。例如：奥运会、超级碗和世界级比赛。国家特别安全事件是一个子类别，这些事件由于其影响度和重要性而被国土安全部部长指定为国家特别安全事件。美国谍报部门负责指定安全规划及其执行。最近的事例包括：总统就职典礼、教皇访问、民主党和共和党全国会议以及国葬。定期的计划内支持是一项面向民事当局的范围广泛的支持，通常定期施行以加强军民联系并满足地方社区、州甚至其他联邦机构的需求。

第二部分　国内紧急事件管理环境

20-8. 国家突发事件管理

a. 分级响应。民事当局的国防支持最重要的概念之一是：美国传统上使用"自下而上"而非"自上而下"的应急管理方法，并分为3级支持：地方、州和联邦。能够有效处理此类事件的最低级别政府部门对国内灾难和紧急情况负主要责任。如果情况发展超出了当地方的能力范围，地方当局通常应依据互助协议，先从毗邻管辖区寻求协助，优先于请求州援助。同样，若州能力不足，则州当局应根据既定协议和契约，先从其他州寻求援助（包括未被编入联邦军队的国民警卫队），优先于请求联邦援助。若发生大规模或灾难性的事件，则可以提供联邦援助，同时，仍然需要互助协议和契约的协同配合。情况必要时，可提供国防资源；军事支持可以在州一级（由州控制的国民警卫队）和联邦层面提供。尽管这种响应不是指定的支持级别，也不是民选当局层级，但州内和州际的区域性响应都变得越来越重要。

b. 重大国家响应文件。国家突发事件管理系统及国家响应框架提供了一种单一、综合、涵盖全国的事件管理办法。国家突发事件管理系统提供了一个用于事件管理的行动模板。国家响应框架为事件管理的国家层面的政策提供了政策框架和机制，可被视为一个框架，该框架将联邦支持纳入了州和地方政府工作。

（1）国家突发事件管理系统于2017年10月进行了更新，建立了一套核心的概念、原则、术语以及组织程序，以实现针对联邦、州、地方和部落各级政府以及非政府组织和私营部门的有效、高效和协作的事件管理。响应机构保留了其所有管辖权和职责，并且对其职能保持行动控制。因此，民事当局的国防支持的另一个重要概念是，国内应急管理行动更多地强调工作的统一性，而非指挥的统一性。

（2）国家响应框架是国家应对所有类型灾难和紧急事件的指南。它建立在国家突发事件管理系统所确定的可扩展、灵活、可变通的概念的基础上，用于在全国范围内统筹关键作用和职责。该框架描述了管理突发事件的具体权限和最佳做法，事件范围覆盖从严重但纯粹囿于当地的事故到大规模恐怖袭击或毁灭性自然灾害。国家响应框架阐释了提供突发事件响应所需的核心能力的原则、作用和责任以及协调结构，并进一步阐释了响应工作如何与其他任务领域的工作相结合。

（a）国家响应框架适用于所有需要与州、地方、部族、私营部门及非政府实体协调采取联邦应对措施的事件；也适用于所有参与协同联邦应急响应的联邦部门和机构。国家响应框架还适用于非政府响应组织，例如美国红十字会和国家灾难救助志愿组织。

（b）国家响应框架总是有效的，但是从各种要素中有选择地执行可以更灵活地满足任何情况的独特需求。它使联邦、州、地方、部族、私营部门和其他非政府实体之间可以进行有效的互动。

（c）针对灾害与紧急事件的联邦援助可以被分为两大类别。《斯塔福德救灾和应急援助法案》为协调联邦对大多数灾难的响应赋予了权力。图20-1是联邦依据《斯塔福德救灾和应急援助法案》进行首次参与的图示。图20-2提供了在非《斯塔福德救灾和应急援助法案》规定的情况下，联邦对联邦支持的概览。

第二十章 民政当局的国防支持

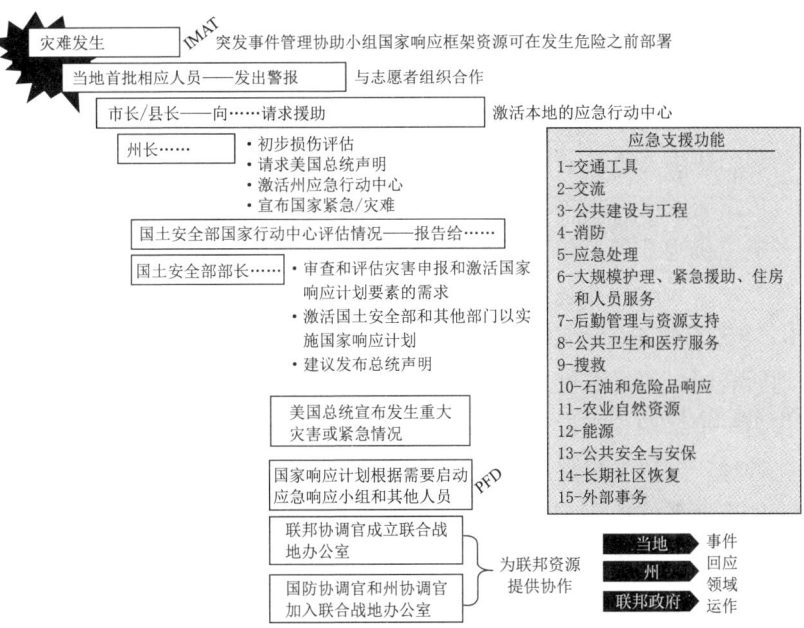

图 20-1 国家响应计划（《斯塔福德救灾和应急援助法案》）

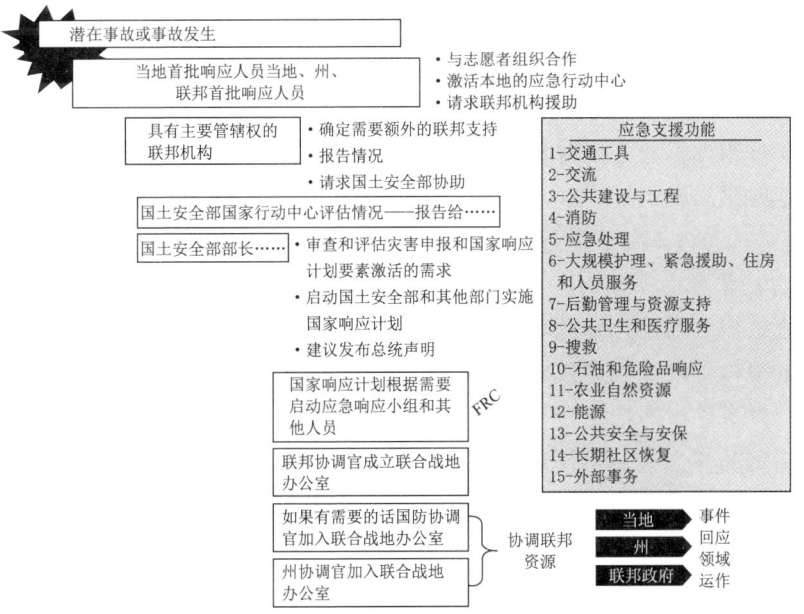

图 20-2 国家响应计划（非《斯塔福德救灾和应急援助法案》情况下）

20-9. 地方响应

a. 灾难发生后的第一时间，地方响应机构将首先抵达现场。首批响应机构通常包括执法、消防、紧急医疗服务以及危险物料小组。在事故现场，地方当局应依据突发事件指挥系统（国家突发事件管理系统的一个主要部分）来组织各响应机构开展工作。向民事当局提供国防支持的军队将与突发事件指挥系统互动，并成为系统结构中的一部分。

b. 突发事件指挥系统。国家突发事件管理系统将突发事件指挥系统建立为管理所有国内突发事件的标准化组织结构，而突发事件指挥系统的意义远大于作为一个结构。突发事件指挥系统的特性包括：通用术语；模块化组织；目标化管理；以突发事件为依据的行动规划；可控的控制范围及一体化通信。突发事件指挥系统内部有 5 个主要职能领域：指挥、行动、后勤、规划以及财务。传统上，信息和情报职能处于规划部中。然而，若情况允许，国家突发事件管理系统中的突发事件指挥系统可以将情报职能分离出来，并增列为第 6 个职能领域。突发事件指挥系统的特点之一就是可以灵活地适应所有情况，包括洪灾、危险物料事故、坠机和地震。这是一种全危机响应系统。该系统的灵活性使其足以管理涉及数千名响应人员的灾难性事件，故可能会执行以下几个层级的指挥：

（1）单一指挥结构。这种结构能够为单一指挥官提供合理的控制范围。突发事件指挥官通常是对某事件负责的组织的高级响应人员（例如，消防队队长或警察局局长）。单一突发事件指挥官负责建立突发事件指挥所，以指导行动。

（2）联合指挥结构。若情况允许，突发事件指挥系统可以灵活地让一个或多个机构协调且合并各项独立的工作。为了使承担不同法律、地区和职能责任的机构可以进行有效的协调、规划和交互，突发事件指挥系统也可以从单一突发事件指挥结构转换为联合指挥结构。在联合指挥结构中，由其管辖当局指定的各个人员协同确定目标、计划和优先事项，并共同执行。国家突发事件管理系统中的突发事件指挥系统所使用的联合指挥结构体现了上述各机构的共同努力。所有响应机构和组织一道为突发事件指挥官提供支持，并且不放弃每个机构的权限、责任或义务。一个大到需要国防部支援的事件几乎涉及多辖区的联合指挥。

(3) 区域指挥部。建立区域指挥部,以监督由单个突发事件指挥系统机构处理多个突发事件的管理工作,或监督涉及多个突发事件指挥系统机构的特大事故的管理工作。区域指挥部仅在必要时建立,这取决于事件的复杂性和对于控制范围的考虑。区域指挥部不承担作战职责。其职能包括:确定优先事项;根据既定的优先事项分配资源;确保有效的沟通;确保事件管理目标的完成,且彼此之间不冲突或与政策不冲突。

c. 为了补充自身能力,地方政府与周围社区订立了互助协议。此类协议通常在地方当局请求州支援之前生效。

20-10. 州支持

a. 州长有权执行各自州的法律。当他们以州现役身份(参见《美国法典》第32编)服役时,担任州国民警卫队的总指挥官。类似的权利也被赋予了美国领地和属地的总督。一旦灾难发生,州长将决定是否响应地方政府的支援请求,并在适当的情况下宣布进入紧急状态,执行州响应计划并根据州命令召集国民警卫队。州长应当向联邦应急事务管理局地区长官汇报这些行动,并在州资源不足时申请联邦支援。

b. 州应急服务办公室。所有州均设有州应急服务办公室,旨在协调并执行应急战备计划、训练和演习活动,并在紧急状态下充当州长的协调机构。这类机构的名称因州而异(例如,应急管理署、公共安全部、州应急管理办公室或应急战备办公室)。州应急服务办公室通常在州长的领导下组建,隶属副州长或州警局。负责州应急服务办公室的高级官员因州而异。一些州设有独立的应急服务办公室主任和国土安全局局长,另一些州将这些职位合并,还有一些州由副州长兼任应急服务办公室主任。

c. 州国民警卫队极其适合向地方和州机构提供军事支持,它们是发生自然或人为灾难和紧急情况时主要的军事响应者。它们熟悉当地的状况和地理环境,并且作为州民兵队,不像联邦部队那样会受到很多限制。[《地方民兵法案》(the Posse Comitatus Act)]

(1) 国民警卫队将以下三种状态之一行动:州状态(由州提供资金,州控制);《美国法典》第32编状态(由联邦提供资金,州控制);《美国法典》第10编状态(由联邦提供资金,联邦控制)。州民事支援任务由州长行政命令授权,任务期间所使用联邦装备和设施的费用由州长向联邦政府报销。

州长对国民警卫队资产的使用须符合州法律和宪法。

（2）州国民警卫队联合部队总部负责组织、训练、计划并协调国民警卫队中执行州和联邦任务的单位和分队的动员行动。州国民警卫队的部署和使用由联合部队总部进行指挥。

d. 在紧急情况下，各州通常会通过长期协议或紧急援助契约来请求其他州的援助。

（1）覆盖范围最广、使用最普遍的协议是"应急管理援助协议"。该契约加快了州际应急资产的使用，并且可覆盖包括国民警卫队在内的所有类型的援助。提供支援期间，另一州提供的资产受请求支援州州长的控制。年度"应急管理援助协议"会议会预先安排特别适合为"可预测"灾难提供支持的单位，例如每年的飓风山火。这大大降低了响应次数。

（2）依照"应急管理援助协议"提出的援助申请具有法律约束力，州外人员产生的州外费用由请求援助州负担。

第三部分 联邦在国家响应程序中的作用

20-11. 主要的联邦部门与机构

a. 国土安全部部长、国土安全部与联邦应急事务管理局。根据国土安全总统指令-5，国土安全部部长是负责美国境内应急事件管理的首席联邦官员，负责指挥针对恐怖袭击、重大灾难和其他应急情况的准备、响应和恢复工作。国土安全部部长通过联邦应急事务管理局采取行动，负责对联邦响应和恢复工作的有效管理。联邦应急事务管理局负责启动主动减灾活动，训练首批响应人员，并管理国家洪灾保险计划。联邦应急事务管理局总部位于华盛顿特区，具有10个地区办事处、3个后勤中心、2个训练中心和若干其他特殊用途场所。

b. 美国司法部部长、司法部与联邦调查局。根据国土安全总统指令-5，司法部部长负责对美国境内或针对在国外的美国公民或机构的恐怖行为或威胁进行刑事调查，这些行为在美国联邦刑事管辖权之内。

依据1947年的《国家安全法》以及其他适用法律和第12333号行政令，司法部部长还负责美国境内的情报收集工作。司法部部长通常通过联邦调查局采取行动，并与其他联邦部门和机构合作，协调执法活动，以侦查、预防、预先制止和捣毁针对美国的恐怖袭击。

c. 国防部。国防部拥有大量资源可被用于支持联邦国内突发事件的管理工作。因此，国土安全总统指令-5作出规定，要求"国防部部长应根据总统的指示，或在符合军事战备状态并符合情况和法律的情况下，向民政当局提供军事支持，以应对国内事故。国防部部长应保留对于提供民事支援的军队的指挥权"。

d. 其他主要部门与机构。许多国防部能够提供支援的联邦机构，或者在向民事当局提供国防支持事件期间与他们建立了惯常关系的联邦机构，均已被写入国家响应计划的紧急支援职能框架中（表20-1）。

20-12. 国家响应与恢复工作的联邦结构

a. 地区响应协调中心在10个联邦应急事务管理局中均有设置，是由国土安全部或联邦应急事务管理局运行的常设机构，负责协调区域响应工作，确定联邦优先事项，并在灾难发生时负责协调联邦支援直至联合战地办公室成立。地区响应协调中心应当与受灾州的应急行动中心和国土安全部的国家行动中心建立通信。联邦应急事务管理局和跨机构代表按需为地区响应协调中心配备人员。

b. 联合战地办公室是在受灾地区建立的临时性联邦机构，旨在为联邦、州和地方行政人员提供协调行动的中心点。尽管联合战地办公室采用突发事件指挥系统结构并可根据情况的严重性而调整，但其不负责管理现场工作。它专注于为现场工作提供支持，并开展可能超出事故现场范围的更广泛的支持工作。若事故影响多个州或地区，则可建立多个联合战地办公室。根据国家突发事件管理系统之突发事件指挥系统的联合指挥原则，联合战地办公室开展的活动由联合战地办公室协调小组指导，该小组可包括如下成员：

（1）首席联邦官员。由国土安全部部长亲自任命，作为地区性代表来监督、协调并执行国土安全部部长的突发事件管理职责。国家响应框架指出，首席联邦官员不应取代突发事件指挥结构，也不拥有对联邦协调官或高级联邦执法官的指挥权限。仅在应对复杂且重大灾难、恐怖事件或在国家范围内产生重大影响的复杂紧急情况下，国土安全部部长才会任命首席联邦官员。

（2）联邦协调官。负责管理和协调应对《斯塔福德救灾和应急援助法案》中阐明的灾难和紧急情况的总体联邦响应和恢复工作。联邦协调官是联合战地办公室的负责人，与州协调官员合作确认并满足州和地方援助需求。联邦协调官根据需要协调联邦各部门和机构，并为其制定任务。

（3）联邦资源协调官。在非《斯塔福德救灾和应急援助法案》规定的情况下，若联邦政府部门或机构根据自己的权限，请求国土安全部协助，以获得其他联邦部门和机构的支持，国土安全部便将任命一位联邦资源协调官（而非联邦协调官）。在这种情况下，联邦资源协调官应当依据跨机构协议和谅解备忘录来协调援助行动。

（4）高级联邦执法官。高级联邦执法官是来自拥有主要管辖责任的机构中的高级执法官员。高级联邦执法官负责指导情报和调查执法行动，并在现场为联合指挥执法部门提供支持。若发生恐怖事件，通常由联邦调查局特工主管担任高级联邦执法官。

（5）高级联邦官员。高级联邦官员是对突发事件管理的某些方面负主要法定责任的其他联邦部门或机构的官员代表。高级联邦官员将与首席联邦官员、联邦协调官、高级联邦执法官和联合战地办公室协调小组的其他成员一道，通过既有权力、经验和能力履行其职责。

（6）州协调官。负责管理州突发事件管理活动，是与联邦协调官相对应的地区官员。另一重要官员是州长授权代表。联合战地办公室协调小组也可以纳入对突发事件管理具有主要法定权限的部落或地区代表。

（7）州长授权代表。负责代表州长行使针对灾难或紧急事件响应和恢复工作的行政监督和指挥职能，代表州落实所有必要文件，并响应州长的要求。

（8）国防协调官（通常为第6级薪资等级军官），代表国防部作为联合战地办公室的唯一联络点（但紧急支援职能-3"公共建设与工程"除外）。在这种情况下，国防协调官报告系统仍是通过美国北方司令部进行，但国防协调官须对联邦协调官作出响应。国防协调官负责批准来自联邦协调官或其代表的所有国防部支援请求。

c. 国家响应框架根据州官员最可能请求的能力和资源，将应急响应分列为15个紧急支援职能。紧急支援职能是联邦政府在发生灾难或紧急事件时提供支援的主要手段。与恢复重建阶段相比，国防部在响应阶段起着更加重要的作用。

（1）在紧急情况下，根据事件的性质和范围以及所需的联邦资源水平，可以启动部分或全部的紧急支援职能。

（2）国防部是紧急支援职能-3（公共建设和工程）的主要协调机构，由美国陆军工程兵团担任国防部牵头部门。国防部被视为履行所有紧急支援职能的支援机构。

（3）国防部民事当局的国防支持自动支援系统被用于对联邦应急事务管理局实时指派给国防部的任务分配进行管理、协作、协调和优先排序。该系统为在每个联邦应急事务管理局区域均有指派的国防协调单位提供了一种手段，用于验证任务分配并允许将所有命令、兵力申请和联邦应急事务管理局任务分配表格与特定任务相关联，并提供多种指挥态势感知以查看并响应任务关键行动。

d. 联邦应急事务管理局的4个联邦跨机构行动计划为：保护、响应、恢复和减灾。2016年，这四大任务领域进行了重大更新和扩展，每个任务领域都制作了角色和职责的详细说明，阐明了关键任务，并确定了联邦提供资源的要求，以实现国家战备核心能力。"特定事件附录"（例如《响应与恢复联邦跨机构行动计划》的"核或放射事故附录"）真实探讨了可能的灾难情况，以协助规划人员和演习设计人员履行其职责。

20-13. 促进联邦与州之间工作的统一

a. 联邦政府与各州之间工作的统一必须成为国防部在国内的指导原则之一，因为将国防部的工作与那些国防部外部合作伙伴的工作统一起来，可以增进合作并缩短应急响应时间，以满足紧急情况下的生命救援需求。州长理事会依据2010年行政命令成立，为实现联邦与州文职和军事官员之间的强化高级别对话提供了一个重要论坛。

b. 国防部希望能在联邦和州军事灾难响应各部门之间建立更加紧密、更加高度协调的关系，因此优先考虑了这些能力和活动，以便在此战略施行期间实现工作的统一。

c. 完成训练且经认证的双重身份指挥官。在同时调用美国联邦军队和州国民警卫队来支持民政当局的情况下，前者通常是指挥与控制者。

（1）在相应的州或地区州长的同意下，总统可以授权一州的国民警卫队长官，或正规陆军或正规空军的军官担任双重身份指挥官。双重身份指挥官既有权指挥州军事力量（例如具有州现役身份或《美国法典》第32编身份的国民警卫队），也有权指挥联邦军队。指挥官若有双重身份（如既具有《美国法典》第 10 编的身份又具有《美国法典》第 32 编），则需要由州长推荐并由总统批准。使之具有双重身份的目的是让该指挥官可以指挥、控制和协调联邦或州的所有资源。该权限允许该指挥官在尊重州和联邦指挥系统的同时，协调和消除联邦和州作战任务之间的冲突。

（2）启用双重身份指挥官的历史实例包括：诸如民主和共和党全国代表大会之类的国家特别安全事件，以及对桑迪飓风和美国西部野火等灾难的响应。

20-14. 紧急支援职能-3（公共建设与工程）

a. 美国陆军工程兵团根据第 84-99 号公法为防洪、水质和减灾工作提供民事支援的悠久历史使其自然而然地成为紧急支援职能-3（公共建设与工程）的主要机构。美国陆军工程兵团办公室的地理分布分散，有助于及时响应几乎任何地区发生的灾难。美国陆军工程兵团按分水岭流域划分为不同区域，再按较小流域划分为不同分区。人员还会被指派给各个分区的不同野外办事处。灾难发生时，美国陆军工程兵团人员将迅速动员起来，以协助响应和恢复工作。

b. 每个美国陆军工程兵团区域以及分区都设有一名紧急行动负责人，每个办公室均会根据其所在地区的独有灾害制定计划，与相应机构进行协调，并确立响应小组来支持国家响应框架内分配的任务。美国陆军工程兵团在紧急支援职能-3 下提供的支援类型包括：技术咨询和评估、工程服务、建设管理和检查、应急合同签订、废水和固体废物处理设施的紧急维修以及不动产支持。紧急支援职能-3 的部分活动包括：紧急碎片清除、重要公共服务和设施的重建（包括提供足量的冰和饮用水）、临时供水系统的重建、技术援助、建筑物的结构评估以及损毁评估。根据法律，美国陆军工程兵团提供的援助仅限于保护生命以及保护住宅和商业建设（包括提供公共服务的公共和私人设施）。无权向个人业主和企业（包括农业企业）提供专门支援。但在极端干旱时期，在某些情况下可为农民和农场主提供援助。

表 20-1 联邦响应计划紧急支援职能

	职责	紧急支援职能协调者
紧急支援职能-1：运输	提供文职和军事运输支持	运输部
紧急支援职能-2：通信	提供电信支持	国家国土安全部通信系统
紧急支援职能-3：公共事务与工程	恢复重要公共服务和设施	美国国防部工程兵团
紧急支援职能-4：消防	发展并扑灭野外以及农村和城市火灾	美国林务局农业部
紧急支援职能-5：情报规划	支持国内事故管理的总体联邦机构	国土安全部联邦应急事务管理局
紧急支援职能-6：大众关怀、紧急援助、住房和公共服务	管理和协调受害者的寝室、住所和急救工作；提供大量救济物资的分发；运作协助家庭团聚的系统	国土安全部联邦应急事务管理局
紧急支援职能-7：后勤管理和资源支持	在响应期间向联邦实体提供装备、材料、补给品和人员	总务管理局和国土安全部联邦应急事务管理局
紧急支援职能-8：公共卫生和医疗保健服务	为公共卫生和医疗保健需求提供援助	卫生与公众服务部
紧急支援职能-9：搜寻与救援	对被困在倒塌建筑中的受害者进行定位、解救并提供初步治疗	国土安全部联邦应急事务管理局
紧急支援职能-10：石油和危险材料响应	支持联邦政府对石油和危险材料的实际或潜在排放做出响应	环境保护局
紧急支援职能-11：农业与自然资源	提供营养援助，保证食品安全和粮食安全，控制并根除毁灭性的动物疾病或植物虫害	农业部
紧急支援职能-12：能源	恢复电力系统和燃料供应	能源部
紧急支援职能-13：公共安全和安保	提供非调查/非刑事执法、安全和安保能力	司法部
紧急支援职能-14：长期社区恢复	为联邦支持提供一个框架，使社区能够从国家重大事件的长期后果中恢复过来	国土安全部联邦应急事务管理局
紧急支援职能-15：外部事务	提供公共事务、社区联系、国会事务、州和地方协调	国土安全部联邦应急事务管理局

c. 每个联邦应急事务管理局区域办公室负责维持一个突发事件管理协助小组，并制定适当的程序来进行通知和部署。突发事件管理协助小组由联邦应急事务管理局和其他机构的工作人员组成，为野外的区域响应活动提供行政、后勤和作战支持。突发事件管理协助小组可能是第一个到达灾区的联邦应急部门，一旦成立，便可成为联合战地办公室的核心。其也可为向媒体、国会以及公众传播信息提供支持。

d. 还有许多其他联邦特别小组可用来支持突发事件管理以及国内响应和恢复工作，具体包括：

（1）飓风联络小组；

（2）机动应急响应支援小组；

（3）国土安全部态势感知小组；

（4）损毁评估小组；

（5）联邦事故响应支援小组；

（6）核事故响应小组；

（7）救灾医疗援助小组；

（8）卫生与公众服务部部长的应急响应小组；

（9）劳工部或职业安全与卫生管理局特别响应小组；

（10）兽医医疗援助小组；

（11）灾难丧葬作业响应小组；

（12）国家医疗响应小组；

（13）科技顾问与响应小组；

（14）捐赠协调小组；

（15）城市搜救与救援特遣队；

（16）联邦第一类和第二类事故管理小组；

（17）国内应急支援小组；

（18）家畜与野生动物应急响应小组以及减灾评估小组。

20-15. 民政当局的国防支援架构

作战司令部是国防部主要规划的代理及为联合指挥计划中指定的地理区域提供支持的援助组织。作战司令部负责批准其责任区范围内的军事支援申请，并提供对民政当局的国防支持。负责美国部分国土的作战司令部有2个。

a. 美国北方司令部负责在美国大陆、阿拉斯加和领海之内（包括波多黎各和美属维尔京群岛）规划、组织和执行全方位的国土防御任务，同时执行对于民事当局的国防支持任务。美国北方司令部几乎没有常备所属部队，但有权指挥由总统或国防部部长指派的执行任务所需的部队。

b. 美国太平洋司令部负责印度-亚太地区，并负责执行该地区美国境内的全方位的国土防御和对于民事当局的国防支持任务。

c. 位于得克萨斯州萨姆·休斯敦堡的美国北方陆军（美国第5集团军），为美国北方司令部提供了专用于国土防御的陆军军种组成部队司令部。

（1）美国北方陆军拥有10位常派的国防协调官。若未得到部署，这些国防协调官将被指派给美国北方陆军，负责联邦应急事务管理局的十大区域之一。

（2）国防协调分队。国防协调分队由军事和文职人员组成，充当国防协调官的参谋机构。国防协调分队最好由一支小型现役或陆军部文职小组和来自陆军预备役、空军预备役、海军陆战队预备役和海岸警卫队预备役的代表组成。

（3）各州、各地区和各联邦应急事务管理局地区都指派了预备役军官，通常是来自空军、陆军、海军和海军陆战队的第6薪资等级军官，他们接受过备灾和军事支援方面的训练。在全国范围内，共指派了超过425名应急战备联络官、地区应急战备联络官或州应急战备联络官。他们对所指派区域内的服务设施应该有着全面的了解。州应急战备联络官负责协助确定州、领地或地区内存在哪些国防部资源，并协助协调《美国法典》第10编规定的响应行动。州应急战备联络官通常会在应急时向各自的州应急行动中心或国民警卫队应急行动中心汇报，并代表国防协调官开展工作。

第四部分 国防支持程序

20-16. 规划考量

第20-5节描述了国防部向民政当局提供国防支持的客观原则，这些原则为规划和执行向民政当局提供国防支持任务建立了基础。其他注意事项如下：

a. 处于州现役身份的国民警卫队在紧急情况下主要负责向州和地方当局

提供军事援助。为保证工作的统一，面向民事当局的国防支持的规划和执行活动必须能够促进与国民警卫队之间的密切而持续的协调关系。

b. 陆军预备役部队通常驻扎于灾难附近，并具有广泛的能力。根据2012年的《国防授权法案》第12304a节的规定，若州长提出联邦援助以应对重大灾害或紧急情况的请求，国防部部长可以在未征得相关成员同意的情况下，命令陆军预备役、海军预备队、海军陆战队预备队和空军预备队的任何部门以现役状态连续执勤不超过120天，以响应州长的要求。此时通常任命双重身份指挥官来指挥部队在这些情况下的工作。

c. 军事支持通常只持续很短的时间（一般不超过30天），旨在协助民事机构建立基本的安全和治安保障。

d. 终止对于民事当局的国防支持和撤回国防部资源是一个敏感话题，因此需要从最开始就进行规划考虑。

e. 《兵力使用规则》在国内作战中的作用目标与《交战规则》在海外的作用目标基本相同。参谋长联席会议主席指令3121.01B提供了常规的兵力使用规则。这些规则不适用于具有州现役身份或《美国法典》第32编规定身份的国民警卫队。

f. 军事情报资产被禁止用于从事针对美国公民的情报收集活动（但法律和第12333号行政令明确规定了非常有限的例外）。

尽管有法律规定，允许使用国防情报收集资源来支持国内突发事件的管理，但面向民事当局的国防支持规划人员需要特别注意使用此类资源的法定限制。

g. 国防规划与协调是一个拟议概念，旨在利用现有的国防部面向民事当局的国防支持规划和联络资产作为支持州和联邦救灾规划与协调的有效机制发挥作用。

20-17. 民事当局的国防支持请求与援助程序

国防部负责提供联邦应急事务管理局的灾难和应急支援，以响应已批准的联邦应急事务管理局任务分配。大多数联邦应急事务管理局任务分配是根据州和地方官员的请求在联邦应急事务管理局区域办公室或联合战地办公室中产生的。还有一些联邦应急事务管理局的任务分配产生于国家层面，通常在联邦应急事务管理局试图在州和地方提出请求之前预先确定能力时使用。

预先编写的任务分配可能会在联邦应急事务管理局制定任务分配计划时被用到。预先编写的任务分配通常是一组单位和能力，当它们被组合在一起时，可以发挥最好的作用。可以对预先编写的任务分配进行调整，以满足任何给定的需求。

a. 来自联邦协调官员（联邦应急事务管理局地区或联合战地办公室）的联邦应急事务管理局任务分配。

（1）联邦协调官负责向国防协调官提交联邦应急事务管理局任务分配。

（2）国防协调官使用国防部指示 3025.18 中列举的标准来验证任务分配，包括：

（a）合法性（遵循法律规定）。

（b）致命性（国防部部队使用或成为使用目标的潜在致命力量）。

（c）风险（国防部部队的安全性）。

（d）成本（包括资金来源与对国防部预算的影响）。

（e）适当性（是否提供所请求的支持是国防部的利益所在）。

（f）战备（对于国防部执行其他主要任务能力的影响）。

（3）作战指挥官（美国北方司令部或美国太平洋司令部）可以批准其现有权限（例如，由国防部部长批准的现行行政命令）内的任务分配。

（4）若作战指挥官无权批准任务分配，则作战指挥官将任务分配转交给联合参谋部或国土防御部［民事当局的国防支持分支机构（J33）］。联合参谋部（J33）将该请求转交给主管国土防御与全球安全的国防部助理部长办公和国防部执行秘书处，以进行人员配备（国防部部长办公室层级的），并供国防部部长决策。国防部指示 5111.13 授权主管国土防御与全球安全的国防部助理部长批准某些形式的援助请求。联合参谋部（J33）在适当的情况下制定执行命令，以供国防部部长批阅。若获得批准，国防部将负责提供支持。对于挽救生命的和时间紧急的任务分配，可以口头批准并随后附上确认文件。

b. 来自联邦应急事务管理局管理员（国家层级）的联邦应急事务管理局任务分配。

在某些情况下，联邦应急事务管理局管理人员可能会请求联邦合作伙伴提供能力支持，而无需联邦应急事务管理局地区请求。

（1）联邦应急事务管理局管理人员可以向国家响应协调中心的国防部联络单位提交联邦应急事务管理局任务分配。

（2）国家响应协调中心的国防部联络部门须进行必要的协调，以确保受影响的联邦应急事务管理局地区的国防协调官能够正确理解联邦应急事务管理局管理人员的任务分配目的。国防部可以将被申请的能力部署到国防部军事设施中，并准备好在受影响的联邦应急事务管理局地区申请该能力时，将其投入使用。

（3）受影响地区的国防协调官负责处理联邦应急事务管理局任务分配的使用。

（4）若在联邦应急事务管理局区域联合战地办公室中，应当部署的被申请能力未被启动，则国家响应协调中心的国防部联络官会将任务分配移交给地理作战指挥官（北方司令部指挥官或美国太平洋司令部指挥官）。作战指挥官可批准其现有权限内的任务分配（通常根据经国防部部长批准的现行执行命令）。

（5）如果作战指挥官无权批准任务分配，则作战指挥官将任务分配转交给联合参谋部（J33），以进行人员配备，并供国防部部长决策。根据国防部指示 5111.13，国防部部长已授权批准某些形式的支援请求。

20-18. 紧急响应机构

在某些特殊情况下，指挥官可以不请求批准即立即对超出地方当局能力范围的紧急重大情况作出响应。当地指挥官有权自行请求援助请求，以挽救生命、防止人民遭受痛苦并减轻重大财产损失。一旦发起响应，指挥官必须尽快（以 3 小时为限）通过指挥渠道通知国防部执行代理（此通知并非请求批准）。做好相应费用的记录，以备日后得到偿付。立即响应通常只能维持较短时间，国防部政策建议不超过 72 小时，之后如果需要持续支援，则应得到正式批准。

20-19. 应急权

应急权规定在国防部指示 3025.18 中。在极为紧急的情况下，指挥官不可能事先就获得美国总统的授权，并且当合理组建的地方当局无法掌控局势时，联邦军事指挥官有权暂时参与必要的活动，以平息大规模的民事骚乱。此类活动对于防止重大生命损失或故意破坏财产是必要的，并且对于重建政府职能或公共秩序也必不可少。导致执行应急权的另一种适用情况是：合理组建的联邦、州或地方当局无法履行保护联邦财产或联邦政府的职能。

20-20. 媒体考量

a. 在民事当局对国防事务支持期间，媒体提供了宝贵的服务，可以回应组织和公众的关切。在考虑可以并且应该向媒体发布哪些信息时，领导层应考虑以下事项：为公众发布准确且及时的信息的必要性；信息的敏感性；引起社会恐慌的可能性；能否在受灾社区树立信心和希望；能否纠正由谣言和歪曲报道引起的虚假信息。领导层应当在力保媒体获得尽可能完整且确切的报道的同时，确保其活动不会对公共安全产生不利影响或损害响应活动的进程。

b. 通常，会建立一个联合信息中心，以便和媒体互动。尽管通常由国防部代表发言，但为了国家的整体利益，只要有可能，就会让当地或州发言人与媒体接触，而不是让包括现役军方发言人在内的联邦发言人接触。

c. 对于重大事件，国防部会发布适用于所有参与国防部组织的公共事务指南。该指南将概述有关与媒体交互的所有限制和政策，且涵盖相关的指挥信息。通常有2类常见的指挥信息会被提及：由民政当局负责；军队在需要时为国家提供支持。

第五部分　民政当局的国防支持的任务种类
——灾难与宣布的紧急状态

20-21. 国防部国家响应部队响应程序

a. 若灾难发生且当地和州的资源不足，则美国总统可通过总统灾难宣言来援引《斯塔福德救灾和应急援助法案》，从而发放救灾资金款项。尽管国防部经常会在偿付方面承担风险，并执行一些宣言前的行动，但正式介入支援行动会在国防部宣言后再进行。联合军事支援处执行命令不仅会指定所受支援的作战指挥官，还会指定提供支援的国防部机构，并指示作战指挥官任命一名国防协调官。

b. 国防协调官负责启动国防协调分队并部署到联合战地办公室，以协调国防部救灾援灾。指派的联邦军队负责响应已由国防协调官确认的援助任务。除非建立联合特遣部队，否则国防协调官对所有被部署去救灾的国防部人员均具有（不包括紧急支援职能-3的人员）作战控制权。如上所述，国防协调官将接受来自联邦协调官的支援请求。

c. 分级任务指挥选项。根据紧急情况或灾害的类型和严重程度，美国北方司令部将使用一种灵活的分层结构来确立任务指挥关系。

（1）小型事件可交由国防协调官、该指挥官的国防协调分队以及应急战备联络官处理。

（2）中型事件则需要部署一个任务指挥司令部，例如联合特遣部队-民事支援或美国北方陆军的两个作战指挥所其中之一。若非存在例外，中型联合特遣部队通常由一名两星级将官指挥。国家响应框架指明，若设立了联合特遣部队，则其任务指挥部门将与联合战地办公室的首席联邦官员安排在同一地点，以确保工作的协调和统一。

（3）对于大型事件，通常须设立多个联合特遣部队，并需要一个中心联合特遣部队或职能部队司令部。若非例外，这些司令部通常由一名三星级将官指挥。任何级别的司令部都可以通过诸如联合规划增援小组之类的专业技术小组得到增援。

d. 双重身份指挥选项。双重身份指挥（参阅第六章第6-17节第f段）是进一步促进国民警卫队和联邦部队之间统一工作的一种任务指挥选项，即联合特遣部队司令官同时以《美国法典》第10编规定的身份指挥联邦部队及以《美国法典》第32编规定的身份指挥州国民警卫队。注意：仅指挥官一人拥有双重身份，不包括指挥官的参谋人员，指挥官的军队同样保留其联邦和州的指挥系统。因此，双重身份指挥官必须以互不兼容的方式行使其权力，遵守适用于其所指挥的两种部队的不同法律、政策和总司令的指示。尽管国防部部长办公室本应向总统申请，将常设委任权委托给国防部部长，从而批准或任命一名双重身份指挥官，但协议备忘录必须由州长和总统双方签署。近来经验表明，双重身份指挥与控制结构可能最适用于那些有大量时间来推进协议备忘录的协调和制定的事件。任意一方均可随时终止协议。为了使国民警卫队长官能够指挥联邦部队，《美国法典》第32编第315条授权现役指挥官若能在州国民警卫队中获得州长的委任，即可负担双重身份指挥任务。最近的一个实例是2012年的桑迪飓风。当时，美国在马里兰州、新罕布什尔州、新泽西州、马萨诸塞州、纽约州和罗得岛州任命了多名双重身份指挥官。

e. 受支援作战指挥官将指定一处基本支持军事设施，应当每次灾害至少指定一个。基本支持军事设施是一种军事设施，旨在为国防部军队提供联合行政和后勤支持。基本支持军事设施在选址时应基于以下几点：与行动地点的地理位置相近、具有职能能力、与服役地区规划代理相协调。

20-22. 国防部突发事件响应

a. 民事当局的国防支持的常设执行命令使得作战指挥官能够更快地做出响应，以支持主要的联邦机构。为应对除恐怖袭击之外的自然或人为灾难，设有长期执行命令；对于化学、生物、放射和核事故，另有专门的执行命令。民事当局的国防支持的长期执行命令明确了作战指挥官授权的4个不同类别，包括从已指派部队（类别1）到大规模响应所需的部队（类别4）。

b. 预先编写的任务分配可帮助确保尽快提供支持。预先编写的任务分配是"填空"式模板，用于最可能向国防部提出申请的能力。

c. 兵力申请。兵力申请程序是常规援助请求程序的例外，运用兵力申请程序，美国北方司令部能够授权国防协调官，以更快地响应预期需求。这一程序将成本预算包含在内，以预估偿付费用。

d. 联合出版物3-28"民事当局的国防支持"为指挥官及其参谋人员提供了支援民事当局行动的重要条令。它明确了可以同时进行的六个阶段。

(1) 第一阶段-框架；
(2) 第二阶段-预期；
(3) 第三阶段-响应；
(4) 第四阶段-行动；
(5) 第五阶段-巩固；
(6) 第六阶段-过渡。

20-23. 化学、生物、放射、核响应的特殊考量

a. "化生放核"指的是：化学、生物、放射、核事故，或涵盖工业事故、自然灾害、战争或恐怖主义在内的突发事件。大规模杀伤性武器是一种化学、生物、放射或核武器，能造成极为严重的破坏或造成大规模人员伤亡（但是，若运输或推进该武器的手段是可分离和可分割的，则该手段不属于大规模杀伤性武器）。

b. "化学、生物、放射、核"规划考量。"化学、生物、放射、核"规划的特殊考虑因素包括：在发生这类事故特有的大规模人员伤亡之前，事件最初不可被确定为"化学、生物、放射、核"事故。例如，"在有人检查辐射之前，可能首先将爆炸辐射扩散装置认定为简易爆炸装置……因为，即使是由于一个高辐射性爆炸辐射扩散装置导致的人员伤亡也需要一段时间"。一旦确定为化学、生物、放射、核事故，则事故发生地可能会被视为犯罪现场。响应人员的伤亡风险会更高，包括可能造成该地区的重要设施和基础设施被污染的后果。规划人员须能预见到大规模的人员伤亡净化工作和针对化学、生物、放射、核事故的丧葬事务援助。除能预见州和当地能力不堪重负之外，规划人员还须做好应对多点袭击的准备。联邦应急事务管理局的新版"突发事件附件"，例如响应与恢复联邦跨机构行动规划的"核或放射事件附件"，这些文件对于化学、生物、放射、核事故中向民事当局提供国防支持的规划人员和演习设计人员具有很高的价值。

c. 州国民警卫队"化学、生物、放射、核"结构/"化学、生物、放射、核"响应体系。1998年10月，为了增强国家应对化学、生物、放射、核事故后果管理的能力，国会对首批10个国民警卫队快速评估与初始检测小组进行了授权并提供资金，并将其更名为民事支援小组。很快，出现了覆盖多个州的规模更大、能力更强的组织，而这些组织仍处于州国民警卫队的控制之下。

（1）民事支援小组。全国范围内的57个民事支援小组由22名具有《美国法典》第32篇身份的国民警卫队军人组成，他们在各职能领域进行了优良的跨学科训练。他们的任务包括：部署；评估；检测和识别"化学、生物、放射、核"事故材料；为地方、州和联邦响应机构提供建议，以促进形成合理的公共安全决策。民事支援小组性质特殊，是由国会授权在美国本土内进行"化学、生物、放射、核"事故响应的少数国防部单位之一。民事支援小组是国家资源，因此可以跨州提供援助，但仍由州控制。民事支援小组可以在3小时之内（包括路途时间）完成部署，并且通常会预先部署以支持重大事件。

（2）化学、生物、放射、核和高当量爆炸物强化响应部队综合方案旨在在不到6小时的时间内快速完成部署。17个国民警卫队"化学、生物、放射、核和高放射性爆炸物强化响应部队综合方案"小队负责提供增援民事支援小组的区域响应能力。他们能够从化学、生物、放射、核事故现场找到并救出受害者，进行大规模伤亡净化、医疗验伤分类和维稳工作。他们还包括一个伤亡搜救小组。化学、生物、放射、核和高当量爆炸物强化响应部队综合方案是由现有单位按任务编组而成的。

（3）国土响应部队。由于国防部的联邦响应速度太慢，不足以应对灾难性的化学、生物、放射、核事故，因此提出了由国民警卫队资产组建区域响应的想法。10支国土响应部队（每个联邦应急事务管理局区域设置一支）配备有577名人员，涉及化学、生物、放射和核评估、搜救、净化、应急医疗、安全、后勤支持及指挥与控制职能。国土响应部队的部署时间为6个小时至12个小时（包括路途时间）。

d. 国防部的联邦"化学、生物、放射、核"结构/"化学、生物、放射、核"响应体系。

（1）国防化学、生物、放射、核事故响应部队是一个由多个组成成分（主要为第一类组成部队）构成的联合组织，共提供5200名国防部联邦化学、生物、放射、核事故响应军人，以增援10支国民警卫队的地区国土响应部队。能力包括搜救、净化与后勤支持。由最初的2000名军人组成的国防化学、生物、放射、核事故响应部队第一综合部队在24小时内完成部署，其余部队则能于48小时内抵达事发现场。

（2）指挥与控制化学、生物、放射、核事故响应部门是预备役组成部队组织，能够提供由约2000名军人组成的联邦军事化学、生物、放射、核和高放射性爆炸物事故响应部队，以增援10支国民警卫队的地区国土响应部队来代替化学、生物、放射、核和高当量爆炸物后果管理重组响应部队。当前有2个指挥与控制化学、生物、放射、核事故响应部门。指挥与控制化学、生物、放射、核事故响应部门-A：主要是第三类组成部队；指挥与控制化学、生物、放射、核事故响应部门-B：主要是第二类组成部队。指挥与控制化学、生物、放射、核事故响应部门在发生化学、生物、放射、核事故后的96小时内抵达事发现场。

e. 非国防部联邦化学、生物、放射、核事故响应：联邦化学、生物、放射、核事故响应资产的详尽列表超出了本章的范围，但是读者须知联邦拥有重要的能力，并对国防部可能接触或支援的组织的作用和使命有所了解。

（1）能源部核应急支援小组对涉及核或放射装置的未解决事件做出技术方面的专业响应。其能力包括：核材料的搜索与识别；可疑核装置的诊断与评估；用于支持安全程序的提供的技术操作；包装该装置以运送至目的地。

（2）环境保护局环境响应小组和辐射应急响应小组负责处理恐怖袭击对人类健康和环境的影响。环境保护局的研究实验室负责为空气、水、废水和固体废弃物的质量保证计划提供现场监控及技术支持。其中一些实验室能够将机动单位部署到受污染地点。

（3）联邦调查局有害物质响应单位具有针对核、生物、化学制剂的专门采样、检测和识别能力。证据响应小组负责提供犯罪现场文件记录及证据收集职能，以支持刑事调查。

（4）美国海岸警卫队国家打击部队训练有素且装备精良，可以应对重大的石油或有害物质泄漏事故（尤指海上）。

（5）卫生与公共服务部负责协调大规模杀伤性武器的国家医疗响应小组，此类小组负责处理涉及化学、生物、放射、核的事故导致的医疗问题。此外，卫生与公众服务部的疾病控制与预防中心在涉及传染性源的恐怖主义事件中负有特殊责任。

f. 国防部还有其他组织可以协助应对化学、生物、放射、核事故。

（1）国防威胁消减局通过提供预测、建模、减少、消除和打击威胁以及减轻化学、生物、放射、核影响方面的能力，来保护美国及其盟国免受大规模杀伤性武器（化学、生物、放射、核）的侵害。

（2）美国海军陆战队生化事故响应部队负责对化学、生物、放射、核事故做出响应，以协助地区、州或联邦机构以及指定的作战指挥官进行后果管理行动。生化事故响应部队的能力包括：制剂检测和识别；伤亡搜救；人员净化和应急医疗，用于稳定受污染的受害者。

（3）美国陆军第 20 化学、生物、放射、核和高当量爆炸物司令部负责整合、协调、部署并提供训练有素且准备就绪的部队。该司令部也准备好了进行化学、生物、放射、核和高当量爆炸物事故任务指挥行动。第 20 化学、生物、放射、核和高当量爆炸物司令部负责为陆军化学、生物、放射、核和高当量爆炸物资产（现役和预备役）（包括第 22 化学营、第 52 军械部队和美国陆军预备役后果管理单位）提供训练和战备监督。

（4）所有军种均设有爆炸物处理单位；陆军拥有化学旅、营和连，陆军大部分能力都来源于美国陆军预备役部队。爱奇伍德（Edgewood）生化中心是化学和生物防御技术的主要研发中心。

（5）美国陆军医疗司令部同样提供了多种化学、生物、放射、核支持。美国陆军防化医学研究所和美国陆军传染病医学研究所不仅进行研究，还负责提供团队支持，为事故的医学方面提供建议并作出协助。医疗司令部也会派出作战特种医疗增援响应小组，以提供应急医疗响应以及各种其他相关服务，从而支持应对恐怖袭击。此类小组还可以响应非化学、生物、放射、核的自然灾害。

第六部分　民政当局的国防支持任务种类
——恢复公共卫生与服务以及社会秩序

20-24. 对于执法的支持

a. 除非国防部部长批准了特定任务的兵力使用规则，否则在武装和执行任务时，军队须遵守《常规兵力使用规则》。

（1）1878年的《地方民兵法案》及其后续修正案和政策决策规定，禁止使联邦军队（包括预备役部队）履行国内警察职能。因此，《地方民兵法案》限制了国防部可向国内执法组织提供援助的类型。

（2）但实际有很多例外。《地方民兵法案》本质上赋予了美国总统在美国境内调用国防部军队所需的全部权限，尽管事实上可能会产生某些政治后果而抑制总统对部队的运用。《地方民兵法案》本身对美国总统拥有的《宪法》第2款权力作出了规定。该法不适用于处于州身份的国民警卫队，也不适用于美国海岸警卫队。另外还有各种法定例外，包括《核材料保护法》（参见《美国法典》第18编第831节）、《生化恐怖主义法》（参见《美国法典》第10编第382节）和《特勤局协助法》（参见《美国法典》第10编第3056节）等。最著名的法定例外是《反暴动法》（参见《美国法典》第10编第331-334节），主要用于应对民事骚乱。

b.《宪法》和《美国法典》第10编第331-334节授权美国总统通过发停止和制止令来镇压暴动、反叛和国内暴力事件。发布停止和制止令之后，总统将发出行政命令，指示司法部部长和国防部部长采取适当举措来驱散叛乱分子并恢复法律和秩序。接下来，由司法部部长负责协调联邦对国内民事骚乱的响应。《地方民兵法案》的限制不再适用于根据《兵力使用规则》（该规则由国防部法律总顾问和司法部部长批准）执行总统命令镇压动乱的联邦部队。

20-25. 其他类别的民事当局的国防支持之公共卫生与服务

a. 如果因罢工或灾害而导致邮政服务中断，国防部可能需要向美国邮政局提供支持，以保护邮递程序并将邮件递送至服务受损的地区。

b. 国防部还负责就根除动植物疾病的紧急情况，向美国农业部提供援助。

c. 国防部的医疗支持通常通过国家响应计划紧急支援职能-8（卫生和医疗服务）程序，向卫生和公众服务部提供。紧急支援职能-8 程序的一个重要方面是全国灾难医疗系统，这是一个由国土安全部、卫生与公众服务部、国防部和退伍军人事务部组成的公私合作部门。根据《地方民兵法案》，国防部明确允许协助执行隔离工作。

d. 美国环境保护局和国土安全部海岸警卫队对漏油及有害物质倾泻事件负责。

e. 全国跨机构消防中心是美国农业部与内政部组建的联合机构，负责协助针对野火的联邦响应工作。国防部负责为遏制、控制和扑灭联邦政府所有的土地上出现的野火提供资源。

f. 大规模移民紧急事件也会触发国防部向其他联邦机构提供支持（例如与安顿移民相关的军事设施和服务）。移民与归化局负责处理移民进入美国的行政要求。

第七部分　民政当局的国防支持任务种类
——特别事件与计划内的定期支援

20-26. 民政当局的国防支援任务种类——特别事件

a. 第 7 号国土安全总统指令规定，国土安全部部长在与国土安全委员会协商后，负责将某事件确定为国家特别安全事件。这些具有全国意义的特别事件可能是政治、经济或国际体育活动。若事件被确定为国家特别安全事件，则特勤局将承担其法定角色，担任安全计划的牵头人，国防部则负责为特勤局提供支持。可能部署的军事资产包括：爆炸物处理；技术护卫单位小组；以及化学、生物、放射、核资产。若国家特别安全事件中出现了突发事件，应当由联邦调查局领导执法和刑事调查工作，由联邦应急管理局领导响应和恢复工作。大多数活动虽未被指定为国家特别安全事件，但仍可能获得国防部支持。

b. 由联合军事支援处负责规划、协调并监控已批准的由国防部提供支持的其他特殊事件的执行情况，这些事件由国土安全部特殊事件工作小组对其进行分类。重要性较低的事件被认定为国土安全特别事件，分为1级至4级，4级为最低等级。国防部将聚焦与公共安全和安保相关的支持，职责范围包括但不限于：人身安全、航空、后勤、通信、联合行动和指挥中心以及爆炸物处理。国防部对事件的支持可以是偿付性或非偿付性的，这取决于所提供的支持的类型及事件的性质。

c. 《美国法典》第10编第2554节授权美国国防部为国际体育赛事提供支持，前提条件为司法部部长证明该支持对于比赛的安全与安保活动至关重要。国会设立了周转资金以支付对于国际体育赛事的援助费用。

d. 国防部还可支持其他特别事件，例如许多由州指定的特别事件。由州长控制且处于州身份的国民警卫队负责支持此类事件。

20-27. 民政当局的国防支持任务种类——计划内的定期支援

a. 这一类别的支援可加强军民关系。这一类别的支援活动具体包括：国防部实验室支持；专业和机动训练计划；参与地方、州和联邦的应急管理演习；根据《美国法典》第18编第112节向特勤局提供支持；在公民活动中提供军乐队或纪念性飞行表演。其包含国防部主管公共事务的助理部长所负责的军事社区事务计划及社区关系计划。

b. 《军事设施互助协议》（参见《美国法典》第42编第1856节第a~c段）对军事设施指挥官进行了授权，允许其与当地社区签订有限的互助协议，通常用于应对火灾、紧急医疗或有害物质响应工作。应当注意的是，尽管这些备忘录可以增加我们对于国防部可提供资源的了解，但它们并不能构成预先批准的支援内容。援助申请必须得到批准，或依据诸如紧急响应之类的既定权限提出。

c. 由国防部指示4500.9管控的"安全与交通军事援助"可以授权医疗直升机单位在当地资源不可用或不足以应对紧急情况下提供紧急支援。依据此指令进行的行动不予报销，也不可跨地区提供服务，而且必须在分配的训练时间计划内进行。

第八部分　总结与参考文献

20-28. 总结

a. 美国有一项久经考验的传统，即由文职人员对军队进行控制，并限制境内的军事活动。但是，也需要一定的军事支持以应对灾难和恐怖主义行为或威胁。在两者之间取得平衡，需要得到我国政府最高级别文职官员的批准。

b. 军队拥有独特的技术人才和装备，能够快速有效地做出响应，以支持相关民政当局。根据政策规定，只有当超过联邦、州和地方机构的能力或资源范围并且危机仍未解决时，才可批准军事资源请求。

c. 军队将继续提供可靠、及时的面向民事当局的国防支持。此外，美国陆军在和平时期的灾难、国家安全紧急事件和特殊事件中支持民事当局的丰富经验加强了国土安全，美国陆军也因此处在了国内灾难响应的最前沿。军队的兵力投送能力旨在对全球需求做出快速、果断的响应，同时也能对发生在美国本土、领地和属地的国内事件做出快速响应。正确地使用军队来支持民事需求，是对军队的战斗和投送能力的补充，同时可以确保美国人民从他们对于军事的投入中获得最大的回报。

20-29. 参考文献

a. 出版物：

（1） 10 USC Sect. 331-335, Enforcement of the Laws to Restore Public Order.

（2） 10 USC Sect 372-380, Military Support for Civilian Law Enforcement Agencies.

（3） 18 USC Sect 1385, Use of Army and Air Force as Posse Comitatus (with revisions).

（4） 31 USC Sect 1535, Economy Act.

(5) ADRP 3-28 Defense Support to Civil Authorities, June, 2013.

(6) ATP 3-28.1 Multi-service Tactics, Techniques and Procedures for Defense Support of Civil Authorities (DSCA), September, 2015.

(7) CJCSI 3125.01D, Defense Support to CBRN Incidents in the Homeland, 7 May 2015.

(8) CJCSI 3710.01B, DOD Counterdrug Support, 26 Jan 2007.

(9) HSPD-7, Critical Infrastructure Identification, Prioritization and Protection, 2015.

(10) DODD 3020.40, Defense Critical Infrastructure Program (DCIP), 2012.

(11) DODD 2025.18, DSCA, w/Chg 1, September 2012.

(12) DODD 3025.21 Defense Support of Civil Law Enforcement Agencies, 27 February 2013.

(13) DOD Manual 3025.01, Volumes 1-3, Defense Support to Civil Authorities, 11 August 2016.

(14) FEMA Publication 1, April, 2016.

(15) JP 3-07.2, Antiterrorism, 2010.

(16) JP 3-26, Counterterrorism, 24 October, 2014.

(17) JP 3-27, Homeland Defense, 29 July 2013.

(18) JP 3-28, Defense Support to Civil Authorities, 31 July 2013.

(19) JP 3-41, CBRN Response, 9 September 2016.

(20) Mitigation Federal Interagency Operational Plan, Second Edition, August 2016.

(21) National Incident Management System (NIMS), October, 2017.

(22) Presidential Policy Directive 8 (PPD-8), National Preparedness, Mar 2011.

(23) Protection Federal Interagency Operational Plan, August 2016.

(24) Public Law 100-707, The Stafford Act (as amended August 2016) / 42 USC Sect. 5121).

(25) Public Law 104-201, Defense Against Weapons of Mass Destruction Act of 1996 (Nunn-Lugar-Domenici).

(26) Public Law 106-65, NDAA for FY 2000, Section 1023, Assistance to

Civil Authorities to Respond to Act or Threat of Terrorism.

(27) Public Law 107-56, The Patriot Act.

(28) Public Law 107-296, The Homeland Security Act of 2002.

(29) Recovery Federal Interagency Operational Plan, Second Edition, August 2016.

(30) Response Federal Interagency Operational Plan, Second Edition, August 2016.

b. 相关链接:

(1) https://www.fema.gov/mission-areas.

(2) https://www.fema.gov/federal-interagency-operational-plans.

(3) https://www.dhs.gov/presidential-policy-directive-8-national-preparedness.

(4) https://www.dhs.gov/sites/default/files/publications/20101013-dod-dhs-cyber-moa.pdf.

术语

分配（Allocation）：在相互竞争的需求之间分配有限的力量和资源。

预期（Anticipation）：能够预见事件和需求，并启动必要的行动，以最恰当地满足需求，而无需等待军事行动订单或零碎订单。

拨配（Apportionment）：从一般意义上讲，兵力和能力的分配是计划的出发点。

资产杠杆（Asset Leverage）：指在一个企业（合资企业）中，将政府资产与私营部门的知识、专长、权益与融资相结合，可为政府带来长期利益。

预算活动1（Budget Activity 1）：作战部队。

预算活动2（Budget Activity 2）：动员。

预算活动3（Budget Activity 3）：训练与征募。

预算活动4（Budget Activity 4）：管理与军种范围的项目。

预算授权（Budget Authority）：预算授权是一项合法划拨偿付专款的权利，这项偿付专款从美国财政部划拨，用以支付款项。预算授权不是"付现"。实际上，美国财政部仅会在一个机构（例如国防财务会计服务局）开出了美国财政部支票后才会支付现金，并以这笔支出的现金用于支付先前划拨的偿付专款。

能力发展者（Capability Developer）：在部队发展过程中，参与分析、确定、进行优先排序以及记录"条令、组织、训练、装备、领导、教育、人员、设施和政策"需求的人员。他们还负责在整个开发和生命周期过程中代表最终用户，并确保所有能够获得的能力都是已知的、可负担的、预算合理的，并且与同步部署和支持相一致。能力发展者是为"条令、组织、训练、装备、领导、教育、人员、设施和政策"作战需求的司令部或机构。缩写"CAPDEV"可以通用地表示用户和用户维护者在装备采办程序中的角色（与"MATDEV"装备发展者的常规使用相对应）。

能力发展者（Capability Developer）：在部队发展过程中，对条令、组织、训练、装备、领导、教育、人员、设施和政策影响的需求进行分析、确定、优先排序并记录。

资本规划和投资控制（Capital Planning and Investment Control）：资本规划和投资控制指的是信息资源投资的持续识别、选择、控制和评估的管理程序。该程序将预算制定和执行联系起来，并侧重机构任务以及实现特定的计划目标。

作战司令部（Combatant Command）：在单一指挥官领导下的负责许多连续性任务的联合或单一司令部，由总统通过国防部部长设立和指定，并得到参谋长联席会议主席的建议和协助。

作战指挥官（Combatant Commander）：总统设立的联合或单一作战司令部的指挥官，简称为CCDR。

通信（Communications）：《联合出版物》6.0将联合通信系统描述为由网络和服务组成的能够实现联合和多国能力的系统。联合通信系统的目标是：为指挥和控制联合部队司令部的军事行动提供协助。有效的指挥和控制对于适当整合和利用能力至关重要。陆战网络是陆军部总部的端到端通信系统，该系统为联合部队指挥官提供支持。国防部信息网络在概念上将国防部的信息系统和网络统一为一个实时信息系统，该系统为联合部队提供增强的信息能力。通信系统不仅只包含电子箱、电线和无线电信号，国防部信息网络也不仅仅是信息网络的集合。上述部分的相互依赖性以及这些系统的程序、政策和数据已经渗透到了日常生活以及作战准备和执行中。一个有效的通信系统有助于指挥官在关键时刻和关键地点保持全军团结，并运用部队的能力来实现战斗目标。

社区参与（Community Engagement）：在国内和军事行动中为军事和平民社区关系提供支持的公共事务活动。

国会拨款（Congressional Appropriation）：由国会通过并由总统签署的一项法律，为法律中规定的特定目的提供预算授权。《国防部年度拨款法案》（例如，公法第111-118号——《2015年国防部拨款法案》），在一段特定的时期内为许多拨款［例如，陆军作战与维持、军事人员、陆军（陆军军事人员）、陆军研究、发展、试验与鉴定以及陆军军事施工等］提供预算授权，以使陆军在执行国会和其他指导陆军行动的法律授权的程序时能够划拨合法的偿付专款。

国会授权（Congressional Authorization）：由国会通过并由总统签署的一项法律，该法律延续了联邦计划或建立了机构，并规定了该计划或机构必须遵守的指导方针。通常，在每个财政年度，国会都会通过一份《国防授权法案》（例如，公法第111-383号——《2015财政年度艾克·斯凯尔顿国防授权法案》）。该法案规定了可采购的物资、各军种可保有的人力资源水平以及可购买的武器数量和其他装备系统。该法案还对《美国法典》第10编进行了补充和修改。《美国法典》第10编与其他法律一起指导陆军的管理工作以及国防部的其他活动。授权法案并不提供从美国财政部提取资金来支付偿付专款的预算授权。

集装箱管理（Container Management）：建立和维护国防运输系统内所有货物集装箱的可视性和可问责性的过程。

连续性（Continuity）：在各个级别的战争中提供不间断的维持。

成本-收益分析（Cost-Benefit Analysis）：这是一种结构化的方法，用于预测和比较替代行动方案的预期成本和收益，以便确定实现既定目标的最佳解决方案。其目标是形成一个有力的价值主张，即一份明确的声明，用来证明收益相较于成本、风险和付款人是合理的。

网络空间作战（Cyberspace Operations）：网络空间作战包括网络空间进攻作战、网络空间防御作战和国防部信息网络作战。

陆军部总部（Department of the Army）：政府中陆军部的执行结构以及在陆军部部长控制或监督下的所有野战司令部、部队、预备役组成部队、军事设施、机构与职能等，简称DA。

部署命令（Deployment Order）：部署命令是由国防部部长发布的一项计划指令，由参谋长联席会议主席发布，内容为通过调任或挂职的方式授权并指导作战司令部之间进行兵力转移，简称DEPORD。

后勤指挥权（Directive Authority for Logistics）：为获得完成指定任务所需的尽可能多的共同保障能力，作战指挥官有权向下级联合部队指挥官的军种组成部队指挥官发出指令。

偿付（Disbursement）：美国政府对偿付专款的支付。

文档整合者（Document Integrator）：确保需求和授权文档符合批准的陆军兵力计划和相关要求、规划或计划的兵力结构行动以及记录程序。

节约（Economy）：以有效的方式提供维持资源，使指挥官能够最大限度地利用所有资产。

年终兵力（End Strength）：在财政年度的最后一天（9 月 30 日），国会所授权的陆军总人数，这通常在《国防授权法案》中提供。

财政年度（财年）（Fiscal Year）：财政年度是政府的会计周期。对于联邦政府而言，财政年度从 10 月 1 日开始，次年 9 月 30 日结束。财政年度以其结束时的日历年命名。例如，2015 财年始于 2014 年 10 月 1 日，结束于 2015 年 9 月 30 日。

兵力发展（Force Development）：在分配的资源范围内，确定陆军条令、领导发展、训练、组织、军人发展和物资需求，并将其转化为计划和结构，以完成陆军任务和职能的过程。

兵力整合（Force Integration）：对批准的兵力发展计划在资源限制内进行同步执行，以便对变革进行系统管理，包括：对陆军条令、组织和装备的引入、合并和维持；协调和整合作战和管理系统，共同提高陆军的效能和能力；了解和审议（执行过程中所采取的）决策和行动的潜在影响。

兵力整合官（Force Integrator）：负责进行资源配置、记录、部署和维持，以确保职能不同的组织条令、操作和技术层面上的整合的管理人员。负责大规模单位（如旅、团、团、师和军）的横向整合。

兵力管理（Force Management）：建立和部署任务就绪的陆军组织的顶层程序。这一程序涉及组织、整合、决策和执行一系列活动，包括需求确定、兵力发展、兵力整合、兵力结构安排、能力发展、装备发展、训练发展、资源配备以及陆军组织生命周期模型的所有要素。

兵力现代化（Force Modernization）：通过兵力发展和整合提高陆军部队效能和作战能力的程序。

兵力结构（Force Structure）：当前、规划中或计划中，被分配在平时和战时执行任务的全部陆军的人力和装备组成。

兵力结构限编制定额（Force Structure Allowance）：所有经修正的编制装备表中的单位和配备与装备数量表类型组织中包含的授权总员额。

《未来年份国防计划》（Future Years Defense Program）：经国防部长批准的国防部计划和财务计划。《未来年份国防计划》列出了 5 年周期内的成本数据、人力和兵力结构（兵力结构会额外列出 3 年），并通过主要兵力计划展示这些数据，用于针对计划和预算审查提交的国防部内部审查。每年它也与总统预算一起提供给国会。

随机应变（Improvisation）：维持行动适应影响任务的意外情况或环境的能力。

个人名册（Individuals Account）：该名册通常被称为"受训人员、临时人员、受控人员和学员"名册，由可以用于填充单位缺额的人员组成。个人名册分为六个子名册：受训人员、军官入伍学员、临时人员、受控人员、学员以及美国军事学院学员。

信息管理（Information Management）：信息在其整个生命周期中的规划、预算、操作和控制。

信息资源管理（Information Resource Management）：信息资源管理是指管理信息资源以完成机构任务的过程。该术语既包括信息本身，也包括相关资源，如人员、装备、资金和信息技术。

信息技术（Information Technology）：执行机构用于自动获取、存储、操作、管理、移动、控制、显示、切换、交换、传输或接收数据或信息的任何设备、互联系统或子系统。就上一句而言，执行机构使用该设备指的是执行机构直接使用该设备，或者是由承包商根据与执行机构的合同使用该设备。具体来说：1. 要求使用该设备；2. 要求在执行服务或升级产品时大量使用这种设备。术语"信息技术"包括计算机、辅助设备、软件、固件和类似程序、服务（包括支持服务）以及相关资源，不包括联邦合同附带的联邦承包商获得的任何设备，也不包括 1996 年《克林格-科恩法案》中定义的国家安全系统（《美国法典》第四十编第 1452 节）。

国家力量工具（Instruments of National Power）：政府在追求国家目标时可用的所有手段，用外交、经济、情报和军事方式表述。

整合（Integration）：在行动中整合所有的维持要素，确保指挥和工作的统一。

多式联运（Intermodal Operations）：利用多种方式（航空、海运、公路、铁路）和多种运输工具（卡车、驳船、集装箱、货盘），通过远征入境点和专门运输节点，网络运送兵力、补给和装备以维持陆军的过程。

内部信息（Internal Information）：军事组织面向内部人员的沟通，使内部人员了解组织的目标，并告知他们影响个人和组织的重大事态发展，提高他们作为组织代表的效力，并让他们了解组织中正在发生的事情。这一术语之前被称为司令部信息。

联合（Joint）：意指有一个以上军种参加的活动、行动、组织等。

联合作战计划（Joint Operation Planning）：计划与联合军事行动有关的活动，由作战指挥官及其下属的联合部队指挥官制定，以应对突发事件和危机。

联合作战计划和执行系统（Joint Operation Planning and Execution System）：一项自动适配计划和执行系统技术，简称 JOPES。

联合作战计划程序（Joint Operation Planning Process）：这是一个有序的分析程序，它由一组逻辑步骤组成，用于分析任务、选择最佳行动方案并制定联合作战计划或命令，简称 JOPP。

联合作战（Joint Operations）：由联合部队和那些特定指挥关系的军种部队开展的军事行动，它们本身并不建立联合部队。

联合参谋部（Joint Staff）：1. 联合或特种司令部、下属联合司令部、联合特遣部队或下属职能部门（当该职能部门司令部使用来自多个军种部队时）的指挥官的参谋机构，包括来自组成该部队的几个军种的成员。2. 参谋长联席会议主席的下属参谋机构，协助参谋长联席会议主席和其他成员履行职责。简称 JS。

联合战略能力计划（Joint Strategic Capabilities Plan）：该计划为作战指挥官和参谋长联席会议提供指导，以根据当前的军事能力完成任务。简称 JSCP。

联合战略规划系统（Joint Strategic Planning System）：参谋长联席会议主席与参谋长联席会议其他成员和作战指挥官协商，履行法定职责，协助总统和国防部部长向武装部队提供战略指导的主要手段之一。简称 JSPS。

联合特遣部队（Joint Task Force）：由国防部部长、作战指挥官、下属指挥官或现有联合特遣部队指挥官指定而组建的联合部队。简称 JTF。

陆战网络（Land War Net）：陆战网络是由陆军运作的国防部信息网络的一部分。陆战网络包含了一整套信息解决方案和相关程序，用于收集、处理、存储、传播和管理作战人员、政策制定者和保障人员所需的信息，而不论这些信息是互联的还是独立的。这些信息包括：自有和租赁的通信和计算系统和服务、软件（包括应用程序）、数据、安全服务、其他相关服务以及国家安全系统。

后勤（Logistics）：规划并执行军队调动和支援的活动。它包括军事行动的部分方面，涉及设计、开发、采办、储存、调动、分配、维护、疏散和处置物资；设施的购置或建造、维护、运营和处置；以及获取或提供服务。

军种部（Military Department）：根据1947年《国家安全法》设立的国防部内的几个部门之一，分别是陆军部、海军部和空军部。简称MILDEP。

装备发展者（Materiel Developer）：对正在开发或处于采办程序中的系统负责的研究、发展与采办司令部、机构或办公室。该术语通常可以用于指代装备采办程序中的研究、发展与采办界（与能力发展者的通常用法相同）。

装备发展（Materiel Development）：新装备系统的研发、生产和部署。

运输方式（Mode Operations）：使用各种运输工具（例如卡车、驳船、铁路和飞机）进行的运输货物的行动。

运输控制（Movement Control）：这是一个双重程序，用于根据司令部设定的优先等级来调配分配的运输资产并调节行踪，通过同时对陆、海、空交通线进行流量分配以支持陆军。

国家军事战略（National Military Strategy）：由参谋长联席会议主席批准的文件，用于分配和运用军事力量以实现国家安全战略和国防战略目标。简称NMS。

国家安全委员会（National Security Council）：专门为协助总统整合国家安全政策的所有领域而设计的一个政府机构。简称NSC。

国家安全战略（National Security Strategy）：一份由美国总统批准的文件，旨在发展、应用和协调国家力量以实现对国家安全有益的目标。简称NSS。

偿付专款（Obligation）：指法律上规定美国政府承担付款义务的任何行为。"偿付专款"这一概念对于政府中的资源管理至关重要。从"使美国政府担负付款义务"这一中心概念出发，引出了美国财政法以及法律规范的基础。在这一基础上，陆军必须作为美国政府的一部分进行运作。偿付专款的对象可能是承包商提供的服务、物资的采办（例如坦克）、建筑物的建设或维修，或者军人或文职人员的工资等。

作战兵力（Operating Strength）：可用来填充经修正的编制装备表中的单位以及配备与装备数量表组织中的员额的军人，有时被称为"可分配"存量人员。

编制整合官（Organization Integrator）：为各兵科或分支指派的领域专家，他们按兵科管理编制装备表或经修正的编制装备表，提供变革管理的操作视图；是指派单位的兵力核算、文档、资源配置和战备的协调负责单位；对文档进行资源控制；协调并建议批准或不批准所有兵科的具体行动和文档；就陆军部总部兵科的行动安排，为主管作战、民事与训练事务副参谋长和G-37兵力管理处提供建议；以及向规模更大的陆军部总部兵力管理程序提供处理路径。

支出（Outlays）：支出是政府在特定财政年度内实际支付的金额。

总体类别评级1（Overall Category Level 1）：该单位拥有所需的资源并已完成训练，能够完成预设的核心职能，或提供基本能力，或能够执行当前分配的任务。这种评级下，单位的资源和训练状况不会限制完成核心职能或分配任务的方法的灵活性，也不会增加单位人员和装备的脆弱性（该单位不要求对缺陷进行任何弥补）。

总体类别评级2（Overall Category Level 2）：该单位拥有所需的资源并已完成训练，能够完成绝大多数预设的核心职能，或提供基本能力，或能够执行当前绝大多数分配的任务。在此评级下，单位的资源和训练状况可能会导致完成核心职能或目前分配的任务的选择灵活性有所下降。但是，在大多数预想的作战情况下，这种状态不会增加单位的脆弱性。对于存在的缺陷，如果需要弥补，单位也只需要很少的弥补。

总体类别评级3（Overall Category Level 3）：该单位拥有所需的资源并已完成训练，能够完成大部分预设的核心职能，或提供基本能力，或能够执行当前大部分分配的任务，而不需要全部。在这一评级下，单位的资源和训练状况将导致完成核心职能或分配的任务的灵活性大大降低，并在许多（但不是所有）预想的作战情景下，增加部队的脆弱性。对于存在的缺陷，单位需要大量弥补。

总体类别评级4（Overall Category Level 4）：单位需要额外的资源或训练，以完成大部分预设的核心职能，或提供基本能力，或执行当前分配的任务。但是，该单位可能会被指示利用当前可用的资源来执行部分被指派的任务。

总体类别评级5（Overall Category Level 5）：单位正在进行陆军部总部

指挥的资源调整和陆军部总部指挥的计划的一部分，并且不需要做好完成预设的核心职能或提供基本能力的准备。单位需按照《陆军条例》220-1 第 4-8 段规定的政策和程序报告 C-5 评级。C-5 评级不适用于 A 评级报告。C-5 部队仅限于以下几种：正处于组建、撤编或改装或进行陆军部总部指挥的其他资源调整的单位；已达到授权的人员与装备编制水平，但是仍然无法达到 C-3 级或以上级别的单位；未编有人员或装备但在战时有需要的单位。

人事服务（Personnel Services）：为部队提供人员和资金，维持军人及其家属的战备状态，提升国家的道德和伦理价值观，并增强军队的战斗素质的维持职能。

港口开放（Port Opening）：建立、初步运营和促进卸货港吞吐量的能力，以支持联合地面作战。

计划目标备忘录（Program Objective Memorandum）：国防部各组件的计划目标备忘录是国防部内部计划程序的最终产品，显示了军事部门作出的资源分配决策，该决策根据《规划和计划指南》（国防部指令 7045.14）制定，是对该指南的回应。

公共事务（Public Affairs）：面向对国防部感兴趣的内外部公众的内部信息、公共信息和社区参与活动。

公共事务指南（Public Affairs Guidance）：与公共信息、司令部信息和社区关系活动有关的机构建立的约束和规则。其内容还可能涉及向公众发布信息的方法、时间、地点和其他细节。

公共信息（Public Information）：在公共事务中，具有军事性质、符合安全规定并被批准发布的信息。

战备评估评级 1（Readiness Assessment Level 1）：该评级意味着出现的问题和/或不足对战备和完成被指派任务的能力的影响微不足道。其中，任务是指兵力的全球部署和联合战略能力计划中命令的、以支持国家军事战略为目的的任务。

战备评估评级 2（Readiness Assessment Level 2）：该评级意味着出现的问题和/或不足对战备和完成被指派任务的能力存在的影响有限。

战备评估评级 3（Readiness Assessment Level 3）：该评级意味着问题和/或不足对战备和完成任务的能力的存在重大影响。

战备评估评级 4（Readiness Assessment Level 4）：该评级意味着出现的

问题和/或不足会妨碍被指派任务的完成。

资源管理（Resource Management）：资源管理是指对财务与其他资源的指示、指导以及控制。它涉及计划、预算、会计、报告、分析以及鉴定的运用。

响应性（Responsiveness）：对不断变化的需求做出响应，并满足维持支援能力的需求。

参谋协调官（Staff Synchronization Officer）：陆军主管兵力结构、资源与评估的陆军副参谋长协调参谋官负责联合能力整合与发展系统、兵力结构、国防采办系统、"计划、规划、预算和执行"程序和装备分配程序的同步，以为推荐可负担的装备现代化投资战略提供支持。该战略最佳地平衡了已批准的装备现代化需求和可用的财政资源，以开发、采购、部署和维持满足陆军战役计划指示的装备目标所需的装备能力。为此，协调参谋官是部队发展小组的成员，成员还包括：主管作战、民事与训练的副参谋长的需求参谋官；主管作战、计划和训练事务副参谋长的编制整合官；国民警卫局长和预备役长官的系统整合官；陆军部系统协调官；以及陆军采办支援中心（后勤管理学院）装备整合官。作为部队发展小组的成员，协调参谋官并不是采办系统或计划的倡导者，而是负责协助陆军部总部作出明智的决策，从而平衡已批准的装备现代化需求与可用的财政资源，对部队进行装备，以满足陆军执行《美国法典》第十编规定的任务的需求。

战略方向（Strategic Direction）：总统、国防部部长和参谋长联席会议主席向联合参谋部、作战司令部、各军种和作战支援机构提供战略指导的程序和产物。

战略（Strategy）：一种或一套谨慎的想法，用于以同步和综合的方式使用国家力量来实现战区、国家和/或跨国目标。

简单化（Simplicity）：将维持的复杂性降至最低的过程和程序。

维持（Sustainment）：提供必要的后勤、人事勤务和卫生勤务支持，以维持作战行动，直到任务得以顺利完成。

作战环境的持续准备（Sustainment Preparation of the Operational Environment）：为支持和延续指挥官的作战规划，分析作战环境中有优化效果或对友军有负面影响的基础设施、物理环境和资源。

维持作战职能（Sustainment Warfighting Function）：为确保行动自由、

扩大作战范围和延长作战时间而提供支援和服务的相关任务和系统。

系统整合官（System Integrator）：负责确定需求、确保作战和编制记录、协调、计划、计划部署，并为指定的职能领域或特定装备系统推荐资源配备优先级的协调人员。

战区关闭（Theater Closing）：从战区重新部署陆军兵力和装备，陆军非单位装备和物资的缩编、清除或处置，以及将物资和设施移交给东道国或民政当局的过程。

战区分配（Theater Distribution）：战区内满足作战指挥官任务需求的装备、人员和物资的流动。

战区开放（Theater Opening）：建立和运营卸货港（例如空中、海上和铁路）的能力，建立配送系统和维持基地的能力，以及为战区内部队的接收、集结、前进和整合提供港口吞吐量的能力。

总兵力（Total Strength）：在陆军中服现役的所有人员总数，包括单位与组织中的军人以及个人名册上的军人数量。

训练发展者（Training Developer）：负责确定某个系统的训练子系统的需求，并制定、发展和记录相关的训练概念、战略、计划和所需的训练支持的陆军机构。根据《陆军条例》71-9，训练发展者是能力发展者的子集，并包含在其中；同时在某系统的训练子系统的发展和采办期间充当用户代表。

训练发展（Training Development）：训练发展是一个程序，负责发展、整合、确定优先顺序、进行资源配置并提供陆军训练质量控制或质量保证以及教育概念、战略和产品，以支持陆军对现役陆军、预备役组成部队的军人、文职人员和跨机构、自我发展以及作战训练领域的单位的训练和教育。

联合司令部（Unified Command）：在单一司令部指挥下的具有广泛连续性任务的司令部，由总统在参谋长联席会议主席的建议和协助下，通过国防部部长指定而设立的，两个或两个以上军种部的重要指派组成部分组成，也被称为联合作战司令部。

联合指挥计划（Unified Command Plan）：由总统批准的文档，为所有联合作战指挥官提供基本指导；确定他们的任务、职责和兵力结构；划定战区作战指挥官的一般地理责任区域；并规定职能作战指挥官的职能责任。

术语表

A2R	Acquire to Retire	采办至退役
A2SF	Active Army Strength Forecaster	现役陆军兵力预测器
AA	Active Army	现役陆军
AAC	Army Acquisition Corps	陆军采办部队
AACMO	Army Acquisition Corps Management Office	陆军采办部队管理办公室
AAE	Army Acquisition Executive	陆军采办执行官
AAFES	Army and Air Force Exchange Service	陆、空军联合军人服务社
AAMMP	Active Army Military Manpower Program	现役陆军军事人力计划
AAO	Army Acquisition Objective	陆军采办目标
AAR	After Action Review	事后评估
AARTS	Army/American Council on Education Registry Transcript System	陆军/美国教育注册记录系统委员会
AASA	Administrative Assistant to the Secretary of the Army	陆军部部长的行政助理
ABC	Activity Based Costing	基于项目的成本计算法
ABC-C	Army Benefits Center-Civilian	陆军福利中心-文职人员
ABCTMP	Army Brigade Combat Team Modernization Program	陆军旅战斗队现代化计划
ABO	Army Budget Office	陆军预算办公室
AC	Advanced Course	高级课程
AC	Active Component	现役组成部队
ACAP	Army Career and Alumni Program	陆军职业与校友计划

续表

A2R	Acquire to Retire	采办至退役
ACAT	Army Acquisition Category	采办种类
ACC	Army Capstone Concept	陆军拱顶石概念
ACC	Army Competitive Category	陆军竞争性类别
ACC	Army Community Covenant	陆军社区公约
ACC	Army Contracting Command	陆军合同司令部
ACC	Army Corrections Command	陆军惩戒司令部
ACD	Accelerated Capabilities Division	加速能力处
ACE-IT	Army Corps of Engineers Information Technology	陆军工兵部队信息技术
ACES	Army Continuing Education System	陆军继续教育系统
ACF	Army Concept Framework	陆军概念框架
ACOE	Army Community of Excellence	陆军卓越社区
ACOM	Army Command	陆军司令部
ACP	Army Campaign Plan [The Army Plan (TAP), Part 5]	陆军战役计划（陆军计划第五部分）
ACP	Army Cost Position	陆军成本实况
ACR	Advanced Concepts and Requirements	高级概念与需求
ACR	Armored Cavalry Regiment	装甲骑兵团
ACRB	Army Cost Review Board	陆军成本审查委员会
AC / RC	Active / Reserve Component	陆军现役/预备役组成部队
ACS	Army Community Service	陆军社区服务
ACSIM	Assistant Chief of Staff for Installation Management	主管军事设施管理的助理参谋长
ACT	Army Career Tracker	陆军职业追踪装置
ACTEDS	Army Civilian Training, Education, and Development System	陆军文职人员训练、教育与发展系统
ADA	Air Defense Artillery	防空炮兵

续表

A2R	Acquire to Retire	采办至退役
ADA	Anti-Deficiency Act	《反超支法案》
ADCON	Administrative Control	行政控制
ADDIE	Analyze, Design, Develop, Implement and Evaluate	分析、设计、开发、实施和评估
ADL	Active Duty List	现役名册
ADM	Acquisition Decision Memorandum	采办决策备忘录
ADOS	Active Duty for Operational Support	现役作战支持
ADP	Army Doctrine Publication	陆军条令出版物
ADR	Alternative Dispute Resolution	替代性纠纷解决方式
ADRP	Army Doctrine Reference Publication	陆军条令参考出版物
ADS	Authoritative Data Source	权威数据源
ADSO	Active Duty Service Obligation	服现役义务
ADT	Academic Degree Training	学历训练
ADT	Active Duty for Training	现役训练
ADTLP	Army Doctrine and Training Literature Program	陆军条令与训练文献计划
ADVON	Advanced Echelon	前进梯队
AE	Active Enlisted	现役士兵
AEA	Army Enterprise Architecture	陆军体系架构
AECA	Arms Export Control Act	《武器出口控制法案》
AE2S	Army Equipping Enterprise System	陆军装备体系系统
AEF	American Expeditionary Force	美国远征部队
AEMS	Army Equipment Modernization Strategy	陆军装备现代化战略
AEP	Army Experimentation Plan	陆军实验计划
AEPI	Army Environmental Policy Institute	陆军环境政策研究所
AER	Academic Evaluation Report	学术评估报告
AESIP	Army Enterprise System Integration Program	陆军体系系统整合计划

续表

A2R	Acquire to Retire	采办至退役
AEWRS	Army Energy and Water Report System	陆军能源和水报告系统
AFAMC	Air Force Air Mobility Command	空军空中机动司令部
AFARS	Army Federal Acquisition Regulation Supplement	陆军国防联邦采办补充条例
AFC	Army Functional Concept	陆军职能概念
AFCS	Active Federal Commissioned Service	联邦政府现役军官职务
AFHC	Army Family Housing (Construction)	陆军家庭住房（建设）
AFHO	Army Family Housing (Operations)	陆军家庭住房（运作）
AFHSC	Armed Forces Health Surveillance Center	空军卫生监察中心
AFM	Army Flow Model	陆军流动模型
AFMS	Army Force Management School	陆军兵力管理学校
AFPD	Available Force Pool Date	兵力池可用日期
AFR	Agency Financial Report	机构财务报告
AFS	Active Federal Service	联邦现役服役
AFS	Army Facility Strategy	陆军设施战略
AFSB	Army Field Support Brigade	陆军野战支援旅
AFSC	Army Facilities Standardization Committee	陆军设施标准化委员会
AG-1 CP	Assistant G-1 for Civilian Personnel	负责文职人员人事的助理副参谋长
AGR	Active Guard Reserve	现役警卫队与预备役
AGTS	Advanced Gunnery Training System	高级射击训练系统
AHLTA	Armed Forces Healthcare Longitudinal Application	武装部队医疗保健纵向技术应用
AHS	U.S. Army Headquarters Services	陆军总部服务中心
AHS	Army Health System	陆军卫生系统
A&ID	Analysis and Integration Directorate	分析与整合处
AIM	Acquisition Information Management	采办信息管理

续表

A2R	Acquire to Retire	采办至退役
AIP	Assignment Incentive Pay	指派任务奖励金
AIS	Automated Information Systems	自动信息系统
AIT	Advanced Individual Training	高级单兵训练
AIT	Automatic Identification Technologies	自动识别技术
AJ	Administrative Judge	行政法官
AKEA	Army Knowledge Enterprise Architecture	陆军知识体系架构
AKO	Army Knowledge Online	陆军知识在线
ALC	Advanced Leaders Course	高级领导课程
ALCMC	Army Learning Content Management Capability	陆军课程内容管理能力
ALDS	Army Leader Development Strategy	陆军领导发展模型
ALM	Adult Learning Model / Army Learning Model	成人学习模型/陆军学习模型
ALMS	Army Learning Management System	陆军学习管理系统
ALO	Authorized Level of Organization	核定的编制水平
AM2020CP	Army Medicine 2020 Campaign Plan	陆军2020医务行动计划
AMA	Analysis of Materiel / Non-Materiel Approaches	装备/非装备方案分析
AMAG	Army Management Action Group	陆军管理行动小组
AMC	Army Materiel Command	陆军装备司令部
AMC	Air Mobility Command	空中机动司令部
AMCB	Army Marine Corps Board	陆军与海军陆战队委员会
AMC-MOPES	Army Materiel Command (AMC) Mobilization and Operation Planning and Execution System	陆军装备司令部动员、作战规划与执行系统
AMCOM	Aviation and Missile Command	航空与导弹司令部
AMCS	Army Mission Command System	陆军任务式指挥系统
AME	Assigned Mission Equipment	指派任务装备
AMEDD	Army Medical Department	陆军医务部组织
AMEDDC&S	Army Medical Department Center and School	陆军医务部中心与学校

续表

A2R	Acquire to Retire	采办至退役
AMET	Agency Mission-Essential Task	机构完成使命所需的基本任务
AMETL	Assigned Mission Essential Task List	指派的完成任务所需的基本训练科目表
MHA	Army Management Headquarters Activities	陆军管理总部活动
AMLE	Army Medical Logistics Enterprise	陆军医疗后勤体系
AMM	Assigned Mission Manning	指派任务人员配备
AMP	Army Modernization Plan	陆军现代化计划
AMRDEC	Aviation & Missile Research, Development, and Engineer Center	航空与导弹研究、发展与工程中心
AMRB	Army Mission Essential Task List (METL) Review Board	陆军完成任务所需的基本训练科目表审查委员会
AMRG	Army Marketing and Research Group	陆军营销与研究小组
AMS	Army Management Structure	陆军管理结构
AMS	Army Mobilization System (replaced AMOPES)	陆军动员系统（代替了陆军动员与作战计划实施系统）
AMSCO	Army Management Structure Code	陆军管理结构代码
AMSH	Army Medicine System for Health	陆军卫生医疗系统
AMSP	Advanced Military Studies Program	高级军事研究计划
AMT	Army Modernization Training	陆军现代化训练
ANAD	Anniston Army Depot	安尼斯顿陆军仓库
ANC	Arlington National Cemetery	阿灵顿国家公墓
ANC	Army Nurse Corps	陆军护理队
ANNPRO	Annual Program	年度计划
ANS	Activity, Nutrition and Sleep	营养与睡眠活动
AO	Active Officer	现役军官
AO	Area of Operation	行动领域
AO/AE	Active Officer / Active Enlisted	现役军官/现役士兵
AoA	Analysis of Alternatives	替代方案分析

续表

A2R	Acquire to Retire	采办至退役
AOC	Area of Concentration	集结区域
AOC	Army Operating Concept	陆军作战概念
AOCC	Analysis of Change Cell	变更分析单元
AODC	Action Officer Development Course	行动军官发展课程
AOI	Area of Interest	影响区域
AOLCM	Army Organizational Life Cycle Model	陆军组织生命周期模型
AOR	Area of Responsibility	责任领域
AOS	Army Organization Server	陆军组织服务器
APAC	U.S. Army Public Affairs Center	美国陆军公共事务中心
APB	Acquisition Program Baseline	采办计划基线
APD	Army Publishing Directorate	陆军出版局
APE	Army Program Elements	陆军计划要素
APEX	Adaptive Planning and Execution	自适应规划与执行
APF	Appropriated Fund	拨款资金
APFT	Army Physical Fitness Test	陆军体能测验
APGM	Army Program Guidance Memorandum [The Army Plan (TAP) Part 4]	陆军计划指南备忘录（陆军计划第四部分）
APLDF	Army Profession and Leader Development Forum	陆军职业和领导发展论坛
APOD	Aerial Port of Debarkation	卸货航空港
APG	Army Planning Guidance [The Army Plan (TAP) Part 3]	陆军规划指南（陆军计划第三部分）
APP	Army Protection Program	陆军防护计划
APP	Army Protective Posture	陆军防护态势
APPN	Appropriation	拨款
APR	Annual Performance Report	年度执行报告
APRB	Army Requirements Oversight Council (AROC) Process Review Board	陆军需求监督委员会程序审查委员会

续表

A2R	Acquire to Retire	采办至退役
APS	Army Posture Statement	陆军态势声明
APS	Army Pre-Positioned Stocks	陆军预置库存
APUC	Average Procurement Unit Cost	采购平均单位成本
AR	Army Regulation	正规陆军
AR2B	Army Requirements and Resourcing Board	陆军需求和资源配备委员
ARADS	Army Recruiting and Accession Data System	陆军征募与入伍数据系统
ARB	Army Resources Board	陆军资源委员会
ARBA	Army Review Boards Agency	陆军部审查委员会
ARCIC	Army Capabilities Integration Center	陆军能力整合中心
ARCOM	Army Reserve Command	陆军预备役司令部
ARDEC	U. S. Army Armament Research, Development and Engineering Center	美国陆军军械研究、发展和工程中心
AREF	Army Reserve Expeditionary Force	陆军预备役远征部队
AREP	Army Reserve Expeditionary Package	陆军预备役远征部队组合
ARFPC	Army Reserve Forces Policy Committee	陆军预备役部队政策委员会
ARL	Army Research Laboratory	陆军研究实验室
ARMS	Armament Retooling and Manufacturing Support Program	武器革新与制造支持计划
ARMS	Army Readiness Management System	陆军战备管理系统
ARNG	Army National Guard	陆军国民警卫队
AROC	Army Requirements Oversight Council	陆军需求监督委员会
ARPA	Advanced Research Projects Agency	高级研究计划局
ARPRINT	Army Program for Individual Training	陆军个人训练计划
ARSEC	Army Secretariat	陆军秘书处
ARSTAF	Army Staff	陆军参谋部
AR-STRAT	Army Strategic Command	陆军战略司令部

续表

A2R	Acquire to Retire	采办至退役
AR-STRUC	Army Structure	陆军结构
ARTCP	Army Reserve Transformation Campaign Plan	陆军预备役转型行动计划
ARTEP	Army Training and Evaluation Program	陆军训练和评估计划
AS	Acquisition Strategy	采办战略
ASA（ALT）	Assistant Secretary of the Army for Acquisition, Logistics, and Technology	主管采办、技术和后勤的陆军部助理部长
ASA（CW）	Assistant Secretary of the Army for Civil Works	主管土木工程的陆军部助理部长
ASA（FM&C）	Assistant Secretary of the Army for Financial Management and Comptroller	主管财务管理与审计的陆军部助理部长
ASA（IE&E）	Assistant Secretary of the Army for Installations, Energy and Environment	负责设施、能源和环境陆军部助理部长
ASA（M&RA）	Assistant Secretary of the Army for Manpower and Reserve Affairs	负责人力与预备役事务的陆军部助理部长
ASARC	Army Systems Acquisition Review Council	陆军系统采办审查委员会
ASAT	Automated Systems Approach to Training	训练自动化系统方案
ASB	Army Science Board	陆军科学委员会
ASB	Aviation Support Battalion	航空支援营
ASC	Acquisition Support Center	采办支持中心
ASC	Army Sustainment Command	陆军保障司令部
ASCC	Army Service Component Command	陆军军种组成部队司令部
ASD（HA）	Assistant Secretary of Defense (Health Affairs)	主管卫生事务的国防部助理部长
ASD（HD&ASA）	Assistant Secretary of Defense for Homeland Defense and America's Security Affairs	主管本土防御和美国安全事务的国防部助理部长
ASD（RA）	Assistant Secretary of Defense (Reserve Affairs)	主管预备役事务的国防部助理部长

续表

A2R	Acquire to Retire	采办至退役
ASD (SO/LIC)	Assistant Secretary of Defense for Special Operations/Low Intensity Conflict	主管特种作战和低强度冲突的助理国防部部长
ASD (PA)	Assistant Secretary of Defense (Public Affairs)	主管公共事务的国防部助理部长
ASI	Additional Skill Identifier	额外技能标识
ASIOEP	Associated Support Items of Equipment and Personnel	联合支援装备项目与人员
ASIP	Army Stationing and Installation Plan	陆军驻扎和军事设施计划
ASK	Assignment Satisfaction Key	指派满意度密钥
ASL	Authorized Stockage List	核定库存列表
ASLDP	Army Senior Leader Development Program	陆军高级领导发展计划
ASLSP	Advanced Strategic Leadership Studies Program	高级战略领导力研究计划
ASORTS	Army Status of Resources and Training System	陆军资源和训练情况系统
ASOS	Army Support to Other Services	陆军对其他军种的支援
ASP	Army Strategic Plan [The Army Plan (TAP) Part 2]	陆军战略计划（陆军计划第二部分）
ASRA	Army Strategic Readiness Assessment	陆军战略战备评估
AST	Army Test and Evaluation Command System Team	陆军试验与鉴定司令部系统小组
ASTAG	Army Science and Technology Advisory Group	陆军科学技术顾问组
ASTMP	Army Science and Technology Master Plan	陆军科技总计划
ASTWG	Army Science and Technology Working Group	陆军科学技术工作组
ASVAB	Armed Services Vocational Aptitude Battery	武装部队职业能力测验
ASV	Armored Security Vehicle	装甲安全车
AT	Annual Training	年度训练

续表

A2R	Acquire to Retire	采办至退役
AT&L	Acquisition, Technology, and Logistics	采办、技术与后勤
ATA	Additional Training Assembly	额外训练集合
ATC	Army Training Center	陆军训练中心
ATD	Advanced Technology Demonstration	先进技术验证
ATDC	Army Training Development Capability	陆军训练发展能力
ATEC	U.S. Army Test and Evaluation Command	陆军试验与鉴定司令部
ATED	Army Training and Education	陆军训练与教育
ATFP	Army Total Force Policy	陆军总体兵力政策
ATIA	Army Training Information Architecture	陆军训练信息架构
ATIS	Army Training Information System	陆军训练信息系统
ATLDC	Army Training and Leader Development Conference	陆军训练和领导人发展会议
ATLDP	Army Training and Leader Development Panel	陆军训练与领导发展小组决策
ATMC	Army Training Management Capability	陆军训练管理能力
ATN	Army Training Network	陆军训练网络
ATO	Army Technology Objectives	陆军技术目标
ATO (D)	Advance Technology Objectives (Demonstration)	高级技术目标(验证)
ATO (M)	Army Technology Objectives (Manufacturing Technology)	陆军技术目标(制造技术)
ATO (R)	Advance Technology Objectives (Research)	高级技术目标(研究)
ATRRS	Army Training Requirements and Resources System	陆军训练需求与资源系统
ATRM	Aviation Training Resource Model	航空训练资源模型
ATS	Army Training Strategy	陆军训练战略
ATSC	Army Training Support Center	陆军训练支持中心

续表

A2R	Acquire to Retire	采办至退役
ATTP	Army Tactics, Techniques and Procedures	陆军战术、技术与程序
AUGTDA	Augmentation Table of Distribution and Allowances	增强的配备与装备数量表
AUJTL	Army Universal Joint Task List	陆军通用联合任务列表
AUS/RA	Army of the U.S. / Regular Army	美国陆军/正规陆军
AUSA	Association of the U.S. Army	美国陆军协会
AUTH	Authorization	授权
AUTL	Army Universal Task List	陆军通用联合任务列表
AUTS	Automatic Update Transaction System	自动更新处理系统
AV	Army Vision [The Army Plan (TAP) Part 1]	陆军愿景（陆军计划第一部分）
AW	Asymmetric Warfare	非对称战争
AWCF	Army Working Capital Fund	陆军运作资金
AWE	Advanced Warfighting Experiment	先进作战实验
AWFC	Army Warfighting Challenge	陆军作战挑战
BA	Budget Activity	预算项目
BA	Budget Authority	预算授权
BAG	Budget Activity Group	预算项目组
BAH	Basic Allowance for Housing	住房基本补贴
BASOPS	Base Operations	基地运作
BBS	Brigade-Battalion Battle Simulation	旅-营战斗模拟
BC	Basic Course	基础课程
BCA	Budget Control Act	《预算控制法案》
BCP	Budget Change Proposal	预算变更提案
BCT	Basic Combat Training	基本战斗训练
BCT	Brigade Combat Team	旅战斗队
BCTP	Battle Command Training Program	作战指挥训练计划

续表

A2R	Acquire to Retire	采办至退役
BEA	Business Enterprise Architecture	业务体系架构
BES	Budget Estimate Submission	预算概算报告
BH	Behavioral Health	行为健康
BIDE	Basic Identity Data Elements	基本特性数据元件
BIDS	Biological Integrated Detection System	生物合成探测系统
BLCSE	Battle Lab Collaborative Simulation Environment	战斗实验室协作模拟环境
BLIN	Budget Line Item Number	预算册列项目编号
BLTM	Battalion Level Training Model	营级训练模型
BMC	Brigade Modernization Command	旅现代化司令部
BMDR	Ballistic Missile Defense Review	弹道导弹防御评估
BMIS-T	Battlefield Medical Information-Theater	战场医务信息-战区
BOD	Board of Directors	理事会
BOD	Broadcast Operations Detachment	广播行动特遣队
BOG	Boots on Ground	地面引导部队
BOIP	Basis of Issue Plan	拨发基数计划
BOIPFD	Basis of Issue Plan Feeder Data	拨发基数计划补给数据
BOLC	Basic Officer Leaders Course	初级军官领导课程
BOS	Base Operations Support	基地运作支持
BOS	Budget Operating Systems	预算运作系统
BOS	Business Operating System	业务运作系统
BPLAN	Base Plan	基本计划
BR	Budget Review	预算审查
BRAC	Base Realignment and Closure	基地改组与关闭
BRM	Base Operations Support (BOS) Requirements Model	基地运作支持需求模型

续表

A2R	Acquire to Retire	采办至退役
BRP	Budget Requirements & Programs	预算、需求与计划
BSA	Budget Sub-Activity	预算子项目
BSB	Brigade Support Battalion	旅支援营
BSI	Base Support Installation	基地支持军事设施
BT	Basic Training	基本训练
BTOE	Base Table of Organization and Equipment	基本编制装备表
BUR	Bottom Up Review	自下而上的审查
BY	Budget Fiscal Year	预算财政年度
C2	Command and Control	指挥和控制
C3I	Command, Control, Communications, and Intelligence	指挥、控制、通信与情报
C4	Command, Control, Communications, and Computers	指挥、控制、通信与计算机
C4IM	C4 and Information Management	指挥、控制、通信、计算机与信息管理
C4ISR	Command, Control, Communications, Computers, Intelligence, Surveillance, and Reconnaissance	指挥、控制、通信、计算机、情报、监视与侦察
CAA	U. S. Center for Army Analysis	美国陆军分析中心
CAC	Combined Arms Center	联合兵种中心
CAC	Common Access Card	通用访问卡
CAE	Component Acquisition Executive	组成部队采办执行官
CAIG	Cost Analysis Improvement Group	成本分析改进小组
CAIV	Cost as an Independent Variable	自变量成本
CALL	Center for Lessons Learned	经验习得中心
CAM	Combined Arms Maneuver	联合兵种演习
CAMS	Capabilities and Army Requirements Oversight Council (AROC) Management System	能力与陆军需求监督委员会管理系统

续表

A2R	Acquire to Retire	采办至退役
CAP	Crisis Action Planning	危机行动规划
CAP	Critical Acquisition Position	重要采办职位
CAPDEV	Capability Developer	能力发展者
CAPE	Cost Assessment and Performance Evaluation	成本分析与项目评估
CAR	Chief, Army Reserve	陆军预备役局长
CARD	Cost Analysis Requirements Description	成本分析需求说明
CARDS	Catalog of Approved Requirements Documents	批准的需求文档目录
CASCOM	Combined Arms Support Command	联合兵种支援司令部
CATS	Combined Arms Training Strategy	联合兵种训练战略
CBA	Cost-Benefit Analysis	成本-收益分析
CBARB	Cost-Benefit Analysis Review Board	成本-收益分析审查委员会
CBDRT	Chemical-Biological Defense Readiness Training	生化防御战备训练
CBIRF	Chemical Biological Incident Response Force (USMC)	生化事故响应部队
CBM	Condition Based Maintenance	基于状况的维修
CBRN	Chemical, Biological, Radiological, and Nuclear	化学、生物、放射、核
CBRNE	Chemical, Biological, Radiological, Nuclear, and High-Yield Explosives	化学、生物、放射、核与高当量爆炸物
CBS	Corps Battle Simulation	军战斗模拟
CBV	Capability-Based Volunteer	基于能力的志愿者
CBTDEV	Combat Developer	战斗发展者
CBWTU	Community-Based Warrior Transition Unit	基于社区的战士过渡单位
CCA	Clinger-Cohen Act	《克林格-卡亨法案》
CCC	Captains Career Course	上尉专业课程

续表

A2R	Acquire to Retire	采办至退役
CCC	Combat Casualty Care	战斗伤员救护
CCAD	Corpus Christi Army Depot	科珀斯·克里斯蒂陆军仓库
CCDR	Combatant Commander	作战指挥官
CCDOR	Combatant Commander's Daily Operational Requirements	作战指挥官日常作战要求
CCJO	Capstone Concept for Joint Operations	联合作战拱顶石概念
CCMD	Combatant Command (Organization)	作战司令部（编制）
CCP	Concept Capability Plan	概念能力计划
CCTT	Close Combat Tactical Trainer	近战战术训练仪
CD&E	Concept Development and Experimentation	概念发展与实验
CDA	Capability Demand Analysis	能力需求分析
CDD	Capability Development Document	能力发展文档
CDID	Capability Development Integration Directorate	能力发展与整合处
CDLD	Concept Development and Learning Directorate	概念发展与学习处
CDO	Chief Data Officer	首席数据官
CDO	Civil Disturbance Operations	民事骚乱行动
CDPL	Command Designated Positional List	指挥指定职位列表
CDR	Critical Design Review	关键设计审查
CDRT	Capability Development for Rapid Transition	旨在快速过渡对能力发展
CDTM	Capability Development Tracking and Management	能力发展追踪与管理
CE	Continuous Evaluation	连续评估
CECOM	Communications–Electronics Command Life Cycle Management Command (LCMC)	通信电子司令部（生命周期管理司令部）
CEF	Contingency Expeditionary Force	应急远征部队

续表

A2R	Acquire to Retire	采办至退役
CER	Cost Estimating Relationship	成本估算关系
CERFP	Chemical, Biological, Radiological, Nuclear, and High-Yield Explosives (CBRNE) Enhanced Response Force Package	化学、生物、放射、核和高当量爆炸物强化响应部队综合方案
CES	Civilian Education System	文职人员教育系统
CESL	Continuing Education for Senior Leaders	高层领导继续教育
CEW	Civilian Expeditionary Workforce	文职远征工作人员
CF	Conventional Force	常规部队
CFLCC	Coalition Forces Land Component Command	联合兵力地面组成部队司令部
CFMO	Construction and Facility Management Officer	建筑和军事设施管理官员
CFO	Chief Financial Officer	首席财务官
CFR	Code of Federal Regulations	联邦法规法典
CFSC	Community and Family Support Center	社区与家庭支援中心
CG	Commanding General	司令官/将官
CG CAP	Coast Guard Capabilities Plan	海岸警卫队能力计划
CGA	Capabilities Gap Assessment	能力缺口评估
CGSOC	Command and General Staff Officer Course	指挥与参谋军官课程
CHESS	Computers, Hardware, and Enterprise Software Services	计算机、硬件、企业软件服务
CHR	Civilian Human Resource	文职人力资源
CHRA	U.S. Army Civilian Human Resources Agency	美国陆军文职人力资源局
CHRTAS	Civilian Human Resource Training Application System	文职人员人力资源训练应用系统
CIA	Central Intelligence Agency	中央情报局
CIC	Critical Intelligence Category	重要情报类别
C-IED	Counter-Improvised Explosive Devise	反简易爆炸装置
CIO	Chief Information Officer	首席信息官

续表

A2R	Acquire to Retire	采办至退役
CIP	Contract in Process	履行中的合同
CIPMS	Civilian Intelligence Personnel Management System	文职人员情报人员管理系统
CIPPS	Civilian Integration into the Personnel Proponent System	文职人员纳入人事倡议系统
CIS	Comptroller Information System	审计信息系统
CJA	Comprehensive Joint Assessment	综合联合评估
CJCS	Chairman of the Joint Chiefs of Staff	参谋长联席会议主席
CJCSI	Chairman of the Joint Chiefs of Staff Instruction	参谋长联席会议主席指令
CJCSM	Chairman of the Joint Chiefs of Staff Memorandum	参谋长联席会议主席备忘录
C&L	Capabilities and Limitations	能力和局限性
CLO	Consolidated Legal Office	综合法律办公室
CLS	Common Levels of Support	通用支持级别
CLS SSP	Common Levels of Support (CLS) Service Support Program (SSP)	通用支持水平服役支持计划
C-MNS	Combat-Mission Need Statement	战斗任务需求报表
CM	Current Month	当前月份
CM	Command Manager	司令部主管
CM	Consequence Management	后果管理
CM	Cost Management	成本管理
CMA	Chemical Materials Agency	化学材料机构
CMEP	Civil-Military Emergency Planning	军民应急规划
CMETL	Core Mission Essential Task List	核心的完成任务所需的基本训练科目表
CMF	Career Management Field	职业管理领域

续表

A2R	Acquire to Retire	采办至退役
CM (FS)	Command Manager (Force Structure)	司令部主管（兵力结构）
CMH	U.S. Army Center of Military History	美国陆军军事历史中心
CMICS	Civilian Manpower Integrated Costing System	文职人力综合成本计算系统
CMO	Chief Management Officer	首席管理官
CNA	Capability Needs Analysis	能力需求分析
CNGB	Chief, National Guard Bureau	国民警卫局局长
COA	Course of Action	行动过程
COCOM	Combatant Command (Command Authority)	作战司令部（指挥授权）
CoC	Council of Colonels	上校委员会
CoE	Center of Excellence	卓越中心
COE	Chief of Engineers	工兵主任
COE	Contemporary Operational Environment	当代作战环境
COFT	Conduct of Fire Trainer	射击训练装置
COG	Continuity of Government	政府连续性
COIC	Critical Operational Issues and Criteria	关键作战问题和标准
COIN	Counterinsurgency	反暴乱
COIST	Company Intelligence Support Team	连级情报支援小组
COL	Colonel	上校
COLS	Common Output Level Standards	通用输出水平标准
COMCAM	Combat Camera	战斗摄像
COMPASS	Computerized Movement Planning and Status System	计算机化的机动计划和状态系统
COMPO	Component	组成（构成联合部队的下属组织之一）
CONARC	Continental Army Command	大陆陆军司令部
CONOPS	Concept of Operations	作战概念
CONPLAN	Concept Plan	概念计划

续表

A2R	Acquire to Retire	采办至退役
CONPLAN	Contingency Plan	应急计划
CONUS	Continental U. S.	美国本土
CONUSA	Continental U. S. Army	美国大陆陆军
COOP	Continuity of Operations / Continuity of Operations Plan	作战连续性/作战连续性计划
CORTRAIN	Corps and Division Training Coordination Program	军与师训练协调计划
COTS	Commercial Off The Shelf	军商通用
CP	Change Proposals	变更提案
CPA	Chairman's Program Assessment	主席计划评估
CPA	Chief of Public Affairs	公共事务主管
CPAC	Civilian Personnel Advisory Center	文职人员人事咨询中心
CPD	Capability Production Document	能力生成文档
CPD	Competitive Professional Development	竞争性职业发展
CPI	Critical Program Information	关键计划信息
CPIM	Capital Planning and Investment Management	资本规划和投资管理
CPLAN	Command Plan	司令部计划
CPMD	Command Provost Marshal Directorate	司令部宪兵处
CPOL	Civilian Personnel Online Library	文职人员人事在线图书馆
CPP	Cost & Performance Portal	成本与绩效门户网站
CPPP	Caregiving Personnel Pay Program	护理人员薪酬计划
CPR	Chairman's Program Recommendation	主席的方案建议
CPR	Capability Portfolio Review	能力组合审查
CPX	Command Post Exercise	司令部演习
CRA	Chairman's Risk Assessment	主席风险评估
CRA	Continuing Resolution Authority	连续审批权

续表

A2R	Acquire to Retire	采办至退役
CRB	Cost Review Board	成本审查委员会
CRC	Continental U.S. (CONUS) Replacement Center	美国本土补充中心
CREL	Cultural, Regional and Language	文化、地域和语言
CREST	Contingency Real Estate Support Teams	应急不动产支援小组
CRM	Composite Risk Management	综合风险管理
CrM	Crisis Response Management	危机响应管理
CROWS	Common Remote Operated Weapons System	通用远程操控武器系统
CRS	Chairman's Readiness System	主席战备系统
CRXXI	Classroom Twenty One	21世纪教室
C/S/A	Combatant Command, Service and Combat Support Agency (CSA)	作战司令部、军种和作战支援部
CS	Civil Support	民事支援
CS	Combat Support	作战支援
CSA	Chief of Staff, U.S. Army	美国陆军参谋长
CSA	Combat Support Agency	作战支援机构
CSB	Configuration Steering Board	配置指导委员会
CSB	Continental U.S. (CONUS) Support Base	美国本土支援基地
CSDJF	Chairman's Strategic Direction to the Joint Force	联合部队主席战略方向
CSL	Centralized Selection List	集中选拔列表
CSLMO	Civilian Senior Leader Management Office	文职人员高级领导管理办公室
CSM	Command Sergeant Major	指挥军士长
CSM	Capability Set Management	能力集管理
CSRA	Civil Service Reform Act	《文职人员改革法案》
CSS	Combat Service Support	战斗勤务支援
CSSB	Combat Sustainment Support Battalion	作战维持支援营
CST	Civil Support Team	民事支援小组

续表

A2R	Acquire to Retire	采办至退役
CSTC	Combat Support Training Center	作战支援训练中心
CSTX	Combat Support Training Exercise	作战支援训练演习
CTC	Combat Training Center	作战训练中心
CTE	Critical Technology Element	关键技术要素
CTE	Culminating Training Event	顶点训练活动
CTS	Contingency Tracking System	紧急事件跟踪系统
CTT	Collective Training Task	集体训练任务
CUSR	Commander's Unit Status Report	指挥官单位状况报告
CWMD	Counter Weapons of Mass Destruction (WMD)	打击大规模杀伤性武器
CWT	Civilian Workforce Transformation	文职人员人力转换
CXO	Chief Integration Officer	首席整合官
CY	Calendar Year	日历年度
CYPPP	Child and Youth Personnel Pay Program	儿童与青少年薪酬计划
DA	Department of the Army	陆军部
DA PAM	Department of the Army Pamphlet	《陆军部手册》
DAB	Defense Acquisition Board	国防采办委员会
DAB	Director of the Army Budget	陆军预算处处长
DAC	Department of the Army Civilian	陆军部文职人员
DACIL	Department of the Army Critical Items List	陆军部关键产品清单
DACM	Director, Acquisition Career Management	陆军采办职业管理处处长
DAE	Defense Acquisition Executive	国防采办执行官
DAES	Defense Acquisition Executive Summary	国防采办执行官综合报告
DAGO	Department of the Army General Order	陆军部通令
DAGR	Defense Advanced Global Positioning System (GPS) Receiver	国防高级全球定位系统 接收器
DALSO	Department of the Army Logistics Support Officer	陆军部后勤支援军官

续表

A2R	Acquire to Retire	采办至退役
DAMPS	Department of the Army Mobilization Processing System	陆军部动员处理系统
DANTES	Defense Activity for Non-Traditional Education Support	国防部非传统教育保障机构
DAO	Defense Accounting Office	国防会计办公室
DARNG	Director, Army National Guard	陆军国民警卫局局长
DARPA	Defense Advanced Research Projects Agency	国防高级研究计划局
DARPL	Dynamic Army Resourcing Priority List	陆军资源分配优先顺序动态列表
DAS	Defense Acquisition System	国防采办系统
DAS	Director of the Army Staff	陆军参谋部主任
DASA	Deputy Assistant Secretary of the Army	陆军部助理部长帮办
DASA(C&E)	Deputy Assistant Secretary of the Army for Cost and Economics	主管成本与经济的陆军部助理部长帮办
DASA(DE&C)	Deputy Assistant Secretary of the Army for Defense Exports and Cooperation	主管国防出口与合作的陆军部助理部长帮办
DASA(DL)	Deputy Assistant Secretary of the Army for Diversity and Leadership	主管多样化与领导的陆军部助理部长帮办
DASA(E&S)	Deputy Assistant Secretary of the Army for Energy and Sustainability	主管能源和可持续发展的陆军部助理部长帮办
DASA(ESOH)	Deputy Assistant Secretary of the Army for Environment, Safety and Occupational Health	主管环境、安全和职业健康的陆军部助理部长帮办
DASA(FO)	Deputy Assistant Secretary of the Army for Financial Operations	主管财务的陆军部助理部长帮办
DASA(IH&P)	Deputy Assistant Secretary of the Army for Installations, Housing and Partnerships	主管军事设施、住房和合作关系的陆军部助理部长帮办
DASA(R&T)	Deputy Assistant Secretary of the Army for Research and Technology	主管研究与技术的陆军部助理部长帮办
DASA(SI)	Deputy Assistant Secretary of the Army for Strategic Integration	主管战略整合的陆军部助理部长帮办
DASC	Department of the Army System Coordinator	陆军部系统协调官
DASD(CPP)	Deputy Under Secretary of Defense for Civilian Personnel Policy	主管文职人事政策的助理国防部部长帮办

续表

A2R	Acquire to Retire	采办至退役
DASD（IP）	Deputy Assistant Secretary of Defense for Industrial Policy	主管产业政策的助理国防部部长帮办
DAU	Defense Acquisition University	国防采办大学
DAWIA	Defense Acquisition Workforce Improvement Act	《国防采办人才队伍提升法案》
DBS	Defense Business System	国防业务系统
DBSMC	Defense Business System (DBS) Management Council	国防业务系统管理委员会
DC	Dental Corps	牙医队
DCE	Defense Coordinating Element	国防协调分队
DCG/CofS	Deputy Commanding General / Chief of Staff	副司令/参谋长
DCI	Director, Central Intelligence	中央情报局局长
DICR	Doctrine, Organization, Training, Materiel, Leadership and Education, Personnel, Facilities and Policy (DOTMLPF-P) Integrated Change Recommendation	"条令、组织、训练、装备、领导、教育、人员、设施和政策"一体化改革建议
DCIPS	Defense Casualty Information Processing System	国防伤亡信息处理系统
DCIPS	Defense Civilian Intelligence Personnel System	国防文职情报人事系统
DCLM	Department of Command, Leadership and Management	指挥、领导与管理部
DCMA	Defense Contract Management Agency	国防合同管理机构
DCO	Defense Coordinating Officer	国防协调官
DCPAS	Defense Civilian Personnel Advisory Services	国防文职人员人事咨询中心
DCPDS	Defense Civilian Personnel Data System	国防文职人员人事数据系统
DCR	Doctrine, Organization, Training, Materiel, Leadership and Education, Personnel, Facilities and Policy (DOTMLPF-P) Change Recommendation	"条令、组织、训练、装备、领导、教育、人员、设施和政策"改革建议

续表

A2R	Acquire to Retire	采办至退役
DCS	Deputy Chief of Staff	副参谋长
DCSOPS	Deputy Chief of Staff, Operations	主管作战的副参谋长
DCU	Defense Coordinating Unit	国防协调单位
DD	Department of Defense (Form)	国防部
DDASS	Department of Defense Support to Civil Authorities, Automated Support System	面向民政当局的国防支持，自动支援系统
DDFP	Deputy Director, Force Protection	部队防护处副处长
DDN	Defense Data Network	国防数据网
DDR	Deputy Director Requirement	需求处副处长
DDS	Dynamic Distribution System	动态分配系统
DDOT	Deputy Director of Training	训练处副处长
DDTC	Deployed Digital Training Campus	部署数字训练校园
DEA	Drug Enforcement Administration	药品管理局
DEF	Deployment Expeditionary Force	部署远征部队
DELDP	Defense Executive Leadership Development Program	国防行政领导发展计划
DENCOM	Dental Command	牙医司令部
DENTAC	Dental Activity	牙科活动
DEOMI	Defense Equal Opportunity Management Institute	国防均等机会管理研究所
DEPORD	Deployment Order	部署命令
DEPSEC-DEF	Deputy Secretary of Defense	国防部常务副部长
DEROS	Date Eligible to Return from Overseas	可从海外返回的日期
DES	Directorate of Emergency Services	紧急事务处
DEST	Domestic Emergency Support Team (FBI)	国内应急支援小组（联邦调查局）
DET	Displaced Equipment Training	移动装置训练

续表

A2R	Acquire to Retire	采办至退役
DFARS	Defense Federal Acquisition Regulation Supplement	《国防联邦采办补充条例》
DFAS	Defense Finance and Accounting Service	国防财务会计服务局
DFAS-IN	Defense Finance and Accounting Service-Indiana	国防财务会计服务局-印第安纳
DFCU	Defense Planning & Coordination Unit	国防规划与协调单位
DFM	Director of Force Management	兵力管理处处长
DFMWR	Directorate of Family, Morale, Welfare & Recreation	家庭、士气、福利与娱乐处
DG	Defense Guidance	《国防指南》
DHHS	Department of Health and Human Services	卫生与公众服务部
DHP	Defense Health Program	国防卫生计划
DHR	Directorate of Human Resources	人力资源处处长
DHS	Director of Health Services	卫生局局长
DHS	Department of Homeland Security	国土安全部
DI	Document Integrator	文档整合者
DIA	Defense Intelligence Agency	国防情报局
DIEMS	Date Initially Entered Military Service	首次服兵役日期
DIRLAUTH	Direct Authority	指挥当局
DISA	Defense Information Systems Agency	国防信息系统局
DISES	Defense Intelligence Senior Executive Service	国防情报高级行政服务机构/行政官
DISL	Defense Intelligence Senior Level	高级国防情报
DJI	Director of Joint & Integration (Force Development Directorate)	联合与整合处（兵力发展处）
DKO	Defense Knowledge Online	国防知识在线
dL	Distance Learning	远程学习

续表

A2R	Acquire to Retire	采办至退役
dLC	Distance Learning Classrooms	远程学习教室
dLS	Distance Learning System	远程学习系统
DL	Distributed Learning	分布式学习
DLA	Defense Logistics Agency	国防后勤局
DLE	Defense Liaison Element	国防联络分队
DLEA	Drug Law Enforcement Agency	毒品执法局
DLMP	Doctrine and Literature Master Plan	条令与文献处理计划
DLS	Distributed Learning System	分布式学习系统
DMA	Defense Media Activity	国防媒体机构
DMAG	Deputy's Management Action Group	副职管理行动小组
DMAT	Disaster Medical Assistance Team	救灾医疗援助小组
DMC	Distribution Management Center	分配管理中心
DMETL	Directed Mission Essential Task List	指定的完成任务所需的基本训练科目表
DML/DMSL	Distribution Management Level / Sub-Level	分配管理级别/子级别
DMLSS	Defense Medical Logistics Standard Support	国防医疗后勤标准支援
DMO	Directed Military Overstrength	直接军事人员超额
DMORT	Disaster Mortuary Operational Response Team	灾难丧葬作业响应小组
DMP	Director of Manpower and Personnel	人力和人事处处长
DMSS	Defense Medical Surveillance System	国防医疗监视系统
DMSSC	Defense Medical Systems Support Center	国防医疗系统支持中心
DOC	Department of Commerce	商务部
DOC DEV	Document Developer	文档制定者
DOD	Department of Defense	国防部
DOD（B）	Department of Defense Budget	国防部预算
DODD	Department of Defense Directive	国防部指示

续表

A2R	Acquire to Retire	采办至退役
DODI	Department of Defense Instruction	国防部指令
DOD IRD	Department of Defense Investigations and Resolutions Division	国防部调查与决议科
DOE	Department of Energy	能源部
DOJ	Department of Justice	司法部
DOL	Directorate of Logistics	后勤处
DOM	Director of Materiel (Force Development Directorate)	物资管理处（兵力发展处）
DOPMA	Defense Officer Personnel Management Act	《国防军官人事管理法案》
DOR	Director of Resources (Force Development Directorate)	资源管理处（兵力发展处）
DOS	Department of State	国务院
DOT	Department of Transportation	运输部
DOT	Director of Training	训练处处长
D, OT&E	Director, Operational Test and Evaluation	作战试验与鉴定处处长
DOTmLPF-P	Doctrine, Organization, Training, Leadership and Education, Personnel, Facilities and Policy (Non-Materiel)	条令、组织、训练、领导、教育、人员、设施和政策（无装备）
DOTMLPF-P	Doctrine, Organization, Training, Materiel, Leadership and Education, Personnel, Facilities and Policy	条令、组织、训练、装备、领导、教育、人员、设施和政策
DPAE	Director of Program Analysis and Evaluation	计划分析和评估处处长
DPAS	Defense Priorities and Allocations System	国防部优先等级与分配系统
DPC	Defense Planning and Coordination	国防规划与协调
DPCU	Defense Planning and Coordination Unit	国防规划与协调单位
DPD	Defense Programming Database	国防计划数据库
DPG	Defense Planning Guidance	《国防计划指南》
DPP	Dedicated Procurement Program	指定物资采购计划

续表

A2R	Acquire to Retire	采办至退役
DPS	Defense Planning Scenarios	《国防规划方案》
DPTMS	Directorate of Plans, Training, Mobilization and Security	计划、训练、动员和保密处
DPW	Directorate of Public Works	公共事务处
DRB	Defense Resources Board	国防资源委员会
DRF	Disaster Relief Fund	救灾资金
DRMO	Defense Reutilization and Marketing Office	国防资源再利用和营销办公室
DRRS	Defense Readiness Reporting System	国防战备报告系统
DRRS-A	Defense Readiness Reporting System-Army	陆军国防战备报告系统
DRU	Direct Reporting Unit	直接报告单位
DS	Direct Support	直接支持
DSAT	Department of Homeland Security (DHS) Situational Awareness Team	国土安全部态势感知小组
DSCA	Defense Security Cooperation Agency	国防安全合作局
DSCA	Defense Support of Civil Authorities	民政当局的国防支持
DSG	Defense Strategic Guidance	《国防战略指南》
DSLDP	Defense Senior Leader Management Program	国防高级领导管理计划
DSMC	Defense Systems Management College	国防部系统管理学院
DSR	Defense Strategy Review [previously Quadrennial Defense Review (QDR)]	国防战略审查（曾为四年国防评估报告）
DST	Decision Support Tool	决策支持工具
DT	Developmental Test	研发试验
DTAC	Digitized Training Access Center	数字化训练软件中心
DTF	Digital Training Facility	数字训练设施
DTG	Date Time Group	日时组
DTMS	Digital Training Management System	数字化训练管理系统
DTOE	Draft Table of Organization and Equipment	编制装备表草案
DTOS	Deployable Tracking Operations System	可部署跟踪行动系统

续表

A2R	Acquire to Retire	采办至退役
DTR	Defense Transportation Regulation	《国防运输条例》
DTRA	Defense Threat Reduction Agency	国防威胁消减局
DTS	Defense Transportation System	国防运输系统
DTT	Doctrine and Tactics Training	条令及战术训练
DUSD (AS&C)	Deputy Under Secretary of Defense (Advanced Systems and Concepts)	主管高级系统与概念的助理国防部部长帮办
DUSD (AT&L)	Under Secretary of Defense (Acquisition, Technology and Logistics)	主管采办、技术与后勤的国防部副部长
DUSD (S&T)	Deputy Undersecretary of Defense (Science and Technology)	主管科学与技术的助理国防部部长帮办
DVIDS	Defense Video and Imagery Distribution System	国防视频与图像分发系统
E2E	End to End	端到端
EA	Economic Analysis	经济分析
EAB	Echelons Above Brigade	旅以上梯队
EB	Executive Board	执行委员会
EBIS	Employee Benefits Information System	雇员福利信息系统
ECAS	Environmental Compliance Assessment System	环境达标评估系统
ECC	Expeditionary Contracting Command	远征合同司令部
ECG	Enduring Constitutional Government	持久的宪政
ECOP	Equipping Common Operating Picture	装备通用作战图像
ECP	Engineering Change Proposal	工程变更提案
ECQ	Executive Core Qualifications	执行官核心资格
EDA	Excess Defense Articles	超额国防物资
EDAS	Enlisted Distribution and Assignment System	士兵分配和指派系统
EDATE	Effective Date	生效日期
EDM	Engineering Development Model	工程发展模型
EDTM	Enlisted Distribution Target Model	士兵分配目标模型

续表

A2R	Acquire to Retire	采办至退役
EE	Equipping [Program Evaluation Group (PEG)]	装备计划评估小组
E-E	Emergency Essential	应急要素
EEO	Equal Employment Office	均等就业办公室
EEO	Equal Employment Opportunity	均等就业机会
EEOC	Equal Employment Opportunity Commission	均等就业机会委员会
EEOCCR	Equal Employment Opportunity Compliance and Complaints Review	均等就业机会履行与投诉审查
EES	Enlisted Evaluation System	士兵评估系统
EFD	Enterprise Funds Distribution	体系资金分配
EFMP	Exceptional Family Member Program	特殊家庭成员计划
EG	Enlisted Grade	士兵等级
EIS	Enterprise Information System	体系信息系统
EIS	Enterprise Infrastructure Services	体系基础结构服务程序
EITF	Energy Initiatives Task Force	能源倡议特遣队
EL	Environmental Liability	环境责任
ELC	Executive Leaders Course	行政领导课程
EMAC	Emergency Management Assistance Compact	紧急行动管理援助
EMD	Engineering and Manufacturing Development	工程与制造发展
eMILPO	Electronic Military Personnel Office	军事人事电子办公室
EMP	Emergency Management Program	应急管理计划
EMS	Emergency Medical Services	紧急医疗服务
EO	Equal Opportunity	均等机会
EO	Executive Order	（美国总统的）行政命令
EOA	Equal Opportunity Advisor	均等机会顾问
EOC	State Emergency Operation Center	州应急行动中心
EOD	Explosive Ordinance Disposal	爆炸物处理
EOL	Equal Opportunity Leader	均等机会领导

续表

A2R	Acquire to Retire	采办至退役
EOPM	Equal Opportunity Program Manager	均等机会计划主管
EOR	Element of Resource	资源要素
EO WH	Executive Office White House	白宫行政办公室
EPAERT	Environmental Protection Agency Environmental Response Team	环境保护局环境响应小组
EPLO	Emergency Preparedness Liaison Officer	应急战备联络员
EPMD	Enlisted Personnel Management Directorate	士兵人事管理局
EPMS	Enlisted Personnel Management System	士兵人事管理系统
EPMS-AR	Enlisted Personnel Management System-Army Reserve	士兵人事管理系统-陆军预备役
EPP	Enhanced Planning Process	加强的计划程序
EPP	Extended Planning Period	延长的规划期
EPW	Enemy Prisoners of War	敌方战俘
EQ4	Equip the Force (AE2S)	装备部队（陆军装备体系系统）
ERB	Executive Resources Board	执行资源委员
ERC	Equipment Readiness Code	装备战备识别码
ERDC	U.S. Army Engineer Research and Development Center	美国陆军工程研究与发展中心
ERGO	Environmental Review Guide for Operations	运营环境审查指南
ERP	Enterprise Resource Planning	体系资源规划
ERT	Evidence Response Team (FBI)	证据响应小组（联邦调查局）
ES	Embedded Simulation	嵌入式模拟
ES	End Strength	年终兵力
ES	Enlisted Specialty	技术专长士兵
ESC	Expeditionary Sustainment Command	远征保障司令部
ESD	Equipment Sourcing Document	装备采购文档
ESF	Emergency Support Function	紧急支援职能

续表

A2R	Acquire to Retire	采办至退役
ESGR	National Committee for Employer Support of the Guard and Reserve	雇主支持国民警卫队与预备役部队国家委员会
ESLRG	Expanded Senior Review Group	高级领导审查扩大小组
ESP	Executive and Senior Professional	执行官与高级专业人
ETC	Exportable Training Capability	可输出训练能力
ETS	Expiration of Term of Service	服役期满
ETM	Enterprise Talent Management	系统人才管理
EUCOM	U.S. European Command	美国欧洲司令部
EUSA	Eighth U.S. Army	美国第8集团军
EW	Electronic Warfare	电子战
EXEC	Execution	执行
EXCOM	Executive Committee	执行委员会
EXORD	Execute Order	行政命令
F2025&B	Force 2025 & Beyond	"2025未来部队"战略
FA	Functional Area	职能领域
FA-TRAC	Foreign Army Training Assistance Command	外国陆军训练援助司令部
FAA	Final Agency Action	最终决定
FAA	Functional Area Analysis	职能领域分析
FAD	Final Agency Decision	最终机构裁决
FAD	Fund Authorization Document	资金授权文档
FADM	Force Allocation Decision Model	兵力分配决策模型
FAR	Federal Acquisition Regulation	《联邦采办条例》
FASCLASS	Fully Automated System for Classification	全自动化分类系统
FbA	Formation-Based Assessment	基于结构的评估
FBI	Federal Bureau of Investigation	联邦调查局
FC	Foundation Course	基础课程
FCB	Functional Capabilities Board	职能能力委员会

续表

A2R	Acquire to Retire	采办至退役
FCCE	Flood Control and Coastal Emergencies	防洪和沿海紧急情况
FCO	Federal Coordinating Officer	联邦协调官
FDA	Food and Drug Administration	食品和药物管理局
FDD	Force Design Division	兵力设计处
FDIIS	Force Development Investment Information System（AE2S）	兵力发展投资信息系统（陆军装备体系统）
FDO	Flexible Deterrent Option	柔性威慑选择权
FDTE	Force Development Tests and Experimentation	兵力发展测试和试验
FDU	Force Design Update	兵力设计现代化
FEA	Front End Analysis	前端评估
FECA	Federal Employees Compensation Act	《联邦雇员赔偿法》
FEMA	Federal Emergency Management Agency	联邦应急事务管理局
FFC	Fact Finding Conference	事实调查会
FFE	Field Force Engineering	野战工程部队
FFMIA	Federal Financial Management Improvement Act	《联邦财务管理提升法案》
FFR	Force Feasibility Review	兵力可行性审查
FG	Fiscal Guidance	财政指导
FHP	Force Health Protection	部队卫生保护
FI	Force Integrator	兵力整合官
FIFA	Force Integration Functional Area	兵力整合职能领域
FIRST	Federal Incident Response Support Team	联邦事故响应支援小组
FIS	Facility Investment Strategy	设备投资战略
FLRA	Federal Labor Relations Authority	联邦劳动关系局
FM	Field Manual	《野战手册》
FM	Force Management	兵力管理
FMCS	Federal Mediation and Conciliation Service	联邦调停机构

续表

A2R	Acquire to Retire	采办至退役
FMFIA	Federal Manager's Financial Integrity Act	《联邦管理人员财务完整性法案》
FMR	Financial Management Regulation Table	财务管理规定表
FMR	Force Management Review	兵力管理审查
FMR	Full Materiel Release	完全装备发放
FMS	Force Management System	兵力管理系统
FMS	Foreign Military Sales	对外军售
FMSWeb	Force Management System (FMS) Web	陆军兵力管理系统网
FMT	Foreign Military Training	对外军事训练
FMWR	Family and Morale, Welfare and Recreation	家庭、士气、福利与文化娱乐
FMWRC	Family and Morale, Welfare and Recreation Command	家庭、士气、福利与文化娱乐司令部
FNA	Functional Needs Analysis	职能需求分析
FOA	Field Operating Agency	野外作业机构
FOA	Forward Operational Assessment	前方作战评估
FOC	Full Operational Capability	全面作战能力
FOIA	Freedom of Information Act	《信息自由法》
FORM-DEPS	Forces Command Mobilization and Deployment Planning System	部队司令部动员与部署计划系统
FORSCOM	U.S. Army Forces Command	美国陆军部队司令部
FoS	Family of Systems	系统系列
FOT&E	Follow-on Operational Test and Evaluation	后续作战试验与鉴定
FOUO	For Official Use Only	仅限官方使用
FP	Force Protection	部队防护
FPMS	Flood Plain Management Services Program	泛滥平原管理服务计划
FPPM	Functional Proponent for Preventive Medicine	预防医学职能倡议者
FR	Functional Review	职能审查
FRC	Federal Resource Coordinator	联邦资源协调官

续表

A2R	Acquire to Retire	采办至退役
FRP	Full Rate Production	大批量生产
FS	Force Structure	兵力结构
FSA	Force Structure Allowance	兵力结构限编制定额
FSA	Functional Solution Analysis	职能解决方案分析
FSBP	First Sergeant's Barracks Program	二级军士长兵营计划
FSIP	Federal Service Impasses Panel	联邦机构僵局处理小组
FSM	Facility Sustainment Model	设施维持模型
FTN	Force Tracking Number	兵力跟踪编号
FTS	Full Time Support	全时支援
FTSTDA	Full Time Support Table of Distribution and Allowances	全时支援配备与装备数量表
FTX	Field Training Exercises	野战演习
FUDS	Formerly Used Defense Site	先前使用过的防卫场所
FUE	First Unit Equipped	首批装备部队
FWS	Federal Wage System	联邦工资体系
FY	Fiscal Year	财政年度
FYDP	Future Years Defense Program	《未来年份国防计划》
G-3/7 FM	G-37 Force Management	G-37兵力管理处
GAO	Government Accountability Office	政府问责办公室
GAR	Governor's Authorized Representative	州长授权代表
GC	General Counsel	法律总顾问
GC	Garrison Commander	警备区司令部
GCC	Geographic Combat Command	地理作战司令部
GCCS	Global Command and Control System	全球指挥与控制系统
GCMCA	General Court Martial Convening Authority	最高军事法庭会议召集机构
GCSS-A (F/T)	Global Combat Service Support System Army (Field/Tactical)	全球作战支援系统-陆军（野战/战术）

续表

A2R	Acquire to Retire	采办至退役
GCV	Ground Combat Vehicle	地面战斗车辆
GDF	Guidance for Development of the Force	《兵力使用指南》
GDPRS	Global Defense Posture Realignment Strategy	全球国防态势重组战略
GDPS	Global Defense Posture Strategy	全球国防态势战略
GEF	Guidance for Employment of the Force	《兵力使用指南》
GF	Generating Force	生成部队
GFEBS	General Fund Enterprise Business System	通用资金体系业务管理系统
GFM	Global Force Management	全球兵力管理
GFMAP	Global Force Management Allocation Plan	全球兵力管理分配计划
GFMB	Global Force Management Board	全球兵力管理委员会
GFM DI	Global Force Management Data Initiative	全球兵力管理数据计划
GFMIG	Global Force Management Implementation Guidance	全球兵力管理实施指南
GFT	Games for Training	训练演习
GIE	Global Information Environment	全球信息环境
GIG	Global Information Grid	全球信息网
GINA	Genetic Information Nondiscrimination Act	《反基因歧视法案》
GIWW	Gulf Intracoastal Waterway	墨西哥湾沿岸水道
GMRA	Government Management Reform Act	《政府管理改革法案》
GO	General Officer	将官
GO	General Order	通令
GOSC	General Officer Steering Committee	将官指导委员会
GPF	General Purpose Forces	通用部队
GPP	Graduate Placement Program	毕业生部署计划
GPRA	Government Performance and Results Act	《政府绩效与结果法案》
GRD	Grade	等级
GRF	Global Response Force	全球响应部队

续表

A2R	Acquire to Retire	采办至退役
GS	General Schedule	总计划表
GSA	General Services Administration	总务管理局
GSORTS	Global Status of Resources and Training System	全球资源与训练状态系统
HA	Humanitarian Assistance	人道主义援助
HAAP	Homebase / Advanced Assignment Program	总部/高级指派计划
HASC	House Armed Services Committee	众议院武装部队委员会
HCM	Human Capital Management	人力资源管理
HD	Homeland Defense	本土防御
HEAT	High-Mobility Multipurpose Wheeled Vehicle (HMMWV) Egress Assistance Trainer	高机动多功能轮式车辆 进出训练装置
HEPLO	Headquarters Emergency Preparedness Liaison Officer	总部应急战备联络员
HFEA	Human Factors Engineering Analysis	人因工程分析
HHA	Health Hazard Assessment	健康风险评估
HHC/HHD	Headquarters and Headquarters Company/Headquarters and Headquarters Detachment	司令部及司令部连/司令部与司令部支队
HHS	Health and Human Services	卫生与公众服务
HIV	Human Immunodeficiency Virus	人类免疫缺陷病毒
HLT	Hurricane Liaison Team	飓风联络小组
HMRU	Hazardous Material Response Unit (FBI)	有害物质响应单位（联邦调查局）
HN	Host Nation	东道国
HNS	Host Nation Support	东道国支持
HP&RR	Health Promotion & Risk Reduction	健康促进与风险缩减
HQ	Headquarters	总部
HQDA	Headquarters, Department of the Army	陆军部总部

续表

A2R	Acquire to Retire	采办至退役
HQE	Highly Qualified Expert	高级专家
HQIM-COM	Headquarters, Installation Management Command	军事设施管理司令部总部
HR	Human Resources	人力资源
HRC	Human Resources Command	人力资源司令部
HRCoE	Health Readiness Center of Excellence	卫生战备卓越中心
HRC-STL	Human Resources Command-St Louis	人力资源司令部-圣路易斯
HRD	Human Resources Development	人力资源发展
HRF	Homeland Response Force	国土响应部队
HRM	Human Resource Management	人力资源管理
HRT	Hostage Rescue Team（FBI）	人质救援小组
HS	Homeland Security	国土安全
HSC	Homeland Security Council	国土安全委员会
HSDRRS	Hurricane and Storm Damage Risk Reduction System	飓风和风暴损害降低风险系统
HSI	Human Systems Integration	人与系统整合
HSPD	Homeland Security Presidential Directive	国土安全总统指令
HSS	Health Service Support	卫生服务支持
HTAR	How The Army Runs	陆军的运行
IA	Individual Account	个人名册
IA	Individual Augmentation	人员扩编
IA	Information Assurance	信息保障/信息安全
IADT	Initial Active Duty for Training	首次现役训练
IAEMP	Interagency Emergency Management Program	机构间应急管理计划
IAPM	Information Assurance Program Manager	信息保障计划主管
IAW	In Accordance With	根据
IC	Incident Commander	突发事件指挥

续表

A2R	Acquire to Retire	采办至退役
IC	Intermediate Course	中级课程
ICAF	Industrial College of the Armed Forces	武装部队工业学院
ICD	Initial Capabilities Document	初始能力文档
ICDT	Integrated Capabilities Development Team	综合能力发展小组
ICE	Independent Life-Cycle Cost Estimate	独立生命周期成本估算
ICO	Installation Contractor Office	军事设施承包商办公室
ICP	Inventory Control Point	物资库存控制站
ICPA	Injury Compensation Program Administrator	伤员补偿计划管理员
ICS	Incident Command System	突发事件指挥系统
ICT	Integrated Concept Team	一体化概念小组
ICW	In Coordination With	协同
ICW	In Compliance With	依照
IDP	Individual Development Plan	个人发展计划
IDT	Inactive Duty Training	非现役任务训练
IE	Integration Evaluation	综合评估
IEMP	Integrated Emergency Management Plan	一体化应急管理计划
IET	Initial Entry Training	首次入伍训练
IG	Inspector General	监察长
IGI&S	Installation Geospatial Information & Services	军事设施地理空间信息和服务
IGO	Intergovernmental Organization	政府间组织
IGSA	Intergovernmental Support Agreement	政府间支持协议
II	Installations [Program Evaluation Group (PEG)]	军事设施计划评估小组
IIQ	Initial Issue Quantity	初始拨发数量
ILE	Intermediate Level Education	中级教育
ILO	In Lieu Of	代替

续表

A2R	Acquire to Retire	采办至退役
ILS	Integrated Logistics Support	综合后勤支持
ILSM	Integrated Logistic Support Manager	综合后勤支持主管
IM	Information Management	信息管理
IMA	Individual Mobilization Augmentee	单兵动员增援人员
IMA	Installation Management Agency	军事设施管理机构
IMAT	Incident Management Assistance Team	突发事件管理协助小组
IMBOD	Installation Management Board of Directors	军事设施管理委员会
IMC	Installation Management Community	军事设施管理社区
IMCOM	U. S. Army Installation Management Command	美国陆军军事设施管理司令部
IMD	Integrated Missile Defense	一体化导弹防御系统
IMET	International Military Education and Training	国际军事教育与训练
IMI	Interactive Multimedia Instruction	交互式多媒体教育
IMO	Information Management Office	信息管理官
IMRD	Intelligence Resource Management Decision	情报资源管理决定
IMS	Integrated Management System	一体化管理系统
IMS	International Military Student	国际军事学生
IMT	Initial Military Training	首次军事训练
INFOSEC	Information Security	信息安全
ING	Inactive National Guard	非现役国民警卫队
INSCOM	U. S. Army Intelligence and Security Command	美国陆军情报与安全司令部
IOC	Initial Operational Capability	初始作战能力
IOT	Initial Operational Test	初始作战试验
IOTE	Initial Operational Testing and Evaluation	初始作战试验与鉴定
IP	Individual Permit	单个许可
IP	Installation Preparedness	军事设施战备
IP	Issue Paper	问题文件

续表

A2R	Acquire to Retire	采办至退役
IPA	Integrated Program Assessment	综合计划评估
IPL	Integrated Priority List	综合优先列表
IPMO	Intelligence Personnel Management Office	情报人员管理办公室
IPM	Industrial Preparedness Measure	工业战备措施
IPP	Industrial Preparedness Planning	工业战备规划
IPPL	Industrial Preparedness Planning	工业战备规划
IPR	In-Process Review	过程中审查
IPR-A	In-Process Review-Strategic Guidance	过程中审查-战略指南
IPR-C	In-Process Review-Concept Development	过程中审查-概念发展
IPR-F	In-Process Review-Plan Approval	过程中审查-计划批准
IPRG	Intelligence Program Review Group	情报计划审查小组
IPR-R	In-Process Review-Plan Assessment	过程中审查-计划评估
IPS	Integrated Product Support	综合产品支持
IPT	Integrated Process Team	一体化程序小组
IPT	Integrated Product Team	一体化产品小组
IR	Integration Rehearsal	非正规预演
IR	Irregular Warfare	非常规战争
IRACO	Internal Review and Audit Compliance Office	内部审查与审计合规办公室
IR&D	Independent Research and Development	独立研究与发展
IRD	Investigation and Resolutions Division	调查与决议科
IRR	Individual Ready Reserve	单个待命预备役
ISC	Integrated Security Campaign	整体安全构想
ISEW	Intelligence, Security and Electronic Warfare	情报、安全和电子战
ISMA	Installation Support Management Activity	军事设施支持管理机构
ISO	Installation Safety Office	军事设施安全办公室
ISP	Information Support Plan	信息支援计划

续表

A2R	Acquire to Retire	采办至退役
ISR	Installation Status Report	军事设施状态报告
ISR	Intelligence, Surveillance and Reconnaissance	情报、监视与侦察
IT	Information Technology	信息技术
ITA	U.S. Army Information Technology Agency	美国陆军信息技术局
ITAB	Information Technology Acquisition Board	信息技术采办委员会
ITAEDP	Integrated Total Army Equipment Distribution Program	一体化总体陆军装备分配计划
ITAPBD	Integrated Total Army Personnel Data Base	一体化总体陆军人事数据库
ITAM	Integrated Training Area Management	综合训练区管理
ITD	Individual Training Directorate	单兵训练处
ITE	Integrated Training Environment	一体化训练环境
ITMRA	Information Technology Management Reform Act of 1996	1996年《信息技术管理改革法案》
ITP	Individual Training Plan	个人训练计划
ITR	Individual Training Record	个人训练记录
ITRM	Individual Training Resource Module	个人训练资源模块
ITTP	Institutional Training Technology Program	院校训练技术计划
ITV	In-Transit Visibility	在运（物资）可见性
IW	Irregular Warfare	非常规战争
IWR	Institute for Water Resources	水资源研究所
JAGC	Judge Advocate General's Corps	军法部门
JBIG	Joint Base Implementation Guidance	联合基地实施指南
JC	Joint Concept	联合概念
JCA	Joint Capability Area	联合能力区域
JCB	Joint Capabilities Board	联合能力委员会
JCCA	Joint Combat Capability Assessment	联合作战能力评估

续表

A2R	Acquire to Retire	采办至退役
JCCAG	Joint Combat Capability Assessment Group	联合作战能力评估小组
JCCA-PA	Joint Combat Capability Assessment-Plan Assessment	联合作战能力评估-计划评估
JCD	Joint Capabilities Document	联合能力文档
JCD&E	Joint Concept Development and Experimentation	联合概念发展与实验
JCIDS	Joint Capabilities Integration and Development System	联合能力整合与发展系统
JCLL	Joint Center for Lessons Learned	经验总结联合中心
JCRM	Joint Capabilities Requirements Manager	联合能力需求管理者
JCS	Joint Chiefs of Staff	联合参谋部
JCTD	Joint Capabilities Technology Demonstration	联合能力技术验证
JDOMS	Joint Directorate of Military Support	联合军事支援处
JEON	Joint Emerging Operation Need	联合应急作战需求
JFC	Joint Force Commander	联合部队指挥官
JFCC ISR	Joint Functional Component Command for Intelligence, Surveillance and Reconnaissance (ISR)	情报、监视与侦察联合职能组成司令部
JFHQ-NCR	Joint Force Headquarters-National Capital Region	联合部队总部-国家首都区
JFHQ-State	Joint Forces Headquarters-State	联合部队总部-州
JFLCC	Joint Forces Land Component Command	联合兵力地面组成部队司令部
JFO	Joint Field Office (FBI)	联合战地办公室（联邦调查局）
JFP	Joint Force Provider	联合兵力提供者
JFM	Joint Force Manager	联合兵力管理者
JFRR	Joint Force Readiness Review	联合兵力战备审查

续表

A2R	Acquire to Retire	采办至退役
JFSC	Joint Forces Staff College	联合部队参谋学院
JIA	Joint Individual Augmentee	联合部队扩编人员
JIC	Joint Information Center	联合信息中心
JIEDDO	Joint Improvised Explosive Devices Defeat Organization	简易爆炸装置联合打击组织
JIIM	Joint, Interagency, Intergovernmental and Multinational	联合、跨机构、跨政府和多国
JLTV	Joint Light Tactical Vehicle	联合轻型战术轮车
JMC	Joint Munitions Command	联合弹药司令部
JMD	Joint Manning Document	联合人员配备文档
JMET	Joint Mission Essential Task	联合的完成使命所需的基本任务
JMETL	Joint Mission Essential Task List	联合的完成任务所需的基本训练科目表
JM&L	Joint Munitions and Lethality [Life Cycle Management Command (LCMC)]	联合弹药与杀伤力司令部（生命周期管理司令部）
JMRC	Joint Multinational Readiness Center	联合多国战备中心
JC	Joint Concepts	联合概念
JCB	Joint Capabilities Board	联合能力委员会
JOA	Joint Operations Area	联合行动区域
JOC	Joint Operations Center	联合作战概念
JOE	Joint Operating Environment	联合作战环境
JOIN	Joint Optical Information System	联合光学信息系统
JOPES	Joint Operations Planning and Execution System	联合作战计划与执行系统
JOPP	Joint Operation Planning Process	联合作战计划程序
JP	Joint Publication	联合出版物
JPAC	Joint Planning Augmentation Cell	联合规划增援小组

续表

A2R	Acquire to Retire	采办至退役
JPEC	Joint Planning and Execution Community	联合计划制定和执行单位
JRAC	Joint Rapid Acquisition Cell	联合快速采办小组
JROC	Joint Requirements Oversight Council	联合需求监督委员会
JROCM	Joint Requirements Oversight Council Memorandum	联合需求监督委员会备忘录
JROTC	Junior Reserve Officer Training Corps	高级预备役军官训练队
JRTC	Joint Readiness Training Center	联合战备训练中心
JS	Joint Staff	联合参谋部
JSCP	Joint Strategic Capabilities Plan	联合战略能力计划
JSD	Joint Staffing Designator	联合监管编号
JSO	Joint Specialty Officer	联合特种军官
JSOTF	Joint Special Operations Task Force	联合特种作战特遣部队
JSPS	Joint Strategic Planning System	联合战略规划系统
JSR	Joint Strategy Review	联合战略审查
JTA/JTD	Joint Table of Authorizations / Joint Table of Distribution	联合装备表/联合编配表
JTAPIC	Joint Trauma Analysis and Prevention of Injury in Combat Program	联合创伤分析与战伤预防计划
JTC	Joint Commission	联合委员会
JTF	Joint Task Force	联合特遣部队
JTF-CS	Joint Task Force-Civil Support	联合特遣部队-民事支援
JTF-N	Joint Task Force-North	联合特遣部队-北方
JTF-PO	Joint Task Force-Port Opening	联合特遣部队-港口行动
JTRS	Joint Tactical Radio System	联合战术无线电系统
JULLS	Joint Utilization Lesson Learned System	联合利用经验习得系统
JUON	Joint Urgent Operational Need	联合紧急作战需求
JWE	Joint Warfighting Experiment	联合作战实验

续表

A2R	Acquire to Retire	采办至退役
JWSTAP	Joint Weapon Safety Technical Advisory Panel	联合武器安全技术咨询专家小组
KD	Key Developmental	重要研发活动
KFL	Key Facilities List	关键设施清单
KM/DS	Knowledge Management/Decision Support	知识管理/决策支持
KPP	Key Performance Parameter	关键性能参数
KSA	Key System Attribute	关键系统属性
LAD	Latest Arrival Date	最迟抵达日期
LAN	Local Area Network	局域网
LAP	Logistics Assistance Program	后勤援助计划
LCMC	Life Cycle Management Command	生命周期管理司令部
LCSP	Life Cycle Sustainment Plan	生命周期维持计划
LEA	Law Enforcement Agency	执法局
LEAD	Letterkenny Army Depot	莱特肯尼陆军仓库
LFA	Lead Federal Agency	牵头联邦机构
LFT	Live First Testing	实弹射击试验
LFT&E	Live Fire Test and Evaluation	实弹试验与鉴定
LHWCA	Longshore and Harbor Workers Compensation Act	《海岸和港口工人补偿法案》
LIA	Logistics Innovation Agency	后勤创新局
LIC	Language Identification Code	语言标识代码
LIN	Line Item Number	行项目编号
LIO	Limited Intervention Operations	有限干预行动
LIRA	Long-Range Investment Requirements Analysis	长期投资需求分析
LIW	Logistics Information Warehouse	后勤信息仓库
LMER	Labor and Management Employee Relations	"劳-资-雇员"关系
LMI	Lead Materiel Integrator	主要装备整合官

续表

A2R	Acquire to Retire	采办至退役
LMI	Logistics Management Information	后勤管理信息
LMP	Logistics Management Program	后勤管理计划
LOB	Lines of Business	业务领域
LOC	Lines of Communication	交通线
LOD	Line of Duty	军职
LOE	Line of Effort	行动线
LOGCAP	Logistics Civil Augmentation Program	后勤民事扩编计划
LOGSA	Logistics Support Activity	后勤支援项目
LOGSACS	Logistics Structure and Composition System	后勤结构与组成系统
LOI	Letter of Instruction	训令
LOO	Line of Operation	作战方案
LRIP	Low Rate Initial Production	小批量试生产
LTC	Lieutenant Colonel	中校
LVC	Live, Virtual, Constructive	实战、虚拟和想定
LVCG	Live, Virtual, Constructive and Gaming	实战、虚拟、想定与演习
LWN	LandWarNet	陆战网络
M&S	Modeling and Simulation	建模与模拟
M2PR	Monthly Military Personnel Review	月度军事人员审查
MA	Mission Assurance	任务确认
MA	Mortuary Affairs	殡葬事务
MACA	Military Assistance to Civil Authorities	面向民事当局的军事支援
MACDIS	Military Assistance for Civil Disturbance	对民事骚乱的军事支援
MACOM	Major Army Command	主要陆军司令部
MAIS	Major Automated Information System	主要自动化信息系统
MAISRC	Major Automated Information System Review Council	大型自动化信息系统审查委员会

续表

A2R	Acquire to Retire	采办至退役
MANPRINT	Manpower and Personnel Integration	人力与人事整合
MARC	Manpower Requirements Criteria	人力需求标准
MAST	Military Assistance to Safety and Traffic	安全与交通军事援助
MATDEV	Materiel Developer	装备发展者
MBI	Major Budget Issue	重大预算问题
MC	Medical Corps	医疗队
MC	Mission Command	任务式指挥
MC4	Medical Communications for Combat Casualty Care	战斗伤员救护医疗通信
MCA	Military Construction, Army	陆军军事建设
MCAR	Military Construction, Army Reserve	陆军预备役部队军事建设
MCASP	Mission Command Art and Sciences Program	任务式指挥艺术与科学计划
MCCP	Marine Corps Capabilities Plan	海军陆战队能力计划
MCD	Materiel Capabilities Document	装备能力文档
MCNG	Military Construction, Army National Guard	陆军国民警卫队军事建设
MCO	Major Combat Operations	主要作战行动
MCS	Managed Care Support	管理的护理支援
MCTP	Mission Command Training Program	任务指挥训练计划
MCTSP	Mission Command Training Support Program	任务式指挥训练支持计划
MCU	Multiple Component Unit	多组成部队单位
MDA	Missile Defense Agency	导弹防御局
MDA	Milestone Decision Authority	重大决策机构
MDAP	Major Defense Acquisition Program	主要国防采办计划
MDC	Manager Development Course	管理人员发展课程
MDD	Materiel Development Decision	装备发展决策
MDEP	Management Decision Execution Package	管理决策执行一揽子措施

续表

A2R	Acquire to Retire	采办至退役
MDLC	Mobile Distributed Learning Center	分布式学习机动中心
MDR	Milestone Decision Review	重大决策审查
MDW	Military District of Washington	华盛顿军区
ME	Materiel Enterprise	装备体系
MEDCEN	Medical Center	医疗中心
MEDCOM	Medical Command	医务司令部
MEDDAC	Medical Department Activity	医疗机构
MEDLOG	Medical Logistics	医疗后勤
MEO	Military Equal Opportunity	军事均等机会
MEPCOM	Military Entrance Processing Command	入伍处理司令部
MEPS	Military Entrance Processing Station	入伍处理站
MER	Manpower Estimate Report	人力预估报告
MER	Mission Essential Requirements	任务基本需求
MERS	Mobile Emergency Response Support	机动应急响应支援小组
MET	Mission Essential Task	完成使命所需的基本任务
METL	Mission Essential Task List	完成任务所需的基本训练科目表
METT-TC	Mission, Enemy, Terrain and Weather, Troops and Support Available, Time Available and Civilians Considerations	任务、敌情、地形与气象、兵力可用性、支援、时间可用性、民事考虑因素
MFA	Materiel Fielding Agreement	装备部署协定
MFE	Maneuver, Fires and Effects	机动、火力和效果
MFORCE	Master Force	主要兵力
MFP	Materiel Fielding Plan	装备部署计划
MFTB	Multifunctional Training Brigade	多功能训练旅
MHA	Management Headquarters Account	管理司令部账目
MHRM	Military Human Resource Management	军事人力资源管理
MHS	Military Health System	军事卫生系统

续表

A2R	Acquire to Retire	采办至退役
MIC	Managers Internal Control	主管内部控制
MID	Management Initiative Decisions	管理方案决议
MILCON	Military Construction	军事建设
MILDEP	Military Department	军种部
MILDEP	Military Deputy	军事代表
MILPERS	Military Personnel	军事人员
MILS	Military Supply	军事补给
MILSPEC/STD	Military Specifications and Standards	军用规范与标准
Mil-Tech	Military Technician	军事技术人员
MILVAX	Military Vaccine	军事疫苗
MIPS	Modified Integrated Program Summary	修正的综合计划概要
MLMC	Medical Logistics Management Center	医疗后勤管理中心
MM	Manning [Program Evaluation Group (PEG)]	人员配备计划评估小组
MMDF	Maintenance Master Data File	维持总数据文件
MMEWR	Minimum Mission Essential Wartime Requirement	在战时完成任务所需的最低限度的基本需求
MMG	Master Mobilization Guide	总体动员指导
MOA	Memorandum of Agreement	协议备忘录
MOB ARPRINT	Mobilization Army Program for Individual Training	动员时陆军个人训练计划
MOBMAN	Mobilization Manpower Planning System	动员人力规划系统
MOBTDA	Mobilization Table of Distribution and Allowances	动员配备与装备数量表
MOC	Media Operations Center	媒体行动中心
MOCS	Military Occupational Classification and Structure	军事职业分类与结构

续表

A2R	Acquire to Retire	采办至退役
MOD	Modernization	现代化
MOE	Measures of Effectiveness	效能评估
MOI	Memorandum of Instruction	指示备忘录
MOS	Military Occupational Specialty	军事职业专业
MOS-T	Military Occupational Specialty Training	军事职业专业-训练
MOSLS	Military Occupational Specialty Level System	军事职业专业级别系统
MOSQ	Military Occupational Specialty Qualified	军事职业专业合格
MOU	Memorandum of Understanding	谅解备忘录
MPA	Military Personnel, Army	陆军军事人员
MPAD	Mobile Public Affairs Detachment	机动公共事务特遣队
MPLAN	Marine Corps Mobilization Management Plan	海军陆战队动员和管理计划
MPS	Mobilization Planning System	动员规划系统
MPT	Manpower, Personnel and Training	人力、人员和训练
MRAP	Mine Resistant Ambush Protected Vehicle	防地雷反伏击车
MRD	Material Requirements Document	装备需求文档
MRL	Materiel Requirements List	装备需求清单
MRMC	Medical Research and Material Command	医学研究与物资司令部
MRO	Maintenance Repair and Overhaul	维护、修理和大修
MS	Milestone	里程碑
MS	Medical Service Corps	医疗勤务队
MSA	Materiel Solution Analysis	装备解决方案分析
MSC	Military Sealift Command	军事海运司令部
MSC	Major Subordinate Command	主要下级司令部
MSCLEA	Military Assistance to Civil Law Enforcement Agencies	面向民事执法机构的军事支援
MSFD	Multi-Service Force Development	多军种兵力发展

续表

A2R	Acquire to Retire	采办至退役
MSO	Military Service Obligation	服兵役义务
MSP	Mission Support Plan	任务支援计划
MSPB	Merit Systems Protection Board	功绩系统保护委员会
MSU	Mobilization Support Unit	动员支持单位
MTBF	Mean Time Between Failure	平均故障间隔时
MTF	Military Treatment Facility	军事治疗设施
MTOE	Modified Table of Organization and Equipment	经修正的编制装备表
MTP	Master Training Plan	训练总计划
MTP	Mission Training Plan	任务训练计划
MTT	Mobile Training Team	机动训练小组
MUA	Military Utility Assessment	军事效用评估
MUTA	Multiple Unit Training Assembly	部队多次集训
MUTA-4	Multiple Unit Training Assemblies-Four Consecutive Assemblies	部队多次集训-连续四次集训
MWR	Morale, Welfare and Recreation	士气、福利和文化娱乐
MYR	Mid-Year Review	年中审查
NAF	Non-Appropriated Funds	非拨款资金
NAFI	Non-Appropriated Funds Instrumentalities	非拨款资金工具
NAP	Not Authorized Prepositioning	未授权预置
NASA	National Aeronautics and Space Administration	国家航空航天局
NATO	North Atlantic Treaty Organization	北大西洋公约组织
NC	Nurse Corps	护理队
NCA	National Command Authority	国家指挥当局
NCE	Non-Combat Essential	非战斗要素
NCMP	Navy Capabilities and Mobilization Plan	海军能力和动员计划
NCO	Noncommissioned Officer	士官

续表

A2R	Acquire to Retire	采办至退役
NCOA	Noncommissioned Officer Academy	士官学校
NCOER	Noncommissioned Officer Evaluation Report	士官评估报告
NCOES	Noncommissioned Officer Education System	士官教育系统
NDA	National Defense Act	《国防法》
NDAA	National Defense Authorization Act	《国防授权法案》
NDI	Non-Developmental Item	无开发需要的产品
NDMS	National Disaster Medical System	全国灾难医疗系统
NDS	National Defense Stockpile	国防储备物资
NEC	Network Enterprise Center	网络事务中心
NEO	Non-Combatant Evacuation Operations	非战斗人员撤离行动
NEPA	National Environmental Policy Act of 1969	1969年《国家环境保护政策法》
NEST	Nuclear Emergency Support Team	核应急支援小组
NET	New Equipment Training	新装备训练
NETCOM	Network Enterprise Technology Command	网络体系技术司令部
NETP	New Equipment Training Plan	新装备训练计划
NETT	New Equipment Training Team	新装备训练小组
NetUSR	Net-Centric Unit Status Report	网络中心部队状态报告
NFIP	National Flood Insurance Program	国家洪水保险计划
NFIP	National Foreign Intelligence Program	国家对外情报计划
NGB	National Guard Bureau	国民警卫局
NGO	Nongovernmental Organization	非政府组织
NGPA	National Guard Personnel, Army	陆军国民警卫队人员
NGREA	National Guard and Reserve Equipment Appropriation	国民警卫队和预备役装备拨款
NGS	Non-Government Standards	非政府标准
NIE	Network Integrated Evaluation	网络综合评估

809

续表

A2R	Acquire to Retire	采办至退役
NIFC	National Interagency Fire Center	国家跨机构火力中心
NIMS	National Incident Management System	国家突发事件管理系统
NIR	Network Integration Rehearsal	网络综合预演
NIRT	Nuclear Incident Response Team	核事故响应小组
NMA-GOSC	Network Mission Area General Officer Steering Committee	网络任务领域将官指导委员会
NMRTS	National Medical Response Teams	国家医疗响应小组
NMS	National Military Strategy	国家军事战略
NMUSA	National Museum of the U.S. Army	美国国家陆军博物馆
NOAA	National Oceanic and Atmospheric Administration	国家海洋与大气管理局
NOC	National Operations Center	国家行动中心
NOF	Notional Force	想定兵力
NOFC	Notification of Future Change	未来变更通知
NOK	Next of Kin	直系亲属
NORTHCOM	Northern Command	美军北方司令部
NP	Neuropsychiatric	神经心理学
NPG	National Preparedness Goal	国家战备目标
NPR	Nuclear Posture Review	核态势审查
NPS	Non-Prior Service	先前未服役人员
NR-KPP	Net-Ready Key Performance Parameter	网络就绪-关键性能参数
NRF	National Response Framework	国家响应框架
NRP	National Response Plan	国家响应计划
NSA	National Security Agency	国家安全局
NSC	National Security Council	国家安全委员会
NSCS	National Security Council System	国家安全委员会系统

续表

A2R	Acquire to Retire	采办至退役
NSDD	National Security Decision Directive	国家安全决策指令
NS-E	Non-Standard Equipment	非标准的装备
NSN	National Stock Number	国家库存品编号
NSPS	National Security Personnel System	国家安全人事系统
NSS	National Security Strategy	国家安全战略
NSS	National Security System	国家安全系统
NSSE	National Special Security Event	国家特别安全事件
NSTD	Non-Standard	非标准的
NTC	National Training Center	国家训练中心
NTV	Non-Tactical Vehicle	非战术车辆
NULO	Negative Un-Liquidated Obligations	负面未清偿偿付专款
NVOAD	National Voluntary Organizations Active in Disaster	国家灾难救助志愿组织
O/H	On Hand	现有的
O/M	Operator and Maintainer	操作人员与维修人员
O&M	Operations and Maintenance	运作与维修
O&M (R&M)	Operations and Maintenance (Restoration and Modernization)	运作与维修（恢复与现代化）
O&O	Operational and Organizational	作战与编制
O&R	Oversight and Review	监督与审查
O&S	Operations and Support	作战与支援
OA	Officer Aggregate	军官总数
OA	Obligation Authority	支付权限/偿付专款授权
OA	Operating Agency	作业机构
OA	Operational Architecture	作战体系架构
OA	Operational Availability	作战可行性
OAA	Office of the Administrative Assistant	行政助理办公室

续表

A2R	Acquire to Retire	采办至退役
OACSIM	Office of the Assistant Chief of Staff for Installation Management	主管军事设施管理的助理参谋长办公室
OASD	Office of the Assistant Secretary of Defense	助理部长办公室
OBT	Office of Business Transformation	业务转型办公室
OE	Operational Environment	作战环境
OGA	Other Government Agency	其他政府机构
OCAR	Office of the Chief, Army Reserve	陆军预备役局长办公室
OCLL	Office, Chief of Legislative Liaison	立法联络主任办公室
OCO	Overseas Contingency Operations	海外应急行动
OCONUS	Outside of the Continental U.S.	美国本土以外
OCPA	Office of the Chief of Public Affairs	公共事务处处长办公室
OCS	Officer Candidate School	军官候选人学校
OCS	Operational Contract Support	作战协议支援
ODCS	Office of Deputy Chief of Staff	副参谋长办公室
ODP	Officer Distribution Plan	军官分配计划
ODS	Officer Development System	军官发展系统
ODS	Officer Distribution System	军官分配系统
ODT	Overseas Deployment Training	海外部署训练
OE	Operational Environment	作战环境
OEF	Operation Enduring Freedom	持久自由行动
OER	Officer Evaluation Report	军官评估报告
OES	Officer Education System	军官教育系统
OES	Office of Emergency Services	应急勤务办公室
OF	Operating Force	作战部队
OFM	Officer Forecasting Model	军官预测模型
OFO	Office of Federal Operations	联邦行动办公室
OGA	Other Government Agency	其他政府机构

续表

A2R	Acquire to Retire	采办至退役
OGLA	Officer Grade Limitation Act	《军衔限制法案》
OI	Organizational Integrator	编制整合官
OIF	Operation Iraqi Freedom	伊拉克自由行动
OIPT	Overarching Integrated Product Team	顶层产品整合团队
OJT	On-the-Job Training	在职训练
OMA	Operations and Maintenance, Army	陆军运作与维修
OMA	Operations and Maintenance Appropriation	运作与维修拨款
OMA $	Operations and Maintenance Appropriation Dollars	运作与维修拨款资金
OMAR	Operations and Maintenance, Army Reserve	陆军预备役运作与维修
OMB	Office of Management and Budget	管理和预算办公室
OMNG	Operations and Maintenance, Army National Guard	陆军国民警卫队运作与维修
OMS/MP	Operational Mode Summary / Mission Profiles	作战模式总结/任务简介
OneSAF	One Semi-Automated Forces	整体半自动化部队
ONN	Operational Network Node	作战网络终端
ONS	Operational Needs Statement	作战需求报表
OO	Organizing [Program Evaluation Group (PEG)]	编制（计划评估小组）
OPA	Officer Personnel Act	《军官人事法案》
OPA	Other Procurement, Army	陆军其他采购
OPFOR	Opposing Forces	对抗部队
OPLAN	Operations Plan	行动计划
OPLOC	Operating Location	作业站点
OPM	Office of Personnel Management	人事管理办公室
OPMD	Officer Personnel Management Directorate	军官人事管理处
OPMG	Office of the Provost Marshall General	宪兵司令办公室

续表

A2R	Acquire to Retire	采办至退役
OPMS	Officer Personnel Management System	军官人事管理系统
OPMS-AR	Officer Personnel Management System-Army Reserve	军官人事管理系统-陆军预备役
OPORD	Operation Order	作战命令
OpSD	Operating Strength Deviation	作战兵力差额
OPSEC	Operational Security	作战安全
OPTEMPO	Operating Tempo	作战节奏
ORG DB	Organization [Component of Total Army Personnel Database (TAPDB)]	编制（总体陆军人事数据库的组成成分）
ORB	Officer Record Brief	军官档案摘要
OS	Operating Strength	作战兵力
OSA	Office of the Secretary of the Army	陆军部部长办公室
OSC	Office of Special Counsel	特别检察官办公室
OSD	Office of the Secretary of Defense	国防部部长办公室
OSUT	One Station Unit Training	同一基地部队训练
OT	Operational Testing	作战试验
OTA	Operational Test Agency	作战试验局
OTA TP	Operational Test Agency Test Plan	作战试验局试验计划
OTIG	Office of the Inspector General	监察长办公室
OTJAG	Office of the Judge Advocate General	军法署署长办公室
OTOE	Objective Table of Organization and Equipment	目标编制装备表
OTRA	Other than Regular Army	非正规陆军
OTSG	Office of the Surgeon General	军医署署长办公室
OUSD (C)	Office of the Under Secretary of Defense (Comptroller)	负责审计的国防部副部长办公室
P3I	Preplanned Product Improvement	预先计划的产品改进计划

续表

A2R	Acquire to Retire	采办至退役
P&D	Production and Deployment	生产与部署
P&R	Personnel and Readiness	人事与战备
PA	Public Affairs	公共事务
PA&E	Program Analysis and Evaluation	计划分析与评估
PAA	Procurement Ammunition Army	陆军弹药采购
PAD	Public Affairs Detachment	公共事务特遣队
PAED	Program Analysis and Evaluation Directorate	计划分析与评估处
PAG	Public Affairs Guidance	公共事务参考指南
PAIO	Plans, Analysis & Integration Office	计划、分析与整合办公室
PAO	Public Affairs Officer	公共事务军官
PARD	Priorities Analysis and Requirements Directorate	优先事项分析与需求处
PAUC	Program Acquisition Unit Cost	计划采办单位成本
PB	President's Budget	总统预算
PBA	Performance-Based Agreements	基于性能的协议
PBA	Production Base Analysis	生产基地分析
PBAS	Program-Budget Accounting System	计划预算会计系统
PBD	Program Budget Decision	计划预算决策
PBG	Program and Budget Guidance	计划和预算指南
PBL	Performance Based Logistics	基于性能的后勤
PBR	Program Budget Review	计划预算审查
PC-ASORTS	Personal Computer-Army Status of Resources and Training System	个人计算机-陆军资源和训练情况系统
PCA	Posse Comitatus Act of 1878	1878年《地方民兵法案》
PCC	Policy Coordination Committee	政策协调委员会
PCC	Pre-Command Course	指挥官培训班
PCH	Press Camp Headquarters	新闻营总部
PCP	Program Change Proposals	计划变更提案

续表

A2R	Acquire to Retire	采办至退役
PCS	Permanent Change of Station	永久性调动
PCTEF	Percent Effective	有效百分比
PD	Program Directive	程序指令
PDASA	Principal Deputy Assistant Secretary of the Army	首席陆军部助理部长帮办
PDD	Presidential Decision Directive	总统决策指令
PDIP	Program Development Increment Package	计划制订增量包
PDR	Preliminary Design Review	初步设计审查
PE	Program Element	计划要素
PEC	Protection Executive Committee	防护执行委员会
PED	Processing, Exploitation and Dissemination	处理、利用和分发
PEG	Program Evaluation Group	计划评估小组
PEO	Program Executive Officer	计划执行官
PEO EIS	Program Executive Office Enterprise Information Systems	计划执行官体系信息系统
PEPDUS	Human Resources Command (HRC) Enlisted Personnel Data Update System	人力资源司令部士兵人事数据更新系统
PER DB	Personnel [Component of Total Army Personnel Database (TAPDB)]	人事（总体陆军人事数据库的组成成分）
PERMISS	Personnel Management Information and Support System	人事管理信息与支持系统
PERMS	Personnel Electronic Records Management System	电子人事记录管理系统
PERNET	Personnel Network	人事网络
PERSACS	Personnel Structure and Composition System	人员结构与组成
PERSSO	Personnel System Staff Officer	人事系统参谋官
PFA	Personnel Functional Assessment	人员职能评估
PfM	Portfolio Management	投资组合管理
PFO	Principal Federal Official	首席联邦官员

续表

A2R	Acquire to Retire	采办至退役
PfP	Partnership for Peace	和平伙伴关系
PFY	Prior Fiscal Year	先前财政年度
PH	Public Health	公共卫生
PHC	Public Health Command	公共卫生司令部
PI	Product Improvements	产品改进
PIANC-USA	United States National Section of the World Association for Waterborne Transport Infrastructure	国际航运协会美国部分
PIM	Pre-Trained Individual Manpower	先前已训练的单兵人力
PIMS	Partnership for Peace (PfP) Information Management System	和平伙伴关系信息管理系统
PKO	Peacekeeping Operations	维和行动
PL	Public Law	公法
PLANORD	Planning Order	计划命令
PLL	Prescribed Load List	规定的载荷列表
PM	Program, Project or Product Manager	计划/项目/产品主管
PMAD	Personnel Management Authorizations Document	人事管理授权文档
PME	Professional Military Education	职业军事教育
PME	Professional Military Exchange	职业军事交换
PMF	Presidential Management Fellows	总统管理生
PMG	Provost Marshall General	宪兵局长
PMJ	Professional Military Judgment	职业军事判断
PMO	Program Management Office	计划管理办公室
PMS	Personnel Management System	人事管理系统
POC	Point of Contact	联系点
POD	Point of Delivery	交付点
POE	Point of Embarkation	装载点

续表

A2R	Acquire to Retire	采办至退役
POE	Program Office Estimate	计划办公室估算
POI	Program of Instruction	教育计划
POL	Petroleum, Oils, Lubricants	石油、油料与润滑剂
POM	Program Objective Memorandum	计划目标备忘录
POPM	Proponency Office for Preventive Medicine	预防医学倡议办公室
POR	Preparation for Overseas Replacement	海外替换准备
POR	Program of Record	在案计划
POSC-Edit	Personnel Occupational Specialty Code Edit	人事职业专用代码编辑
POSH	Prevention of Sexual Harassment	性骚扰预防
POTUS	President of the U.S.	美国总统
PPAG	Proposed Public Affairs Guidance	拟议的公共事务参考指南
PPBC	Planning Program Budget Committee	规划、计划与预算委员会
PPBE	Planning, Programming, Budgeting and Execution	规划、计划、预算和执行
PPBES	Planning, Programming, Budgeting and Execution System	规划、计划、预算和执行系统
PPBS	Planning, Programming and Budgeting System	规划、计划与预算系统
PPD	Presidential Policy Directive	总统决策指令
PPP	Power Projection Platforms	兵力投送平台
PPV	Public Private Ventures	公私合资企业
PQT	Production Qualification Test	生产资格试验
PRC	Presidential Reserve Call-Up	总统征召预备役
PREPO	Pre-Positioned	预先设置的
PRES-BUD	President's Budget	总统预算
PRG	Program Review Group	计划审查小组
PROC	Procurement	采购
PROC $	Procurement Dollars	采购资金

续表

A2R	Acquire to Retire	采办至退役
PROBE	Program Optimization and Budget Evaluation	计划最佳化与预算鉴定
PROFIS	Professional Officer Filler Information System	职业军官填充信息系统
PSA	Principal Staff Assistant	首席参谋助理
PSMA	Pre-Scripted Mission Assignment	预先编写的任务分配
PSP	Power Support Platforms	兵力支持平台
PSS	Product Support Strategy	产品支持战略
PURE	Prepositioning Of Materiel Configured in Unit Sets (POMCUS) Unit Residual Equipment	预置成套装备单位剩余装备
PX	Post Exchange	军人合作社/消费合作社
QA	Quality Assurance	质量保证
QAO	Quality Assurance Office	质量保证办公室
QDR	Quadrennial Defense Review [renamed Defense Strategic Review (DSR)]	四年国防审查（曾称为国防战略审查）
QFR	Question for the Record	备案问题
QRF	Quick Reaction Force	快速响应部队
QMP	Qualitative Management Program	质量管理计划
QRM	Quadrennial Roles and Missions Review	四年任务与使命审查
QRRC	Quarterly Readiness Report to Congress	国会季度战备报告
QTY	Quantity	数量
R2C	Ready and Resilient Campaign	待命和弹性战役
R&D	Research and Development	研究与发展
RA	Readiness Assessment	战备评估
RAD	Requirements and Assessment Division	需求和评估处
RAD	Research Area Directorates	研究领域处
RAF	Regionally Aligned Forces	区域联合部队
RAID	Rapid Assessment and Initial Detection	快速评估与初始检测
RAM	Reliability, Availability and Maintainability	可靠性、可用性、可维修性

续表

A2R	Acquire to Retire	采办至退役
RAP	Revised Approved Program	修订后的经批准的计划
RAP-C	Requisition Allocation Plan-Continental U.S. (CONUS)	人员请求分配计划-美国本土
RAR	Rapid Acquisition Review	快速采办审查
RAR	Rapid Action Revision	快速行动修订
RC	Reserve Component	预备役组成部队
RC	Required Capabilities	所需的军事能力
RCAS	Reserve Component Automation System	预备役组成部队自动化系统
RCCC	Reserve Component Coordination Council	预备役组成部队协调委员会
RCCMRF	Restructured Chemical, Biological, Radiological, Nuclear and High-Yield Explosives (CBRNE) Consequence Management Response Force	重新设计的化学、生物、放射、核和高当量爆炸物后果管理响应部队
RCI	Residential Communities Initiative	住宅社区计划
RCP	Retention Control Point	超期服役控制点
RCSOF	Reserve Component Special Operations Forces	预备役组成部队特种作战部队
RCTID	Reserve Component Training Integration Directorate	预备役组成部队训练整合处
RD	Region Director	地区主管
RDA	Readiness Deficiency Assessment	战备缺陷评估
RDA	Research, Development and Acquisition	研究、发展与采办
RDAP	Research, Development and Acquisition Plan	研究、发展与采办计划
RDC	Rapid Deployment Capability	快速部署能力
RDD	Resource Decision Documents	资源决策文档
RDECOM	Research, Development and Engineering Command	研究、发展和工程司令部
RDL	Reimer Digital Library	雷蒙数字图书馆
RDS	Requirements Documentation System	需求记录系统
RDT&E	Research, Development, Test and Evaluation	研究、发展、试验与鉴定

续表

A2R	Acquire to Retire	采办至退役
RDT&E, A	Research, Development, Test and Evaluation, Army	陆军研究、发展、试验与鉴定
RECBASS	Reception Battalion Automated Support System	接收营自动化支援系统
REF	Rapid Equipping Force	快速装备部队
REP-63	Reserve Enlistment Program of 1963	1963年《预备役服役计划》
REPLO	Regional Emergency Preparedness Liaison Officer	地区应急战备联络员
REQ DB	Requisition [Component of Total Army Personnel Database (TAPDB)]	申请（总体陆军人事数据库的组成成分）
REQUEST	Recruit Quota Enlistment System	征兵配额系统
RERT	Radiological Emergency Response Team	辐射应急响应小组
RETAIN	Reenlistment/Reclassification Assignment System	再次应征入伍/重新分类系统
RFA	Request for Assistance	援助申请
RFC	Request for Capabilities	能力申请
RFF	Request for Forces	兵力申请
RFG	Resource Formulation Guide	资源规划指南
RFFID	Request for Forces (RFF) Identification Number	兵力需求申请识别码
RFP	Request for Proposal	提案请求书
RFPB	Reserve Forces Policy Board	预备役部队政策委员会
RHC	Regional Health Command	区域卫生司令部
RHC-A	Regional Health Command-Atlantic	区域卫生司令部-大西洋
RHC-C	Regional Health Command-Central	区域卫生司令部-中心
RHC-E	Regional Health Command-East	区域卫生司令部-东部
RHC-P	Regional Health Command-Pacific	区域卫生司令部-太平洋
RI	Resource Integrator	资源整合官
RIA	Rock Island Arsenal	岩岛兵工厂
RID	Requirements Integration Directorate	需求整合处

续表

A2R	Acquire to Retire	采办至退役
RIF	Reduction in Force	兵力缩减
RIO	Resource-Informed, Focused and Outcome-Based	资源-基于信息、重点和结果的
RMC	Regional Medical Command	区域医务司令部
RMD	Resource Management Decision	资源管理决策
RMD	Requirements Management Division	需求管理处
RMF	Risk Management Framework	风险管理框架
RMG	Record Message	记录消息
RMO	Resource Management Office	资源管理办公室
ROC	Rehearsal of Concept	概念预演
ROE	Rules of Engagement	交战规则
ROI	Report of Investigation	调查报告
ROMO	Range of Military Operations	军事行动领域
ROPMA	Reserve Officer Personnel Management Act	《预备役军官人事管理法案》
ROTC	Reserve Officers' Training Corps	预备役军官训练队
RPA	U.S. Army Resources and Programs Agency	美国陆军资源与计划局
RPA	Reserve Personnel Army	陆军预备役人员
RPG	Rocket-Propelled Grenade	火箭推进榴弹
RPLANS	Real Property Planning and Analysis System	不动产规划和分析系统
RRAD	Red River Army Depot	红河陆军仓库
RRCC	Regional Response Coordination Center	地区响应协调中心
RSC	Regional Support Command	区域支援司令部
RSO	Religious Support Office	宗教保障办公室
RSO	Requirements Staff Officer	需求参谋官
RSO	Retirement Services Officer	退休服务军官
RTLP	Range and Training Land Program	靶场与训练用地计划
RTSM	Regional Training Site Maintenance	地区训练场维修保养

续表

A2R	Acquire to Retire	采办至退役
RUDIST	REQUEST Unit Distribution Program	征兵配额系统单位分配计划
RUF	Rules of the Use of Force	《兵力使用规则》
S&T	Science and Technology	科学与技术
SA	Security Assistance	安全援助
SA	Supportability Analysis	可支持性分析
SA	Systems Architecture	系统架构
SAAG	Auditor General of the Army	陆军审计长
SAC	Special Agent in Charge (FBI)	特工主管（联邦调查局）
SAC	Strategic Air Command	战略空军司令部
SACEUR	Supreme Allied Commander, Europe	欧洲盟军最高司令
SACS	Structure and Composition System	结构和组成系统
SAD	State Active Duty	州现役
SAMAS	Structure and Manpower Allocation System	结构和人力分配系统
SAMS	School of Advanced Military Studies	高级军事研究学院
SAP	Special Access Program	特别访问计划
SAPP	Security, Accuracy, Propriety and Policy	保密、准确、适当和政策
SAPR	Sexual Assault Prevention Response	性骚扰预防与回应
SAR	Selected Acquisition Report	选定的采办报告
SAS	Statistical Analysis Software	统计分析软件
SASC	Senate Armed Services Committee	参议院武装部队委员会
SAT	Systems Approach to Training	系统训练法
SATCOM	Satellite Communications	卫星通信
SATD	Security Assistance Training Directorate	安全援助训练处
SATFA	Security Assistance Training Field Activity	安全援助训练野外行动
SATP	Security Assistance Training Program	安全援助训练计划
SB	Software Blocking	软件拦截

续表

A2R	Acquire to Retire	采办至退役
SB	Supply Bulletin	补给公报
SB	Sustainment Brigade	维持旅
SBC	Service Based Costing	基于勤务的成本计算
SBCT	Stryker Brigade Combat Team	史赛克旅战斗队
SBIR	Small Business Innovation Research Program	小型企业创新研究计划
SBP	Survivor Benefit Plan	幸存者救济计划
SBR	Standby Reserve	第二类预备役
SC	Senior Commander	高级指挥官
SCI	Sensitive Compartmented Information	敏感保密情报
SCO	State Coordinating Officer	州协调官
SCRA	Servicemembers Civil Relief Act	《服役人员民事救济法案》
SCRAG	Senior Civilian Representative of the Attorney General	司法部部长高级文职人员代表
SDAP	Special Duty Assignment Pay	特别任务委派报酬
SDC	Supervisor Development Course	监管人员发展课程
SDCS	Standard Data Collection System	标准数据收集系统
SDC-EX	Supervisor Development Course for Executives	监管人员发展课程-执行官
SDDC	Military Surface Deployment and Distribution Command	军事地面部署和分配司令部
SDOB	Secretary of Defense Orders Book	《国防部部长命令薄》
SE	Strategic Effort	战略工作
SE	Systems Engineering	系统工程
SE	System Evaluation	系统评估
SEC	Senior Executive Council	高级执行委员会
SECARMY	Secretary of the Army	陆军部部长
SECDEF	Secretary of Defense	国防部部长
SEHS	Special Events for Homeland Security	国土安全特别事件

续表

A2R	Acquire to Retire	采办至退役
SEP	Systems Engineering Plan	系统工程计划
SEPLO	State Emergency Preparedness Liaison Officer	州应急战备联络员
SERB	Selective Early Retirement Board	选择性提早退休委员会
SES	Senior Executive Service	高级行政服务机构
SETM	Senior Enterprise Talent Management	高级系统人才管理
SFC	Sergeant First Class	三级军士长
SfH	System for Health	卫生系统
SFLEO	Senior Federal Law Enforcement Officer	高级联邦执法官
SFL-TAP	Soldier for Life-Transition Assistance Program	终身军人-过渡援助计划
SFO	Senior Federal Official	高级联邦官员
SFRBOD	Soldier and Family Readiness Board of Directors	军人和家庭战备委员会
SG	Standards of Grade	级别标准
SGO	Standard Garrison Organization	标准警备区组织结构
SGM	Sergeant Major	军士长
SGS	Strategic Guidance Statement	战略指南声明
SGT	Sergeant	中士
SHARP	Sexual Harassment / Assault Response Prevention	性骚扰/攻击的回应和预防
SHCP	Strategic Human Capital Planning	战略人力资本计划
SHRM	Strategic Human Resource Management	战略人力资源管理
SICE	Services & Infrastructure Core Enterprise	勤务和基础设施核心体系
SIG	Senior Integration Group	高级整合小组
SIGINT	Signals Intelligence	信号情报
SIMLM	Single Integrated Medical Logistics Manager	一体化医疗后勤管理员
SIPRNet	Secure Internet Protocol Router Network	保密互联网协议路由器网络
SIPT	Supportability Integrated Product Team	可支持性综合产品团队

续表

A2R	Acquire to Retire	采办至退役
SISC	Support for International Sporting Competitions	对于国际体育赛事的援助
SKA	Skills, Knowledge and Attributes	技能、知识和品质
SL	Senior Level	高级别
SLAMIS	Standard Study Number (SSN) -Line Item-Number (LIN) Automated Management and Integrating System	标准研究编号-补给品编号自动化管理与整合系统
SLC	Senior Leadership Council	高级领导委员会
SLC	Senior Leaders Course	高级领导课程
SLDA	Senior Leaders of the Department of the Army	陆军部高级领导
SLEP	Service Life Extension Program	延长使用寿命计划
SLRG	Senior Leader Review Group	高级领导审查小组
SLS	Senior Leader Seminar	高级领导研讨课
SM	Soldier's Manual	《士兵手册》
SMART	Special Medical Augmentation Response Team	特种医疗增援响应小组
SMC	Sergeants Major Course	军士长课程
SMCT	Soldier's Manual of Common Tasks	《士兵通用任务手册》
SMDC	Space and Missile Defense Command	航天与导弹防御司令部
SMDR	Structure and Manning Decision Review	结构和人员配备决议审查
SME	Subject Matter Expert	领域专家
SMSP	Strategic Materials Security Program	战略物资安全计划
SM/TG	Soldier's Manuals / Trainers Guides	《士兵手册》/《教官指南》
SMU	Special Mission Unit	特种任务小队
SNaP	Select and Native Programming	精选与本地计划
SOF	Special Operations Forces	特种作战部队
SOFA	Status of Forces Agreement	部队地位协定
SOP	Standard Operating Procedure	标准作业程序

续表

A2R	Acquire to Retire	采办至退役
SoS	System of Systems	系统体系制度
SP	Army Medical Specialist Corps	陆军医疗专家队
SPOD	Sea Port of Debarkation	海运卸载站
SQI	Special Qualification Identifier	特殊资格代码
SR2R	Service Request to Resolution	服务请求到解决
SRAG	Strategic Readiness Assessment Group	战略战备评估小组
SRB	Selective Retirement Board	选择性退休委员会
SRC	Standard Requirements Code	标准需求代码
SRCA	Service Retained Combatant Command Aligned	继续服役作战司令部联盟
SRG	Senior Review Group	高级领导审查小组
SRM	Sustainment, Restoration and Modernization	维持、恢复与现代化
SRO	System Readiness Objective	系统战备目标
SROC	Senior Readiness Oversight Council	高级战备监督委员会
SRP	Soldier Readiness Processing	军人战备计划
SRP	Sustainable Range Program	可维持靶场计划
SRT	Strategic Readiness Tenet	战略战备原则
SRTRA	Short-Range Training Resources Analysis	短程训练需求分析
SRU	Strategic Readiness Update	战略战备更新
SRUF	Standing Rules for the Use of Force	《常规兵力使用规则》
SS	Sustaining [Program Evaluation Group (PEG)]	维持（计划评估小组）
SS	Supportability Strategy	支持性策略
SSA	Source Selection Authority	来源选择机构
SSA	Staff Support Agency	参谋支援机构
SSA	System Safety Assessment	系统安全评估
SSC	Senior Service College	高级军事学院

续表

A2R	Acquire to Retire	采办至退役
SSD	Structured Self-Development	结构化自我发展
SSG	Staff Sergeant	上士
SSMS	Service Support Manpower System	军种支援人力系统
SSN	Standard Study Number	标准研究编号
SSO	Synchronization Staff Officer	协调参谋官
SSP	Service Support Program	勤务支持计划
ST	Scientific and Technical	科学与技术
ST	Sustainment Training	维持训练
STANFINS	Standard Financial System	标准财务系统
STAR	System Threat Assessment Report	系统威胁评估报告
START	Scientific and Technical Advisory and Response Team	科技顾问与响应小组
STO	Split Training Option	分离式训练选择
STP	Short Term Project	短期项目
STP	Soldier Training Publication	《军人训练出版物》
STRAMS-E	Student/Trainee Management System-Enlisted	学员/受训人员管理系统-士兵
STRAP	System Training Plan	系统训练计划
STSP	Soldier Training Support Program	军人训练支持计划
STTR	Small Business Technology Transfer Pilot Program	小型企业技术转让试点计划
STX	Situational Training Exercises	态势训练演习
SUE	System Under Evaluation	评估中的系统
SUT	System Under Testing	试验中的系统
SVP	Special Visibility Program	特种可视性计划
SWANCC	Solid Waste Agency of Northern Cook County	北库克郡固体废弃物处理局
T&E	Test and Evaluation	试验与鉴定
T&EO	Training and Evaluation Outline	训练与评估纲要

续表

A2R	Acquire to Retire	采办至退役
TAA	Total Army Analysis	陆军总体分析
TACITS	Total Army Centralized Individual Training Solicitation	陆军单兵训练集中申请
TACOM	U. S. Army Tank-Automotive and Armaments Command	美国陆军坦克与机动车辆司令部
TADSS	Training Aids, Devices, Simulations and Simulators	训练辅助器材、设备、模拟器与模拟
TAEDP	The Army Equipment Distribution Program	总体陆军装备分配计划
TAG	The Adjutant General	副州长
TAP	The Army Plan	陆军计划
TAPDB	Total Army Personnel Database	总体陆军人事数据库
TAPDB-AE	Total Army Personnel Database-Active Enlisted	总体陆军人事数据库-现役士兵
TAPDB-AO	Total Army Personnel Database - Active Officer	总体陆军人事数据库-现役军官
TAPDB-MOB	Total Army Personnel Database-Mobilization	总体陆军人事数据库-动员
TAPES	Total Army Performance Evaluation System	总体陆军绩效评估系统
TASS	The Army School System	陆军院校系统
TATS	Total Army Training System	总体陆军训练系统
TAV	Total Asset Visibility	总资产可视化
TBE	Training Base Expansion	训练基地扩张
TC	Training Command	训练司令部
TC	Type Classification	类别分类标准
TCM	U. S. Army Training and Doctrine Command (TRADOC) Capability Manager	美国陆军训练与条令司令部能力主管
TD	Technology Demonstration	技术验证

续表

A2R	Acquire to Retire	采办至退役
TD	Training Development	训练发展
TDA	Table of Distribution and Allowances	配备与装备数量表
TDDC	Training and Doctrine Development Configuration	训练与条令发展结构
TDDT	Training and Doctrine Development Tool	训练与条令发展工具
TDS	Technology Development Strategy	技术发展战略
TDY	Temporary Duty	临时任务
TE	Training Environment	训练环境
TECD	Technology-Enabled Capability Demonstration	技术-赋能能力验证
TEDP	Training and Education Development Process	训练和教育发展程序
TEM	Training Execution Matrices	训练实施矩阵
TEMP	Test and Evaluation Master Plan	试验与鉴定总计划
TESC	Training Enterprise Scheduling Capability	训练体系计划能力
TEU	Technical Escort Unit	技术护送分队
TF	Task Force	特遣部队
TFE	Tactical Field Exchange	战术野战贩卖店
TFER	Task Force for Emergency Readiness	应急战备特遣部队
TFM	Training Feedback Module	训练反馈模块
TFT	Technical Field Test	技术野战试验
TG	Training Guide	训练指导
TGM	Technical Guidance Memorandum	技术指导备忘录
TID	Training Integration Directorate	训练整合处
TIG	The Inspector General	监察长
TIG	Time in Grade	现任级别时间
TII	Training Information Infrastructure	训练信息基础设施
TIM	Transformation of Installation Management	军事设施管理的转型

续表

A2R	Acquire to Retire	采办至退役
TIS	Time in Service	服役时间
TISO	Threat Integration Staff Officer	威胁整合参谋官
TJAG	The Judge Advocate General	军法署署长
TJAGLCS	U. S. Army The Judge Advocate General Legal Center and School	美国陆军军法署中心和院校
TJC	The Joint Commission	联合委员会
TLAMM	Theater Lead Agent for Medical Materiel	医疗装备战区主管机构
TMA	Training Mission Area	训练任务领域
TMA	TRICARE Management Activity	TRICARE 管理机构
TMCA	Theater Movement Control Agency	战区陆军运输控制局
TMD	Theater Missile Defense	战区导弹防御
TMIP	Theater Medical Information Program	战区医疗信息计划
TMOPES	U. S. Training and Doctrine Command (TRADOC) Mobilization and Operation Planning and Execution System	训练与条令司令部动员、作战规划与执行系统
TNGDEV	Training Developer	训练发展者
TO	Theater Opening	战区开放
TOA	Total Obligation Authority	预算授权总额
TOE	Table of Organization and Equipment	编制装备表
TOMA	Training Operations Management Activity	训练行动管理机构
TOPMIS	Total Officer Personnel Management Information System	军官人事管理信息总系统
TP	Training Publication	《训练出版物》
TPE	Theater Provided Equipment	战区提供的装备
TPF	Total Package Fielding	总体部署
TPFDD	Time-Phased Force and Deployment Data	分时段兵力与部署数据
TPG	Transformation Planning Guidance	转型计划指南
TPSN	Troop Program Sequence Number	部队计划序列号

续表

A2R	Acquire to Retire	采办至退役
TPU	Troop Program Unit	部队规划单位
TRA	Technology Readiness Assessment	技术战备评估
TRAC	Training and Doctrine Command Analysis Center	训练与条令司令部分析中心
TRAC2ES	Transportation Command (TRANSCOM) Regulating and Command and Control Evacuation System	运输司令部管理、指挥与控制撤离系统
TRADOC	U.S. Army Training and Doctrine Command	美国陆军训练与条令司令部
TRAP	Training Resources Arbitration Panel	训练资源仲裁小组
TRAS	Training Requirements Analysis System	训练需求分析系统
TRL	Technology Readiness Level	技术战备级别
TRM	Training Resource Model	训练资源模型
TRMC	Training Resource Management Capability	训练资源管理能力
TRP	Test Resource Plan	试验资源计划
TSARC	Test Schedule and Review Committee	试验计划和审查委员会
TSB	Training Support Brigade	训练支持旅
TSC	Theater Sustainment Command	战区保障司令部
TSC	Training Support Center	训练支持中心
TSG	The Surgeon General	军医署署长
TSP	Training Support Package	训练支持一揽子计划
TSR	Training Support Requirements	训练支持需求
TSS	Training Support System	训练支持系统
TSWG	Training Support Working Group	训练支持工作小组
TT	Training (Program Evaluation Group (PEG))	训练（计划评估小组）
TTHS	Trainees, Transients, Holdees and Students	受训人员、临时人员、受控人员和学员
TTP	Tactics, Techniques and Procedures	战术、技术和程序

续表

A2R	Acquire to Retire	采办至退役
TTRRS	U.S. Training and Doctrine Command (TRADOC) The Army School System (TASS) Readiness Reporting System	美国训练与条令司令部陆军学校系统的战备报告系统
TVA	Tennessee Valley Authority	田纳西流域局
TWOS	Total Warrant Officer System	全体准尉系统
TYAD	Tobyhanna Army Depot	托比汉纳陆军仓库
UAD	Updated Authorizations Document	更新的授权文档
UAS	Unit Activation Schedule	单位进入现役进度表
UAV	Unmanned Aerial Vehicle	无人驾驶航天器
UCMJ	Uniform Code of Military Justice	《军事审判统一法典》
UCP	Unified Command Plan	联合指挥计划
UFR	Unfunded Requirement	未拨付资金的需求
UHTS	Unsourced and/or Hard to Source	为分配资源和/或难以分配资源
UIC	Unit Identification Code	单位识别码
UICIO	Unit Identification Code Information Officer	单位识别码情报官
UJTL	Universal Joint Task List	通用联合任务列表
ULO	Unified Land Operations	联合地面作战
ULOMETL	Unified Land Operations Mission Essential Task List	联合地面作战完成任务所需的基本训练科目表
ULP	Unfair Labor Practice	不公正的劳工惯例
UMD	Unmatched Disbursements	不匹配的支出
UMFP	Unit Materiel Fielding Points	单位物资部署点
UMMCA	Unspecified Minor Military Construction Army	未分类的陆军小型军事建设
UNAAF	Unified Action Armed Forces	统一行动武装部队
UON	Urgent Operational Need	紧急作战需求
URS	Unit Reference Sheet	部队参考材料
U.S.	United States	美国

833

续表

A2R	Acquire to Retire	采办至退役
USA	Under Secretary of the Army	陆军部副部长
USAAA	U.S. Army Audit Agency	美国陆军审计局
USAAC	U.S. Army Accessions Command	美国陆军新兵司令部
USAASB	U.S. Army Acquisition Support Brigade	美国陆军采办支持旅
USAASC	U.S. Army Acquisition Support Center	美国陆军采办支持中心
USACC	U.S. Army Cadet Command	美国陆军学员司令部
USACCSA	U.S. Army Command and Control Support Agency	美国陆军指挥和控制支援局
USACE	U.S. Army Corps of Engineers	美国陆军工程兵团
USACIDC	U.S. Army Criminal Investigation Command	美国陆军刑事调查司令部
USAFM-COM	U.S. Army Financial Management Command	美国陆军财务管理司令部
USAFM-SA	U.S. Army Force Management Support Agency	美国陆军兵力管理支持机构
USAFRI-COM	U.S. Africa Command	美国非洲司令部
USAIGA	U.S. Army Inspector General Agency	美国陆军监察局
USAJFK-SWCS	U.S. Army John F. Kennedy Special Warfare Center and School	美国陆军约翰·F·肯尼迪特种作战中心和学校
USALSA	U.S. Army Legal Services Agency	美国陆军法律服务局
USAMAA	U.S. Army Manpower Analysis Agency	美国陆军人力分析局
USAMRICD	U.S. Army Medical Research Institute of Chemical Defense	美国陆军防化医学研究所
USAMRIID	U.S. Army Medical Research Institute of Infectious Diseases	美国陆军传染病医学研究所
USAMRMC	U.S. Army Medical Research and Materiel Command	美国陆军医务研究和装备司令部
USANCA	U.S. Army Nuclear and Combating Weapons of Mass Destruction (WMD) Agency	美国陆军核武器和打击大规模杀伤性武器局
USAPA	U.S. Army Publishing Agency	美国陆军出版局
USAPHC	U.S. Army Public Health Command	美国陆军公共卫生司令部

续表

A2R	Acquire to Retire	采办至退役
USAR	U. S. Army Reserve	美国陆军预备役
USARAF/SETAF	U. S. Army Africa/Southern European Task Force	美国陆军非洲司令部/南欧特遣部队
USARC	U. S. Army Reserve Command	美国陆军预备役司令部
USARCENT	U. S. Army, Central	美国中央陆军
USAREC	U. S. Army Recruiting Command	美国陆军征兵司令部
USAREUR	U. S. Army, Europe	美国欧洲陆军
USARF	U. S. Army Reserve Forces	美国陆军预备役部队
USARNORTH	U. S. Army, North	美国北方陆军
USARPAC	U. S. Army, Pacific	美国太平洋陆军
USARSO	U. S. Army, South	美国南方陆军
USASAC	U. S. Army Security Assistance Command	美国陆军安全援助司令部
USASATMO	U. S. Army Security Assistance Training Management Organization	美国陆军安全援助训练管理组织
USASMDC/ARSTRAT	U. S. Army Space and Missile Defense Command / Army Strategic Command	美国陆军航空和导弹防御司令部/陆军战略司令部
USASOC	U. S. Army Special Operations Command	美国陆军特种作战司令部
USASSI	U. S. Army Soldier Support Institute	美国陆军军人支援研究所
USATC	U. S. Army Training Center	美国陆军训练中心
USAWC	U. S. Army War College	美国陆军战争学院
USC	U. S. Code	《美国法典》
USCENTCOM	U. S. Central Command	美国中央司令部
USCG	U. S. Coast Guard	美国海岸警卫队
USD	Under Secretary of Defense	国防部副部长
USDA	U. S. Department of Agriculture	美国农业部
USD（P）	Under Secretary of Defense（Policy）	负责政策的国防部副部长

续表

A2R	Acquire to Retire	采办至退役
USD（AT&L）	Under Secretary of Defense（Acquisition, Technology and Logistics）	主管采办、技术与后勤的国防部副部长
USD（C）	Under Secretary of Defense（Comptroller）	负责审计的国防部副部长
USD（P&R）	Under Secretary of Defense（Personnel and Readiness）	负责人事与战备的国防部副部长。
USERRA	Uniform Services Employment and Reemployment Rights Act	《统一军人就业与再就业权利法案》
USF	Unit Set Fielding	部队集合部署
USFOR-A	U. S. Forces-Afghanistan	美国部队-阿富汗
USFOR-I	U. S. Forces-Iraq	美国部队-伊拉克
USPFO	U. S. Property & Fiscal Office	美国财产与财务办公室
USG	U. S. Government	美国政府
USMA	U. S. Military Academy	美国军事学院
USMEDCOM	Medical Command	医务司令部
USNORTHCOM	U. S. Northern Command	美国北方司令部
USPS	U. S. Postal Service	美国邮政业务
USPACOM	U. S. Pacific Command	美国太平洋司令部
USPFO	U. S. Property and Fiscal Officer	美国财产与财政官
US&R	Urban Search and Rescue	尘世搜寻与救援
USR	Unit Status Reporting	单位状态报告
USSOCOM	U. S. Special Operations Command	美国特种作战司令部
USSOUTHCOM	U. S. Southern Command	美国南方司令部
USSTRATCOM	U. S. Strategic Command	美国战略司令部
USTRANSCOM	U. S. Transportation Command	美国运输司令部

续表

A2R	Acquire to Retire	采办至退役
UTA	Unit Training Assembly	部队集训
VC	Veterinary Corps	兽医队
VCCT	Virtual Combat Convoy Trainer	虚拟战斗护送训练器
VCJCS	Vice Chairman of the Joint Chiefs of Staff	参谋长联席会议主席
VCSA	Vice Chief of Staff, U.S. Army	美国陆军副总参谋长
VEOA	Veterans Employment Opportunity Act	《退伍军人就业机会法案》
VERRP	Voluntary Early Release and Retirement Program	自愿提前解除现役与退休计划
VI / TSC	Visual Information / Training Support Centers	图像信息/训练支持中心
VISMOD	Visually Modified	视觉改良
VMAT	Veterinarian Medical Assistance Team	兽医医疗援助小组
VTC	Video Teleconference	视频会议
VTF	Virtual Training Facility	虚拟训练设施
VTT	Video Tele-Training	视频远程训练
WAS	Wide Area Security	广域安全
WfF	Warfighting Function	作战职能
WG	Working Group	工作组
WHIN-SEC	Western Hemisphere Institute for Security Cooperation	西半球安全协作研究所
WHS	Washington Headquarters Service	华盛顿总部勤务
WIN-T	Warfighter Information Network-Tactical	作战人员战术信息网
WIP	Work In Process	在制品
WIPT	Working-Level Integrated Product Team	工作层面的综合产品团队
WIT	Weapons Intelligence Team	武器情报小组
WLC	Warrior Leader Course	战斗领导人课程
WMD	Weapons of Mass Destruction	大规模杀伤性武器

续表

A2R	Acquire to Retire	采办至退役
WMD-E	Weapons of Mass Destruction-Elimination	消除大规模毁灭性武器
WMP	Air Force War and Mobilization Plan	空军战争和动员计划
WO	Warrant Officer	准尉
WOAC	Warrant Officer Advanced Course	准尉高级课程
WOBC	Warrant Officer Basic Course	准尉基础课程
WOCC	Warrant Officer Career Center	准尉职业中心
WOCS	Warrant Officer Candidate School	准尉候选人学校
WOES	Warrant Officer Education System	准尉教育系统
WOILE	Warrant Officer Intermediate Level Education	准尉中级教育
WOLDAP	Warrant Officer Leader Development Action Plan	准尉领导发展行动计划
WOMA	Warrant Officer Management Act	《准尉管理法案》
WOS	Warrant Officer Service	准尉服役
WOSC	Warrant Officer Staff Course	准尉参谋课程
WOSSC	Warrant Officer Senior Staff Course	准尉高级参谋课程
WOSSE	Warrant Officer Senior Service Education	准尉高级服役教育
WPB	War Production Board	战时生产局
WRDA	Water Resources Development Act	《水资源开发法案》
WRMR	War Reserve Materiel Requirement	战争储备物资需求
WRMS	War Reserve Materiel Stock	战争储备物资库存
WTC	Warrior Transition Command	战士过渡司令部
WTCV	Weapons and Tracked Combat Vehicles	武器与履带式作战车辆
WVA	Watervliet Arsenal	沃特弗利特兵工厂
WWW	World-Wide Web	万维网
XCTC	Exportable Combat Training Capability	可输出战斗训练能力
Y/Q/N	Yes / Qualified Yes / No	合格/有限制的合格/不合格

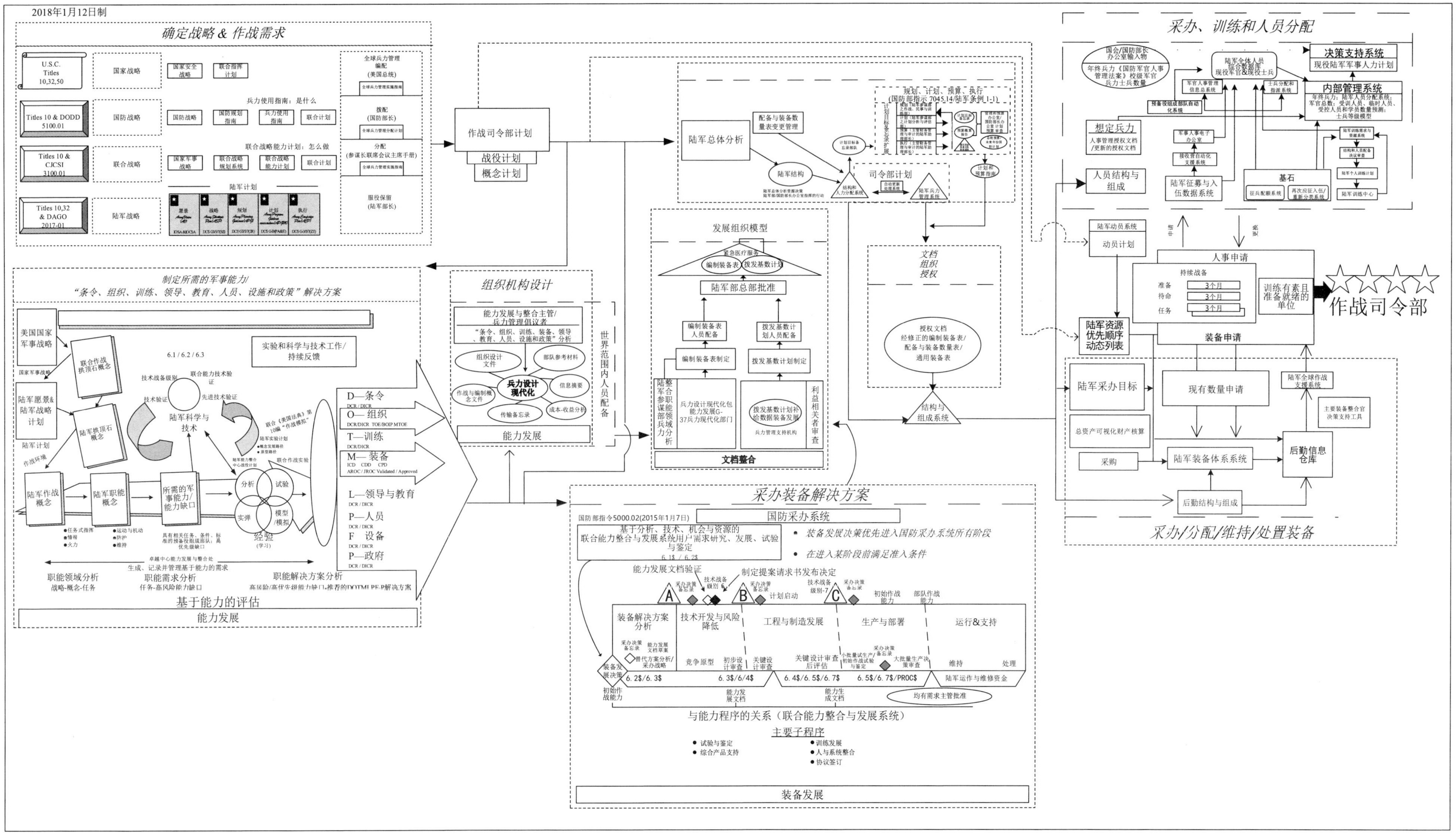

图3-1 陆军兵力管理模型

美国陆军指挥官
法律手册

（上）

李卫海◎等译

本册译者

李卫海◎译

中国政法大学出版社
2022·北京

声　　明　　1. 版权所有，侵权必究。

　　　　　　2. 如有缺页、倒装问题，由出版社负责退换。

图书在版编目（CIP）数据

美国陆军指挥官法律手册/李卫海等译. —北京：中国政法大学出版社，2022.1
ISBN 978-7-5764-0291-9

Ⅰ.①美… Ⅱ.①李… Ⅲ.①陆军－军队指挥－法律－美国－手册 Ⅳ.①E712.26-62

中国国家版本馆 CIP 数据核字(2023)第 074401 号

出 版 者	中国政法大学出版社
地　　址	北京市海淀区西土城路 25 号
邮寄地址	北京 100088 信箱 8034 分箱　邮编 100088
网　　址	http://www.cuplpress.com (网络实名：中国政法大学出版社)
电　　话	010-58908586(编辑部) 58908334(邮购部)
编辑邮箱	zhengfadch@126.com
承　　印	固安华明印业有限公司
开　　本	720mm×960mm　1/16
印　　张	54.75
字　　数	1000 千字
版　　次	2022 年 1 月第 1 版
印　　次	2022 年 1 月第 1 次印刷
定　　价	249.00 元

译者序

李卫海　中国政法大学法学院教授

"钟山风雨起苍黄，百万雄师过大江"，中国人民解放军起步于陆军，长于陆战，从南昌城头走来，一路金戈铁马、沙场筑梦，为党和人民建立了不朽功勋。2015年起，我国全面实施改革强军战略，组建陆军领导机构、健全军兵种领导管理体制，中国陆军正蹄疾步稳，向着现代化和信息化极速前进。

当前，中国特色社会主义建设进入了新时代，国防和军队建设也进入了一个全新的发展阶段。习近平总书记在党的十九大报告中强调，"到本世纪中叶把人民军队全面建成世界一流军队"。在军事理论、军队组织形态、军事人员、武器装备方面达到较高水平，具备强大实力和威慑力，能够打赢胜仗，引领军事变革潮流，有能力维护世界和平、守卫国际秩序，才能称之为"世界一流军队"。这是习主席对于我国国防和军队现代化发展的重要战略部署，也是习近平强军思想对军队建设发展提出的核心要求。

打赢现代化战争是人民军队的职责使命所系，军队改革的最终目的还应落脚于"能打胜仗"。时刻保有一支训练有素且准备就绪的军队是克敌制胜的关键，而这种保障来自于高度规范和更加标准的军队建设管理。正如美国陆军参谋长哈罗德·基斯·约翰逊（Harold K. Johnson）所言："军队就像一个漏斗，在顶部你倾注了条令、装备和设施，在底部将走出一个个士兵。"从20世纪90年代开始，美国颁布一大批联合条令、联合出版物、转型路线图等，涉及组织架构、人力资源、经费保障、作战训练等各个领域，为美军全球行动提供了重要保障，极大减少了职责不交叉和不明确的情况，提高了效率。这些经验对于推进我国陆军改革转型具有重要参考意义。

《美国陆军指挥官法律手册》一书的意义便在于此。本书从战略规划到结构设计再到资源配给，全面地描述了美国陆军如何运行，对美国陆军在国家层面、国防层面、联合层面和陆军层面的各项系统和程序进行了全面的介绍与分析，向读者详尽地阐释了陆军兵力管理模型中相互依赖且连续的七个模块（包括战略、能力整合与发展系统、陆军结构、国防采办、国防授权、人员配备和物资管理），以及这些模块内和模块间必须考虑的九个兵力整合职能领域（包括组织结构、人员配备、装备、训练、维持、部署、驻扎、拨款和战备）。

因此，本书的价值在于发挥指导手册的功能，帮助我们快速了解美国陆军的组织、职能及其系统和程序，提高人们对"陆军运行"的理解与认识，介绍美国陆军在该领域的有益经验和做法，从而为我国建构中国特色的陆军运行理论体系，建设成为"世界一流军队"提供参考，同时也为高质战斗力不断生成、打赢现代战争做好准备。

前　言

在印制此版本时，美国陆军高级领导人已经决定组建陆军未来司令部，由商业转型办公室主任爱德华·卡登中将牵头组建，并计划于2018年7月1日开始运行。美国陆军目前的现代化事业正面临挑战，我们要生成必要的作战能力以确保战胜我们的对手。过去的思维方式、组织方式和执行方式限制了陆军对抗诸如俄罗斯和中国这样的对手的技术发展速度。美国陆军已经组建了八个跨职能团队，每个团队由一名一星或二星将军或者对等的具有作战经验的高级行政官员领导，以确定哪些领域是陆军想要实现巨大能力飞跃的优先领域。这是减少官僚作风并在陆军文化和惯例上产生根本性转变的内观（inward look）。陆军职能概念对兵力管理的影响将是重大而深远的。

如今，美国陆军兵力管理使陆军领导人能够为作战指挥官生成训练有素且准备就绪的部队。本参考手册为美国陆军领导人提供了关于人员、程序和产品的组合使用的详细信息，以平衡目标、方式和方法之间的关系，从而实现陆军目标。

本书可以作为准备在战略层面担任指挥、领导和管理职务的人员的入门读物和参考资料。动荡、不确定、复杂且模糊的作战环境迫使美国陆军重新审查其如何确定和批准需求，并重新计划如何在实施持续战备的同时，快速且低成本地实现现代化。经过对本书中各章节的认真研究和思考，美国陆军领导人将：

● 解释兵力管理系统和程序之间的关系，这些系统和程序用于建立当前的作战指挥官状态，同时规划未来战备状态。

● 剖析战略——包括国家层面、国防层面、联合层面和陆军层面战略，以了解战略对陆军的影响。

- 了解兵力发展如何将"条令、组织、训练、装备、领导、教育、人员、设施和政策"领域的需求转化为计划和结构。
- 考察美国陆军如何使用三个不同的子系统：生产、战斗和整合子系统，以产生满足全球需求的多功能军事能力。
- 区分美国陆军组成部分（现役和预备役），这些组成部分均经过优化，以维持和扩展执行各种军事任务的能力。
- 确定美国陆军如何评估部队的战备状态。
- 探索规划、计划、预算和执行程序的阶段，使战略与资源的行政和立法批准周期保持一致。
- 考察美国陆军如何参与联合能力整合与发展系统来发展军事能力。
- 确定国防采办系统的最新变化，以便为军队建立持久的装备解决方案。
- 了解美国陆军提供的在全球范围内完成任务所必需的后勤、人事服务和卫生服务支持。
- 了解战备的四个组成部分：人员配备、训练、现代化装备和领导发展，以赢得决定性的胜利。
- 考察美国陆军的信息管理和信息技术如何支持更广泛和新兴的网络能力。
- 确定美国陆军战备地点：全球设有154个永久性陆军军事设施和1100多个基于社区的陆军国民警卫队和陆军预备役中心。
- 了解美国陆军工程兵团的土木工程计划，该计划致力于国家水资源和相关土地资源的开发、保护和恢复工作。
- 考察美国陆军随时向美国人民通报情况的义务，以增强人民对陆军的信心，并为其在全球开展联合地面作战做好准备。
- 考察法律、总统决策指令、行政命令以及国防部对民政当局的国防支持政策。

归根结底，对军队目标、方式和方法进行周到且仔细的校准是兵力管理的核心，而陆军运行的最终目的则是随时随地为作战指挥官提供训练有素且准备就绪的现代化部队。

目 录

译者序	001
前言	003
第一章 引言	001
第一部分 执行国会意图	001
1-1. 改变陆军管理变革之道	001
1-2. 管理陆军	002
1-3. 陆军态势	003
1-4. 转型中的陆军	004
第二部分 正文内容	005
1-5. 目的	005
1-6. 范围	005
1-7. 组织	006
1-8. 作者身份	006
第三部分 总结与参考文献	006
1-9. 总结	006
1-10. 参考文献	007
第二章 战略和战略方向	008
第一部分 导言	008
2-1. 本章内容	008

2-2. 与战略相关的法律 …………………………………………… 008

2-3.《国防授权法案》 ……………………………………………… 009

第二部分 国家层面的战略 …………………………………… 009

2-4. 美国总统 ………………………………………………………… 009

2-5. 国家安全委员会 ………………………………………………… 009

2-6. 国家安全战略 …………………………………………………… 010

2-7. 联合司令部计划 ………………………………………………… 010

第三部分 国防层面的战略 …………………………………… 011

2-8. 国防部部长 ……………………………………………………… 011

2-9. 国防战略委员会 ………………………………………………… 011

2-10.《国防战略》 …………………………………………………… 012

2-11.《国防计划指南》 ……………………………………………… 013

2-12.《兵力使用指南》 ……………………………………………… 013

第四部分 全球兵力管理 ……………………………………… 014

2-13. 兵力管理概述 …………………………………………………… 014

2-14. 全球兵力管理授权 ……………………………………………… 014

2-15. 全球兵力管理要素 ……………………………………………… 015

2-16. 全球兵力管理对兵力和（或）能力的需求 …………………… 017

2-17. 全球兵力管理的输出 …………………………………………… 018

2-18. 全球兵力管理跨机构程序 ……………………………………… 018

第五部分 联合层面的战略 …………………………………… 019

2-19. 参谋长联席会议主席 …………………………………………… 019

2-20. 联合战略规划系统 ……………………………………………… 020

2-21. 联合"评估"战略文档 ………………………………………… 020

2-22. 联合"建议"战略文档 ………………………………………… 022

2-23. 联合"指导"战略文档 ………………………………………… 025

2-24. 联合"执行"战略文档 ………………………………………… 027

2-25. 作战司令部 ……………………………………………… 028

第六部分 联合计划 ……………………………………… 031

2-26. 联合计划概述 …………………………………………… 031

2-27. 联合计划制定和执行单位 ……………………………… 032

2-28. 自适应规划与执行体系 ………………………………… 032

2-29. 联合计划程序 …………………………………………… 033

2-30. 联合计划作战行动 ……………………………………… 034

2-31. 联合计划功能 …………………………………………… 035

2-32. 联合计划产品 …………………………………………… 036

第七部分 陆军层面的战略 ……………………………… 037

2-33. 陆军领导 ………………………………………………… 037

2-34. 陆军规划 ………………………………………………… 038

第八部分 总结、关键术语和参考文献 ………………… 041

2-35. 总结 ……………………………………………………… 041

2-36. 关键术语 ………………………………………………… 042

2-37. 参考文献 ………………………………………………… 044

第三章 兵力管理 ……………………………………………… 045

第一部分 导言 …………………………………………… 045

3-1. 本章内容 ………………………………………………… 045

3-2. 兵力管理概述 …………………………………………… 045

3-3. 兵力管理模型 …………………………………………… 046

3-4. 兵力管理工具 …………………………………………… 047

3-5. 陆军组织生命周期模型 ………………………………… 053

第二部分 兵力发展 ……………………………………… 056

3-6. 兵力发展概览 …………………………………………… 056

第三部分 兵力发展第一阶段——制定能力需求 ……… 058

3-7. 联合能力整合与发展系统 ……………………………… 058

3-8. 陆军实施联合能力整合与发展系统概览 ·································· 058

3-9. 能力发展与整合 ··· 059

3-10. 概念发展与实验 ··· 060

3-11. 基于能力的评估程序 ··· 065

第四部分　兵力发展的第二阶段——组织设计 ···························· 072

3-12. 组织设计 ··· 072

3-13. 组织设计程序 ·· 072

3-14. 兵力设计现代化 ··· 073

3-15. 兵力整合职能领域分析 ··· 074

第五部分　兵力发展第三阶段——制定组织模型 ························· 076

3-16. 编制装备表和拨发基数计划的制定 ································· 076

3-17. 编制装备表简介 ··· 077

3-18. 拨发基数计划简介 ·· 078

第六部分　兵力发展第四阶段——确定组织授权 ························· 081

3-19. 确定组织授权 ·· 081

3-20. 陆军总体分析 ·· 081

3-21. 陆军总体分析第一阶段——能力需求分析 ······················· 083

3-22. 陆军总体分析第二阶段——资源配置与批准 ···················· 087

3-23. 陆军总体分析的产品 ··· 089

第七部分　兵力发展第五阶段——记录组织授权 ························· 090

3-24. 文档组成概述 ·· 090

3-25. 授权文档 ··· 091

第八部分　兵力整合 ··· 093

3-26. 兵力整合概览 ·· 093

3-27. 一体化程序小组 ··· 093

3-28. 兵力整合官 ·· 094

3-29. 编制整合 ··· 095

第九部分　变革管理 ... 097

3-30. 配备与装备数量表的变革管理 ... 097

3-31. 司令部计划 ... 098

3-32. 周期外程序 ... 099

3-33. 管理变革程序 ... 100

第十部分　兵力生成 ... 100

3-34. 持续战备 ... 100

第十一部分　总结、关键术语和参考文献 ... 106

3-35. 总结 ... 106

3-36. 关键术语 ... 106

3-37. 参考文献 ... 108

第四章　陆军组织 ... 110

第一部分　导言 ... 110

4-1. 本章内容 ... 110

4-2. 陆军组织体系 ... 111

第二部分　生产子系统 ... 113

4-3. 法定需求 ... 113

4-4. 所需资源的生产 ... 113

第三部分　作战子系统 ... 122

4-5. 作战子系统的产品 ... 122

4-6. 野战陆军 ... 122

第四部分　整合子系统 ... 123

4-7. 整合子系统的任务 ... 123

4-8. 整合与分化 ... 124

第五部分　总结与参考文献 ... 126

4-9. 总结 ... 126

4-10. 参考文献 ... 126

第五章 陆军动员与部署 …… 128

第一部分 导言 …… 128
5-1. 本章内容 …… 128

第二部分 陆军动员 …… 128
5-2. 陆军动员计划框架 …… 128
5-3. 陆军动员系统概述 …… 129
5-4. 动员计划职责 …… 131
5-5. 动员权力 …… 135
5-6. 陆军部动员处理系统 …… 139
5-7. 动员通用操作图 …… 140

第三部分 工业战备 …… 140
5-8. 工业战备的必要性 …… 140
5-9. 国防部工业基地的政策目标 …… 140
5-10. 国防部层面的工业战备管理 …… 141
5-11. 国防部优先等级与分配系统 …… 142
5-12. 国防储备物资 …… 143
5-13. 国防部关键设施清单 …… 143
5-14. 陆军工业基础程序 …… 143

第四部分 总结与参考文献 …… 145
5-15. 总结 …… 145
5-16. 参考文献 …… 145

第六章 预备役组成部队 …… 147

第一部分 引言 …… 147
6-1. 本章内容 …… 147
6-2. 预备役组成部队 …… 147
6-3. 预备役组成部队的法律基础 …… 147
6-4. 预备役组成部队指挥系统 …… 148

6-5. 预备役组成部队的兵力结构组合、角色和规模 ………… 148

第二部分　预备役 ………………………………………………… 149

6-6. 预备役的种类 ………………………………………………… 149

6-7. 第一类预备役 ………………………………………………… 150

6-8. 第二类预备役（仅限于美国陆军预备役） ………………… 151

6-9. 第三类预备役（仅限于美国陆军预备役） ………………… 151

第三部分　预备役组成部队的管理 …………………………… 152

6-10. 管理 ………………………………………………………… 152

6-11. 国会 ………………………………………………………… 152

6-12. 国防部部长办公室 ………………………………………… 152

6-13. 参谋长联席会议 …………………………………………… 153

6-14. 陆军部总部 ………………………………………………… 153

6-15. 国民警卫队 ………………………………………………… 154

6-16. 陆军预备役局局长办公室 ………………………………… 155

6-17. 州副长官（国民警卫队） ………………………………… 156

第四部分　训练 ………………………………………………… 158

6-18. 训练目标 …………………………………………………… 158

6-19. 训练挑战 …………………………………………………… 158

6-20. 部队集训 …………………………………………………… 159

6-21. 集体任务 …………………………………………………… 159

6-22. 国家合作伙伴计划 ………………………………………… 159

第五部分　装备 ………………………………………………… 160

6-23. 装备政策 …………………………………………………… 160

6-24. 国民警卫队和预备役装备拨款 …………………………… 161

第六部分　战备和动员援助 …………………………………… 161

6-25. 背景 ………………………………………………………… 161

6-26. 训练支持组织 ……………………………………………… 162

- 6-27. 海外部署训练 …… 162
- 6-28. 全职支持 …… 162
- 6-29. 陆军院校系统 …… 163
- 6-30. 进入预备役组成部队 …… 163
- 6-31.《美国统一军事司法典》 …… 164

第七部分　总结与参考文献 …… 166
- 6-32. 总结 …… 166
- 6-33. 参考文献 …… 166

第七章　部队战备 …… 168

第一部分　导言 …… 168
- 7-1. 本章内容 …… 168
- 7-2. 维持战备 …… 168
- 7-3. 战备框架和报告 …… 169

第二部分　单位战备报告 …… 170
- 7-4. 单位状态报告的目的 …… 170
- 7-5. 单位状态报告的程序 …… 171

第三部分　战略战备 …… 175
- 7-6. 战略战备报告的目的 …… 175
- 7-7. 联合参谋部审查标准 …… 176
- 7-8. 陆军审查标准 …… 177
- 7-9. 战备评估 …… 178
- 7-10. 主席战备系统 …… 179
- 7-11. 主席战备系统的输出 …… 180

第四部分　国防战备报告系统 …… 181
- 7-12. 国防战备报告系统概述 …… 181
- 7-13. 陆军国防战备报告系统概述 …… 182
- 7-14. 在陆军部总部中使用陆军国防战备报告系统的数据 …… 183

第五部分 总结、关键术语和参考文献 ······ 184
- 7-15. 总结 ······ 184
- 7-16. 关键术语 ······ 184
- 7-17. 参考文献 ······ 185

第八章 陆军的规划、计划、预算和执行程序 ······ 187

第一部分 导言 ······ 187
- 8-1. 本章内容 ······ 187

第二部分 国防部的规划、计划、预算和执行程序 ······ 187
- 8-2. 目的 ······ 187
- 8-3. 国家安全委员会指导 ······ 188
- 8-4. 国防部部长办公室指导 ······ 188
- 8-5. 联合战略规划系统指南 ······ 188
- 8-6.《未来年份国防计划》······ 190
- 8-7. 资源记录结构 ······ 192
- 8-8. 关键参与者 ······ 192
- 8-9. 决策机构 ······ 195
- 8-10. 情报计划审查小组 ······ 197
- 8-11. 国防采办委员会和联合需求监督委员会 ······ 198

第三部分 陆军规划、计划、预算和执行程序 ······ 199
- 8-12. 陆军主要的资源管理系统 ······ 199
- 8-13. 规划、计划、预算和执行程序的概念 ······ 199
- 8-14. 规划、计划、预算和执行程序的目标 ······ 200
- 8-15. 规划、计划、预算和执行文档的控制 ······ 201

第四部分 陆军规划、计划、预算和执行系统各阶段的管理 ······ 202
- 8-16. 部长监督 ······ 202
- 8-17. 系统管理 ······ 202
- 8-18. 规划阶段 ······ 203

8-19. 一体化计划和预算阶段 ……………………………………… 205

8-20. 执行阶段 ………………………………………………………… 209

第五部分　陆军在规划、计划、预算和执行系统中的支持职责 ……… 210

8-21. 陆军部总部主要官员 ………………………………………… 210

8-22. 陆军司令部 …………………………………………………… 213

8-23. 主管国会拨款的参谋机构主管与发起人 …………………… 214

第六部分　资源分配 …………………………………………………… 233

8-24. 记录资源 ……………………………………………………… 233

8-25. 管理决策执行一揽子措施覆盖的计划年份与预算年份 …… 234

8-26. 在管理决策执行一揽子措施中，人力与资金可进行重新

分配的程度 …………………………………………………… 235

8-27. 灵活性对管理决策执行一揽子措施的影响 ………………… 236

8-28. 其他结构 ……………………………………………………… 237

第七部分　陆军规划、计划、预算和执行程序审议论坛 …………… 238

8-29. 陆军决策委员会和程序 ……………………………………… 238

8-30. 计划评估小组 ………………………………………………… 241

第八部分　陆军规划、计划、预算和执行程序——规划阶段 ……… 245

8-31. 陆军计划 ……………………………………………………… 245

8-32. 所需能力的确定 ……………………………………………… 245

8-33. 陆军研究、发展与采办计划 ………………………………… 245

第九部分　一体化计划——预算阶段 ………………………………… 246

8-34. 陆军计划与预算 ……………………………………………… 246

8-35. 指导 …………………………………………………………… 247

8-36. 陆军资源框架 ………………………………………………… 248

8-37. 规划目标备忘录的编制 ……………………………………… 248

8-38. 计划和预算的相关性 ………………………………………… 253

8-39. 预算概算报告的编制 ………………………………………… 254

8-40. 国防部部长办公室计划与预算审查 ·················· 254

8-41. 总统预算 ·················· 255

8-42. 理由说明 ·················· 255

第十部分 陆军预算执行阶段 ·················· 256

8-43. 管理与会计工作 ·················· 256

8-44. 财务管理 ·················· 257

8-45. 修订经批准的研究、发展、试验与鉴定计划 ·················· 260

8-46. 偿付与支出计划 ·················· 260

8-47. 为未列入预算的需求提供资金 ·················· 261

8-48. 非拨款资金的监督 ·················· 262

第十一部分 计划的执行和审查 ·················· 262

8-49. 计划的施行 ·················· 262

8-50. 绩效评估 ·················· 263

8-51. 对选定的采办系统的审查 ·················· 263

8-52. 联合对账计划 ·················· 263

第十二部分 总结、关键术语和参考文献 ·················· 263

8-53. 总结 ·················· 263

8-54. 关键术语 ·················· 264

8-55. 参考文献 ·················· 264

第一章 引 言

第一部分 执行国会意图

1-1. 改变陆军管理变革之道

a. 1775年6月14日，美国领导人建立了大陆军。根据1789年批准生效的《美国宪法》，这支陆军成了联邦政府的军种部门，并开始了其向当今现代职业群体的漫长变革。作为忠诚、尊严和正直的典范，全体陆军被视为联合部队的脊梁、美国国防的基石和全球安全的支柱。美国陆军战旗上飘扬的187根飘带，提醒着人们，那些冲进诺曼底海滩、在冲绳海岸内外坚守阵地、在韩国稻田、越南丛林、伊拉克沙漠和阿富汗山脉战斗的军人的道德坚守和个人勇气。鉴于国家安全环境的重大变化，包括地缘政治、现代战争以及财政环境的变化，更新的国防战略要求陆军重新平衡各种冲突，维持其在海外的存在和姿态，以更好地保护美国国家安全利益，并保持其作战能力、兵力规模和战备水平。美国陆军必须履行《美国法典》第十编所赋予的职责——组织、训练和装备一支能够实施国家安全战略的军队。

b. 实现国会意图以及满足国家层面、国防层面、联合层面和陆军层面领导的愿景，这是一项艰巨的任务。陆军是一个充满活力的组织，必须不断改革以适应新威胁和与其相关的新任务。陆军专业人员，尤其是领导者和部队管理人员，必须有推动变革的能力，以确保陆军部队已做好遏制冲突、塑造安全环境并在必要时赢得战争的准备。变革要求我们在陆军的"条令、组织、训练、装备、领导、教育、人员、设施和政策"领域，对装备和非装备解决方案进行持续的调整和发展。美国陆军力求通过现有程序对变革进行有序管理，以最大限度地减少组织机构的动荡。

c. 改革这类已经建立起官僚体制且具备成熟文化的大型组织机构将会非常困难。对于诸如陆军这类具有运转正常且复杂的系统和嵌入程序的组织，人们会倾向于抵制变革，或让变革逐步地推进。美国陆军面临的内部挑战是，确保其程序灵活且适应性强，能够促进，而非阻碍变革，同时又能激发创造力，并能够迅速融入技术、认知和组织创新。本书提供了一个认知基础，使军队资源配置程序能够不断变更。在这里，领导者必须作出关于兵力管理程序和如何运用和改革这些程序以更好地为作战指挥官提供训练有素且准备就绪的部队的明智决定。

d. 现今美国陆军高级领导人和指挥官最重要的职责之一，就是在财政紧缩和资源有限的情况下管理变革。在资源有限的环境下，陆军领导人必须作出艰难的决定，以便将国家层面、国防层面和联合层面的指导转化为平衡的、有能力的和准备就绪的作战部队和生成部队结构。这一责任包括将被削减的资源分配给一系列优先等级高的任务领域，即训练、现代化、军事设施、作战和维护，以实现目标。

e. 陆军领导者必须能够通过平衡最终实力、作战能力、备战和现代化来权衡优先事项，以实现战略和作战目标。现今，由于美国陆军面临"削减支出"层面（sequestration-level）的资金削减，以及对人员配备、装备、结构和重组产生的二阶和三阶影响，我们必须作出艰难决策和权衡。

f. 尽管在美军全军范围内进行了这些削减，陆军领导人仍然必须保持最高程度的战备水平，以应对全球范围内的国防挑战和军事行动。由于受国家军事预算的不确定性，以及复杂的国家安全威胁的影响，美国陆军将无法预测战略资源环境将持续多久，因此减轻这些因素的影响比以往任何时候都更加重要。

1-2. 管理陆军

a. 兵力管理是建立和派遣任务就绪的陆军组织的顶层程序。这一程序涉及组织、整合、决策和执行一系列活动，包括需求确定、兵力发展、兵力整合、兵力结构安排、能力发展、装备发展、训练发展、资源配备以及陆军组织生命周期模型（AOLCM）的所有要素。兵力管理的重点是满足美国陆军部部长关于招募、组织、补给、装备、训练、勤务、动员、复员、管理、维护和驻扎军队的法定要求。

b. 陆军兵力管理模型，如图3-1所示，是一个系统体系制度，用于向作战指挥官提供训练有素且准备就绪的部队。该模型是一幅路线图，分为七个不同的模块，每个模块显示了其与其他模块的关系，以及其与国防部主要管理程序的关系。这些模块包括：

（1）确定战略和作战需求。

（2）发展需求能力/"条令、组织、训练、装备、领导、教育、人员、设施和政策"（DOTMLPF-P）解决方案。

（3）确定授权。

（4）确定结构（特别是设计组织机构、发展组织机构模型和记录编制授权）。

（5）获取装备解决方案。

（6）征募、训练和分配人员。

（7）获取和分配物资。

c. 尽管"兵力管理模型"以某种线性、顺序的方式描述了程序流程，但管理变革的复杂性致使在任何时候一个创意都可能同时、并行、适时压缩或以相反顺序出现在这些程序中的若干流程中。最终，必须使用模型中的所有程序和系统来生成训练有素、装备精良且资源充足的作战兵力。

1-3. 陆军态势

a. 每年，美国陆军部部长和陆军参谋长都会在国会声明美国陆军态势。《陆军态势报告》旨在向美国参议院和众议院委员会及其附属委员会强化这一声明和额外的预算声明，为广大受众提供有关陆军状态的基本参考。为了获悉全体陆军的态势，美国陆军国民警卫队和美国陆军预备役组成部队也将发布年度态势报告。陆军态势声明是描述陆军情况的主要工具。因此，所有军人、平民和承包商都应阅读并理解陆军态势声明，以了解本书所述系统和程序必须解决的当前挑战和未来方向。

b. 当今陆军在日益复杂的环境中作战。安全环境的不确定性在欧洲、中东、非洲和太平洋地区同时增长，并持续威胁着美国本土安全。兵力规划必须考虑到战争与和平之间定义不清、界限不明的问题，这一问题受资源竞争加剧、国家和非国家行为者之间令人不安的结盟变动、大规模杀伤性武器扩散以及跨领域威胁的影响。国家和非国家行为者通过使用非常规、非能动的敌对行动，以及授权非正规部队制造区域动荡、影响民主政治进程和政府运行，来掩盖其侵略行为并从中获利。他们以敌对的方式使用金融和计算机网络，利用公众同情心，并在暴力行为界限之下行动（暴力行为可能会引发国际社会的反应）。

c. 由于全球持续的不稳定，美国增加了其在中东的军事部署；建议、训练、装备其盟国，使其能够击败伊拉克和黎凡特伊斯兰国家；并继续打击伊拉克的基地组织和阿富汗的塔利班。与此同时，美国盟国期待美国能带头维护其全球利益。未来，对手将从现今的军事活动中吸取经验，在作战方法上变得更具创新性、适应性和先进性。这要求陆军也作出更具适应性和创新性的反应。

1-4. 转型中的陆军

a. 过去二十年来，美国陆军在很多方面都经历了变革。美国陆军部部长怀特（White）和美国陆军参谋长新关（Shinseki）为美国陆军转型提供了一个富有智慧的框架。陆军部部长哈维（Harvey）和陆军参谋长休梅克（Schoomaker）领导了作战部队的转型。美国陆军部部长格伦（Geren）和陆军参谋长凯西（Casey）明确表示了调整机构并恢复平衡的需要。陆军部代理部长麦卡锡（McCarthy）和陆军参谋长米勒（Milley）通过"2025未来部队"战略（Force 2025 & Beyond）来继续领导陆军。其中，美国陆军目前的几项战略措施包括：采用区域联合部队；实施可持续战备活动以生成陆军兵力；以及全面修订陆军规划。

b. 美国陆军目前变革的焦点集中在作战能力（规模）、备战和能力（技术进步）之间的权衡，美国陆军已经选择将备战作为首要任务。

这一选择导致美国陆军许多计划在过去五年中被取消、延迟或重组，但包括陆军部队在内的国防计划方案的数量却有所增加。2018财年的《国防授权法》尚未最终确定（此书定稿于2018年前，译者注），但预计将使陆军总兵力增加到1 035 000人，即增加17 000人。

c. 在可预见的将来，我们可以期望陆军以更少的资源作战，所用资源将会比美国国防部和陆军高级领导人所要求的更少。不过，在转型期间，陆军将提供可组合和可扩展的特种作战部队和常规部队组合；区域联合和全球响应的联合武装部队;以及基础战区作战能力,来实现联合作战。要做到这一点,美国陆军在运作和结构上的革新将会变得尤为重要。

第二部分　正文内容

1-5. 目的

a. 本书目的有四。首先,本书从战略到结构再到资源,全面地描述了美国陆军如何运行,以便为作战指挥官提供训练有素且准备就绪的部队。其次,本书描述了美国陆军在国家层面、国防层面和联合层面的战略、结构和资源背景下运行的系统和程序。再次,本书是一本手册,为准备在较高级别和战略层面担任指挥、领导和部队管理职位的官员提供指导。最后,本书解释了兵力管理系统和程序之间的关系,二者既要满足作战指挥官当前的需求,又要预测、计划和预算未来的需求。

b. 本书的一个关键用途是支持美国陆军战争学院线下和线上教学课程,但本书还有着更广泛的用途,包括:供多元组成的陆军、姊妹兵种和在弗吉尼亚州贝尔沃堡陆军兵力管理学院修读兵力管理课程的各国学生使用;作为各兵种和军种院校的职业军事教育的一般参考;以及作为美国陆军部总部和对兵力管理感兴趣且欲进一步了解美国陆军的组织、职能及其系统和程序的群体的入门读物。

1-6. 范围

本书将用于美国陆军战争学院课程。该课程旨在促进联合的、跨机构、跨政府和多国环境下对指挥、领导和管理理论以及实践更好的应用。伊莱休·鲁特(Elihu Root)创立美国陆军战争学院"不是为了推动战争,而是为了通过智慧和用于抵御侵略的充分准备来维持和平"。他要求全体教员负责指导"陆军的课程和知识训练,以获取信息、制定计划、研究指定项目,并就有关计划、武器装备、运输、军事准备和行动的所有问题向总司令提出建议"。当前美国陆军战争学院的使命宣言中也提到了这一点:"美国陆军战争学院教育并培养战略层面的领导者,同时推进对陆军在全球范围内应用的认知。"

1-7. 组织

本书的章节设置详细描述了兵力管理模型的七个模块以及这些模块内和模块间必须考虑的九个兵力整合职能领域。这九个兵力整合职能领域包括组织结构、人员配备、装备、训练、维持、部署、驻扎、拨款和战备。

1-8. 作者身份

2017-2018年版《美国陆军指挥官法律手册》的出版，离不开美国陆军战争学院、陆军兵力管理学院、陆军部总部和陆军出版部门中军事人员、文职人员以及承包商中相关事项专家忠实、细致和广泛的工作。感谢各位对改进本书所做的卓越贡献。

第三部分　总结与参考文献

1-9. 总结

a. 兵力管理是陆军的一项重要作战职能。它包含许多程序，包括创造未来需求的程序，以及确保陆军能够高速且有效地进行组织、配员、装备、训练和维持的程序。在现在和将来，兵力管理将为作战司令部提供训练有素并准备就绪的武装力量。

b. 兵力管理都是幕后的和预备性的工作。无论是指挥美国陆军部队、国际部队还是联合部队，它都可以带来战略上的成功。它也是在事后审查之后需要做的一项重要而艰巨的工作。在不确定和不可预测的全球安全环境中，我们将不会停止进行兵力管理。

c. 兵力管理成功与否应以在战场上击败美国对手，以及在会议室制定满足指挥官需求的记录计划来衡量。

d. 本书描述的是这样一个系统和程序：陆军领导和兵力管理人员必须理解、接受并运用这一系统和程序，以确保美国陆军在未来能够像它曾经一样，依旧有效地为国效力。本书可以帮助读者了解陆军如何运作，如何受到美国总统、国会、国防部、参谋长联席会议、陆军部总部参谋部成员以及陆军司令部、陆军军种部队司令部和直接报告单位的影响。使用本书的军事艺术的学习者和实践者将会更加充分地领悟哈罗德·基斯·约翰逊（Harold K. Johnson，1964-1968年陆军参谋长）所言的真相："军队就像一个漏斗，在顶部你倾注了条令、装备和设施，而在底部将走出一个个士兵。"

1-10. 参考文献

a. Secretary of the Army Top Priorities, 30 Oct 2014.

b. 2017 Army Posture Statement, 24 Feb 2017.

c. National Defense Authorization Act, 2017, 23 Dec 2016.

d. Title 10, USC @ http://uscode.house.gov.

e. U. S. Army War College @ http://www.carlisle.army.mil.

第二章 战略和战略方向

第一部分 导　言

2-1. 本章内容

a. 战略方向是全军的共同主线，它能够整合和同步联合参谋部、作战司令部、各军种、作战支援部和其他国防部机构规划的行动和作战。战略为规划军事力量的部署提供了目标和重点。战略方向是一个包罗万象的词，包括方式、程序和结果。美国总统、国防部部长和参谋长联席会议主席通过以上内容为联合部队提供有关长期和中期目标的战略指导。

b. 兵力管理模型中战略模块的目的是确定战略和作战需求，这些需求将通过结构和资源推动变革，从而为作战指挥官提供训练有素且准备就绪的部队。本章将探索国家层面、国防层面、联合层面和陆军层面的战略，将法律法规、领导者、程序和文档纳入进来，并且建立战略中这些层级之间的联系，因为这些因素都会影响陆军的运行。

2-2. 与战略相关的法律

《美国法典》是按主题对美国一般性和永久性法律进行合并和汇编的法典，由美国众议院的法律修订委员会办公室编纂。《美国法典》各节的生效日期显示在该节文本的上方。如果某节受到该日期之后颁布的任何法律的影响，则这些法律将显示在"待更新"列表中。如果未出现在待更新列表中，则该节是现行有效的。《美国法典》中与战略有关的各节包括：

a. 第 10 编——武装力量。具体包括：分编 A——一般军事法；分编

B——陆军；分编 C——海军和海军陆战队；分编 D——空军；分编 E——预备役组成部队。

b. 第 32 编——国民警卫队。具体包括：第一章——编制；第三章——人事；第四章——训练；第七章——勤务、补给和采购；以及第九章——本土防御行动。

c. 第 50 编——战争与国防。具体包括：第 44 章——国家安全，分章 1——国家安全协调，第 3021 节国家安全委员会，以及第 3043 节年度国家安全战略报告。

2-3.《国防授权法案》

《国防授权法案》是为美国军队提供必要的授权和资金的关键机制。众议院军事委员会和参议院军事委员会于 2016 年 12 月 23 日联合发布了 2017 财年的《国防授权法案》。这项立法是美国国防体系为应对当前和未来的威胁而进行改革的又一重要标志。《国防授权法案》在国防采办、军事医疗、军事司法和安全合作方面进行了大胆的改革。此外，《国防授权法案》还批准了军队自 2010 年以来一次最大幅度的涨薪，增加了用于解决军事备战问题的资金，并阻止了地面部队的缩减。改革并不容易，但《国防授权法案》表明它是可能的。在 2017 年《国防授权法案》的基础上，参议院和众议院军事委员会将继续支持新一届国会的国防改革事业。

第二部分　国家层面的战略

2-4. 美国总统

美国总统负责提供战略指导，这一指导将通过国家安全战略、国家安全总统备忘录、行政命令以及包含国家安全委员会进一步指导和完善的战略性文件传达。

2-5. 国家安全委员会

国家安全委员会系统由高级国家安全顾问、内阁官员和行政部门组成，是美国总统审议、协调、制定、批准和执行国家安全和外交政策的主要阵地。

国家安全委员会负责制定相关政策、斟酌可能的影响、协调部门间运行、为美国总统提供建议并监督政策的执行情况。国家安全委员会编写国家安全指南，经美国总统批准后成为国家安全政策。这些政策实施后，将为军事规划和计划提供指导。

2-6. 国家安全战略

a. 根据《美国法典》第 50 编第 3043 节 "年度国家安全战略报告"，总统应每年向国会提交一份关于美国国家安全战略的综合报告，该报告应当在总统向国会提交下一个财年预算之日提交，至迟不得晚于新总统就职后的 150 天。

b. 每份国家安全战略报告都应阐述美国的国家安全战略，并应包括对以下内容的全面描述和讨论：

（1）对美国国家安全至关重要的美国全球利益、目标和目的；

（2）遏制侵略以及实施美国国家安全战略所必需的美国外交政策、国际承诺和国防能力；

（3）为保护和促进美国利益，以及实现第（1）项中提到的目标和目的，所需对政治、经济、军事和其他美国国家权力要素长期和短期的利用；

（4）实施美国国家安全战略的能力是否充分，包括对美国国家权力所有要素之间支持实施国家安全战略的能力是否平衡的评估；

（5）有助于国会了解美国国家安全战略相关事宜的其他必要信息。

2-7. 联合司令部计划

联合司令部计划是参谋长联席会议主席为美国总统制定的，用以为所有作战指挥官提供基本指导。联合司令部计划确定了作战司令部的任务和职责，划定了地理性作战指挥官负责的地理区域，并具体规定了职能性作战指挥官的责任。根据《美国法典》第 10 编第 6 章 "作战司令部" 第 161 节 "作战司令部的建立" 的要求：

a. 联合和单一的作战司令部。美国总统应在参谋长联席会议主席的建议和协助下，通过国防部部长建立联合和单一的作战司令部来执行军事任务，并规定这些司令部的兵力结构。（注：作战司令部有两种类型：一类是战区作战司令部，负责特定区域；另一类是职能性作战司令部，负责执行特定职能。）

b. 定期审查。

（1）主席应定期（不少于每两年一次）审查每个作战司令部的任务、职责（包括地理边界）和兵力结构；并在必要时通过国防部部长向总统建议关于对任务、职责和兵力结构的任何变更。

（2）除非在敌对行动中或敌对行动迫在眉睫，否则在建立新的作战司令部，或者对现有作战司令部的任务、职责或兵力结构有重大修改时，总统应在60天内通知国会。

第三部分　国防层面的战略

2-8. 国防部部长

对于国防部来说，美国总统的决定对国防部部长办公室公布的战略指南具有推动作用。根据《美国法典》第10编第113节"国防部部长"的规定，国防部部长是国防部的首脑，由美国总统根据参议院的建议，经参议院同意后，从文官中任命。在武装力量正规部队中服役的军官，在解除现役后7年内，不得被任命为国防部部长。这项规定的一个例外是：2017年1月20日，美国签署了一项关于文官控制美国军事法的一次性豁免，允许退役将军詹姆斯·马丁斯（James Mattis）担任国防部部长。国防部部长是总统在与国防部有关的所有事务中的首席顾问。

根据总统的指示、《美国法典》本节的内容和1947年《国家安全法》第2节的规定，国防部部长对国防部有管辖、指挥和控制的权力。

2-9. 国防战略委员会

a. 随着2017年《国防授权法案》的通过，国会废除了《美国法典》第10编第2章"国防部"第118节，终止了国防战略审查的要求。根据2015年《国防授权法案》的指导，国防战略审查曾取代了四年一度的国防审查。

b. 在2017年《国防授权法案》中，国会要求成立美国国防战略委员会。该委员会将由众议院军事委员会和参议院军事委员会的主席和少数派高级成员任命的 12 名成员组成。

c. 委员会的目的是审查美国当前的国防战略，包括假定、任务、兵力态势和结构，以及与战略相关的战略风险和军事风险。委员会将对战略环境、对美国的威胁、兵力的规模和特点、部队的战备状态、部队的态势和能力、资源分配以及战略风险和军事风险进行全面评估，以便为美国国防战略提供建议。

d. 美国国会为委员会制定了一个时间表，其中列明了应当向总统、国防部部长、众议院军事委员会和参议院军事委员会提交最终报告的时间。

2-10.《国防战略》

a. 根据《美国法典》第 10 编第 113 节"国防部部长"的规定，国防部部长应当每四年一次向各军种部部长、武装部队参谋长、联合和单一作战司令部指挥官、国防部各局、各野战机构和国防部所有其他实际存在的组织负责人以及国防委员会提供国防战略。此工作通常在该年 1 月进行，也可以在其他任何时间视情况进行。这些战略即《国防战略》，应当为总统最新的国家安全战略报告提供支持。每份《国防战略》应包括以下内容：

（1）国防部的优先任务，以及假定的兵力规划方案和兵力结构。

（2）假定的战略环境：包括国家或非国家行为者对美国及其盟国的国家安全构成的最严重和最持久的威胁，以及国防部为应对此类威胁并提供国家防御而计划采取的战略。

（3）由部长制定的战略框架：用以指导国防部如何在第（Ⅱ）款所述威胁和第（Ⅰ）款规定的任务中确定优先次序；如何分配和减轻由此产生的风险；以及如何进行资源投资。

（4）用于执行第（Ⅰ）款所述任务的武装部队的角色和任务，以及由其他政府机构、盟国和国际伙伴提供预期的作用和能力。

（5）支持此战略所需的兵力规模和结构、部队态势、防御能力、部队战备、军事设施、组织机构、人事、技术创新和其他必需要素。

（6）根据第（Ⅲ）款所述的战略框架，国防部在未来五年将对国防能力、兵力结构、部队战备、部队态势和技术创新进行重大投资。

b. 此外，根据《美国法典》第 10 编第 113 节，国防部部长应当在制定国防战略时寻求参谋长联席会议主席的军事建议和帮助。这一战略将以保密的形式提交给国会委员会，同时附一份非保密的摘要。

2-11.《国防计划指南》

根据《美国法典》第 10 编第 113 节"国防部部长"的规定，国防部部长应在参谋长联席会议主席的建议和协助下，每年向各军种部部长、武装部队参谋长、联合和单一司令部指挥官，以及国防部各局和各野战机构负责人提供书面政策指导，以制定和审查其各自部分的方案建议和预算提案，从而指导部队的发展。此类指导应包括以下内容：

a. 国家安全的利益和目标。

b. 国防部的优先军事任务，包括计划的兵力规划方案和兵力结构。

c. 支持此战略所需的兵力规模和结构、部队态势、防御能力、部队战备、军事设施、组织机构、人事、技术创新和其他必需要素。

d. 这些提议和建议有效期内预计可获得的资源水平。

e. 对任何国防战略变更的讨论和支撑该战略的假定。

2-12.《兵力使用指南》

a. 美国总统在国防部部长签署的《兵力使用指南》下签署《应急计划指南》，两个指南均由国防部制定。《兵力使用指南》将国防部的规划从以应急为中心的模式转变为以战略为中心的模式，指导作战指挥官在单个战区战役计划中设计战区战略，以实现与国家层面的战略方向相一致的优先战役目标。它还指示将某些突发事件视为战区单个战役计划的分支。《兵力使用指南》与联合战略能力计划并行制定，以确保国防部部长和参谋长联席会议主席可以相互补充。国防部部长可以发布《战略指南声明》或计划命令，以在发布周期之间更新《兵力使用指南》。仅在必要情况下发布的《战略指南声明》或计划命令可以用于指导国防部针对正出现的危机或为防止局势演变成危机制定选项或计划。

b. 根据《美国法典》第 10 编第 113 节"国防部部长"的规定，国防部部长在获得美国总统的批准，并与参谋长联席会议主席协商后，应当向主席提供书面政策指导，以编制和审核应急计划，包括在重大事件或灾难性事件中向民政当局提供支持的计划、本土防御计划，以及向民政当局提供军事支持的计划。此类指导应每两年提供一次或根据需要更频繁地提供，并且应包括在计划生效期间内预计可利用的特定兵力等级和特定配套资源等级的指南。

第四部分　全球兵力管理

2-13. 兵力管理概述

全球兵力管理程序负责协调兵力的编配（assignment）、调配（allocation）和实配（apportionment）方法，以支持国防部的战略指导。它为国防部高级领导层提供了对全球可用兵力以及拟议的兵力变更的风险和影响的全面洞察。

a. 根据参谋长联席会议主席指令3100.01C，全球兵力管理程序提供了短期采购解决方案，同时提供了兵力编配、调配、实配之间的整合机制。它通过识别零星的或持续的无来源和（或）难以获得来源的兵力和（或）能力，来为国防部的评估程序提供依据。根据联合作战能力评估提供的信息，全球兵力管理委员会将主动确定战略和军事风险以及缓解方案。

b. 全球兵力管理还将使指定的联合兵力提供方能够随时监测兵力的可用性、确定执行战斗指挥任务的风险、预测执行突发事件的采购挑战以及预测预备役组成部队的机动性和（或）可用性。请参阅《全球兵力管理实施指南》以及《联合参谋部兵力来源工作条例》和《国防部部长命令簿》程序的信息。

2-14. 全球兵力管理授权

根据《联合出版物》5-0"联合规划"附录E，全球兵力管理是三个相关程序的汇总——美军兵力的编配（assignment）、调配（allocation）和实配（apportionment）：

a. 编配。为履行《美国法典》第10编第162节中规定的各军种的职责，按照国防部部长的指示，向作战指挥官或北美航空空间防御司令部的美国分队编配特定兵力，以执行指派给这些司令部的任务。作战指挥官对编配给他们的兵力行使战斗指挥权。这类兵力的编配每年进行一次，并记录在《全球兵力管理实施指南》中。该报告将在《全球部队管理实施指南》中每半年发布一次，在《全球部队管理实施指南》未更新的年份，则在单独发布的备忘录中公布。

b. 调配。根据《美国法典》第 10 编第 162（3）节的规定，调配给作战司令部或北美航空空间防御司令部美国分队的兵力，只能由国防部部长授权，按照国防部部长规定并经美国总统批准的程序进行。在这一权限下，国防部部长可以在作战指挥官之间调配兵力。

c. 实配。兵力分配提供了对军种部"生成能力"的评估，我们可以合理地预期这种能力在总体时间表上可用。这种评估可以为作战指挥官的资源掌握计划提供信息以协助制订该计划，但无法确定计划过渡到执行阶段时，已调配的可用的实际兵力是多少。这为高层领导根据兵力库存、兵力生成能力和可用性评估计划提供了信息。全球兵力管理和《全球兵力管理实施指南》提供有关实配程序的战略指导。

d. 军种部。执行《美国法典》第 10 编中规定的军种机构行动所需的军种部兵力被认为是"未编配的"。军种部还负责通过兵力调配程序为作战指挥官提供训练有素且装备精良的兵力。这些兵力被称为"服役保留"。

2–15. 全球兵力管理要素

《全球兵力管理实施指南》指出：

a. 全球兵力管理委员会。全球兵力管理委员会是由联合参谋部组织的一个将级军官机构，旨在为国防部高级领导层提供评估兵力管理决策实施效果和实施战略规划指导的手段。全球兵力管理委员会定期召开会议，处理特定的重复性任务，并根据需要解决紧急问题。全球兵力管理委员会的设立目的是：执行国防部的战略指导并指导兵力管理方案和建议的制定；作为战略层面的审查小组，在提交参谋长联席会议主席和国防部部长作出决定之前，处理全球兵力管理行动中出现的问题；每年评估，偶尔或长期短缺资源或难以获得资源的部队/能力/个人，并提出建议；每半年评估当前全球兵力管理与《兵力使用指南》优先事项的一致性，并提出解决不平衡的建议。全球兵力管理委员会的成员包括来自联合参谋部、作战司令部、各军种部、国防部部长办公室、国民警卫队和国防部各局的将级军官或者相应等级的高级行政人员代表。

b. 联合兵力提供者。联合兵力提供者是指为作战指挥官的兵力需求提供兵力来源解决方案的以下人员：具有分配的兵力的作战指挥官、军种部部长、国防部各局和国防部部长办公室组织。具体包括：

（1）联合参谋部之未来作战部（J35）。参谋长联席会议主席通过联合参谋部之作战部主任这一职位担任联合兵力提供者，负责为所有经过验证的部队和联合部队扩编人员需求提供推荐的来源解决方案，并担任常规部队的联合兵力提供者。联合参谋部之作战部主任与军种部部长、作战指挥官、联合兵力提供者、联合部队管理者和国防部各局进行协调，以识别并推荐全球常规联合兵力来源解决方案（军用和国防部民用）；协调兵力需求，既包括通用部队的兵力请求也包括特种作战部队的兵力请求；以及提出和推荐常规联合部队扩编人员来源解决方案，用于联合总部、国防部部长指示的任务以及派遣美国人至北约危机处置单位。

（2）美国特种作战司令部。美国特种作战司令部充当特种作战部队的联合兵力提供者。特种作战司令部与军种部、作战指挥官、联合兵力提供者和国防部各局进行协调，以确定和推荐全球特种作战兵力来源解决方案。对于包括通用部队和特种作战部队能力在内的兵力需求，特种作战司令部与其组成部分、军种部和联合参谋部进行协调，以确定并推荐全球来源解决方案。

（3）美国运输司令部。美国运输司令部充当机动兵力的联合兵力提供者。机动兵力是指为指挥、控制并执行空中及地面的普通飞行任务所需的人员、装备和特殊支持，包括港口开放、部署、重新部署和分配行动所需的能力。美国运输司令部与军种部、作战指挥官、联合兵力提供者和国防部各局进行协调，以确定并推荐全球机动兵力来源解决方案。

（4）美国战略司令部。美国战略司令部充当情报、监视与侦察活动的联合部队管理者，并与军种部、作战指挥官和情报机构进行协调，通过联合部队指挥官确定和建议全球联合情报、监视与侦察资源分配解决方案，包括处理、利用和分发的能力。美国战略司令部还充当一体化导弹防御系统的联合部队管理者，并与军种部、作战指挥官和国防部各机构进行协调，通过联合部队指挥官确定和建议国防部全球导弹防御系统资源分配解决方案。情报、监视与侦察联合职能组成司令部和一体化导弹防御系统联合职能组成司令部均隶属于美国战略司令部。

（5）美国网络司令部。2017财年美国《国防授权法案》第923节要求总统为网络作战部队建立统一的作战司令部。2017年8月18日给国防部部长的总统备忘录要求将美国网络司令部建成统一作战司令部，并接管所有先前分配给美国战略司令部指挥官的与网络空间相关的职责。美国网络司令部的权限和职责将在《统一司令部计划》的下一次更新中规定。

2-16. 全球兵力管理对兵力和（或）能力的需求

根据《全球兵力管理实施指南》的规定，应急需求是指作战指挥官、美国太空防御司令部北美分队或北约对于在作战指挥官提交的年度报告中未预料到的兵力和能力的需求，且这一需求无法由司令部、其组成部分或指派和分配给他们的兵力提供。作战指挥官通过联合能力需求管理者提交兵力需求申请，同时记录该信息。

a. 兵力需求申请的必备要素。兵力需求申请的必备要素包括：部队能力（标准和非标准）、部队数量、兵力跟踪编号、目的地、部署日期、部署时长、任务的正当性以及特殊需求。

b. 对兵力人员配置的应急需求。

（1）作战司令部或负责执行指定作战行动且对任务完成能力有需求的陆军司令部、陆军军种部队司令部和直接报告单位将"定义"何为应急需求。

（2）联合特遣部队或下属司令部参谋人员负责"审查"兵力需求申请。

（3）联合特遣部队指挥官或下属指挥官负责"认可"兵力需求申请。

（4）作战指挥官或指定代表（如作战部）负责"批准"兵力需求申请并指定一个兵力需求申请识别码。

（5）联合参谋部之作战部负责"批准"兵力需求申请，并"指定"《兵力使用指南》优先事项和联合职能指挥官或联合兵力提供者。联合参谋部之人事部负责"批准"联合部队扩编人员对维持或批准联合人员配备文档的应急需求。

（6）联合兵力提供者将从他们的部队中"提名"最佳可用来源方案。

（7）联合部队指挥官或联合兵力提供者负责"推荐"最具可用性的附有最迟到达日期的联合兵力提供者和兵力。

（8）国防部部长负责"安排"《国防部部长命令簿》中的来源建议和对应的全球兵力管理分配计划的修改，这些内容同样应当附有最迟到达日期。

（9）作战指挥官将通过部署命令以"发布指挥与控制"信息。

c. 应急兵力需求申请的分类。应急兵力需求申请共有三类：常规、重要和紧急。

（1）在常规兵力需求申请中，请求兵力的最迟到达时间为自兵力需求申请信息中约定日期时间起 120 天或更长（例如，针对联合部队扩编人员的"常规应急"需求）。

（2）有关重要和紧急兵力需求申请类别的分类说明，请参阅《全球兵力管理实施指南》。

2-17. 全球兵力管理的输出

a. 《全球兵力管理分配计划》。《全球兵力管理分配计划》是由参谋长联席会议主席制定的国防部部长部署命令，该命令授权国防部部长进行兵力分配和兵力部署，以支撑作战司令部对兵力和联合部队扩编人员的需求。联合参谋部需通过《全球兵力管理分配计划》的部署命令及其后续修改，寻求国防部部长批准，以部署轮换和应急兵力，从而支持作战指挥官的需求。轮换兵力计划每年提交一次。联合参谋部之作战部主任负责制定《全球兵力管理分配计划》，向国防部部长汇报以供批准，并在批准后发布该计划。

b. 《全球兵力管理实施指南》。《全球兵力管理实施指南》将补充的编配、调配和实配信息融合到单个全球兵力管理文档中。《全球兵力管理实施指南》为规划者和领导者提供了一个参考，将常备兵力、轮换兵力和潜在应急兵力纳入全面的行动规划中。它为国防部部长向作战司令部编配兵力以完成作战指挥官的任务提供指导；当指派的任务需求超出编配和调配的兵力的能力时，获取可用兵力或能力的调配程序；提供实配指南和兵力实配表，以方便进行规划并为联合兵力、结构和能力评估程序提供信息。

c. 《国防部部长命令簿》。《国防部部长命令簿》修改了《全球兵力管理分配计划》基础部署命令。需要国防部部长批准的非紧急兵力需求申请和警报或动员将每两周处理一次。

d. 《特别手册》。所有时间紧迫的兵力需求申请和警报或动员都将作为《特别手册》进行人员配备，并在标准且快速的人员配备程序完成后，向国防部部长报告。

2-18. 全球兵力管理跨机构程序

根据《全球兵力管理实施指南》，尽管全球兵力管理并未管理政府所有部门的整个情报收集力量，但全球兵力管理通过为非国防部机构提供渠道，来满足作战指挥官对规划和执行行动的能力需求，从而在机构间进行互动。由于其他（非国防部）国家权力机构致力于支持满足作战指挥官的能力需求，《全球兵力管理分配计划》提供了一个工具，可以向联合计划制定和执行单位通报指定的来源解决方案。

第五部分　联合层面的战略

2-19. 参谋长联席会议主席

a. 参谋长联席会议主席对联合战略规划系统的使用会影响美国总统和国防部的决策和战略指导。为了履行《美国法典》第 10 编中规定的法定职责，参谋长联席会议主席利用联合战略规划系统提供了一个正式的体系结构，以协调目的、方式和手段，并在为总统和国防部部长提供建议时，确定和减轻军队在制定最佳评估、建议和指导时的风险。

根据《美国法典》第 10 编，分编 A "一般军事法"第一部分"组织和一般军事力量"第 5 章"参谋长联席会议"第 153 节"主席：职能、规划；建议；政策制定"的规定，在美国总统和国防部部长的授权、领导和控制下，参谋长联席会议主席应负责以下工作：

（1）战略方向：协助美国总统和国防部部长制定武装部队的战略方向；

（2）战略和应急规划；

（3）全球军事一体化；

（4）综合联合战备；

（5）联合能力发展；

（6）联合兵力发展行动；

（7）其他事务。

b. 上述第（2）类到第（7）类职责，可细分为 28 种具体职责，将在下文讨论。此外，根据第 153 节，对于国家军事战略必须处理的内容、主席何时必须对国家军事战略进行审查或更新，以及如何评估国家军事战略中的风险，这些内容都具有具体需求，所有这些也都将在本章下文进行讨论。关于主席向国会提供的关于作战司令部需求的年度报告的内容，以及何时提交该报告，也有具体的指导。

2-20. 联合战略规划系统

联合战略规划系统是参谋长联席会议主席用来履行其法定职责的主要的正式手段。主席的法定职责广泛规定在第 3-19 段中，如图 2-1 所示。涉及联合战略规划系统的材料直接取自参谋长联席会议主席指令 3100.01C 和《美国法典》第 10 编中的章节。

a.《美国法典》第 10 编"武装部队"第 113（g）（1）节、第 113（g）（2）节、第 151 节、第 153 节、第 161 节、第 163 节、第 165 节、第 166 节、第 181 节以及第 22 编和第 50 编规定，参谋长联席会议主席作为首席军事顾问，为美国总统、国家安全委员会、本土安全委员会和国防部部长提供独立评估；并代表美国总统和国防部部长协助向武装部队提供统一的战略指导。

b. 2015 年 11 月 20 日，参谋长联席会议主席指令 3100.01C 发布，反映了主席对全球兵力管理、联合部队发展和联合战略能力计划的指导和修改。参谋长联席会议主席指令提供了对主席与国防部部长办公室、各军种、作战司令部和支持机构合作以执行其法定职责的系统描述。当前的参谋长联席会议主席指令正在审查和修订中，以应对当前参谋长联席会议主席指导的变化。

c. 联合战略规划系统是参谋长联席会议主席履行其法定职责的渠道。主席的主要职责是评估、建议、指导和执行。《美国法典》规定的某些法定职责会涉及主席的一个以上的主要任务。联合战略规划系统为主席提供了这样一个系统，在这个系统中主席能够与国家、国会和国防部程序进行互动。

2-21. 联合"评估"战略文档

参谋长联席会议主席应当进行深思熟虑且持续的评估。这些评估提供了对具有友好能力和威胁能力战略环境的年度审查。军种和作战司令部会根据任务、领域和时间为主席制定年度评估。这些评估，加之联合参谋部的内部评估，为制定备选方案和使主席能够履行第 10 编规定的全面评估职责提供了强有力的分析基础。这些评估包括综合联合评估、联合战略审查程序、主席风险评估、联合战略评估和主席战备系统。这些程序构成了联合战略规划系统主席评估的关键部分。

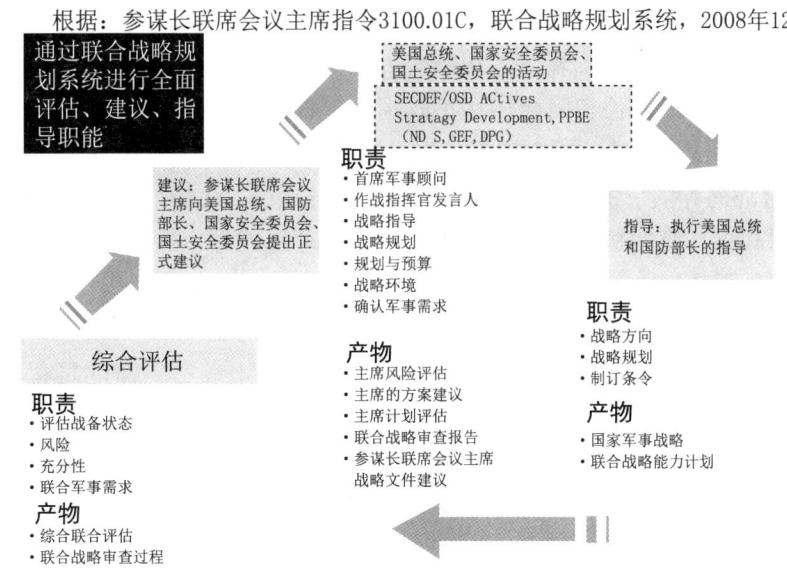

图 2-1　联合战略规划系统

a. 综合联合评估。根据参谋长联席会议主席指令 3100.01C，综合联合评估是一个正式的整体战略评估程序，它提供了一个通用的信息基准和战略图景。综合联合评估为作战指挥官和军种负责人提供了一个统一的中央机制，用以描述战略环境、机遇、挑战、执行和支持稳态作战计划任务的能力以及应急计划目标的激增，同时这个机制还包括相关的军事风险、优先能力和兵力需求。综合联合评估由对联合参谋部的问询构成，这些问询有助于对作战司令部、军种和联合参谋人员进行分析。

b. 联合战略审查程序。根据参谋长联席会议主席指令 3100.01C，联合战略审查程序旨在提供一个全面的且令人信服的分析框架，以探索具有战略价值的领域，并支撑参谋长联席会议主席成果（如战略文件、指令、指示或备忘录）的制定。这一程序涵盖了战略环境的关键方面（如趋势、变量和挑战），及其对国家安全和军事的影响。联合战略审查整合了综合联合评估的信息独立研究和联合参谋部的职能评估，以为主席提供建议和指导。深入分析请参见联合参谋部的工作文件和专门活动。

c. 主席风险评估。根据参谋长联席会议主席指令 3100.01C，主席风险评估将从联合战略审查程序的全范围内获取信息，并向国会提供在执行国家军事战略所要求的目标期间，主席对于战略和军事风险的性质和程度的评估。主席风险评估全面评估了武装部队在短期内满足战略需求的能力，并为主席提供了一种向国防部部长和国会传达正式军事建议的方式。主席为国防部部长随后向国会提交的风险化减方案报告提供意见和建议。

d. 联合战略评估。根据参谋长联席会议主席指令3100.01C，联合战略评估提供了对战略环境的概述，并处理中长期战略环境问题，这为联合战略审查的基准提供了依据。

e. 主席战备系统提供了一个进行指挥官战备评估的通用框架，使领导层能够在作战司令部、军种和战斗支援机构的战备问题上获得更高的可视性；同步参谋人员的行动；更快地达成共识；以及简化战斗人员的风险化减方案。该战备系统的组成部分包括联合部队战备审查、联合作战能力评估和计划评估，以及向美国国会提交的季度战备报告。

2-22. 联合"建议"战略文档

参谋长联席会议主席向美国总统、国防部部长、国家安全委员会和国会传达最佳军事建议。主席的正式建议将：协助国家安全、国防和机构间领导班子及其参谋人员制定国家安全和国防战略；用于国防部计划规划、预算文件和行动；以及为军种战略计划和规划目标备忘录提供信息。在正式的联合战略规划系统程序之外，主席还与总统和国防部部长进行例行军政互动。

a. 根据参谋长联席会议主席指令3100.01C，联合战略判断报告设定了战略环境基准，并形成了共同的战略图景，共同为联合战略规划系统的所有活动提供信息。它被视为是综合联合评估的结果（请参阅评估部分）。

b. 国家军事战略。根据参谋长联席会议主席指令3100.01C，国家军事战略主要用于向武装部队传达指示，但也用于传达主席的正式军事建议。国家军事战略详细介绍了主席对全球战略环境的看法、这一环境产生的影响，以及在有足够资源和手段的情况下，军方如何才能最好地实现国家安全战略和国防战略目标。

（1）根据《美国法典》第10编，分编A"一般军事法"第一部分"组织和一般军事力量"第5章"参谋长联席会议"第153节"主席：职能"的规定，主席应确定在每个偶数年是根据本款规定制定新的国家军事战略，还是更新先前的战略。每项国家军事战略（或每一次更新）均应以主席与参谋长联席会议其他成员以及联合和单一作战司令部指挥官进行的全面审查为基础。

（2）每项国家军事战略（或每一次更新）均应说明：军队将如何支持美国最新的国家安全战略中阐明的目标；国防部部长向总统和国会提交的年度报告；国防部部长提交的最新国防战略；国防部部长提供的最新政策指导；以及总统或国防部部长发布的任何其他国家安全或国防战略指导。

（3）每项国家军事战略（或每一次更新）应至少包含以下内容：评估影响美国国家安全的战略环境、威胁、机遇和挑战；评估支持美国目标的军事目的、方式和方法；为主席评估军事战略和作战风险以及制定风险化减方案提供框架；发展军事备选方案以应对威胁和机遇；评估联合部队的作战能力、军事力量和资源；以及在总统和国防部部长的指导下，为联合部队和全体兵力的发展建立军事指导。

（4）国家军事战略根据国家目标和防御手段确定优先方式。

c. 主席风险评估。根据参谋长联席会议主席指令 3100.01C，主席风险评估主要是作为评估报告使用，同时也用于主席向国防部部长和国会传达正式军事建议。主席为国防部部长向国会提交的风险化减方案报告提供意见和建议。国会对该风险评估提供具体的指导，指导包括以下内容：

（1）根据《美国法典》第 10 编，分编 A "一般军事法"第一部分 "组织和一般军事力量" 第 5 章 "参谋长联席会议"第 153 节 "主席：职能"的规定，主席应每年制作一份与最新（或更新的）国家军事战略相关的风险评估报告。

（2）风险评估应进行以下工作：在主席认为适当的情况下，在下述事项发生任何改变时进行更新，事项包括战略环境、威胁、目标、兵力规划和规模结构、评估以及对本节规定的国家军事战略有影响的假定；确认和定义符合美国利益的军事战略和作战风险，以及执行国家军事战略时的军事战略和作战风险；确认和定义风险级别，包括确认构成主席判断中所言的"重大"风险的因素；根据类别和级别以及风险可能的显现方式来确定和评估国家军事战略中的风险，包括风险将如何随着时间的推移而增加、减少或保持稳定；根据当前在最新的《未来年份国防计划》中预估和实施的预算优先事项、预算权衡或者财政约束或限制，评估当前和未来的风险由于上述因素导致的增加、减少或维持稳定的程度；确定和评估与国家军事战略的有关的外部支援贡献的假定或计划相关的风险；以及确定和评估在制定和审查每个联合作战司令部的应急计划期间确定的军事力量（包括人力、后勤、情报和机动支援）的关键缺陷和优势，并确定和评估此类缺陷和优势对国家军事战略的影响。

（3）根据参谋长联席会议主席指令3100.01C，主席风险评估主要是作为评估报告使用，同时也用于主席向国防部部长和国会传达正式军事建议。主席为国防部部长后续的风险化减方案报告提供意见和建议。

d. 主席的方案建议。

（1）根据《美国法典》第10编，分编A"一般军事法"第一部分"组织和一般军事力量"第5章"参谋长联席会议"第153节"主席：职能"的规定，主席应就联合和单一作战司令部指挥官需求的优先次序向秘书提出建议。

（2）根据参谋长联席会议主席指令3100.01C，主席的方案建议是主席就任务执行能力、计划和预算考虑向国防部部长提出的建议。主席的方案建议对国防部部长的财政指导和国防计划指南均有影响。主席方案建议依据参谋长联席会议主席指令8501制定，包含主席对国防部部长的计划建议，以及对国防部的资源优先事项的建议。

e. 主席计划评估。根据《美国法典》第10编，分编A"一般军事法"第一部分"组织和一般军事力量"第5章"参谋长联席会议"第153节"主席：职能"的规定，主席应当履行以下职责：

（1）就一个财年的军事部门和其他国防部机构的计划建议和预算提案在多大程度上符合国防战略以及联合和单一司令部要求确立的优先事项，向国防部部长提出建议。

（2）在计划的资源水平和国防部部长提供的指导范围内，就备选计划建议和预算提案向国防部部长提出建议，以便更符合国防战略以及联合和单一作战司令部要求确立的优先事项。

（3）向国防部部长建议每个联合和单一作战司令部的行动预算提案。

（4）评估联合军事能力，并确定、批准这些能力与国防战略需求间的差距，并对这些缺口进行优先排序。

（5）在采购物资和装备时，就生命周期成本、价目表、性能以及采购数量之间的适当权衡，向国防部部长提出建议，以便以最有效和最高效的方式支持本款规定的战略和应急计划。

（6）根据参谋长联席会议主席指令3100.01C，主席计划评估向国防部部长提供主席个人评估和建议，以确保军种和机构计划目标备忘录符合战略指南、战略规划和作战指挥官所要求的优先事项。主席计划评估可以通过用于对"联合参谋部计划提出分析和建议的程序和文档"进行。

2-23. 联合"指导"战略文档

根据参谋长联席会议主席指令 3100.01C，主席通过将美国国家战略目标与军事战略、计划、资源、条令以及实施这些目标所需的联合行动联系起来，协助总统和国防部部长向武装部队提供统一的战略指导。主席的战略指南在国家军事战略、联合战略能力计划、联合作战拱顶石概念和联合训练指南中发布。主席还向联合参谋部或联合部队发布正式指导意见，包括针对目标问题的愿景、优先事项和具体指导。这些指导文件和参谋长联席会议主席的其他指导使得主席能够行使统一的指导，即《美国法典》第 10 编所述职责。

a. 国家军事战略。国家军事战略可以为武装力量提供机密和非机密的指导，以支持国家安全和国防战略。国家和国防战略规定了"什么目标"，而国家军事战略提供了"何种方法"来协调目标、方式、手段和风险，以完成支持美国国家利益和目标的使命。国家军事战略将重点放在美国武装力量的行动上，同时向美国总统、国防部部长和国会转达主席关于安全环境和保护美国重要国家安全利益的必要军事行动的建议。国家军事战略通过告知作战指挥官如何使用联合兵力，来保护美国的重要利益和各军种部长的兵力发展。它还可以用于告知盟国、合作伙伴和对手我们的军事战略，并可以充实国家安全战略或国防战略的内容。主席风险评估和国家军事战略均以国家军事战略中所述的国家军事目标为基础。

b. 联合战略能力计划。联合战略能力计划通过将战略政策的最终状态从《军队使用指南》转变为《军事战役和应急计划指南》，为指挥官、负责人及其参谋人员提供具体的指导。此外，它基于对当前和预计的兵力发展的了解来为计划分配兵力，以支持正在进行的行动。

（1）根据《美国法典》第 10 编，分编 A "一般军事法"第一部分"组织和一般军事力量"第 5 章"参谋长联席会议"第 153 节"主席：职能"的规定，参谋长联席会议主席应负责战略指导、战略和应急计划、全球军事一体化、综合联合战备、联合能力发展和联合兵力发展行动，其中包括：

（a）根据需要制定战略框架和战略计划，以指导所有地理区域、军事职能和领域的军事力量及相关活动的使用,并且根据需要,在不同的时间段内维持军事行动。

(b) 对美国及其盟国武装力量的联合能力与潜在对手的军事能力进行军事净评估。

(c) 根据需要,向国防部部长提出关于在依地理区划和职能划分的作战司令部之间分配和调动兵力的建议,以应对跨地区、多领域和多职能威胁。

(d) 根据美国总统和国防部部长的政策指导,制定和审查应急计划。

(e) 制定联合后勤和机动计划以支持国防战略,并根据此类计划提出应当如何划分武装力量职责的建议。

(f) 就可能需要承包商或其他的外部支持以实现国家安全目标、政策和战略的任务和职能,以及与此类支持相关的风险,向国防部部长提出建议。

(g) 就制定和审查国防战略和应急计划期间发现的联合部队能力(包括人力、后勤和机动支援)的严重缺陷和优势,向国防部部长提出建议,并评估这些缺陷和优势对实现国家安全目标、政策和战略计划的影响。

(h) 在与联合和单一作战司令部的指挥官协商后,建立并维持一个统一的系统,以评估单个或一组司令部执行指派给一个或多个司令部的任务准备情况。

(2) 根据参谋长联席会议主席指令3100.01C,联合战略能力计划向联合部队提供正式的计划指导,以实施国家军事战略阐述的战略构想。联合战略能力计划由对联合兵力的指导构成,用于执行和加强总统和国防部部长在兵力使用指南、联合战略能力计划、国防战略、国家安全系统中提出的指导,以及主席在国家军事战略中提出的指导。联合战略能力计划还负责制定与作战司令部的战役计划、应急计划、安全合作、态势、动员、稳态和全球兵力应急管理和同步相关的计划指南。向作战司令部、军种、国民警卫队、联合参谋部和某些机构分配任务,以制定可行的战役和应急计划并支持整体计划。确定作用、职责和任务以支持作战司令部间的计划整合以及针对特定功能的补充说明。

c. 联合作战拱顶石概念。联合作战拱顶石概念是参谋长联席会议主席对未来联合部队的设想。它描述了未来联合部队将如何在战略指南和未来的战略安全环境下运作,并说明了指导联合部队发展的影响。联合作战拱顶石概念架起了一座桥梁,将战略指南与其他从属的联合与军种构想、部队发展行动以及后续理论联系起来。主席可根据需要修改联合作战拱顶石概念。

d. 《主席联合训练指南》。《主席联合训练指南》是一项年度报告,为国防部各机构为期四年的联合、个人和集体训练的计划、实施和评估提供指导。《主席联合训练指南》适用于作战司令部、军兵种、国民警卫队、作战支援部、联合参谋部和其他联合组织。作为联合战略规划系统的组成部分,《主席联合训练指南》旨在为联合训练计划的制定提供支持。它还为调整原定计划中的训练活动和目标提供指导,以解决新出现的作战问题以及主席高度感兴趣的训练事项。

2-24. 联合"执行"战略文档

根据参谋长联席会议主席指令 3100.01C,主席负责协助美国总统和国防部部长向武装力量提供统一的战略指导。主席协助总统和国防部部长将他们的指导转化为协调一致的军事使命、任务和行动。主席履行法定职责,通过以下行动来协助总统和国防部部长发挥指挥职能:联合兵力发展和计划行动;全球兵力管理委员会的行动;编制《国防部部长命令簿》;通过联合需求审查委员会确认联合需求;以及进行战略分析。联合参谋部发挥着核心作用,使主席能够有效履行《美国法典》第 10 编所列职责。

a. 能力发展和资源配置(主要负责部门:联合参谋部兵力结构、资源与评估部)。参谋长联席会议主席将联合需求监督委员会作为咨询委员会,以协助其履行《美国法典》第 10 编的职责,向国防部部长提出有关需求优先顺序的建议,以及计划和预算、战略计划中的优先事项和作战指挥官确定的优先事项三者间一致性的建议。主席通过联合能力整合与发展系统确认需求并确定优先顺序。

b. 联合兵力发展(主要负责部门:联合参谋部作战计划部)。联合参谋部代表参谋长联席会议主席管理联合概念研发、联合理论、联合教育、联合训练、联合课程学习、联合作战分析计划。通过这些计划所确定的联合兵力发展非装备解决方案已被纳入联合能力整合与发展系统程序,以缓解和解决联合作战能力方面的缺口。

c. 联合作战计划和执行系统(主要负责部门:联合参谋部作战部)。联合作战计划与执行系统是一个重要的综合系统,它涵盖了支持计划、决策和执行这一连续活动的各个方面的全部程序、步骤和行动。联合作战计划与执行系统用于根据美国总统、国防部部长或主席的要求制定和实施作战计划和命令,并细化规定了制定和执行计划的政策、程序和形式。联合作战计划与执行系统包括动员、部署、兵力使用、后勤保障、重新部署和复员的子程序。

d. 自适应规划与执行（主要负责部门：联合参谋部作战部）。该部门级别的系统包括政策、程序和步骤，并得到国防部部长办公室和联合计划与执行界正在开发的通信和信息技术的支持，以规划、监控和执行联合行动。自适应规划与执行系统未来将取代联合作战计划与执行系统。

e."规划、计划预算和执行"系统（主要负责部门：联合参谋部兵力结构、资源与评估部）。主席、作战司令部、军兵种和联合参谋部在"规划、计划预算和执行"系统中执行各类行动（请参阅参谋长联席会议主席指令8501.01系列文件）。主席方案建议、主席计划评估和主席风险评估为"规划、计划预算和执行"系统提供建议或评估。国家军事战略和联合战略能力计划提供的规划指导也会体现在"规划、计划预算和执行"系统中。

2-25. 作战司令部

a. 根据《美国法典》第10编，分编A"一般军事法"第一部分"组织和一般军事力量"第6章"作战司令部"第162节"作战编配兵力；指挥系统"的规定，军种部的部长可以将其管辖的特定兵力编配给联合和单一作战司令部或北美航空空间防御司令部美国分队，以执行指派给这些司令部的任务。国防部部长应确保此类编配与总统为每个作战司令部设定的兵力结构相一致。未编配给作战司令部或北美航空空间防御司令部美国分队的兵力应继续保留在有关军种部，以履行该军种部部长的职责。编配给作战司令部或北美航空空间防御司令部美国分队的兵力只能从国防部部长授权的司令部中调配，且必须按照部长规定并经总统批准的程序进行。

b. 除非国防部部长另有指示，编配给联合作战司令部的所有兵力均应由该司令部的指挥官指挥。此处"兵力"指编配给国防部部长指定的特定作战司令部的兵力。

c. 除非总统另有指示，否则联合或单一作战司令部的作战指挥链应当是"总统——国防部部长——作战司令部指挥官"的顺序。作战指挥官对总统和国防部部长负责，执行总统或国防部部长在总统批准下指派给该司令部的任务。作战指挥官在总统的指导下，在国防部部长的授权、领导和控制下履行其职责，并直接对国防部部长负责，为执行指派给该司令部的任务做好准备。

第二章 战略和战略方向

d. 作战指挥官通过以下方式协助参谋长联席会议主席进行"评估"：通过综合联合评估提供要求的信息；通过联合兵力战备审查和国防战备报告系统程序，将战备报告作为联合作战能力评估程序的数据输入；根据主席的要求向联合参谋部提供关于军事能力缺口和过剩的评估、政策和关于重要议题规划的文件，并且参与到程序中；通过综合联合评估提供关于联合概念的军事能力分析和评估，并为联合需求监督委员会论坛提供参与者。

e. 作战指挥官通过以下方式协助参谋长联席会议主席履行其"顾问"职责：根据参谋长联席会议主席指令 3170.01 的规定，制作并提供军事能力需求文档。

f. 作战指挥官通过以下方式协助参谋长联席会议主席履行其"指导"职责：执行参谋长联席会议主席的命令和由总统或国防部部长直接指示或由他人代为转达的命令；执行包括参谋长联席会议主席资助的特别方案在内的指令；实施参谋长联席会议主席指令和《参谋长联席会议主席手册》中所述的程序或政策。

g. 作战指挥官通过以下方式协助参谋长联席会议主席履行其"执行"职责：根据执行命令领导当前的行动；参与全球兵力管理程序；参加联合能力整合与发展系统；以及满足联合战略能力计划的需求。

h. 当前美军共有 6 个地理作战司令部和 4 个职能作战司令部。

（1）美国非洲司令部。美国非洲司令部就非洲国家、非洲联盟和非洲区域安全组织间的军事关系对国防部部长负责。美国非洲司令部是一个全谱系作战司令部，负责国防部在非洲大陆，及其岛屿和周围水域的所有作战、演习和安全合作。

（2）美国中央司令部。美国中央司令部的职责范围超过 400 万平方英里，覆盖三大洲的交汇区域和全球重要的商业海道、飞行走廊、管道和陆上航线。其责任区域的 20 个国家从非洲东北部横跨中东延伸到中亚和南亚。

（3）美国欧洲司令部。美国欧洲司令部是美国部署的两个前沿战区司令部之一，其关注领域覆盖了全球近五分之一的地域，包括整个欧洲、亚洲的大部分地区、部分中东地区以及北冰洋和大西洋。该司令部负责美国与北约和两大洲共 51 个国家的军事关系，总人口接近 10 亿人。

（4）美国太平洋司令部。美国太平洋司令部的责任区域范围辽阔，从美国西海岸海域一直延伸到印度的西部边境，再从南极洲一直延伸到北极，涵盖了地球约一半的面积。很少有地区像亚太地区一样，在文化、社会、经济和地缘政治上如此多样化。亚太地区的 36 个国家/地区拥有世界人口的 50%以上，3000 种不同的语言，若干全球最大的军事力量，以及通过共同防御条约与美国结盟的 5 个国家。三个最大的经济体中有两个位于亚太地区，而 14 个最小的经济体中有 10 个位于亚太地区。这一责任区域包括世界上人口最多的国家、最大的民主国家和最大的伊斯兰国家。超过三分之一的亚太地区国家是较小的岛国，包括世界上最小的共和国和亚洲最小的国家。

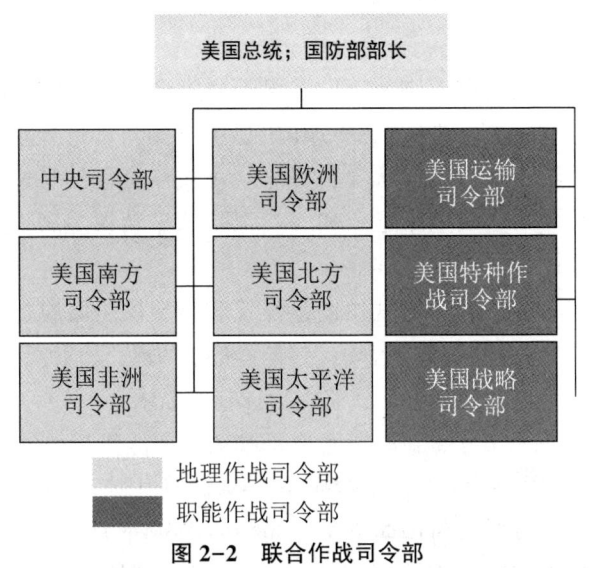

图 2-2 联合作战司令部

（5）美国特种作战司令部。美国特种作战司令部能够同步特种作战计划，并提供特种作战部队，以支持时间长、网络化和分布式的全球作战司令部作战，从而保护和促进美国国家利益。

（6）美国南方司令部。美国南方司令部负责在责任区域内提供应急计划、作战和安全合作，其责任区域包括中美洲、南美洲和加勒比海地区（美国的自治政区、领土和属地除外）。美国南方司令部负责对这些区域的美国军事资源进行武力保护。美国南方司令部还负责确保巴拿马运河的防御。

（7）美国战略司令部。美国战略司令部负责整合并协调必要的指挥和控制能力，为美国总统、国防部部长、其他国家领导人和作战指挥官提供最准确、最及时的信息支持。美国战略司令部将美国传统核指挥与控制任务的协同作用与以下职责结合：空间站；全球打击；全球导弹防御；以及全球指挥、控制、通信、计算机、情报、监视和侦察。这种动态管理为国家领导层提供了联合资源，以便使他们更好地了解世界各地的特定威胁，并为他们提供快速应对这些威胁的手段。

（8）美国运输司令部。美国运输司令部是一个一体化职能作战司令部，它为其他八个作战司令部、军兵种、国防机构和其他政府组织提供支持。美国运输司令部提供全面的全球运输方案和相关的、可用的军事能力，以支持受支持的使用者在和平与战争中的需求。

（9）美国北方司令部。美国北方司令部负责进行本土防御、民事支持和安全合作，以捍卫和保护国家和国家利益。其责任区域覆盖海陆空通道，涵盖美国本土、阿拉斯加、加拿大、墨西哥及其周围约500海里的水域。它还包括墨西哥湾、佛罗里达海峡和加勒比地区的部分地区（巴哈马、波多黎各和美属维尔京群岛）。

（10）美国网络司令部。2017财年美国《国防授权法案》第923节要求美国总统为网络作战部队建立统一的作战司令部。2017年8月18日给国防部部长的美国总统备忘录要求将美国网络司令部建成统一作战司令部，并接管所有先前分配给美国战略司令部指挥官的与网络空间相关的职责。美国网络司令部的权限和职责将在《统一司令部计划》的下一次更新中规定。

第六部分　联合计划

2-26. 联合计划概述

根据《联合出版物》5-0"联合计划"：

a. 联合计划是在考虑相关风险的同时，决定在时间和空间上如何（方式）使用军事能力（手段）以实现目标（结果）的深思熟虑的过程。理想情况下，规划从具体国家战略目标和军事目标状态出发，提供一个统一的目标，行动和资源都将以此目标为中心。在作战司令部一级，联合规划有两个关键目的：

（1）在战略层面，联合计划根据最佳军事建议，向总统和国防部部长提供通过军事手段实现国家利益以及《国家安全战略》和《国防战略》中规定的目标的备选方案。

（2）在作战层面，战略指南一经发布，联合计划就会将该指南转化为旨在实现战略和作战目标并达到军事结束状态的具体行动。

b. 在不断变化的作战环境中，联合计划在确保国家利益方面发挥着根本性作用（见图2-3）。通过结构化的审查、评估和修改，联合计划不断被联合部队指挥官评估和更新，并由更广泛的联合计划制定和执行单位以及国防部高层领导进行审查。这一开放和协同的规划程序为跨越多个层级的组织机构提供了共识，也为计划的实施和变更提供了基础。

c. 当有关当局认识到可能需要使用军事能力支持国家目标的实现，或应对潜在的或实际存在的危机时，即启动联合计划。在战略层面，当局（美国总统、国防部部长或参谋长联席会议主席）通过决定制定军事备选方案来启动计划。制定联合计划的主要指导文件包括总统指令、《国家安全战略》《联合司令部计划》《兵力使用指南》《联合战略能力计划》和相关的战略指导文件（如战略指导声明）。另外，对正在发生的或紧急的危机的分析可能会导致美国总统、国防部部长或参谋长联席会议主席通过警告命令或其他计划指定的方式启动军事计划。

2-27. 联合计划制定和执行单位

根据《联合出版物》5-0"联合计划"的规定，参与联合计划或致力于联合行动的总部、司令部和各机构，都可被称作联合计划制定和执行单位。联合计划制定和执行单位虽然不是常设或定期召开会议的实体，但它由图2-4中所示的利益各方组成。

2-28. 自适应规划与执行体系

根据《联合出版物》5-0"联合计划"：

a. 战略和联合计划产生于自适应计划和执行系统，该系统是关于政策、程序、步骤和报告结构的部门级系统，以通信和信息技术为支撑，用于联合计划制定和执行单位计划并执行联合作战行动。自适应规划与执行整合了联合计划制定和执行单位的计划行动，并促进了从计划到执行的过渡。自适应规划与执行行动涉及多个组织层级，但重点是国防部部长与作战指挥官之间的合作，这最终有助于美国总统和国防部部长决定何时、何地以及如何派遣美国军事力量。

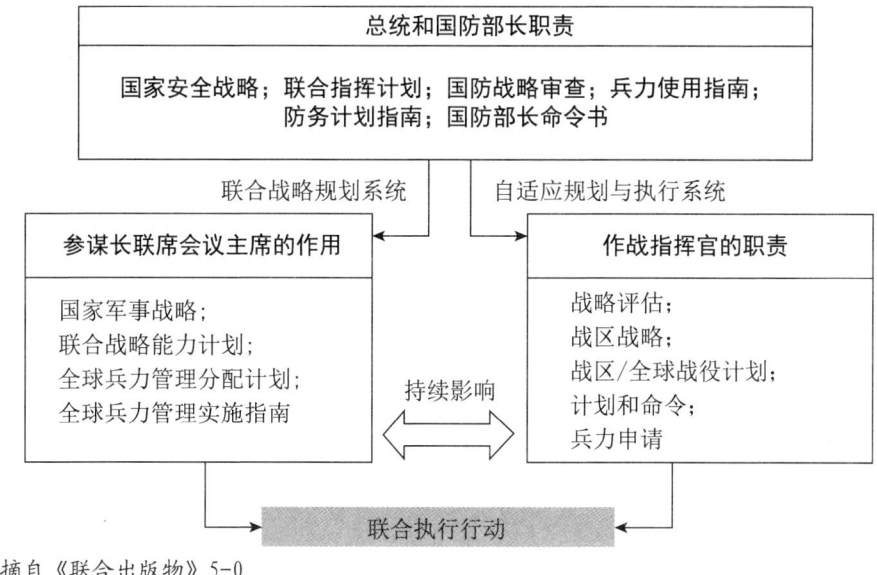

摘自《联合出版物》5-0

图 2-3 联合行动的执行

b. 联合计划制定和执行单位使用自适应规划与执行系统来监控、规划和执行与联合作战相关的动员、部署、使用、维持、调动和复员活动。在网络化的协作环境中使用自适应规划与执行系统，有助于促进高层领导之间对话、并进行计划的制定以及跨越多个计划层级的协作。

2-29. 联合计划程序

根据《联合出版物》5-0 "联合计划"：

a. 联合部队指挥官和参谋人员通过运用作战艺术和作战设计，结合联合计划程序来制定计划和命令。指挥官通过使用作战设计和作战艺术，开发创新的、适应性强的替代方案，以解决复杂的挑战。作战艺术和作战设计的应用进一步降低了不确定性，同时梳理复杂问题，以便制定更详细的计划。

b. 联合计划的参谋人员通常使用联合计划程序制定详细计划，以全面开发备选方案、确认资源以及识别和减缓风险。计划人员制定作战概念、兵力计划、部署计划和支持计划，这些计划包含多个行动方案，以便更灵活地适应不断变化的条件,并与联合部队指挥官的意图保持一致,同时为文职决策者提供可行的选择方案。

c. 联合计划程序是一个有序的分析过程,由一系列逻辑步骤组成,用于构建问题;分析任务;制定、分析和比较替代行动方案;选择最佳行动方案;以及制定计划或命令。联合计划程序提供了一个行之有效的程序,来组织指挥官、参谋人员、下属指挥官和其他共事者的工作,以制定能够适当解决问题的计划。它的重点在于确定军事任务,并制定和同步完成该任务的详细计划。

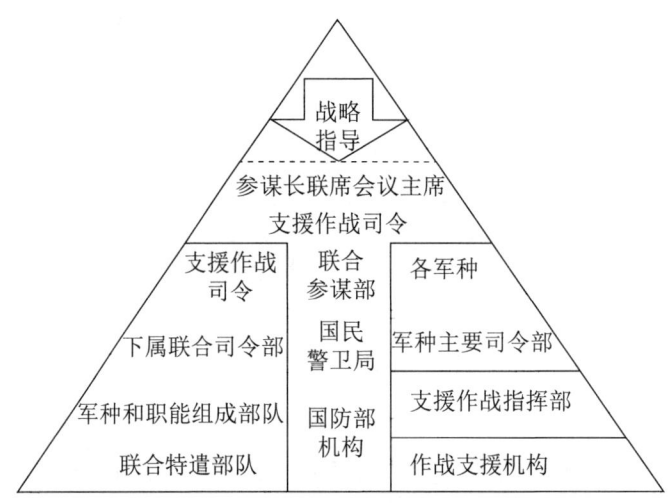

图 2-4 联合计划制定和执行单位

2-30. 联合计划作战行动

根据《联合出版物》5-0 "联合计划",联合计划由若干要素构成,包括以下三项作战行动(见图 2-5):

a. "态势感知"为描述作战环境(包括对国家安全的威胁)提供了可行程序。这种情况发生在对国家和国际政治和军事局势的持续监测期间,以便作战指挥官、联合部队指挥官及其参谋人员能够确定和分析新出现的危机,通知决策者,并确定威胁的具体性质。

b. "计划"将战略指南和指导转化为战役计划、应急计划和作战命令。联合计划可能以《兵力使用指南》和《联合战略能力计划》中确定的明确任务为基础。联合计划也可能以对未能预见的当前事件、紧急情况或时间敏感的危机军事响应需要为基础。

c. 当美国总统或国防部部长授权采取军事行动或其他行动时，即开始执行计划。参谋长联席会议主席会在总统或国防部部长的指示下发布执行命令或其他授权指令，以发起或开展军事行动。由于时间限制，执行命令可能是作战指挥官或下属指挥官收到的唯一命令。执行命令确定行动开始的时间，并传达之前未发布的指令。

2-31. 联合计划功能

根据《联合出版物》5-0 "联合计划"的规定，联合计划由若干要素构成，包括四项计划功能（见图 2-5）。这四项功能是战略指南、概念发展、计划制定和计划评估，它们通常是连续的，并且可以同时运行，以加深文职和军事领导人之间的对话并加快总体计划进程。

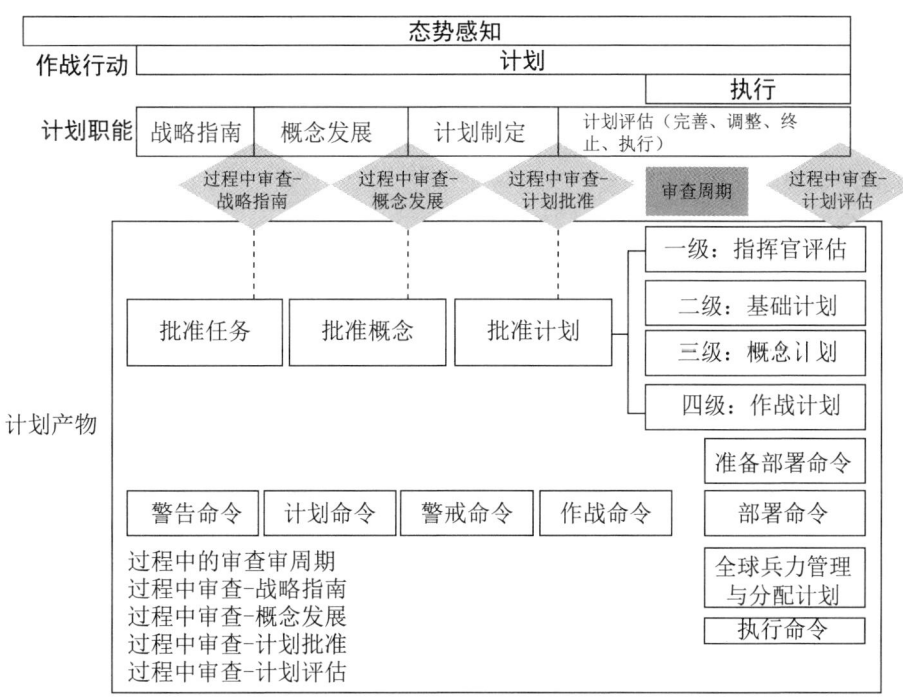

图 2-5　联合作战计划

a. 战略指南。战略指南可以启动计划，为任务分析提供基础，并使联合计划制定和执行单位能够就问题、作战环境、目标和责任达成共识。

b. 概念发展。在计划过程中，指挥官会制定几个行动方案，每个行动方案都包含一个初始作战概念，确定所需的主要能力和权限以及任务组织、各组成部分应完成的主要作战任务、运用和维持的概念以及风险评估。每个行动方案都可以嵌入多个替代方案，以保证即使条件（例如作战环境、问题、战略指导）变化，也能实现指定目标。

c. 计划制定。此功能用于制定可行的计划或命令，为计划制定到执行的过渡做准备。该功能充分整合了计划的所有阶段，包括动员、部署、运用、维持、冲突终结、重新部署和复员。当作战指挥官认为计划已经成熟可以发布时，作战指挥官将提交最终计划请国防部部长或指定代表批准。

d. 计划评估（完善、调整、终止和执行）。指挥官不断审查和评估计划；确定下列四个结果中的一个：完善、调整、终止或执行，然后采取相应行动。

2-32. 联合计划产品

根据《联合出版物》5-0"联合计划"的规定，联合计划包括许多与计划和执行相关的产品的制作。尽管作战司令部战役计划、应急计划或危机计划的计划程序相同，但最终的输出或产品却可能有所不同。应急计划和作战司令部战役计划包括在非危机情况下制定的计划，其时间表通常不受外部事件的干扰，用于根据《兵力使用指南》《联合战略能力计划》或其他计划指令中确定的需求为各类行动制定计划。

a. 战役计划。作战司令部战役计划是美国国防部计划体系的核心。它提供了将战略指南转化为作战司令部战略，并进一步转化为可执行的行动的方法，从而连接了作战计划与应急计划。

b. 应急计划。应急计划是战役计划的分支，它根据《联合司令部计划》《兵力使用指南》《联合战略能力计划》和作战指挥官的战略指导，针对潜在威胁、灾难性事件和应急任务制定计划，而并非在危机时刻下指定。按细化程度划分，应急计划可分为四个级别，每个级别都有一个相应的计划产品（见图2-5）。

（1）第一级——指挥官鉴定、评估。此级别的计划涉及最少的细节，重点在于制定多个行动方案来应对突发事件。此级别计划的产品可以是行动方案简报、指挥命令、指挥官鉴定或附带兵力需求清单的备忘录。

（2）第二级——基本计划。基本计划包括作战概念、主要兵力、支持概念和完成任务的预期时间表。它通常不包括附件。

（3）第三级——概念计划。概念计划是作战计划概要。概念计划需要大量扩展或改动，才能将其转换为完整且详细的第四级计划——作战计划或作战命令。

（4）第四级——作战计划。作战计划是一个完整且详细的计划，包含了对作战概念的完整说明、该计划的所有附件，包括不同时期的兵力部署清单，以及理论上可行的运输分时段部署数据。作战计划能够确定执行计划所需的兵力要求、功能支持和资源，并提供进入战区的估算。

c. 跨责任区域计划。当预期军事行动的范围超出单个作战指挥官的权限或能力时，总统、国防部部长或（总统或国防部部长指定的）参谋长联席会议主席，将确定一个作战指挥官来领导该战略挑战或威胁的计划的执行。

d. 支持计划。负责支持作战指挥官、下属联合部队指挥官、军种部队指挥官和作战支援部按照《联合战略能力计划》或其他计划指南的任务制定支持计划。指挥官和参谋人员以概念计划或作战计划的形式制定支援计划，该计划应当符合接受支持的指挥官的设想，并阐明接受支持的指挥官打算如何实现指派给他们的目标和/或任务。支持指挥官和参谋人员与指挥官的计划制定者共同制定这些计划。

第七部分　陆军层面的战略

2-33. 陆军领导

a. 陆军部部长。根据《美国法典》第 10 编，分编 B "陆军"第一部分"组织"第 303 章"陆军部"第 3013 节"陆军部部长"的规定，陆军部部长是陆军部的首长，负责陆军部的所有事务，具有以下职能：招募新兵；组织；补给；装备（包括研发）；训练；后勤；动员；复员；管理（包括人员的士气和福利）；维持；军事装备的制造、装备和维修；建筑物、构筑物和公用事业的建设、维护和修理；以及为履行本节规定的职责所需的不动产和不动产权益的取得。在国防部部长的授权、指导和控制下，陆军部部长还对以下内容向国防部部长负责；确保陆军部的职能和效率；保证陆军部制定的政策和计划与美国总统或国防部部长制定的国家安全目标和政策完全一致；及时有效地执行与陆军部职能有关的总统和国防部部长的政策、计划和预算决定与指示；履行陆军部的职能，以满足联合和单一作战司令部当前和未来的作战需求；保证陆军部与国防部其他军种部和机构之间的有效合作与协调，以提供更有效、高效和经济的行政管理并消除重复性工作；阐明并解释陆军部对国防部的计划、规划和政策的立场；以及对陆军部的情报活动进行有效监督和控制。

b. 陆军参谋长。根据《美国法典》第 10 编，分编 B "陆军"第一部分"组织"第 305 章"陆军参谋部"第 3033 节"参谋长"的规定，陆军参谋长在陆军部部长的授权、领导和控制下履行职责，直接对部长负责。在美国陆军部部长的授权、领导和控制下，陆军参谋长应当履行以下职能：管理陆军参谋部；向部长传达陆军参谋部的计划和建议，并就此类计划和建议向部长提出建议；在部长批准陆军参谋部的计划或建议后，担任部长的代理，来实施这些计划和建议；根据部长指示，结合赋予联合和单一作战司令部指挥官的权力，对陆军人员和组织机构进行监督；以及履行作为参谋长联席会议成员的其他职责。在此类行动不会损害陆军参谋长履行其作为参谋长联席会议成员职责的独立性的情况下，陆军参谋长将参谋长联席会议成员提出的会影响到陆军部的军事建议告知陆军部部长。在国防部部长的授权、领导和控制下，陆军参谋长应将可能影响部长履行职责和任务的重大军事行动充分告知陆军部部长。

2-34. 陆军规划

2014 年 10 月 16 日，陆军部部长和陆军参谋长发布了一份名为"陆军规划修订"的备忘录。修订的目的是：确保陆军的愿景和战略与陆军规划和资源保持一致；更好地使陆军领导人能够向陆军提供明确的指导、战略重点和计划的优先事项；以及扩展陆军规划以构成五份独立文档，每份文档都是在另一个文档的基础上连续构建的，同时用于指导陆军的战略和预算。根据这份备忘录，这五份文档分别是：

a. 陆军愿景。陆军规划的第一部分，即陆军愿景的目的是获取陆军部部长和陆军参谋长的统一指导，阐明陆军的"目标"，以支持国家指挥当局的指导。

（1）陆军愿景阐明了陆军部部长和陆军参谋长在十年预期范围内的结束状态；既对陆军提出挑战又提供了推动未来变革的"试金石"。它是经修订的陆军规划所有其他部分的源文件，也是所有其他战略传播文件（例如《陆军态势声明》）所依据的核心文件。尽管陆军愿景阐述的是《陆军战略计划》概述的最初战略选择，但该陆军愿景主要是面向外部受众的，例如，国防部部长办公室、国会、白宫和智囊团等。

（2）陆军愿景主要是由陆军部部长和陆军参谋长的私人参谋人员制定，由陆军部副部长和陆军副总参谋长直属参谋人员予以协助。主管作战、民事与训练事务副参谋长根据需要提供其他支持。

（3）陆军愿景应当至少每四年审查或发布一次，并应当非常接近新发布的国防战略。尽管陆军愿景旨在涵盖较长周期的多个《计划目标备忘录》，但某些因素可能导致陆军愿景更频繁的修改或更新（例如，作战或财务环境发生重大变化、国家指挥当局指南发生重大更新、高层领导的想法发生重大转变等）。

b. 陆军战略计划。作为陆军规划的第二部分，陆军战略计划旨在阐明一项战略，指导陆军将如何在十年的时间范围内履行其第十编规定的职责和其他法定责任。其主要输入值是国家指挥当局的相关指南（例如国防战略指南、国家安全战略等）和陆军愿景。

（1）在陆军愿景和其他高级领导人指南的基础上，陆军战略计划再次强调了陆军的"目标"，并定义和阐述了高级领导人的战略目标。此外，陆军战略计划还提供了对作战坏境的战略评估，并在其战略制定中明确阐述了关键假定，确定了关键风险领域。陆军战略计划是所有其他陆军战略文件和计划（例如陆军现代化战略、陆军设施战略等）的统一文件。

陆军战略计划的战略指南能够指导涉及多份《未来年份国防计划》的计划和规划（包括陆军总体分析），并指导对"条令、组织、训练、装备、领导、教育、人员、设施和政策"的变更。陆军战略计划是战略与预算之间的关键链接，并作为规划、计划预算和执行程序的一部分，为陆军的年度计划工作提供信息。

尽管会对预算和计划产生影响，陆军战略计划是不与任何单个计划目标备忘录或财年直接相关的战略文件。

(2)主管作战、民事与训练事务副参谋长是陆军战略计划的倡议者,并在陆军战略计划的制定过程中,与相关的美国陆军部本部主要官员、陆军司令部、陆军军种部队司令部和直接报告单位进行协调。

(3)陆军战略计划应当在每个国防战略发布之后的120天内发布。此外,陆军战略计划每两年审查一次,并在高级领导人确定需要更新时重新发布。

c. 陆军规划指南。陆军计划的第三部分是陆军规划指南,旨在启动陆军的年度规划、计划预算和执行程序,这一工作通过确定和提供对关键计划问题的指南完成,关键计划问题需要在计划目标备忘录完成之前得到解决或得到额外指导。这些计划问题可以从上一年度的计划目标备忘录或整个计划审议过程中确定,也可以根据其他外部参与者(例如国会、国防部部长办公室、白宫等)的决定来确定。

(1)陆军规划指南将解决适用于特定预算年度、《未来年份国防计划》或贯穿整个预算年度短期、中期和长期计划问题。陆军规划指南负责确定问题,提供详细的说明和可行的高级领导人指南,并确定一个负责裁决该问题的机构(例如,陆军管理行动小组、规划计划与预算委员会、陆军需求监督委员会等)。此外,陆军规划指南还提供描述性或规范性的优先排序指南,以解决计划制定和预算执行功能的等级次序。该优先次序指南为陆军司令部、直接报告单位和计划评估小组提供了最初的高级领导者指南,该指南除非被陆军部部长和/或陆军参谋长的新指南所取代,否则在整个规划、计划预算和执行程序中适用。最后,陆军规划指南负责指定陆军部部长和陆军参谋长确定需要由陆军战役计划进行集中评估管理的区域。

(2)主管作战、民事与训练事务副参谋长是陆军规划指南的倡导者,并在整个参谋程序中与规划、计划与预算委员会的其他联席主席和委员会成员进行协调。

(3)陆军规划指南必须在每年7月4日前发布。陆军规划指南的进一步更新和简令(fragmentary order)会根据完善要求来发布。

d. 陆军规划指导备忘录。陆军规划的第四部分是陆军规划指导备忘录,旨在将整个计划过程中作出的决定编纂成册,以解决陆军规划指南中确定的每个问题。

(1)陆军规划指导备忘录象征着每年规划、计划预算和执行程序中陆军规划阶段的结束和陆军规划阶段的开始,并提供具体的计划指南,为建立计划目标备忘录提供信息。

（2）计划分析与评估处处长（主管兵力结构、资源与评估的副参谋长）是陆军规划指导备忘录的倡议者，并在整个参谋程序中与规划、计划与预算委员会的其他联席主席和委员会的其他成员进行协调。

（3）陆军规划指南在计划目标备忘录之后发布，但不得迟于每年1月中旬。根据需要，具体技术指南将在规划、计划、预算和执行程序中发布。

e. 陆军战役计划。陆军规划的第五部分是陆军战役计划，旨在建立和监控陆军部部长和陆军参谋长的年度优先事项和计划，这些计划需要在执行年份进行可衡量的结束状态或决策。《2017财年美国陆军战役计划》代表了陆军战役计划的最新发展，并取代了《2014财年美国陆军战役计划》。

（1）《2017财年美国陆军战役计划》的制定是整个陆军的共同努力。它来源于陆军规划中的战略文件以及陆军部部长和陆军参谋长公布的优先事项。《2017财年美国陆军战役计划》为陆军规划的第五部分注入新的动力，使其成为推动陆军变革的有力工具。它将几个关键决策活动整合进一个整体程序中，以推动美国陆军高级领导人的决策。《2017财年美国陆军战役计划》旨在支持三个基本目的：推动陆军高级领导人根据风险作出决策；指定并整合关键战略行动，这些关键战略行动可推动陆军实现高级领导人确立的优先事项；以及评估陆军在执行陆军高级领导人的优先事项时的表现：战备、未来陆军和部队照拂。

（2）主管作战、民事与训练事务副参谋长是陆军战役计划的倡议者。《2017财年美国陆军战役计划》适用于陆军部总部、陆军司令部、陆军军种组成部队、直接报告单位、支持机构和组织。

（3）主管作战、民事与训练事务副参谋长每季度审查一次该计划，并每年或根据需要对其进行更新，以确保可行性和相关性。

第八部分　总结、关键术语和参考文献

2-35. 总结

兵力管理模型的战略模块内有几个相互关联的方面——法律、领导、程序和文件，这些方面都会影响陆军的运行。《美国法典》和美国国防部、联合部队、陆军发布的对《美国法典》的支撑文件，共同构成了如何确定战略和作战需求的基础。各个梯队（国家、国防部、联合部队和陆军）的领导者根据他们希望如何满足战略和作战需求，来构建愿景并制定评估、建议和指导。由于每个模块同时且持续受到整个战略的影响，因此每个梯队以及整个陆军兵力管理模型的程序将最终形成一个体系结构，在这个结构中，资源可以被运用，以便为作战指挥官生成训练有素且准备就绪的部队。最后，这些文件在按照法定时间发布，并正确嵌入其他文件后，可以协助领导者、兵力管理人员、作战指挥官和军人执行保卫国家的战略。

2-36. 关键术语

关键术语摘自《国防部军事及相关术语词典》（2017年8月，第1-02号联合出版物）。

a. 自适应规划与执行。国防部的联合政策、流程、程序和报告结构体系，以通信和信息技术为支持，由联合计划和执行单位用于监控、规划和执行与联合行动相关的动员、部署、运用、维持、重新部署和复员活动（《联合出版物》5-0）。

b. 调配。在相互竞争的需求之间分配有限的力量和资源。

c. 分配。仅为计划目的提供的兵力能力和资源数量，但不一定是对计划过渡到执行时分配使用的实际兵力的确认。

d. 作战司令部。在单一指挥官领导下的负责许多连续性任务的统一或单一司令部，由总统通过国防部部长设立并指定，并得到参谋长联席会议主席的建议和协助。

e. 作战指挥官。总统设立的联合或单一作战司令部的指挥官。

f. 陆军部。政府中陆军部的执行结构以及在陆军部部长控制或监督下的所有野战司令部、部队、预备役组成部队、军事设施、机构与职能等。

g. 部署命令。由参谋长联席会议主席发布的国防部部长指令，该指令用于授权兵力在作战司令部、军种及国防部机构之间的转移，以及对接受兵力转移的作战指挥官如何运用该兵力的授权作出进一步规定。

h. 国家力量工具。政府在追求国家目标时可用的所有手段。用外交、经济、情报和军事方式表述。

i. 联合。意指有一个以上军种参加的活动、行动、组织等。

j. 联合规划。作战指挥官及其下属指挥官规划的与军事行动相关的活动。

k. 联合作战。由联合兵力和那些特定指挥关系运用的军种兵力开展的军事行动，它们本身并不建立联合部队。

l. 联合参谋部。（1）联合或特种司令部、下属联合司令部、联合特遣部队或下属职能部门（当该职能部门司令部使用来自多个军种部门的部队时）的指挥官的参谋机构，包括来自组成该部队的几个军种的成员。（2）参谋长联席会议主席的下属参谋机构，协助参谋长联席会议主席和其他成员履行职责。

m. 联合战略规划系统。参谋长联席会议主席与参谋长联席会议其他成员和作战指挥官协商，履行法定职责，协助总统和国防部部长向武装部队提供战略指导的主要手段之一。

n. 联合特遣部队。由国防部部长、作战指挥官、下属指挥官或现有联合特遣部队指挥官指定而组建的联合部队。

o. 军种部。根据1947年美国《国家安全法》设立的国防部内的几个部门之一，分别是陆军部、海军部和空军部。

p. 国家军事战略。由参谋长联席会议主席批准的文件，用于分配和运用军事力量以实现国家安全战略和国防战略目标。

q. 国家安全委员会。专门为协助美国总统整合国家安全政策的所有领域而设计的一个政府机构。

r. 国家安全战略。一份由美国总统批准的文件，旨在发展、应用和协调国家力量以实现对国家安全有益的目标。

s. 战略方向。总统、国防部部长和参谋长联席会议主席追求国家利益的战略和意图。

t. 战略。一种或一套谨慎的想法，用于以同步和综合的方式使用国家力量来实现战区、国家和/或跨国目标。

u. 联合司令部。在单一司令官指挥下的具有广泛连续性任务的司令部，由总统在参谋长联席会议主席的建议和协助下，通过国防部部长指定两个或两个以上军种部派员组成，也称为联合作战司令部。

v. 联合司令部计划。由总统批准的文件，为所有联合作战指挥官提供基本指导；确定他们的任务、职责和兵力结构；划定战区作战指挥官的一般地理责任区域；并规定职能作战指挥官的职能责任。

2-37. 参考文献

a. CJCS Instruction 3100.01C, Joint Strategic Planning System, Nov 2015.

b. Combatant Command websites, accessed October 2017—

(1) http://www.africom.mil.

(2) http://www.centcom.mil.

(3) http://www.eucom.mil.

(4) http://www.northcom.mil.

(5) http://www.pacom.mil.

(6) http://www.socom.mil.

(7) http://www.southcom.mil.

(8) http://www.stratcom.mil.

(9) http://www.transcom.mil.

c. Global Force Management Implementation Guidance, 2015-2016.

d. Interview with Blackburn, James R., Brigadier General, 3rd Infantry Division, 16 Mar 2015.

e. Joint Pub 1-02, Department of Defense Dictionary of Military and Associated Terms, August 2017.

f. Joint Publication 1-0, Doctrine for the Armed Forces of the United States, 25 Mar 2013.

g. Joint Publication 3-0, Joint Operations, 17 Jan 2017.

h. Joint Publication 5-0, Joint Planning, 16 June 2017.

i. Memorandum: Revisions to The Army Plan, 16 Oct 2014.

j. National Security Strategy, Dec 2017.

k. The Army Vision, 11 May 2015.

l. Title 10, United States Code @ http://uscode.house.gov.

第三章 兵力管理

第一部分 导言

3-1. 本章内容

a. 本章是对用于发展和管理美国陆军变革的一些相互联系的系统和程序的整体概述。正如乔治·马歇尔将军（George C. Marshall）所理解的那样，它反映了这样一个事实，即在复杂的组织中，每个行动或问题都可能影响组织中的其他职能。从初期的概念发展到后期对人员、装备和设施的处置，陆军兵力管理系统和程序控制着陆军的整个生命周期。

b. 本章将讨论以下内容：兵力管理、陆军兵力管理模型、陆军组织生命周期模型、兵力发展和兵力整合。

3-2. 兵力管理概述

a. 美国陆军时仕参谋长乔治·马歇尔将军在向战争部长提交的"1939年7月1日至1941年6月30日的两年度报告"中写道，陆军正面临着无法回避的严酷处境，欧洲战争的爆发和由此产生的威胁可能会导致中立的美国被卷入其中。因此，罗斯福总统于1939年9月8日发布紧急公告，授权美国陆军将现役部队从21万人扩大到22.7万人，并将第一次世界大战时的四团制改组为新的三团制。但是，增加不到10%的兵力和重组军队并不能解决乔治·马歇尔将军提到的问题——训练方面同样存在严重缺陷需要纠正。由于机动运力严重不足，分区训练是无法实现的。司令部和经验丰富的指挥官的短缺，以及过时的理论和组织设计，也都进一步降低了军事能力。超过一半的缺编现役陆军师是骑兵师，马匹仍然是承载活动的主要工具；美国国会对陆军航空兵请求更换一战飞机的要求，减少到了57架；国民警卫队的情况则更糟糕。面对上述严重问题，乔治·马歇尔将军的解决方案是，通过在训练时重新获取新的装备、人员和组织机构并对其进行系统性整合的方式，来重组美国陆军。他还通过复员年老和不够标准的军人来使陆军更年轻化和有活力。第二次世界大战期间，美国陆军成功地为欧洲战区组建、部署和维持了89个师，这在很大程度上要归功于乔治·马歇尔将军的才华和他在兵力管理方面的技能。

b. 对任何庞大且复杂的组织中的变革进行管理，都需要管理许多相互关联的程序。要想发展训练有素的人员、自信的领导者和先进装备的作战组织，并且使这些组织能够在作战指挥官需要时提供特定能力，需要从组织生命周期的角度对陆军进行管理。

3-3. 兵力管理模型

美国陆军战争学院采用了图3-1中所示的陆军兵力管理模型（请参阅本书末尾的折叠部分），以帮助我们进一步探讨兵力管理系统及各系统之间的相互作用。陆军兵力管理模型是一种"系统体系制度"的方法，用于生成训练有素且准备就绪的部队，以供作战指挥官使用。陆军兵力管理模型分为7个不同的模块，如下所示：

（1）确定战略和作战需求。这一战略模块涵盖国家层面、国防层面、联合部队层面和陆军层面的法律、领导、文件和程序，包括全球兵力管理的要求。

（2）发展所需的军事力量或"条令、组织、训练、装备、领导、教育、人员、设施和政策"解决方案。这一模块包括联合能力整合与发展系统。

（3）由组织结构设计、组织结构模型发展和编制授权记录共同构成的结构模块。

（4）物资采办方案。国防采办系统是此模块的核心。

（5）确定授权。该模块包括陆军总体分析以及规划、计划、预算和执行程序。

（6）人员的获取、训练和分配。

（7）装备的采办和分配。

a. 兵力管理模型显示了陆军各程序之间以及与主要国防部管理程序之间

的关系。简单理解兵力管理，就是运用多个相互关联且复杂的程序来管理变更，这构成了该模型的基础。尽管对"兵力管理模型"程序流程的描述是以某种线性、顺序的方式进行的，但是管理变更是非常复杂的，这种复杂性致使在任何时候，一个计划可能同时出现在这些程序中的若干流程中。随着组织的发展，这些程序可以按顺序运行、被压缩运行、并行运行，甚至可以反向运行，具体取决于问题的紧迫性、风险和高级领导人对此问题的指导。但是，历史表明：最终必须采取所有步骤，才能在正确的时间和正确的地点生成一支训练有素且装备精良的作战部队，以供作战指挥官使用。

b. 在该模型中，战略指南和高级领导指南、确定作战能力需求的程序、研发程序以及资源提供程序都为兵力发展程序提供了助益。反过来，兵力发展的产物又为兵力整合的物资采办和分配功能以及人员的获取、训练和分配功能提供了基础。这一广泛使用的模型突出了兵力管理的关键方面和各部分间的关系。

3–4. 兵力管理工具

兵力管理部门使用多个相互关联的数据库和系统来管理整个陆军的变革。

a. 结构和人力分配系统：

（1）结构和人力分配系统是陆军的自动化兵力结构的权威数据源（即档案数据库），用于记录兵力报告以及人力和单位规划。主管作战、民事与训练事务副参谋长/兵力管理处（DAMO-FMP）是结构和人力分配系统的倡议者。

（2）所有经批准的单位都将被输入到结构和人力分配系统中，以便组建规划目标备忘录部队。结构和人力分配系统的主要输入物是由陆军领导层指挥的作战部队，例如旅战斗队、师、军、陆军军种部队司令部、装甲骑兵团、特种部队和支持作战结构所需的部队。生成部队在陆军总体分析中进行分配，其组织结构在作战计划程序中完善，或者在配备与装备数量表变革管理计划或概念计划中进行更新。

（3）结构和人力分配系统包含用于创建和批准授权文档的程序和兵力结构数据。

（4）结构和人力分配系统的数据检索允许对陆军兵力结构进行详细和

概述的分析，包括编制、单位描述和兵力数据的分析。输出产物将在陆军全体成员中使用，用于构建详细的人员、装备、维持、军事设施和训练计划数据。

（5）结构和人力分配系统数据库不包含人员数据或装备信息的详细情况。但它确实包含100多种单位信息，可以有选择地提取它们进行分析。除了根据身份被需要并授权的兵力外，信息的关键要素还包括单位识别码、生效日期、位置、任务代码、陆军管理结构代码、部队计划序列号，以及标准需求代码。

（6）结构和人力分配系统包括分类和未分类的数据及相应的应用程序。

（7）结构和人力分配系统具有两个主要输出物：

（a）兵力结构文件（通常称为"兵力文件"）。兵力文件显示了陆军各单位经批准的（或计划内的和已记录的）兵力结构实况，用于生成陆军的主要兵力，是整个陆军兵力结构的完整数据库。主要兵力反映了陆军参谋长批准的陆军当前、预算和规划的兵力结构，是一段时间内总体兵力的权威记录。全年将根据定期的兵力审核分数对主要兵力进行调整，以反映陆军部高级领导的决策。

（b）计划和预算指导文件（通常称为"预算文件"）。预算文件将生成"计划和预算指南"的人力附录。预算文件的主要输入来自陆军司令部提交的年度指挥计划、配备与装备数量表变革管理计划、计划预算决策、预算变更计划以及规划目标备忘录决定。

（8）结构和人力分配系统实现了兵力文件、预算文件和授权文件之间的同步。这通常被称为自动升级处理系统。这一程序可以确保授权文档与结构和人力分配系统中计划的结构和兵力相匹配。两者匹配，即可批准发布授权文档。

（9）结构和人力分配系统"锁定"后，相关人员可以在获得许可后通过主管作战、民事与训练事务副参谋长（DAMO-FMP）访问系统数据。

b. 陆军兵力管理系统

（1）陆军兵力管理系统是一个信息技术系统，包括拨发基数计划、编制装备表、修正后的编制装备表和配备与装备数量表。它是一个用于记录单位识别码并且能显示人员和装备段、行级详细信息的数据库，与结构和人力分配系统中的信息保持一致。

（2）美国兵力管理支持机构是陆军兵力管理系统的倡议者。对陆军兵力管理系统的访问仅对兵力发展部门开放。

（3）陆军兵力管理系统中包含的数据应当符合"国防部指示"8320.03和《国防部手册》82600.03 第1卷和第2卷所要求的标准。

（4）结构和人力分配系统包括保密和非保密数据及相应的应用程序。

（5）兵力管理系统数据通过兵力管理系统网和陆军组织服务器进行分发。

c. 陆军兵力管理系统网

（1）陆军兵力管理系统网是可访问陆军兵力管理系统数据的网站，可访问的数据包括编制装备表、经修正的编制装备表、拨发基数计划、配备与装备数量表、通用装备表、联合装备表以及相关的参考数据和工具。陆军兵力管理系统网是已批准和正在进行人员配置的需求和授权文档的存储库。《陆军条例》71-32 包含了一份陆军兵力管理系统网军事能力的详细列表。

（2）兵力管理支持机构是陆军兵力管理系统网的倡议者，并负责授权访问该网站。

（3）可以通过陆军兵力管理系统网站（https://fmsweb.fms.army.mil/）查看陆军兵力管理系统的数据，该网站提供对以下数据的零散式（retail level）访问：需求数据、授权数据以及全球兵力管理数据计划中以数字标记的分层数据。

d. 陆军组织服务器

（1）陆军组织服务器是一个数据分发中心，它提供批发式（wholesale-level）的计算机对计算机的访问，以访问权威性的陆军部总部批准的陆军授权数据。这些数据按照过去、现在和将来的全球兵力管理数据计划格式排列。

（2）兵力管理支持机构是陆军组织服务器的指定倡议者。

（3）根据 2014 年 2 月 19 日发布的"国防部指令"8260-03"组织结构和兵力结构构建"及其相关的《国防部手册》，以及 2013 年 8 月 5 日发布的"国防部指令"8320.02"在国防部中共享数据、信息和信息技术服务"及其相关文件的要求，国防部部长办公室、联合参谋人员、情报界和武装部队负责运作和维护机密和非机密的全球兵力管理数据计划组织服务器。

e. 全球兵力管理数据计划

（1）国防部要求将所有使用详细兵力结构授权数据的长期自动化系统转换为全球兵力管理数据计划的形式。

(2) 全球兵力管理数据计划是联合参谋部和国防部部长办公室的一项联合计划，旨在使兵力结构的呈现更加标准化，使其在整个国防部内可视、可访问并易于理解。特殊标识符将兵营、人员、装备和指挥系统关联起来，从而实现跨多个系统的电子操作。通过建立信息交换数据标准，全球兵力管理数据计划使国防部系统可以以通用格式交换兵力结构数据，同时可以利用以网络为中心的数据环境。

(3) 全球兵力管理数据计划的核心原则是：兵力结构数据是评估和应用支持国家军事战略的服役能力的基础。全球兵力管理数据计划将促进全球兵力管理、战备、指挥与控制、人员配备和后勤程序间的转换。

(4) 兵力管理支持机构是全球兵力管理数据计划权威数据的指定倡议者。

(5) 联合参谋部之兵力结构部（J-8）模型和分析支持处是国防部实施该计划的指定倡议者。

f. 结构和组成数据库（见图 3-2）。

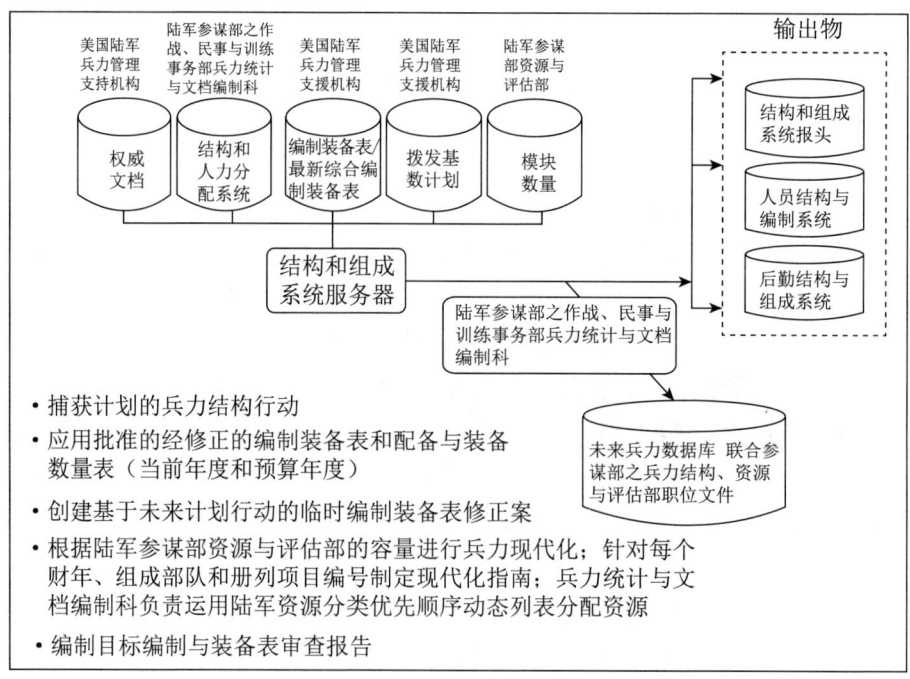

图 3-2　结构和组成系统

（1）结构和组成数据库报告描绘了陆军在当前、预算和计划年度以及在目标编制与装备表层面对人员和装备的分时段需求。通过这一方式，结构和组成数据库可以显示陆军当前的现代化水平、在规划目标备忘录完成时达到的水平，以及用于计划目的的完全现代化的陆军形态。

（2）批准的兵力"锁定"（主要兵力或兵力审查点）是启动结构和组成数据库周期的关键兵力结构输入物。

（3）结构和组成数据库在资源限制内，结合并同步来自拨发基数计划、编制装备表、结构和人力分配系统中的兵力文件、编制装备表和配备与装备数量表的信息。

（4）结构和组成数据库由陆军部军事行动部–兵力管理计划（DAMO–FMP）运行和维护。

（5）结构和组成数据库通常在兵力"锁定"时创建，每年2次至3次。

（6）结构和组成数据库使用陆军装备体系系统来反映计划的兵力现代化变革，陆军装备体系系统按照组成部队的划分来估算册列项目编号的数量，由主管兵力结构、资源与评估的副参谋长（G–8）（DAPR–FD）按财年提供，并且利用陆军动态资源优先列表进行优先排序。

（7）结构和组成数据库负责提供人员和装备需求数据，以协助建立满足全球需求的陆军采购活动。结构和组成数据库的输出物包括：

（a）人员结构与组成。人员结构与组成结合了来自结构和人力分配系统以及编制装备表系统的数据，以便制定和预测结构和组成数据库十年间每个单位的军事人员需求和授权。这些数据为人员招募、训练、晋升、验证申请以及分配方面的规划提供支持。人员结构与组成数据库是人员结构与组成的输出物，其本身也是其他程序的输入物。例如，主管人事的副参谋长和陆军人力资源司令部使用的《人事管理授权文档》提供了人员需求和授权。人员结构与组成数据库概述了在单位识别码、生效日期、军事职业专业、级别以及数量这一细节级别人员的分时段需求和授权，以便为经修正的编制装备表和配备与装备数量表单位提供需求和授权。这些内容仅以概要的形式呈现，不会显示段级和行级细节。

（b）后勤结构与组成。后勤结构与组成结合了来自结构和人力分配系统、编制装备表、拨发基数计划和装备部队（陆军装备体系系统）的数据，以列表的形式呈现这些数据，并预测部队中每个单位在当前、预算和规划目标备忘录年份中（总跨度为 10 年）的装备需求和授权。后勤结构与组成是结构和组成数据库的输出物，其本身也是其他程序的输入物。例如，总体陆军装备分配计划使用来自后勤结构与组成的装备需求和授权来规划装备的分配。后勤结构与组成概述了在单位识别码、生效日期、册列项目编号、装备战备识别码以及数量这一级别装备的分时段需求和授权，以便为经修正的编制装备表以及编配装备表单位提供需求以及授权。

g. 体系管理决策支持系统。体系管理决策支持系统是陆军的通用作战图景，用于提供一体化战备、资源配置、部署和兵力生成分析方面的信息。体系管理决策支持系统专为陆军部（包括军事、政府和民事）设计，是一个整合了保密互联网协议路由器网络的、数据驱动的、军商通用的商业情报系统。体系管理决策支持系统具有以下作用：

（1）整合来自陆军多个来源的权威数据，为人事、装备、训练、部署和军事设施提供可视化的分析工具。体系管理决策支持系统分析工具包括可自定义的仪表、表格和图表视图以及高级发现和搜索工具。

（2）使陆军决策者及其参谋人员能够根据部署时间表、战备情况和资源评估情况组织兵力规划。

（3）为陆军作战部队和生成部队（经修正的编制装备表和配备与装备数量表）、部队司令部（派生单位识别码），以及负责军事设施管理的助理参谋长（军事设施报告），提供此级别的信息。

（4）为主管作战、民事与训练事务副参谋长提供兵力生成、资源配备以及通用战备运行的信息，这对于各组成部队均意义重大。

（5）主管作战、民事与训练事务副参谋长/兵力管理处（DAMO-FME）是体系管理决策支持系统的倡议者。

（6）体系管理决策支持系统的门户网站位于保密互联网协议路由器网络，网址为 https://emds.army.smil.mil。

h. 陆军装备体系系统。陆军装备体系系统是陆军基于网络的通用访问名片，用于装备现代化的知识管理和决策支持系统。它包含陆军计划兵力（用于制定装备计划评估小组规划目标备忘录）、预定的库存（以装备采购和分配为基础，向给每个组成部队分配，以追求装备分配的透明度），以及拨发基数计划的应用分析。

（1）主管兵力结构的副参谋长（J-8）是陆军装备体系系统的倡议者。

(2) 陆军装备体系系统包含强化的陆军流动模型，该模型用于生成总体陆军装备分配计划。它还包含其他调配和分配模型，以便为现有装备和新装备的投资、调配和分配提供行动方案。该系统负责结合来自权威来源的数据，计算各能力小组的陆军总体装备需求；为可负担性分析提供支持；以及纳入现有装备之更换和改良的陆军采办和采购目标。可以通过 https://afm.us.army 访问陆军装备体系系统。

3-5. 陆军组织生命周期模型

a. 陆军组织生命周期模型以图表的形式展现了组织的发展、运行、维持和解散这一连续周期。陆军兵力管理方案认识到，有必要将现代化和变革视为一个复杂的自适应系统。陆军组织结构生命周期模型提供了一个概念框架，用以分析和评估陆军的变革工作。

b. 图 3-3 所示的陆军组织生命周期模型反映了各组织及其人员和装备在陆军服役期间或早或晚都将经历（且往往同时经历）的几个阶段。在这些阶段需要履行的职能包括：发展、部署和维持作战单位及其支持组织，并实现其现代化；保持活力和效力；以及在需求发生变化时将作战单位与配套组织及其资产（人员和物资）从部队中撤出。单位或机构所需的各项资产（军人、文职人员或物资）都将处于该模型的某个阶段——从确定需求开始，至进入陆军，直至最终脱离或处理。该模型详细阐述了组织资源在生命周期中某个时期必须经历的各个关键阶段。总的来说，该模型按照从陆军组织的形成与发展（图 3-3 顺时针方向）到解散的顺序描述了陆军组织结构的生命周期。如各连接线所示，该模型的动态性说明，陆军领导层必须同时为所有职能提供资源，并管理这些职能，因为陆军各资产随时会处于各个职能阶段。对处于某一职能阶段的资源进行任何更改，即使不会影响所有资源，也将会对大部分其他职能阶段的资源产生影响。换句话说，若影响或更改某职能节点中的某些内容，其产生的反应将影响整个模型，从而在一定程度上影响其他节点。

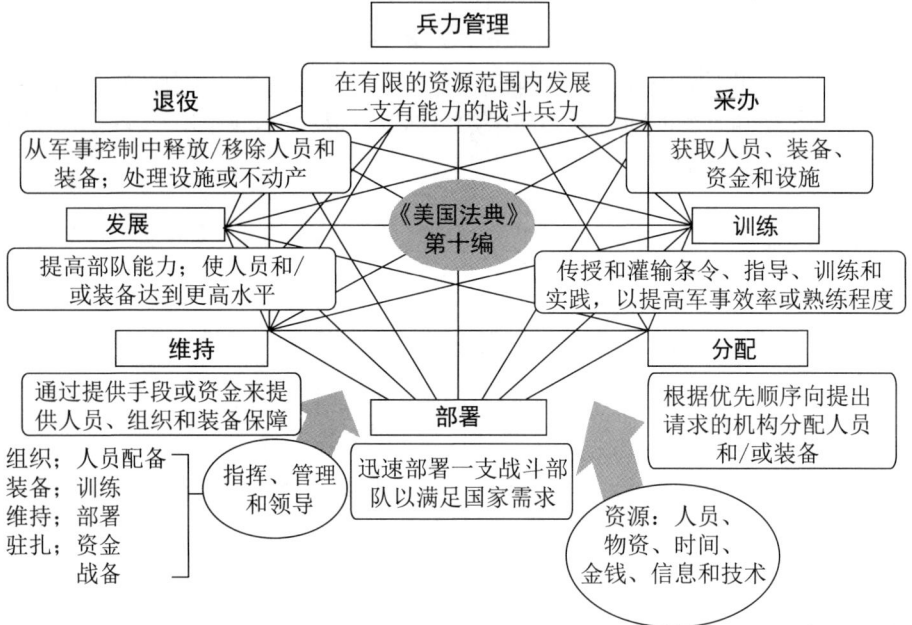

图 3-3 陆军组织生命周期模型

c. 各生命周期职能如下:

(1) 兵力管理。作为组织生命周期模型的第一阶段,兵力管理是一项重要活动,是所有其他职能的基础。该程序涉及决策制定和各项活动的执行,这些活动包括概念发展、能力需求生成、兵力发展、编制发展、兵力整合职能以及资源配置。兵力管理能够促使我们在有限的资源范围内培养合格的作战部队。

(2) 采办。在国会授权并由国防部提供预算和年终兵力指导意见后,陆军必须按照需求与授权文档的规定,采办完成特定任务所需的人员和物资。从物资采办的角度来看,采办职能超出了已投入使用的主要项目,并且必须考虑其他重要需求,例如,联合支援装备项目与人员、技术出版物、维修零件、训练有素的人员和设施的可用性。从人力资源采办角度来看,采办职能必须在符合人力管理整体计划并考虑了在人员生命周期职能影响的情况下,考虑征兵和入伍任务。

（3）训练。训练职能包括完成从平民向军人转变的各个程序。由此看来，训练职能与大多数陆军领导在谈及训练时所理解的训练有所不同。在这一生命周期点上，我们应当从以下角度来理解训练，即首次入伍训练、向军人提供新装备所需的首次训练，或对新装备或替换装备的熟悉性训练。换句话说，这一训练周期负责传授军人新的技能或实现平民到军人的转变。完成该训练周期后，军人将被授予军事职业专业或额外技能标识。训练职能还包括通过初级军官领导课程将美国军事学院、预备役军官训练队和军官候选人学校的毕业生晋升为军官。传统的集体训练以及职业教育和领导发展均属于组织生命周期模型的"发展"阶段。

（4）分配。生产或采购了为组建和维持单位所需的资源后，必须按照既定的需求、授权与优先顺序进行分配。分配职能包括将完成新兵训练的人员指派到他们的初始单位，并将新装备从大规模采购单位交付给使用者。该活动主要通过陆军兵力的生成程序进行管理和同步，该程序注重持续战备模型"战备"模块中装备和人员的分配。

（5）部署。部署代表了规划和作战两种职能，涉及陆军参谋部机构、国防部其他层级单位以及民用运输部门。与陆军组织生命周期模型中的许多其他活动一样，单位部署以陆军兵力生成周期为基础，进行周期性管理。训练有素或准备就绪的单位、个人、组合或装备可用以支援世界范围内的行动。单个军人、文职人员、单位或装备项目都有可能隶属于该职能全部或部分程序之中（动员、部署、重新部署、解散和重新配置）。

（6）维持。在和平或战争时期，单位中人员和物资的存在产生了对维持的需求。人员、技能、能力和装备必须通过替换、轮换、维修和训练活动维持在为完成任务而设定的标准之上。从人员角度来看，此职能涵盖了整个职业或服役期间的重新指派、生活质量和福利计划，以及人事系统中影响超期服役的其他方面。维修零件和维护为物资提供了维持程序。单位训练涵盖保持个人能力的普通军人技能维持程序，这也属于该职能的范围。人员配置优先级、动态分配系统、陆军资源分配优先顺序动态列表、拨发基数计划、十种补给类别、核定的库存列表以及规定的载荷列表阐述了维持职能中用于管理授权和优先排序的一些系统或技术。

（7）发展。陆军必须不断发展和完善。我们通过包括个性和领导发展活动在内的文职人员、士兵和军官教育计划来训练每个人。教育和训练计划的范围覆盖从个人的自我发展（包括硕士学位课程在内）到与兵种和技能相关的各种院校训练。军官和文职人员最高可进修至高级军事学院；士兵最高可进修至军士长学院。单位通过集体训练程序发展，这些程序包括单位内个人训练、驻地训练和训练部署。例如，集体训练任务、领导训练、实弹射击和机动训练、外部评估（例如在陆军训练和评估计划下进行的外部评估）、部署演习以及作战训练中心的轮换训练。

（8）退役。最后，人员和装备将脱离军事服役职能。人员可以通过在义务兵役期满后不延长服役时间或退役而自愿离役。非自愿离役可能出于兵力缩减行动或不合格的原因。陆军通常通过国防资源再利用和营销办公室程序或通过对外军事销售行动来分离物资。

d. 影响该模型运作的外部影响因素分为两类：

第一类是资源的可用性。资源包括资金、物资或人员形式的有形资源，以及时间、信息和技术等无形资源。

第二类是指挥、管理和领导所产生的影响，这些行动在规划、组织、指导、控制和监督大量输入物、决策以及行动时作出，用以确保模型每个阶段的职能都能在适当的时间得到有效的执行。这些指挥和管理活动在陆军兵力生成程序中同步进行，以确保能够及时分配稀缺资源，并最大限度地利用训练有素且准备就绪的陆军兵力来满足作战指挥官的需求。

第二部分　兵力发展

3-6. 兵力发展概览

a. 兵力发展是"兵力管理"中三个主要子程序中的第一个。该程序负责定义军事能力、设计兵力结构以便提供这些能力，并制定各种规划和计划，这些规划和计划在通过兵力整合程序执行时（第二重要的子程序），可以根据条令、技术、装备与人力需求和有限的资源，将组织概念转化成训练有素且准备就绪的陆军部队（见图3-4）。

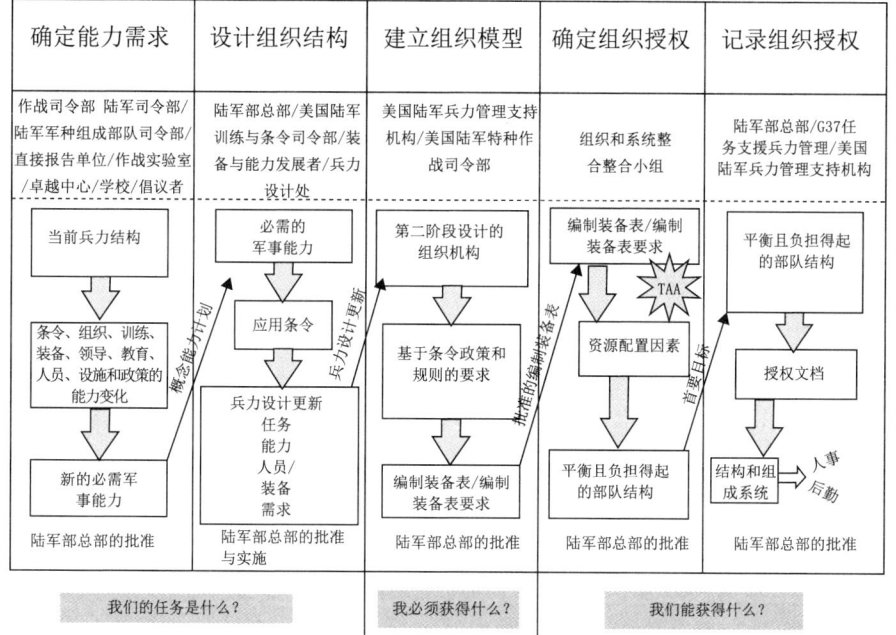

图 3-4 兵力发展程序

b. 兵力发展程序包括五个阶段:

(1) 确定能力需求;

(2) 设计组织结构;

(3) 建立组织模型;

(4) 确定组织授权;

(5) 记录组织授权。

c. 正如国家层面、国防层面、联合层面和陆军层面的战略(请参阅第二章"战略和战略方向")规定的那样,兵力发展以陆军预期的作战军事能力以及作战指挥官的需求为开端。战略指导明确了国家领导人期望美国军事力量在执行任务时的军事行动领域、必须实现的效果、必须具备的属性、必须开展行动的地点以及执行行动的部队的种类和规模。战略指导为当代作战环境和未来联合作战环境的发展提供了信息。作战环境的可视性描述了影响军事能力的运用的条件、情形和影响因素。

d. 联合作战环境为发展更具体的概念提供了一个框架,这些概念旨在实现战略目标，并在联合作战环境中获得决定性的主导地位。这些概念反过来又以可视化的方式展现联合部队和陆军在未来 10 年至 20 年的作战方式，描述了针对预期作战环境中的对手进行一系列军事行动所需的能力，以及指挥官如何在利用军事艺术和科学的基础上运用这些能力来实现预期的效果和目标。这些概念可以实现在设想的未来军事行动计划中对未来的能力发展的描述。每个概念都描述了行动面临的挑战、潜在解决方案的各要素以及这些要素如何共同应对这些挑战。

e. 随后，兵力发展程序将确定陆军在"条令、组织、训练、装备、领导、教育、人员、设施和政策"方面基于能力的需求，并制定规划和计划。在通过兵力整合程序执行这些规划和计划时，人员和装备将被整合在一起，以形成作战组织，从而具备作战指挥官所需的军事能力。兵力发展使用分阶段的程序来制定作战和组织计划，然后将它们与技术、装备、人力和有限的资源相结合，最终生成作战能力。

f. 兵力发展程序与以下程序实现对接并产生互动：联合战略规划系统、国防采办管理系统、联合作战计划与执行系统以及国防部的规划、计划、预算和执行程序。

g. 兵力发展的产物是陆军获得和分配物资以及获得、训练和分配人员的基础，这有助于陆军实现部署一支有效且可负担的部队的最终目标。

第三部分　兵力发展第一阶段——制定能力需求

3-7. 联合能力整合与发展系统

请参阅本书第十章。

3-8. 陆军实施联合能力整合与发展系统概览

a. 陆军兵力发展程序始于基于能力的需求生成。陆军联合能力整合与发展系统制定了一套完整的陆军"条令、组织、训练、装备、领导、教育、人员、设施和政策"的需求，以支持国家层面、国防层面、联合层面和陆军层面的战略以及作战司令部的作战需求。该程序在未来的联合作战环境的背景下，评估联合部队和陆军作战概念，以便确定职能需求和解决方案。未来的作战环境描述了未来陆军运作的自然、人口、政治、经济、技术和军事条件。

b. 联合能力整合与发展系统的陆军部分以陆军概念框架的开发为依据。其中包括陆军拱顶石概念、陆军作战概念、陆军职能概念以及由美国陆军训练与条令司令部司令指示的一些概念。这些概念为针对"当前部队应对未来作战挑战的能力"进行的基于能力的评估提供了智力基础。如果运用得当，陆军联合能力整合与发展系统会生成一整套"条令、组织、训练、装备、领导、教育、人员、设施和政策"的解决方案，这些方案可共同满足所需的军事能力。陆军联合能力整合与发展系统可将所有陆军系统和非系统解决方案追溯到相关战略。

c. 基于能力的评估负责识别并记录能力缺口，确定弥补这些能力缺口的能力或能力组合的属性，并识别非装备和装备方法以用于可能的实施。因此，以概念为中心的陆军联合能力整合与发展系统程序能够可靠地分析未来作战环境中取得主导地位所需的作战能力。这一程序有助于确保陆军在此程序的早期阶段即考虑最有效的联合部队能力以及这些能力的整合情况。在制定"条令、组织、训练、装备、领导、教育、人员、设施和政策"解决方案时，适当的组成部队、跨组成部队以及跨机构的技术专长、科学与技术界方案，以及作战演练与实验结果都要被考虑到。

d. 联合和陆军联合能力整合与发展系统文档——初始能力文档、能力发展文档、能力生成文档和"条令、组织、训练、领导、教育、人员、设施和政策"改革建议（用于非装备能力）——在用户与采办、测试与鉴定以及资源管理系统之间提供了有关"条令、组织、训练、装备、领导、教育、人员、设施和政策"能力发展的正式沟通渠道（有关初始能力文档、能力发展文档、能力生成文档的更多详细信息，请参见第十章）。

3-9. 能力发展与整合

陆军能力整合中心使用一种协作方法来进行能力的发展和整合工作。临时合作安排（通过综合能力发展小组或谅解备忘录实施）使得训练与条令司令部能够利用有限资源进行最大限度的整合工作。倡议者领导的小组还负责使用协作方法，在概念和能力发展周期中开展能力整合工作。这些小组通过允许来自不同机构的关键利益相关者和领域专家的早期参与，有效地加快了联合能力整合与发展系统和采办程序的发展。小组成员根据具体情况而有所不同，但一定包括来自陆军、作战司令部、国防部机构和其他联邦机构的相关代表。产业界与学术界也会根据需要参与其中。

3-10. 概念发展与实验

概念发展与实验是一项学习运动，旨在支持当前和未来的兵力发展。通过作战演练与实验对概念进行发展与改良是确定未来部队所需能力的基础。将概念转换为能力是一个反复的过程。

a. 概念。概念是概念发展与实验程序的核心。他们为陆军现代化奠定了知识基础，并帮助陆军领导人确定改善未来部队能力的机会。作战概念是作战的广义可视化。它描述了需要解决的问题、该问题解决方案的各个要素以及这些要素在解决问题中的相互作用。

（1）概念是架构和生成基于能力的"条令、组织、训练、装备、领导、教育、人员、设施和政策"解决方案的基础，例如：条令的修改和发展、组织设计变更、训练方案、装备解决方案、领导力和教育需求、人员变更（例如创建一个新的军事专业或新技能标识）、设施翻新/设计以及政策的修改或制定/采用。"条令、组织、训练、装备、领导、教育、人员、设施和政策"解决方案是通过一个不断升级的发展程序创建的，这一程序最终提高了美军的军事能力。

（2）作战概念的组成部分包括对未来联合作战环境及其相关范围的作战挑战的描述，解决"如何"应对和克服所面临挑战的一系列概念，以及实施该概念所需的一系列相应的需求能力和初始兵力设计原则。

b. 联合和陆军概念发展。关于未来的军事行动概念及其相关能力的基本想法都记录在作战概念中。为了最大程度地发挥其未来效用，这些概念拥有广泛的基础，涵盖了未来作战的艺术和科学，并通过演习、实验、评估和分析不断完善。

（1）联合概念由联合作战拱顶石概念、配套联合作战概念以及配套联合概念组成。这些概念针对的是从《未来年份国防计划》后至未来20年这段时期。

（a）联合作战拱顶石概念。联合作战拱顶石概念是参谋长联席会议主席的愿景，也是指导联合部队发展、连接战略与作战概念和未来理论的总体联合概念。联合作战拱顶石概念由参谋长联席会议主席批准,阐明了有关未来部队将如何展开军事行动的高层愿景,描述了未来的作战环境,提出了联合作战的新概念,并提出了未来部队的性质。联合作战拱顶石概念旨在架起一座桥梁,将战略指南与其他从属概念、兵力发展指南以及后续理论联系起来。军种概念和从属联合概念以及联合能力区域扩展了联合作战拱顶石概念解决方案。在联合作战拱顶石概念的最后,提出了与该概念相关的风险和影响。当前的联合作战拱顶石概念是一种"全球一体化行动",具有以下关键要素:基于任务的指挥;具有全球灵活性的区域重点;利用合作伙伴关系以最大化互惠互利;建立联合部队时保持灵活选择——现役组成部队/预备役组成部队混合,跨区域协同,使用灵活的、低特征信号的能力,以及保持识别能力。

(b) 联合作战概念。联合作战概念将战略指导与未来联合部队能力的发展和使用联系起来,并充当"变革的引擎",最终可能导致"条令、组织、训练、装备、领导、教育、人员、设施和政策"发生变革。总体来说,联合作战概念描述了整个军事行动所需的能力,并鼓励通过作战演习、联合训练以及各种研究、实验和分析进行进一步的检查。

(c) 配套联合概念。配套联合概念通过描述未来的联合部队如何执行联合作战概念任务或履行联合职能,为单个和/或多个联合作战概念提供深度和细节补充。批准的配套联合概念可以推动基于能力的评估和其他分析的进行,这些评估和分析旨在检查能力缺口,并支持装备和非装备解决方案的改进和实施,以实现概念中规定的所需能力和预期目标。

(2) 陆军概念框架。陆军在陆军概念框架中记录了未来联合作战的基本理念,并将这些内容载入了"训练与条令司令部525系列手册"。陆军概念框架由陆军拱顶石概念、陆军作战概念、陆军职能概念以及陆军训练与条令司令部司令指示的概念组成。这些概念为陆军未来作战计划的可视化与交流提供了便利(见图3-5)。

(a) 陆军拱顶石概念是陆军职能概念的主要文件。载于《陆军训练与条令司令部手册》525-3-0中的美国陆军拱顶石概念描述了陆军对未来作战环境的设想、陆军在联合部队中的作用以及未来陆军所需的广泛能力。陆军拱顶石概念为陆军如何运用现有资源克服不可预测的和复杂的挑战,以及如何在现有战略指导的支持下防止、准备和赢得战争提供了指南。陆军拱顶石概念也是学习活动的基础,这一工作能够评估和提升其主要理念和所需的相关能

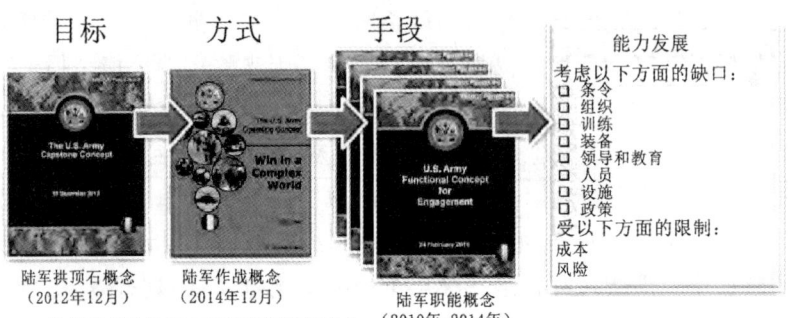

图 3-5 陆军概念框架

力。最后,陆军拱顶石概念还提供了制定综合投资战略的路线图,该战略将重新平衡陆军的兵力结构、战备状态和现代化工作,以支持国家战略。陆军拱顶石概念要求陆军必须保持可靠的能力,以在国内外各种军事行动中取得决定性胜利并为作战指挥官提供支持。此外,陆军拱顶石概念还保留了作战适应性的理念,认为这是陆军的基本特征,是陆军为陆军机构和作战部队执行各种各样的任务所必需的。在陆军概念框架中,此概念是检验这些理念的实验和分析活动的基线。陆军拱顶石概念是用于制定陆军作战概念、陆军职能概念和一体化架构的统一框架。

(b)《训练出版物》525-3-1"美国陆军作战概念"中记载的陆军作战概念描述了未来陆军部队如何作战以实现战役目标并保护美国国家利益。它描述了联合拱顶石概念中概述的陆军对全球一体化的贡献。陆军作战概念认识到,陆军部队需要提供联合部队所需的基本能力,并且需要将兵力投送到陆地上,投送过程会跨越空中、海上、太空和网络空间领域。陆军作战概念立足于未来武装冲突的愿景,综合考虑了国防战略、任务、新兴作战环境、技术进步以及预期的敌人、威胁和对手能力等因素。最后,陆军作战概念通过确定陆军为完成支持政策目标任务所必须具备的一级能力,来指导未来的兵力发展。

（c）陆军职能概念阐述了陆军部队在未来 6 年至 18 年内，在整个军事行动中将如何履行特定的军事职能。陆军职能概念为拱顶石概念、陆军作战概念以及联合概念提供支持，并从这些文档中获取作战环境。按照军队典型职能组织，共有 7 个陆军职能概念，分别是：火力、情报、任务指挥、机动与调遣、防护、维持与交战。作为一套一体化的概念，上述概念描述了整个军事行动中全部种类的地面作战职能。陆军职能概念可能包括启动联合能力整合与发展系统基于能力的评估所需的详细信息。

（d）陆军概念框架涵盖了另外两个概念，分别涉及人的因素和用于训练和教育的陆军学习概念。陆军学习概念阐述了未来陆军培养具有适应能力、有思想的军人和领导者所需的学习模型。陆军训练概念概述了未来兵力生成和维持训练有素且有能力部队的需求和能力。《训练出版物》525-3-7 概述了陆军将如何发展每名军人在认知、生理和社会方面的能力，以便在陆军内部进行联合地面作战。总的来说，陆军概念框架确定了陆军对未来作战方式的愿景，并提供了确定陆军所需能力所需的概念框架，从而确保未来部队效能。

c. 作战概念。作战概念是指挥官对某项行动或一系列行动的假设或意图的概括性语言或图形说明。作战概念旨在展示行动的总体情况，并以可视化的形式展现"如何进行未来行动"。它通常体现在战役和/或行动计划中，尤其体现在当作战计划涵盖一系列需要同时或连续执行的关联行动时。当用于概念发展时，作战概念是一种工具，有助于描述未来某特定行动的执行方式。

（1）作战概念为联合作战行动概念和陆军概念框架提供了对行动的总体理解以及指派给下级和/或支持机构的广泛的任务流程。它提出了联合部队或地面组成部队指挥官的计划，该计划能够将能力转化为效能，以便在未来 8 年至 20 年的特定场景下完成任务。作战概念的重点是描述端到端的一系列活动流，以及指挥官如何组织和部署兵力以完成这些活动。

（2）在联合概念和陆军概念框架发展的程序中，可以使用以下两种作战概念：

（a）说明性简介提供了作战背景，以描述联合部队指挥官如何在未来 8 年至 20 年内组织和部署兵力。这些简介用于阐明并加深对这些概念的理解。

（b）国防规划方案和陆军方案（基于国防规划方案）的内容是针对未来

8年至20年的，旨在促进联合能力整合与发展系统下的实验和基于能力的评估。这些方案对高度特异性的作战概念进行了分类，并确定相关参数，以便对能力进行可靠的分析并为备选解决方案的比较提供帮助。

（3）对于近期需求而言，作战概念具有不同的用途。制定这些作战概念是为了阐述联合部队和/或陆军指挥官如何在现在到未来7年的时间中组织并部署兵力，以解决当前或新出现的军事问题。这些作战概念提供所需的行动背景，以检查和验证当前的能力，同时，考察并解决当前问题或新出现问题所需的新能力和/或预设的能力。用于支持能力发展的作战概念并没有严格的格式，但它至少应涵盖以下领域：亟待解决的问题、任务、指挥官的意图或行动概述、要履行/实现的职能或效果，以及相关组织的角色和责任。

d. 部队作战能力

（1）训练与条令司令部陆军军事能力整合中心建立了必要的部队作战能力，以此作为联合能力整合与发展系统基于能力的评估程序的基础。这些关键的、部队层面的、可衡量的作战需求能力文档，大致阐明了陆军将如何依据批准的陆军拱顶石概念、陆军作战概念和陆军职能概念，实现未来兵力作战行动。部队作战能力有助于将精力聚焦于作战概念发展与实验方面的工作上。所有基于作战能力的需求都必须通过部队作战能力与已批准的陆军概念（拱顶石、作战与职能）和陆军计划进行直接关联。部队作战能力载于《陆军训练与条令司令部手册》525-66中，并定期更新。

（2）《陆军训练与条令司令部手册》525-66还为独立研究与发展工作提供指导。通过向私营部门提供一份非机密的、描述性的预期部队作战能力清单，陆军能够获得大量信息以及关于实现这些能力的不同方法的新思路。陆军鼓励产业界与合适的联合能力发展者以及训练发展者组织分享这些思路。

e. 实验。实验是联合能力整合与发展系统的核心内容。实验将探索作战概念，以确定联合和陆军的"条令、组织、训练、装备、领导、教育、人员、设施和政策"改革建议和能力需求。实验为人们提供了对概念和能力的洞察和理解，这些概念和能力在特定技术和能力成熟的情况下是可能实现的，而这些特定技术和能力的成熟度则需要进一步的研究和开发。联合/陆军实验的结果有助于定义可以实现的技术，并支持"条令、组织、训练、装备、领导、教育、人员、设施和政策"解决方案的确定，以提供新的能力。逐步且重复地混合使用高保真的实战、虚拟和想定以及在相关的战术竞争场景中使用真实的军人和模拟的部队,为联合/陆军领导人提供了部队作战能力洞见。进行作战实验旨在了解未来作战的某些方面。从作战实验中获得的军事能力洞见是用来绘制通往未来兵力发展之路的"基点"。

(1) 联合参谋部之作战计划与互操作部(J-7)定期发布联合发展执行计划,该计划以实验的方式对联合发展进行检查。它简要介绍了每个实验计划,包括其目的、范围、最终状态、预期交付成果和完成日期。

(2) 美国陆军还制定了一项实验计划,旨在检查未来的兵力发展问题。它将陆军概念发展与实验整合到一个连贯的军种和/或联合环境中,以确保陆军能够为作战指挥官提供持续的地面作战能力,这些能力是联合部队不可或缺的决定性组成部分。该计划的目标是:在实施之前利用作战部队对陆军概念进行验证;评估"条令、组织、训练、装备、领导、教育、人员、设施和政策"中重大且复杂的变革的整合情况;支持陆军作战概念的核心理念;以及通过陆军实验,为网络综合评估提供可供评估的技术解决方案。最终,概念发展与实验的目标是通过学习、创新和突破可能的极限来降低风险。陆军实验计划是一项整体性工作,以归纳法和演绎法来考察未来,并为当前和未来的兵力发展提供支持。简而言之,陆军实验计划阐述了陆军需要在何时、以何种方式、必须学习何种内容。陆军实验是基于假设的,其中最主要的假设是:未来的兵力能力将通过提供范围更广的决定性能力,来为联合部队指挥官提供迅速决策的手段。

f. 小结。综上所述,一个强大的概念发展与实验计划可以优化投资回报,同时又承认未来的某些因素是无法被规划的。执行周密而协调的概念发展与实验计划可以实现转型,这一转型通过确保将一些资源分配给新兴的概念和能力而实现,但同时,这些概念和能力又反过来促进实现有力且适应性强的转型。

3-11. 基于能力的评估程序

a. 陆军基于能力的评估是一个结构化的联合能力整合与发展系统程序。它的三个主要阶段是职能领域分析、职能需求分析以及职能解决方案分析(见图3-6)。

```
输入物：    所需的军     职能领域分析
现有指南     事能力       （需求）           任务领域或军事问题：所需的军事能力（包括相
                                              关任务、条件、标准）应当使用国防部通用词汇
联合需求监督委员                                （联合能力领域）描述
会批准的联合概
念或陆军职能概念
（关注《未来年
份国防计划》以外                职能需求分析
的内容）作战指                  （缺口和风险）     我们完成这件事的能力如何？问题和
挥官任务作战概念                                 风险"所需的军事能力"与"当前和
（关注《未来年                                   计划内的能力"的差值即为"能力缺
份国防计划》之                                   口和优先风险"
内的内容）

陆军职能概念
行动过程
作战概念                         兵力结构限编制定额
条令、组织、训练、领导、教育、人员、  （解决方案方法）    我们应该如何行动
设施和政策
最终决定
职能需求分析
兵力结构限编制定额           输出：针对确定的能力缺口的潜在"条令、组织、训练、装
《未来年份国防计划》         备、领导、教育、人员、设施和政策"解决方案方案（即非
联合能力区域                 装备和装备解决方案）建议（行动方案），或寻求装备解决
联合概念                    方案的建议
联合需求监督委员会
必需的能力
```

图 3-6　基于能力的评估程序

b. 未来联合作战环境。基于能力的评估程序始于对未来联合作战环境的分析。如上文 3-6 所述，联合作战环境描述了自然、人口、政治、经济、技术及军事方面的条件，联合/陆军兵力在未来 25 年内将在这些条件下作战。这一针对未来联合作战环境的整体愿景为所有军种提供了共同的基础背景，以便各军种发展各自的作战环境。根据关于未来威胁和机遇以及与军种相关的特定角色、任务和职能的通用基本假设，联合作战环境有助于同步军种现代化工作。因此，联合作战环境为联合军种概念奠定了基础，进而又为更详细的职能领域分析提供了框架。

c. 职能领域分析。职能领域分析是联合能力整合与发展系统指导的基于能力的评估的第一个分析阶段。职能领域分析作为一项严格基于能力的任务分析，为在职能需求分析中评估需求能力提供了框架。

（1）职能领域分析输入物为经批准的联合能力领域、陆军职能概念或作战概念，它们描述了部队的作战方式、作战时限和环境、需求能力（就任务和效果而言），以及其定义的自身特征和作战特征。职能领域分析必须从需要检验的军事问题开始。职能领域分析分离了概念中记录的需求能力，确定了部队必须执行的任务、任务执行的条件以及规定的执行标准。其输出物是需

求能力以及相关任务和属性的列表。在任务、条件和标准与每个需求能力相匹配的情况下，将按照分析所需的级别制定这些任务、条件和标准，然后在后续的职能需求分析中，以上述内容为参考对当前计划的能力进行评估。并非所有的作战概念都必然会生成职能领域分析。

（2）职能领域分析以现有条令和标准的职业军事知识为基础，对这些条令与标准进行修改，来说明为未来作战和组织计划的概念。职能领域分析所运用的分析主要是定性分析。分析必须确定为完成任务或达到某种效果所必须执行的任务，以及执行该任务所需的特定条件（例如，天气、地形、威胁）。为所需任务制定的绩效标准可以在陆军通用任务列表、通用联合任务列表、批准的概念或基于作战的经验中找到。

d. 职能需求分析。职能需求分析是基于能力的评估中的第二个分析阶段。它以概念中规定的方式，在各种作战条件下，依据规定的标准，评估当前和计划中的陆军能力完成职能领域分析中确定的任务的能力。职能需求分析将确定军事能力上的任何缺口和重叠，以及这些问题可能带来的风险。职能需求分析负责确定：在职能领域分析中标识的任务里，哪些无法执行、哪些无法按标准执行、哪些在某些条件下无法执行或者无法使用当前或计划兵力以概念要求的方式执行；以及这些能力缺口中的哪些带来了很大的作战风险，以至于产生了需要制定解决方案的需求。军事能力需求是指那些存在无法接受的风险的能力缺口。在职能需求分析之后，陆军军事能力整合中心主任将指示卓越中心或倡议者，针对根据概念被视为对执行行动至关重要的需求进行职能解决方案分析。

（1）职能领域分析中确定的任务、条件和标准以及当前和计划的军事能力列表是职能需求分析的输入物。职能需求分析的初始输出物是按照标准执行某一概念所需的所有军事能力缺口的清单。当对这些缺口进行风险分析时，最终输出的是进行了优先排序后的能力缺口（需求）清单，这些能力缺口亟需找到或制定解决方案。并非所有能力缺口都将被识别为需求。

（2）职能需求分析最简单的形式是将需求能力与现有和计划能力进行比较，并确定相应的能力缺口。当按照陆军职能概念和/或作战概念要求的方式和条件进行职能需求分析时，它必须准确、公平地评估当前和计划解决方案提供需求能力的能力。职能需求分析将可支持性作为定义能力需求的固有部分。其重点将放在按职能域定义能力上，同时也将阐述从属系统、系统系列或系统体系制度和非装备解决方案所需的通用属性。需求能力必须满足联合和联军作战的请求。确定特定能力缺口所带来的风险是否上升到"需求"水平并确定竞争需求的相对优先级的问题需要领导层作出决策。职能需求分析必须向陆军领导层提供对每个已识别能力缺口作战效果的说明，这些能力缺口存在于各种层面的任务中，范围从最简单的职能或战术任务到对作战或战略有潜在影响的任务。

e. 职能解决方案分析。职能解决方案分析是基于能力的评估中的第三个分析阶段。它是一种基于作战的评估，针对潜在对非装备"条令、组织、训练、领导、教育、人员、设施和政策"方法和/或装备方法进行，旨在解决或缓解职能需求分析中确定的一项或多项能力需求。职能解决方案分析描述了各个旨在满足需求的已确定方法的能力。职能解决方案分析的输入物是职能需求分析中的高风险能力缺口。职能解决方案分析的输出物是解决能力需求的潜在的装备与非装备方法。职能解决方案分析包含两个子步骤：非装备的"条令、组织、训练、领导、教育、人员、设施和政策"方法理念，以及装备方法理念。

（1）职能解决方案分析提出的方法必须符合三个标准：其一，它们必须具有战略响应能力，并能在需要的时间和地点提供；其二，它们必须在政策、可持续性、人员限制和技术风险方面可行；其三，它们必须是可实现的，因为国防部需要能够在规定的时限内提供资源并实施这些方法。

（2）子步骤1：非装备方法理念。潜在的非装备解决方案方法建议被称为"DOTmLPF-P"或"DOT_ LPF-P"［条令、组织、训练、领导、教育、人员、设施和政策（非装备）］。在职能解决方案分析的第一个子步骤时确定非装备方法或整合的陆军"条令、组织、训练、装备、领导、教育、人员、设施和政策"方法是否能够解决职能需求分析中的能力缺口（需求）。首先，它将确定在不开发新系统的情况下，如何通过"条令、组织、训练、领导、教育、人员、设施和政策"或现有装备的变革满足所需能力。这些变革包括：改变现有装备的数量、改良现有装备、采用其他军种的装备或者采购非美国来源的装备。如果能力需求通过纯"条令、组织、训练、领导、教育、人员、设施和政策"方法就能全部或部分地解决，那么就会制定"条令、组织、训练、领导、教育、人员、设施和政策"变革建议，并根据《联合能力整合与发展系统手册》采取适当措施。如果认为仅在"条令、组织、训练、领导、教育、人员、设施和政策"方面作出变革是不充分的，且需要改进现有装备、采用其他军种或跨机构的装备、采办外国装备或采用新的装备方法，则职能解决方案分析程序将继续实施下述的子步骤2。还有些提议将涉及"条令、组织、训练、领导、教育、人员、设施和政策"变革以及装备变革这两种变革。同样，这些建议将在子步骤2的职能解决方案分析程序中继续实施。

（3）子步骤2：装备方法理念。确定装备方法或行动方案以提供需求能力。这项工作的协作性质旨在发展潜在的联合解决方案。该程序集思广益，探讨了装备方法的诸多可能性，并且始终包括现有和将来的装备计划，并可以对其进行修改以满足能力需求。在整个程序中必须时刻考虑装备解决方案的"条令、组织、训练、领导、教育、人员、设施和政策"影响。

f. 基于能力的评估建议。基于能力的评估为非装备与装备解决方案方法提供了可行的建议（见图3-7）。

（1）潜在的非装备解决方案方法建议包括以下内容：

（a）改变政策；

（b）改变理念；

（c）创建新的和/或重组现有的组织；

（d）对国防部人员进行不同的训练和教育；

（e）获取商业或者有开发需要的产品；

（f）获取数量更多的现有物资或商品，包括增加人力、零部件和燃料补给；

（g）创建新的人员军事职业专业或技能标识；

（h）建立、移动或调整基础设施/设施，以支持新的任务领域。

（2）装备方案通常分为三类（按投入使用的不确定性从低到高排列）：

（a）信息系统（或淘汰率很高的类似技术）的发展与投入使用，或现有信息系统能力的发展进化；

（b）进行了显著能力改进的现有系统的进化（这可能包括用功能更强大的新系统替换现有系统，或者进行重组）；

（c）突破系统，即形式、职能、作战和能力与现有系统有很大不同，并且相对于当前能力有重大改进，或转变了我们完成任务的方式。

g. 陆军训练与条令司令部陆军能力整合中心指示卓越中心或倡议者制定初始"条令、组织、训练、装备、领导、教育、人员、设施和政策"能力文档，例如初始能力文档和/或"条令、组织、训练、装备、领导、教育、人员、设施和政策"改革建议。在制定文档后，陆军训练与条令司令部陆军能力整合中心将一套陆军"条令、组织、训练、装备、领导、教育、人员、设施和政策"解决方案提交给陆军部总部之主管作战、民事与训练事务副参谋长，以供陆军参谋部参谋人员和陆军副参谋长通过陆军需求监督委员会验证程序批准该解决方案。

h. 可以替代基于能力的评估的程序。国防部和陆军制定了几个程序，可以用来代替正式的基于能力的评估或补充这些分析，这些程序包括：

（1）联合能力技术验证。军事效用评估（在联合能力技术验证结束时完成）可成为所需分析的合适替代品，用作制定初始能力文档的基础。不包含初始能力文档中提供的关键信息要素的军事效用评估（初始能力文档包含：对能力缺口的描述；相关的任务、条件和作战绩效标准/度量；以及联合能力技术验证的装备和非装备方法和分析如何处理这些因素）将增加一份最终验证报告，以便使其结论与初始能力文档具有同等资质。军事效用评估/最终验证报告将用于支持能力发展文档或能力生成文档的制定以及随后的陆军需求监督委员会和/或联合需求监督委员会的批准。将视情形为联合能力技术验证制定能力发展文档或能力生成文档，从而转换为国防采办系统的在案计划。

（2）原型。旨在直接转换为实战能力的原型项目以及作战验证快速反应技术项目的成果也有资格作为潜在解决方案被纳入考虑范围。这一考虑将基于应用于联合能力技术验证的任务需求验证和军事效用评估程序进行。

（3）联合紧急作战需求报告、联合应急作战需求报告或军种紧急需求程序。（请参阅本书第十章）

（4）陆军能力需求分析。能力需求分析是陆军的一项综合的基于能力的评估，它可评估陆军作为首要的地面力量，为履行其联合作战职责必须要做的事。它可以用来满足分析需求，代替常规的联合能力整合与发展系统基于能力的评估。能力需求分析由训练与条令司令部陆军军事能力整合中心牵头实施，参与者还包括训练与条令司令部卓越中心和陆军部队现代化的倡议者。能力需求分析基于风险评估来识别、评估、整合并整理陆军所需的能力、"条令、组织、训练、装备、领导、教育、人员、设施和政策"解决方案、能力缺口和缺口解决方案。能力需求分析阶段包括：指导和方向、制定、评估、合计、结果批准，以及行动后审查。陆军的能力需求分析还使用了陆军作战挑战分析，并确定了高风险能力缺口以及高优先级的解决方案，这些内容对于在日益增强的威胁中保持优势至关重要。能力需求分析的结果有助于确定陆军能力发展的优先事项（即陆军联合能力整合与发展系统行动，包括初始能力文档/能力发展文档/能力生成文档）和学习活动（即实验、科学技术、联合作战评估和一体化评估），并通知陆军部部长和陆军参谋长有关陆军参谋部以及负责采办、后勤和技术的陆军部助理部长的"战略项目组合分析审查规划"以及"规划目标备忘录发展和资源配置优先等级"的事项。

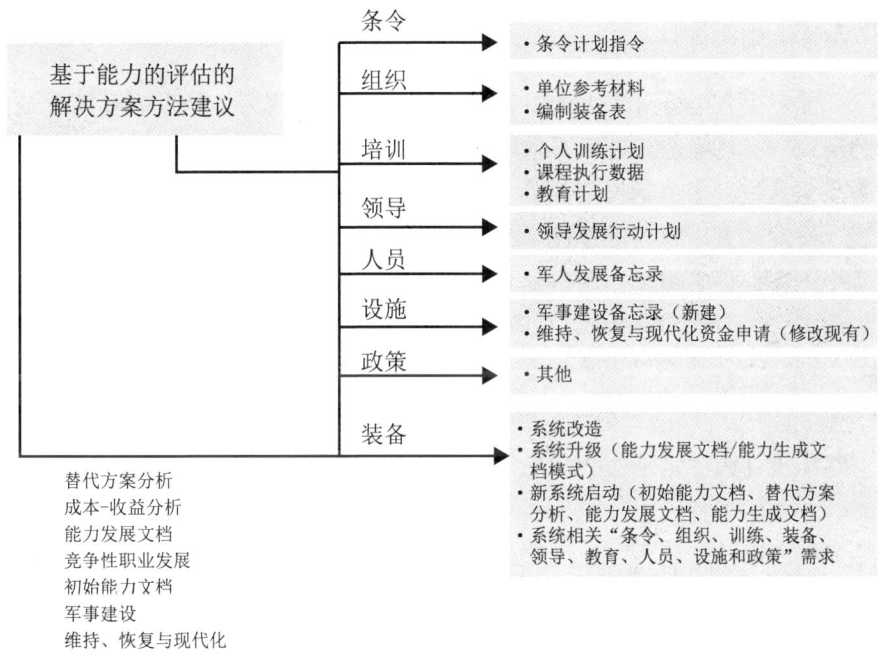

图 3-7　解决方案文档

总体而言，基于能力的陆军联合能力整合与发展系统程序负责验证陆军的当前能力、推测未来所需能力、评估不实现这些能力的相关风险并将这些风险与实现能力可能的成本进行比较。美国陆军从伊拉克和阿富汗战争中吸取了很多教训，并加快部署了用于发展斯特赖克旅战斗队（Stryker Brigade Combat Teams）的野战程序。这些教训告诉了我们如何在生成当前和未来的兵力结构需求时作出变革。根据顶层联合和陆军概念的指导而进行的前期可靠的综合分析，使得人们可以在程序中尽早作出明智的决策，从而产生最佳的"条令、组织、训练、装备、领导、教育、人员、设施和政策"解决方案建议，并使发展和部署的协调工作变得更加容易。此外，该程序允许将需求追溯到国家战略、概念和政策，从而有助于消除陆军和国防部内部的冗余能力。

第四部分　兵力发展的第二阶段——组织设计

3-12. 组织设计

职能解决方案分析产生的组织需求决定了未来战场上是否需要新的或改良的组织。一旦确定，组织需求将通过一系列相互关联的组织发展程序被记录下来，这些程序包括：部队参考材料制定、兵力设计现代化程序、编制装备表、拨发基数计划与陆军总体分析。在对兵力结构进行组织更改之前，并非每个程序都是必需的，并且这些程序可以不按顺序进行。例如，第三阶段（组织模型的开发）可能在第二阶段（组织设计）结束之前开始。

3-13. 组织设计程序

组织设计程序始于作战概念。这些概念与计划为拟议的组织提供了概念基础，并说明了其任务、职能和所需的能力。训练与条令司令部卓越中心的战斗发展者以及其他兵力现代化的倡议者负责制定新的组织设计或纠正现有组织中的缺陷。陆军军事能力整合中心主任负责整合并验证为未来部队能力制定的概念。这些概念通常解决以下问题：

（1）任务、职能、能力与局限性；

（2）任务指挥联系；

（3）个人、集体与领导层的训练需求；

（4）战地与警备区的维持；

（5）条令的影响；

（6）对装备计划的影响。

3-14. 兵力设计现代化

a. 具体来说，兵力设计现代化：

（1）包含能力发展、能力确定、需求批准和实施决策工作；

（2）负责制定组织设计解决方案，以克服"条令、训练、领导和教育、设施或政策"解决方案无法解决的已确定的能力不足问题。作为解决方案制定的一部分，训练与条令司令部卓越中心兵力现代化倡议者和非训练与条令司令部兵力管理倡议者应当考虑"条令、组织、训练、装备、领导、教育、人员、设施和政策"中的行动，以获得装备、人事和组织解决方案作为最后手段。一旦组织解决方案成为推荐方案，兵力现代化的倡议者便可启动整合程序，这些程序是跨"条令、组织、训练、领导、教育、人员、设施和政策"领域的。

（3）包括为新组织或改进后的组织提供在战时完成任务所需的最低限度的人员和装备。

（4）由美国陆军训练与条令司令部、陆军医务司令部、航天与导弹防御司令部以及美国陆军特种作战司令部中的能力发展者制定。

（5）与其他利益相关的能力发展者和陆军组织进行协调，包括所有陆军司令部、陆军军种组成部队司令部、直接报告单位、国民警卫局和陆军预备役局局长办公室，以及战术轮式车辆需求管理办公室。当陆军训练与条令司令部兵力设计现代化程序审查委员会批准这些兵力设计现代化后，它们可作为制定编制装备表的原始文档。编制装备表的制定是与兵力设计现代化程序并行完成的（见图3-8）。

b. 陆军训练与条令司令部：

（1）为主管作战、民事与训练事务副参谋长（DAMO-FMD）发展并提供兵力设计现代化，以开发新的组织需求或对现有编制装备表组织进行变革，从而满足当前和不断发展的理念需求。主管作战、民事与训练事务副参谋长（DAMO-FMD）是从训练与条令司令部接收兵力设计现代化、在兵力整合职能领域分析中由陆军参谋部为其进行人员配备以及为陆军部提供兵力设计现代化程序监督的唯一职位。

（2）每半年向主管作战、民事与训练事务副参谋长（DAMO-FMD）提交一次兵力设计现代化计划。特殊的周期外兵力设计现代化可以处理复杂的设计问题或需特别关注的问题，如陆军部总部指导的问题。此外，兵力现代化的倡议者可以在任何时候提交一个有关兵力设计现代化的初级问题。有关兵力设计现代化的初级问题涉及微小调整（该调整通常不会影响到其他倡议者），不会导致包括人力需求标准提高在内的人事事务增加。

（3）执行兵力设计现代化成本-收益分析，以提交给负责成本与经济的陆军部助理部长帮办进行验证（有关成本-收益分析的更多详细信息，请参见本书第九章"资源管理"）。为使每个组成部分的总授权兵力实现零增长（包括职级），所有需要增加资源的兵力设计现代化和其他部队结构举措必须能够抵消。对任何潜在的装备需求增长来说，都必须对其资源性和可支持性进行审查，或者通过适当的资金来弥补不平衡的增长。

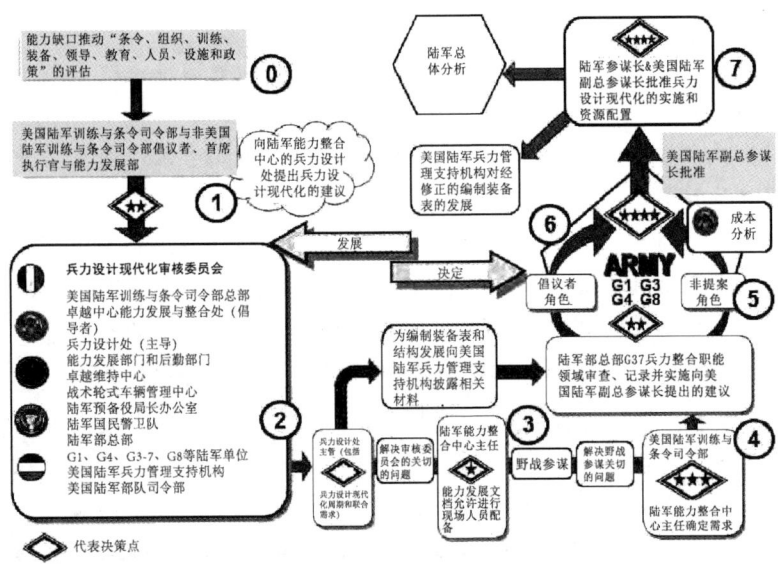

图 3-8　兵力设计现代化

3-15. 兵力整合职能领域分析

a. 陆军部总部通过使用兵力整合职能领域分析来评估所有提议的组织变化，以确保该设计是合适的、可行的和可接受的。为保证组织设计是合适的，提议的组织设计必须完成陆军的任务，并遵循陆军副总参谋长和陆军总参谋长的指导。为实现可行性的目的，提议的组织设计（单位、兵种、指挥层）

必须具备在可用资源内完成任务的能力。为实现可接受性的目的，通过执行组织设计而获得的变革优势必须能够证明资源成本的增加是合理的。

b. 兵力整合职能领域分析将审查兵力结构问题以及兵力结构决定对总体陆军的影响。兵力整合职能领域决定了兵力结构、人员配备、装备、训练、维持、资金和驻扎能力。兵力整合职能领域分析程序对兵力进行了分析，以评估该兵力的可负担性、可支持性和可持续性。基于先前方案、来自陆军部高级领导的不可改变的决定或计划预算决定，兵力整合职能领域的分析可能会提供新的备选方案。

c. 兵力整合职能领域可以提出以下三个建议之一：

（1）实施变革并寻找资源；

（2）退回至训练与条令司令部，进行进一步的分析；

（3）优先考虑下一个陆军总体分析的资源配置问题。

d. 九个兵力整合职能领域为部门组织从一个能力层次过渡到更高层次提供了基础。兵力整合职能领域还负责协助兵力管理人员指派职能责任，并整合解决方案。在起草装备编制表或部队参考资料时，应当考虑并应用上述内容。这九个兵力整合职能领域分别是：

（1）结构化。当一个组织的野战维修和/或维持维护结构，以及辅助的基础设施拥有准确的需求文件、注册的单位识别码和陆军部总部批准的授权文档时，该组织就有了适当结构来完成其既定使命。

（2）人员配备。当一个组织按照职级和能力对所有授权人员进行指派时，该组织就有了适当的人员配备。

（3）装备。当一个组织拥有授权的设备时，该组织就有了适当的装备。这些设备包括：主要的成品；测试、测量和诊断设备；专用工具和测试装备；维护浮标。

（4）训练。在以下情况下，可视为该组织进行了适当的训练：完成了所有要求的陆军训练，包括新装备训练，并根据完成任务所需的基本训练科目表进行了评估；单位掌握了所有授权的组织训练支持装备和训练设备；所有的院校训练课程和训练系统、训练弹药和训练设施都处于可用状态；拥有了所有条令出版物。

（5）维持。当所有组织层面的非战斗授权人员都被指派时，该组织在以下情况下能够适当地维持下去：拥有所有的支持装备、设施、备件和补给品；

为维持各受支援组织，对野战维护和/或维持结构以及所有的辅助基础设施都进行了构建、装备、训练、人员配备、维持、驻扎和供资；拥有所有的辅助出版物；该组织具有有效的国防部单位地址代码。

（6）资金。组织在以下情况下拥有适当的资金来源：与组织及其野战维护和/或维持结构相关的所有费用都已确定、编入计划并获得资源支持；资金可用于支持部队建立、重组、转换、驻扎、财产移交或转移、运输、设施建设或翻新以及作战节奏。

（7）部署。组织在下述情况下视为可部署和/或可使用的组织：组织的野战维护和/或维持结构以及相关单位已完成结构化、装备、训练、人员配备、维持、驻扎和资金来源确定工作，能够作为陆军军种组成部队司令部的一部分进行运作。

（8）驻扎。组织在下述情况下视为已适当驻扎：组织及其野战维护和/或维持结构具备所有必要的组织设施和辅助基础设施；生活质量、安全或环境标准不会降低。

（9）战备。组织在下述情况下视为处于战备状态：组织的总体等级和军品区域类别水平（commodity area category levels）与当前陆军战备标准一致，且符合《陆军条令》220-1 和《陆军条令》525-30 的规定。

e. 经批准的兵力设计现代化应当支持并能够完成所有的兵力整合职能领域的要求。

第五部分　兵力发展第三阶段——制定组织模型

3-16. 编制装备表和拨发基数计划的制定

a. 在上一个阶段正在进行设计的组织将成为下一个阶段的起点。当部队参考材料在兵力设计现代化程序中获得了第一层级的批准后，该设计将作为编制装备表提交至美国陆军兵力管理支持机构进行记录。美国陆军兵力管理支持机构和美国陆军特种作战司令部负责制定编制装备表和拨发基数计划，这两份文件整理了来自部队参考材料基本设计的输入物。

b. 编制装备表和拨发基数计划是使用陆军范围内的发展系统和名为陆军兵力管理系统的数据库制定的。陆军兵力管理系统具有一个关系数据库，该数据库可同时用于需求和授权文档以及其他信息管理系统。

c. 尽管组织设计阶段和组织模型开发阶段被描述为两个独立的程序，但它们是紧密相关并且经常重叠的。倡议者组织设计师与兵力管理支持机构编制装备表的制定人员密切合作，以确保这些设计能够反映出与条令和政策的规定相一致的需求，并确保这些设计包含了所有必要要素（这些要素是为组织提供能力以便其能够完成条令规定的任务所需的）。经批准的组织设计应尽可能准确、完整地反映人员和装备需求。

3-17. 编制装备表简介

a. 编制装备表为记录陆军组织结构提供了一个标准方法。编制装备表针对特定类型单位的多个层级组织选项规定了条令任务、所需结构以及完成任务所需的战时人力和装备需求。如果资源有限，这些组织选项具有满员或减员两种配备授权来为单位的部署提供模型。编制装备表还具体规定了单位的能力（以及其局限性或依赖性）。

b. 编制装备表为制定授权文件提供了基础，并为确定供部队管理人员使用的陆军资源需求提供了输入物。这些单位模型增强了陆军能力，以便发展高效、有效且作好了战斗准备的兵力结构。

c. 编制装备表是数据库中相关记录的集合。数据库中有各种各样的记录，包括概要信息、人员需求、装备需求、段落编号和标题，以及以拨发基数计划形式记录的变更等。编制装备表由基本编制装备表的记录和相关的拨发基数计划的记录组成。

d. 文档制定人员以达到层级要求的百分比所需的人力需求为基础，按组织层级制定编制装备表。例如，层级 1（100%）是在战时完成任务所需的最低限度的基本需求；层级 2 是组织中含有一部分军人之外的人员。由于编制装备表层级 1 是战时需求，因此它反映在授权文档（经修正的编制装备表）的"必需"列中。

e. 兵力设计现代化决策、兵科倡议者的输入物、陆军司令部的问题以及在能力分析程序中制定的兵力设计指南为编制装备表的制定人员提供了建议性的补充/修正内容。条令描述了各类型的单位将如何履行其职能，并详细说明了任务和所需的能力。政策和条令为单位规定了任务和可能的部署领域。政策包含了以条例形式阐述的有关如何制定编制装备表的指导、程序和标准。

人力资源司令部的《军事职业专业智能本》中发布的政策则包含了在制定需求文档和其他组织计划时使用的等级标准、职责名称、职业识别码指南（集结地域、军事职业专业）、技能标识码、技能资格代码和额外技能标识。

f. 编制装备表的制定人员在应用装备使用政策、人力需求标准、等级标准和拨发基数计划时，会考虑单位的任务和需求能力，以适当地组合装备和人员，从而实现更高效的组织结构。资源指导限制了编制装备表草案的制定，因为它们必须使用库存中现有的资源。

3-18. 拨发基数计划简介

a. 拨发基数计划是一份需求文档，规定了计划的新装备和联合支援装备项目与人员的部署，以及装备和人员之间的相互替换（见图3-9）。拨发基数计划经常用于实现陆军部队的逐步现代化。

b. 以下物品需要拨发基数计划：

（1）根据批准的能力需求文档、其他需求文档或装备变更管理程序所采购的物品，这些文档或程序会改变物品的性能、特性或能力。此外，这些物品还需要新的册列项目编号和后勤控制码A的类型分类（包括有限采购或小批量试生产的类型再分类标准）（见《陆军条例》700-142）。

（2）需要额外联合支援装备项目与人员的物品。

（3）在根据后勤控制码A单独进行类别分类以获取单独授权和出产时，无需作为装置、工具包和设备组件以及装配组件的成品。

（4）重新购买的装备［这些装备需要新技术、新册列项目编号（以便管理）、联合支援装备项目与人员］或者对训练有影响的物品。

（5）当标准册列项目编号仅用于报告目的时，组件主要物品（Component Major Items）不需要拨发基数计划。

（6）拨发基数计划程序所豁免的物品规定在《陆军部手册》71-32中。

c. 拨发基数计划程序

拨发基数计划补给数据。

（a）制定正确的拨发基数计划补给数据是发展拨发基数计划的第一步。拨发基数计划补给数据是有关新的或改进的装备项目的信息汇编。

（b）在能力发展文档和里程碑B点决策获得批准后，装备发展者将制定拨发基数计划补给数据，该数据也将推动拨发基数计划在里程碑C点决策前的完成。

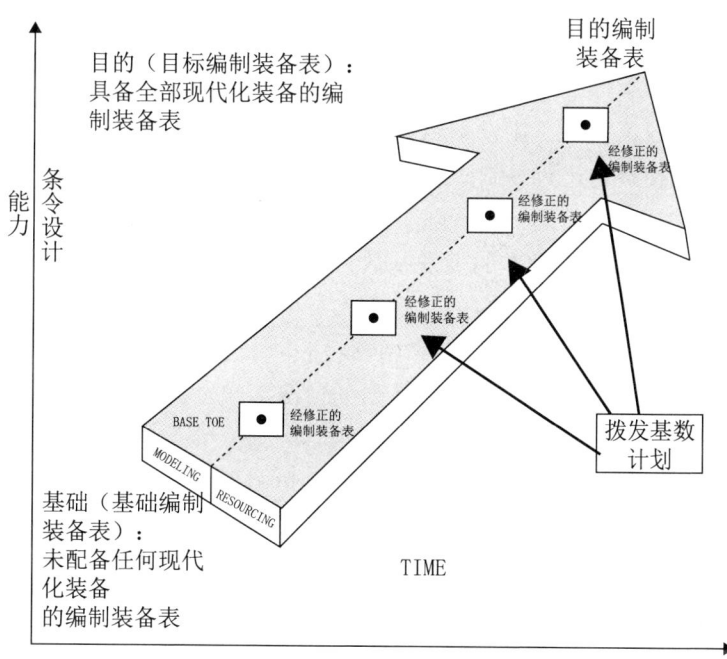

图 3-9 逐步实现现代化（资源驱动）

（c）装备发展者将制定拨发基数计划补给数据，并将计划提交至兵力管理支持机构。时间期限为：对于有开发需要的产品来说，在指派开发册列项目编号的 60 天内；对于无开发需要的产品来说，这一时间限制为 30 天。

（d）在适用的情况下，拨发基数计划补给数据将包括统一陆军院校体系中所有院校的装备现代化需求，包括现役组成部队和预备役组成部队以及院校训练设施。

（e）拨发基数计划补给数据的修正将遵循与初次提交时相同的人员配置程序。

（f）有关提出并提交的拨发基数计划补给数据的更多内容，请参考主管采办、后勤和技术的陆军部助理部长的政策和程序。

d. 拨发基数计划的制定和人员配置

（1）在标准研究编号-册列项目编号自动化管理与整合系统中接受拨发基数计划补给数据后，拨发基数计划的制定程序便开始了。下列人员将参与拨发基数计划补给数据审查，以确保其可接受性和可负担性；相应的兵力管理支持机构分支主管；陆军参谋部之后勤部的主管；其他利益攸关方（陆军参谋部人事部，陆军参谋部兵力结构部（G-8），战术轮式车辆需求管理办公室，陆军人力需求标准维护数据库主管以及其他领域专家）。若拨发基数计划补给数据完整且无错误，拨发基数计划将被 G-37/兵力管理处接受，并转交给兵力管理支持机构进行编制。兵力管理支持机构编制完成拨发基数计划后，将提交给 G-37/兵力管理处进行陆军部总部人员配置。

（2）由陆军部总部批准的拨发基数计划是建立类别分类标准设计并制定里程碑 C 点阶段决策必不可少的。管理人员可以通过兵力管理支持机构副指挥官向主管作战、民事和训练事务副参谋长（DAMO-FM）提交豁免申请，以便在没有获得已批准的拨发基数计划的情况下继续采办程序，以供组织需求文件批准会议将官指导委员会决策所需。

（3）新的或修正的能力拨发基数计划（和人力需求标准）由组织需求文件批准会议进行审查、验证和批准，以确保问题基础、人员、装备同步和可负担性的真实性。G-37/兵力管理处负责宣布拨发基数计划的决定。上校委员会组织需求文件批准会议由兵力管理支持机构和主管兵力结构的副参谋长（DAPR-FDP）资源文件处处长共同担任联席主席。组织需求文件批准会议将官指导委员会由 G-37（DAMO-FM）和主管兵力结构的副参谋长（DAPR-FDP）共同担任联席主席，并由下列成员组成：主管采办、后勤和技术的陆军部助理部长；首席信息官/主管通信的副参谋长；主管人事的副参谋长；主管作战、民事与训练事务副参谋长（DAMO-FM）；主管后勤的副参谋长；主管兵力结构的副参谋长（DAPR-FDP）；训练与条令司令部；兵力管理支持机构、陆军国民警卫队、陆军预备役组成部队和其他需要的领域专家。

e. 将拨发基数计划应用于编制装备表、经修正的编制装备表和选择的配备与装备数量表。在拨发基数计划编制期间，兵力管理支持机构在编制装备表上记录了拨发基数计划。一旦拨发基数计划被接受，兵力管理支持机构将拨发基数计划作为草案记录在编制装备表上，并将其提升至批准级别三级，以便为上校委员会组织需求文件批准会议做准备。将拨发基数计划应用于经修正的编制装备表的工作应当根据司令部计划周期进行，并根据主管作战、民事与训练事务副参谋长（DAMO-FM）的需要进行调整。

f. 主管作战、民事与训练事务副参谋长（DAMO-FM）负责公布拨发基数计划决定。陆军部总部批准的拨发基数计划是主管采办、后勤和技术的陆军部助理部长在里程碑C点继续进行类型分类/大批量生产工作所需的。

第六部分　兵力发展第四阶段——确定组织授权

3-19. 确定组织授权

a. 兵力发展的第四阶段（确定组织授权）负责提供组织的适当组合，从而形成平衡且负担得起的兵力结构。兵力结构是国防部部长办公室管理系统、"规划、计划、预算和执行"程序以及联合战略规划系统不可分割的一部分。它是资源敏感型程序，在图3-1"陆军兵力管理模型"的"确定授权"部分对它进行了描述。兵力结构授权决定将在该阶段作出，以支持联合、战略和作战计划以及陆军规划、计划和预算。兵力结构的决定应当基于对目标、预期的能力和外部限制（例如，资金、总兵力、角色和任务）的理解。

b. 确定陆军兵力结构的规模和内容是一个反复的、风险-收益并存的、需要权衡的分析程序，该程序中的这些步骤并非陆军范围所独有的。

c. 陆军总体分析为不断发展的兵力结构化转变提供支持，并在规划目标备忘录期间提供相应数量和类型的部队。

3-20. 陆军总体分析

陆军总体分析是一个分为两个阶段的兵力结构分析程序，它定义了在最终兵力范围内所需的陆军兵力结构，并说明了遵守国防部指南所需的军事和陆军部文职需求和授权。陆军总体分析为陆军规划目标备忘录的制定和规划目标备忘录部队的组建提供了基础（见图3-10）。确定陆军兵力结构的组成是一个反复的、风险-收益的和权衡的分析程序。

a. 作战部队陆军总体分析

作战部队陆军总体分析负责塑造陆军兵力结构，确定作为一支平衡且可负担得起的部队所需的组织和资源的最佳组合，并通过定量分析和定性分析来检验计划的陆军兵力。主管作战、民事与训练事务副参谋长（DAMO-FM）将不断更新用于发展陆军规划目标备忘录部队的信息、模型和分析。陆军总体分析是国防部部长办公室"规划、计划、预算和执行"程序和参谋长联席会议主席联合战略规划系统中的一个不可或缺的组成部分，它负责生成一支平衡且可负担得起的部队，这支部队预计能够在内部和外部限制下实现战略目标。

b. 生成部队陆军总体分析

生成部队陆军总体分析负责确定生成部队的正确规模及组成，以支持陆军未来的兵力结构需求。要完成上述任务，需要对生成部队的能力进行年度审查，包括新兴能力的增长、重组计划和再平衡行动。生成部队陆军总体分析必须：

（1）审查配备与装备数量表结构的人力需求，并将工作重点聚焦于军事和国防民用需求，目标是减少在当前记录能力范围内的失效需求。

（2）为陆军部高级领导提供优先考虑生成部队能力、规模和人力组合的机会。

（3）按要求提供陆军总体计划兵力以及结构和组成数据库文件，以建立规划目标备忘录。

陆军总体分析"端到端"程序

第一阶段：能力需求分析

指南
- 国家军事战略
- 国防规划和规划指南
- 联合战略审查/方案与简介
- 资源限制
- 执行命令
- 训练和条令兵力设计输入物
- 资源管理决策

定向兵力 → 定量分析

- 定向兵力建模
- 轮换分析
- 经验教训
- 作战司令部需求

需求
- 多种方案
- 联合地面作战
- 所有三个组成部分
- 经验教训
- 当前作战需求

陆军部高级领导批准

第二阶段：资源配置和审批

定性分析
- 使需求与结构相匹配
- 重新平衡三支组成部队间的军事能力（现役组成部队、陆军国民警卫队、预备役组成部队）
- 受联合战略审查的影响
- 高级领导指南提供信息
- "人员回圈"（即人员的代际更新与循环）

建议的部队结构塑造 →

兵力可行性审查
- 评估基于资源的兵力保障能力：
  - 人员配备　・装备
  - 维持　・训练
  - 驻扎
- 确定优先次序并根据需要进行调整

完成资源配备的兵力 → 由陆军部长批准

建立陆军采计划目标备忘录兵力（用于编制预算）

不具有可行性的计划目标备忘录兵力结构（非计划内的）

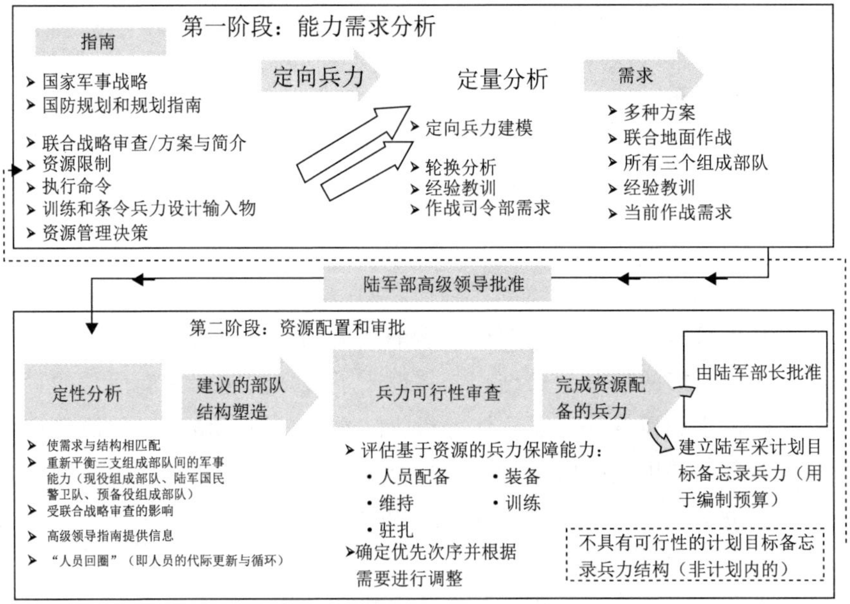

图 3-10　陆军总体分析"端到端"程序

c. 陆军总体分析的目标

（1）发展、分析、决定和论证一支与国防部部长办公室和/或联合参谋部国防计划指南和陆军计划相一致的规划目标备忘录部队。规划目标备忘录部队是指在《未来年份国防计划》期间，在可用资源范围内，预计接受提升、装备、维持和维护的部队。

（2）为规划目标备忘录部队提供基础分析，用于国会、国防部部长办公室、联合参谋部、作战指挥官和陆军之间的对话。

（3）确保兵力结构需求的连续性符合"规划、计划、预算和执行"程序。

（4）为结构和组成数据库中的组织、装备和人员需求以及计划授权的构建提供计划基础。

（5）对兵力结构选项进行年度分析，以进行规划考虑。这些规划考虑包括现役部队（组成1）、陆军国民警卫队（组成2）和陆军预备役组成部队（组成3）之间生成部队和作战部队的混合能力，并由陆军部部长进行考虑和批准，以支持陆军未来的总兵力和国防部部长的规划目标。

3-21. 陆军总体分析第一阶段——能力需求分析

能力需求分析阶段包括兵力指南和定量分析。主管作战、民事和训练事务副参谋长（DAMO-FM）从许多来源获得兵力指南，这些来源包括国家军事战略、国防战略、陆军部高级领导。已建模的想定由国防部部长办公室批准，它反映了一系列可能的未来情形。第一阶段首先利用来自作战可行性系列分析工作的国防部部长办公室想定以及整体安全构想，来获得陆军的定向部队（机动、火力与效果）作战兵力需求。对情景进行建模和分析，以便以最小的风险在完成联合地面作战任务所需授权的年终兵力限度内发展适当的作战兵力。精确的规划、消耗和工作量因素、威胁数据以及分配规则可确保准确的计算机模型需求。该需求清单与先前的陆军总体分析方案需求清单、作战指挥官战争计划和作战部署数据相结合，用于帮助在授权的年终兵力限度范围内为陆军确定最佳兵力组合。但它不用于确定陆军规模。出于想定规模和复杂性的原因（这是确保在整个军事行动领域中充分发挥每项能力所需的），对作战兵力能力的需求范围很可能会远远超出授权的年终兵力内的能力。当陆军部高级领导审查并批准已建模并分析的能力需求时，第一阶段结束，这将提供满足整体安全构想要求的理论上所需的兵力。陆军总体分析建立了一支规划目标备忘录部队，各计划评估小组可以利用该部队制定陆军预算中各自负责的部分。规划目标备忘录部队也将确定作战部队赋能者的支持兵力结构。它还规定了支持和维持战略指导中指示的作战部队能力所必需的生成部队。能力需求分析由两个独立的部分组成：兵力指导和定量分析。

a. 兵力指导

兵力指导包括各种来源的数据输入与指导（请参阅第二章"国家层面、国防层面、联合层面和陆军层面的兵力指导文档与程序战略"）。

b. 数据和指导输入物

（1）本土防御。美国北方司令部和太平洋司令部负责制定和识别任务、威胁、责任范围和陆军兵力结构需求，以完成本土防御任务。

（2）分析议程。国防部部长办公室在分析议程中提供有针对性的方案、突发事件（主要战役）和简介。

（a）主要侧重对未来部队军事能力（部队的效能和充足性）进行战略分析。

（b）整体安全构想。每个整体安全构想都包含在多年时间框架内同时发生的多项活动，这些活动旨在创造一个可能的未来；其产品包括作战司令部的基本活动（来自场景和想定）、作战概念以及每个主要活动的关联数据。

（c）未来兵力结构需求是由国家层面和国防层面的战略制定的（请参阅第二章"战略和战略方向"）。

（d）国防部部长办公室已经进行了几项作战框架研究，以确定中期作战想定或场景。它们将提供国防部部长办公室批准的想定。

（3）兵力规模结构。在《国防计划指南》想定中，国防部部长办公室的指导决定了兵力的规模（请参阅第二章"战略和战略方向"）。

（4）基本活动。

（a）为作战指挥官的活动制定兵力需求，以便随时防止冲突并威慑对手。

（b）应对其他挑战，以发展兵力需求，从而支持国内外同时发生的多个行动（例如，维稳、反暴乱、击败地区入侵者、支持美国民政当局），目的是确保在整个军事行动领域中每项能力都得到处理。

（5）参数、规划和消耗因素以及假定。

（a）陆军部总部主管后勤的副参谋长、陆军训练与条令司令部、陆军医务司令部、陆军联合兵种支援司令部、战区司令部以及陆军部总部参谋机构的其他组成部分（人事部；作战、民事与训练部；后勤部；通信部；兵力结构、资源与评估部）将提供具体指导、准确且详细的消耗因素、规划因素、条令要求、单位拨配规则、网络需求、武器和弹药数据以及部署假定。然后，美国陆军分析中心将进行一系列的建模与模拟迭代，并对这些迭代结果进行分析，以制定和定义维持后勤支援所需的总体能力需求，用以维持本土防御作战部队、陆军对其他军种的支援、基础活动、每个主要作战行动以及生成部队。

（b）这些参数、因素和假设包含某些战区特定信息，涉及后勤和人事规划、消耗和工作负荷因素、东道国支援补充以及对兵力发展至关重要的其他规划因素。

（6）拨配规则。制定兵力指导的另一个关键步骤是在建模程序中（定量分析）审查和更新美国陆军分析中心使用的支援部队拨配规则。

（a）由训练与条令司令部和职能领域倡议者制定的这些拨配规则，代表了各类型单位（机动、火力、效果、支援和维持）对条令的定量说明。这些规则将根据需要进行调整，以纳入特定战区的规划因素。这些规则有三种基本类型：第一，"直接输入物"（或手册、规则）是某战区内作战部队或生成部队单位的独立需求，它不是作战中所需的条令上的需求，但它是支持作战所需的需求。第二，"存在规则"将一个单位的需求与另一个单位联系起来，其中单位的拨配以其他单位的存在或战区的物理或组织结构的职能为基础（例如，对于一个大型通用港口而言，每个港口作业船连队需配备一个宪兵连）。第三，"工作量规则"将单位需求与可衡量的后勤工作量或行政勤务量按比例进行关联（例如，每个供应船维修连的每日机车维修量应为375工时，或每个石油、油料与润滑剂供应连每天补给散装石油、油料与润滑剂的量应为2200吨）。

（b）每当单位编制装备表、想定假定、后勤支援计划或条令部署概念发生变化时，都需要对拨配规则进行修订。

（c）上校委员会和将官层级的审查负责确保所有拨配规则均适用且获准在当前情况下使用。

（7）上校委员会和将官层级的审查。上校委员会和将官层级的审查属于决策论坛，所有参数、限制、数据输入和指导均在这些决策论坛中确定和批准，决定是否进入当前的陆军总体分析周期和美国陆军分析中心模型中。

（a）"将官层级"一词包含指派的高级行政官员。

（b）上校委员会负责审查并建议是否批准美国陆军分析中心模型所确定

的所有数据输入和所需兵力。

（c）将官层级的审查负责确保所有数据输入和指导都是合适的，并获准用于当前方案。该审查专门针对上校委员会审查中未解决的问题。

c. 定量分析

作战能力需求在此阶段确定。美国陆军分析中心通过计算机建模和分析生成假定，这个假定为多个类型的部队生成需求（但只针对作战部队），陆军需要这些类型的部队在不同假定中确保指定的旅战斗队、支援旅和总部司令部的成功。美国陆军分析中心通过一系列分析工作和相关的计算机模拟来完成建模。美国陆军分析中心使用国防部部长办公室和陆军指导中心提供的分配兵力，以便在作战行动想定中使用。

（1）作战部队。作战部队是那些以参与战斗为主要任务的部队及其不可或缺的支持要素（请参阅《联合出版物》1-02）：

（a）陆军总体分析负责提供旅战斗队的数量和类型。

（b）美国陆军分析中心计算机模型与分析负责生成每种说明性想定所需的资源（单位或补给类别）。基于说明性想定、调配规则以及针对单位或补给类别生成的能力需求，美国陆军分析中心建模与分析工作得出了针对赋能者的无限制（最低风险）需求，以确保已部署的旅战斗队在作战中取得成功。

（2）生成部队。生成部队是陆军的一种组织，其主要任务是生成并维持联合部队指挥官可使用的作战部队能力。依据法律规定及默示的职能履行情况，生成部队还具备联合作战指挥官可使用或可直接支持联合作战指挥官的对作战有用的能力（《野战手册》1-01）。同时，还会对生成部队的资源配置进行更加量化的确定，具体方法是：通过研究和纳入流程与程序，将作战部队与生成部队的规模、配置和设计联系起来。

d. 审查与批准。第一阶段——能力需求分析。这一阶段在对每种能力产生的需求范围的结果进行上校委员会/将官层级审查后完成（结果是指美国陆军分析中心模型与分析结果，该结果已经与适用的陆军总体分析-整体安全构想、作战指挥官作战计划和部署数据加权并整合）。

（1）上校委员会/将官层级的论坛负责"审查并批准"作为一支结构完整且资源配备齐全的部队的作战能力。

（2）上校委员会/将官层级论坛负责对兵力结构需求（对本土防御、陆军对其他军种的支援以及基本活动提供支持）以及对承包商支持、战略伙伴的运用、联合能力以及其他风险缓解变量的适当覆盖程度进行审查并达成一致意见，以便在年终总兵力的范围内适当地满足这些能力需求，确保将重点放在陆军的组建上而非陆军的规模上。将官层级的审查还负责向陆军部高级领导推荐能力需求的批准意见。

（3）陆军部高级领导负责审查并批准能力需求。通过了陆军部高级领导审批后，即过渡到陆军总体分析的第二阶段（资源配置与批准阶段）。

3-22. 陆军总体分析第二阶段——资源配置与批准

资源配置包括定性分析和陆军部高级领导审查。第二阶段在总体兵力和年终兵力的指导下发展部队资源配置选项，以便在组建规划目标备忘录部队时使用。主管作战、民事与训练事务副参谋长（DAMO-FM）负责牵头规划目标备忘录部队的多级审查。规划目标备忘录部队最终将得到陆军部高级领导的批准。在第二阶段中（资源配置和批准），必须确定每种能力的可接受风险等级。这些能力需求将基于以下内容：陆军领导指令、书面指导、风险分析、陆军部队组建方法和作战指挥官日常作战要求的输入。定性分析是陆军总体分析程序中最困难和最有争议的方面，因为该分析结果会决定稀缺资源的分配情况，从而影响到陆军的各个方面。因此，此阶段需要参与者进行大量准备，以确保能够对兵力结构间的所有权衡作出准确评估，并制定出最佳的作战兵力结构。

a. 定性分析。定性分析是为了在总体兵力的指导下，发展初始规划目标备忘录部队，以便在编制规划目标备忘录时使用。一系列资源论坛、分析、小组审查和上校委员会都会考虑并验证这些需求的能力需求分析。定性分析从能力需求分析阶段开始，与风险消减措施的采取同时进行，但先于资源配置小组。随后，定性分析将继续进行，直到陆军部高级领导批准规划目标备忘录部队为止。

b. 资源配置上校委员会分为两个单独的部分：编制整合官小组和资源配置上校委员会。

（1）编制整合官小组。

（a）陆军部总部的现役军官及其对应人员将针对资源配置小组展开周密的准备工作。由于定量分析仅确定了针对符合条令、资源配备齐全的机动、火力、效果、支援和维持单位的能力需求，因此，确定额外单位的需求以及向各组成部队（现役陆军、陆军国民警卫队和陆军预备役组成部队）分配资源配备齐全的单位这两项工作必须在编制整合官小组期间内完成。陆军部总部基于对需要实现的目标、预期的能力和约束条件的了解，来制定部队的结构选项。各种选择之间的主要区别在于对风险、约束和时间的管控程度不同。编制整合官小组负责将兵力管理的"艺术"应用于能力需求分析阶段引入的"科学"之中。

（b）资源配置上校委员会为陆军参谋部、陆军司令部、倡议者代表和参谋支持机构提供了机会，让他们能够提供输入物、提出变革并提出与编制整合官小组的建议有关的议题。这些议题应当侧重组成部队，着重解决风险消减问题，同时平衡各优先事项。现役/预备役组成部队之间的平衡和总兵力问题是此上校委员会的主要建议输出物。它使陆军军种组成部队司令部指挥官可以验证被指派/拨配给其司令部的陆军兵力结构是否满足战区特定能力的需求，以满足当前的作战指挥官作战计划/概念计划的作战需求和作战指挥官的日常作战需求。资源配置上校委员会论坛通常为期三天，由 G-37/兵力管理处处长主持。

（c）资源配置上校委员会侧重于为陆军总体分析所涉及的各种问题确定和制定潜在的解决方案。编制整合官和兵力整合官是该论坛的关键人物。编制整合官负责将有分歧的指导和意见汇总在一起，从兵科的视角提供见解，并确定最佳行动方案。编制整合官将所有相关信息汇总在一起，以便提交给上校委员会。在提交这些信息时，编制整合官将审查属于其职责范围内的标准需求代码，并就如何解决各种问题提出建议。

（d）资源配置上校委员会负责整合生成部队的问题和需求，并基于良好的军事判断和经验，审查并解决这些问题。上校委员会将他们的建议和所有未解决的问题提交给资源配置将官指导委员会。

（2）兵力可行性审查。兵力可行性审查程序是一种工具，用来分析在陆军总体分析程序中生成的兵力结构选项。陆军参谋部通过兵力可行性审查，对将官资源配置会议最初批准的部队进行进一步分析。兵力可行性审查程序以陆军总体分析资源配置会议的结果作为输入物，进行审查并调整规划目标备忘录部队，以确保其可负担得起且可以得到支持。在宏观层面，在人员、预算和时间限制的范围内，兵力可行性审查将决定规划目标备忘录部队是否能够完成人员配备、训练、装备、维持和驻扎。兵力可行性审查程序负责确定规划目标备忘录部队存在的问题，并根据先前的陆军总体分析方案、陆军领导的既定决策或计划预算决策，向资源配置将官指导委员会提供备选方案，以便在现有或预计的限制条件下确定最有能力的部队。按照陆军总体分析/规划目标备忘录程序的年度日程，在制定规划目标备忘录的同时，计划评估小组进行每年的兵力可行性审查。其反馈意见将被提交给下一个编制整合官小组以及资源配置上校委员会。

（3）资源配置将官指导委员会。定性阶段的顶点是资源配备将官指导委员会。资源配置将官指导委员会负责审查/批准资源配置上校委员会的决定，并解决尚待解决的问题。委员会已经渐渐演变成了一系列的两星和三星级别的将官资源配置论坛。将官论坛负责审查并批准资源配置上校委员会的决定，同时处理仍未解决的问题。资源配备将官指导委员会负责批准已经提交给陆军部高级领导部门以备审查和最终批准的兵力。

（4）领导审查。在资源配置会议之后，将依序开展的一系列的将官资源配置审查，以解决任何有争议或突出的问题。陆军部部长、陆军部副部长、陆军参谋长和陆军副总参谋长将出席陆军部高级领导会议。陆军部部长负责审查并批准规划目标备忘录部队。

3-23. 陆军总体分析的产品

a. 陆军规划目标备忘录部队。陆军总体分析的产品是陆军的规划目标备忘录部队，这些部队由陆军规划目标备忘录提出的资源请求提议并提供支持。由此产生的规划目标备忘录部队包括整个规划目标备忘录年份中所有陆军组成部门的编制结构，并为陆军规划目标备忘录的制定奠定了基础。规划目标备忘录部队在预期的总兵力和装备水平内，符合计划的任务需求，且风险是在可接受范围内的。经批准后，规划目标备忘录部队将通过陆军结构备忘录和/或结构和人力分配系统锁定点的文件发布，最终输出物应该是一支可执行的规划目标备忘录部队。陆军将规划目标备忘录部队递交给国防部部长办公室，并附有一份批准建议。所有经过批准的单位都将进入结构和人力分配系统，以创建规划目标备忘录部队。总的来说，陆军总体分析是用于为预算提案中的陆军兵力结构进行说明和辩护的成熟机制。

b. 陆军结构备忘录。陆军总体分析和规划目标备忘录程序的产物是经批准的并获得资金支持的兵力结构，陆军结构备忘录对这一兵力结构进行了明确规定。陆军结构备忘录本质上是指令性质的。它由陆军 G-37/兵力管理处处长制定，负责记录陆军总体分析程序中陆军高级领导层的最终决定，以及自上次陆军结构以来作为周期外程序的一部分进行的更改。在下一个指挥计划期间，陆军结构备忘录指示各司令部对单位识别码的详细级别进行适当的调整。指挥部在结构和人力分配系统中记录指挥计划程序中的更改，该系统是陆军的正式记录数据库。结构和人力分配系统、拨发基数计划和编制装备表文件为陆军授权文档（例如经修正的编制装备表和配备与装备数量表）提供了基础。陆军结构备忘录的发布标志着陆军总体分析周期的完成。

c. 陆军总体分析和规划目标备忘录程序的产品是陆军批准的兵力结构，出于资源管理的目的，被分为以下几个部分：

组成 1——现役陆军；

组成 2——陆军国民警卫队；

组成 3——陆军预备役组成部队；

组成 4——完成陆军任务的需求（而非资源配置）；

组成 5——未匹配的部队；

组成 6——预置库存；

组成 7——东道国直接支援；

组成 8——东道国间接支援；

组成 9——后勤民事增援，包括兵力结构补偿。

d. 东道国支援协议为组成 7 和组成 8 提供资源方面的保障。组成 9 是增援部队，并不属于抵补要素，它代表了由国内外商业性公司提供的额外支援和勤务的合同，以增援现有兵力结构。

第七部分　兵力发展第五阶段——记录组织授权

3-24. 文档组成概述

a. 兵力发展的第五个阶段也是最后一个阶段，即编制授权的记录，这一阶段可以看作是组织模型制定和组织授权确定的整合。战场对特定军事能力的需求推动着组织模型的发展。该程序的产物是组织的编制装备表。这些组织配备了相关的人员与装备，以提供更多的需求能力。编制装备表规定了陆军的需求。另一方面，确定组织授权是一个兵力结构程序，该程序负责记录陆军各部门的资源（人员、装备、资金和设施）。

b. 由于美国陆军是由众多复杂的人员组成的，每个人都具有一种或多种技能，还配备了数百万种装备，因此必须有一个组织化的系统，来记录所需之物和批准的数量。更重要的是，随着转型、模块化、装备现代化、新条令的应用以及对新组织的改良和发展工作的进行，陆军在不断向前发展。因此，美国陆军必须具备一种方法来追踪所做的变革，以便可以对其进行更有效的管理，并将动荡降至最低。

c. 美国陆军的每个单位都有一份授权文件，即经修正的编制装备表或配备与装备数量表，用于确定其任务、结构、人员和装备要求以及授权。从各级司令部来看，这些文档对陆军发挥其职能作用来说都是必需的。单位将其授权文档用作获取人员和装备的授权，也作为战备评估的基础。

3-25. 授权文档

授权文档负责协调并整合特定组织的任务、职能、组织结构、人事和/或装备需求以及授权数据，呈现形式包括详细版或摘要版。这些文档为陆军部总部提供了批准的授权，以便为该组织的需求提供资源。

a. 经修正的编制装备表。经修正的编制装备表是一份具有特定单位识别码和生效日期的、包含了资源信息的授权文档。它由编制装备表派生，是应用了陆军部总部指导方针和人事变革而来的（详细级别为营舍级别和项目编号级别）。它规定了人事和装备授权，以满足在战时完成任务所需的最低限度的基本需求，从而执行记录在编制装备表中的组织的条令任务。兵力管理支持机构负责制定经修正的编制装备表，并由主管作战、民事与训练事务的副参谋长（DAMO-FM）批准。兵力管理支持机构负责发布当前年度、预算年度和第一个计划年度的编制装备修正表。经修正的编制装备表的组织主要位于作战部队中，但是也可以位于生成部队中。

b. 例外的经修订的装备编制表。例外的经修订的装备编制表偏离了装备编制表及其适用的拨发基数计划。主管作战、民事与训练事务副参谋长（DAMO-FM）（兵力管理处处长）是所有例外的经修订的装备编制表的批准机构。这些例外表每三年重新确认一次。

c. 经修订的装备编制表（仅装备）。该表指的是预先设置的、供特定战区的某个特定任务的轮换或部署单位使用的成套装备。本授权文档仅包含装备，不包括人员的需求或授权。如今，经修正的编制装备表（仅装备）有：陆军预置库存、欧洲活动集合（European Activity Set）和韩国永久装备集合（Korean Enduring Equipment Set）。

d. 配备与装备数量表。配备与装备数量表是基于单位识别码和生效日期的特有授权文档（而非基于装备编制表）。它规定了组织结构、人力和/或装备要求，以及没有装备编制表支持的任务授权。配备与装备数量表可以包括军用、民用、标准和商用装备。配备与装备数量表的人力需求的基础是工作量，工作量只应直接支持陆军部总部一级的任务和职能。当前财政年度、预算财政年度和第一个计划财政年度的配备与装备数量表由兵力管理支持机构制定，由主管作战、民事与训练事务副参谋长（DAMO-FM）批准。配备与装备数量表的组织主要位于生成部队中，但作战部队中也有相关组织。

（1）增援配备与装备数量表。增援配备与装备数量表是配备与装备数量表的一种形式，与配备装备数量表相比，它增加了一个装备编制表单位。该表确定了该单位执行超出装备编制表能力范围的行政和作战职能所需的组织结构、人员和装备。增援配备与装备数量表包括军用、民用和标准或商用设备。

（2）动员配备与装备数量表。动员配备与装备数量表是配备与装备数量表的一种形式，该表确定了动员任务、组织结构、人员和装备需求以及单位授权，该单位在宣布动员后基于非部署动员部队进行授权。

e. 联合装备表。联合装备表是一份装备授权文档，用于支持由作战司令部和常设联合部队司令部控制的联合组织。联合装备表适用于陆军、海军、空军、海军陆战队、美国陆军特种作战司令部的所有现役部门及其配套组成部分和联合司令部。必要时，兵力管理支持机构建立和配置联合装备表，以获得兵力管理支持机构副指挥官的批准和陆军部总部的出版。

f. 通用装备表。通用装备表是个人或经修正的编制装备表、配备与装备数量表或联合装备表组织所需的全陆军通用装备的授权文档。兵力管理支持机构负责建立、批准和发布通用装备表。

g. 由政府所有、承包人运行的装备。由政府所有、承包人运行的装备包括承包商履行合同所需的非消耗性装备，这些装备列在相应的授权文件中（见《联邦采办条例》45.000；《联邦国防采办条例附录》245.1；《陆军金融采办条例附录》5145.1）。除第 7-17 段中列出的类别外，所有政府提供的装备都将记录在相应的配备与装备数量表中，以计算更换需求。

第八部分　兵力整合

3-26. 兵力整合概览

a. 兵力整合与兵力整合职能领域保持同步，以执行兵力管理决策，同时考虑资源限制。

b. 兵力整合的任务是提高作战能力，将对过渡时期战备状态的不利影响降至最低。兵力整合任务的执行包括：

（1）将新的或更改的条令、组织和装备编入陆军；

（2）制定战略，以协调和整合陆军现有的职能和管理系统；

（3）评估决策对组织的影响。

c. 兵力整合包括程序、决策支持机制和相关产品，通过下述方式管理变更：

（1）评估能力变化的需求；

（2）确保对增长替代方案进行考虑；

（3）开发适当的、可行的和可接受的概念来执行程序；

（4）确定并推荐解决方案；

（5）制定和执行详细的行动计划；

（6）在必要时，确保反馈能够对行动和执行进行验证或修改；

（7）根据地点考虑设施需求。

3-27. 一体化程序小组

a. 通过快速部署斯特赖克旅（Stryker brigades）、管理模块化转换以及重新平衡现役组成部队/预备役组成部队，陆军部总部理解了一体化程序小组问题解决的价值所在。因此，各利益相关组织将召开会议，以讨论并寻求解决方案，从而应对兵力管理计划实施所带来的挑战。这些跨职能工作组采取了新的方法来解决快速变化过程中所面临的复杂问题，这种新方法优于过去线性和顺序的工作方法。陆军部总部继续通过合作的方式来管理兵力。主要兵力整合工作组的三名主要参谋官是：需求参谋官（指派至主管兵力结构、资源与评估的副参谋长）、协调参谋官（指派至主管兵力结构、资源与评估的副参谋长）以及陆军部系统协调官（指派至主管采办、后勤和技术的陆军部助理部长）。上述主要参谋官与其他的小组成员合作，包括陆军参谋部之作战、民事与训练部兵力整合官；陆军参谋部之作战、民事与训练部编制整合官；陆军参谋部之计划分析与评估部（G-8）计划分析和评估处现役军官；文档整合官；人事系统参谋官；指挥主管；资源整合官。根据要求，来自陆军司令部、陆军军种组成部队司令部、直接报告单位、预备役组成部队、其他职能领域的代表以及特殊利益代表都包含在一体化程序小组和相关兵力管理问题的人员编制中。

b. 一体化小组的方法有助于确保每项行动都能够与相关代表进行适当协调，这些代表了解对其单位产生影响的条令、设计、结构、人员、采购、装备、资源、设施、信息管理和训练活动。陆军参谋部之兵力结构、资源与评估部（G-8）需求参谋官既是陆军部总部的单一联络机构，也代表了陆军部总部对"条令、组织、训练、装备、领导、教育、人员、设施和政策"能力需求的立场。通过召集能力需求小组，需求参谋官分析、协调、提炼和解决关键观点以及不一致观点，并针对能力问题提出相关建议。协调参谋官是陆军参谋部之兵力结构、资源与评估部需求参谋官的对应机构，并作为陆军部总部单一联络机构，负责整合和同步已批准的能力需求，以实现陆军战略、陆军战役计划优先事项和现代化战略。系统协调官是国防部的主要采办参谋官。系统协调官负责其被指派计划的日常支持工作，并担任计划主管的代表和国防部内部的主要联络机构。上述现役参谋官负责准备、处理和协调其专业领域的行动。关于上述参谋官职责的更多细节，请参见第十章。

3-28. 兵力整合官

隶属于陆军参谋部之作战、民事与训练部的兵力整合官代表了职能不同的部队层级组织的利益（例如，贯穿模块化旅到战区陆军的整个兵力结构）。他们是横向部队层级的整合官，与旅、团、师、军和战区陆军一起工作。兵力整合官的职责包括：

a. 评估职能系统能力，以便为主要组织提供支持。

b. 提出资源的优先排序建议。

c. 在适当的部队层级上，评估组织变革对战备状态的影响。

d. 促进单位融入主要组织。

e. 评估和分析将人员、设施、设备、条令、结构和能力变革纳入主要组织的影响。

f. 确保主要单位在兵力整合和规划程序（如陆军总体分析、兵力设计现代化等）中拥有代表。

g. 评估中期和长期规划对主要单位的影响，包括新条令、结构、人员配备、装备、技术、设施、驻扎、战略政策和资源战略。

h. 将组织需求与资源分配联系起来。

3-29. 编制整合

a. 编制整合是兵力整合的一部分，将重点关注那些在陆军中引入、吸收并维持新结构、新装备和新条令这一过程中的组织。编制整合负责管理指定组织的记录、资源、部署和维持工作，而这些组织则作为在资源范围内的能力整合包，拥有的能力与条令规定相一致。编制整合还侧重增强部队能力，同时通过资源优先排序、信息管理、活动同步和能力评估来管理编制变革，确定部队和装备变革对设施需求的影响，并与主管军事设施管理的助理参谋长办公室合作，确保设施和/或资源能够支持这些编制变革。

b. 编制整合官。编制整合官隶属于 G-37 兵力管理处，负责代表职能相似的组织（如步兵、装甲部队等）的利益。这些编制整合官被编入各机动、机动支持和机动维持小组中。编制整合官在其专业领域内担任纵向整合官。此外，他们还向需求参谋官提供相关专业知识，帮助需求参谋官处理拥有相似职能的组织的需求文档。编制整合官的职责包括但不限于：

（1）分析、协调、提炼并制定需求建议。

（2）确保编制能力、现有能力和新兴能力之间在条令上的联系。

（3）协调编制装备表和拨发基数计划的批准工作。

（4）参与所有兵力管理文件的兵力管理分析审查工作。

（5）制定并协调陆军部总部对拟议的陆军总体分析程序变更的立场。

c. 司令部主管。隶属于陆军参谋部之作战、民事与训练部的司令部主管（兵力结构），通过管理配备与装备数量表单位，代表了陆军司令部/陆军军种组成部队司令部/直接报告单位的组织利益，并担任经修正的编制装备表的兵力整合官。司令部主管的第二个工作重点是管理计划预算指导，确保每个陆军司令部/陆军军种组成部队司令部/直接报告单位的人力分配能够准确地反映在结构和人力分配系统，并符合陆军领导决策，且在国防部部长办公室建立的人力控制范围内。司令部主管的职责包括：

（1）担任司令部计划和概念计划的联络点。

（2）对经修正的编制装备表和配备与装备数量表中的所有增加、删除和其他细节变更，进行持续的文件审计跟踪。

（3）为陆军司令部/陆军军种组成部队司令部/直接报告单位的计划和预算指南制定人力资源指南。

（4）管理司令部的职能解决方案分析。

（5）为正在审议的组织行动提供资源备选方案分析和评估。

（6）记录当前和计划的人员实力；适用的联合研究、发展和采办计划；以及组织的兵力结构。

（7）对陆军规划决策与国防部管理与预算办公室以及国会的规划决策进行"交叉"分析。

d. 文档整合官。文档整合官隶属于兵力管理支持机构（主管作战、民事与训练事务副参谋长的野外作业机构）。文档整合官负责制定组织需求和授权文档，以实施已批准的陆军兵力计划。文档整合官的职责包括：

（1）通过运用装备使用政策、人力需求标准、级别标准和拨发基数计划，记录单位任务和所需能力，以制定适当的装备和人员组合，从而实现更高效的组织结构。

（2）制定人力需求标准，使其成为陆军部总部批准的标准，用于确定人员配备在战时完成任务所需的最低限度的基本需求，并实现编制装备表和经修正的编制装备表文档中的机动支援和机动维持职能。

（3）审查倡议者提议或批准的授权文档，确保其符合人力、人事和装备政策和指令。

（4）基于陆军部总部指南、司令部计划和来自陆军司令部/陆军军种组成部队司令部/直接报告单位的建议，集中制定陆军司令部/陆军军种组成部队司令部/直接报告单位的授权文档。

e. 陆军司令部、陆军军种组成部队司令部以及直接报告单位。上述层级的兵力管理参谋人员负责管理兵力整合任务的规划和执行。

（1）文档整合，包括授权文档（经修正的编制装备表，配备与装备数量表）的审查和数据库管理。

（2）系统整合，包括需求和授权文档审查、装备部署计划程序、新装备训练计划审查以及设施配套附件审查。

（3）编制整合，包括编制评估程序、需求和授权文件审查以及条令审查。

（4）兵力结构管理，包括配备与装备数量表人力管理和年终兵力管理。

（5）兵力规划，包括陆军总体分析程序、指挥计划程序、兵力削减规划和监测以及概念计划的制定。

f. 军、师、团、独立旅和军事设施。这些层级的兵力管理参谋人员负责继续进行兵力整合管理。

（1）兵力结构管理，包括授权文档管理、指挥官单位状况报告监控以及兵力结构审查和分析。

（2）系统整合，包括行动计划制定、分配计划审查和设施审查。

（3）编制整合，包括编制评估、兵力结构审查与分析以及授权文档审查程序。

第九部分　变革管理

3-30. 配备与装备数量表的变革管理

a. 为了对配备与装备数量表进行变革，所有司令部和陆军参谋部都要通过配备与装备数量表变革管理或概念计划，来请求新的编制或更新和变更分配给现役组成部队、陆军国民警卫队和陆军预备役组成部队的所有增援配备与装备数量表和配备与装备数量表组织，而不论单位识别码是否被归类为作战部队或生成部队单位。

b. 不是所有的配备与装备数量表和增援配备与装备数量表变革都需要配备与装备数量表变革管理计划。

c. 如果配备与装备数量表和增援配备与装备数量表的变革符合概念计划阈值，则将根据变革的类型和影响对该变革进行分类。

d. 关于提交配备与装备数量表变革管理计划的完整阈值、类别定义、指南和程序，请参阅《陆军条例》71-32。

表 3-1　配备与装备数量表变革管理阈值

类别1：配备《野战手册》的人员，无陆军部总部人员配备，需要成本-收益分析或美国陆军人力分析局审查	类别2：配备《野战手册》的人员，有限的陆军部总部人员配备（如陆军参谋部之人事部），但无须成本-收益分析或美国陆军人力分析局审查	类别3：聚焦于陆军部总部人员配置，但不需要成本-收益分析（如果在阈值内）或美国陆军人力分析局验证	类别4：完全陆军部总部人员配置，需要成本-收益分析和美国陆军人力分析局验证
应当…… ·提高或减少需求/授权* ·更换职位 ·降低军事与文职级别 禁止…… ·增加需求或授权 ·变更说明 ·变更兵科/人事职业专用代码/军事职业专业 ·变更人力结构 ·变更规划代码	应当…… ·段落变更 ·提高或减少需求/授权 ·更换职位 ·改变军事与文职级别 ·变更说明 ·变更兵科/人事职业专用代码/军事职业专业 ·变更人力结构 禁止…… ·增加需求或授权 ·变更规划代码	应当…… ·人员重组 ·调整/增加需求 ·更换职位 ·改变军事与文职级别 ·变更说明 ·变更兵科 ·变更人力结构 禁止…… ·变更规划代码 ·增加授权	应当…… ·人员重组 ·调整/增加需求 ·更换职位 ·改变军事与文职级别 ·变更说明 ·变更兵科 ·变更人力结构 ·请求变更程序代码 禁止…… ·增加授权

＊提升和减少被定义为：在不改变职位的计划要素的情况下，将需求和/或授权从VIC内的当前批准的文档转移到另一个位置。

3-31. 司令部计划

a. 司令部计划是年度兵力管理程序，旨在说明并记录关于兵力结构的决策和指令。司令部计划负责审查年度预算，并对第一个计划年度进行记录。

b. 主管作战、民事与训练事务副参谋长兵力说明与记录处（DAMO-FMP）是司令部计划的倡议者。

c. 司令部计划程序指的是有秩序的陆军组织变革管理的主要程序。司令部计划旨在说明和记录来自陆军领导层有关兵力结构的决策和指令，包括由国防部部长办公室指示、由司令部提交或在国会指南中提出的变更。司令部计划对编制变革与资源交付进行同步，以响应不断变化的需求，同时通过审慎周密的决策周期，最大限度地减少组织动荡。陆军部之军事作战部-兵力管理处（DAMO-FM）负责发布司令部计划指南备忘录，该备忘录为司令部计划的提交提供了指导和基础，并描述了必须完成的行动。

d. 在司令部计划程序中，主管作战、民事与训练事务副参谋长/兵力管理处（DAMO-FM）负责指导相应授权文档（经修正的编制装备表和配备与装备数量表）的制定。

e. 司令部计划程序的产物是更新的经修正的编制装备表和配备与装备数量表文档，这些文档通过陆军兵力管理系统提供了总兵力在级别、军事职业专业、册列项目编号和细节级别方面的人员和装备需求和授权。

f. 所有的陆军参谋部、陆军司令部、陆军军种组成部队司令部和直接报告单位会根据出版的司令部计划指南和来自陆军部军事行动部-兵力管理处（DAMO-FM）的更新版指南，向主管作战、民事与训练事务副参谋长兵力管理处（DAMO-FM）简要汇报各自的司令部计划。

g. 当陆军主要兵力获得了批准，且陆军部总部批准的授权文件得到了公布，司令部计划便圆满完成了。

3-32. 周期外程序

a. 记录的周期外程序是一个陆军部总部之作战、民事与训练部兵力管理处程序，出现于两个司令部计划之间。周期外程序适用于对给定单位识别码的任何文档变革，这些变革需要对一个与该单位识别码相称的结构和人力分配系统数据值变革。陆军部总部批准的原始文档在周期外文档生效之日被周期外替换文件取代。

b. 对周期外文档进行授权有三个基本门槛：

（1）单位识别码批准的文档信息的任何变更，这些变更同时也反映在相关批准的结构和人力分配系统子集中。关于结构和人力分配系统记录的子集数据要素列表，请参阅《陆军条例》71-32。

（2）已批准文档的任何更改，且这些文档由兵力管理处处长指示为周期外文档。

（3）最初作为管理变革而提出的变更，且由兵力管理支持机构副指挥官将其提升为周期外文档进行审议。

3-33. 管理变革程序

a. 文档管理变革是对陆军部总部批准的授权文档的变更，这些授权文档超出了实施陆军部总部之作战、民事与训练部周期外文档程序的强制性标准。

b. 文档管理变革在实施前必须得到兵力管理支持机构副指挥官的批准，以及陆军参谋部之作战、民事与训练部兵力管理处的同意。

c. 管理变革的更多细节请参考经修正的编制装备表或配备与装备数量表第一部分。

d. 对陆军部总部批准的需求和授权文档的《补给公报》700-20 月度申请，将根据文档管理变革程序执行。这些变革在第一部分中没有注释。

e. 管理变革有三个主要门槛：

（1）不符合结构和人力分配系统数据要素的小型文档纠正变更。

（2）在变更不构成周期外文档的情况下，应用以前编纂的陆军部总部指南。

（3）变更导致了编制装备表中总价值低于10万美元的装备增长，这些变更将通过管理程序变革传递至相关的经修正的编制装备表中。

第十部分　兵力生成

3-34. 持续战备

陆军通过持续战备兵力生成程序建立战备状态，以满足已知需求，同时在总兵力范围内保持足够的战备水平，以降低应对可能的应急事件的风险。在持续战备的概念中，单位将继续为已知的需求建立渐进的战备状态，但在部署后将保留并维持上述战备中的部分内容，以降低应对可能的应急事件的风险。对于未部署的单位，将建立和维持战备状态并完成资源配备，以达到可负担得起的卓越级别的战备水平，并做好应对新兴应急情况的准备。单位和组成部队之间的已知部署需求和应急响应责任的循环，避免了单位因长期处于低"层次"战备状态而产生的负面影响。同时这种循环也使陆军能够动态分配资源，提高部队的整体战备水平，同时降低对新兴应急情况的应对风险。陆军持续战备模型仍在开发中，目前正处于测试状态，计划于2018年全面实施。拟定的持续战备计划具有以下特点：

a. 持续战备概览。持续战备解决了已知的全球兵力管理分配计划的兵力需求，并优化了战备工作，以响应应请求的应急行动。持续战备模型旨在根据可用资源、计划部署和高优先级应急响应需求，在整个陆军范围内维持可负担的最高战备水平。持续战备模型避免了先前战时驱动的陆军兵力生成模型所造成的单位战备水平间的巨大差异。陆军部队生成模型能够将资源集中在为战时部署和使用的轮换部队中，但响应的代价是增加了返回和非部署的现役和预备役单位战备的费用。重要的是，预备役组成部队为新兴应急任务提供了最大的增援能力。因此，通过陆军国民警卫队和陆军预备役组成部队的特有能力，持续战备试图为中后期的部署兵力需求提供大量支持，从而使预备役组成部队能够顺利运转。通过管理陆军的战备水平以满足未来五年的需求，持续战备扩展了陆军的战备计划范围。这有助于使战备资源决策与规划目标备忘录的制定保持同步。

b. 持续战备的步骤。规划的持续战备分为五个基本步骤（见图3-11）。第一步是估计部队战备的总体需求。第二步是预测整个部队可达到的战备水平，该战备水平应当与陆军总兵力、预计的资源配置水平和相关单位战备成本相匹配。第三步是将战备需求与预测的战备水平进行比较，两者的差异则构成了评估得出的风险。第四步是通过多个陆军程序来降低这一风险，包括调整响应部队、改变陆军兵力结构、调整部队组合（现役组成部队/预备役组成部队）以及重新分配战备目标和计划资金。第五步，也是最后一步，制定并执行基于资源情况的全陆军战备计划，该计划为已部署和可部署部队规划战备目标，在陆军资源程序中同步这些目标，然后在陆军战略战备评估中评估这些目标。

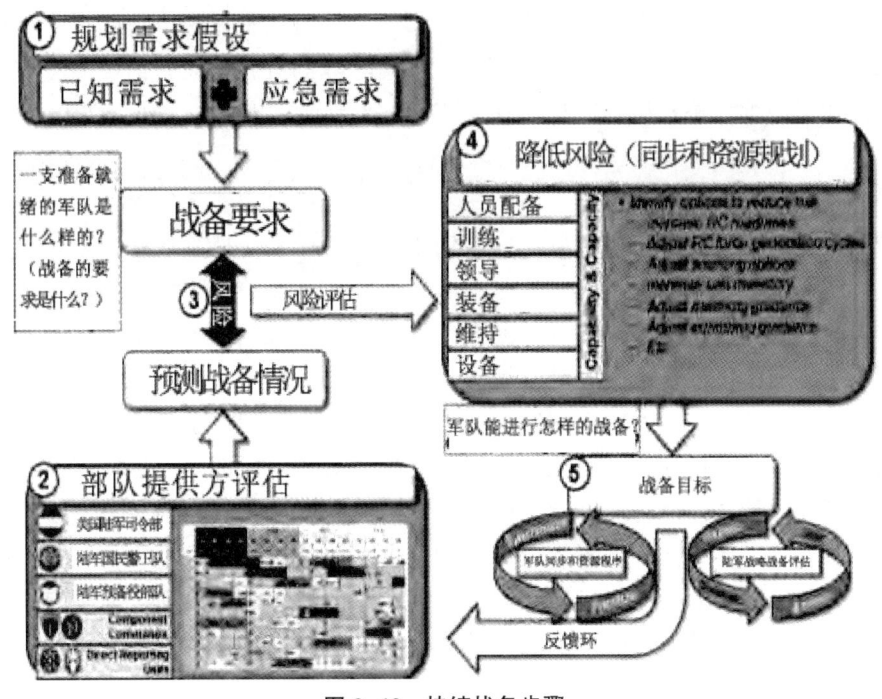

图 3-12 持续战备步骤

（1）第一步：通过获取已知的部队的任务需求并预测应急需求，确定全体兵力的总体战备需求。当前需求在全球兵力管理分配计划中有所概述。针对这些需求以及其他联合参谋部要求的任务，会有未来五年的预测。这些已知和预测的任务将在五年规划期内分配给所有部队。不同的是，现有战争计划的时间分时段部署数据为应急部队的战备需求提供了信息。上述两个需求结合起来，为未来五年的规划期提供了总体部队战备需求。

（2）第二步：制定全军范围的战备计划。战备计划概述了五年内按季度和按标准需求代码单位列出的单位战备目标，以及预计实现该目标的相关活动。这一预测描绘了持续战备模型的大致轮廓。持续战备模型共有三个不同的活动模块来描述一个单位的季度战备目标：任务（Mission）、待命（Ready）和准备（Prepare）。这些模块的持续时间是三个月，并与财政季度保持一致。每个模块描述了一个战备"活动"和一个预期的战备"结果"。"任务"模块代表分配的任务或具体指派的部队任务。这些单位将填充已知的需求，并接受来自国防部部长或作战指挥官（如果是作战指挥部指派的部队）的任务命令。

任务分为决定性行动任务和非决定性行动任务。若单位接受的任务与其单位设计和完成任务所需的基本训练科目表相一致，那么该单位将执行决定性的行动任务。该单位可以随时转化为应急任务单位，在执行任务期间保持战备状态，并在执行任务后更快地恢复战备状态。从单位设计中分离出来的单位，或者执行不符合其完成任务所需的基本训练科目表的单位，是非决定性行动任务的执行单位。该单位在部署时结束战备状态，在返回时必须重建战备状态。不处于任务状态但处于高度战备状态的单位位于"待命"模块中，并为应急行动做好准备。所有其他较低的战备状态由"准备"模块表示。陆军负责评估和调整这些战备计划，与兵力提供者同步计划，并将战备预测与总体兵力战备需求相匹配。当在五年规划期内对战备计划中的每个单位模块进行排序时，相应的活动（准备、待命和/或任务执行）将代表战备状态的逻辑进展或回退，从而使任务进入执行/准备部署期，或使任务从执行/准备部署期开始回退。随着时间的推移，每个模块的计划"活动"将使得每个单位类型/标准需求代码的相关资源配置水平标准化，并使得资源配置水平与战备结果相对应。

（3）第三步：风险评估。作战风险将针对特定的单位类型进行评估，如装甲旅或运输连。持续战备中的作战风险由作战深度风险和作战战备风险组成。作战深度风险负责评估单位是否能够提供充分的单位特定能力来满足战时需求。详细地说，作战深度风险评估回答了下述问题：是否有足够的单位来执行战争计划，并且满足已知需求？是否有足够的兵力进行替换或持续轮换？如果没有足够的单位来处理可能的应急事件并满足已知需求，那么对于该单位类型来说，则存在"高"作战深度风险。而作战战备风险则评估的是：按照相关的分时段部署数据，在适当的战备部署水平上进行单位生成的能力。只有不到30天的时间来进行装载运输和部署的单位必须处于最高的战备状态。这种战备水平通常在警报/动员发生后的30天至60天的延长期内有所降低。后续部署的部队在待命装载日期前有100多天的时间，因此可能有足够的警报/动员后时间来提高部署前的战备水平。准确的风险评估需要细致地了解每种单位类型完成集体单位训练战备所需的时间；集体单位训练战备状态在未持续训练情况下的下降速度；单位类型对整体任务成功的重要性；以及较低的单位类型战备状态对任务成功的预期影响。这些评估与发布警报/动员相结合，有助于量化风险，并为战备目标和资源分配提供信息。这些风险评估极大影响了第四步所检验的风险缓解备选方案和战备计划行动过程。

（4）第四步：降低风险。对于降低风险来说，最难的是如何迅速应对突发的高需求危机。从概念上讲，如果美国部队已经投入其他任务中，那么只有有限的单位会做好完全战备水平的部署准备，而其他的单位可能会逐步提高战备状态，以实际满足新的应急部署时间表。作为降低风险的手段，一些"待命"单位可能会从其当前的任务中转移出来并重新进行部署，以应对危机；其他的单位也可以在较低的战备水平上进行部署。尤其是对那些以年而不是以季度为单位来衡量持续战备周期的预备役组成部队而言，为了满足中长期应急兵力的需求，可以在可用的通量训练、动员和战略提升能力的范围内，通过额外的资源来提高战备水平。例如，如果一个五年计划中有20个陆军国民警卫队单位，那么每年就会有4个可部署单位或已部署的待命单位。如果这些单位被移至四年计划中，那么每年则有5个待命单位。此外，可以增加陆军国民警卫队和美国陆军预备役组成部队的训练路径，以便在待命年

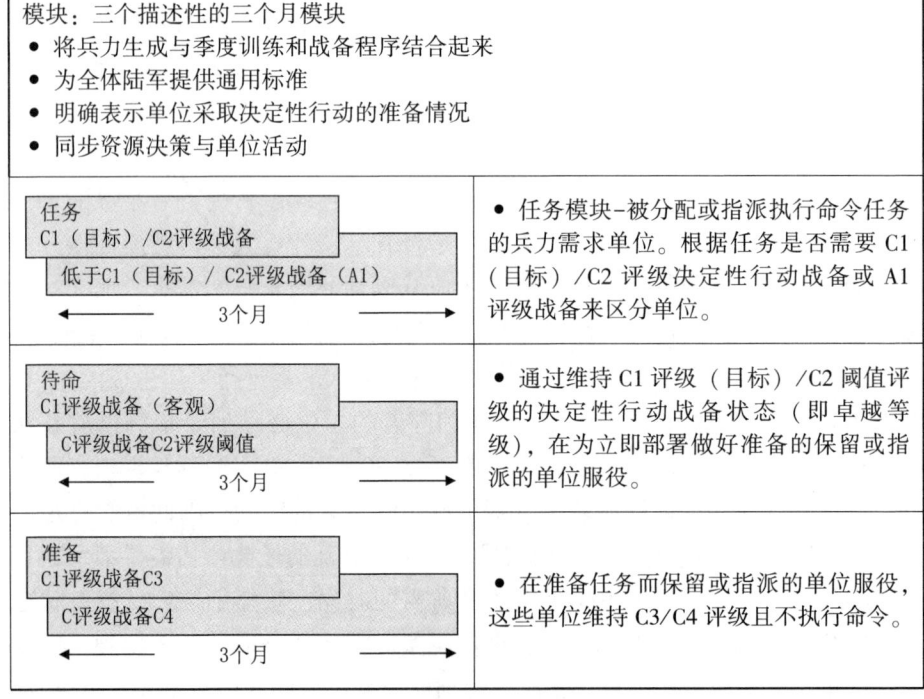

图 3-13 持续战备模型

份将战备程度设置为更高的峰值（由 C1 评级代替 C2 评级），从而增加可用于高风险应急任务的单位。相反，在下述情况下，其他较低优先级单位的训练方案可以减少：应急任务不需要该训练方案，或者这种类型的单位已充分满足或超出应急兵力需求。风险降低的分析结果是：在整个军队中重新分配战备目标，以调整战备计划，战备目标由兵力提供者在第五步即最后一步中实现。

（5）第五步：执行、评估和修订。战备目标是来自第二步的预测战备目标，并在第四步进行调整，以降低不可接受的风险。这些战备目标和相关资源也包含在规划目标备忘录中。当战备目标被审查，且在执行后的 18 个月至 24 个月内有实际任务命令发出时，战备目标将为陆军同步和资源程序提供指导。据预计，预算年度持续战备所规划的战备水平与过去相比，能够更准确地满足陆军同步和资源程序的预期战备需求。有关单位在一段时间内所达到预测战备水平的反馈，将有助于重新调整未来持续战备周期的预测假设和规划因素。进入执行年份，陆军战略战备评估将提供关于战备资源配置和相关战备目标实现情况的较为准确的反馈。同样，未来三年的战备目标以及当前目标的实现，将为陆军战略战备评估提供极富价值的意见，并有助于调整计划及改进预测。

c. 持续战备程序的正式阶段通常与日历年保持一致，战备分析将在多年内重叠，这种重叠与多个规划目标备忘录和预算周期的重叠没有什么不同。第一阶段发生在执行前四年，这一阶段的任务是确定战备需求和初始预测战备水平。实施三年后，持续战备相关部门通过调整和重新规划战备目标来评估和降低风险。陆军战略战备评估执行开始两年后，通过两次陆军同步和资源配置会议，为部队下达任务命令，并最终完成应急部队的战备目标。最后一个阶段是执行年份。通过战略战备更新和陆军战略战备评估，陆军能够评估计划战备目标的实现情况，并重新调整战备目标的资源、假设和预测。

d. 持续战备兵力生成程序将采用行之有效的部队生成方式，通过与完成国家和战斗指挥官的任务以及应对新应急需求直接相关的全面风险评估进行衡量和评估。该程序将战备规划和管理更好地与陆军部总部的资源规划相结合，以便为预算和规划目标备忘录提供信息。持续战备兵力生成程序为陆军部总部参谋人员提供相关单位的战备目标蓝图，该蓝图为资源、装备、人员配备以及单位训练需求提供信息，并优先考虑上述需求。此外，该程序还为部队司令部和其他兵力提供者提供审慎周密的单位战备目标计划,这些训练计划有助于提升长期规划。尽管如此,该程序也无法阻止因作战和战略环境的意外变化而产生的动荡;但是,该程序将使规划时间表超越预算年度,使兵力提供者能够为《未来年份国防计划》中已知和预计的需求做好准备,并充当应对变化的跳板。最后,分布于整个陆军的各个单位的战备目标为陆军提供了反映整个部队战备状态的方法,并使陆军能够在知悉战备状态的基础上进行资源配置以及作出部署/任务决策。

第十一部分 总结、关键术语和参考文献

3-35. 总结

a. 在现代、复杂的组织中,几乎每个程序和系统之间都有因果联系。了解这些相互联系以及用于兵力管理的个别系统,将有助于提升对陆军运作方式的理解。

b. 陆军内部的变革以及实施这些变革所用到的程序需要对各交叉职能因素进行整体运用。为了取得成功,未来的高级陆军领导人和管理人员必须了解系统和子系统之间相互关系的本质,以及关键参与者及其职能。对于高级领导来说,了解这些程序如何运作,以及自己在哪些方面能够对这些程序施加影响,能够帮助其更加高效地履行职责。经验告诉我们,成功的高级领导者通常做到了以下几点:了解陆军是如何发展和维持美国部分军事能力中的陆军部分的,并基于上述理解作出明智的决定,以知晓如何使用或改变这些程序以提高上述能力。本章所介绍的陆军职能生命周期模型和美国陆军战争学院模型的概述有助于读者更细致地理解后续章节中的陆军管理系统和程序。更多信息可查询以下网站:

(1) http://www.carlisle.army.mil.

(2) http://www.afms1.belvoir.army.mil.

(3) https://fmsweb.army.mil.

3-36. 关键术语

a. 文档整合官。确保需求和授权文档符合批准的陆军兵力计划和相关要

求、规划或计划的兵力结构行动以及记录程序（《野战手册》100-11，1998年1月15日，已失效）。

b. 兵力发展。在分配的资源范围内，确定陆军条令、领导发展、训练、组织、军人发展和物资需求，并将其转化为计划和结构，以完成陆军任务和职能的过程（《陆军条例》71-32，草案）。

c. 兵力整合。对批准的兵力发展计划在资源限制内进行同步执行，以便对变革进行系统管理，包括：对陆军条令、组织和装备的引入、合并和维持；协调和整合作战和管理系统，共同提高陆军的效能和能力；了解和审议（执行过程中所采取的）决策和行动的潜在影响（《陆军条例》71-32，草案）。

d. 兵力整合官。负责进行资源配置、记录、部署和维持，以确保职能不同的组织条令、操作和技术层面上的整合的管理人员。负责大规模单位（如旅、团、师和军）的横向整合（《野战手册》100-11，1998年1月15日，已失效）。

e. 兵力管理。建立和部署任务就绪的陆军组织的顶层程序。该程序包括：组织、整合、决策和一系列活动的执行。上述一系列活动包括：确定需求、兵力发展、兵力整合、兵力结构、作战发展、装备发展、训练发展、资源配置，以及陆军组织生命周期模型的全部要素（《陆军条例》71-32，草案）。

f. 兵力现代化。通过兵力发展和整合提高陆军部队效能和作战能力的程序（《陆军条例》5-22）。

g. 兵力结构。当前、规划中或计划中，被分配在平时和战时执行任务的全部陆军的人力和装备组成（基于数量和组织种类）。

h. 编制整合官。为各兵科/分支指派的领域专家，他们：按兵科管理编制装备表/经修正的编制装备表，以提供变革管理的操作视图；担任指派单位的兵力核算、记录、资源配置和战备准备的协调单位；对文档记录进行资源控制；协调并建议批准或不批准兵科的具体行动和文档；就陆军部总部兵科的行动安排，为主管作战、民事与训练事务副参谋长和G-37兵力管理处提供建议；以及为转向规模更大的陆军部总部兵力管理程序部署路径（议案，源自《陆军条例》71-32，草案）。

i. 系统整合官。负责确定需求、确保作战和编制记录、协调、计划、计划部署，并为指定的职能领域或特定装备系统推荐资源配备优先级的协调人员（《野战手册》100-11，1998年1月15日，已失效）。

j. 协调参谋官。负责联合能力整合与发展系统需求程序、国防采办系统、"规划、计划、预算和执行"程序和装备分配程序的协调。协调参谋官提出了可负担的装备现代化投资策略建议，该策略能最大限度地平衡已批准的装备现代化需求和可用的财政资源，以满足陆军战役计划指导的装备目标。此外，协调参谋官负责推动陆军部总部决策，以装备我们的部队，来满足《美国法典》第 10 编规定的任务需求。

3-37. 参考文献

a. Army Regulation 5-22, The Army Force Modernization Proponent System, Rapid Acquisition Review (RAR), 25 Mar 2011.

b. Army Regulation 71-32, Force Development and Documentation, 1 Jul 2013.

c. CCJO, 10 September 2012.

d. CJCSI 3010.02D, JCD&E, 22 Nov 2013.

e. CJCSI 3170.01I, JCIDS, 23 Jan 2015.

f. Department of the Army General Orders #4, Redesignation of the United States Army Training and Doctrine Command Futures Center as the Army Capabilities Integration Center, 10 Feb 2006.

g. Department of the Army General Orders 2017-01, Assignment of Functions and Responsibilities Within Headquarters, Department of the Army, 05 Jan 2017.

h. DODD 5000.71, Rapid Fulfillment of Combatant Commander Urgent Operational Needs, 24 Aug 2012.

i. Headquarters (HQ) TRADOC, TRADOC Regulation 71-20, Concept Development, Capabilities Determination, and Capabilities Integration, 28 Jun 2013.

j. HQ TRADOC, TRADOC Regulation 25~36 C1, The TRADOC Doctrine Publication Program, 4 Sep 2012.

k. Interview with Dempsey, Martin E., General, Chairman of the Joint Chiefs of Staff, 11 Feb 2015.

l. JCS J-8 Force Structure, Resources, and Assessments Directorate, Capabilities-Based Assessment Users Guide, Version 3, 01 Oct 2012.

m. Public Law 99-433, DOD Reorganization Act of 1986.

n. Public Law 103-62, Government Performance Results Act of 1993.

o. Title 10, USC.

p. TRADOC ARCIC, Capabilities-Based Assessment Guide, Version 3.1, 10 May 2010.

q. TRADOC Pamphlet 71-20-3, TRADOC Concept Development Guide, 6 Dec 2011.

r. TRADOC Pamphlet 525-3-0, The U.S. ACC, 19 Dec 2012.

s. TRADOC Pamphlet 525-66 Force Operating Capabilities, 7 Mar 2008.

t. TRADOC Regulation 71-20, Concept Development, Experimentation, and Requirements Determination, 28 Jun 2013.

u. TRADOC Regulation 10-5, Organization and Functions, 21 Apr 2017.

第四章 陆军组织

第一部分 导言

4-1. 本章内容

a. 陆军是美国国家政策的战略工具,在和平与战争中为美国服务了两个多世纪。陆军部在陆军部部长的领导下独立组建(参见《美国法典》第 10 编第 3011 节)。本章讨论了美国陆军是如何组织起来以执行其理论上的任务的,以及其如何应对环境变化。对陆军组织及其作用、任务和职能作出官方解读的出版物包括:《陆军部手册》10-1 "美国陆军组织";《陆军部通令》2017-01 "陆军部总部职能与职责指派";《陆军条例》10-87 "陆军司令部、陆军军种组成部队司令部和直接报告单位";以及《陆军条例》10-88 "陆军参谋长办公室野外作业机构"。陆军网站(http://www.army.mil/info/organization/)提供了前往陆军部总部参谋机构和陆军司令部、陆军军种组成部队司令部、直接报告单位以及野外作业机构主页的链接。本章后面将列出这四种管理总部和支持活动的类型及其示例。

b. 陆军如何作为一个系统在组织、作战和战略环境中运作以执行《美国法典》第 10 编规定的职能,这为陆军如何有效分配资源和管理变革提供了见解。通过这些程序,陆军能够向作战指挥官提供训练有素且准备就绪的部队,以便在陆地进行迅速而持续的战斗。接下来是对框架的讨论,该框架将美国陆军描述为由总部、参谋机构、司令部和职能部门构成的组织。

4-2. 陆军组织体系

a. 陆军是一个开放的组织系统

（1）就管理理论而言，陆军可以被认为是一个开放的组织系统，它由三个部分组成：生产子系统、作战子系统和整合子系统。上述每个组成部分都包括需要完成的任务、在特定环境中的运行以及需要和获取的资源。由于陆军及其任务的规模较大、复杂性较强，其相应的组织结构必须根据资源和任务需求提供尽可能多的灵活性，同时还要维持完成以下任务所需的指挥职能：发展兵力；编组、部署和使用这些兵力；以及持续作战以支持国家战略。

（2）陆军的组织设计随着时间的推移而发展，并不断进行调整以确保其总体结构与外部环境条件能够吻合。本质上，陆军是一个开放的系统，因此必须允许其以适当方式进行结构化和重构，这种方式可以帮助系统适应外部因素。为了更好地适应外部因素，陆军组织系统由分散的、以功能为中心的下属组织组成，这些组织能够进行调整和决策，以有效、高效地支持或执行任务。陆军系统还具有一个集中化的层次结构，旨在制定政策，以实现下级组织之间的协调与合作，并确保交叉职能的整合与分化。

b. 整合与分化。所有复杂且开放的组织都面临着一个挑战，即在该组织适应外部环境时，必须确保其下级组织的输出物能够实现整合，且这些下级组织能够进一步地分化。为了对整合与分化进行管理，该组织需要持续监测其内部和外部环境，以更好地确定以下内容：需要完成的总体任务和相应的职能子任务；对组织的资源限制；为了在所有的任务和职能子任务上作出有效决策，组织内部所需的协调程度；完成新任务或子任务是否需要独特的技能、装备、行动或管理；该组织是否需要创建一个新的子组织，或者是否应该或可以归入现有的职能子组织中；以及完成这些任务所需的最有效、最高效的整体组织设计，最重要的是确保组织可以快速适应未来在所确定的职能区域之内和之间的变化。

（1）整合。陆军在不同环境中参与竞争，需要一个主要输出物：具备各种作战能力且准备就绪的部队。陆军只有在能够生成这种部队的情况下才算是成功的。作战环境的高度差异化也要求陆军的高度分化，以满足全频谱需求。上述两个环境需求，即输出和高度分化，必须实现协调，且陆军必须整合许多要素，以生成准备就绪的部队。组织中的分化程度越高，实现必要的协调和整合的难度也就越大。通常有三种方法可以整合从简单到复杂的各种组织机构：标准的规则和程序；计划、指令和命令；主动管理和定向整合。具体使用上述哪一种方法取决于多种情景因素。上述方法在所有陆军组织中都有一定程度的运用，而且对于面临动态变化环境的有效而复杂的组织，上述整合方法会被同时使用。

（a）标准的规则和程序是处理较为确定环境的最简单的方法。在这些情况下，整合是通过下级组织遵守指定的规则和程序来实现的，通常不需要主动管理。

（b）计划、指令和命令适用于较为复杂的环境。在这种情况下，可以通过制定指南来实现整合，该指南根据总体任务规定每个组织在时间、空间和目的上的角色、职责和子任务。通过计划概念的一致性，以及下级组织对计划内容和意图的遵守，来实现协调和整合。

（c）主动管理和定向整合程序是最复杂的方法，这种方法用于促进相互间的调整适应，这需要在管理层级或指挥系统内进行反复的沟通，并且还可能需要组建和使用交叉职能的小组或个人整合者。这个方法的一个很好的例子是营级特遣部队在接触敌军后，整合并使用联合兵种小组的方法。项目管理组织也是通过相互调整来实现整合的范例的。

（2）分化。各组织在设计上应当做到量身定制，以满足特定的任务需求，并避免不必要的冗余。例如，为了在诸如欧洲之类的，对美国安全至关重要的地区表现出前沿存在，并增进与盟国的关系，美国陆军组建了美国驻欧陆军。而组建美国陆军征兵司令部的目的是执行军人的征募工作，该司令部是美国训练与条令司令部的主要下属司令部。为了满足这些不同的需求，陆军的系统组织必须做出不同反应。正如美国驻欧陆军在美国本土负责征兵工作将效率低下一样，美国征兵司令部在欧洲执行任务也会效率低下。

（a）任务或职能的专业化既是陆军组织结构的一个维度，也是对它的要求。诸如人事管理；资源管理（例如资金和人力）；作战、情报和安全；后勤；以及研发等职能，在管理类参谋机构和下属司令部中都是分开的。

（b）任务专业化的一个主要结果是组织的设计和结构趋于适应其子环境的需求。根据环境的需求，属于某一职能专业的组织往往倾向于通过以下方式与其他专业的组织区分开，具体包括：与职能相关的独特任务；以时间和结果为导向（例如短期、中期、长期）；组织结构的正式程度（例如规则、工作说明、指挥系统、程序或对程序的遵守）；以人际关系为导向和与人打交道的方式（例如，任务导向型与关系导向型）等。

第二部分　生产子系统

4-3. 法定需求

陆军的任务是在整个军事行动中提供迅速、持续的陆上优势，以支持作战指挥官，从而为国家战争而战斗并赢得胜利。美国陆军通过以下程序来做到这一点：执行《美国法典》第10编和第32编的命令，包括组织、装备和训练部队，以便在陆地上进行迅速和持续的作战行动；完成美国总统、国防部部长和作战指挥官指派的任务；以及调整兵力以满足当前和将来的需求。

4-4. 所需资源的生产

生产子系统是该程序的基石。该子系统的任务是确保资源和原材料的提供，以便开展多项生产工作，具体包括以下内容：征募未经训练的人员；寻找可用的技术；以及与提供外部商品和服务的生产者交涉。它的任务是将原材料转换为战斗系统所需的中间产品，这项工作将依靠其自身的人员和结构完成。为此，陆军整合了"条令、组织、训练、装备、领导、教育、人员、设施和政策"内容，以达成所需的最终状态。训练中心和学校将未经训练的人员培养成坦克兵、步兵和机械师。学校将思想和知识转换为使用战斗子系统的理论、战术、技巧和训练方法。实验室、武器库、采办和测试组织将技术和承包商的工作转化为战斗子系统的武器系统和装备。生产子系统的其他部分，例如，医疗保健、军需供应支援和其他服务，为整个组织系统提供持续支持。生产子系统的主要任务是满足作战子系统的需要。

a. 训练与条令司令部。

（1）训练与条令司令部是生产子系统的两个主要组成部分之一。其任务包括：发展、教育和训练军人、文职人员和领导；支持部队训练；以及设计、发展和整合各种军事能力、编队和装备，以强化陆军。训练与条令司令部是一个陆军司令部，由训练与条令司令部总部、4名副司令（负责领导13项核心职能的执行）、9个下级组织（执行专门职能）、8个卓越中心和2个预备役组成部队副司令组成。

（2）训练与条令司令部管理着32所陆军学校，这些学校大多在8个卓越中心之下，每所学校都专注于陆军内部的一个单独的专业领域（例如机动、信号等）。

（3）总部的人员包括1个指挥组、侍从参谋、协调参谋、专业参谋和野外作业机构。

（4）训练与条令司令部总部的参谋负责人员管理，促进外部协调，并协助副司令或参谋长确定资源的优先次序。它确保了外部司令部和各组织与训练与条令司令部主要下属中心、司令部和特种机构之间对"条令、组织、训练、装备、领导、教育、人员、设施和政策"方案和职能的协调和整合。训练与条令司令部总部的参谋机构是与外部机构（例如国防部、总部、陆军部、联合组织、其他军种以及其他外部机构和组织）进行接触的主要接口，以提供相关的陆军立场，并接收与训练与条令司令部相关的陆军支持任务和请求。

（5）训练与条令司令部的主要下级中心、野外作业机构和司令部在职能上也保持一致。执行专门职能并直接向训练与条令司令部总部报告的下级组织有：

（a）陆军能力整合中心。陆军能力整合中心是训练与条令司令部的一个野外作业机构。它负责为将级军官和训练与条令司令部提供支持，并担任将级军官和训练与条令司令部指挥组的首席顾问，就将级军官履行其设计、发展和整合部队向联合部队转化方面的职责提供咨询建议，范围覆盖从概念发展到兵力结构，再到能力发展和整合的各个方面。作为训练与条令司令部协调参谋机构的一部分，陆军能力整合中心负责进行人事管理，并针对其概念发展、（军事能力）需求确定和军事能力整合的核心职能制定和审查政策与指南。陆军能力整合中心是部队能力发展和整合的支持组织，与兵力现代化倡议者在"条令、组织、训练、装备、领导、教育、人员、设施和政策"各方面展开合作。训练与条令司令部在联合行动合作环境中执行其任务，以根据陆军能力整合中心分配的职责为联合部队指挥官提供支持。

（b）联合兵种中心。联合兵种中心负责：设计、整合并实施《领导发展计划》和《陆军领导发展计划》；同步并提供教育；协调分支机构并履行作战职能倡议者的条令、训练以及领导和教育的整合；发展和整合条令；收集、分析和传播陆军的经验教训；管理陆军训练支持系统；管理陆军训练和教育发展事业，并管理陆军作战训练中心计划，以建立适应性强、创新性强、敏捷性强的军人、领导和部队，从而在联合地面作战中占主导地位并赢得胜利。

（c）联合兵种支援司令部和保障卓越中心。联合兵种支援司令部司令兼任保障卓越中心主任，负责对保障卓越中心内的所有学校进行监督，并通过其参谋人员指导整合后的支持职能，从而进行整合后的训练和军事能力的发展。联合兵种支援司令部/保障卓越中心将官（司令/主任）向训练与条令司令部副司令/参谋长报告，并训练、教育和培养自适应性后勤保障人员；发展并整合创新的陆军联合保障能力、概念和条令，以实现联合地面作战。

（d）陆军初次军事训练中心。初次军事训练中心负责领导、训练和指导平民志愿兵，使他们的知识、技能、能力和品质得到发展，成为具备军事技能、品格高尚并致力于为国家服务的军人。初次军事训练中心还负责制定标准并监督核心能力的训练，并培养可信赖的军人或领导。他们将以陆军道德为立身之本，在体能、精神和社会层面上，都做好了承担其在第一个指派单位职责的准备。

（e）陆军学员司令部。美国陆军学员司令部与各高校合作，招募、教育、培养和激励高级预备役军官训练队学员，以便为陆军选拔具有品格的军官；并与各高中合作举办初级预备役军官训练队，以培养品德高尚的公民，以终身为国家奉献和服务。

（f）征兵司令部。征兵司令部负责招募美国最好的志愿军人，以使陆军在局势复杂的世界中取得胜利。

（g）陆军不对称作战小组。陆军不对称作战小组负责提供全球作战咨询支持和快速解决方案制定，以克服当前和新出现的威胁，同时为未来的部队作战效能提供信息。

（h）陆军训练与条令司令部分析中心。陆军训练与条令司令部分析中心负责提供相关、可靠的分析，以就陆军最重要和最具挑战性的问题提供决策依据。训练与条令司令部分析中心是训练与条令司令部的主要分析组织，也是独立于训练与条令司令部的倡议者。它为军事能力和条令发展提供集中的领导和分析管理。

（i）陆军快速装备部队。陆军快速装备部队利用当前和新兴技术，为部署在全球范围内的美国陆军部队面临的紧迫挑战提供即时解决方案。它负责为作战部队提供解决方案，以缓解作战能力的不足；提供军人安全保障并降低风险；在作战部队中加入未来部队科技、军事能力阈值和/或替代物，以加速发展并在作战环境中验证这些概念。

b. 陆军装备司令部。陆军装备司令部是生产子系统的第二个主要组成部分。它是陆军在整个军事行动中为整个部队提供装备战备（技术、采办支援、装备发展、后勤力量投送以及保障）的首要供应商。军人射击、驾驶、飞行、佩戴、食用或通信使用的任何物品都由陆军装备司令部提供。

（1）陆军装备司令部运行了以下组织：研究、发展和工程中心；陆军研究实验室；仓库；武器库；弹药厂以及其他设施。陆军装备司令部还负责维护既可以置于地面，也可以置于水面的陆军预置库存。该司令部亦是用于化学武器储存和常规弹药管理的国防部执行机构。

（2）为了发展、购买和维护陆军装备，陆军装备司令部与项目执行官、陆军采办执行官、工业和学术界、其他军种以及其他政府机构密切合作。陆军装备司令部负责处理陆军的大部分合同，包括部署部队的合同服务和军事设施级别的服务、补给以及通用信息技术的硬件和软件。

（3）陆军装备司令部的主要工作是实现当前和未来兵力的发展、支持和维持工作，是支持、维持和重置现有兵力的关键。其维修仓库与武器库，负责修复武器系统。司令部的修复和现代化工作通过嵌入技术，增强并升级了主要武器系统，使其在操作上更加优良和可靠，而非仅仅是在外观上像新的一样。

（4）陆军装备司令部处理的任务范围远远超过陆军。例如，它管理着价值数十亿美元的业务，向美国的朋友和盟友出售陆军装备和服务，并谈判和执行关于与外国共同生产美国武器系统的协议。它还为国防部的其他部门和许多其他政府机构提供多种采办和后勤服务。

（5）在整个作战过程中提供持续支持在维持作战战备方面发挥着重要作用。没有其他陆军组织像陆军装备司令部一样面临如此多样和大量的交叉职能工作。因此，陆军装备司令部必须不断调整其组织以适应不断变化的作战和战略环境，同时确保其下级组织的角色、职责和职能的整合及分化。陆军装备司令部的主要下级司令部包括但不限于以下各项：

（a）研究、发展和工程司令部。研究、发展和工程司令部负责相关的研发活动和任务，管理着一个战略产品组合，该产品组合平衡了针对当前战斗的技术解决方案的开发与对于旨在赋予陆军竞争优势的未来军事能力的投资。

他们通过进行那些对产业界或学术界来说风险太大或太过专注于陆军的研究、发展和工程，来应对高优先级的技术挑战。

（b）陆军保障司令部。陆军保障司令部的职能可完成以下任务：管理陆军置于地面与水面的预置库存；管理后勤民事扩编计划和后勤援助计划；监督战争物资从战区及时撤运回陆军仓库，以进行重新配置；以及通过7个指定的可部署的陆军野战支援旅为在全球战略位置的陆军作战行动提供支援。

（c）联合弹药司令部。联合弹药司令部按指示为所有军种、其他政府机构和盟国提供常规弹药生命周期的后勤维持、战备和采办支持。

（d）陆军安全援助司令部。陆军安全援助司令部负责包括对外军事销售在内的安全援助计划。

（e）陆军合同司令部。陆军合同司令部通过采办对军人的任务和福祉至关重要的装备、物资和服务，向作战人员提供全球合同支持。

（6）陆军装备司令部还直接与军事地面部署和分配司令部协调，负责涉及地面运输和港口运营的事务。地面部署和分配司令部的作战司令部是美国运输司令部，并充当其陆军军种组成部队司令部。同时，地面部署和分配司令部也被调整为陆军装备司令部的主要下级司令部。

（7）陆军装备司令部的四个生命周期管理司令部是：航空与导弹司令部-生命周期管理司令部，通信电子司令部-生命周期管理司令部，联合弹药司令部/联合弹药与杀伤力-生命周期管理司令部，以及坦克汽车和军备司令部-生命周期管理司令部。他们以商品为导向，并在军品和武器系统的初期和后续的采办和装备战备职能上，负责执行生命周期管理工作，以支持已部署的陆军（有关生命周期管理司令部的更多详细信息，请参见本书第十一章）。

（8）陆军装备司令部的总部位于亚拉巴马州的红石兵工厂，并在50个州和150个国家/地区存在或具有影响力。这些组织配备了超过60 000名敬业的军事和文职人员，其中许多人在武器发展、制造和后勤方面拥有登峰造极的专长。

c. 军事设施运作。陆军军事设施日益增长的核心作用对生产子系统来说至关重要。以下小节对军事设施运作进行了一般讨论和背景介绍。

（1）在20世纪80年代，军事设施的组织和运作被整合到陆军的整体组织结构中，作为驻地和训练基地。变革的结果表明，这一整合对战备状态具有重要的积极影响。这些军事设施是为了进行训练、动员、部署、维持、支持、恢复和重组指派的和动员的作战部队而建立的，也最终达到了这一目的。此外，建立在军事设施上的各机构，在履行各自的职责时，也会收到这些军事设施的支持。这些机构的例子有学校、医院、预备役组成部队各要素、战术总部及其下级单位。但是，随着军事设施的力量投送平台在部署作战部队的维持、支持和福利中扮演的角色越来越重要，战术基地机构和维持基地机构之间的传统界线正在消失。之所以会发生这种情况，原因还包括信息技术、快速运输和改进后的管理技术使得军事设施机构更加统一，并使部署部队可以返回军事设施。

（2）2006年10月24日，随着美国陆军军事设施管理司令部的建立，陆军重构了其设施管理结构。美国陆军建立军事设施管理司令部的目的之一是减少官僚主义，采用统一的业务结构来管理美国陆军设施，维护环境，并提高军事团体的福利。军事设施管理司令部的任务是同步、整合和提供军事设施服务并维护军事设施，以便为高级指挥官建立准备就绪且具有变通能力的陆军提供支持。

（3）军事设施管理司令部将陆军的军事设施管理结构转变为一个一体化的指挥结构，并继续完善其组织。2016年11月1日，军事设施管理司令部成立了三个职能统一的处，军事设施管理司令部-战备处、军事设施管理司令部-训练处和军事设施管理司令部-维持处，分别与部队司令部、陆军装备司令部并置。通过统一目标、减少需管理的警备区人员数量以及进行类似的社区人口统计，上述各处将更加高效，其任务式指挥水平也会有所提升。这些处将解决警备区指挥官的职能挑战，协调来自军事设施管理司令部总部的支持，并推动/评估警备区勤务交付的执行。

（4）军事设施管理司令部作为直接报告单位，对陆军参谋长负责，以便在以下领域对军事设施进行有效管理：军营和家庭住房；家庭护理；食品管理；环境规划；福利、士兵和家庭士气、福利和娱乐项目；后勤；公共工程和军事设施资助。军事设施在陆军结构及其在陆军组织中的位置不断演变，这种演变使其成为陆军的一个关键生产子系统。

d. 职能司令部。

（1）不仅军事设施作战任务与作战子系统和生产子系统任务相同，而且军事设施的部分作战职能也已成了可识别的专门司令部，因此也成了生产子系统的一部分，这些司令部通常向战斗和生产子系统提供商品和服务。例如，美国陆军医务司令部在美国本土开展大多数陆军医疗活动；美国陆军刑事调查司令部指挥所有刑事调查人员。

（2）建立和存续各职能司令部的主要原因是其专业活动所需的整合程度与军事设施指挥官所负责的职能有很大不同。每个专业职能都是一个商品或服务提供者，其任务与军事设施的任务截然不同，对于部队战备和训练来说，也是如此。执行任务时，并不是需要将通话服务、军需供给或医疗服务与设备或维护完全整合在一起才能满足部队的战备或训练目标。同样，诸如维护或人事支持之类的职能也并非如此，它们可以更直接影响军事设施的目标实现。

（3）此外，概念模型表明，提高相应组织的分化程度才能最大地提高这些职能的交付或执行的效率。职能组织模型就是按照上述规则制作的。中央控制加强了地方机构在以下方面的承诺：高质量、高效率的通信服务和医疗服务，良好的军需供给支持，达到征兵目标，以及进行工程建设项目。这一程序之所以成功，是因为它强调了职能的独特性，并为工作人员提供了相关的专业职业道路。

e. 陆军部总部支援专业司令部。生产子系统中的另一个次要类别组织是陆军部总部下属的负责提供勤务的专用组织。此类别中的一个是人力资源司令部。它的任务不需要野外单位提供服务，因此不属于职能司令部的类别。生产子系统和战斗子系统以及陆军部总部都使用人力资源司令部提供的服务。由于这些机构的任务特殊，它们与陆军部总部参谋机构直接关联，但它们不被视为总部参谋机构的延伸，因为其职能属于作战性质的，而非政策制定的。大多数以这种方式进行运作的组织被归类为野外作业机构或直接报告单位。另一方面，参谋支持机构仅直接为陆军参谋机构负责人提供支持，通常提供管理信息、分析或指挥和控制支持（注意：当前未指定参谋支持机构）。

（1）野外作业机构的主要任务是在陆军部总部的监督下执行政策，但该机构不是陆军司令部、陆军军种组成部队司令部或直接报告单位。下面所列的是参谋机构负责人以及为其提供支持的野外作业机构：

（a）负责人力与预备役事务的陆军部助理部长——美国陆军人力分析局、陆军部审查委员会、陆军营销与研究小组。

（b）美国陆军审计长——美国陆军审计局。

（c）公共事务主管——美国陆军公共事务中心、美国陆军野战乐队。

（d）陆军部部长的行政助理——美国陆军总部服务中心、美国陆军军事历史中心。

(e) 监察长——美国陆军监察长机构。

(f) 陆军参谋部主任——美国陆军作战战备中心。

(g) 陆军主管人事的副参谋长——美国陆军人力资源司令部、文职人员培训学生教育分局。

(h) 陆军主管作战、民事与训练事务副参谋长办公室——美国陆军兵力管理支援局、美国陆军指挥和控制支援局、美国陆军核武器和打击大规模杀伤性武器局。

(i) 主管后勤的副参谋长——美国陆军后勤创新局。

(j) 主管兵力结构、资源与评估的副参谋长——美国陆军分析中心。

(k) 宪兵局长——美国陆军惩戒司令部、国防取证及生物特征识别局。

(l) 军法署署长——美国陆军法律服务局、军法署中心和院校。

(2) 直接报告单位是由一个或多个具有机构或作战职能的单位组成的陆军组织,这些组成单位由陆军部部长指定。直接报告单位负责在其通常、单一与独特的规程内为陆军提供广泛的一般性支援,这在陆军其他部门是无法获取的。直接报告单位直接向陆军部总部和/或陆军司令部报告,并在陆军部部长设立的权力机构下运作。以下列出了15个陆军部总部直接报告单位:

(a) 向陆军参谋长报告——美国陆军试验与鉴定司令部;美国军事学院;美国华盛顿军区;美国陆军战争学院;以及美国陆军军事设施管理司令部。

(b) 向陆军国家军事公墓行政长官报告——阿灵顿国家公墓。

(c) 向负责人力与预备役事务的陆军部助理部长报告——陆军营销与契约旅(Army Marketing and Engagement Brigade)。

(d) 向负责采办、后勤和技术的陆军部助理部长报告——陆军采办支援中心。

(e) 向陆军主管人事的副参谋长报告——人力资源司令部、美国陆军文职人力资源局、美国陆军人力资源司令部。

(f) 向美国主管情报的参谋长报告——美国陆军情报与安全司令部。

(g) 向军医署署长报告——美国陆军医务司令部。

(h) 向工兵主任报告——美国陆军工程兵团。

(i) 向宪兵局长报告——美国陆军刑事调查司令部。

(j) 向主管财务管理与审计的陆军部助理部长报告——美国陆军财务管

理司令部。

(3) 直接报告单位和野外作业机构的差异比较概述：

(a) 直接报告单位依据陆军部部长签署的陆军部通令建立，其职责也规定于通令中。直接报告单位以作业为导向，负责执行并发展陆军部总部负责人提供的政策。它通常只有一个规模较小的总部，可能缺少陆军司令部总部一般会设置的特殊人员，例如监察长、平等就业办公室等。直接报告单位可能具有下级单位，这些下级单位仅执行作业任务。根据陆军部通令的规定，直接报告单位可被指定为执行机构并行使预算授权。通常，直接报告单位向其陆军部总部负责人提交资源和计划需求，以进行计划和预算审查，然后执行陆军部总部负责人批准的计划或预算。直接报告单位与陆军部总部负责人合作，就主管财务管理与审计的陆军部助理部长办公室直接分配的军事和文职人员的使用情况提出适当的建议，并履行内部人事管理职能（例如征用、文职职位分类和公告、军官和士兵分配计划管理）。直接报告单位的人力和预算事务不作为陆军部总部行政助理办公室的一部分进行管理。由于直接报告单位可能执行《国防部指示》5100.73 中归类为管理司令部账目（Management Headquarters Account）职能的某些职能，因此直接报告单位总部内的单个职能（billet）可能被归类为可报告陆军管理司令部账目职能。直接报告单位通常独立于作业机构22，因此不在行政助理办公室的管理范围之内。

(b) 野外作业机构受陆军部监督。与直接报告单位一样，其主要任务是执行政策。但是，野外作业机构的范围和职责相对有限，并且不在陆军部部长设立的权限下运作。野外作业机构的人力和预算事务不作为陆军部总部行政助理办公室的一部分进行管理。国防采办系统是处理所有关于建立、终止、增加或减少野外作业机构的建议的最终批准机构。

(4) 负责采办、后勤和技术的陆军部助理部长下的项目执行办公室包括：

(a) 弹药项目执行办公室。

(b) 情报、电子战和传感器项目执行办公室。

(c) 航空项目执行办公室。

(d) 指挥、控制和通信战术项目执行办公室。

(e) 军人项目执行办公室。

(f) 导弹与太空项目执行办公室。

(g) 战斗支援和战斗勤务支援项目执行办公室。

（h）模拟、训练和仪器使用项目执行办公室。
（i）地面作战系统项目执行办公室。
（j）体系信息系统项目执行办公室。
（k）化学和生物防御联合项目执行办公室。
（l）组合化学武器替代物项目执行办公室。

第三部分　作战子系统

4-5. 作战子系统的产品

作战子系统的主要任务是将从生产子系统中获得的陆军中间产品转化为单位和组织使用的能够随时执行任务的部队。该子系统结构的各个要素将单个军人、装备、理论、程序和训练进行融合，进而实现作战战备。作战子系统与其资源环境（主要是生产子系统和整合子系统）之间产生着持续的相互作用。它的任务环境包括敌人的威胁、作战司令部、必须交往的盟军，以及尤其是和平时期的国防部部长办公室和国会。

4-6. 野战陆军

a. 该类陆军组织结构包括3个陆军司令部（包括前文在生产子系统和军事设施运作中提到的两个司令部）与10个陆军军种组成部队司令部。

（1）陆军司令部是由陆军部部长指定的陆军兵力，负责通过各种规程执行《美国法典》第10编第3013b节规定的多种陆军勤务职能。指挥职责由陆军部部长确定。三个陆军司令部如下：

（a）位于弗吉尼亚州兰利-尤斯蒂斯联合基地的训练与条令司令部。

（b）位于亚拉巴马州亨茨维尔的陆军装备司令部。

（c）位于北卡罗来纳州布拉格堡的美国陆军部队司令部。

（2）陆军军种组成部队司令部，是由陆军部部长指定的陆军兵力，主要由作战组织组成，是美国作战指挥官的陆军组成部分。如果作战指挥官对其进行了任命，则可以作为联合部队地面司令部或联合特遣部队。指挥职责由陆军部部长确定。十个陆军军种组成部队司令部如下：

（a）位于意大利维琴察的美国陆军非洲司令部/南欧特遣部队。

（b）位于德国威斯巴登的美国欧洲陆军。

（c）位于美国南卡罗来纳州的空军基地的美国中央陆军。

（d）位于美国得克萨斯州萨姆休斯敦的美国北方陆军。

（e）位于美国得克萨斯州萨姆休斯敦的美国南方陆军。

（f）位于韩国首尔附近龙山基地的美国太平洋陆军。

（g）位于美国北卡罗来纳州布拉格堡的美国陆军特种作战司令部。

（h）位于美国伊利诺伊州斯科特空军兵力基地的地面部署和分配司令部。

（i）位于美国亚拉巴马州亨茨维尔的美国陆军空间和导弹防御司令部/陆军部队战略司令部。

（j）位于美国佐治亚州戈登堡的美国陆军网络司令部。

b. 尽管这些司令部在许多方面互不相同，但在某些方面，它们都面临相似的处境。例如，一些司令部（如部队司令部、美国驻欧陆军、美国太平洋陆军、美国陆军特种作战司令部和美国南方陆军）的主要任务都是提供可以随时执行任务的陆军，这是陆军的主要输出。因此，每个司令部都建立了反映其环境的组织结构。

第四部分　整合子系统

4-7. 整合子系统的任务

a. 整合子系统将整个陆军的所有下属子系统整合到一起。它的任务是确定整个系统要生产或完成的任务是什么，并确保系统按照预期情况运行。它还充当子系统的资金来源，从国防部、管理和预算办公室及国会获取资金。

b. 在任何大型组织中，总部都具有一个主要职能，即指导组织整体任务和主要任务的完成。它是组织中最杰出的整合机构。整合子系统面临的挑战是如何使组织有效地完成以下任务：

（1）确定来自战略和作战环境的当前与未来的需求和性质。[战略和作战环境包括来自行政部门和国会的战略指导、社会趋势、联合和其他军种发展、新的或不同的外部和国内威胁、技术机遇、扩展的或新的领域（例如航空、网络、太空等）、战争性质和性质的变化、资源限制的增加等。]

（2）为陆军制定一项能够满足所提需求的路线图。

(3) 为陆军获取必要的资源（例如拨款权限和兵力授权）。

(4) 为作战子系统和生产子系统分配资源、职责、目标和性能要求，以解决当前需求，并进行改进以满足未来需求。

(5) 对子系统组织在完成当前需求和及时改进以满足预期未来需求方面的持续性能进行评估。

(6) 不论变革是渐进的还是革命性的，在可接受的风险和安全资源范围内，适应和管理变革，以满足不断变化的或正在出现的国家安全需求。

4-8. 整合与分化

这些职能的行使，既需要总部内部跨职能的整合，也需要高度的分化。每个职能都必须与国防部部长办公室中的一个类似职能小组相关联，且从某种程度上说，还应与相关的国会委员会以及作战和生产子系统中同类专家团体的成员相关联。图4-1反映了当前陆军部总部的组织架构。

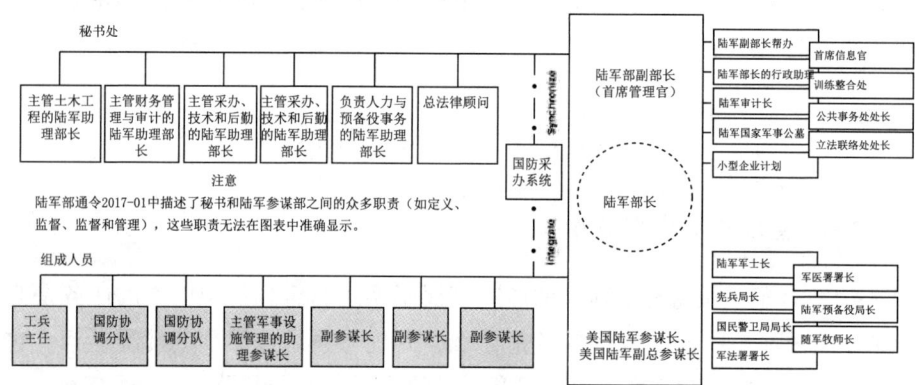

图4-1 陆军部总部组织架构

a. 实现整合

(1) 整合是在陆军秘书处和陆军参谋部内部的高级参谋层级的一系列正式会议中实现的。各参谋机构的负责人和副参谋长本身发挥着核心的整合作用，他们更多地充当着一个联合管理委员会的角色，而不仅仅是代表他们各自的参谋机构。在秘书处和陆军参谋部中，还有许多任务小组、工作组和委员会，其成员都是重要的基于知识的整合者。

（2）整合也是陆军高层领导的主要职能，领导包括：陆军部部长、陆军部副部长、陆军参谋长和陆军副总参谋长。该小组负责决定稳定性、装备现代化、稀缺资源分配和兵力结构问题的管理战略。这些战略在年度《陆军态势声明》中都会得到阐述，这些战略是对主要总体问题直接相关的目标（即维持随时准备执行任务的部队）的联合或综合声明。

（3）年度《陆军态势报告》是对陆军角色、任务、成就、计划和规划的非机密概述。《陆军态势报告》可以在美国陆军网站主页（http://www.army.mil）中获取。《陆军态势报告》旨在强化陆军部部长和陆军参谋长在国会面前的态势和预算证明，同时为广大读者提供了有关陆军状况的基本参考。

b. 实现分化

（1）分化是通过将职能责任分配给陆军部总部各部门以及专业参谋和侍从参谋来实现的。以下工作是在各部门内部进行的：管理分配的任务，如征募、计划或预算任务；制定目标；协调时间安排；以及建立下级组织的层次结构并拟定草案。各部门都拥有足够的知识和经验，可以胜任与其任务环境有关的大多数决策。

（2）在陆军部总部中，对相关职能环境的需求进行交流与分析是非常重要的。这涉及与国防部部长办公室、管理与预算办公室以及国会委员会成员的向上关系，以及与下属组织的向下关系。陆军的高级领导对陆军整个职能或专业系统的目标设定和绩效评估有很大影响，并且对从国防部部长办公室、管理与预算办公室和国会获取所需资源方面也有类似影响。

c. 陆军部总部的水平分化

（1）过去对于陆军部总部重组种种争论的观点之一是，认为陆军部总部的结构实际上复杂化了所需的分化和性能的实现。这一批评集中在陆军参谋部和秘书处的职能上，认为这些部门似乎在执行重复的活动或承担重叠的职责。1986年的《戈德华特-尼科尔斯国防部重组法案》(The Goldwater-Nichols DOD Reorganization Act) 要求将两个参谋部整合为一个总部，由一个秘书处、一位参谋长及多位副参谋长组成，其中秘书处重点负责管理陆军的事务，参谋长和副参谋长负责规划、编制、执行、审查以及分析陆军计划。陆军通过建立陆军部总部行政办公室来继续加强陆军部总部的整合程度，随后将其更名为陆军部高级领导办公室，这增加了陆军参谋部主任对参谋部和秘书处的行政监督，同时要求参谋机构之间建立更密切的关系。

（2）为了在采办管理上实现更高程度的分化，国会指示将军种采办执行职能归入军种秘书处，并将其纳入法律。相应地，陆军部部长任命主管采办、后勤和技术的陆军部助理部长为陆军采办执行官，以便集中管理这一职能。

（3）陆军在职能和任务上进行垂直分化。要想达到高效率和有效性，组织就必须剔除不执行重要任务和特殊任务，或并不履行关键的整合职能的任何层级的机构。陆军负责履行《美国法典》第10编规定的特殊的职能和任务，并在战略、战役和战术层面产生增值输出物。

第五部分　总结与参考文献

4-9. 总结

a. 本章通过将陆军视为一个由生产子系统、作战子系统和整合子系统组成的开放式组织系统，提出了陆军组织设计和结构的理论构架。

b. 本章详细介绍了每个子系统的主要组件、组织、角色、任务和职能，包括陆军司令部、陆军军种组成部队司令部、直接报告单位和野外作业机构。

c. 此外本章考察了职能分化和整合的特征。

d. 最后，如同所有复杂的自适应性组织一样，战略和作战环境的动态变化要求组织不断进行变革，以确保各下级组织能够进行有效分化，并使这些下级组织的输出得到有效整合。值得注意的是，2017年10月9日，陆军代理部长宣布建立一个新的司令部，以期指导和推动陆军的现代化事业。许多相关的现代化职责已在上文罗列和介绍的许多组织中按职能进行了分配和执行，并在本书的后续章节也会对此进行进一步的说明。在本书（2017-2018年版）修订时，"环境设定特遣部队"（Conditions Setting Task Force）已经开始了分析工作，这可能会导致陆军组织和现代化的方式发生重大变化。

4-10. 参考文献

a. Army Green Book, 2016-17.

b. 2017 Army Posture Statement, 24 Feb 2017.

c. Army Regulation (AR) 10-5, HQDA.

d. AR 10-87, ACOMs, ASCCs, and DRUs, 11 Dec 2017.

e. AR 10-88, FOAs, Office of the Chief of Staff, Army.

f. AR 570-4, Manpower Management.

g. TRADOC Regulation (TR) 10-5, Organization and Functions.

h. DAGO 2017-01, Assignment of Functions and Responsibilities Within HQ-DA.

i. DOD Reorganization Act of 1986 (Goldwater-Nichols).

j. Joint Publication 1-02, DOD Dictionary of Military and Associated Terms.

第五章 陆军动员与部署

第一部分　导言

5-1. 本章内容

陆军预备役组成部队的动员计划和准备是持续进行的，在平时和战时都会进行。该计划符合联合作战计划与执行系统和陆军动员系统的规定。

和平时期的战争计划为作战计划发展提供了信息，以指挥作战行动与动员工作。本章涵盖陆军动员、动员职责和工业基地程序。本章的重点是陆军如何动员以满足作战指挥官的需求。本章最后讨论了美国国防部为实现国家安全目标，而设立的改善美国工业基地战备的目标。

第二部分　陆军动员

5-2. 陆军动员计划框架

a. 陆军参与的联合作战计划和陆军动员计划必须整合起来。《联合出版物》4-05 "联合动员计划"通过确定联合参谋部、各军种、作战司令部、运输司令部和其他参与动员计划的机构的职责，来促进这些程序的整合。《联合战略能力计划》的动员附件指导陆军和作战司令部制定动员计划。全球兵力管理用于调整兵力的编配、调配和实配的国防部程序，以支持国防战略、联合兵力可用性需求和联合兵力评估。

b. 《陆军条例》500-5 将国防部和参谋长联席会议主席的动员计划指南整合进了单一的陆军出版物中。这一条例认识到了作战计划和动员计划之间的密切关系，为陆军提供了以协调方式完成这两项任务的手段。

c. 陆军司令部、陆军机构和作战司令部中陆军部分的动员计划，与陆军部总部的动员计划一起，构成了陆军动员计划。陆军动员系统是一项工具，用于陆军所有组成部分计划和执行行动，以提供和扩展陆军兵力和资源，来满足作战司令部要求。

5-3. 陆军动员系统概述

a. 陆军动员系统。陆军动员系统是对自适应规划与执行系统的陆军补充。它为陆军提供兵力和资源的计划与作战指挥官部署，并在利用这些兵力和资源的计划之间提供了一个接口。它还提供了一套标准的指南，用于指导这些计划的制定，以及指导用于计划产物的综合结构的建立。陆军动员系统负责确保陆军能够计划并执行必要的行动，以提供兵力和资源来满足作战指挥官的需求。它涵盖了广泛的一般职能，覆盖军事行动、冲突或战争的整个过程。这些职能包括训练、动员、部署、运用、维持、在批准的兵力结构之外扩充兵力、重新部署、复员以及陆军的改组。陆军动员系统的目标是确保陆军能够充分支持作战司令部的所有未来作战行动，而非仅仅将精力集中于将部队送进战区。陆军动员系统也适用于在和平时期或宽松的环境中规划军事行动。该系统不仅是计划系统，还是一个执行系统。它使用带有职能性附件和附录的作战计划格式，这强调了该系统的运作性质。

b. 陆军动员系统的主要和职能子系统。陆军动员系统涉及的主要子系统是战区部队单位、军事人力和装备子系统。支持这些子系统的是许多相互关联的子系统，这些子系统位于美国本土，以职能为导向。

（1）战区部队。战区部队由分配至战区以备部署的战区部队单位、军事人力（例如，人事）和装备子系统构成。战区部队单位子系统的目的是确保陆军单位能够依据作战计划中的规定或按照联合参谋部的指示，有序、及时地进行部署。它还可能包括接到命令就会加入现役的新的或未完成资源配置的单位。

（2）美国本土基地。美国本土基地是相互关联的子系统之一，为动员提供直接支持。该子系统包括训练、后勤和医疗支援资产在内的多种安排，由美国部队司令部和第一集团军负责协调和同步，以满足动员部队生成军事设施（Mobilization Force Generation Installations）的动员后训练和战备需求。这些子系统如图 5-1 所示。

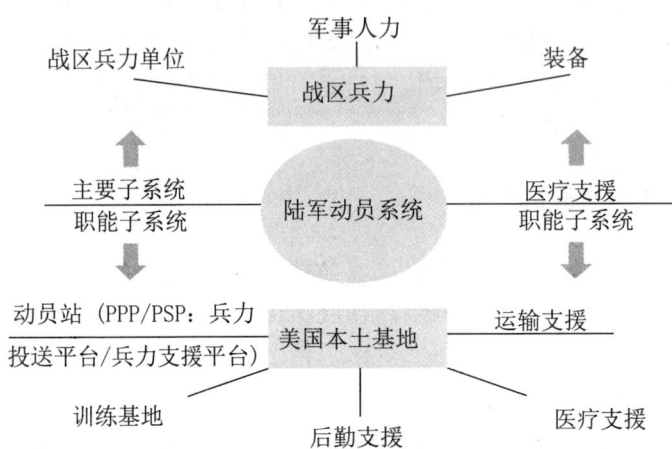

PPP:Power Projection Platforms
PSP:Power Support Platforma

图 5-1　陆军动员系统子系统

c. 动员计划。以下每个组织均应制定动员计划，计划应当涵盖在适当情景下对部署、重新部署、复员和重组行动的考虑。动员计划应根据陆军动员系统基本计划中的指南进行编制，并在发布前提交陆军部总部审查。陆军动员计划被涵盖在了组织动员计划中，并在《陆军条例》500-5 第 3-2 段中单独列出。

（1）陆军司令部（部队司令部、训练与条令司令部和陆军装备司令部）。

（2）陆军军种组成部队司令部。

（3）直接报告单位。

（4）国民警卫局局长。

（5）其他任何受陆军部总部指挥或受任何陆军司令部、陆军军种部队司令部或直接报告单位指挥的下级陆军组织。

d. 动员文件。在不适用动员计划的情况下，陆军组织应按照根据部队司令部、美国第八集团军、美国欧洲陆军、美国陆军特种作战司令部和美国陆军太平洋指挥官的指示制定的动员文件行动。其中后面的司令部将利用陆军司令部的指导来编制动员文件。

5-4. 动员计划职责

a. 主管作战、民事与训练事务副参谋长负责：

（1）制定陆军动员和作战政策、指导和规划，以促进动员、部署、运用、批准的兵力结构之外的兵力扩充、重新部署、复员和陆军的重组。（参见《陆军条例》500-5）。

（2）在规定的动员权限下，指挥预备役组成部队的征召或转现役。（参见《陆军条例》500-5）。

（3）与联合参谋部和部队司令部协调，向陆军司令部、陆军军种组成部队司令部和直接报告单位提供兵力分配和资源配置优先权，以满足单位动员任务的需求。（参见《陆军条例》500-5）。

（4）根据作战指挥官的任务需求，为动员部队提供工作和支持的优先事项。（参见《陆军条例》500-5）。

（5）支持并实施所有动员流程程序，以及基于需求的标准化复员程序。（参见《陆军部总部执行命令》034-14）

（6）确保影响动员和作战的法规和政策能够得到同步和更新，以符合当前的条例、组织结构和训练。（参见《陆军部总部执行命令》034-14）

（7）支持驻扎在美国本土的预备役组成部队和军人进入和退出现役。（参见《陆军部总部执行命令》034-14）

b. 陆军部主要官员和陆军参谋机构。陆军部各主要官员和机构在其各自的职能领域，负责协助主管作战、民事与训练事务副参谋长发展和维持陆军动员系统中用以支持动员和作战计划的部分。他们向参谋机构和野战作业机构发布有关制定动员、部署、重新部署、复员和重组计划的额外指导。此外，陆军参谋机构将在定期的将官动员审查中派出将官或高级行政官员代表，在上校委员会陆军动员工作组中派出上校代表，在现役军官动员工作组中派出现役军官代表。

c. 陆军司令部。每个陆军司令部和作战司令部的陆军部分都会协助主管作战、民事与训练事务副参谋长发展和维护陆军动员系统中与各自任务区域有关的部分。陆军司令部还负责各自任务区域内的动员和作战计划，并负责发布指挥动员计划，作为陆军动员计划的附件。陆军司令部应当在发布前将这些计划提交给陆军部总部审批。陆军司令部还应当遵守陆军动员系统中发布的指南和程序。其具体职责如下：

（1）部队司令部（不包括特种作战部队）美国本土内的是陆军部责任机构和/或受支援司令部，负责所有的部队动员、部署、重新部署、复员以及重组计划与执行（参见《陆军条例》500-5）。此外，部队司令部负责实施所有的动员流程程序，以及基于需求的标准化复员程序，并确保所有行动与其他陆军活动的协调，以改善整个动员过程并实现标准化（参见《陆军部总部执行命令》034-14）。部队司令部在陆军动员系统中的职责包括：与陆军参谋部、陆军司令部以及其他陆军机构协调陆军动员与陆军动员系统的结构与内容；指派各机构与司令部准备陆军动员系统的相应部分；审批机构和司令部动员计划；确保陆军动员系统的指导、政策以及产品能够满足所使用的国防部部长办公室以及参谋长联席会议主席指南的需求，并确保至少每两年更新一次，且须在联合战略能力计划发布后45天内更新。

（2）陆军装备司令部。陆军装备司令部负责指定陆军部总部负责机构（例如，陆军保障司令部），与主管后勤的副参谋长和部队司令部协调，为部队动员、复员和装备重置计划与执行提供后勤支持；为动员部队生成军事设施的初期支援和增援行动制定周密的计划；制定政策和程序，并支持后勤民事扩编计划和非后勤民事扩编计划承包商人员的部署和重新部署（参见《陆军条例》500-5）；与部队司令部、军事设施管理司令部和第一集团军一同协助完成动员支援和资源的同步。通过驻军与第一集团军作战旅一同，协调需求并整合支援行动。（参见《陆军部总部执行命令》034-14）

（3）训练与条令司令部是陆军部总部下负责制定动员陆军个人训练计划的机构，该计划基于主管人事的副参谋长对机构动员训练需求的规划。训练与条令司令部协助陆军医务司令部和美国陆军特种作战司令部，制定司令部的动员陆军个人训练计划。按照主管人事的副参谋长的指示，训练与条令司令部计划并扩大训练基地，以提供训练有素的人力来支持应急行动。训练与条令司令部与部队司令部协调以确保能够达到训练与条令司令部的动员和复员需求。

d. 陆军下属组成司令部。陆军军种组成部队司令部：协助主管作战、民事与训练事务副参谋长制定并改进陆军动员系统中与各自职能和/或作战领域相关的必要事项；对分配的或附属的动员预备役组成部队行使任务指挥权；遵循部队司令部的政策和程序，制定针对分配的或附属的陆军部队的动员和复员支援计划；协调预备役组成部队的训练，并与陆军国民警卫队、美国陆军预备役司令部、部队司令部以及相关的陆军司令部和直接报告单位一起参与演习；在将官动员审查中派出将官或高级行政官员代表，在上校委员会陆军动员工作组中派出上校代表，以及在现役军官动员工作组中派出现役军官。(参见《陆军条例》500-5)

(1) 美国太平洋陆军作为被支援司令部，支持传统预备役组成部队和个人的动员、部署、重新部署、复员以及重组计划和执行。这些部队和个人需要美国太平洋陆军总司令部的批准来进行部署和重新部署。

(2) 美国陆军特种作战司令部：在美国本土内指定一个陆军部总部负责机构，负责预备役组成部队特种作战部队单位的警报通知、动员、批准、部署、重新部署、复员，以及重组计划和执行；在动员过程中与陆军司令部、其他陆军下属司令部和直接报告单位协调，以维持、训练、装备和部署基于美国本土的预备役组成部队特种作战部队单位；提供替换人员和装备，以维持作战区域的预备役组成部队特种作战部队单位。

e. 直接报告单位：协助主管作战、民事与训练事务副参谋长发展和改进陆军动员系统的职能领域和总体动员程序；针对指派的或附属的预备役组成部队单位施行任务式指挥；遵循部队司令部的政策和程序，制定针对指派的或附属的陆军部队的动员和复员计划；在各自的作战区域内进行动员训练、演习计划和方案制定活动；批准下属单位和动员部队生成军事设施制定的动员计划；协调涉及预备役组成部队的单位或个人与陆军国民警卫队美国陆军预备役司令部、部队司令部以及相应的陆军司令部和陆军下属组成司令部一起参加训练和演习的事项；向下属单位提供有关训练、演习、动员、部署、重新部署、复员和重组的其他指导和指示。

(1) 军事设施管理司令部：充当美国本土支援基地动员和复员工作的受支援司令部，以及所有其他动员需求的支援司令部；协调动员部队生成军事设施中的动员能力需求、基础设施和借驻单位支持；建立和管理支持基础勤务的合同，这些合同为军事设施管理司令部管理的军事设施提供灵活性，以获取超出建制内能力的非政府性质的任务所需的人员扩充支援服务，并向美国任务与军事设施合同签订司令部提供合同签订需求；每年审查分配和调配的军事设施动员表，并协助警备区进行更新和/或变更（参见《陆军条例》500-5）；为复原批准委员会的执行工作提供输入物和支持，以支持第一集团

军。(参见《陆军部总部执行命令》034-14)

(2)陆军医务司令部充当所有医疗服务的支援司令部,并与部队司令部、军事设施管理司令部、美国太平洋陆军和美国欧洲陆军协调,为动员部队生成军事设施的动员需求整合医疗支持;建立和管理医疗支援合同,以获取超出建制内能力的人员扩编支持服务(参见《陆军条例》500-5);建立机制以确保预备役组成部队军人能够完成他们的体检、牙科检查以及行为评估,并在复员程序的第14天之前参与他们的个人治疗方案。(参见《陆军部总部执行命令》034-14)

f. 其他动员职责。

(1)国民警卫局局长负责协助主管作战、民事与训练事务副参谋长制定动员陆军所需的职能领域的具体需求;酌情与州、区域和地区副长官进行协调;在定期的将官动员审查中派出将官或高级行政官员代表,在上校委员会陆军动员工作组中派出上校代表,以及在现役军官动员工作组中派出现役军官(参见《陆军条例》500-5);支持并实施所有动员流程程序,以进行基于需求的标准化动员和复员。(参见《陆军部总部执行命令》034-14)

(2)美国陆军预备役长官负责协助主管作战、民事与训练事务副参谋长制定动员陆军所需的职能领域的具体需求;与美国陆军预备役司令部进行适当协调(参见《陆军条例》500-5);支持并实施所有动员流程程序,以进行基于需求的标准化动员和复员。(参见《陆军部总部执行命令》034-14)

(3)根据《陆军部总部执行命令》034-14附件A的规定,第一集团军是基于美国本土的部队司令部动员和复员行动的受支援司令部。陆军第一集团军负责:

(a)确定需求,整合多个组织,并同步资源,从而为有效的动员行动创造统一性;

(b)与军事设施管理司令部、陆军医务司令部、陆军装备司令部、陆军预备役司令部、陆军国民警卫队、高级指挥官、人力资源司令部和其他支持组织、机构和实体、实施程序合作,以促进动员行动的协调和执行;

(c)第一集团军在整个动员过程中负责计划、准备和协调对训练的支持,与陆军预备役组成部队和陆军预备役部署兵力初始作战实验合作,制定一份综合训练计划。第一集团军还为动员后的预备役组成部队部署兵力提供训练;从离开基于美国本土的动员部队生成军事设施的动员之日起,为所有将要部署的预备役组成部队提供指挥、控制和批准支持，以便为作战指挥官提供作战控制。

（d）预备役组成部队到达动员站后，即隶属于第一集团军，以进行动员后的训练，并在部署和从战区重新部署前，始终保持对第一集团军的隶属状态，以便进行指挥、控制和支持；预备役组成部队的兵力将继续隶属第一集团军直至复员或解除现役生效之日。

5-5. 动员权力

a. 动员权力是《美国法典》第 10 编赋予的。国防部根据法律或国会决议授权，在美国总统指示下，动员全部或部分武装部队。同时，国防部和其他联邦机构集结国家资源，以维持动员的兵力。(有关预备役组成部队动员权力的完整列表，请参见图 5-2)

b. 1976 年《国家紧急状态法案》规定，当美国总统宣布全国进入紧急状态时，该声明或后续的行政命令必须明确说明所援引的具体权力。在随后宣布调用其他具体权力之前，总统的权力仅限于之前可调用的权力。一旦总统因特定目的而宣布全国进入紧急状态，该全国紧急状态将持续 1 年，除非下令提前撤销或延长。

c. 根据参谋长联席会议主席与各军种部长的意见和建议，国防部部长向美国总统和国会建议支持特定的应急事件、作战计划或国家紧急情况所需的动员权力。国防部部长通过军事部门指挥预备役组成部队单位和人员的动员。

d. 动员等级。通常，紧急程度决定了动员等级：

（1）选择性动员。对于国内紧急情况或叛乱，总统可以通过命令预备役组成部队单位和/或个人转为现役，来扩充现役武装力量，以保护人民生命和/或联邦财产不受侵害，并防止联邦活动受到干扰。当涉及国家安全外部威胁，需要制定应急计划时，则不适用选择性动员。

（2）总统征召预备役。根据《美国法典》第 10 编第 12304 节的授权，美国总统可以通过强制征召精选预备役单位和个人或被指定为重要人员的第一类预备役单个人员来扩充现役力量。这种强制征召可以在多达 365 天的时间内，从各军种中征召多达 200 000 人，从而扩充现役部队以满足作战需求。其中，第一类后备役单个人员不得超过 30 000 人。同时，在行使这一权力时，总统必须通知国会。

表 5-1 预备役组成部队使用的授权

	法律授权	职责目的	适用于	职责类型	
训练	10《美国法典》10147	年度训练/训练需求	预备役	现役/非现役训练	非自愿
	10《美国法典》12301(B)	年度训练	预备役与国民警卫队	现役/非现役训练	非自愿
	10《美国法典》12301(d)	其他额外的训练职责	预备役与国民警卫队	现役/非现役训练	自愿
	32《美国法典》502(a)	年度训练/训练需求	国民警卫队	全职国民警卫队/非现役训练	非自愿
	32《美国法典》502(f)(1)(A)	额外的训练职责	国民警卫队	全职国民警卫队	非自愿
	32《美国法典》502(f)(1)(B)	其他额外的训练职责	国民警卫队	全职国民警卫队	自愿
支援	10《美国法典》12301(d)	现役警卫队与预备役职责/作战支援/额外职责	预备役与国民警卫队	现役	自愿
	10《美国法典》12304b	预先计划的作战指挥官支援	预备役与国民警卫队	现役	非自愿
	32《美国法典》502(f)(1)(B)	现役警卫队与预备役职责/作战支援/额外职责	国民警卫队	全职国民警卫队	自愿
	32《美国法典》502(f)(1)(A)	其他职责	国民警卫队	全职国民警卫队	非自愿
动员	10《美国法典》12301(a)	全面动员	预备役与国民警卫队	现役	非自愿
	10《美国法典》12302	局部动员	预备役与国民警卫队	现役	非自愿
	10《美国法典》12304	总统征召预备役	预备役与国民警卫队	现役	非自愿
	10《美国法典》12304a	紧急情况和自然灾害	预备役	现役	非自愿
	14《美国法典》712	紧急情况和自然灾害	美国海岸警卫队预备役	现役	非自愿
其他	10《美国法典》12503	葬礼荣誉	预备役与国民警卫队	非现役	自愿
	B2《美国法典》115	葬礼荣誉	国民警卫队	非现役	自愿
	10《美国法典》12319	集合职责	预备役与国民警卫队	非现役	非自愿
	10《美国法典》12301(h)	医疗护理	预备役与国民警卫队	现役	自愿
	10《美国法典》12322	医学评估与治疗	预备役与国民警卫队	现役	自愿

续表

法律授权	职责目的	适用于		职责类型
10《美国法典》12323	为回应性骚扰而未决的军职	预备役与国民警卫队	现役	自愿
10《美国法典》688	退休人员召回	预备役与国民警卫队	现役	非自愿
10《美国法典》802（0）	纪律处分	预备役与国民警卫队	现役	非自愿
10《美国法典》10143	不合格的参与（长达45天）	预备役与国民警卫队	现役	非自愿
10《美国法典》12301（9）	俘虏状态	预备役与国民警卫队	现役	非自愿
10《美国法典》12303	不合格的参与（长达24个月）	预备役与国民警卫队	现役	非自愿
10《美国法典》12402	国民警卫局职责	国民警卫队	现役	
10《美国法典》331	叛乱	国民警卫队	现役	非自愿
10《美国法典》332	叛乱	国民警卫队	现役	非自愿
10《美国法典》12405	叛乱	国民警卫队	现役	非自愿

（3）局部动员。在总统宣布进入紧急状态时，或在法律另行授权的情况下（例如《美国法典》第10编第12302节），有关军种的部长指定的权力机构可以在未经相关人员同意的情况下，命令在部长管辖下的预备役组成部队中的任何单位和未编入某个单位的任何个人进入现役，但不得连续服役超过24个月。在任何情况下，部分动员时未经授权进入现役的第一预备役人员不得超过100万人。

（4）全面动员。在国会宣布进入战时或紧急状态时，或在法律另行授权的情况下［例如《美国法典》第10编第12301（a）节］，有关军种的部长指定的权力机构可以在未经相关人员同意的情况下，命令在部长管辖下的预备役组成部队中的任何单位和未编入某个单位的任何个人进入现役，时间至战争或紧急状态结束后6个月。

（5）总动员。总动员是指通过组织和/或使额外的部队进入现役来应对紧急情况，以扩充现役武装部队，使其规模超出批准的兵力结构。所有国家资源（包括维持额外的部队所需的生产设施）都将进入动员。这些行动均需国会授权。

（6）额外授权：《美国法典》第10编第12304（a）节和第12304（b）

节。2012年《国防授权法案》第12304（a）节规定，国防部部长有权命令美国陆军预备役、海军预备役、海军陆战预备役和空军预备役的任何单位以及未分配进入单位的个人服现役，以响应总统对于重大灾害或紧急情况的联邦援助请求，但此类连续服役不得超过120天。第12304（b）节规定，在军事部长认为有必要扩充现役部队规模以支持作战司令部预先计划的任务时，部长有权命令精选预备役的任何部队服现役，但连续服役不得超过365天，此类服役不需征得军事部其他成员同意。为了行使这一权力，执行此类现役任务的人力和相关费用，必须具体、明确地包含在该预计被命令服现役的单位的财年国防预算材料中。此外，有关此类费用的预算信息必须包括对预计被征召服现役的单位的任务之说明，以及强制服现役的预期时长。在此种情况下进入现役的第一预备役人员一次不得超过60 000人。

e. 动员流程。动员执行是权力下放到司令部的过程。部队司令部和战区作战司令部是指挥和控制预备役组成部队单位动员的主要司令部。其他下级司令部承担指定的非部署单位的指挥工作。在单位进入警戒阶段，并在收到单位的动员命令后，预备役组成部队首先会在驻地动员几天，然后移至动员站，动员站通常是第一集团军领域的两个动员部队生成军事设施之一，用于部署或增强基于本土的作战的训练。一些预备役组成部队单位的驻地就是他们的动员站。动员部队生成军事设施的动员单位通过其指挥系统来使用跨级别的人员和装备，以达到所需的部署前门槛。陆军装备司令部提供物资的批发管理。人力资源司令部在人事管理方面发挥着类似作用。医疗司令部为动员单位提供医疗支持服务。美国陆军工程兵团与军事设施管理司令部相互协作，根据需要发展部队的住房、训练、工业和其他设施。第一集团军监督所有必需的单位训练，并在部署之前检验预备役组成部队单位。

表5-2 动员和执行程序

动员阶段	第一阶段 动员前	第二阶段 警报	第三阶段 常驻地	第四阶段 动员站	第五阶段 行动
主要活动地点	常驻地	美国陆军预备役军械库	美国陆军预备役中心	动员站（动员部队生成军事设施）	航空/航海装载港

续表

动员阶段	第一阶段 动员前	第二阶段 警报	第三阶段 常驻地	第四阶段 动员站	第五阶段 行动
活动持续时间（天）	在时间允许的情况下	3到7天	3天	10到180天	1到2天
主要活动	计划 训练 军人战备	召回 人员筛查 记录检查 战斗名册 移动命令准备 跨级别人员和设备	完成战斗名册 前进梯队到动员站 库存设备 装载以备运输	调动至动员部队生成军事设施/动员站 接收、集结、前送与整合 完成军人战备计划 进行训练 完成跨级别 完成验证 装载以备运输 调动至装载港 装载运输 部署	
结果	计划	通知	准备	批准	部署

5-6. 陆军部动员处理系统

主管作战、民事与训练事务副参谋长是陆军部动员处理系统的倡议者。陆军部动员处理系统是一个基于网络的系统，可自动执行军事动员流程，并为受命执行现役的陆军预备役组成部队单位和个人提供警报、通知和命令的工作流程程序。陆军部动员处理系统负责生成并维持单位动员命令。这些命令为动员单位提供指示和权限，使其有权根据动员站的指派，由驻地向动员站转移。命令发布后，预备役组成部队司令部可以向该单位的成员发布个人动员命令。陆军部动员处理系统是陆军关于有效解决动员基本需求这一概念的基石，具体来说，是将预备役动员转变为敏捷的、基于信息的核心业务流程这一基本需求。命令生成后，信息会从陆军部动员处理系统通过中间司令部传递到陆军人事系统，从而将需求捆绑到单个命令上，并使系统能够在整个动员周期中追踪军人。通过整合陆军部动员处理系统和其他陆军系统协调的数据，为陆军的系统动员方法（即动员通用操作图）提供基础。

5-7. 动员通用操作图

主管作战、民事与训练事务副参谋长是动员通用操作图（Mobilization Common Operating Picture）的倡议者。动员通用操作图是一个记录系统，由权威数据系统的综合体系集合组成，为与个人和单位动员相关的职能提供通用操作图。

通过全面综合接口，动员通用操作图提供了访问预备役组成部队军人的人事和勤务数据的通道。该系统使陆军的采购、动员和追踪职能及程序实现了自动化，这些职能和程序将用于生成和批准动员和部署陆军单位和军人的命令。

第三部分　工业战备

5-8. 工业战备的必要性

在冷战后时代，民族国家之间不太可能发生全球性冲突，因此美国必须维持可持续的工业基地，以在平时或宽松的环境下发生地区冲突或军事行动时能够及时地补充消耗掉的重要战争物资。大多数的未来冲突将会是"随时发生"的。因此，应当要求工业基地既能维持部署的兵力，又能迅速补充消耗，以便为下一次紧急事件做好准备。

5-9. 国防部工业基地的政策目标

a. 根据提交给国会的《2011年度工业能力报告》："在过去的十年中，国防部依靠市场力量来创造、塑造和维持基础的工业、制造业和技术能力，只有在绝对必要的情况下才进行干预，以维持必要的国防能力。随着伊拉克战争和阿富汗战争的持续，以及美国从大萧条以来最严重的经济衰退中复苏，国防部在资源方面面临着更大的限制。这些限制将对国防工业基础产生重大影响。国防部必须与我们在国防工业领域的合作伙伴紧密合作，以确保我们在财政紧缩时期更好地管理纳税人的钱。"

b. 国防部政策规定了七个指导方针：

(1) 国防部将依靠正常的市场力量对国防工业基础进行最有效的调整。这不仅符合经济理论，还能防止国防工业与 21 世纪技术、创造力和资本市场主流之间的距离越来越远。

(2) 竞争是包括国防在内的所有经济部门生产力和价值的主要驱动力之一。因此，国防部不太可能支持进一步强化美国主要武器系统的主要承包商。许多举措旨在提高所有美国供应商之间以及整个美国商品和服务采办中的竞争。

(3) 国防部将逐个研究美国的每个工业部门——从造船到专业性服务，从隐形到太空，因为每个部门的动态都不尽相同。

(4) 国防部对国防工业基础的兴趣遍及整个领域。工业基础并非仅由获得主要奖项的人组成。

(5) 国防部将更加重视国防部要求的"商品和服务"中"服务"部分的重要性，这部分也是由通常不被认为是国防承包商的公司提供的。对于完成任务来说，这些服务与武器系统同样至关重要，我们正采取着许多措施，以更好地了解和管理国防部的这部分支出。

(6) 国防部国防工业战略的一个关键部分是鼓励新加入者。他们将为技术基础提供竞争、更新和革新，并确保国防在新兴技术的主流中受益。

(7) 全球化正深刻地影响着安全和商业，这一趋势对国防工业产生了影响。国防部致力于继续向全球领先的企业开放国防市场，同时在安全问题上取得适当的平衡。

c. 国防部正在对国防工业基础进行逐部门、逐层的分析。这项分析旨在确定国防计划风险的早期指标，确定整个供应链中跨计划的相互依存关系，查明可能推高成本的有限竞争领域，并找出可能过度依赖外国资源的领域。这种逐部门、逐层的分析将每年进行一次，以确保国防部所依赖的工业基础健康、朝气、灵活，并能够满足国防部当前和未来的需求。该分析将影响国防部的投资决策。

5-10. 国防部层面的工业战备管理

a. 国防部政策是通过与私营企业合作，以生产、维持并修理满足动员需求的装备，从而维持较好的工业战备水平。如果确定私营企业无法提供所需的动员项目，则将启动并维持国有设施与设备来生产这些物品。

b. 管理国防部工业基础的总体职责由负责制造业工业基础政策的国防部助理部长帮办承担。制造业工业基础政策办公室的任务是确保强大、安全、弹性和创新的工业能力，国防部可以依靠这些能力来满足作战人员的需求。

c. 制造业工业基地政策为国防部部长办公室和服务采办部门提供支持，具体方式是向他们提供对国防至关重要的日益全球化、商业化和金融复杂化的工业供应链的详细分析和深入理解，并建议或采取适当行动保持该供应链的健康、完整和技术优势。制造业工业基础政策是对国防部在国家安全相关的事务中与合并、收购和解散相关的所有事项的引领。

d. 制造业工业基础政策致力于供应链领域的创新问题，并通过包括《国防生产法案》和《制造技术》在内的各种授权和项目，为可信赖的投资提供支持，以提高工业生产率。制造业工业基础政策还分析了该基础的关键要素和脆弱要素所面临的挑战，以确定可以通过公共和私营部门参与解决的系统性和根本性问题。

5-11. 国防部优先等级与分配系统

a. 根据《美国法典》第15章第700条的规定，该监管体系由商务部进行管理，旨在确保能够及时获得工业资源，以满足已批准的国防和应急备战计划的需求，并提供一个运作系统，以便在全国进入紧急状态时迅速为工业响应提供支持。

b. 监管体系的授权记录于《国防生产法案》第1编之中（《美国法典》第50编附录2061及其后各款）。它授权总统提出以下要求：

（1）优先执行国防合同和订单，即先于所有其他合同和订单。

（2）分配必要和适当的材料、服务和设施，以促进国防。

c. 国防部优先等级与分配系统建立了两个层次的合同优先级："DX"（最高国家紧急程度）；"DO"（对国防至关重要）。评定为"DX"优先级别的合同与订单优先于评定为"DO"优先级别的合同与订单；而评定为"DO"优先级别的合同与订单则优先于无评级或商业合同与订单。国防部优先等级与分配系统要求：

（1）只要能够执行，承包商与供应商必须接受所有评级为优先等级的合同与订单。

（2）为确保及时交付，根据需要优先执行评级为优先等级的合同和订单。

（3）承包商必须将优先等级延伸至与各自的供应商所签订的合同与订单（即承包商与供应商签订的合同和订单的等级也随之升级为优先等级）。

d. 尽管国防部优先等级与分配系统是自动生效的，但是在涉及接收、排程、生产或任何会妨碍及时交付评级为优先等级的合同或订单的情况时，可以申请获得特别优先援助。商务部可以根据国防部优先等级与分配系统采取正式行动来解决上述问题。

5-12. 国防储备物资

a.《战略及重要物资储备法案》(《美国法典》第 50 编第 98 节及其后各款) 规定了某些战略和重要物资储备的获取和保留，并鼓励在美国境内保护和发展此类物资的来源。对物资的获取和保留可以减少并排除对外国资源危险且昂贵的依赖，以及在国家紧急状态期间或之前此类物资供应流程中的任何一个环节的失败。这些物资在获取和储存后即构成并统称为"国防储备物资"。

b. 根据行政命令，国防部部长被任命为国防储备物资主管，并将管理职责下放给负责采购、技术和后勤的国防部副部长。国防储备物资的运营活动被委派给国防部后勤局局长。国防部后勤局战略物资机构是作为一个野战机构成立的，旨在管理国防储备物资计划的运行，包括物资的获取、储存、管理和处置。

5-13. 国防部关键设施清单

《关键设施清单》是一份重要设施的清单，这些设施十分重要，如果因破坏、颠覆、恐怖主义或其他敌对行为而造成损失，则会极大地损害美国的国防态势。部队司令部使用《关键设施清单》来履行自己对美国本土防御规划方面的职责。

5-14. 陆军工业基础程序

国防部层级的管理理念同样也适用于《陆军条例》700-90（2014 年 1 月 27 日更新）中概述的陆军工业基础程序：

a. 总体工业基础战略。

(1) 在采办物资时，陆军应采用生命周期战略，这一战略能够有效利用对全球能力的市场研究，以建立反应灵敏、创新和高效的工业基础。

(2) 认识到竞争和商业能力的内在优势，以及最大限度地满足军队物资需求的能力。建立系统的核心的仓库维护和修理能力，以满足国防要求。将系统工业能力集中于减轻依赖私营部门能力的相关风险上。将根据法定命令和战备要求，建立并维持系统能力的基本核心。

(3) 在适当的、法律允许的情况下，采用公私伙伴关系，以确保健康、有能力且高效的工业基础。

(4) 通过采取各种措施，确保私营部门和国有工业部门和仓库的基本核心能够满足国家紧急状态下武装部队的需求，为未来的安全和美国国防提供全面而持续的计划。这一基本核心是由几项法规授权的，最基本的是《美国法典》第10编第2535款，该款规定了国会维持一项全面而连续的计划以提供此类国防措施的意图。法规规定，将在最大的可行范围内，依靠私营企业来支持国防生产，但必须维持国有生产部分生产关键产品的工业制造能力，以提供私营企业无法提供的生产能力，或在国家灾难发生时协助私营企业。

b. 可用的管理工具包括：

(1) 工业战备计划。《工业战备计划》的目的是确保能够组建、维持并保留足够的工业基础，以便在紧急情况下能够响应军用物资的需求。它涉及的内容包括对工业基础支持平时与应急行动能力的评估；以及进行工业规划，以便确保足够的采购、生产与维持能力，进而满足保障需求。

(2) 陆军部关键产品清单。《陆军部关键产品清单》由主管作战、民事与训练事务副参谋长编写。他们每两年提供一份维持作战所需的优先产品清单，以应对不确定或激增的应急事件。他们还提供常用的动员需求，以支持工业规划。《陆军部关键产品清单》属于基础文档，《工业战备计划》就是依据这些文档而制定的。

(3) 工业战备计划表。《工业战备计划表》由陆军装备司令部根据《陆军部关键产品清单》编写，包括一些含有较长交货期的关键产品。这些部件中的许多组件都需要专门的制造技能，或者存在其他生产难题，因此需要进行详细的计划。

(4) 工业能力评估。当市场研究揭示了供应作战人员需求存在的问题时，工业能力评估将得以完成。该评估既涉及公共资源又涉及私人资源。负责采购、后勤和技术的陆军部助理部长根据主管作战、民事与训练事务副参谋长和主管后勤的副参谋长确认的优先等级，向计划执行官和/或计划主管以及工业能力评估的项目主管提供计划指南。计划执行官和/或计划主管以及项目主管将以该指南和工业基地能力为基础，向主管财务的副参谋长提交预算和计划目标备忘录，以期能够成功执行。

（5）工业战备措施。这些措施有助于克服工业基础生产能力的不足。它旨在缩短产品交货期，增加产量或修复生产能力、并减少检验时间。为加速生产而制定的工业战备措施，只有被证明与增加库存相比属于高效率比的备选方案时才会被投入使用。

第四部分　总结与参考文献

5-15. 总结

陆军对国家的效用取决于他能否迅速、有效地动员、部署、运作和维持其部队。应对应急事件或者紧急状态的规划程序是一种连续的、全方位的程序。它涵盖了陆军管理的所有方面，包括人员的获取、训练、装备发展以及财政资产与限制。增强现役部队的战斗力的核心是具有动员预备役组成部队的资源并迅速将其进行部署的能力。

5-16. 参考文献

a. AR 500-5，Army Mobilization，16 Apr 2016.

b. AR 700-90，Army Industrial Base Process，27 Jan 2014.

c. CJCS Manual（CJCSM）3122.01，Joint Operation Planning and Execution System（JOPES），Vol I，（Planning Policies and Procedures），2 Jul 2010.

d. DOD Directive（DODD）4400.01E，SUBJECT：Defense Production Act Programs，14 Sep 2007.

e. DODD 1215.06，Uniform Reserve，Training and Retirement Categories for the Reserve Components，Change 1 effective May 19，2015.

f. FORSCOM Regulation 55-1，Unit Movement Planning，14 Jun 2016.

g. FORSCOM Regulation 500 – 3 – 1, FORSCOM Mobilization Plan, 20 Aug 2007.

h. HQDA EXORD 034-14.

i. U. S. Department of Commerce, Defense Priorities and Allocations System (DPAS) Regulation (CFR, Title 15, Chapter Ⅶ, Part 700), 2009.

j. U. S. DOD, DOD Annual Industrial Capabilities Report to Congress, Aug 2011.

第六章 预备役组成部队

第一部分 引言

6-1. 本章内容

本章介绍了陆军预备役组成部队的角色、组织、结构和贡献。

6-2. 预备役组成部队

美国国防部有七个联邦预备役组成部队：美国陆军预备役部队、美国空军预备役部队、美国海军预备役部队、美国海军陆战队预备役部队、美国海岸警卫队预备役部队、美国陆军国民警卫队和美国空军国民警卫队。尽管美国海岸警卫队预备役部队是一支海军部队，但在和平时期它属于美国国土安全部，就像现役海岸警卫队一样。宣战后或在美国总统的指示下，海岸警卫队回归海军部管辖。海岸警卫队在国土安全部中，可以参与执法，实际上也是这样做的。

6-3. 预备役组成部队的法律基础

《美国法典》第10编第10102节规定，预备役组成部队的目的是：在战争、国家紧急状态或国家有安全需要时，为执行现役任务提供训练有素的部队单位和合格人员。《美国法典》第10编第1003章将陆军国民警卫队和陆军预备役部队确定为陆军预备役组成部队。在《美国法典》第32编中有专门针对陆军国民警卫队的法律条款。

6-4. 预备役组成部队指挥系统

在许多方面，陆军国民警卫队、空军国民警卫队与陆军预备役部队、空军预备役部队非常相似，它们主要区别是其所属的政府级别不同。除非美国总统要求或有法律规定，否则陆军预备役部队和空军预备役部队隶属于联邦政府，而各州国民警卫队则隶属于各州或地区政府。

6-5. 预备役组成部队的兵力结构组合、角色和规模

a. 预备役组成部队负责提供作战能力和战略深度，以满足在所有军事行动中美国的国防需求。在陆军所有的可部署部队当中，超过一半属于陆军国民警卫队与陆军预备役部队。陆军的主要兵力管理目标是：以对国家安全和军人的最小风险来满足国防战略需求。根据法律，陆军的兵力组合由正规陆军（Regular Army）、陆军国民警卫队和陆军预备役部队三者组成。

b. 一般而言，现役组成部队最适合进行紧急和频繁的部署，以及处理复杂的作战环境和突发事件。预备役组成部队则最适合可预测的和不频繁的部署，并向各州和地方政府提供《美国法典》第32编规定的支持，同时也为作战纵深和战略纵深提供支持。陆军训练并使用其预备役组成部队作为陆军总体兵力的一部分，通过有计划、可预测和经过规划的轮换周期，支持国家对民政当局的国防支持和对区域作战指挥官的支持。

c. 在理想情况下，陆军现役组成部队的兵力规模和组织形式应当可以完成以下任务：提供进行早期部署的应急行动的绝大多数部队；保持日常服役，以维持前方存在、训练、战备和兵力生成需求；为复杂、关键和/或多用途，且战备情况无法由预备役组成部队快速复制的军事能力提供足够的能量（能力）；以及提供轮转可用的兵力，以满足难以预测的要求。

d. 陆军预备役部队的兵力规模和组织形式应当可以完成以下任务：当对现役组成部队规模的限制要求接受一定程度的风险时，提供精选的紧急响应部队；在所有军事行动中增补和/或补足早期部署的现役组成部队；提供轮转可用的兵力以满足可预测的需求；提供后续兵力，以使现役组成部队恢复战备状态，并为下一次任务做好准备；以及为美国本土的救灾行动提供兵力和单位。预备役组成部队是最适合利用文职人员掌握的技术部队，因为这

些技能通常具有技术性，对于轮转中的现役部队士兵而言过于繁琐。这些职位包括各种医学专业，以及需要特殊高级学位、执照、培训或认证的工作。

e. 组成部队（component，COMPO）的通用参考如下：现役组成部队是COMPO 1；陆军国民警卫队是COMPO 2；陆军预备役部队是COMPO 3。

f. 多组成部队单位。多组成部队单位将来自多个组成部队的人员和/或装备组合在一个授权文档中。多组成部队单位的目的是最大限度地整合现役组成部队和预备役组成部队的资源。多组成部队单位具有与单个组成部队相似的统一的指挥和控制。

第二部分　预备役

6-6. 预备役的种类

预备役主要分为三类：第一类预备役；第二类预备役和第三类预备役（见图6-1）。

预备役的分类

第一类预备役人员

- 精选预备役
    - 联合部队计划
    - 现役警卫队/预备役部队
    - 个人动员增援人员（仅限美国陆军预备役）

- 单个待命预备役（仅限美国陆军预备役）
- 非现役国民警卫队（仅限陆军国民警卫队）

第二类预备役人员

第三类预备役人员

图6-1　预备役的种类

6-7. 第一类预备役

第一类预备役包括三个子类别：精选预备役；单个待命预备役；非现役国民警卫队。

a. 精选预备役。精选预备役包括以下内容：陆军国民警卫队单位（例如，训练人员），《美国法典》第 32 编 "现役警卫队与预备役"；《美国法典》第 10 编 "人员"；陆军预备役部队规划单位；以及陆军预备役部队单兵动员增援人员。单兵动员增援人员和训练单兵动员增援人员包含在现役组成部队配备与装备数量表中，并由陆军预备役部队提供资金资助。

b. 单兵待命预备役。单兵待命预备役由承担剩余义务的人员和控制组组成（仅限于陆军预备役）。

(1) 人力资源司令部对单兵待命预备役、第二类预备役和第三类预备役行使任务指挥权。为了对兵力进行统计，单兵待命预备役包括未完成训练的单个军人，这些军人被分配到各个小组进行控制和管理。单兵待命预备役可在战时或由国会或总统宣布进入全国紧急状态时进行动员，部分单兵待命预备役也可以根据总统征召预备役权进行动员。

(2) 单兵动员增援人员计划（《陆军条例》140-145）是预备役部队的一个储备名册（holding account），用于指派数量有限的、没有被分配到正规的预备役组成部队单位的单个军人。将军人指派为单兵动员增援人员可以使这些军人被用作现役部队的增兵或替补，而无需 "破坏" 预备役组成部队单位的战备，便能满足需要并简化动员过程。分配给单兵动员增援人员计划的军人是随时可以满足单兵动员要求和应急作战需求的志愿者。单兵动员增援人员的职位在现役组成部队的动员配备与装备数量表上确认，通常聚焦于战时所需的人员配备需求，而这些需求在和平时期是不存在的，例如，增加教官数量以应对应急情况下涌入的学员。单兵动员增援人员计划还允许合格的军人继续服役，即使他们不居住在预备役组成部队附近，也可以继续服役。

(3) 单兵待命预备役构成未完成训练的单兵人力的最大类别。这些人员提供了现役组成部队单位与精选后备役单位在动员时达到战时规定兵力所需的大多数填充人员，也为作战战区提供了大多数的初始伤亡替换/填充人员。

c. 非现役国民警卫队。

（1）非现役国民警卫队为无法以其他方式保持现役状态的个人提供了一种手段，使他们能够继续以军事身份服役于陆军国民警卫队中。在处于非现役国民警卫队时，个人仍能够保留陆军国民警卫队单位成员的联邦认可和陆军预备役状态。在出现联邦或州紧急状况时，转变为非现役国民警卫队状态的人员必须立即与其指派单位一起进行强制动员，他们通常隶属其之前所在的陆军国民警卫队单位，且有责任参与所在单位的年度集合。

（2）被指派到非现役国民警卫队的人员包括在陆军第一类预备役兵力中的人员。

6-8. 第二类预备役（仅限于美国陆军预备役）

a. 第二类预备役人员包括那些想保持其军事隶属关系，而又不在第一类预备役或第三类预备役中的军人。其成员仅限于有动员潜力的军人，但他们通常不需要立即动员。第二类预备役是单兵待命预备役的一部分。

b. 第二类预备役包括一份现役名单与一份非现役名单。处于现役状态的人员有权参加免费的第一类预备役训练，且政府不用支付费用。参加这些训练的目的包括获得退休积分或获取晋升资格。处于非现役状态的人员通常无权参加陆军预备役部队的训练。

6-9. 第三类预备役（仅限于美国陆军预备役）

a. 第三类预备役包括以下人员：有资格并已要求转为第三类预备役的人员；因先前所服兵役而有权从武装部队获得退休金的人员；在预备役组成部队中（例如，陆军国民警卫队或陆军预备役部队）服役或服现役20年或以上的人员，这些人员的退休金要到60岁时才可以领取；在联邦服现役20年及以上、正在领取退休金的陆军国民警卫队或陆军预备役部队军官与准尉；以及服役20年及以上但少于30年的正规陆军士兵退出现役后，在他们服役满30年前可转为第三类预备役。

b. 除非进入战时或国会宣布进入全国紧急状态，第三类预备役的成员不接受任何形式的训练，也不能参加兵役。但是，为了国防利益，军种部长可以随时召回服现役时间达到或超过20年的退役人员，并命令其进入现役。

第三部分 预备役组成部队的管理

6-10. 管理

美国陆军所有的三支组成部队都由国会管理,并受国防部部长办公室和陆军部建议的影响。

6-11. 国会

a. 委员会。众议院武装部队委员会和参议院武装部队委员会负责确定最终兵力授权,以及与陆军国民警卫队和陆军预备役部队有关的其他事项。确定并批准已拨付的年度最终兵力授权是最为重要的国会活动。每年年终兵力上限都会得到授权,以支持对预备役组成部队薪资与津贴的拨款。众议院拨款委员会和参议院拨款委员会的国防下属委员会都负责制定允许提供资金的拨款法案。

b. 《军人就业与再就业权利法案》。这项国会立法旨在保护预备役组成部队军人在完成兵役或训练后的就业与再就业权利。该法案并未取代《服役人员民事救济法案》,而是对 50 年的判例法与法院判决进行了进一步的编纂并阐明。《军人就业与再就业权利法案》赋予预备役士兵重返文职工作岗位的权利,其资历、地位和薪酬应与他们连续受雇时一致。除其他保护措施外,它还扩大了医疗保健和员工福利养老金计划的覆盖范围。

6-12. 国防部部长办公室

a. 负责预备役事务的国防部助理部长。在国防部部长办公室层级,负责预备役事务的国防部助理部长全面负责预备役组成部队的所有事务。

b. 预备役组成部队政策委员会。根据《美国法典》第 10 编第 10301 节,预备役组成部队政策委员会是国防部部长的独立顾问,可以向国防部部长提供旨在提高和增强预备役组成部队的能力、效率和有效的战略、政策和实践的意见与建议。预备役组成部队政策委员会由 20 位成员组成,包括:1 位文职主席;陆军、海军和空军军种部门的各 2 名现役或第三类预备役军官或士兵;1 名现役或第三类预备役军官,或海岸警卫队中的服役人员;10 名由国防部部长任命或指定的在与国家安全以及预备役组成部队事务相关的政策事务方面拥有丰富知识与经验的美国公民；1名来自陆军、海军、空军或海军陆战队的将军或将级预备役军官，担任主席的军事顾问、委员会的军事执行官或者委员会的运作与参谋机构的监管人；以及1名预备役组成部队的高级士兵，担任主席的士兵军事顾问。国防部部长通过预备役组成部队政策委员会与预备役组成部队正式联系。法规要求国防部部长就预备役组成部队政策委员会认为适当的任何预备役组成部队事务，向总统与国会递交一份由预备役组成部队政策委员会编制的年度报告。

c. 雇主支持国民警卫队与预备役组成部队全国委员会。雇主支持国民警卫队与预备役组成部队委员会自1972年开始运作以来，一直致力于改善地方雇主与当地的陆军国民警卫队和陆军预备役部队单位之间的关系。该委员会已经成功地解决了许多由预备役组成部队服役而引发的雇主和/或雇员之间的误会。它以非正式的方式进行运作，目标是确保个人能够自由地参加训练，而没有工作方面的阻碍或丧失应得的假期。1979财年，委员会任命了各州主席，与全国主席一起开展工作。州委员会的使用为该计划提供了广泛的支持。

6-13. 参谋长联席会议

根据《美国法典》第10编第151（a）节（已被2012年《国防授权法案》修订），国民警卫局局长是参谋长联席会议的成员。作为参谋长联席会议的成员，国民警卫局局长专门负责处理涉及非联邦国民警卫队的事务，以支持国土安全部和民事当局的国防支持任务。

6-14. 陆军部总部

陆军预备役长官办公室是陆军部总部参谋部的一个组成部分。各州州长不隶属于陆军部总部，负责指挥其各自的陆军国民警卫队，除非该部队处于联邦兵役状态。其他预备役组成部队管理实体包括：

a. 人力与预备役事务陆军部助理部长。人力与预备役事务陆军部助理部长全面负责预备役组成部队。

b. 预备役组成部队协调委员会。预备役组成部队协调委员会成立于1976

年，负责审查与战备改进有关的预备役组成部队事项的进展，检查问题领域和议题，协调面向陆军参谋部的议题的任务分配，并审查参谋机构的工作。该委员会由陆军副总参谋长担任主席，成员包括来自陆军参谋部的将官、陆军预备役局局长、陆军国民警卫局局长、部队司令部参谋长以及负责人力与预备役事务的陆军部助理部长。

c. 陆军预备役部队政策委员会。陆军预备役部队政策委员会负责审查直接影响预备役组成部队和陆军动员战备的重大政策事项，并就此项内容向陆军部部长和陆军参谋长提出意见。该委员会的成员由国防部部长任命，由5位就职于陆军参谋部的现役组成部队将官、5位陆军国民警卫队将官，以及5位陆军预备役将官组成。另外，还有来自陆军国民警卫队和陆军预备役部队的各5位候补成员。预备役组成部队主要成员的任期为3年，预备役组成部队候补成员的任期为1年，现役组成部队成员的任期为其在陆军参谋部的任期。负责人力与预备役事务的陆军部部长助理、陆军国民警卫队、陆军预备役局局长办公室、美国陆军训练与条令司令部以及美国部队司令部也提供联络代表。陆军参谋长担任陆军预备役部队政策委员会的顾问。委员会主席是从预备役组成部队成员中选出的，任期为2年。1986年的《戈德华特-尼科尔斯国防部重组法案》（The Goldwater-Nichols DOD Reorganization Act of 1986）将委员会从陆军参谋长办公室剥离出来，移交给了陆军部部长办公室。陆军预备役部队政策委员会主席直接向陆军部部长报告工作。该法案还修改了提名程序。该委员会通常在3月、6月、9月和12月召开会议。

6-15. 国民警卫队

a. 根据《美国法典》第10编第10501节"国民警卫局"的规定，国民警卫队是国防部的联合机构，也是陆军部和空军部与各州、领地以及哥伦比亚特区之间的法定沟通渠道。根据《美国法典》第10编第10502节（由2008年《国防授权法案》修订）的规定，国民警卫局局长通过参谋长联席会议主席担任国防部部长的首席顾问，提供涉及非联邦现役的国民警卫队事务以及由国防部部长确定的其他事务的建议，还担任陆军部部长、陆军参谋长、空军部长以及空军参谋长的首席顾问，提供涉及国民警卫队（陆军国民警卫队以及空军国民警卫队）事务的建议。

b. 国民警卫队局长与各州副长官（副州长）直接合作。虽然国民警卫局局长在这些事务方面没有指挥权，但是通过控制和协调资金、财年年终兵力、装备以及兵力结构计划，以及制定和发布与陆军国民警卫队相关的法规来促进合作。

c. 在参议院的建议和同意下，由总统任命国民警卫局局长，任期为 4 年。

6-16. 陆军预备役局局长办公室

根据《美国法典》第 10 编第 3038 节，陆军预备役局局长的级别为陆军中将。《美国法典》第 10 编第 10171 节规定，美国陆军预备役司令部是由预备役局局长指挥的陆军独立司令部。除非国防部部长另有规定，否则陆军部部长应规定陆军预备役的指挥系统。除了美国本土以外的部队由美国欧洲陆军和美国太平洋陆军指挥以外，几乎所有陆军预备役部队规划单位都是由美国陆军预备役司令部指挥的。

a. 预备役长官为陆军预备役计划提供指导，以完成提供训练有素的单位和个人以支持陆军动员计划的任务。陆军预备役局局长由美国总统在参议院的建议和同意下任命，任期 4 年。陆军预备役局局长可以连任一次，并在任命期间保持中将军衔。陆军预备役局局长还担任美国陆军预备役司令部司令。陆军预备役局局长的职责包括：

（1）作为美国陆军预备役司令部司令。

（2）作为陆军参谋长在陆军预备役方面事务的顾问。

（3）就与陆军预备役的发展、战备和维持有关的事项，直接向陆军参谋长负责。

（4）负责实施和执行已批准的陆军预备役计划和程序。

（5）在与政府机构以及公众互动时，担任陆军预备役的代表。

（6）在制定对陆军预备役产生影响的陆军部政策时，担任陆军参谋部各机构的顾问。

（7）协助制定陆军预备役动员政策和计划。

（8）与其他陆军参谋部机构协调，制定、推荐、建立和发布针对陆军预备役训练的陆军部政策。

（9）担任三笔陆军预备役拨款（薪资与津贴、运作与维修以及施工）的发起人。

（10）根据需要担任陆军部与国防部部长办公室委员会的成员。

6-17. 州副长官（国民警卫队）

a. 陆军国民警卫队单位分布于美国的 50 个州、华盛顿特区、关岛、波多黎各以及维尔京群岛之中。此外，关岛与美属萨摩亚群岛于 2010 年签署了一份协议备忘录，依据此备忘录，美属萨摩亚人可以在关岛的陆军国民警卫队中服役。在未处于联邦现役状态时，陆军国民警卫队的指挥权由各州以及领地的州长掌握，这些州长通过副长官（副州长）行使指挥权。在除南卡罗来纳州、佛蒙特州和华盛顿特区外的其他所有州和领地，副州长是由州长任命的陆军或空军国民警卫队军官担任。佛蒙特州的副州长由州议会选举产生，南卡罗来纳州的副州长通过民众选举决定，华盛顿特区的司令人选则由总统任命。副州长也是州官员，其权力受到联邦法律的认可。被授权的副州长通常是少将级别。

b. 副州长和其管理人员（包括州和联邦雇员）负责管理联邦资源，以建设战备单位。在副州长的领导下，陆军国民警卫队的指挥官负责在和平时期领导其战备单位进行训练。

c. 每个州都建立了一个"联合部队总部-州"（JFHQ-State）。"联合部队总部-州"负责在预先动员期间对陆军国民警卫队单位进行人员配备、装备与训练。根据部队司令部与第一集团军的指示，并在国民警卫队的协调下，"联合部队总部-州"负责为联邦现役单位提供更高级别的支持，并将这些单位输送至动员站或出发港。在宣布进入国家紧急状态之后，"联合部队总部-州"还能够为州内的其他预备役组成部队单位提供一些军事设施支持、家属支持以及动员支持。"联合部队总部-州"将继续为该州内的非联邦现役陆军国民警卫队单位提供支持。动员后，由接收人员的编号陆军或作战司令部对进入联邦现役的陆军国民警卫队进行指挥与控制。如果"联合部队总部-州"是为了执行国内的国土安全部任务而进入联邦现役，则它将由相应的战区作战司令部进行指挥与控制。

d. 美国财产与财政官由陆军国民警卫队或空军国民警卫队的上校军官担任。美国财产与财政官依据《美国法典》第 10 编的规定转入现役，并被指派给国民警卫队，在州内的职责是支持副州长工作。美国财产与财政官负责接收所有的联邦资金和财产并录入账目，以及提供财政与后勤资源，以维护提供给该州的联邦财产。美国财产与财政官还负责管理该州的陆军和空军联邦后勤支援系统，并在受支援单位进行动员之后，为该单位提供过渡到现役状态所需的支持。此外，美国财产与财政官还担任联邦合同签订军官，负责州内的联邦采购活动。美国财产与财政官也负责验证联邦工资单的准确性。

e. 依据《美国法典》第 10 编第 1803 节的规定，预备役组成部队设施为陆军国民警卫队设施的建设提供联邦支持。该法允许在各州免费提供的场地上建设设施，这些场地是指提供给联邦政府的场地，或授权给州专门供陆军国民警卫队使用的联邦财产。经批准的军械库建设资金通常为 75% 的联邦资金和 25% 的州资金，而其他仅为联邦职能提供直接支持的建设项目，诸如行政、后勤支援和训练设施等，为 100% 的联邦资金。这些设施的运作与维修费用由联邦政府与州军事部门之间的合作协议提供资金。联邦政府负责为陆军预备役部队设施的建设和维护提供全部资金。

f. 双身份指挥官。双身份指挥官是指陆军国民警卫队或空军国民警卫队军官，或者是经过特殊训练和认证的正规陆军或正规空军军官，根据法律规定，此类指挥官可以同时享有联邦和州的两种身份。在州这一级中，双身份指挥官是州指挥系统的成员，须服从该州州长和副州长的命令（行使指定的国民警卫队的指挥权）。在联邦这一级中，双身份指挥官是联邦指挥系统的成员，须遵守总统、国防部部长和受支援的作战指挥官（负责美国本土的 48 个州、阿拉斯加和哥伦比亚特区和波多黎各美国领土的美国北方司令部指挥官）的命令。总统和州长必须都同意设立双重身份指挥官。指定双重身份指挥官即允许建立联合指挥，通常是当《美国法典》第 10 编和第 32 编规定的兵力同时部署时、在美国本土灾难救援或民事当局的国防支持任务期间进行。《美国法典》第 32 编第 325 节，授权国民警卫队军官在不丧失其警卫身份的情况下服现役。《美国法典》第 32 编第 315 节允许现役陆军或空军军官在不丧失其现役身份的情况下接受某州的国民警卫队的委托服役。

第四部分 训练

6-18. 训练目标

按照当前的现役部队水平，以及当前的组织、训练、装备和战备情况，在陆军国民警卫队和陆军预备役部队中雇用这些地面部队的机会非常高。通过正确识别和配置预备役组成部队军事力量以进行快速有效动员的能力，是防止不确定性的关键。对预备役组成部队编队进行适当的训练、装备和准备，以使其能够迅速进入突发事件或重要战斗，在需要更高的战备状态和领导者准备的同时需要更改当前的动员程序。

6-19. 训练挑战

训练是在4个小时的非现役训练期间、部队集训或部队多次集训期间，或在年度训练期间完成的。适用于预备役组成部队的训练标准同样适用于现役部队。理解预备役组成部队训练挑战的一个关键因素是理解预备役组成部队和现役部队训练之间的明显差异。与现役部队不同的是，现役部队由人力资源司令部指派具有军事专业资格的士兵，而预备役组成部队通常从当地招募士兵。无论是首次服役还是曾经服役过，这些士兵都被分配到该部队，然后必须参加军事专业资格训练以符合部队的需求。

资格训练、维持训练、额外勤务训练以及职业发展教育通常代替计划内的部队集训与年度训练，在某些情况下，这些训练需要一年多的时间才能完成。即使这些预备役组成部队士兵被计入该部队的分配兵力中，也无法参加集体训练。另一个训练的挑战是，预备役组成部队士兵和部队必须在短时间内达到与现役部队相同的标准。非指定完成任务所需的基本训练科目表训练，非核心完成任务所需的基本训练科目表训练，以及其他活动，例如，陆军体能测验、武器资格、强制性训练、库存清单和体检都会对预备役组成部队产生更大的影响，因为这些活动花费的时间与现役组成部队相同，但是可进行这些活动的天数却较少。

6-20. 部队集训

作为精选预备役的组成部分，陆军国民警卫队与陆军预备役部队单位在训练年度中通常被授权开展 48 小时的非现役训练和一次为期两周（14 天至 17 天）的年度训练。训练年度始于每年 10 月 1 日，至次年 9 月 30 日结束。总体趋势是压缩训练年度中的部队集训，以便在一个周末内完成 4 次部队集训（每次非现役训练 4 小时，一共 4 次非现役训练，总计 16 小时）。连续 4 次的部队多次集训为单兵与班组训练、合格射击、野战训练以及复习训练提供了连续性。

6-21. 集体任务

年度训练主要针对动员前集体任务。个人训练与武器资格训练通常在非现役训练期间进行。军人和单位通过训练达到既定的动员前级别的熟练程度。作战机动部队通过训练，通常能够达到单兵、班级和排级的熟练程度。战斗支援和/或战斗勤务支援部队通常需要通过训练达到连级别的熟练程度。

6-22. 国家合作伙伴计划

陆军国民警卫队直接与选定的国家进行军事对军事的接触，以支持国防安全目标。同时也会利用整体社会的关系和能力来促进范围更广的接触，这种接触将横跨军事、政府、经济和社会领域，也是必然会发生的。国家合作伙伴计划已建立 20 多年，现已扩展建立了 73 个安全伙伴关系，涉及全球 79 个国家。国家合作伙伴计划将国防部的独特组成部分（各州的国民警卫队）与武装力量或合作伙伴国家的相应武装力量连接，建立了合作互利关系。国家合作伙伴计划源自 1991 年美国欧洲司令部的一项决议，该决议决定在波罗的海地区建立由预备役组成部队和空军组成的联合联络小组。随后，国民警卫队提案将美国各州与从苏联集团中崛起的三个国家配对，国家合作伙伴计划由此产生，成为美国安全合作的重要工具，促进了国际军民事务中各个方面的合作，并推动了州一级的民间联系。这一低成本计划由国民警卫队管理，以美国国务院外交政策目标为指导，并由副州长执行，以支持作战指挥官和美国使团团长的安全合作目标以及国防部的政策目标。请参阅图 6-2。

22个美国欧洲司令部
- 阿尔巴尼亚/新泽西州（2001）
- 美尼亚/堪萨斯州（2002）
- 阿塞拜疆/俄克拉荷马州（2003）
- 波斯尼亚/马里兰州（2003）
- 保加利亚/田纳西州（1993）
- 克罗地亚/明尼苏达州（1996）
- 捷克共和国/得萨克斯州（1993）
- 爱沙尼亚/马里兰州（1993）
- 乔治亚/乔治亚州（1994）
- 匈牙利/俄亥俄州（1993）
- 科索沃/爱荷华州（2011）
- 拉脱维亚/密歇根州（1993）
- 立陶宛/宾夕法尼亚州（1993）
- 马其顿/佛蒙特州（1993）
- 摩尔多瓦/北卡罗来纳州（1996）
- 黑山/缅因州（2006）
- 波兰/伊利诺伊州（1993）
- 罗马尼亚/阿拉巴马州（1993）
- 塞尔维亚/俄亥俄州（2005）
- 斯洛伐克/印第安纳州（1993）
- 斯洛文尼亚科罗拉多州（1993）
- 乌克兰/加利福尼亚州（1993）

73个国家伙伴关系

1个美国北方司令部
- 巴哈马/罗德岛（2005）

9个美国太平洋司令部
- 孟加拉/俄勒冈州（2008）
- 柬埔寨/爱达荷州（2009）
- 印尼/夏威夷州（2006）
- 马来西亚/待定（2016）
- 蒙古/阿拉斯加州（2003）
- 菲律宾/夏威夷州，关岛（2000）
- 泰国/华盛顿（2002）
- 汤加/内华达州（2014）
- 越南/俄勒冈州（2012）

5个美国中央司令部
- 哈萨克斯坦/亚利桑那州（1993）
- 乔丹/科罗拉多州（2004）
- 吉吉尔斯坦/蒙大拿州（1996）
- 塔吉克斯坦/弗吉尼亚州（2003）
- 乌兹别克斯坦/密西西比州（2012）

USSOUTHCOM-23
- 阿根廷/待定（2016）
- 伯利兹/路易斯安那州（1996）
- 玻利维亚/密西西比州（1999）
- 智利/得克萨斯州（）
- 哥伦比亚/南卡罗来纳州（2012）
- 哥斯达黎加/新墨西哥（2006）
- 多米尼加共和国/波多黎各州（2003）
- 厄瓜多尔/肯塔基州（1996）
- 萨尔瓦多/新罕布什尔州（2000）
- 危地马拉/阿肯色州（2002）
- 海地/路易斯安那州（2011）
- 圭亚那/佛罗里达州（2003）

13个美国非洲司令部
- 贝宁/北达科他州（2014）
- 博茨瓦纳/北卡罗来州（2008）
- 吉布提/肯塔基（2015）
- 加纳/北达科他州（2004）
- 肯尼亚/马萨诸塞州（2015）
- 利比里亚/密歇根州（2009）
- 摩洛哥/犹他州（2003）
- 尼日尔/待定（2016）
- 尼日利亚/加利福尼亚州（2006）
- 塞内加尔/佛蒙特州（2008）
- 南非/纽约州（2003）
- 多哥/北达科他州（2014）
- 突尼斯/怀俄明州（2004）

图 6-2 国家合作伙伴计划

第五部分 装备

6-23. 装备政策

在冷战期间，由于未按照授权水平将兵力现代化装备完全部署到预备役组成部队中，美国陆军因此承受了一定风险。预备役组成部队被视为一支战略预备力量，因此在出现危机时不会立即部署。在过去的20年中，全球战略环境发生了翻天覆地的变化，为了满足当今美国的国家安全要求，预备役组成部队充当作战预备力量。在担负作战预备力量这一职能时，预备役组成部队的部署时间已经大大缩短，并期望它能继续远离冷战时期的动员、训练和部署模式，朝着现役组成部队的训练与部署模式转变。因此，当今的陆军部政策是按照首发战斗/首发支援顺序向各单位分发装备。对稍后的部署单位，只提供训练所需的最低限度的基本装备，以便达到可接受的战备水平。除特定计划外（例如国民警卫队和预备役装备拨款），部队所属的组成成分并不是装备分配的影响因素。这项政策能够确保在危机出现时首先被部署的部队拥有完成任务所需的必要装备。根据这项政策，陆军预备役组成部队与陆军国民警卫队近年来已收到了大量现代化装备，并计划在未来几年内获得更多装备。

6-24. 国民警卫队和预备役装备拨款

国民警卫队与预备役装备拨款是一项特别拨款，专门用于为预备役组成部队采办装备，以提高战备水平。国会可进一步规定将这些资金用于购买特定装备。国民警卫队与预备役装备拨款资金是军种拨款的补充，主要为兵力现代化提供资金，因此提高了预备役组成部队的训练与战备水平。在陆军能够支持全陆军现代化之前，国民警卫队与预备役装备拨款资金计划将继续实行，这将使得陆军预备役组成部队与陆军国民警卫队获得重要的现代化装备，以便提高生存能力与操作性。

第六部分 战备和动员援助

6-25. 背景

1973 年，陆军领导意识到许多类型的预备役组成部队单位都具备进行早期部署的潜力。因此，该关联计划旨在提高选定的预备役组成部队单位的动员和部署战备水平，并在执行应急计划的早期提供额外的作战力量。20 世纪 70 年代中后期，随着更多的结构和任务添加到预备役组成部队中，陆军制定了多个计划，以便促进预备役组成部队达到更高的训练战备水平。其中包括现役/预备役组成部队伙伴计划，该计划将被选定的作战与特种部队预备役组成部队与现役组成部队进行融合；对应计划，该计划将陆军国民警卫队攻击直升机部队与现役组成部队的对应单位进行融合；以及军与师训练协调计划，该计划将现役/预备役组成部队作战单位与美国本土的军团进行融合，进行司令部演习。这些计划共同为预备役组成部队单位的领导与军人提供资源与机会，以便使他们能够与现役组成部队的对应人员紧密合作并分享经验。

6-26. 训练支持组织

1992 年的《陆军国民警卫队战备改革法案》要求陆军向预备役组成部队分配不少于 5000 名现役组成部队人员，以提供训练和战备方面的建议与支持。陆军建立了 5 支由陆军预备役组成部队主导的训练支持师，与由现役部队、国民警卫队以及陆军预备役组成部队人员组成的第一集团军和第五集团军配合，为预备役组成部队提供集训支持。此外，这 5000 名人员中的一部分将作为全职支持人员嵌入到预备役组成部队中。一项陆军转型战役计划将第一集团军与第五集团军调整为两个不同的任务领域。从 2006 年 7 月开始，第五集团军成为北陆军部队，即陆军军种组成司令部，在国土安全部和民事当局的国防支持任务方面为美国北方司令部提供支持。从 2006 年 10 月开始，第一集团军承担了美国本土的预备役组成部队单位的动员、训练、验证与部署任务。第一集团军由两个师组成（第一集团军—东部和第一集团军—西部），负责指挥训练支持旅，以及相关联的陆军国民警卫队和陆军预备役部队，为该部队提供演习支持、动员前训练和动员后验证的能力，以确保预备役组成部队在部署前已达到陆军标准与条令要求的任务能力。

6-27. 海外部署训练

海外部署训练计划为预备役组成部队提供了在现实环境中锻炼其技能的机会，并具有降低现役组成部队作战节奏，为作战指挥官提供所需作战支持的额外好处。作为陆军兵力生成的一部分，精选部队可以被指派到参谋长联席会议演习与非演习任务训练中进行训练，以增强他们对动员和/或部署过程的认识。海外部署训练计划已经为越来越多的连/营提供了训练机会。海外部署训练减少了动员与部署的时间，提高了战备水平，并增强了单位的凝聚力。

6-28. 全职支持

a. 全职支持计划由国会指导，旨在提高陆军国民警卫队与陆军预备役部队的战备水平。全职支持计划的大多数人员都在陆军国民警卫队和陆军预备役部队中工作。全职支持的参谋机构履行所有日常支持职能，包括人事、管理、训练、作战、维护与供给，因此，规划单位的预备人员可以将有限的训练时间（通常是每年 39 天）集中于战时任务而非后勤支援职能之上。

b. 全职支持计划由现役警卫队军人、军事技术人员、文职人员以及现役组成部队军人组成。现役警卫队与预备役军人是在传统的陆军国民警卫队以及陆军预备役中服现役的军人。军事技术人员与陆军部文职人员是全职的文职雇员。军事技术人员的独特之处在于，他们同样是预备役组成部队军人，而且必须保持其预备身份作为就业的一个条件。现役组成部队将指派军人来支持预备役组成部队，这些军人被视为全职支持计划的一部分。陆军国民警卫队与陆军预备役技术人员负责提供全天候的日常协助和支持，并在非部队集训期间担任其指挥官的代表。技术人员负责确保管理、供给、维护以及训练的连续性，他们的服务对动员战备至关重要。陆军国民警卫队与陆军预备役技术人员都属于联邦文职部门雇员。陆军预备役技术人员还需受文职部门制度的约束。除了被公法第 90-486 号（1968 年《国民警卫队技术员法案》）、《美国法典》第 32 编第 709 节以及国民警卫局制定的法规修订的部分外，陆军国民警卫队技术人员也受上述条款的约束。根据军事技术员计划在雇用方面的规定，技术员还必须是陆军国民警卫队或陆军预备役的成员。许多技术人员会被与其指派单位相同的单位雇用。现役警卫队与预备役军人将以现役状态被雇用，以便为预备役组成部队提供支持。《美国法典》第 10 编规定，现役警卫队与预备役队人员可在全球范围内任职，但是依据《美国法典》第 32 编的规定，现役警卫队与预备役队人员需要在各州、领地或华盛顿特区内接受指派。

6-29. 陆军院校系统

请参阅本书第十四章"训练和领导发展"。

6-30. 进入预备役组成部队

所有国防部进入预备役组成部队服役所需的授权都在图 6-3 中概述了，同时列明了所依据的国防部政策。进入（access）被定义为与必要资金一致的必要权限。用于动员预备役组成部队军人的权力将极大地影响任务成本，并影响服役人员的福利和应享权利。预备役组成部队提供了作战能力和战略纵深，以满足美国在所有冲突中的国防需求。预备役组成部队还可以增强主要存在于现役组成部队中的军事能力，或者提供现役组成部队缺乏的军事能力的唯一或主要来源。在其作战角色中，预备役组成部队成员根据其服役部队的兵力生成计划参加各类任务。单位和个人以既定的周期性或定期的方式参与任务，为作战指挥官、服役部队、服役人员、其家人和雇主提供可预测性。

根据《美国法典》第 10 编第 12304b 节，预先计划的动员支持赋予了军种部秘书处责令精选预备役进入现役的权力，但最长不得超过 365 天，为预先计划的任务增加现役部队兵力，以支持作战司令部行动，从而将预备役组成部队作为具有周期性和可预测性的作战预备力量使用。在其战略预备角色中，预备役组成部队的单位和个人，按照国防战略训练或用于执行任务。因此，预备役组成部队提供了战略纵深，以及可根据需要过渡到作战预备部队的角色。

6-31. 《美国统一军事司法典》

1986 年 11 月 14 日，预备役组成部队人员也被纳入了《美国统一军事司法典》的管辖范围，当时的里根总统将 1986 年《军事审判修正案》作为 1987 年《国防授权法案》的一部分签署形成法律。根据上述变更，陆军预备役部队军人在非现役训练状态时将受《美国统一军事司法典》管理。军方现在可以召回军人使他们转入现役状态，从而对那些在学历训练或非现役训练时所犯的罪行进行审判。如果计划进行监禁，将使军人进入现役状态以便审判的决定，必须通过陆军预备役指挥系统来请求陆军部部长批准。在其他情况下，现役陆军最高军事法庭召集机构是最终决定机构。国民警卫队人员在联邦服役期间受《美国统一军事司法典》约束。处于州服役状态时则受州军事法典约束，而州军事法典通常是以《美国统一军事司法典》为基础制定的。

图 6-3 进入预备役组成部队

法令	使用程序	预期用途	限制
非自愿			
10《美国法典》12301（a）全面动员	国会宣布进入战争或国家紧急状态	快速扩充武装力量以应对国家安全面临的外部威胁	-无人员限制 -持续时间+6 个月 -适用于所有预备役人员（非现役和已退休）

续表

法令	使用程序	预期用途	限制
10《美国法典》12301（b）15 天法令	军种部长有权下令强制转入现役	年度训练或作战任务	-15 天现役，每年一次 -国民警卫队需要州长的同意
10《美国法典》12302 局部动员	总统宣布国家紧急状态，通常是国防部部长批准的兵力跟踪编号/陆军部行政命令	应对国家紧急情况或国内紧急情况的外部威胁所需的人力	-最大现役 100 万第一类预备役人数 -不超过连续 24 个月 -用于伊拉克/阿富汗应急行动
10《美国法典》12304	总统签字	战争或国家紧急状态期间以外	-20 万精选预备役 -最多 3 万单个待命预备役 -365 天
10《美国法典》12304（a/b）"总统召集预备役" C2：被任命为双身份指挥官的军官，在现役或州国民警卫队中服役	作战任务需要总统授权，国防部部长可以调动预备役力量（强制性）来应对灾难	12304a 中对重大灾害/应急情况的响应	-第一类预备役（无上限） -连续 120 天
		12304b 中旨在支持作战司令部的预定任务	-第一类预备役 -以 6 万人/365 天为上限 -在财政年度的国防预算中确定
自愿			
10《美国法典》12301（d）为作战提供支持的现役	军种部长有权在成员同意的情况下令转入现役	作战任务（自愿者）	-适用于第一类预备役 -为作战提供支持的现役的责任限制为 3 年（4 年以内）（1095 Rule） -国民警卫队需要州长的同意

第七部分　总结与参考文献

6-32. 总结

对于陆军所有的可部署兵力，一半以上都处于陆军国民警卫队与陆军预备役组成部队中。这些部队的管理至关重要。负责预备役组成部队管理的机构包括国会、国防部、陆军部总部、陆军司令部、州和单位。陆军部总部中的2个重要管理机构是国民警卫局与陆军预备役局局长办公室。在陆军司令部层面，部队司令部及其下属的第一集团军以及美国陆军预备役司令部在预备役组成部队动员和部署方面发挥着主导作用。

6-33. 参考文献

a. Army Directive 2017-09 Management of the Individual Ready Reserve, 6 Feb 2017.

b. Army Regulation (AR) 135-5, Army Reserve Forces Policy Committee, 8 Dec 2014.

c. AR 140-1, Army Reserve: Mission, Organization, and Training, 20 Jan 2004.

d. AR 140-10, Army Reserve: Assignments, Attachments, Details, and Transfers, 15 Aug 2005.

e. AR 140-145, Army Reserve Individual Mobilization Augmentation Program, 21 Mar 2016.

f. DOD Directive 1200.17, Managing the Reserve Component as an Operational Force, 29 Oct 2008.

g. http://www.usar.army.mil/Pages/default.aspx.

h. http://www.nationalguard.mil.

i. http://www.usar.army.mil.

j. https://afreserve.com.

k. http://www.public.navy.mil/nrh/Pages/default.aspx.

l. http://www.marforres.marines.mil.

m. http://www.reserve.uscg.mil.

n. http://www.ang.af.mil.

o. http://www.asamra.army.mil.

p. Public Law 90-486, The National Guard Technician Act of 1968 (as amended).

q. Public Law 90-168, The Reserve Forces Bill of Rights and Revitalization Act, 1968.

r. Title 10, USC.

s. Title 32, USC.

第七章 部队战备

第一部分 导言

7-1. 本章内容

a. 本章介绍了整个国防部战备和能力报告系统的更新和出现的新变化。为了作出建立和维持一支具有联合和远征能力的高质量军队所需的必要决策，美国国防部、参谋长联席会议和陆军部建立了报告系统，以协助各级领导管理部队战备。

b. 本章讨论用于测量部队战备状态的方法以及用于响应部队战备状态问题的系统和程序。它提供了该程序的定性和定量的定义，并描述了战术和战略层面上的部队战备情况。此外，本章从执行的角度概述了主席战备系统，它建立了一个通用框架，以运用部队战备报告来评估部队战备，以及运用联合战斗能力评估来评估战略战备。联合战斗能力评估程序用于向参谋长联席会议主席提供战略评估，以评估国防部满足国家军事战略需求的能力。国防战备报告系统负责报告陆军组织的战备水平和能力评估。该国防部系统的陆军部分是"国防战备报告系统-陆军"。

c. 最后，本章概述了陆军领导人如何知晓战术和战略上的陆军战备状态，以及联合参谋部和国防部层面的战备状态报告需求和系统。

7-2. 维持战备

a. 部队战备是支持陆军战略任务的一项不可或缺的职能。战备可以为部队提供现代化且准备就绪的特定陆军兵力，培养领导者，以应对21世纪的挑战，并调整陆军使其能更有效地提供地面力量，以增强全志愿陆军。陆军的战备报告程序支持以下机构提出的需求：国会的《国防授权法案》、国防部部长办公室、国防战备报告系统、主席战备系统和陆军当前的兵力生成程序的需求。

b. 由于陆军在 21 世纪将继续作战，它面临着如何在资源有限的情况下保持战备，以满足当前作战需求这一重大挑战。保持战备需要陆军领导层作出关键且艰难的决定，因为他们必须努力在保持当前战备状态和调配未来能力需求之间取得适当的平衡。

7-3. 战备框架和报告

a. 战备框架。《美国法典》第 10 编和第 32 编与每年的《国防授权法案》一同构成了所有国防部战备报告需求的法定要求。各军种和作战司令部使用国防战备报告系统向国会提交多季度和年度战备评估，以满足上述法定要求。

b. 战备报告。陆军通过将各种因素输入该程序（例如，计划、流程、条令、高级领导指南和场合）来制定战备报告，以处理单位和军种战略层面的战备情况（见图 7-1）。讨论战备情况所用的场合包括：

（1）每周战略战备评估小组。这是一个 O6（第 6 级薪资等级上校）/现役军官层面的场合，用于讨论和解决各种战备报告问题。

（2）每月战略战备更新小组。在所有陆军司令部、陆军军种组成部队司令部和陆军参谋部出席的情况下，向副总参谋长汇报最新情况，以强调战略战备评估小组或陆军领导层指示的其他议题中提出的任何问题。

（3）年度陆军战备上校委员会会议。这是一个由所有陆军司令部、陆军军种组成部队司令部、直接报告单位和陆军参谋部代表组成的为期 3 天的会议，在五角大楼举办，负责对战备报告政策或程序变更进行审查，并向陆军高级领导人提供建议。

（4）战备工作小组。该工作小组在一年中的任何时间都可建立，用于讨论战备报告的特定问题。

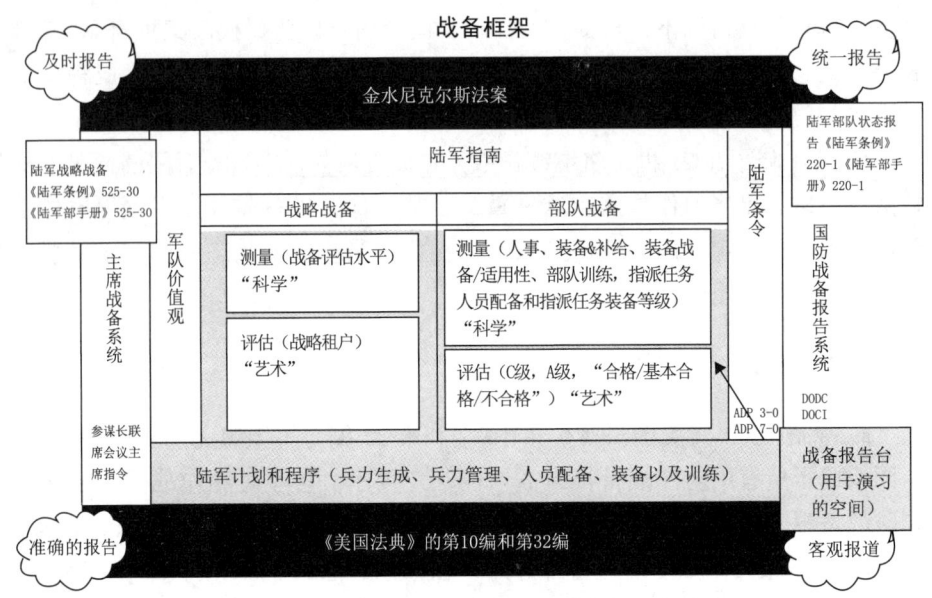

图 7-1 战备框架

第二部分 单位战备报告

7-4. 单位状态报告的目的

网络中心单位状态报告是一款软件应用程序，用于陆军单位指挥官向"国防战备报告系统-陆军"提供战备输入物。这份报告由指挥官使用"网络中心单位状态报告"编写，旨在向总统、国防部部长、参谋长联席会议、陆军部总部和陆军指挥系统的各个层级提供美国陆军单位的当前状态信息以及制定作战决策所需的必要信息。网络中心单位状态报告应用程序使指挥官能够在给定的时间点上，对其单位的资源状态和训练水平进行衡量并作出报告。但不应单独使用这些报告来评估陆军的整体战备状态或陆军战备状态其他更广泛的方面。这些报告提供了一份及时的单一来源文档，用于根据单位指挥官要求对单位状态的关键要素作出评估，但它不提供战略层面上管理资源所需的全部信息。《陆军条例》220-1"陆军单位状态报告与兵力登记-统一政策"规定了有关单位状态报告的制定和应提交的事项。

7-5. 单位状态报告的程序

a. 所有报告单位的指挥官都必须确定并报告以下评估内容：完成专为该单位设计的核心任务的能力（C 评级）；指派任务评级（A 评级），该评级反映单位完成主要指派任务的能力；以及生化防御战备训练评级（以下简称为 CBDRT 评级），该评级表明单位在生化条件下完成自己核心任务的能力。C 评级、A 评级和 CBDRT 评级是《陆军条例》220-1 第 4 章中介绍的三种总体评级。支持 C 评级决定的有 4 项衡量标准：人员；当前可用的装备和补给状况；装备战备状态和适用性；单位训练水平。支持 A 评级决定的有 2 项衡量标准：指派任务人员配备；指派任务装备。支持 CBDRT 评级决定的有 2 项衡量标准：装备和补给；训练。这些资源与训练状况衡量是通过四级评级机制进行确认的。通过对上述资源与训练的衡量进行分析，能够深入了解被评估单位在战术层面的能力（见图 7-2）。

b. 确认上述各个衡量领域的状况评级，以便为总体评估需求提供支持。衡量领域的评级是通过运用特定的资源、状况标准或指标进行确认的。指挥官不得主观地提高或降低某一衡量领域的评级。

c. 通常，接受评估的部队将根据其当前有效的经修正的编制装备表/配备与装备数量表文档来报告战备状态。但是，在某些情况下，单位可以针对未来文档提早报告。《陆军条例》220-1 第 7 章提供了有关确定需求文档的详细说明。

d. 受衡量领域的评级。

（1）人员评级（P 评级）。陆军单位将根据单位的核心职能或计划的军事能力的兵力需求，使用 3 个指标来计算人员的配备百分比，以评估人员的战备情况：①可用兵力总数除以所需兵力；②可用的军事职业专业合格人数除以所需人数（按职位）；③可用的高级综合评级，这一评级通过比较五个高级类别中每个类别可用和所需的兵力确定。经修正的编制装备表或配备与装备数量表反映了单位核心职能/计划的军事能力，是单位所需兵力的权威来源。虽然还要求陆军部门确定并报告额外的值勤人员数据（例如，分配兵力的百分比、兵力调动百分比等），但人员评级仅根据这三个 P 评级指标的结果来确定。

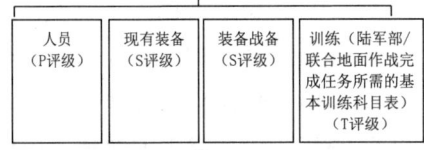
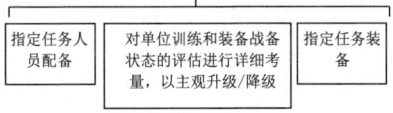

图 7-2 单位战备报告

（2）现有装备和补给评级（S评级）。陆军单位通过以下内容确定和报告S评级：通过册列项目编号确定指定关键装备（决定性物品）的现有、可用状态，以及其他完成任务必须装备（装备战备代码A）的现有、可用状态。这些内容都会在经修正的编制装备表或配备与装备数量表上列出。陆军部总部通过《支援旅》700-20规定的替代物品，以及由陆军部总部指示或由指挥官确定的替代品，也将根据《陆军条例》220-1第9-3条的规定被适用。请注意，对于这种S评级的衡量，装备的现有、可用状态仅基于那些部队目前拥有、控制或在72小时内可供执行任务的装备。对S评级的衡量并非仅仅基于财产财务责任记录，而且也会考虑装备战备/可维护性。通过将部队目前拥有、控制或在72小时内可供执行任务的装备与完成其核心职能/计划的军事能力所需的装备进行对照，可以在册列项目编号的细节级别完成独立测量，每次测量都会确定 S 评级等级。反映部队核心职能/计划的军事能力的经修正的编制装备表或配备与装备数量表是部队所需装备的权威来源。确定该部队的 S 评级等级的方法是，通过册列项目编号 S 评级测量对每个因素进行考察。

(3) 装备战备/可维护性评级（R 评级）。接受测量的陆军单位将测量关键装备的作战战备或可维护性，关键装备是指部队目前拥有、控制或在 72 小时内可供执行任务的装备，并且这些装备被陆军部总部通过维持总数据文件指定为可报告的维护装备。将对单位所有的（合计）每个可报告维护的决定性武器和所有可报告维护的装备进行单独测量。确定每次测量的 R 评级等级，然后通过考察每个 R 评级测量值来确定部队的 R 评级等级。

(4) 单位训练水平熟练程度（T 评级）。T 评级是基于对训练的四个基本组成部分的综合评估，是对单位训练熟练程度能否达到其计划的军事能力的评估。①根据适当的条令参考，对个人/全体人员/平台进行资格鉴定；②根据完成任务所需的基本训练科目表的训练与评估纲要，通过在训练活动中对集体任务熟练程度的评估验证完成任务所需的基本训练科目表的熟练程度；③根据训练与评估纲要，通过对在实弹条件下执行集体任务熟练程度的评估证明集体实弹射击熟练程度；④在资源无限制的情况下，达到 T_1 等级所需的最少连续训练天数。训练天数根据该单位的已批准的训练计划确定，并在指挥官之间的对话中进一步完善，以应对可能的应急部署要求。通常，训练战备是对单位完成其指定任务的能力的某种主观评估。美国陆军正在实施一种更客观的训练战备评估系统，称为目标-T（Objective-T）。该系统将提供详细的衡量标准，以帮助指挥官进行训练评估，并为训练评估提供通用标准。

e. 确定单位的 C 评级。为了确定总体的 C 评级，指挥官将查看 4 个衡量资源领域所达到的状态水平。单位的总体 C 评级通常就是该单位单个衡量资源领域中记录的最低评级，这些领域包括人员、现有装备和物资、装备战备/可维修性以及单位训练水平熟练度。在某些情况下，指挥官会根据任务评估主观地提升或降低部队的 C 评级结果，但是必须不做调整地报告每个单个衡量领域的情况评级。

(1) 总体评级。总体分类评级（C-1、C-2、C-3、C-4、C-5）反映的是一个单位在以下三个方面的水平：人员与装备配备的饱和程度、人员的训练状况以及装备的维护状况。当单位被指派了当前作战需求后，它还需要报告 A 评级信息，以表明单位有针对当前指派任务的战备水平。上文 d 段中描述了为 C 评级的认定提供支持的四个衡量领域，针对这四个领域都有具体的评级。这些衡量领域的评级反映的是单位的资源与训练状况，这些资源与训练是根据与执行该部队组织或计划的战时任务所需的资源和训练进行对照来衡量的。分类评级不能预测一个单位投入战斗之后的作战能力。单位总体分类评级的基础仅仅是由报告单位或其上级单位实际控制的编制内资源与训练的情况。C 评级的分类如下：

（a）C-1 评级。该单位拥有所需的资源并已完成训练，能够完成预设的核心职能，或提供基本能力，或能够执行当前分配的任务。在这种评级下，单位的资源和训练状况不会限制完成核心职能或分配任务的方法的灵活性，也不会增加单位人员和装备的脆弱性。单位不需要任何对缺陷的弥补。

（b）C-2 评级。该单位拥有所需的资源并已完成训练，能够完成绝大多数预设的核心职能，或提供基本能力，或能够执行当前绝大多数分配的任务。在此评级下，单位的资源和训练状况可能会导致完成核心职能或目前分配的任务的选择灵活性有所下降。但是，在大多数预想的作战情况下，这种状态不会增加单位的脆弱性。对于存在的缺陷，即使需要弥补，单位也只需要很少的弥补。

（c）C-3 评级。该单位拥有所需的资源并已完成训练，能够完成大部分预设的核心职能，或提供基本能力，或能够执行当前大部分分配的任务，而不需要全部。在这一评级下，单位的资源和训练状况将导致完成核心职能或分配的任务的灵活性大大降低，并在许多（但不是所有）预想的作战情景下，会增加部队的脆弱性。对于存在的缺陷，单位需要大量弥补。

（d）C-4 评级。单位需要额外的资源或训练，以完成大部分预设的核心职能，或提供基本能力，或执行当前分配的任务，但是，该单位可能会被指示利用当前可用的资源来执行部分被指派的任务。

（e）C-5 评级。单位正在进行陆军部总部指挥的资源调整和/或陆军部总部指挥计划的一部分，并且不需要做好完成预设的核心职能或提供基本能力的准备。单位需按照《陆军条例》220-1 第 4-8 段规定的政策和程序报告 C-5 评级。C-5 评级不适用于 A 评级报告。C-5 评级的单位仅限于以下几种：

（1）正处于组建、撤编、换装或进行陆军部总部指挥的其他资源调整的单位。

（2）已达到授权的人员与装备编制水平，但是仍然无法达到 C-3 级或以上级别的单位。

（3）未编有人员或装备但在战时有需要的单位。

f. 确定单位的 A 评级。A 评级是总体战备评估，反映了单位完成正在准备的、接到执行命令的和/或正在执行的指派任务的能力。与 C 评级相似，A 评级包含已衡量的资源领域，反映资源（人员和装备）的可用性状态，这种状态通过对照陆军任务分配当局已经确定或下达的指派任务需求来衡量。如果命令是执行核心任务，那么 A 评级与 C 评级的结果将重合。

g. 网络中心部队状态报告数据通过行政控制通道进行传输。报告单位必须递交一份单位状况报告，应涵盖其具体的资源和训练状况评级、总体 C 评级以及对单项与总体完成使命所需的基本任务的评估。

第三部分　战略战备

7-6. 战略战备报告的目的

a. 战略战备是对陆军及其陆军司令部、陆军军种组成部队司令部和直接报告单位履行其当前和未来的职责，以支持国家军事战略的能力的评估。其中，职责是指当前和未来规定在《美国法典》第 10 编中的职责。陆军战略战备评估是一项季度性综合分析，分析了总体兵力中陆军的战略战备水平。对于向陆军高级领导人、联合参谋部、国防部部长办公室和国会报告军种状况以满足国家军事战略的需求来说，这一评估是必要的。该评估结合了客观、定量、实证、定性和主观的战略措施和指标评估，以描绘对当前和预期的战略战备情况的整体评价。陆军战略战备评估是陆军满足联合兵力战备审查和国会季度战备报告所需的原始文件。它还在以下方面协助高级领导人：国会听证会准备、对备案问题的回应、综合联合评估、主席风险评估以及国防部部长风险缓解计划。图 7-3 直观地描述了单位报告、陆军的战略战备原则，以及用于制定陆军战略战备评估的联合参谋部标准之间的关系。

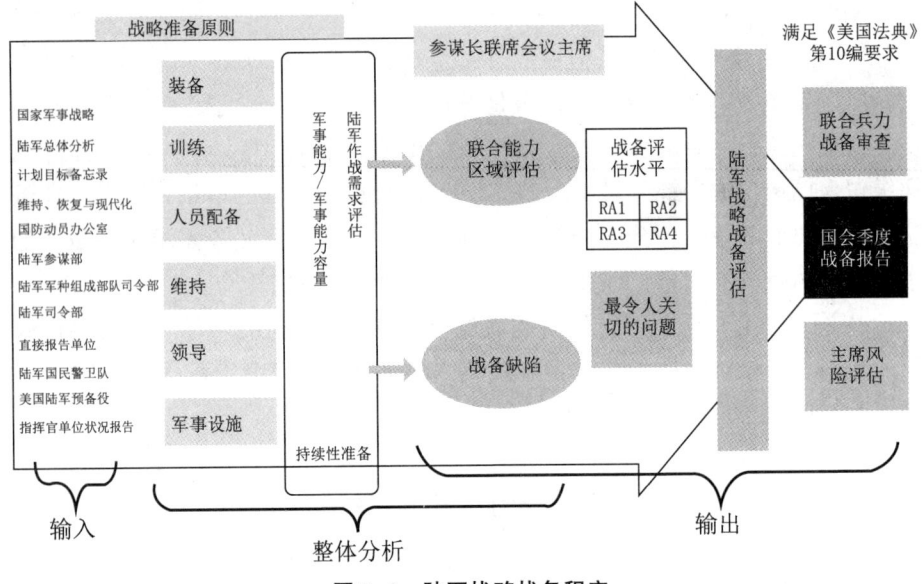

图 7-3 陆军战略战备程序

b. 陆军战略战备评估程序包括陆军战略战备的评定、分析、评估和报告，确定依据为三项联合参谋部标准（联合能力领域、陆军计划评估和战备缺陷）和六项陆军战略战备原则（人员配备、装备、维持、训练、军事设施，以及军事潜力和能力）。陆军战略战备评估按照标准、关键指标和措施进行分析，并通过战备评估小组开展评估。陆军战略战备评估将每季度向陆军高级领导人提交一次，用于进行联合兵力战备审查、快速响应能力和主席风险评估。

7-7. 联合参谋部审查标准

评定陆军战略战备评估的战略战备标准有四项。根据《参谋长联席会议主席指令》3401.01E，联合参谋部规定了三项审查标准，分别是联合能力领域评估、陆军计划评估和总体战备缺陷。这三项标准涵盖了《美国法典》第10编"人员、训练、装备"中规定的陆军职责，并展示了他们在支持国家军事战略上对联合作战的直接影响。

a. 联合能力领域。联合能力领域的九项评估是向陆军战略战备评估提交的三项强制性联合参谋部审查标准中的第一项。联合能力领域是国防部相同能力的集合，这些能力按职能进行分组，以支持能力分析、战略发展、投资决策的指定、能力组合管理以及基于能力的兵力管理和作战规划。联合能力领域评估将根据联合参谋部的战备情况指标进行评分，具体评分如下：

（1）合格（Y）。单位可以按照规定的标准和条件完成任务。

（2）有限制的合格（Q）。单位可以在大多数情况下按标准完成所有或大部分任务。具体的标准和条件，以及影响单位完成任务的不足或问题，必须在完成使命所需的基本任务评估中详细说明。

（3）不合格（N）。单位目前无法按照规定的标准和条件完成任务。

b. 陆军计划评估。陆军计划评估反映了陆军取得作战司令部作战计划和陆军完成使命所需的基本任务评估的能力。陆军评估计划由以下内容组成，包括联合作战能力评估-计划评估、分时段部署数据战备分析、兵力分配表战备分析，以及陆军军种组成部队司令部完成使命所需的基本任务分析。

c. 陆军战备缺陷。战备缺陷由陆军司令部的陆军军种组成部队司令部、直接报告单位、陆军国民警卫队和陆军预备役部队提交。《参谋长联席会议主席指令》3401.01E将"战备缺陷"定义为一种资源短缺，这种短缺无法满足该组织分配的任务、计划或其他规定职责的需求。这为各利益相关方的指挥官提供了一个机会，以强调对其单位影响最大的具体问题。

7-8. 陆军审查标准

陆军审查标准由六项战略战备原则组成，包括人员配备、装备、维持、训练、军事设施以及军事潜力和能力。战略战备原则是定量并定性的标准，提供了未来陆军战备的主要指标。

a. 人员配备。人员配备原则评估了陆军按时提供合格人员以满足陆军和作战指挥官支持国家军事战略需求的能力。人员配置原则涵盖了从战术到战略层面的人力资源职能。

b. 装备。战备的装备原则评估了陆军适当装备兵力并使其达到现代化需求，以满足陆军和作战指挥官支持国家军事战略需求的能力。任何影响陆军装备部队能力的趋势或问题都与该分析有关。

c. 维持。战备的维持原则评估了陆军规划和维持兵力，以满足陆军和作战指挥官支持国家军事战略需求的能力。维持原则涵盖了从战术到战略层面的后勤职能。

d. 训练。战备的训练原则评估了陆军为满足陆军和作战指挥官的需要而适当发展领导者、训练个人和训练单位的能力，以支持陆军训练战略、陆军领导人发展战略和国家军事战略。

e. 军事设施。战备的军事设施原则评估了陆军通过简化流程、建立战略伙伴关系以及良好的资源管理能力来实现任务优势的能力，以处理陆军的优先事项并满足高级指挥官的任务需求。这将转化为一种能力，为不断发展和转型中的陆军提供其所需的基础设施和支持服务，以便在当下和未来保持军队的高效、远征能力和作战质量。

f. 潜力和能力。潜力和能力原则评估了总体兵力为陆军提供足够军事潜力和能力（战备）的能力，以执行当前的行动、预计的作战需求和战略文件（包括《国防战略指南》《兵力使用指南》和《全球兵力管理分配计划》）中规定的增兵需求。

7-9. 战备评估

为了进行全面评估，并确保在评估所有战备原则和标准对战备评估的累积影响时使用的是通用语言，必须在一个通用框架内进行评估。陆军的总体战略评估将遵循《参谋长联席会议主席指令》3401D 中概述的现有主席战备系统的规定。这将使陆军评估无缝过渡到主席战备系统。陆军将在对每个战略战备原则的总体评估中使用《参谋长联席会议主席指令》3401.01E 中概述的战备评估，如下所示：

（1）RA-1 评级。该评级意味着出现的问题和/或不足对战备和完成被指派任务的能力的影响微不足道。其中，任务是指兵力的全球部署和联合战略能力计划中命令的、以支持国家军事战略为目的的任务。

（2）RA-2 评级。该评级意味着出现的问题和/或不足对战备和完成被指派任务的能力存在的影响有限。

（3）RA-3 评级。该评级意味着出现的问题和/或不足对战备和完成任务的能力的存在重大影响。

（4）RA-4 评级。该评级意味着出现的问题和/或不足会妨碍被指派任务的完成。

7-10. 主席战备系统

a. 主席战备系统于 1994 年实施。虽然实施后陆续进行过一些修订，其中比较大的修订是在 2002 年、2004 年和 2007 年，最近的一次修订是在 2010 年 11 月。主席战备系统为实施指挥官的战备评估提供了一个通用框架，将单位级别的战备指标与作战司令部、军种以及作战支援部对其自身执行国家军事战略能力的主观评估进行了融合。《美国法典》第 10 编第 117d 节要求参谋长联席会议主席每季度进行一次联合审查，以根据武装部队执行战时任务能力的报告来衡量当前军事战备水平。季度联合作战能力评估通过联合部队战备审查进行此项工作，该审查对军种、作战司令部以及战斗支援机构的战备评估报告进行了汇编。此外，还需进行计划评估、战备缺陷评估，以及向国会提交的季度战备报告。通过使用联合作战能力评估，主席战备系统提供了满足参谋长联席会议主席法定要求的方法，同时支持了向国防部领导提供及时而准确的报告的程序。

b. 参谋长联席会议主席负责评估武装部队的战略性战备水平，包括满足军事战略所规定的全部种类的军事行动的需求。该级别的战备被定义为联合与单位级别战备的综合。它同样关注范围广泛的职能领域，如情报与机动性，以满足全球需求。联合战备是作战指挥官的职责。联合战备的定义是：指挥官整合并同步作战与支援部队执行指派任务的能力。单位战备是各军种与美国特种作战司令部的主要职责。单位战备的定义是：提供作战司令部指挥官要求的执行指派任务时所需能力的能力。作战支援机构负责在爆发战争或对国家安全造成威胁时为作战兵力提供快速支援。这些定义被认为是十分重要的，因为它们阐述了参谋长联席会议主席、军种参谋长、作战司令部指挥官以及战斗支援机构负责人在维护和评估战备情况方面的职责（见图 7-4）。联合兵力战备审查是主席战备系统中用于评估联合、单位和作战支援机构战备情况的平台。

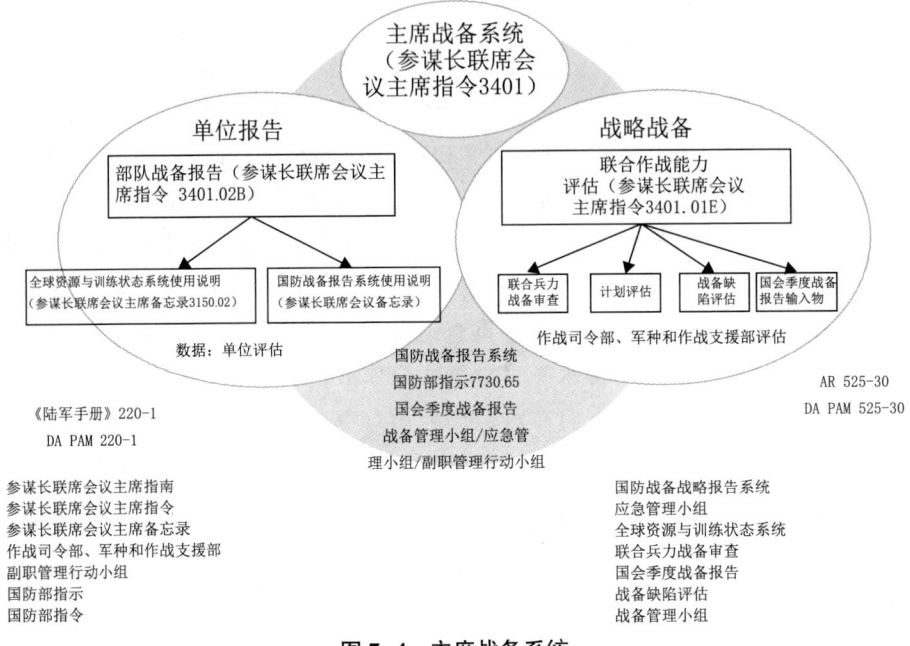

图 7-4 主席战备系统

7-11. 主席战备系统的输出

a. 通过综合联合评估同步主席战备系统的输出物，以便为联合参谋部以及国防部部长办公室的其他程序提供信息，这些程序包括：联合参谋部之计划部（J-5）的参谋长联席会议主席风险评估；联合参谋部之兵力结构、资源与评估部（J-8）关于作战指挥官需求的年度报告；以及国防部部长办公室向国会提交的季度战备报告。通过这种信息提供关系，主席战备系统可以执行以下操作：

（1）确保高级领导人与参谋人员在通用战备图景下执行任务。

（2）为协调战略文件的制定工作提供支持。

（3）保持同步，以便为高级领导人及时决策提供便利。

（4）协助国防部部长与参谋长联席会议主席依据《美国法典》第 10 编中的规定履行自己的法定义务。

b. 上述战略文件以及下文对这些文件的详细讨论将有助于对国家军事战略的目标、实现方法与手段以及风险进行调整，并使参谋长联席会议主席能够为美国总统和国防部部长提供最佳军事建议。

（1）主席风险评估。根据《美国法典》第10编第153节第（b）（1）条规定："参谋长联席会议主席应当向国防部部长递交一份报告，内容为参谋长联席会议主席对执行与国家军事战略中要求的任务相关的战略和军事风险的性质与程度的评估。"为了协助满足这一法定要求，联合作战能力评估小组每年向联合参谋部之计划部递交一份联合作战能力评估以及计划评估结果，以便为主席风险评估提供相关信息。

（2）根据作战指挥官的要求编写年度报告。根据《美国法典》第10编第153节第（c）（1）条的规定："参谋长联席会议主席应当向国会国防委员会递交一份根据作战司令部指挥官要求编写的报告。"根据《美国法典》第10编第117节第（d）（1）（a）条的规定，除了整合作战司令部的一体化优先事项清单之外，该报告还将"解决联合战备审查中发现的任何战备缺陷"。为了协助履行这项法定义务，联合作战能力评估小组将每年向联合参谋部之兵力结构、资源与评估部递交一份战备缺陷评估报告，确定以下内容：

（a）在整个财年中上报的作战司令部战备缺陷。

（b）在整个财年中已弥补的作战司令部战备缺陷。

（c）尚未得到弥补的作战司令部战备缺陷的状况。

（3）向国会提交的季度战备报告。《美国法典》第10编第482节要求，在每个季度结束后的45天内，应当向国会递交一份基于军事战备的报告。国会季度战备报告即用于满足这一要求，它由国防部部长审查、批准，并递交给国会。

第四部分 国防战备报告系统

7-12. 国防战备报告系统概述

国防战备报告系统建立了一个以任务为中心、以能力为基础的程序，为国防部用户提供了一个协作环境，以便通过对支持指派任务的美国武装部队的战备情况进行评估，从而为作战决策的制定提供便利。国防战备报告系统是一个独特的网络程序，可以确定部队的能力。国防战备报告系统中的信息远远超出了传统战备报告的标准资源统计方法，它对每个组织在其核心任务或其他指派行动中执行指派任务的能力都进行评估。此外，国防战备报告系统通过将之前不相关的隐藏数据（stovepipe data）合并到一个单一的一体化权威来源中，来提高战备报告的效率。国防战备报告系统建立了一套关于任务、条件和标准的通用语言，来描述完成指派任务所必需的能力。国防战备报告系统中的宝贵数据用于提供及时、准确的战备信息，包括总体任务战备和个人任务战备。

7-13. 陆军国防战备报告系统概述

陆军国防战备报告系统是国防部国防战备报告系统专门针对陆军的应用。

a. 陆军国防战备报告系统由陆军部总部主管作战、民事与训练事务副参谋长建立，用于完成正在制定和实施的附加和/或修订的战备情况报告和兵力登记需求。这项工作由国防部部长、参谋长联席会议主席和陆军部部长/陆军参谋长完成，旨在履行《美国法典》第 10 编规定的职责。它是一系列相关的和相互支持的系统，包括：陆军国防战备报告系统数据库；网络中心部队状态报告应用程序；兵力登记应用程序；兵力投送应用程序；以及陆军战备管理系统。陆军国防战备报告系统还支持陆军兵力生成概念以及人员配备、装备、训练与战备程序的发展，并支持陆军部队联合地面作战的战备报告。陆军国防战备报告系统数据库是陆军官方的战备报告档案数据库，也是目前所有现有和已批准的陆军单位、组织和军事设施的记录和登记中心的权威数据库。2008 财年，陆军国防战备报告系统数据库取代了陆军资源和训练情况系统数据库。

b. 陆军国防战备报告系统的关键应用程序。

（1）网络中心部队状态报告应用程序。这是一种基于网络的战备数据输入工具。它支持从指定的权威来源导入数据以供参考，以便为所需的指挥官战备评估提供支持。网络中心部队状态报告应用程序于 2006 年 10 月取代了"个人计算机-陆军资源和训练情况系统"应用程序，成为陆军的官方战备状态数据输入工具。

（2）兵力登记应用程序。这是一种基于网络的兵力管理数据输入工具，由负责陆军兵力登记的行政官员和单位识别码情报官使用，用于正式登记当前存在和已批准的陆军组织，以及更新陆军国防战备报告系统数据库中的基本特性数据元件。

（3）陆军国防战备报告系统应用程序。官方的陆军国防战备报告系统是一个商业智能和输出工具，可以实现选定的陆军战备状态、兵力登记数据以及包含在陆军国防战备报告系统数据库中的信息的可视性，并有助于对战备趋势和兵力登记问题进行详细分析。

（4）兵力投送应用程序。该应用程序为动员预备役组成部队以支持正在进行的作战行动提供了执行信息。此外，兵力投送还向联合作战计划与执行系统提供动员和执行数据，以支持部署作战，包括验证需求、战略空运时间表、部署流程的情况以及计算机化的机动计划和状态系统。

c. 陆军开发了陆军国防战备报告系统，以适应国防战备报告系统的发展并增加战备报告的灵活性，以支持当前陆军兵力生成程序中人员配备、装备、训练和战备的实施。陆军国防战备报告系统是基于能力的、自适应的、接近实时的战备系统，可确保陆军、国防部部长办公室和作战指挥官之间的无缝协调。而且，它还与记录人事、医疗、后勤、军事设施、训练和兵力管理的陆军权威数据库相链接。

7-14. 在陆军部总部中使用陆军国防战备报告系统的数据

a. 在陆军部总部，陆军国防战备报告系统的数据是更大的战备数据的一部分，更大的战备数据整编自许多职能报告与其他数据来源。该数据提示高级领导人关注单位的战备问题，帮助他们确定潜在的战备趋势，并协助确定领导人的决策是否在全军范围内发挥了预期作用，从而使他们能够采取适当的管理措施并提供所需的帮助。陆军部将陆军国防战备报告系统数据与其他人事和后勤报告结合使用，以提高对人员、装备和设施与训练领域计划的资源管理状况，从而提高下属部队的作战效率。

b. 单位指挥官使用网络中心部队状态报告应用程序来准备其状态报告，并通过主要司令部将这些报告提交到陆军国防战备报告系统数据库。随后，主管作战、民事与训练事务副参谋长办公室将对这些报告进行汇编，并将其提供给全球资源与训练状态系统和国防部国防战备报告系统。主管作战、民事与训练事务副参谋长办公室的陆军战备管理系统允许陆军部的所有参谋部门以及陆军战备管理系统其他用户，通过保密互联网协议路由器网络访问陆军国防战备报告系统数据库中的所有单位报告，以进行分析。

c. 美国陆军副总参谋长每月从主管作战、民事与训练事务副参谋长办公室接收战略战备更新报告,该报告包含了来自下列部门的重要输入信息与分析:主管人事的副参谋长办公室(G-1)、主管后勤的副参谋长办公室(G-4)、主管兵力结构、资源与评估的副参谋长办公室(G-8)以及陆军参谋部其他分部门。报告提供了主要单位的当前战备状态和趋势分析,以及陆军的持续战略战备态势。

d. 陆军部的每个主要参谋分部都将使用主管作战、民事与训练事务副参谋长办公室提供的信息来影响资源的拨配。陆军国防战备报告系统中的总体数据还可以作为一种参照标准,用于衡量人事、后勤和训练职能管理系统的运转情况。

第五部分 总结、关键术语和参考文献

7-15. 总结

战备是军队的一项主要任务。尽管我们认识到战备是高度情境性和主观的,但它仍然是制定计划和预算的参照标准。陆军的战备战略要求陆军在可用的资源范围内,最大限度地提高战备水平,以满足远征部队和应急部队的作战需求。陆军对战备的理解与量化越准确,就越能够更好地在国防部与国会面前阐明自己的资源需求。

7-16. 关键术语

a. 总体类别评级1(C-1)。该单位拥有所需的资源并已完成训练,能够完成预设的核心职能,或提供基本能力,或能够执行当前分配的任务。在这种评级下,单位的资源和训练状况不会限制完成核心职能或分配任务的方法的灵活性,也不会增加单位人员和装备的脆弱性。单位不需要任何对缺陷的弥补。

b. 总体类别评级2(C-2)。该单位拥有所需的资源并已完成训练,能够完成绝大多数预设的核心职能,或提供基本能力,或能够执行当前绝大多数分配的任务。在此评级下,单位的资源和训练状况可能会导致完成核心职能或目前分配的任务的选择灵活性有所下降。但是,在大多数预想的作战情况下,这种状态不会增加单位的脆弱性。对于存在的缺陷,如果需要弥补,单位也只需要很少的弥补。

c. 总体类别评级 3（C-3）。该单位拥有所需的资源并已完成训练，能够完成大部分预设的核心职能，或提供基本能力，或能够执行当前大部分分配的任务，而不需要全部。在这一评级下，单位的资源和训练状况将导致完成核心职能或分配的任务的灵活性大大降低，并在许多（但不是所有）预想的作战情景下，会增加部队的脆弱性。对于存在的缺陷，单位需要大量弥补。

d. 总体类别评级 4（C-4）。单位需要额外的资源或训练，以完成大部分预设的核心职能，或提供基本能力，或执行当前分配的任务，但是，该单位可能会被指示利用当前可用的资源来执行部分被指派的任务。

e. 总体类别评级 5（C-5）。单位正在进行陆军部总部指挥的资源调整和/或陆军部总部指挥计划的一部分，并且不需要做好完成预设的核心职能或提供基本能力的准备。单位需按照《陆军条例》220-1 第 4-8 段规定的政策和程序报告 C-5 评级。C-5 评级不适用于 A 评级报告。C-5 部队仅限于以下几种：正处于组建、撤编、改装或进行陆军部总部指挥的其他资源调整的单位。已达到授权的人员与装备编制水平，但是仍然无法达到 C-3 级或以上级别的单位。未编有人员或装备但在战时有需要的单位。

f. 战备评估评级 1（RA-1）。该评级意味着出现的问题和/或不足对战备和完成被指派任务的能力的影响微不足道。其中，任务是指兵力的全球部署和联合战略能力计划中命令的、以支持国家军事战略为目的的任务。

g. 战备评估评级 2（RA-2）。该评级意味着出现的问题和/或不足对战备和完成被指派任务的能力存在的影响有限。

h. 战备评估评级 3（RA-3）。该评级意味着出现的问题和/或不足对战备和完成任务的能力存在重大影响。

i. 战备评估评级 4（RA-4）。该评级意味着出现的问题和/或不足会妨碍被指派任务的完成。

7-17. 参考文献

a. Army Regulation（AR）220-1, USR and Force Registration – Consolidated Policies.

b. AR 525-30, Army Strategic Readiness.

c. AR 700-138, Army Logistics Readiness and Sustainability.

d. Chairman of the Joint Chiefs of Staff (CJCS) Guide 3401D, CJCS Guide to the CRS.

e. CJCS Instruction (CJCSI) 3401.01E, CRS.

f. CJCSI 3401.02B, Force Readiness Reporting.

g. CJCS Manual 3150.02, Global Status of Resources and Training System.

h. Department of Defense Directive (DODD) 5149.2, Senior Readiness Oversight Council (SROC).

i. DODD 7730.65, DRRS.

j. "Initial Message to the Army", General Mark A. Milley, 26 Aug 15.

k. OSD Personnel and Readiness (P&R), DRRS Primer for Senior Leaders.

第八章 陆军的规划、计划、预算和执行程序

第一部分 导言

8-1. 本章内容

a. 本章描述了从2018年开始，美国国防部和陆军的规划、计划、预算和执行程序，如何为履行军事职能获取、分配和管理资源。根据《陆军条例》1-1的规定，陆军规划、计划、预算和执行程序是受《国防部指示》7045.14约束的国防部规划、计划、预算和执行程序的组成部分。

b. 本章详细介绍了陆军军官的以下职能：监督陆军规划、计划、预算和执行程序；管理陆军规划、计划、预算和执行程序的多个阶段；以及执行与规划、计划、预算和执行程序相关的作战任务。

c. 最后，本章重点介绍了国防部和陆军规划、计划、预算和执行程序的主要内容和其他关键特征，提供了对于程序中重复事件和组织结构的图示，并对年度规划、计划、预算和执行程序进行了分阶段讨论。

第二部分 国防部的规划、计划、预算和执行程序

8-2. 目的

a. 国防部的规划、计划、预算和执行程序是国防部军事职能的主要资源管理系统。其目的是制定规划、计划和国防预算以支持作战指挥官的工作。这些计划和预算记录在《未来年份国防计划》数据库中。

b. 程序和结构。有关规划、计划、预算和执行阶段的概要，请参阅表8-

1 和图 8-1。

8-3. 国家安全委员会指导

国家安全委员会负责撰写国家安全战略，该战略对规划、计划、预算和执行程序有重大影响。国家安全战略概述了美国的主要目标，阐述了美国处理与他国关系的计划，并提供了与实施国家安全战略所需能力有关的国防部指南。对于国家安全战略的更多详细信息，请参阅第二章"战略和战略方向"。

8-4. 国防部部长办公室指导

国防部部长办公室的规划对于规划、计划、预算和执行程序同样具有推动作用。它对照国家安全目标和资源的限制，考察了美国的军事态势，并提供了一个框架，内容涵盖需求、优先事项和风险。国防部部长办公室利用该框架，在规定的财政限制范围内，为每位作战指挥官提供兵力、装备和人力的最佳组合。有关国防层面战略的更多详细信息，包括《国防计划指南》和《兵力使用指南》，请参阅第二章"战略和战略方向"。

8-5. 联合战略规划系统指南

参谋长联席会议主席使用联合战略计划系统向国家安全委员会提供有关武装部队与国防政策、计划与预算的战略方向的建议。该系统在第二章"战略和战略方向"中已详细描述。该系统生成的、用于为规划、计划、预算和执行程序提供信息的两个关键文档是：

a. 主席方案建议书。保密的主席方案建议书将规划指导和目标与当前和预计的资源概况进行对比。其中，资源概况来自最新的总统预算与相关的《未来年份国防计划》。主席方案建议书聚焦于建议，这些建议能够增强联合战备水平，推动联合条令与训练工作，并更好地满足联合作战需求。参谋长联席会议主席在制作主席方案建议书时，将征求作战指挥官和各军种的意见。

b. 主席规划评估。保密的主席规划评估负责检查军种规划目标备忘录推荐的综合兵力和支持水平的平衡与能力，并将推荐的能力和水平与国防部部长确定的优先事项进行对比。该文档可协助国防部部长在国防部部长办公室规划与预算审查期间制定决策,这些内容将反映在资源管理决策中。主席规划评估和主席方案建议书均被视为参谋长联席会议主席向国防部部长提出的个人建议,因此这些建议不会在他们各自的最终平台中大量发布。

表 8-1 国防部规划、计划、预算和执行程序各阶段

规划	国家安全战略—年度总统预算—白宫 国家军事战略—每两年一次总统预算—参谋长联席会议主席 国防战略审查（联合战略审查）（以前为四年国防评估报告）—四年一次总统预算—国防部部长办公室 国防规划指南—年度—国防部部长办公室 陆军规划—年度—陆军部总部—包括: 陆军愿景—四年一次联合战略审查—陆军部部长/陆军参谋长 陆军战略规划—四年一次,在陆军愿景发布 120 天后进行—陆军部总部主管作战、民事与训练事务副参谋长（DAMO—SSP） 陆军计划指南—每年 7 月 4 日—陆军部总部主管作战、民事与训练事务副参谋长（DAMO—CIP） 陆军计划指导备忘录—每年 1 月中旬（在规划目标备忘录以外）—陆军部总部主管计划分析与评估的副参谋长（G—8） 陆军战役计划—每年 10 月 1 日—陆军部总部主管作战、民事与训练事务副参谋长（DAMO—ZT） 研究、发展与采办计划—每年 3 月—陆军部总部陆军总体分析—每年 12 月—陆军部总部
计划	主席方案建议书—年度—参谋长联席会议主席 技术指导备忘录—年度—陆军部总部 财政指导—年度—国防部部长办公室 规划目标备忘录/预算概算报告—年度—陆军部总部主席的计划评估—年度—参谋长联席会议主席 问题文件—国防部部长办公室
预算	资源管理决策—每年 9 月至 11 月—国防部部长办公室 重大预算问题—每年 12 月—国防部部长办公室 国防部预算—每年 12 月—国防部部长办公室 总统预算—每年 1 月/2 月—白宫
执行	授权/拨款—陆军部总部—9 月 30 日 ⎫ 执行—陆军部总部　　　　　　　　　⎬ 连续性 评估—陆军部总部　　　　　　　　　⎭

8-6.《未来年份国防计划》

a.《未来年份国防计划》是一份关于计划的兵力和资源的官方概述，这些计划的兵力和资源通过国防部规划、计划、预算和执行程序制定，并由国防部部长批准。《未来年份国防计划》规定了兵力水平，并列出了相应的预算授权总额与人力。例如，除历史数据外，为 2018 财年预算制定的《未来年份国防计划》将显示 2023 财年的预计成本，具体如下：

(1) 按照以下年度记录各个资源组的总额：

(a) 先前财政年度（本书所述为 2017 财年）。

(b) 当前财政年度（本书所述为 2018 财年）。

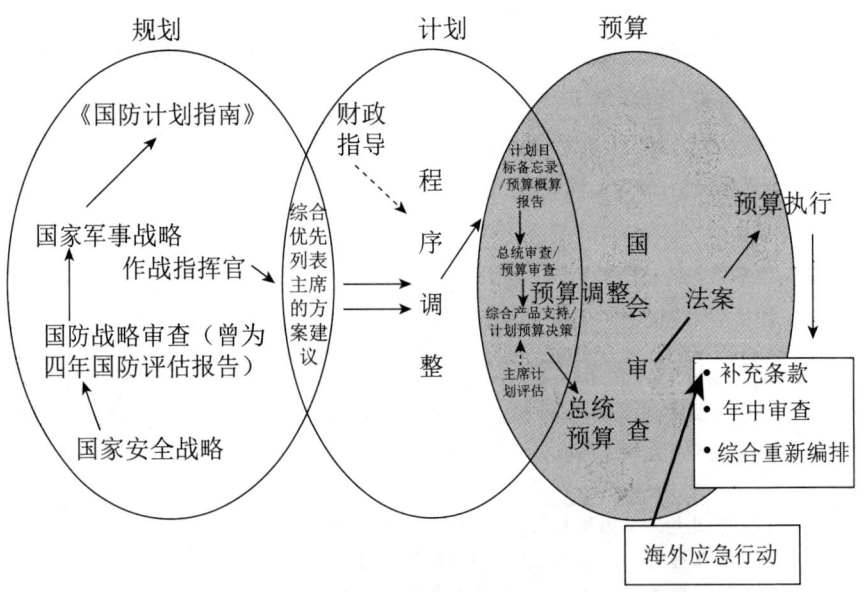

图 8-1 规划、计划、预算和执行程序各阶段概要

(c) 预算财政年度（本书所述为 2019 财年）。

(2) 将预算授权总额和总人力从 2018 财年预算延长 4 年至 2023 财年。

(3) 将总兵力从 2018 财年预算延长 7 年至 2026 财年。

b. 《未来年份国防计划》包括 11 个主要国防计划，如图 8-2 所示。

| 计划 1-战略部队 |
| 计划 2-通用部队 |
| 计划 3-指挥、控制、通信与情报 |
| 计划 4-机动部队 |
| 计划 5-国民警卫队与预备役部队 |
| 计划 6-研究与发展 |
| 计划 7-统一补给与保养 |
| 计划 8-训练、医疗和其他通用人员活动 |
| 计划 9－行政相关活动 |
| 计划 10-对其他国家的支援 |
| 计划 11-特种作战部队 |

- 国防部将《未来年份国防计划》分解为多份装备部署计划，以确定兵力和军事能力
- 装备部署计划可跨军种
- 装备部署计划由国防部制定，但国会也可使用
- 每个装备部署计划都由一组独特的国防部长办公室计划要素构成

图 8-2　主要兵力计划

表 8-2 显示了这些陆军计划和相应的子计划及其陆军倡议机构。每份计划都由一组计划要素组成，这些要素能够反映国防部兵力或支持任务。计划要素能够确定特定的活动、项目或职能，并包括实现目标或计划所需的财政与人力资源。国防部部长办公室与国会工作人员可以对计划要素进行跨军种分析。

c. 陆军部总部应当每年至少两次向国防部部长办公室递交未来年份国防计划数据库中陆军部分的数据。

（1）第一次递交在 8 月份，记录合并的陆军规划目标备忘录/预算概算的实况。

（2）第二次递交在 1 月末或 2 月初，记录总统预算的实况。

d. 对于每份《未来年份国防计划》，国防部部长办公室都会以只读光盘的形式发布一份概要与计划要素细节手册。

e. 根据《美国法典》第 10 编第 221 节（a）段的规定，国防部部长办公室应当每年向国会提供《未来年份国防计划》的总统预算版本，时间为向国会提交总统预算之时或提交前后。

f. 国防部部长办公室的成本评估与计划评价处处长负责管理计划要素数据结构，并充当针对该结构任何变更的批准机构。从 2002-2007 财年的规划目标备忘录开始，国防部部长办公室开始逐渐使用新的《国防计划》数据库，来替代之前使用的已有近 40 年历史的《未来年份国防计划》数据库。目前，向《国防计划》数据库的转变已经完成。这一转变实现了预算和计划数据的标准化，同时合并了《未来年份国防计划》当前所需的多份补充报告与附件。

8-7. 资源记录结构

《未来年份国防计划》负责记录由国防部计划的所有资源的总额。国防部利用国防部部长办公室的计划要素，在《未来年份国防计划》的 11 个主要国防计划中分配关于资金与人力的决策。有关《未来年份国防计划》的更多信息，请参阅图 8-3。

8-8. 关键参与者

在规划、计划、预算和执行程序中协助国防部部长的国防部关键参与者包括：

a. 国防部常务副部长。国防部常务副部长负责协助国防部部长对国防部进行总体领导，行使国防部部长委托的授权并负责国防部的日常运行。国防部常务副部长负责管理规划、计划、预算和执行程序。

b. 参谋长联席会议主席。参谋长联席会议主席担任总统与国防部部长的主要军事顾问，并协助他们为武装部队提供战略指导。参谋长联席会议主席肩负着规划、建议与政策制定的职责，参加国防部的各个高级委员会，并在这些委员会中代表参谋长联席会议与作战指挥官。

c. 参谋长联席会议副主席。参谋长联席会议副主席是武装部队第二层级的成员，在参谋长联席会议主席缺席的情况下代理主席，并主持联合需求监督委员会。

d. 军种部长。军种部长将军种关于国防事务的观点传达给国防部部长与国防部常务副部长，并作为重要顾问，向他们提供坦诚的个人意见。

表8-2 《未来年份国防计划》和子计划及其陆军倡议者

编号	主要国防计划	倡议者 1
1	战略部队	主管作战、民事与训练事务副参谋长（G-3/5/7）
2	通用部队	主管作战、民事与训练事务副参谋长（G-3/5/7）
3	通信、情报与空间：	
	通信	首席信息官/主管通信的副参谋长（G-6）
	情报	主管情报的副参谋长（G-2）/主管作战、民事与训练事务副参谋长 2
	空间	美国陆军航天与导弹防御司令部 3
4	机动	主管作战、民事与训练事务副参谋长（G-3/5/7）
5	国民警卫队与预备役组成部队	
	陆军国民警卫队	陆军国民警卫局局长
	陆军预备役部队	陆军预备役局局长
6	研究与发展	主管财务管理与审计的陆军部助理部长
7	统一补给与保养	主管财务管理与审计的陆军部助理部长
8	训练、医疗卫生和其他人员活动：	
	训练	主管作战、民事与训练事务副参谋长（G-3/5/7）
	医疗卫生	军医署署长
9	管理	主管人事的副参谋长
10	对其他国家的支援	主管作战、民事与训练事务副参谋长（G-3/5/7）
11	特种作战部队	主管作战、民事与训练事务副参谋长（G-3/5/7）

注意：

1. 在每个可实施的计划中，负责设施管理的副参谋长是基地运行和不动产服务的倡议者，而主管人事的副参谋长则是管理总部和人力职能的倡议者。

2. 主管情报的副参谋长是作战和战略情报的资源倡议者。主管作战、民事与训练事务副参谋长是战术情报的资源倡议者。

3. 美国陆军航天与导弹防御司令部。

e. 负责采办、技术与后勤的国防部副部长。负责采办、技术与后勤的国防部副部长负责与国防采办、技术以及后勤相关的所有事务，并担任国防采办执行官。

f. 负责政策的国防部副部长。负责政策的国防部副部长在外交关系和军备控制方面代表国防部，并且是国防部常务副部长在规划、计划、预算和执行程序的规划阶段的主要顾问。

g. 负责审计的国防部副部长。负责审计的国防部副部长针对所有预算和财政事项行使职责。

h. 负责人事与战备的国防部副部长。负责人事与战备的国防部副部长对与总体兵力管理相关的所有事务负责，总体兵力管理涉及战备、国民警卫队和预备役部队事务、卫生事务、训练以及人员需求和管理。

i. 成本评估与计划评价处处长。成本评估与计划评价处处长是国防部部长在成本评估和计划评估工作方面的首席参谋助理。

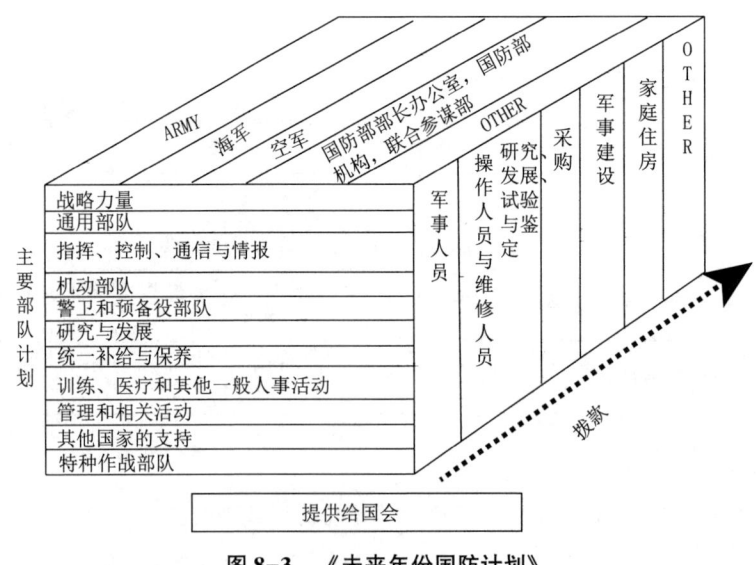

图 8-3 《未来年份国防计划》

8-9. 决策机构

如图 8-4 所示，国家建立了多个组织以协助国防部部长作出规划、计划、预算和执行方面的资源决策。这些组织负责在军种部、国防部机构和其他国防部组成部门中应用可靠的业务实践时，向国防部部长提供建议。其他国防部组成部门的负责人也会视情况参加，但需要由国防部部长决定。例如，主席可以视情况邀请来自行政部门（包括管理和预算办公室以及国家安全委员会）的其他分支和机构的官员参加。这些组织包括：

a. 部长高级领导委员会。部长高级领导委员会是国防部资源管理系统中的高级信息交流机构。国防部部长担任部长高级领导委员会的主席。成员包括副职管理行动小组的重要成员以及所有的作战指挥官。

b. 高级领导审查小组。高级领导审查小组是一个高级决策制定机构，负责协助国防部部长以及国防部常务副部长制定重大计划决策。高级领导审查小组的主席由国防部部长担任，副主席由参谋长联席会议主席担任。国防部常务副部长可以指定国防部长办公室其他负责人在有需要时参与讨论。高级领导审查小组的成员包括：

（1）来自国防部部长办公室：国防部常务副部长；负责审计的国防部副部长；负责政策的国防部副部长；负责采办、技术与后勤的国防部副部长；负责人员与战备的国防部副部长；负责情报的国防部副部长；成本评估与计划评价处处长；负责立法事务的国防部副部长；负责公共事务的国防部副部长；负责网络与情报整合的国防部副部长；以及作战指挥官。

（2）来自联合参谋部与各军种：联合参谋部主席；参谋长联席会议副主席；联合参谋部主任；以及各军种部长。通常还包括各军种参谋长以及国民警卫局局长。高级领导审查小组在考虑广泛的政策并针对高优先等级的目标制定指导的同时，还负责协助推进国防计划的长期规划和稳定。

（3）高级领导审查小组担负多种职能，包括：

（a）审查规划与计划的指导。

（b）评估高优先等级的计划。

（c）考虑资源决策对主要采办计划的基线成本、进度和实施情况的影响，并使这些计划与规划、计划、预算和执行程序保持一致。

（d）协助将具体计划和部队的资源分配与国家政策联系起来。

（e）审查计划和预算。

（f）审查选定计划的执行情况。

（g）在"政策、规划、计划、预算与执行"问题以及拟议决策方面向国防部部长提供咨询。

（4）当高级领导审查小组开会审议由国防部拨款的情报计划中的重大问题时，该小组将会进行扩充，以纳入相应情报机构的代表。国防部常务副部长与中央情报局局长共同担任高级审查扩大小组的联席主席。

（5）成本评估与计划评价处处长担任高级领导审查小组以及高级领导审查扩大小组的执行部长。担任这一职位时，该处长负责管理计划审查程序，并与高级领导审查扩大小组的主席一起管理情报计划审查。成本评估与计划评价处处长还负责管理问题文件的编写，以规划军种层级的问题，这些问题将对军种计划请求和反映国防部部长计划决策的情报资源管理决策提出挑战。

c. 副职管理行动小组。副职管理行动小组负责推动《四年国防评估报告》的制定，监控该报告的执行情况，并根据需要处理其他事项。副职管理行动小组还参与计划审查程序，并就规划目标备忘录程序审查中的问题文件发表评论。国防部常务副部长与参谋长联席会议副主席担任副职管理行动小组的联席主席。

（1）副职管理行动小组成员包括：

（a）来自国防部部长办公室：负责采办、技术与后勤的国防部副部长；负责审计的国防部副部长；负责政策的国防部副部长；负责人员与战备的国防部副部长；负责情报的国防部副部长；负责政策的国防部副部长；负责网络整合的国防部副部长/首席信息官；成本评估与计划评价处处长与主要副处长；行政与管理处处长；负责立法事务的国防部副部长；以及法律总顾问。

（b）来自联合参谋部与各军种：军种部各副部长与副参谋长；联合参谋部主任；联合参谋部之兵力结构、资源与评估部部长（J-8）；战略规划与政策部部长；国民警卫局局长；以及美国特种作战司令部副司令。当这些问题可能影响到作战指挥官及副指挥官的区域性或职能性职责时，作战指挥官及副指挥官也将进入该工作组。

（2）副职管理行动小组通常每周召开一次会议，以审议进行中的和周期性的问题，具体包括：

（a）能力组合的制定与管理。

（b）国防规划方案与相关的分析工作。

（c）计划与预算审查。

（d）国防部部长办公室参谋人员和其他参与者提供的问题文件。

（e）战略和政策制定，包括定期审查。

（f）对区域性和职能性职责的挑战。

（g）转型。

d. 国防部部长办公室的三星级计划制定者小组负责在计划审查期间分析主要问题并制定决策方案。该三星小组还负责通过高级领导审查小组，提出对必要行动足够重要的问题，以供考虑。为支持这项工作，国防部部长办公室的首席参谋助理进行了一系列前端评估。根据高级领导审查小组的指示，这些评估工作负责处理将会影响下一份规划目标备忘录以及后续计划审查的议题或决策。评估报告是国防部部长办公室的首席参谋助理与其他国防部部长办公室首席助理、参谋长联席会议主席代表以及军种参谋长共同制定的，制作完成后将提交给三星级小组。在适当的时候，评估报告还将上报给国防部副部长或高级领导审查小组。成本评估和计划分析处处长担任三星级小组的主席。国防部部长办公室其他要员也会视情参加该三星级小组会议，该小组包括如下成员：

（1）来自国防部部长办公室：国防部负责审计、政策、情报以及采办、技术与后勤的副部长帮办与国防部负责兵力管理政策、卫生事务以及预备役事务的副部长代表；负责网络与情报整合的国防部首席副助理部长；作战测试与鉴定处处长；以及美国特种作战司令部指挥官。

（2）来自联合参谋部：兵力结构、资源与评估部部长（J-8）。

（3）来自各军种：陆军部总部主管资源与评估的副参谋长（G-8）；负责资源、战争需求与评估的海军作战部副部长；负责计划与资源的海军陆战队副司令；以及空军负责规划与计划的副参谋长。

8-10. 情报计划审查小组

a. 情报计划审查小组负责确定机会，以推进美国政府的情报战略。它从任务的角度评估可能的计划变更，考虑折中权衡，然后将问题分析报告提交给高级领导审查扩大小组以供考虑。

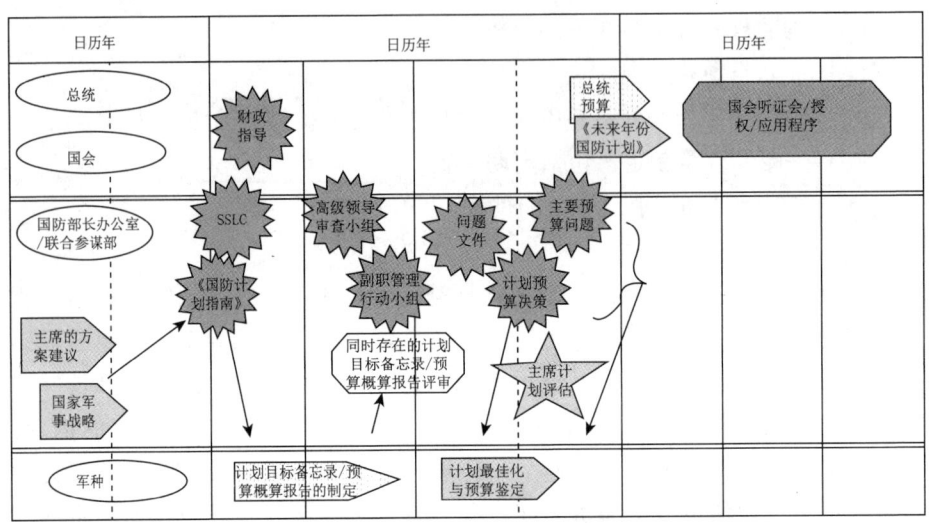

图 8-4 国防部审查/决策机构

b. 成本评估与计划评价处处长和情报界事务执行理事共同担任情报计划审查小组的联席主席。其成员包括管理或监督情报能力的所有行政部门机构的代表。

8-11. 国防采办委员会和联合需求监督委员会

a. 负责采办、技术与后勤的国防部副部长与国防采办委员会和联合需求监督委员会一起,负责协助将采办程序与规划、计划与预算程序联系起来。作为国防部部长以及国防部常务副部长的重要顾问,负责采办、技术与后勤的国防部副部长将参与所有影响主要采办计划的资源决策,包括成本、进度和执行情况。

b. 联合需求监督委员会负责协助达成共识,这一共识是主席就计划与预算提案向国防部部长提供的法定建议的基础。联合需求监督委员会还负责协助陆军预算处处长和负责采办、技术与后勤的国防部副部长制定军事需求,并在陆军预算处处长计划的各阶段批准绩效目标与计划基线。

c. 有关联合需求监督委员会的更多详细信息,请参阅本书第十章。

第三部分 陆军规划、计划、预算和执行程序

8-12. 陆军主要的资源管理系统

规划、计划、预算和执行程序是陆军主要的资源管理程序。作为主要的决策制订程序，它能够与联合战略规划以及国防部部长办公室制定的计划实现交互。规划、计划、预算和执行程序与国防部部长办公室的计划以及预算直接关联，负责制定并维护国防计划和预算中的陆军部分。该程序还负责支持各个层级司令部中陆军的规划、计划和预算编制工作，为计划和预算的执行提供支持，并能够为规划、计划和预算程序提供反馈。

8-13. 规划、计划、预算和执行程序的概念

a. 规划、计划、预算和执行程序将战略、计划与预算全部联系在一起。它有助于建立一份全面的计划，在该计划中，预算来自计划、计划来自需求、需求来自任务、任务来自国家安全目标。这种从最终目的到资源成本的模式化流程以详细程度逐渐增加的方式对需求进行了定义。

b. 其中，长期规划为陆军勾画出了一个未来20年的愿景。而在2-10年的中期规划中，长期的宏观预估则被特定规模、组成和质量的作战与支援部队所取代。作战与支援部队来源于联合战略规划和中期目标，旨在完成长期目标，为计划需求提供了规划基础。

c. 在中期规划中，一体化计划的预算程序在部队需求的指导下分配预期的资源。该程序力求为陆军高级领导的优先事项与政策提供支持，同时也寻求在陆军组织、系统与职能之间达成平衡。对于0-2年的近期计划，该一体化程序将计划需求转变为人力和资金预算需求。当拨款与人力授权生效后，这些资源便可以用于执行已批准的计划。

d. 通过将"执行"正式添加到对"规划、计划和预算"的传统重点中，陆军强调了对计划实施与财务执行如何有效运用分配的资源来满足陆军需求的关注。

e. 规划、计划、预算和执行程序中生成的文档可以为国防决策的制定提供支持，而在计划制定时的审查和讨论活动，则有助于形成最终结

果。例如：

（1）陆军负责协助制定国防部部长的《国防计划指南》以及由联合战略规划系统生成的规划文档。陆军的参与会影响国防部部长与参谋长联席会议主席考虑的政策、战略与部队目标，包括发展、采办以及其他资源分配问题的政策。

（2）陆军司令部指挥官、计划执行官以及其他执行机构的负责人同样以类似的方式影响着陆军部部长以及陆军参谋长的立场与决策。指挥官和各机构负责人将制定并递交兵力结构、采购与建设需求以及评估报告与数据，以支持计划与预算的制定。通过由陆军参谋长主持的定期指挥官会议，他们还可以对拟议的规划、计划与预算方面的事务发表自己的看法。

（3）作战指挥官通过陆军司令部司令（担任陆军组成部队司令部司令）来影响陆军的立场和决策，这些指挥官负责将作战司令部的作战需求整合进他们的计划与预算提案之中。作战指挥官还负责强调综合优先列表中的一些需求，综合优先列表在计划制定期间将受到细致的审查。

8-14. 规划、计划、预算和执行程序的目标

规划、计划、预算和执行程序的主要目标为：确定、论证并获取在执行国家军事战略时，完成陆军被指派的任务所需的财政与人力资源。各阶段的目标如下：

a. 执行规划，以确定陆军兵力的规模和结构，并为之提供人员、装备、训练和维持服务，从而为国家军事战略提供支持。

b. 分析一体化计划与预算，以执行以下事项：

（1）根据陆军资源分配政策和优先次序，在相互竞争的需求之间分配预期的人力、资金和装备，以确保各种需求能够获得合理且可执行的资源配置。

（2）将资源分配决策转变成国会授权和拨款申请。

c. 执行计划，以运用资源来实现已批准的规划目标，并根据执行反馈来调整资源需求。

d. 监督预算执行，以管理资金并将资金录入预算，从而执行经批准的计划。

8-15. 规划、计划、预算和执行文档的控制

a. 由国防部规划、计划、预算和执行程序拨款的文件和相关数据详细地阐述了拟议的计划与方案。这些提案通常会提供多个备选方案和相互竞争的选项，直到最终批准时，这些方案或选项才会被确定。

b. 除了直接参与资源规划与分配工作的人员以外，其他人无法获得此暂时性材料，否则将破坏领导层讨论的公正性与保密性。而且，如果寻求与国防部合作的私营公司也能获知这些资料的话，同样会破坏竞争，并可能给相关人员带来严重的道德甚至刑事问题。出于上述原因，国防部将严格控制着通过国防部"规划、计划、预算和执行"程序及其配套数据库生成的文档。因此，国防部部长办公室限制了对国防部和其他直接参与国防资源的规划、计划和预算工作的政府机构（主要是管理和预算办公室）的访问。

c. 针对上述限制的破例需要国防部部长的批准。与法律总顾问协调后，陆军倡议者可以申请破例，但只能出于令人信服的需求。法规和其他程序中规定了国会和政府问责办公室的情报披露情况。

d. 《国防部指示》7045.14 中的指导将军种部部长、参谋长联席会议主席、国防部副部长和助理部长、成本评估与计划评价处处长以及作战测试与鉴定处处长指定为公开"规划、计划、预算和执行"文档和数据的批准机关，他们可以向直接参与国防规划和资源分配程序的国防部外部机构和其他政府机构披露这些文件和数据。披露权限仅限于其所监管的办公室和组织制定的"规划、计划、预算和执行"文档和数据。

e. 需要限制访问的主要"规划、计划、预算和执行"文档和材料以及与"规划、计划、预算和执行"相关的文档和材料包括：

（1）规划阶段的：
（a）国防计划指南。
（b）兵力使用指南。
（c）陆军计划。
（2）计划阶段的：
（a）财政指导。
（b）规划目标备忘录。
（c）未来年份国防计划文档，包括未来年份国防计划附件。

（d）问题文件（例如，主要问题文件和封面摘要）。

（e）拟议的军种部削减计划（或抵销计划）。

（f）国防部部长办公室审阅的以问题文件草案形式出现的暂定问题。

（3）预算阶段的：

（a）预算概算报告和总统预算的未来年份国防计划文档，包括采购、研究、发展、试验与鉴定以及说明附件。

（b）资源管理决策，用于执行国防部部长对计划的最终决策的指示。

（c）自动化计划和财务报表。

（d）自动化审计信息系统生成的报告。

（e）国防部表格1414"重新计划措施的基础"。

（f）国防部表格1416"计划报告"。

（g）国会数据表。

（h）管理方案决议。

第四部分 陆军规划、计划、预算和执行系统各阶段的管理

8-16. 部长监督

a. 主管财务管理与审计的陆军部助理部长负责"规划、计划、预算和执行"程序的监督和全军范围内的政策制定，具体职责如下：

（1）监督规划、计划、预算和执行程序，制定并发布全陆军范围内的规划、计划、预算和执行政策。

（2）担任所有的陆军拨款的倡议者，但美国陆军国民警卫队和美国陆军预备役部队的拨款除外（后者的发起人是国民警卫局局长和陆军预备役局局长）。

b. 职能监督。陆军部部长办公室的主要官员负责监督指定职能区域内规划、计划、预算和执行程序的运行，并提供相关的政策和指导。

8-17. 系统管理

负责财务管理与审计的陆军部助理部长与作为顾问的主管作战、民事和训练事务副参谋长、计划分析和评估处处长以及预算与执行军事代表一起，

对规划、计划、预算和执行程序进行管理。主管作战、民事和训练事务的助理参谋长帮办、计划分析和评估处处长和预算处处长负责管理该程序的职能阶段，每个阶段都将制定并监督对于履行阶段职能所必需的政策和程序。

8-18. 规划阶段

a. 陆军部总部主管作战、民事和训练事务副参谋长。主管作战、民事和训练事务副参谋长负责运作与规划职能，具体职责如下：

（a）管理规划、计划、预算和执行程序的规划阶段。

（b）与计划分析和评估处处长以及陆军预算处处长共同主持规划、计划与预算委员会。

（c）与预算处军事代表、主管财务管理与审计的陆军部助理部长办公室和主管资源与评估副参谋长（G-8）共同主持三星级"预算、需求与计划"委员会。

（d）指导计划评估小组在计划和战备事务方面的工作，包括每份陆军国际行动计划中安全合作议题的需求确定、优先等级排序与整合工作（请参阅表8-3）。

表8-3 人力和兵力结构问题主管

议题	主管
兵力结构/单位识别码/资源组织（司令部）代码（资源机构代码）	主管作战、民事与训练事务副参谋长
军事人员（现役）	主管人事的副参谋长
陆军国民警卫队人员	陆军国民警卫队长官
陆军预备役部队人员	陆军预备役部队长官
文职人员（年终兵力与全职对应人员）	主管人事的副参谋长
个人名册	主管人事的副参谋长
陆军管理总部活动	主管人事的副参谋长
联合与国防名册	主管人事的副参谋长

上述职能倡议者以及支持其工作的计划评估小组负责确定经批准的军事需求

的拨款数额，批准非军事需求并为之拨款，这类非军事需求产生于部队防守使用的装备、兵力现代化工作或其他新任务或条令。

(e) 在当前规划目标备忘录结束时，评估规划目标备忘录部队的能力、缺陷与风险。

(1) 担任陆军参谋长的主要顾问，在联合部队事务、国家安全委员会事务以及国际事务的政治军事方面上给出意见，具体如下：

(a) 就涉及国际与地区军备控制条约、协议以及政策的国家安全问题向陆军部总部提供战略分析。

(b) 规划陆军部队的运用，以满足战略需求并为未来塑造陆军部队。

(2) 担任陆军转型工作的总体整合者，具体如下：

(a) 确保军事需求能够反映未来的陆军战略计划、其他规划指导和政策，并确保全陆军部队的能力和适用性与国家安全战略、国防战略以及国家军事战略保持一致。

(b) 为陆军部总部提供协调单位，以便开展决策制定的组织、整合和协调工作，以及需求确定、兵力结构制定、训练发展和优先次序排序工作。

(3) 制定陆军计划中的陆军愿景、陆军战略计划、陆军计划指南以及陆军计划的陆军战役计划部分；与计划分析和评估处处长一起，协调陆军计划指导备忘录的发布工作。此外，还需要：

(a) 阐明陆军规划的假定。

(b) 根据国防部部长、陆军部部长和陆军参谋长的指导以及作战指挥官的优先事项，制定需求和优先事项。

(c) 设定目标以满足需求并填补缺陷。

(4) 监测和报告当前行动，具体如下：

(a) 制定并协调政策、计划与方案，以便使个人、领导和单位达到指定的陆军训练战备水平。

(b) 监督陆军战备需求和陆军战备报告，以便为确定陆军部总部内部和外部的优先次序和资源分配决策提供准确信息。

(c) 评估并协调面向作战指挥官的支持，同时通过陆军军种组成部队司令部，在各个作战司令部、陆军部总部以及联合参谋部之间提供战术连接。

(5) 履行所有的动员职能。

（6）提供一个陆军部总部中心机构，负责执行面向民政当局的军事支持。

（7）为陆军部总部以及国防部部长办公室执行作战连续性计划，同时执行陆军基础设施安全计划以及国内战备计划，这项工作能够为特殊事件提供支持。

（8）为特殊事件提供支持。

（9）提供愿景和战略，并管理模型与模拟的发展。

（10）制定政策，并担任陆军参谋长的首席顾问，为信息作战提供建议。

（11）担任训练计划评估小组的倡议者。

（12）担任《未来年份国防计划》中各项计划的倡议者，这些计划包括：计划1-战略部队、计划2-通用部队、计划4-机动、计划10-对其他国家的支援，以及计划11-特种作战部队。

（13）担任战术情报（陆军子计划3-情报）的资源倡议者，以及陆军子计划8-训练的提议者。

（14）管理兵力结构问题，并管理职能需求与计划，以及陆军运作与维修拨款指定账户的执行情况。（请参阅表8-8至表8-14）。

b. 陆军部总部主管兵力结构、资源与评估的副参谋长（G-8）。负责执行批准的装备需求，具体如下：

（1）为陆军部总部提供协调机构，负责制定计划、整合装备以及开展诸如《四年国防评估报告》之类的评估工作。

（2）与负责采办、后勤和技术的陆军部助理部长一起制定研究、发展与采办计划，该计划反映在为延长的规划期制定的《未来年份国防计划》数据库中。

（3）制定陆军的装备现代化战略、支持总统预算的陆军装备计划以及陆军装备指南，并协助准备提供给国防部部长办公室国防计划的陆军输入物。

（4）担任装备计划评估小组的倡议者。

（5）与陆军部助理部长办公室主管预算的军事代表和主管作战、民事和训练事务副参谋长一起，主持三星级"预算、需求与计划"委员会。

（6）管理研究、发展、试验与鉴定以及采购拨款的职能需求。

8-19. 一体化计划和预算阶段

计划分析和评估处处长和陆军预算处处长共同管理一体化计划与预算阶

段，以便制定联合的规划目标备忘录与预算概算报告。

a. 计划分析和评估处处长陆军计划分析和评估处处长负责牵头计划事务，履行以下职能：

（1）为陆军部部长与陆军参谋长提供对计划备选方案与优先事项的独立评估报告。

（2）为规划、计划、预算和执行论坛提供分析和管理支持。

（3）与主管作战、民事和训练事务助理副参谋长和陆军预算处处长共同主持"规划、计划、预算和执行"程序和两星级"预算、需求与计划"委员会。

（4）在陆军部总部为陆军计划的制定担负总体责任，以便支持《规划目标备忘录》以及《未来年份国防计划》。

（5）在整个规划、计划、预算和执行程序中，与主管作战、民事和训练事务助理副参谋长和陆军预算处处长一起，指导和整合计划评估小组的工作。

（6）与职能倡议者一同履行以下职能：

（a）准备陆军对国防部部长办公室计划指导文档的回应。

（b）制定陆军计划指导备忘录和技术指导备忘录，以明确国防计划指南和陆军高级领导的指示和指导。

（c）制定陆军计划，包括作战指挥官综合优先列表的审查报告以及陆军司令部、计划执行办公室与其他执行机构的计划提案。

（7）编纂规划目标备忘录中经批准的陆军计划，并将其提交给国防部部长办公室。

（8）在陆军部总部充当规划目标备忘录与未来年份国防计划的陆军部总部联络点，以及国防部部长办公室和联合参谋部的联络点。

（9）负责管理决策执行一揽子措施（management decision execution packages）的架构。

（10）担任"规划、计划、预算和执行"体系系统的主管，与主管财务管理与审计的陆军部助理部长、拨款倡议者、人力主管、国防部部长办公室审计长、国防部部长办公室成本评估与计划评价处处长以及财政部一起，履行以下职能：

（a）通过"规划、计划与预算"委员会建立"规划、计划、预算和执行"战略自动化委员会，以便实施对"规划、计划、预算和执行"体系系统的配置管理，并监督投资信息技术的长期计划，以改善规划、计划、预算和执行职能的实施情况。

（b）维护资源管理架构，以便为"规划、计划、预算和执行"程序和信息系统提供自动化支持，并将其整合到通用"规划、计划、预算和执行"数据库中。具体来说：建立网络服务，用于协调通用数据架构，该架构包括计划要素、陆军计划要素、资源机构（司令部）代码、SSN-LIN（标准研究编号-册列项目编号）自动化管理与整合系统，以及陆军管理结构代码（在与国防财务会计服务局协调的情况下）；在"规划、计划、预算和执行"数据元素结构中维护数据元素的综合数据字典，同时规范其使用，确保数据库用户与组成数据库不会对其进行密钥重置；以及控制数据的输入，并确保"规划、计划、预算和执行"程序的数据元素不仅在计划、预算与执行方面实现内部一致，同时在外部也与标准数据收集系统、军种支援人力系统以及审计信息系统或其后续系统的报告要求实现一致。

（c）维持陆军计划和预算指南的官方数据库状态，并通过标准数据收集系统、军种支援人力系统以及审计信息系统或其后续系统，利用反映规划目标备忘录、预算概算报告以及总统预算的数据来更新国防部部长办公室资源管理数据库。所涉及的数据包括人力、陆军拨款以及陆军管理的国防拨款的陆军预算概算报告。

（d）确保提交给国防部部长办公室《未来年份国防计划》的陆军部分包括由陆军管理的国防拨款，并确保兵力结构和人力信息与现役陆军、陆军国民警卫队、陆军后备队以及文职人员队伍的兵力结构和统计数据库中的职位相匹配。

（e）在规划、计划、预算和执行程序的各个阶段之后向陆军司令部、计划执行官、计划主管、其他作战机构以及直接报告单位发布计划和预算指南。

（11）就司令部向国防部部长办公室递交联合规划目标备忘录/预算概算报告这一议题的资源情况，向作战指挥官提供反馈信息。

b. 陆军预算处处长。陆军预算处处长牵头预算事务，同时履行以下职能：

（1）与主管作战、民事和训练事务助理副参谋长和计划分析和评估处处长共同主持"规划、计划与预算"委员会和两星级"预算、需求与计划"委员会。

（2）制定预算政策和程序。

（3）指导并整合计划评估小组在预算事务方面的工作。

（4）审查并合并陆军国民警卫队、陆军预备役部队和现役部队的预算。

（5）就影响司令部资源需求的重大预算问题向作战指挥官提供反馈信息。

（6）在国防部部长办公室、管理与预算办公室以及国会面前说明陆军预算的合理性。

（7）与国会拨款委员会保持联络并担任联络点，但土木工程问题除外。

（8）与计划分析和评估处处长以及数据倡议者一同履行系统与数据管理职能。

（9）担任《未来年份国防计划》中"计划6-研究与发展"以及"计划7-中央补给与维修"的倡议者。

（10）管理指定划拨账户的职能需求、计划和实施情况。

（11）管理陆军计划要素与资源要素的数据架构。

（12）维持并发布针对预算概算报告和总统预算周期陆军拨款的预算授权总额控制措施。

（13）将最终预算决策转化为计划变更方案，根据要求发布计划要素、陆军计划要素、管理决策执行一揽子措施以及司令部分配方案，同时更新规划、计划、预算和执行数据库，以制定出提交给国防部部长办公室以及国会的总统预算情况报告。

（14）管理问题周期，以便制定对军种计划请求以及主要预算问题程序提出异议的问题文件。国防部部长的问题文件对军种计划请求提出异议的方式是提出变革建议。

（a）保持负责审计的国防部副部长与陆军部总部之间的协调。

（b）确保每一份问题文件的所有记录中，对财务控制的各项调整都是正确的，但是，对相应的人力控制进行核实是主管人事的副参谋长的责任。

（15）特别关注任何处于裁决阶段的问题文件，因为国防部常务副部长可以在审查中修改未确定的方案调整。

（16）当国防部部长就军种计划的变更情况作出最终决定后，发布资源管理决策。该决策将指示各军种更改他们的计划，以便符合国防部部长的资源配备决策。

c. 主管作战、民事和训练事务助理副参谋长。主管作战、民事和训练事务助理副参谋长通过评估一体化计划的预算阶段是否符合陆军计划和陆军优先事项的次序，确保陆军资源能够实现最佳配置。另外，还负责与陆军预算处处长和计划分析和评估处处长共同主持"规划、计划与预算"委员会和两星级"预算、需求与计划"委员会。

8-20. 执行阶段

a. 预算与执行军事代表。预算与执行军事代表为主管财务管理与审计的陆军部助理部长履行以下职责：

（1）审查计划的执行情况，尤其是监督成本与执行措施的实施，这一措施旨在为陆军高级领导层提供一种综合视野，以审查业务效率与计划完成情况。

（2）申请国会拨款以执行已授权的计划。

（3）通过陆军预算处处长管理规划、计划、预算和执行程序的执行阶段。

b. 陆军预算处处长。陆军预算处处长负责管理规划、计划、预算和执行程序的执行阶段，并在财务执行期间履行以下职能：

（1）制定供资政策与程序。

（2）监督并指导经国会批准的预算的财务执行情况。

（3）分配国会拨款并监督其执行情况。

（4）监督陆军管理的资金使用情况的会计工作，并监督通过拨款向国防部部长办公室和国会递交的这些资金使用情况的报告。根据各项拨款的适用情况，需要监督的内容包括《未来年份国防计划》、计划要素、陆军计划要素、项目编号、预算排列项目号、标准研究编号、数量、预算项目小组、项目小组、预算子项目组、资源要素以及财政数据。同样，应当根据各项拨款的适用情况，按劳动力类别核算报告使用情况。

（5）在职能倡议者的提议下，并在规定的限制下以及规定的资金限额内，根据要求重新计划资金，以便在作战条件下满足未能预见的需求或变更。

（6）与国防财务会计服务局一起履行以下职责：

（a）监督标准陆军系统的开发与维护，以支持财务会计工作；监督相同标准陆军系统的实施，以支持资金的分配、核算以及报告。

（b）确保执行报告满足陆军部总部的管理信息需求。

c. 计划分析和评估处处长。在计划执行期间，计划分析和评估处处长负责监控如何利用计划内资源来达到经批准的目标，以获取反馈，进而调整资源需求。

d. 主管作战、民事和训练事务助理副参谋长。主管作战、民事和训练事务助理副参谋长通过评估一体化的执行阶段是否符合陆军计划与陆军优先事项次序，来确保陆军资源实现最佳配置。

第五部分　陆军在规划、计划、预算和执行系统中的支持职责

8-21. 陆军部总部主要官员

a. 负责采办、后勤和技术的陆军部助理部长负责：

（1）在国防采办委员会、核武器委员会常务委员会以及常规系统委员会中担任陆军代表。

（2）将装备的开发和采办工作整合到规划、计划、预算和执行程序的所有阶段中。

（3）协同陆军部总部主管兵力结构、资源与评估的副参谋长（G-8），制定研究、发展与采办计划。

（4）管理以下内容的职能需求、计划和执行情况：研究、发展、试验与鉴定以及采购拨款；用于销毁化学制品和弹药销毁的陆军拨款；指定的杂项账户；以及陆军运作与维修拨款的合同执行账户。

b. 负责设施、能源和环境陆军部助理部长负责并监督与军事设施、住房、军事设施相关的军事施工、不动产、环境、安全以及职业健康相关的所有事务与政策。

c. 负责人力与预备役事务的陆军部助理部长负责：

（1）监督各主要陆军司令部中陆军组成部队以及独立机构的人力需求确定和资源分配，独立机构包括现役部队、国民警卫队、预备役部队、联合部队和国防机构。

（2）审查与战备、资源分配、训练、兵力结构以及职业与领导教育及发展相关的政策与计划。

d. 陆军部部长行政助理负责：

（1）对陆军部总部及其野外作业机构与参谋支援机构的资源执行情况进行规划、计划、预算和核算。

(2) 担任组织计划评估小组的倡议者。

e. 首席信息官/主管通信的副参谋长负责：

(1) 担任信息技术的计划整合者。

(2) 担任陆军《未来年份国防计划》"子计划3-通信"的倡议者。

(3) 通过提供建议和技术协助，确保陆军能够获取信息技术并以特定的方式管理信息资源，该方式能够使陆军知识管理战略计划中的政策、程序以及目标得以执行。

(4) 在规划、计划、预算和执行程序的所有阶段中确认信息技术需求，并监管信息技术程序的运行。

(5) 开发、维护并推动全陆军信息技术架构，即陆军知识体系架构。

f. 陆军部总部主管人事的副参谋长负责：

(1) 制定人力资源计划、预算与项目，以便履行相关生命周期职能，包括人员配备、福利、人员技术、以军人为导向的研究与发展以及人事改革。

(2) 担任人员配备计划评估小组的倡议者。

(3) 担任《未来年份国防计划》"子计划9-管理"的倡议者。

(4) 管理与陆军国民警卫队、陆军预备役部队以外的陆军人力账户有关的事项，并为陆军军费、拨款、陆军运作与维修拨款的指定人员账户以及人力专门账户而管理相关的职能需求、计划和执行情况。

g. 陆军部总部主管情报的副参谋长负责：

(1) 根据中央情报局局长以及国防部国家对外情报计划主管的政策、资源与行政指导，为国家对外情报计划的陆军部分制定、论证并提交计划和预算。根据法规和总统令，中央情报局局长还负责以下工作：根据管理和预算办公室的指导，制定、批准并向总统提交国家对外情报计划的年度预算，作为向国会提交的总统预算的内容；参与国防部部长对联合军事情报计划和战术情报及相关行动的年度预算的制定。

(2) 担任陆军参谋部的牵头方，负责将情报、监视与侦察事项整合进规划、计划、预算和执行程序的所有阶段之中。

(3) 担任陆军《未来年份国防计划》"子计划3-情报"的作战与战略情报的资源倡议者。

(4) 为陆军的运作与维修拨款安全计划管理职能需求、计划和执行情况。

(5) 担任计划评估小组计划的整合者，负责处理国家和军事情报计划事务。

h. 陆军部总部主管后勤的副参谋长负责：

（1）为战略机动、补给、维修、战争储备与预置、航空、弹药、运输、分配、战备以及一体化后勤支援制定全陆军范围内的行动计划，并为这些计划配备资源。

（2）在采办与后勤之间整合和平衡以下内容的维持职能：战备、补给、勤务、维修、运输、航空、弹药、安全援助以及相关自动化系统。

（3）代表陆军采办执行官履行以下职能：

（a）为一体化后勤支援的规划、计划、预算和执行程序制定政策并进行监督。

（b）确保项目执行官已经计划好支持性需求，并将这些需求纳入新系统的采办和部署中。

（4）担任维持计划评估小组的倡议者。

（5）为陆军弹药采购拨款和陆军周转资金管理职能需求，并为陆军运作与维修拨款的后勤运作账户（包括用于基地运作的拨款）管理职能需求、计划和执行情况。

i. 负责军事设施管理的助理参谋长负责：

（1）制定并指导军事设施管理职能的规划、计划与预算工作，以及与军事设施相关的军事施工、住房、环境保护以及设施运作与维持的资金的使用。

（2）批准管理陆军军事设施并为其提供资金需求。

（3）担任军事设施计划评估小组的倡议者。

（4）为军事施工拨款、环境修复以及军事设施管理运作与维修拨款管理职能需求、计划和执行情况。

j. 工程兵主任负责：

（1）支持并推动工程兵团的资源需求。

（2）代表并推动美国陆军工程兵团的资源需求。

（3）代理陆军部部长执行陆军部部长代理的军事施工职责，军事施工的接受方包括空军、海军、国家航空航天局以及选定的国防部机构与其他国家机构。

（4）管理国防部房主补助基金的职能需求、计划和执行情况。

k. 军医局局长负责：

（1）代表并推动美国陆军医务部的资源需求。

(2) 管理陆军运作与维修拨款中有偿医疗人力部分的职能需求、计划以及执行情况。

l. 国民警卫局局长。通过陆军国民警卫局局长执行以下事项：

(1) 计划并管理陆军国民警卫队的预算，并担任陆军国民警卫队拨款的拨款倡议者。

(2) 担任陆军国民警卫队子计划——《未来年份国防计划》"计划5-国民警卫队与预备役部队"的倡议者。

(3) 管理陆军国民警卫队的人力问题，并管理陆军国民警卫队拨款以及陆军国民警卫队运作与维修拨款的账户的职能需求、计划和执行情况。

(4) 担任陆军国民警卫队的法定需求、国防需求以及陆军需求的计划整合者。

(5) 为《美国法典》第10编规定的计划评估小组提供技术援助，并监控将陆军国民警卫队的法定、国防和陆军需求整合到规划、计划、预算和执行程序的所有阶段的行为。

(6) 在预算执行期间跟踪陆军国民警卫队计划的执行情况。

m. 陆军预备役局长负责：

(1) 计划并管理陆军预备役部队的预算，并担任陆军预备役部队拨款的拨款倡议者。

(2) 担任陆军预备役部队子计划——《未来年份国防计划》"计划5-国民警卫队与预备役部队"的倡议者。

(3) 管理陆军预备役部队的人力问题，并为陆军预备役拨款以及陆军预备役运作与维修拨款的账户管理其职能需求、计划和执行情况。

(4) 担任陆军预备役部队的法定、国防以及陆军需求的计划整合者。

(5) 为《美国法典》第10编规定的计划评估小组提供技术援助，并监控将陆军预备役部队的法定、国防和陆军要求整合到规划、计划、预算和执行程序的所有阶段的行为。

(6) 在预算执行期间跟踪陆军预备役部队计划的执行情况。

8-22. 陆军司令部

a. 陆军司令部指挥官、计划/项目执行官与其他执行机构的负责人一起履行以下职能：

(1) 为指派的任务、职责与职能进行规划、计划与预算。

(2) 根据分配的人力水平，记录其下级组织中的人力。

(3) 运用法律法规允许的灵活性，在拨配的资源范围内执行经批准的陆军司令部计划或机构计划。

(4) 评估陆军司令部计划或机构计划的执行情况以及预算执行情况，并履行以下职能：

(a) 通过拨款和管理决策执行一揽子措施统计并报告分配资金的使用情况。上述做法适用于每一项拨款，包括《未来年份国防计划》、陆军管理结构代码、陆军计划要素、项目编号、预算册列项目编号、标准研究编号、预算项目、预算项目小组、项目组、子项目组以及资源要素。另外，还应通过单位识别码进行统计并报告拨配的人力使用情况。

(b) 利用预算执行中的人力数据和财务数据来制定未来需求。

(c) 确保阈值以下的重新计划与陆军优先事项保持一致。

b. 陆军司令部指挥官担任陆军军种组成部队司令部的指挥官。负责确定作战司令部的需求，并将作战司令部的需求与他们的其他任务和作战需求进行整合。

c. 航天与导弹防御司令部指挥官。担任陆军《未来年份国防计划》"子计划3-太空"的倡议者。

8-23. 主管国会拨款的参谋机构主管与发起人

预算与执行军事代表、陆军国民警卫队局长、陆军预备役局局长和指定的职能主管负责管理并控制陆军资源。一组职能主管负责处理人力与兵力结构问题，另一组职能主管负责协助拨款发起人。表8-3至表8-9列出了拨款发起人与职能主管的任务。

表8-3 运作与维修拨款的预算项目管理结构

代码	说明	主管
预算项目1：作战部队		
11	地面部队	陆军参谋部之作战、民事与训练部集体训练科

续表

代码	说明	主管
111	师	
112	军作战部队	
113	军支援部队	
114	军以上梯队—支援部队	
115	地面部队作战支援	
12	地面部队战备	
121	部队战备作战支援	陆军参谋部之作战、民事与训练部集体训练科
122	地面部队系统战备	陆军参谋部之作战、民事与训练部训练模拟科
123	地面部队仓库维修	陆军参谋部之后勤部维持科
13	地面部队战备支持	
131	基地运作支持	负责军事设施管理的助理参谋长办公室资源科
132	维持、恢复与现代化（陆军部队战备支援）	负责军事设施管理的助理参谋长办公室资源科
133	管理与作战指挥部	陆军参谋部之人事部人力政策、规划与计划科
134	统一司令部	
135	额外机构	陆军参谋部之作战、民事与训练部资源与计划科
预算项目2：动员		
21	机动作战	陆军参谋部之作战、民事与训练部集体训练科

续表

代码	说明	主管
211	战略机动	陆军参谋部之作战、民事与训练部集体训练科 陆军参谋部之后勤部兵力投送/分配科
212	战争储备	陆军参谋部之作战、民事与训练部集体训练科 陆军参谋部之后勤部兵力投送/分配科
213	工业战备	陆军参谋部之后勤部兵力投送/分配科
214	预置成套装备	陆军参谋部之作战、民事与训练部集体训练科 2 陆军参谋部之后勤部兵力投送/分配科
预算项目 3：训练与征募		
31	入伍训练	
311	军官征募	陆军参谋部之作战、民事与训练部院校训练科
312	征募训练	陆军参谋部之作战、民事与训练部院校训练科
313	同一基地部队训练	陆军参谋部之作战、民事与训练部院校训练科
314	高级预备役军官训练队	陆军参谋部之作战、民事与训练部院校训练科
315	军种学院基地支持	负责军事设施管理的助理参谋长办公室资源科
316	维持、恢复与现代化	负责军事设施管理的助理参谋长办公室资源科

续表

代码	说明	主管
32	基本技能与高级训练	
321	专业技能训练	陆军参谋部之作战、民事与训练部院校训练科
322	飞行训练	陆军参谋部之作战、民事与训练部院校训练科
323	职业发展教育	陆军参谋部之作战、民事与训练部院校训练科
324	训练支持	陆军参谋部之作战、民事与训练部院校训练科
325	基地支持	负责军事设施管理的助理参谋长办公室资源科
326	维持、恢复与现代化	负责军事设施管理的助理参谋长办公室资源科
33	征募以及其他训练与教育	
331	征募与广告	陆军参谋部之人事部资源科
332	考试	陆军参谋部之人事部资源科
333	业余时间与自愿教育	陆军参谋部之人事部资源科
334	文职人员教育与训练	陆军参谋部之人事部资源科
335	高级预备役军官训练队	陆军参谋部之人事部资源科
336	基地支持-征兵与检查	负责军事设施管理的助理参谋长办公室资源科
预算项目 4：管理与军种范围的项目		
41	安全计划	陆军参谋部之情报部资源整合科
411	安全计划	
42	后勤运作	陆军参谋部之后勤部维持科 陆军参谋部之后勤部兵力投送/分配科

续表

代码	说明	主管
421	军种范围的运输	
422	集中补给项目	
423	后勤支援项目	
424	弹药管理	
43	军种范围的支援	
431	管理	R/P-陆军参谋部之人事部人力政策、规划与计划科
432	军种范围的通信	P-首席信息官/主管通信 的副参谋长办公室项目执行科
433	人力管理	陆军参谋部之人事部资源科
434	其他人员支持	陆军参谋部之人事部资源科
435	其他军种支持	各种
436	陆军赔偿与管理支持项目	军法署署长
437	不动产管理	负责军事设施管理的助理参谋长办公室资源科
438	基地支持	负责军事设施管理的助理参谋长办公室资源科
439	国防环境恢复账户（2018-2019 财年）	无
44	对其他国家的支援	陆军参谋部之作战、民事与训练部国际规划、政策、计划与一体化科
441	国际军事司令部	
442	面向其他国家的各种支持	
45	已关闭的账户	无
49	国防环境恢复账户（1996 财年）	无

说明：

陆军人力和预算授权总额

n——预算项目

nn——项目组（01 等级）

nnn——预算子项目

资源记录于陆军管理结构代码 nnn＊＊＊中，其中 nnn 显示预算子项目（更多信息请参阅《国防财务与会计服务局-印第安纳手册》37-100-＊＊＊文档AO-2020 的第 a-d、h 与 j 段）。

注意：

1. 职能需求、计划和实施情况主管，除非另有说明。
2. 职能需求的主管。

表 8-4　运作与维修拨款的预算项目管理结构-陆军人力项目结构

代码	说明	主管
类别 8：医疗项目（仅人力——可偿付劳动力）		
84	医疗人力——可偿付	军医署署长人力与计划处
841	考试项目	
846	训练医疗空间	
847	陆军医疗中心护理	
849	国防部医疗空间	
第 9 类：仅限其他人力		
91	特种作战部队人力——可偿付	陆军参谋部之人事部人力政策、规划与计划科
92	国防部机构人力（仅限军事）	
93	国防部外部	
94	暂住人员、国防战术人员和作战兵力差额	

说明：

仅限于人力的项目结构。

规划、计划、预算与执行数据库负责生成类别 8 与类别 9，以便满足人力报告需求。类别8记录了陆军管理结构代码84n＊＊＊的资源,其中n=1、6或7显示的是预算子项目。类别9记录了陆军管理结构代码9n＊＊＊的资源,其中n=1、2、3或4显示的是0-1等级的结构。

注意:

1. 职能需求和计划的主管,除非另有说明。
2. 职能需求的主管。
3. 计划和实施情况的主管。

表8-5 运作与维修拨款的预算项目管理结构-基地运作支持

代码	说明	主管
	＊＊＊＊19,＊＊＊＊20 儿童发展机构、家庭中心	负责军事设施管理的助理参谋长办公室资源科
陆军管理结构代码		
陆军管理结构代码	＊＊＊＊53,＊＊＊＊54,＊＊＊＊56 环境保护、污染预防、环境合规	负责军事设施管理的助理参谋长办公室资源科
陆军管理结构代码	＊＊＊＊75 反恐/部队防护	负责军事设施管理的助理参谋长办公室资源科
陆军管理结构代码	＊＊＊＊79（不动产服务）	
.J0	公用事业的运作	负责军事设施管理的助理参谋长办公室资源科
＊.M0	市政服务	负责军事设施管理的助理参谋长办公室资源科
.N0	设施工程服务	负责军事设施管理的助理参谋长办公室资源科
.P0	火灾与应急响应服务	负责军事设施管理的助理参谋长办公室资源科
陆军管理结构代码	＊＊＊＊90 视听与视觉信息生成、采办与支持	P-首席信息官/主管通信的副参谋长办公室计划执行科

续表

代码	说明	主管
		负责军事设施管理的助理参谋长办公室资源科
陆军管理结构代码	＊＊＊＊95	
	基地通信	P-首席信息官/主管通信的副参谋长办公室计划执行科 负责军事设施管理的助理参谋长办公室资源科
陆军管理结构代码	＊＊＊96（基地运作支持）	
. A0	不动产租赁	负责军事设施管理的助理参谋长办公室资源科
. B0	补给品运营与管理	陆军参谋部之后勤部维持科
. C0	装备维护	陆军参谋部之后勤部维持科
. D0	运输服务	陆军参谋部之后勤部维持科
. E0	洗衣和干洗服务	陆军参谋部之后勤部维持科
. F0	陆军勤食服务计划	陆军参谋部之后勤部维持科
. K0	文职人员管理	R/P-陆军参谋部之人事部
. L0	士气、福利和娱乐	负责军事设施管理的助理参谋长办公室资源科
. M0	军事人员支持	R/P-陆军参谋部之人事部
. Q0	预备役组成部队支持	负责军事设施管理的助理参谋长办公室资源科
. U0	财务管理	主管财务管理与审计的陆军部助理部长
. V0	管理分析	主管财务管理与审计的陆军部助理部长

续表

代码	说明	主管
.W0	合同签订活动	主管采办、后勤和技术的陆军部助理部长之规划、计划和资源处
.X0	信息技术、管理与规划	P-首席信息官/主管通信的副参谋长办公室计划执行科 负责军事设施管理的助理参谋长办公室资源科
.Y0	管理服务	P-首席信息官/主管通信的副参谋长办公室计划执行科 负责军事设施管理的助理参谋长办公室资源科
10	宪兵长	陆军参谋部之作战部安全、部队防护和执法科
.20	军法官	负责军事设施管理的助理参谋长办公室资源科
.30	牧师	负责军事设施管理的助理参谋长办公室资源科
.40	公共事务	负责军事设施管理的助理参谋长办公室资源科
.50	监察长	负责军事设施管理的助理参谋长办公室资源科
.60	军事设施管理	负责军事设施管理的助理参谋长办公室资源科
.70	运作	负责军事设施管理的助理参谋长办公室资源科
.90	无家属陪伴人员的住房管理	负责军事设施管理的助理参谋长办公室资源科

说明

基地支持

基地运作支持适用于子项目组131、315、325、336与438。

基地支持是指运作并维持陆军军事设施（大型、小型、场站与其他）所需的资源。基地支持由两个子项目组组成：基地运作支持以及维持、恢复与现代化。资源记录于陆军管理结构代码和nnn*yy中，其中nnn表示的是预算子项目组，yy则表示具体的细分项。有时，资源被记录为nnn*yy.zO，其中.zO是指文字说明，例如，下文中在基地运作和维持、恢复与现代化中的应用。（更多信息请参阅《国防财务会计服务局-印第安纳手册》37-100-＊＊＊＊第A9-BSSPT章）。

注意：

1. 职能需求、计划和实施情况主管。
2. 职能需求的主管。
3. 计划和实施情况的主管。

表8-6 运作与维修拨款的预算项目管理结构-维持、恢复与现代化

代码	说明	主管
陆军管理结构代码0	＊＊＊＊76	
.L0	小型施工	负责军事设施管理的助理参谋长办公室资源科
陆军管理结构代码0	＊＊＊＊78（维护和维修）	
.10	表面区域（包括桥梁和其他附属物）	负责军事设施管理的助理参谋长办公室资源科
.20	已铺设和未铺设的机场（包括桥梁和其他附属物）	负责军事设施管理的助理参谋长办公室资源科

续表

代码	说明	主管
.40	铁路（包括桥梁和其他附属物）	负责军事设施管理的助理参谋长办公室资源科
.50	公用事业系统	负责军事设施管理的助理参谋长办公室资源科
.A0	维修和生产设施	负责军事设施管理的助理参谋长办公室资源科
.B0	训练和作战设施	负责军事设施管理的助理参谋长办公室资源科
.C0	研究、发展、试验与鉴定设施	负责军事设施管理的助理参谋长办公室资源科
.D0	补给品和储存设施	负责军事设施管理的助理参谋长办公室资源科
.E0	行政设施（包括信息技术设施）	负责军事设施管理的助理参谋长办公室资源科
.F0	无家属陪伴人员的住房设施	负责军事设施管理的助理参谋长办公室资源科
.G0	其他无家属陪伴人员的住房设施	负责军事设施管理的助理参谋长办公室资源科
.H0	炊膳设施	负责军事设施管理的助理参谋长办公室资源科

续表

代码	说明	主管
.Q0	其他无设施分类的设施	负责军事设施管理的助理参谋长办公室资源科
.R0	机场设施	负责军事设施管理的助理参谋长办公室资源科
.S0	训练指导支持设施	负责军事设施管理的助理参谋长办公室资源科
.T0	港口	负责军事设施管理的助理参谋长办公室资源科
.U0	医疗和医院设施	负责军事设施管理的助理参谋长办公室资源科
.V0	场地	负责军事设施管理的助理参谋长办公室资源科
.W0	社区支持	负责军事设施管理的助理参谋长办公室资源科
.X0	家庭住房	负责军事设施管理的助理参谋长办公室资源科
陆军管理结构代码 O	＊＊＊＊93	
	拆除不动产	负责军事设施管理的助理参谋长办公室资源科

注意：

1. 职能需求、计划和实施情况主管。

表 8-7 运作与维修拨款的预算项目管理结构——陆军国民警卫队

代码	说明	主管
预算项目 1：作战部队		陆军国民警卫队局长
11	地面部队	
111	师	
112	军作战部队	
113	军支援部队	
114	军以上梯队部队	
115	地面部队作战支援	
12	地面部队战备	
122	地面部队仓库维修	
123	地面部队战备支持	
13	地面部队系统战备	
131	基地运作支持	
132	维持、恢复与现代化	
133	管理与作战指挥部	
135	大规模杀伤性武器	
预算项目 4：管理与军种范围的项目		陆军国民警卫队局长
43	军种范围的支援	
431	管理	
432	军种范围的通信	
433	人事/财务管理	
434	征募与广告	

说明

陆军国民警卫队

n——预算项目

nn——项目组（01 等级）

nnn——预算子项目

注意：

1. 预算方案科：职能需求、计划和实施情况主管。
2. 预算科（DAAR-CFM）：职能需求、计划和实施情况主管。

表 8-8　运作与维修拨款的预算项目管理结构-美国陆军预备役部队

代码	说明	主管
预算项目 1：作战部队		陆军预备役局局长
11	地面部队	
111	师	
112	军作战部队	
113	军支援部队	
114	军以上梯队部队	
115	地面部队作战支援	
12	地面部队战备	
122	地面部队仓库维修	
123	地面部队战备支持	
13	地面部队系统战备	
131	基地运作支持	
132	维持、恢复与现代化	
133	管理与作战指挥部	
135	大规模杀伤性武器	
预算项目 4：管理与军种范围的项目		陆军预备役局局长
43	军种范围的支援	
431	管理	
432	军种范围的通信	
433	人事/财务管理	
434	征募与广告	

说明

美国陆军预备役部队

n——预算项目
nn——项目组（01等级）
nnn——子项目组

注意：

1. 预算方案科：职能需求、计划和实施情况主管。
2. 预算科（DAAR-CFM）：职能需求、计划和实施情况主管。

表8-9 陆军拨款-职能需求、计划和实施情况主管

资源识别码	拨款（资金）	职能需求的主管（R） 计划和实施情况的主管（P）
	投资	
RDT&E	陆军研究、发展、试验与鉴定	R-陆军参谋部之计划分析与评估部计划与优先事项科 P-规划、计划与资源处
ACFT（APA）	陆军飞机采购	R-陆军参谋部之计划分析与评估部计划与优先事项科 P-主管采办、后勤和技术的陆军部助理部长之规划、计划与资源处
MSLS（MIPA）	陆军导弹采购	R-陆军参谋部之计划分析与评估部计划与优先事项科 P-主管采办、后勤和技术的陆军部助理部长之规划、计划和资源处
WTCV	陆军武器与履带式作战车辆采购	R-陆军参谋部之计划分析与评估部计划与优先事项科 P-主管采办、后勤和技术的陆军部助理部长之规划、计划和资源处
AMMO（PAA））	军用弹药采购	R-陆军参谋部之计划分析与评估部计划与优先事项科 P-主管采办、后勤和技术的陆军部助理部长之规划、计划和资源处

续表

资源识别码	拨款（资金）	职能需求的主管（R） 计划和实施情况的主管（P）
OPA	陆军其他采购	R-陆军参谋部之计划分析与评估部计划与优先事项科 P-主管采办、后勤和技术的陆军部助理部长之规划、计划和资源处
	OPA 1	R-陆军参谋部之计划分析与评估部计划与优先事项科 P-主管采办、后勤和技术的陆军部助理部长之规划、计划和资源处
	OPA 2	R-陆军参谋部之计划分析与评估部计划与优先事项科（DAPR-FDR） P-主管采办、后勤和技术的陆军部助理部长之规划、计划和资源处
	OPA 3	R-陆军参谋部之计划分析与评估部计划与优先事项科（DAPR-FDR） P-主管采办、后勤和技术的陆军部助理部长之规划、计划和资源处
	OPA 4	R-陆军参谋部之计划分析与评估部计划与优先事项科（DAPR-FDR） P-主管采办、后勤和技术的陆军部助理部长之规划、计划和资源处
MCA	陆军军事建设 2	R-负责军事设施管理的助理参谋长办公室设施科 P-负责军事设施管理的助理参谋长办公室资源科
MCNG	陆军国民警卫队军事建设	R-陆军国民警卫队局长工程处（NGB-AEN） P-负责军事设施管理的助理参谋长办公室资源科

续表

资源识别码	拨款（资金）	职能需求的主管（R） 计划和实施情况的主管（P）
MCAR	陆军预备役部队军事建设2	R-陆军预备役局局长工程处（DAAR-EN） P-负责军事设施管理的助理参谋长办公室资源科
CHEM	陆军化学制剂和弹药销毁	R-陆军参谋部之计划分析与评估部计划与优先事项科 P-主管采办、后勤和技术的陆军部助理部长之规划、计划和资源处
AFHC	陆军家庭住房（建设）运作	R/P-负责军事设施管理的助理参谋长办公室设施科
ERA	陆军环境恢复和以前用过的试验地点	P-负责军事设施管理的助理参谋长办公室环境科
BRAC	基地改组与关闭	R/P-负责军事设施管理的助理参谋长办公室基地改组与关闭科
AFHO	陆军家庭住房（作战）	R-负责军事设施管理的助理参谋长办公室设施科
OMA	陆军作战与维护	参见表8-8至表8-11
OMNG	陆军国民警卫队运作与维修	参见表8-12
OMAR	陆军预备役运作与维护	参见表8-13
MPA	陆军军事人员	陆军参谋部之人事部人力政策、规划与计划科
NGPA	陆军国民警卫队	R/P-陆军国民警卫队局长预算方案科
RPA	陆军预备役人员	R/P-陆军预备役局局长预算科

续表

资源识别码	拨款（资金）	职能需求的主管（R） 计划和实施情况的主管（P）
HAF-D	国防部房主补助资金	R/P-通用作战环境

拨款发起人和职能主管的总体责任如下：

a. 人力和兵力结构问题主管。人力问题主管与兵力结构问题主管共同在规划、计划、预算和执行程序中的各个阶段保持连续的信息交流并开展持续合作。他们将视情况履行以下职能：

（1）整合向战场下达的指示以及对于来自战场的请求的处理，以推动人力和兵力变革。

（2）在诸如结构和人力分配系统、"规划、计划、预算和执行"体系系统和《未来年份国防计划》之类的规划、计划、预算和执行数据库系统之间协调和平衡人力和单位信息。

（3）为计划评估小组主席提供人力问题方面的支持。

（4）核实人力的负担能力。

b. 职能需求主管。职能需求主管负责履行以下职能：

（1）确定规划、计划和预算职能需求的范围、数量与性质。

（2）检查各司令部和机构的人力和资金分配情况，以确保这些人力与资金的使用能够满足计划需求。

（3）对陆军司令部、项目/计划执行官以及其他执行机构提交的未提供资金的计划进行优先排序。

（4）利用陆军计划和预算指南以及优先排序解决相关冲突，这些冲突是指陆军司令部、计划执行办公室和其他运营机构在制定计划或预算时，未能在未获得资金的需求或资金消减方面达成共识的冲突。

（5）向规划、计划与预算委员会建议可用资源、未获得资金的计划以及抵销减量的拨配情况。

（6）在计划与预算审查期间以及整个过程中，与负责相关的管理决策执行一揽子措施的机构以及与相关资源的对应拨款倡议者一起，协调资源变更情况。

c. 计划和执行主管。计划和执行主管负责履行以下职责：

（1）提出职能计划，并在规划、计划、预算和执行程序的各个阶段监控其执行情况。

(2) 按照要求协助拨款倡议者履行职责。

(3) 将预算决策和经批准的人力和资金申请制成计划变更书，并确保数据交易能够更新相关的管理决策执行一揽子措施，并协同拨款倡议者更新相关拨款。

(4) 从职能的视角检查预算的执行情况。

(5) 针对投资拨款，进行以下行动：

(a) 运作并维护相关数据库以支持规划、计划、预算和执行体系系统。

(b) 在预算编制过程中，确定财政指导方针的变化对预算概算报告影响，同时审查并批准预算理由说明文档。

(c) 在国会审查由国防部部长办公室和管理与预算办公室提出的预算期间，担任拨款倡议者，协助制定针对国防部部长办公室问题的陆军响应文件，并准备国会的申诉。

(d) 在执行期间确定资金接收方、监控执行情况、进行减额审查、规划重新计划以及控制阀值以下的重新计划。在研究、发展、试验与鉴定以及采购事务方面，或按照其他要求，在国防部部长办公室与国会面前进行辩护。

d. 拨款发起人。拨款发起人负责履行以下职责：

(1) 控制分配的拨款或资金。

(2) 担任负责拨款资源的陆军发言人。

(3) 帮助资源申请人解决人力和资金短缺问题。

(4) 发布预算政策、指示与财政指导。

(5) 在制定预算期间履行以下职能：

(a) 负责更新规划、计划、预算和执行程序数据库。

(b) 与职能和人力代表协调，制定预算概算报告并说明其正当性，以确保拨款项目能够与数据库系统相匹配。

(6) 在预算的理由说明期间在国会前辩护。

(7) 管理拨款的财政执行情况并重新计划拨配的人力与资金，以便在预算执行期间应对未能预见的突发事件。

第六部分　资源分配

8-24. 记录资源

a. 陆军管理决策执行一揽子措施是重要的资源管理工具，从总体上负责所有的陆军资源。管理决策执行一揽子措施描述了在 9 年的时间跨度内，为陆军现役部队、国民警卫队、预备役组成部队和文职工作人员计划的能力。

b. 单个管理决策执行一揽子措施记录了实现预期结果所需的资源，描述了特定的组织、计划或职能，并专门适用于以下资源管理领域之一：

（1）经修正的编制装备表所列任务。

（2）配备与装备数量表所列任务。

（3）武器与情报系统的采办、部署和维持。

（4）特种可视性计划。

（5）短期项目。

c. 总之，管理决策执行一揽子措施规定了与计划任务相关的军事和文职人力以及资金；展示了相关的陆军司令部所需的资源以及相关的拨款；为资源支出提供了合理性说明。

d. 陆军部总部利用管理决策执行一揽子措施来协助制定计划，进而为需求提供支持；执行已批准的计划；检查计划的执行结果。

e. 陆军部总部利用管理决策执行一揽子措施将陆军部部长以及陆军参谋长的决策及其优先事项与下列材料联系起来：

（1）记录国防部部长办公室中有关各军种态势的未来年份国防计划账目。

（2）记录陆军行动以及军事设施中资金交易的陆军管理结构代码账目。

f. 陆军部总部还利用管理决策执行一揽子措施来连接规划、计划、预算和执行体系系统内的重要系统，例如：

（1）结构和人力分配系统。

（2）陆军训练需求与资源系统，该系统的产品——陆军个人训练计划显示了有效的训练需求以及相关的训练计划。

(3) 仓库维修计划。

g. 对于投资账目而言，建设、研究、发展、试验与鉴定以及采购工作的主管首先依据陆军管理结构代码、陆军计划要素、项目编号以及预算排列项目号来分配计划与预算资源，然后将资源分配给资源管理领域内的管理决策执行一揽子措施。

8-25. 管理决策执行一揽子措施覆盖的计划年份与预算年份

a. 管理决策执行一揽子措施记录了在9个财政年度内人力和预算授权总额，这些人力和预算授权总额是显示计划与预算所需要的。每个财政年度将对哪个计划年份或预算年份进行说明，取决于管理决策执行一揽子措施的关注点是否落在了该计划或预算中。图8-5显示了管理决策执行一揽子措施的定义和职能。图8-6显示了适用于2017-2021财政年度总统预算的管理决策执行一揽子措施的财政年度结构，并讨论了计划制定人员和预算制定人员审查资源需求的补充方式。表格从左至右显示了执行任务和职能所需的人力和资金。表格从上至下显示了这些需求如何在陆军计划之间分配，以编制向国会拨款的请求。

定义：
- 一个独立的功能包，它描述了某个特定的组织、计划或职能在9年的周期内可以获得全部的资源

职能：
- 什么样的能力是资源或有价值的？
- 有多少资源
- 为什么要为这项军事能力提供资源？
- 谁是值得可以信赖的？
- 资源何时可用？

- 战场观察 
- 军事能力（生存能力、智力等）
- 主管作战、民事和训练的副参谋长
- 年度（先前、当前、预算、计划）

管理决策执行一揽子措施是一种军队的计划工具

图 8-5 管理决策执行一揽子措施

b. 管理决策执行一揽子措施在年度规划目标备忘录/预算概算报告的提交中向前移了一年。在下一个年度规划目标备忘录/预算概算报告的周期开始时，规划、计划、预算和执行数据库将删除数据库中最早的年份，并增加一个新的年份。已经过去的年份中的第一年为先前财政年度。它记录了当前财政年度前一年执行预算所花费的资源。当前财政年度显示的是正在执行过程中的预算中的资源。已经过去的年份中的最近一年被称为预算财政年度。预算财政年度列出了国会正在审查的总统预算中要求的资源。

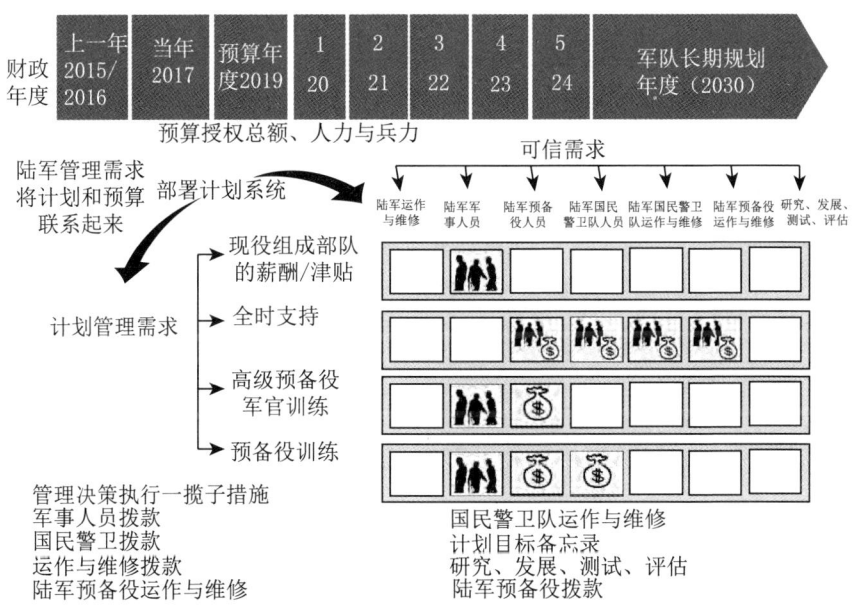

图 8-6 2017-2021 财年规划目标备忘录管理决策执行一揽子措施

8-26. 在管理决策执行一揽子措施中，人力与资金可进行重新分配的程度

a. 如上所述，管理决策执行一揽子措施包括预算年份增量与计划年份增量。这两个增量的主要区别体现在陆军在人力与资金方面所具有的灵活性上。

b. 在计划年度或规划目标备忘录年度期间，陆军部总部在总体军事财年年终兵力方面受到国会的限制，同时也受到财政指导的限制。陆军部总部通过平衡工作量与可用的资金来确定并批准文职人员工作年度水平。同样，陆军部总部仅通过预算授权总额限制计划资金，而不是通过单项拨款来限制。这些特征允许对先前计划好的人力与资金进行重新分配，以满足不断变化的需求。例如，在以后的规划目标备忘录或预算提案中，陆军部总部可以根据需要，在管理决策执行一揽子措施、拨款和陆军计划要素之间调配计划年份的资源。

c. 一旦陆军部总部将预算概算报告递交给国防部部长办公室，对人力与资金方面的任何变更都必须由国防部部长办公室批准。在总统预算递交给国会之后，计划年份中的人力和资金的变更将受到更严格的控制。

（1）陆军部总部可以在管理决策执行一揽子措施或司令部与机构之间重新分配先前已经计划好的人力与资金，但是在当前财政年度拨款成为法律之前，必须保持当前预算的资金数额不变。

（2）执行过程中的灵活性允许为未进入预算的需求提供资金，以满足作战条件下未能预见的需求变化。即便如此，国会的规定和已计划好的资金限额将严重地限制除最初得到批准的用途之外的开支。此外，在执行期间，总部可以在拨款范围内转移军事和文职人员，而无需相应的资金转移。

8-27. 灵活性对管理决策执行一揽子措施的影响

a. 管理决策执行一揽子措施资源的频繁变更。在计划制定和预算制定的各个阶段的竞争都会导致管理决策执行一揽子措施资源水平的频繁变化。国防部部长办公室对规划目标备忘录/预算概算报告进行审查后所做的决定可进一步更改最初批准的金额。有时，上述决策甚至可能会影响已经递交给国会的总统预算申请。国会的授权与拨款决策通常会更改总统预算申请的金额。在预算的执行过程中，有时会出现与计划不同的支出速度和支出数额，有时也会出现不同的用途。

b. 使管理决策执行一揽子措施资源保持最新状态。计划与预算分析人员通过各自的反馈系统不断地更新管理决策执行一揽子措施，以反映最新计划或预算事件的实况。上述各种变更要求资源主管不断权衡计划与预算措施对管理决策执行一揽子措施的影响，以及管理决策执行一揽子措施中的计划年度或预算年度中的变更对未来几年可能的影响。资源主管不断地询问:"以何种方式进行更改?改变管理决策执行一揽子措施资源水平?在各年度之间转移资源?还是影响相关管理决策执行一揽子措施中的资源?"

c. 陆军管理结构。陆军管理结构是第二个主要的资源记录结构。根据国会拨款,陆军管理结构按照《国防财务会计服务局-印第安纳手册》37-100-××××(××××是当前财政年度,例如 2016 财年)的规定,将计划资金和人力与活动和职能的标准分类联系起来。陆军管理结构代码有助于按照预算、执行与会计所需的详细程度记录数据。

8-28. 其他结构

其他财务管理结构包括针对运作与维护拨款 01 级预算项目结构(见表 8-8 至表 8-14),用于武器系统的标准研究编号和预算排列项目号,同时也用于军事施工的自动化支持的项目编号。自动化的陆军"规划、计划、预算和执行"系统为陆军"规划、计划、预算和执行"职能提供支持,同时为国防部向国防部部长办公室、管理和预算办公室以及国会提交规划、计划、预算和执行数据提供支持。虽然命名为规划、计划、预算和执行数据库,但它包含了兵力、资金和人力方面的信息,同时也是陆军资源的记录数据库。

a. 规划、计划、预算和执行数据库。规划、计划、预算和执行数据库组织并记录了该程序中使用的 9 个年度的资金与人力数据以及 12 个年度的兵力数据。它通过与管理决策执行一揽子措施、拨款、计划要素、陆军计划要素以及其他识别码(包括司令部或资源组织代码)绑定的密钥,来收集人力与资金数据。陆军部总部使用该数据库来执行以下事项:

(1)支持用户分析。

(2)制定并记录规划目标备忘录/预算概算报告。

(3)制定《未来年份国防计划》的陆军部以反映规划目标备忘录/预算概算报告,以及后来的总统预算。

(4)通过精选与本地计划数据收集系统、标准数据收集系统、军种支援人力系统以及审计信息系统向国防部部长办公室报告持续的陆军资源实况。

(5)在《未来年份国防计划》的每次更新之后,发布反映未来年份国防计划资源实况的陆军司令部计划与预算指南。

（6）提供、管理、决策、执行一揽子措施的执行和支出信息。

b. 未来系统强化。规划、计划与预算业务运作系统用于实现陆军部总部层级的计划与预算程序中的事务处理自动化信息系统的标准化，并将这些系统更好地进行整合。这些系统是总部"规划、计划、预算和执行"业务程序的核心，用于收集计划需求、平衡资源并向国防部部长办公室递交陆军计划预算。业务运作系统简化了计算与预算业务程序，并显著提高了战略分析能力。该系统还提供了陆军部总部的各个系统、反馈数据库系统和与这些系统相关的业务程序的设计、重建并整合。业务运作系统可以提高能力、消除冗余，并降低了总体运营成本。

第七部分　陆军规划、计划、预算和执行程序审议论坛

8-29. 陆军决策委员会和程序

a. 计划预算评估小组是一个工作层面的论坛，可在整个规划、计划、预算和执行程序中召开会议。计划预算评估小组将通过在其职权范围内处理低级资源问题，来协助规划、计划、预算和执行陆军上校委员会和计划评估小组。计划预算评估小组履行以下职能：

（1）审查资源变更需求（计划评估小组程序中的需求）、概念计划以及其权限范围内的其他资源变更，尤其要关注人力问题。

（2）就选定的提交给规划、计划、预算和执行陆军上校委员会采取行动的问题制定并协调资源建议。

（3）监视其他规划、计划、预算和执行决策论坛的活动。

（4）计划预算评估小组包括来自以下组织的4位联席主席：

（a）主管财务管理与审计的陆军部助理部长管理和控制处首席预算制定科；

（b）主管人事的副参谋长计划和资源处首席资源开发科；

（c）主管作战、民事和训练事务助理副参谋长（兵力管理）兵力统计与文档编制处首席计划预算指导科；

（d）计划分析与评估处计划制定科副科长。

b. 由主管作战、民事与训练事务副参谋长资源分析与整合科科长；计划分析与评估处计划制定科科长以及主管财务管理与审计的陆军部助理部长"规划、计划、预算和执行"整合处处长，共同担任"规划、计划与预算"委员会-上校委员会主席。"规划、计划、预算和执行"上校委员会是一个持续论坛，可在整个规划、计划、预算和执行程序中召开会议。该论坛作为"规划、计划与预算"委员会的代表，并充当提交给该论坛以供决策的所有资源配置问题的正常切入点。这既是本级决策论坛的切入点，也是更高级别决策论坛的切入点。"规划、计划与预算"委员会-上校委员会的职责包括：

（1）担任其他会对资源配置产生影响的问题的"把关人"。

（2）打包提议，提出问题和建议，并协调所有对资源配置有影响的问题，以提交给更高级别的决策论坛。

（3）监督高级别"规划、计划、预算和执行"决策和指导在陆军部总部内的实施，并发布额外指导，以确保决策与指导得以迅速和适当地实施。

（4）监控其他"规划、计划、预算和执行"决策论坛的活动。

（5）"规划、计划与预算"委员会-上校委员会的成员包括：来自计划评估小组上校（GS15——第15级薪资等级）秘书处和陆军参谋部的代表，以及计划评估小组整合官。秘书处和陆军参谋部的其他代表也应当按要求参加委员会会议，以确保规划、计划、预算和执行程序的同步和透明。

（6）"规划、计划与预算"委员会-上校委员会的联席主席还担任上校预算需求与计划论坛的联席主席。

c. 规划、计划与预算委员会的联席主席有3位，他们各自在本责任领域内对该论坛负责。具体来说：主管作战、民事与训练事务副参谋长负责规划工作；计划分析和评估处处长负责计划工作；陆军预算处处长负责预算与执行工作。规划、计划与预算委员会在"规划、计划、预算和执行"程序中担任协调与执行咨询的双重角色。该委员会为"规划、计划与预算"工作提供了一个持续论坛，"规划、计划与预算"主管在该论坛中审查、调整和建议有关问题的行动方案。规划、计划与预算委员会可以将委员会的审议结果退还给陆军参谋部或秘书处以采取行动。委员会可以依次将它们转交给高级审查小组以供审议或批准。规划、计划与预算委员会的职责包括：

（1）保持规划、计划、预算和执行程序的总体秩序。

（2）监督规划、计划、预算和执行程序的进行，由每位主席控制其各自部分的进程。

（3）监控兵力管理以及陆军计划、规划目标备忘录/预算概算报告的制定。

（4）确保陆军政策在内部保持一致；计划的调整与陆军政策和优先事项保持一致。

（5）维持"规划、计划、预算和执行"战略自动化委员会，以实施"规划、计划、预算和执行"体系程序的配置管理，并监督投资信息技术的长期计划，以改善"规划、计划、预算和执行"职能的实施情况。

（6）根据需要，建立其他常设委员会或工作组，以解决管理计划或预算中出现的问题。

（7）规划、计划与预算委员会的成员包括来自计划评估小组的秘书处和陆军参谋代表以及计划评估小组整合官。秘书处和陆军参谋部的其他代表也应当按要求参加委员会会议，以确保规划、计划、预算和执行程序的同步和透明。

（8）规划、计划与预算委员会的联席主席还担任2星级预算需求与计划论坛的联席主席。

d. "预算、需求与计划"委员会–上校委员会是执行影响每年资源配置问题的"把关人"，负责打包提议，提出问题，并在将问题提交给2星级和3星级"预算、需求与计划"委员会之前，协调这些问题。

e. 2星级"预算、需求与计划"委员会充当行政顾问角色，负责强化资源配置程序的秩序，并确保资源配置决策与陆军优先事项保持一致。2星级"预算、需求与计划"委员会负责向3星级"预算、需求与计划"委员会建议规划目标备忘录/预算概算报告解决方案。

f. 3星级"预算、需求与计划"委员会负责解决资源分配问题，同步规划目标备忘录/预算概算报告决策，并在处理时间紧迫的问题时，充当关键的3星级论坛。3星级"预算、需求与计划"委员会由主管财务管理与审计的陆军部助理部长，主管作战、民事与训练事务副参谋长以及主管计划分析与评价的副参谋长（G-8）的军事代表共同主持。3星级"预算、需求与计划"委员会成员包括来自秘书处和陆军参谋部的3星级将官/高级行政官员代表。

g. 陆军部部长于 2014 年 6 月成立了陆军管理行动小组，旨在提供一个职能类似于国防部管理行动小组的陆军层面的讨论和决策论坛。

（1）陆军部副部长和陆军副总参谋长共同担任陆军管理行动小组的联席主席。陆军部副部长助理和陆军参谋部主任是陆军管理行动小组的永久成员。联席主席负责根据需要确定其他常规或临时成员。陆军管理行动小组具有以下职责：

（a）解决体系层面上的战略、政策或管理问题，这些问题在整个陆军中具有跨领域影响力。

（b）担任陆军计划所有文档、决策和组成部分的主要审议机构。

h. 高级审查小组充当高级陆军领导决策论坛，由陆军部部长和陆军参谋长共同主持，成员包括来自秘书处、陆军参谋部各机构和陆军司令部的代表。高级审查小组具有以下职能：

（1）制定政策并批准指南与优先事项。

（2）审查并批准陆军规划目标备忘录/预算概算报告。

（3）批准陆军计划的优先事项。请参阅图 8-7，以了解陆军决策委员会与相关程序。

8-30. 计划评估小组

a. 计划整合官。陆军国民警卫队、陆军预备役部队、主管情报的副参谋长以及首席信息官/主管通信的副参谋长担任计划评估小组的计划整合官。计划整合官将提供技术援助并监控相关措施，以便将陆军国民警卫队、陆军预备役部队以及信息技术计划的优先事项，以及法定、国防与陆军需求整合进陆军的总体计划之中。

b. 计划评估小组。陆军部总部利用 6 个计划评估小组为规划、计划预算与执行程序提供支持（见表 8-10 和表 8-11）。每个计划评估小组都由一位来自秘书处的代表和一位来自计划评估小组倡议机构的代表共同主持，他们为计划评估小组提供执行与管理方面的支持。常任成员包括：负责财务管理与审计的陆军部助理部长拨款倡议者的代表；陆军参谋部之作战、民事和训练事务部的计划优先排序官与需求参谋官；以及陆军参谋部之资源与评估部（G-8）计划分析与评估处计划整合官。

（1）计划评估小组负责计划并监控相关资源，以履行《美国法典》第 10

编子标题 B"陆军"中规定的职能，并为作战司令部与国防部部长办公室指派的执行机构提供支持。每个计划评估小组负责管理下列职能组合的一种组合中的一组管理决策执行一揽子措施：人员配备、训练、组织、装备、维持与军事设施。

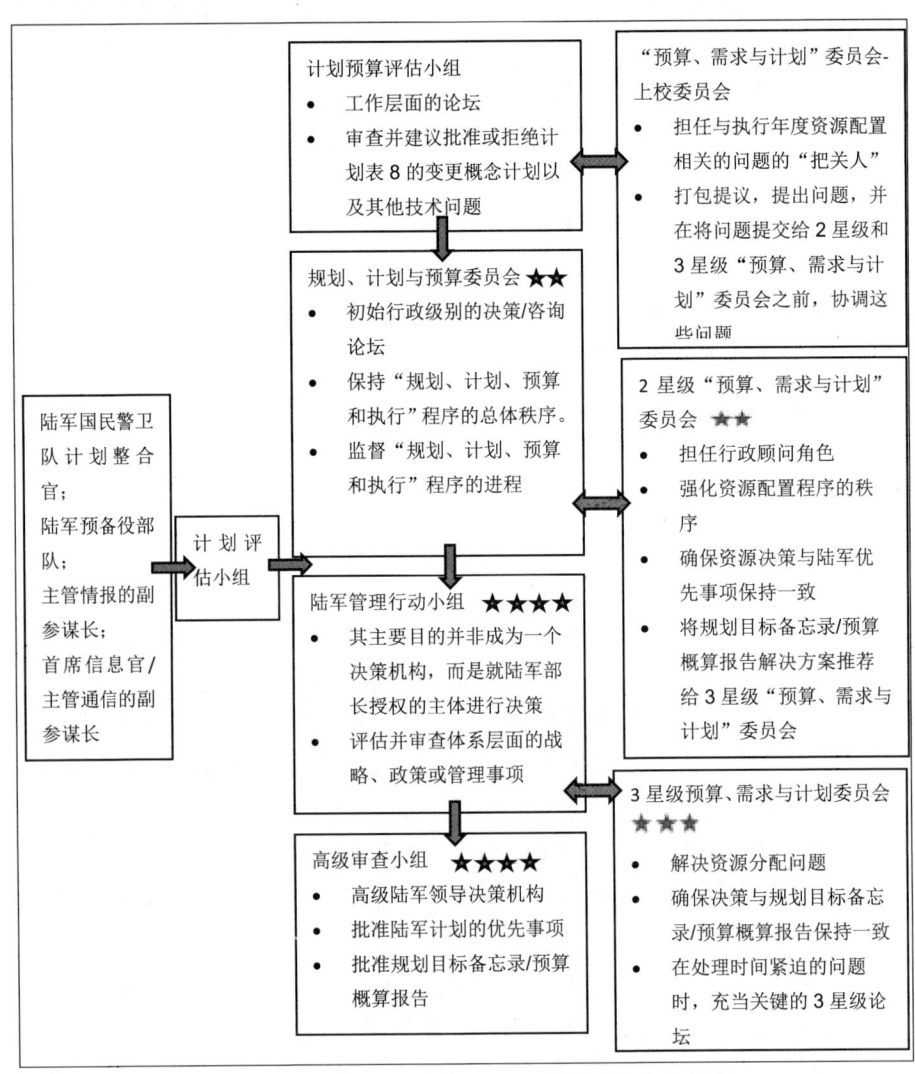

图 8-7 规划、计划、预算和执行决策委员会与程序

(2) 在现有计划与预算指南的指引下，各个计划评估小组负责设置资源需求的范围、数量、优先次序以及定性性质。他们监控计划评估小组的资源使用情况，并根据需要为指派的管理决策执行一揽子措施作出管理性与实质性变更。管理决策执行一揽子措施的倡议者、主题专家以及各司令部与机构的代表将参加计划评估小组的审议。

(3) 计划评估小组在计划整合官的帮助下，协助陆军部总部职能倡议者履行以下职责：

（a）制订陆军规划与陆军计划，并协助将计划转变成预算层级的详细信息。

（b）在综合计划预算的规划期间以及后来的制定、分析与辩护期间，保持计划的一致性。

（c）在执行过程中跟踪计划与预算的实施情况。

（d）在规划、计划、预算和执行程序的各个阶段紧跟政策方面的变更。

表 8-10 计划评估小组

计划评估小组名称	倡议者	政策确定的联合主席	需求确定的联合主席	拨款赞助人	计划整合
组织	陆军部长的行政助理	负责人力与预备役事务的陆军助理部长	陆军部长的行政助理	主管财务管理与审计的陆军助理部长	陆军参谋部兵力结构、资源和评估部作战、民事和训练部
人员配置	主管人事的副参谋长	负责人力与预备役事务的陆军助理部长	主管人事的副参谋长		
训练	主管作战、民事和训练的副参谋长	负责人力与预备役事务的陆军助理部长	主管作战、民事和训练的副参谋长		
装备	主管兵力结构、资源和评估的副参谋长	主管采办、技术和后勤的陆军助理部长	主管兵力结构、资源和评估的副参谋长		
维持	主管后勤的副参谋长	主管采办、技术和后勤的陆军助理部长	主管后勤的副参谋长		
军事设施	主管军事设施管理的助理参谋长	负责设施、能源和环境陆军助理部长	主管军事设施管理的助理参谋长		

表 8-11 计划评小组职能

编制（OO）	装备（EE）
·为和平时期的维持和训练提供最低限度的生成部队，并为作战部队提供战时动员和兵力投射能力 ·为满足陆军需求的特殊计划提供支持	·为现役陆军、陆军预备役部队和陆军国民警卫队的发展和部署作战能力提供资源，以整合新的条令、训练、组织和装备，侧重于研究、发展、测试与鉴定以及武器和装备采购在内的装备采办 ·考虑部署武器与装备时的运作与维护费用以及战斗发展成本
人员（MM）	维持（SS）
·按级别和技能向现役部队、陆军国民警卫队和美国陆军预备役部队提供已授权的人员 ·整合陆军国民警卫队与陆军预备役部队的人员授权	·为现役部队、陆军预备役部队和陆军国民警卫队的运作提供资源，并重点强调全球战备状态范围包括战略机动性、储备库存、工业战备、集中补给以及仓库装备维护的内部运作 ·包括确保战略后勤系统的质量和及时性、管理武器系统、提供安全援助、进行后勤长期规划以及重塑后勤的措施 ·提出简化业务运作，改善信息管理结构，进一步促进信息系统的整合、共享、标准化和互操作性的措施
训练（TT）	
·为现役部队、陆军国民警卫队和陆军预备役部队的单位战备状态（包括医疗单位）和单位集体训练（地面作战结构和飞行小时计划、固定翼飞机操作和维护、作战训练中心、动员、战区安全合作活动和军事应急行动）提供资源。 ·提供集体训练、院校培训（首次入伍训练、领导发展、职业发展、职能训练）和军官采办（美国军事学院、预备役军官训练队、军官候选人学校） ·通过综合训练、军事演习以及与盟国和联盟伙伴的指挥控制交流，来支持多国部队的兼容性 ·处理计划、系统和活动，以满足美国总统和国防部部长以及高级领导层的情报需求；这些需求的资金来自："计划 31"下国家对外国情报计划的陆军部分，"计划 9"下对国家机构的情报支持［装备计划评估小组负责管理战术情报及相关行动的大部分需求，这些需求由"计划 2"和"计划 4-10"下的主管计划分析与评估的副参谋长（兵力发展处）（G-8 FM）管理；装备计划评估小组还负责满足其他情报和电子战需求的采办活动］	·提供资源以便为现役陆军、陆军国民警卫队和陆军预备役部队的军事设施提供支持——这些军事设备包括军人、家庭和文职人员的工作、生活和训练的运行与服务支持中心 ·规划并计划用于基地支持、军事建设、家庭住房、基地改组与关闭以及环境恢复计划的军事设施资金 ·基地支持分为两个部分： 基地运作支持包括基地运作、反恐、部队防护、家庭计划、环境和视听基础通信维持、恢复并实现现代化，以提供设施和基础设施的维护、拆除、升级或更换。 ·提供最少的必要劳动力，以支持军事设施管理，并通过不断寻求在适当情况下将非核心军事人员转为文职雇员的办法，来利用现有兵力

第八部分 陆军规划、计划、预算和执行程序——规划阶段

8-31. 陆军计划

请参阅本书第二章"战略和战略方向"。

8-32. 所需能力的确定

a. 有关联合能力整合与发展系统的详细信息,请参阅本书第十章"能力需求和装备系统的研究、发展与采办管理"。

b. 从 10 月和 11 月开始,在计划制定的早期阶段,需求参谋官与计划评估小组协同工作,以确保获得资金的计划与军事需求以及领导指定的能力之间具有清晰可辨的和有据可查的联系。计划评估小组及其需求参谋官协同合作,试图强化符合此标准的计划之间的联系,并终止那些不符合上述标准的计划。从 1 月份开始正式制定该计划起,将持续对其进行审议直到 4 月,以批准构成每个计划评估小组计划的各个管理决策执行一揽子措施。目的是确保正在开展的计划评估小组计划能够与已经批准的军事需求以及领导指定的能力实现关联。

c. 如果一项将要终止的计划在计划评估小组层级未得到解决,则将通过陆军参谋部主管作战、民事和训练事务助理副参谋长递交给规划、计划与预算委员会,以供决策。

8-33. 陆军研究、发展与采办计划

陆军参谋部之资源与评估部(G-8)与负责采办、后勤和技术的陆军部助理部长一同编制研究、发展与采办计划,以分析战场与基础设施能力的需求,并将这些需求按照优先等级进行排序。研究、发展与采办计划应当与装备解决方案(即研究、发展、试验与鉴定以及采购计划)相匹配。

a. 研究、发展与采办计划是一项为期 15 年的计划,用于开发技术并生产装备,以推进陆军现代化。该计划实行强制性的预算授权总额控制措施,将现代化工作限制在技术和财政上都可行的范围内。通过这一程序,陆军将需求(这些需求是通过无限制的规划制定的)缩减成一个研究、发展与采办计

划，从而达到以下效果：以有限的资源促进作战能力以及配套基础设施的能力最大化。

b. 研究、发展与采办计划通过陆军参谋部之资源与评估部（G-8）的研究、发展与采办数据库表示，该数据库被称之为"兵力发展信息与整合系统"。兵力发展信息与整合系统作为一套必需的管理决策执行一揽子措施，向研究、发展与采办计划提供信息。这些管理决策执行一揽子措施由陆军参谋部主管资源与评估的副参谋长（G-8）以及负责采办、后勤与技术的陆军部助理部长按照数字顺序进行排列。每个管理决策执行一揽子措施描述一个计划、职能或组织，以及所需的资金和系统的数量。它不仅涵盖了5年期的《未来年份国防计划》，还涵盖了9年期的延长的规划期。

c. 研究、发展与采办计划是一个持续的过程，聚焦于对研究、发展与采办数据库的定期修订。修改通常发生在当前财政年度规划目标备忘录/预算概算报告的制定期间（2月至8月），以及总统预算的制定过程中（9月至次年1月）。在此期间，总部将对《未来年份国防计划》年份或研究、发展与采办计划的前5年进行调整。然后，陆军的研究、发展与采办界限将调整最后9年的时间，以确保从规划目标备忘录/预算概算报告到总统预算和延长的规划期这一过程不仅预算合理，而且具有可执行性。

d. 每年12月，训练与条令司令部向陆军部总部提交有关装备需求的建议，这些建议是通过能力需求分析得出的。该过程考虑了多个指导，包括国家军事战略和陆军计划、陆军的装备现代化战略以及作战指挥官的综合优先列表等。能力需求分析将总体兵力所需的未来能力与受财政约束的预算兵力进行对比，对比的结果决定了军队的现代化需求。训练与条令司令部会根据这些需求对完成任务的贡献度，来对这些需求进行排序。

第九部分 一体化计划——预算阶段

8-34. 陆军计划与预算

陆军计划与预算是一个一体化决策程序，产出物为规划目标备忘录/预算概算报告。陆军的一体化计划与预算与国防部部长办公室审查一同为总统预算的制定提供支持。总统预算提交给国会后，陆军将在国会听证会上提出预算的陆军部分并说明其合理性。

8-35. 指导

a. 国防部部长办公室规划阶段的主要产物是国防计划指南，它为各军种以及国防机构提供了重要的战略和政策以及有限的计划指导。

b. 技术指导备忘录。陆军参谋部之资源与评估部（G-8）的计划分析和评估处处长使用技术指导备忘录对陆军计划指导备忘录进行补充。该技术指导备忘录旨在分配资源以实现陆军愿景。技术指导备忘录还提供了一些协调性的指示，以在规划目标备忘录/预算概算报告的制定期间为计划评估小组提供指导。另外，这一指导针对陆军部部长和陆军参谋长制定的具体计划，逐个为计划评估小组制定计划优先顺序。而且，对于某些计划，它还规定了特定的资助水平。

c. 财政指导。在完成规划目标备忘录/预算概算报告的制定工作之前，国防部部长办公室将发布一份财政指导，该指导将确定计划年份中陆军的预算授权总额。随后，计划分析和评估处处长将预算授权总额分配给各计划评估小组，以制定计划中各自的部分。该指南涵盖了通货膨胀因素与其他行政指示。

d. 计划和预算指南。通常，计划分析和评估处处长每年发布两次计划和预算指南：一次是在将规划目标备忘录/预算概算报告递交给国防部部长办公室以备审查之后；另一次是在总统预算递交给国会之后。计划和预算指南由以下单位共同制定：主管财务管理与审计的陆军部助理部长下属的预算编制科；陆军参谋部之资源与评估部（G-8）下属的计划预算数据管理科；以及陆军参谋部之作战、民事和训练事务部下属的兵力统计与文档编制科。计划与预算指南为各主要陆军司令部、计划执行办公室以及其他作战机构提供了资源指导。概要指南将指导各司令部与机构处理资源需求问题，例如，与飞行时数、地面作战节奏以及燃油费、通货膨胀率与外币汇率有关的资源需求。一个相关的自动生成的文件将反映出各个司令部与机构的资源状况。各司令部与机构将利用各自的计划和预算指南资源信息来更新其数据库，以适应下一个规划、计划、预算和执行周期。

f. 一体化计划-预算数据调用。陆军部总部负责发布多份《资源规划指南》，以便为规划、计划、预算和执行程序提供便利。《资源规划指南》第3

卷"一体化计划-预算数据调用"于秋季发布，介绍了各陆军司令部、计划执行办公室与其他执行机构必须提交给陆军部总部的数据，以备规划目标备忘录/预算概算报告的编制。各司令部与机构可以在计划年份提交资源变更报告。但是，《资源规划指南》第3卷要求一个指挥部或机构内的变更必须能够相互抵消。

g. 计划数据要求。在递交每份规划目标备忘录之前，国防部部长办公室都要更新一本基于网络的手册，即"计划数据要求"。计划数据要求为数据、需求与计划正当性说明的制定和提交提供指导，以支持各军种和国防机构的规划目标备忘录。这些指导对格式与样本进行规定，阐述了计划数据要求和一些预算数据，这些要求和数据通过国防部部长办公室的精选与本地计划数据收集系统提交。

h. 规划目标备忘录编制指南。根据要求，陆军部总部发布了《资源规划指南》第4卷，作为国防部部长办公室计划数据要求的补充，并为规划目标备忘录的编制提供额外指导。

i. 预算概算报告编制指南。有两份国防部部长办公室预算指南文件会对预算概算报告的内容产生影响。《国防部财务管理条例》第2卷规定了用于陈述预算的各类证据与文件。年度预算调用备忘录负责提供补充信息，例如，当前的汇率和定价指南。作为这些文件的补充文件，主管财务管理与审计的陆军部助理部长还发布了制定陆军预算概算报告的行政命令。

8-36. 陆军资源框架

图8-11中所示的陆军资源框架等级结构旨在以一致的方式安排陆军的资源，以便为所有规划、计划、预算和执行周期中资源决策的制定提供便利。

8-37. 规划目标备忘录的编制

a. 启动。该程序的年度一体化计划-预算阶段于每年10月启动，以国防部部长办公室对最新递交上来的变更提案进行审查为开端。在制定陆军计划时，编制人员将计划决策、国防部部长办公室计划指南以及国会的指南转变成一个关于兵力、人力与资金的综合分配方案。通过这一工作，编制人员整合并平衡集中管理的人力计划,作战计划,研究、发展与采办计划以及驻扎与施工计划。同时,他们融合了各陆军司令部,计划执行办公室以及负责人力、作战与维持、住房与施工的各个执行机构提出的要求。

b. 初始计划审查。从 10 月到 12 月,陆军部总部将执行以下职能:

(1) 审查现有计划以确定计划缺陷。

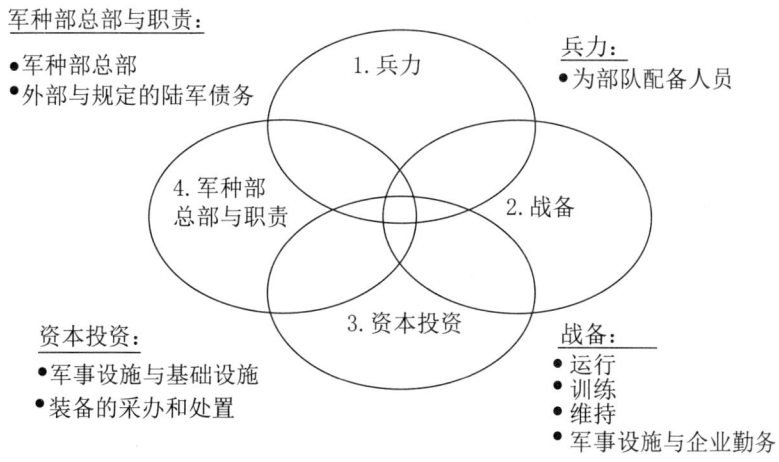

图 8-8　陆军资源框架

(2) 通过计划评估小组对现有的管理决策执行一揽子措施进行分类。

(3) 确定兵力结构和文职人员授权。

(4) 响应国防部部长办公室计划与预算审查中记录的变更和生成的问题文件。

c. 制作数据库。

(1) 总统预算递交给国会之后,便开始正式制定规划目标备忘录/预算概算报告。这通常发生在每年 1 月的第一个星期一之后,但不迟于 2 月的第一个星期一。首先,计划分析和评估处处长将在"规划、计划、预算和执行"数据库中建立一个基础文件,用于反映总统预算中的资源实况。其次,当一系列变更达到零和,即预算财政年度总统预算的资源水平在总额上并无变动时,陆军部总部将对数据库进行修订。这些调整包括:

(a) 利用新的信息更新较早的预算,并根据通货膨胀率对其进行修正。

(b) 在当前的陆军管理结构代码与 MDRP 结构之间调动资源。

(c) 通过合并或拆分的方式合并或另行重组单个计划，从而使得陆军整体计划更易于管理。

(d) 根据需要对现有计划重新定价，并且，当修订后的资源水平对此提出要求时，确定可抵消扣减的项目。

（2）图 8-9、图 8-10 和图 8-11 显示了制定规划目标备忘录/预算概算报告、"规划、计划、预算和执行"程序以及计划和预算的时间表。

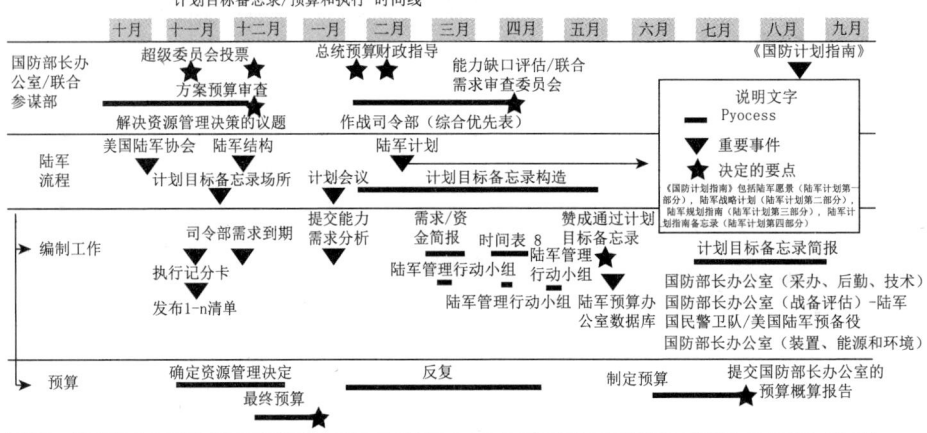

图 8-9　规划目标备忘录/预算估计提交时间图

d. 司令部的参与。除计划执行办公室外，各陆军司令部也会参与规划、计划、预算和执行程序，并通过陆军采办支援中心进行报告。上述机构与其他执行机构通过指挥官的概要报告、司令部要求的变更提案以及《资源规划指南》第 3 卷规定的其他数据提案，来发布任务和作战需求。陆军司令部指挥官担任陆军组成部队司令部指挥官，负责将作战司令部的作战需求整合进他们各自的计划与预算输入物中。此外，作战指挥官在综合优先列表中突出强调了其紧迫的需求，该综合优先列表在计划制定期间将接受陆军部总部、联合参谋部以及国防部部长办公室的严格审查。

e. 计划评估小组的职责。

（1）如前所述，陆军部总部将计划需求打包放入管理决策执行一揽子措施中，每个管理决策执行一揽子措施都与六个资源管理领域中的一个相关。然后，陆军部总部将每个管理决策执行一揽子措施分配给一个计划评估小组，以帮助编制并追踪陆军规划目标备忘录，该备忘录隶属于国防部《未来年份国防计划》的陆军部分。

（2）计划评估小组的规划目标备忘录编制工作开始于秋季，并于次年的3月至5月达到顶峰。

（3）计划评估小组负责管理被指派的管理决策执行一揽子措施。这些小组负责设定资源需求的范围、数量、优先顺序以及定性性质，这些因素将确定各计划评估小组的计划。这些小组还负责监控计划评估小组的资源交易情况，并根据需要对管理决策执行一揽子措施作出形式或实质性变更。在此过程中，计划评估小组根据预算授权总额指南审查分配的管理决策执行一揽子措施，并审查司令部和各机构提出的需求，这些需求是通过进度表1及其规划目标备忘录提交的。同时，计划评估小组还负责审查作战司令部的综合优先列表以及提供支援的陆军组成部队司令部提出的资源需求。计划评估小组将司令部的作战需求与陆军部总部指南以及现有的管理决策执行一揽子措施和新计划联系起来。

（4）同时，计划整合者为计划评估小组提供技术援助，并监控各小组行动，以整合其各自计划的优先事项以及法定、国防与陆军需求。

（5）以对《美国法典》第10编中规定的责任领域相关军事需求的审查为基础，每个计划评估小组负责制定一个具有可行性的计划，该计划应当具有可负担性、连续性和平衡性。在此过程中，计划评估小组负有以下职责：

（a）验证陆军司令部、计划执行办公室以及其他执行机构提交的变更请求。

（b）协调冲突。这些冲突涉及未提供资金的需求或者司令部未达成协议的缩减事项。

（c）提出关于可用资源和削减事项的分配建议，以支持经批准但未提供资金的计划。

（d）将已批准的计划进行排序，这些计划将作为计划评估小组输入物，输入进主管作战、计划和训练事务副参谋长的总体规划目标备忘录优先计划列表中。

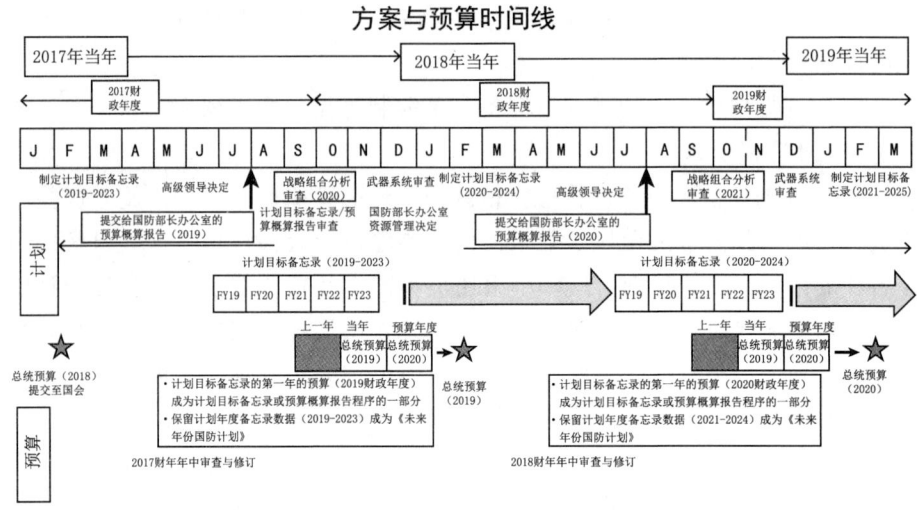

图8-10 规划、计划、预算和执行程序时间图

(e) 评估陆军部总部、司令部以及其他机构的调整情况，这些调整应最终达到零和，以重新分配计划好的资源，从而满足现有的差额和变更的需求。

(f) 必要时与适当的军种、国防部以及非国防部机构协调资源的变更情况。

(g) 确保拟议的重新分配方案符合法律规定以及陆军政策和优先事项，避免轻率决定和过高风险，同时应保有执行强制性计划和子计划的能力。

(h) 对于陆军可以在国防部部长办公室、管理与预算办公室以及国会的审查过程中进行辩护的计划决策进行定价。

f. 内部计划审查。在规划目标备忘录/预算概算报告的编制期间，规划、计划与预算委员会定期会晤，以审查和调整计划的编制、行动方案的制定以及就有关问题提出的建议。相应地，高级领导审查小组将在程序的早期召开会议，以批准指南，并在关键阶段批准规划、计划与预算委员会的决策。

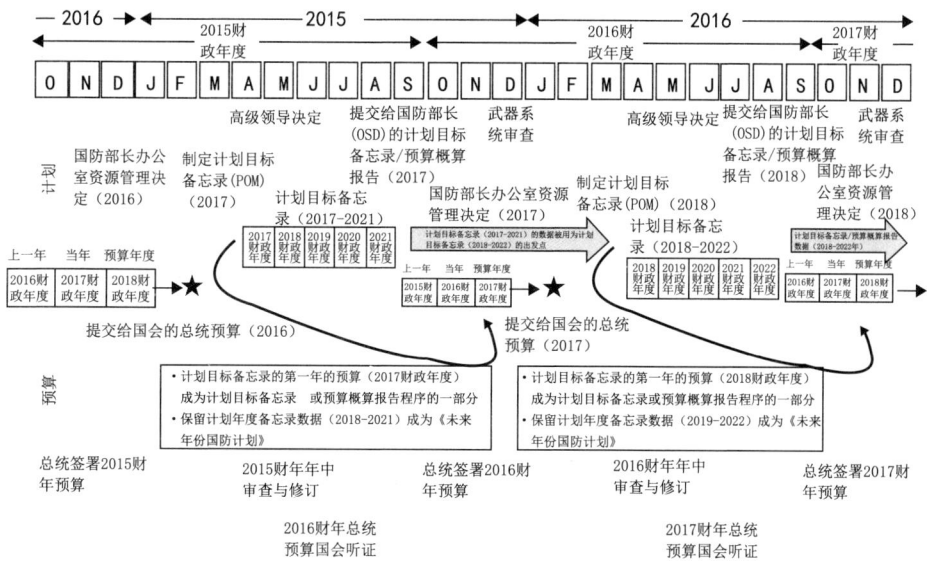

计划和预算编制是一个连续的过程

图 8-11　计划与预算时间图

g. 规划目标备忘录。年度规划目标备忘录记录了陆军部部长的计划决策，陆军参谋长的建议可对该决策产生影响。年度规划目标备忘录还负责在规定的国防部部长办公室财政与人力限制范围内提出有关平衡与整合资源配置的议案。规划目标备忘录的议题在每个周期中都保持相对固定，但根据待解决的特殊问题的要求也会有所不同。2017-2021 财年规划目标备忘录包括对以下议题的介绍和讨论：兵力、投资、运作与维护、基础设施环境、基础设施防务机构、人力与人事、国防运作资金以及作战指挥官综合优先列表。

8-38. 计划和预算的相关性

规划目标备忘录规定了陆军在 5 年的计划周期内计划采取的行动，并运用管理决策执行一揽子措施，按照任务、职能与其他规划目标的类别打包所需的资源。但是，在整个计划编制过程当中，计划编制人员与预算编制人员都必须确保计划决策能够获得适当的成本计算，并且陆军资源决策在国防部部长办公室、管理和预算办公室以及国会进行的预算审查期间可以得到辩护。

计划编制人员与预算编制人员紧密合作，共同协助陆军高级领导在作出资源分配决策之前考虑所有的相关信息。这一做法可以排除在一体化程序后期需要重新处理大多数问题的重复工作。此外，它还提供了从计划到预算几乎无缝的衔接。

8-39. 预算概算报告的编制

a. 陆军部总部在编制规划目标备忘录的同时编制预算概算报告。之前，一体化的规划目标备忘录/预算概算报告在每年8月提交给国防部部长办公室。从2017财年的递交开始，规划目标备忘录/预算概算报告将在7月中旬提交，并计划从2018财年的递交开始，于6月中旬提交。预算概算报告涵盖了陆军部部长与陆军参谋长批准的计划的第一年。

b. 一个或多个事件可能会导致陆军部总部重新讨论某些规划目标备忘录/预算概算报告的决策。例如，在制定计划预算期间，国会将审查下一个财年的预算。审查要求陆军跟踪国会由此采取的措施，并对预算概算报告作出适当调整。另外，在完成规划目标备忘录之后，在规划目标备忘录的编制期间的利率与价格可能会发生变化。后续的新情况通常需要对利率与价格进行修改，包括对陆军运作资本基金、薪资、燃料或通货膨胀率的修改。

8-40. 国防部部长办公室计划与预算审查

国防部部长办公室在提交规划目标备忘录/预算概算报告之后，便立刻对其进行审查。计划审查会一直持续到10月或11月。随后开始预算审查，这一程序将持续到12月底。当主管部门作出了最终的总统预算决策时，审查结束。

a. 问题集中在三个方面：对于国防计划指南的遵守、军种计划的总体平衡以及最新出现的重要问题。

b. 出现问题时，陆军部总部的主要官员代表与国防部部长办公室相关官员进行会晤。陆军代表将表明陆军的立场并尽力说明问题。如果可以，此问题将在这一层级得到解决。

c. 当完成计划审核，审查官员讨论并确定了计划问题之后，国防部常务副部长会发布一份或多份规划目标备忘录，以便为递交的规划目标备忘录计划的具体职位更改提供指导。在预算审查完成之后，但预算编制完成之前，国防部常务副部长将根据需要发布一份简要的资源管理决策，以及一份描述计划问题处理情况的备忘录。

d. 预算问题在问题文件草案中确定。这些问题着眼于价格的合理性、决策的可接受性以及计划的执行情况。这些问题可能是基于错误而提出的，也可能是基于其他正当理由而提出的；可能是由于分析数据的分歧导致的，也可能是出于节约成本或政策变动而提出的。在对问题文件的响应进行了审查之后，国防部部长发布资源管理决策，这是国防部部长指导的最终决定，负责告知各军种更改其计划请求，以便与国防部部长的决策保持一致。

e. 在国防部常务副部长或负责审计的国防部副部长签署了资源管理决策之后，各军种会将个别对其不利的资源决策选定为重大预算问题。陆军的重大预算问题聚焦于具体方案的缩减或那些将严重削弱其实现计划意图的能力的问题。重大预算问题用于解决如果缩减预算将产生的不利影响。在该过程的最后，陆军部部长和陆军参谋长将与国防部部长和国防部常务副部长会面，共同讨论重大预算问题。会议结束后，国防部部长就各个问题作出决定，必要时与管理和预算办公室或总统会面，提出额外的资金请求或建议采取其他行动。

8-41. 总统预算

a. 国防部部长办公室通常在 12 月发布最终的资源管理决策，这是一份国防部部长办公室备忘录，包括对重大预算问题审核活动的所有更改。这些最终文档的发布意味着审查程序的完成。

b. 在预算项目和对象类别层面实现了最终的资源分配后，陆军便将信息递交给国防部部长办公室。国防部部长办公室再将信息转发给管理和预算办公室，作为国防预算的陆军部分。管理和预算办公室再将国防预算纳入总统预算之中。总统预算涵盖了先前财政年度的偿付专款和当前财年的最新资源评估报告。在年度规划目标备忘录/预算概算报告周期之内，总统预算涵盖了预算财年的预算授权总额的预估报告。

8-42. 理由说明

a. 国会预算听证会。

（1）在预算理由说明期间，陆军在国会面前说明总统预算的陆军部分并进行辩护。该程序在立法联络处处长与主管财务管理与审计的陆军部助理部长的正式与非正式监管下进行。

（2）总统正式提交预算后，陆军将详细的预算理由说明提交给授权与拨款委员会。但是，首先，拨款倡议人必须使陆军预算理由说明书中的材料与总统以及国防部部长的决策保持一致，同时也与国会在格式与辅助信息方面的要求保持一致。理由说明书先由主管财务管理与审计的陆军部助理部长进行陆军内部审查，再递交给国防部部长办公室进行最终审查。

（3）参议院武装部队委员会和众议院武装部队委员会负责为各项计划和拨款举行授权听证会。同时，陆军的预算请求将接受参议院拨款委员会和众议院拨款委员会的审议。在这些听证会中，通常由陆军部部长与陆军参谋长首先进行说明。随后，在主管财务管理与审计的陆军部助理部长下属的预算联络办公室和立法联络主任办公室的协助下，拨款倡议者与职能倡议者将递交预算细节并说明理由。

b. 法律批准和颁布。

（1）国会委员会完成审查后，参议院和众议院将就委员会法案进行表决。参议院和众议院版本之间的分歧将通过联合会议加以解决。

（2）当总统签署下一个财政年度的授权与拨款法案时，预算的论证即宣告结束。成为法律后，陆军拨款便能提供划拨偿付专款并进行支付的法定权力。

c. 连续审批权（Continuing Resolution Authority）。如果国会在 9 月底之前未能通过一项拨款法案，那么就可以通过一项连续审批议案。连续审批权源自紧急立法，该立法授权在没有拨款的情况下为政府的运作提供资金。作为一项临时措施，连续审批权通常会将资金限制在先前财政年度的水平之内，并禁止采取新措施。陆军部总部单独发布了具体政策，以指导陆军应如何依据连续审批权进行运作。如果未能通过拨款法案或连续审批议案，则可能导致政府部门暂时关闭。不过，在通常情况下，在拨款法案或连续审批权生效之前，国防部将根据国防需求继续进行最低限度的基础运行。

第十部分　陆军预算执行阶段

8-43. 管理与会计工作

在预算执行期间，陆军负责管理并核算资金和人力，以执行经批准的计划。陆军将检查陆军部总部、陆军司令部、计划执行办公室以及其他执行机构如何利用所分配的资源来实现规划目标。通过陆军联合对账计划，陆军强化了财务会计和管理工作，以确保财务报告能够准确反映预算的执行结果。陆军、国防部部长办公室、管理与预算办公室以及国会将在对陆军预算进行审议期间，利用预算执行反馈来调整资源需求。

8-44. 财务管理

预算执行程序使用国会拨付的款项来执行已授权的计划。该程序的第一步是拨配、分配与分派资金。然后，将资金划为偿付专款并进行支持，再报告并审查资金执行的有效性。该过程还包括执行程序中的评估工作，并对执行过程进行必要的修正，以便重新分配资源以满足执行过程中不断变化的需求。过程修正即重新计划，包括为未列入预算的需求提供资金，这些需求是由于在提交预算时无法预见的条件变化而引起的，并且其优先等级高于列入预算的需求。

a. 资金控制。

（1）国防部部长办公室层面的体系资金分配系统是一个基于网络的系统，它将国会的追踪职能与面向陆军的资金分配职能结合起来，并包含了有关资金控制的具体说明。体系资金分配具有标准化的资金授权文件（例如，偿付专款授权信函、国防部440文件、国防部460文件以及运作资金拨款的年度运作预算）。这三个体系资源规划系统为陆军提供了一个完整的体系级综合系统，可为决策者提供更好的数据，并遵守法律和强制性报告的要求。作为一个"混合系统"，这三个系统均执行财务管理职能，以更好地支持其主要任务和系统职能。体系资源规划系统包括以下内容：

（a）通用资金体系业务管理系统。通用资金体系业务管理系统是经过首席财务官委员会认证的军商通用体系资源规划系统，可为陆军和国防部提供全方位、可靠和及时的财务信息。通用资金体系业务管理系统将资金分配给各司令部，追踪资金的执行情况，并在以下六个核心财务领域提供相关职能：总账管理、支付管理、接收管理、资金管理、成本管理以及报告。通用资金体系业务管理系统能够帮助陆军标准化并简化其财务业务程序，以提供对财务信息的连续访问权，同时在制定整个体系范围内的陆军综合系统中发挥重要作用。通用资金体系业务管理系统能够流畅地整合进陆军的信息环境中，包括重要的业务程序重组、变更管理以及业务案例分析支持组件。通用资金体系业务管理系统负责处理财务、不动产、成本管理和绩效数据，然后整合这些数据以便为决策提供支持。通用资金体系业务管理系统的主要目标包括提升绩效、规范财务和业务程序、确保存有满足未来需求的能力以及遵守法定和规定的核算要求。具体来说，通用资金体系业务管理系统的目标如下：为决策提供支持信息以维持陆军能力；提供分析数据和工具以支持制度性适应；降低业务运营成本；以及强化问责与管理。

（b）后勤现代化方案。

（c）陆军全球作战支援系统。

（2）根据新的拨款法案，陆军在执行新一财政年度的计划之前，必须完成以下事项：

（a）管理与预算办公室必须将拨款进行拨配，这将提供偿付/预算授权。拨配是通过提供特定数量的资金偿付专款完成的。

（b）财政部必须发放一份用以为陆军账户提供现金的国库券。

（c）负责审计的国防部副部长必须发布计划授权。

b. 拨配。

（1）款项的拨配需要具体的请求。主管财务管理与审计的陆军部助理部长下属的资金控制官使用标准格式132"分配和重新分配时间表"，在拨款法案生效后5天内编制请求，或再响应经批准的重新计划请求、增补或撤销时编制请求。国防部部长办公室负责批准或修改拨配请求，然后将其提交给管理和预算办公室以备批准。管理与预算办公室负责批准、修改或拒绝这些请求，并通过国防部部长办公室将拨配的款项返还给陆军，以便输入到通用资金体系业务管理系统中。管理与预算办公室负责以下事项：

（a）按季度结算运行账户——运作与维修、军事人员以及陆军家庭住房（运作）。

（b）在财年之初拨配投资账户——研究、发展、试验与鉴定、采办、军事建设以及陆军家庭住房（建设）。拨配的方式是提供全额款项，而非执行增量拨配。

（2）拨配确定了通用资金体系业务管理系统中可用的预算授权。对于运行账户而言，即使在将整个计划递交给司令部之后，决定拨款执行水平的仍是按季度向各司令部与机构发放的预算授权积累总额。

c. 计划发布。

（1）对于投资账户来说，陆军将提供相同额度的计划与预算授权。但是，实际支出取决于国防部部长办公室的计划控制，其中负责审计的国防部副部长给陆军发放特定的计划许可，以进一步控制支出。

（a）对于研究、发展、试验与鉴定拨款而言，该计划在计划要素层级发布（国防部部长表格440"研究、发展、试验与鉴定计划/资金授权"）。这一层级与国会授权和拨付所处的层级相同，并在国防部表格1414"重新计划行动基础"和国防部表格1416"计划报告"中进行了报告。将这些计划提供给国会以表明对拨款金额执行的变更。

（b）对于采购拨款（飞机、导弹、武器与履带式战斗车辆、弹药以及其他采购）而言，该计划在预算排列项目号这一层级下发布（国防部部长表格440）。

（c）军事建设拨款和陆军家庭住房（建设）拨款均发布于计划层级（国防部部长办公室460号表格，用于军事和家庭住房建设账户）。计划层级如《军事建设拨款法案》附带的会议报告所示。

面向运作账户（运作与维修以及军事人员）发布的计划包括于偿付专款授权函中，该授权函由负责审计的国防部副部长发布。国防部部长办公室为陆军家庭住房（运作）发布一份单独的划拨授权函。

d. 分配、偿付及对账。在陆军部总部拨款倡议者的指导下，主管财务管理与审计的陆军部助理部长使用通用资金体系业务管理系统将拨配的资金分配给各司令部和机构。然后，执行以下职能：

（1）陆军司令部与其他执行机构通过分派的方式将资金提供给下级司令部与军事设施。分配授权用户为产品和服务下达订单并签订合同，以执行已批准的计划。

（2）在下达订单和签订合同时，军事设施必须支付资金，在交付物资或提供服务时即授权进行支付。

（3）军事设施、司令部与拨款倡议者将实行联合对账。对账将确保财务报表与报告能够准确地反映拨配、分配与分派的结果。对账还将确保支付能够与配套的偿付计划保持一致。负责财务的陆军部助理部长帮办负责管理陆军联合对账计划。

e. 来自总统的预算。拨款法案生效后，拨款倡议者将与陆军预算办公室一起审查该项立法，以便确定对提交的预算所作出的变更。变更包括国会的增补、对计划的拒绝以及对提交的资金水平的变更。变更还包括确定国会特别关切的项目、未分配的缩减项以及与计划执行相关的任何规定。陆军将这些变更应用于载入通用资金体系业务管理系统的金额中。拨款倡议者必须确定如何分配未分配的缩减额。此外，他们可能还需要分摊一些拨款法案中记载的尚未分摊的拨款缩减项，这些缩减项会在计划审查周期内通过问题文件发布给各军种，问题文件会对各军种的计划请求进行质询。出于上述原因，特定项目、预算排列项目号、计划要素、陆军计划要素或预算项目的实际供资水平可能要到新的财年过去几个月后才能最终确定。即使拨款法案在10月1日之前获得通过也是如此，且单个计划的最终初始资金水平几乎总是会低于联合会议报告中显示的水平。

f. 运作与维修以及陆军家庭住房（运作）拨款的供资函。陆军部总部向各司令部和机构发布供资函，以便向陆军运作与维持以及陆军家庭住房（运作）拨款。陆军预备役部队和陆军国民警卫队也会发布各自的供资函，以便为其运作与维持拨款。这些信函包括已供资计划，并为应如何执行计划提供指导。供资函还提供了从总统预算中的资源实况到经修订的拨款实况的审计追踪。陆军作战与维持信函概述了陆军高级领导层为执行命令而设定的资金状况和目标。拨款法案通过后，大约需要60天来制作和签发供资函。

8-45. 修订经批准的研究、发展、试验与鉴定计划

陆军部总部为研究、发展、试验与鉴定拨款发布修订后的经批准的计划。该计划显示了国会在计划要素层面与项目层面所作出的变更。此外，修订后的经批准的计划在项目层面上分摊了一般的缩减项。它包括为小型企业创新研究计划和小型企业技术转让试点计划预留的资金额，还包括负责审计的国防部副部长与陆军部总部扣留的资金额，并提供了有关国会限制和国会特别关注的项目的规定。由于详细程度较高且所包含的信息广泛，修订后的经批准的计划须在拨款法案颁布几个月后才能编制完成。

8-46. 偿付与支出计划

a. 12月到次年1月期间，主管财务管理与审计的陆军部助理部长与野战

机构以及拨款倡议者进行协调，为每项拨款制订偿付计划。支出计划是由主管财务管理与审计的陆军部助理部长这一层级的人员单方面制定的。偿付计划用于处理未到期的资金。支出计划则用于处理未到期、已到期和无期限的资金。

b. 主管财务管理与审计的陆军部助理部长将制定完成的支出计划递交给负责审计的国防部副部长。虽然负责审计的国防部副部长决定取消提交偿付计划的要求，但是陆军仍然继续在内部使用这些计划，因为国防部部长办公室仍在审查陆军偿付的使用率，并会询问超出正常参数的执行率的原因。

c. 透明程序和安全数据表程序提供了可视且可审计的需求、采办周期以及向国会交付的装备。这一系统负责追踪从请求到交付给各单位的资金和采购额度，还负责追踪变更，以及获取关于增加和/或降低组件层级的分配的原因和理由。它追踪分配的变更，以覆盖关于如何将增加/减少应用于组件层级分配的原因和理由。

d. 以司令部的年度偿付评估报告为基础，偿付和支出计划都与总统预算中的偿付和支出控制相关。支出计划的重要性在于，它与财政部必须借出的预期金额直接相关，这一金额旨在维持适当账目结平，以便满足预期的支出。

8-47. 为未列入预算的需求提供资金

a. 国会认识到在预算执行期间需要具备灵活性，以满足作战情形下不可预见的需求或变更，包括处理微小的、事实存在的财务变更。国会认为过于严格地遵守最初列入预算并经批准的计划目和金额会危害绩效（此处用法类似于商业活动中所使用的"绩效"含义）或任务的执行情况。因此，在规定的限制和指定的资金阈值范围内，国会允许联邦机构对现有资金进行重新计划，以资助未提供资金的需求。通常，重新计划会将资金从优先等级低于正在被资助的新需求的项目中转移出来，用于新需求之中。

b. 国会重新计划规定对预算授权作出了限制，该预算授权随拨款而变化，控制着陆军在预算范围内调配预算授权的能力（阈值以下重新计划）。超出规定限制的调配计划必须通过正式的重新计划进行请求（国防部表格 1415 "重新计划行动"）来申请国会批准。在各项拨款之间调配金额（转移授权）始终需要提出正式的重新计划请求。

c. 如果不需要重新计划授权，则为未划拨资金需求提供资金的另一种方法是使用在联合对账的过程中获得的偿付授权。这意味着使用未到期的资金，该笔资金最初是为某个合同或订单拨付的，但被认定为超出需求，于是不再划为偿付专款。通过这种方式重新利用资金，可以使分派资金的持有人在执行预算时能够发挥更大的杠杆作用，并可以增加陆军财政资源的购买力。

d. 综合重新计划程序将除施工账户外的所有非紧急国防部待批准重新计划活动合并为一项大型的重新计划活动。它能够同时识别所有的国防部重新计划需求。这使国会与国防部能够为有限的资金确定优先考虑事项，并作出更明智的决策。

8-48. 非拨款资金的监督

主管财务管理与审计的陆军部助理部长还采用各种方法来监督非拨款资金。其中一种方法是参与士气、福利与文化娱乐主任委员会。具体来说，负责财务的陆军部助理部长帮办是士气、福利与文化娱乐执行委员会中拥有表决权的成员。此外，负责财务管理与审计的陆军部首席副助理部长担任审计委员会的主席，资源分析和商业实践处处长则在投资小组委员会任职。通过这些职位，主管财务管理与审计的陆军部助理部长实际上影响了士气、福利与文化娱乐财务政策的几乎所有方面。作为非拨款资金监督责任的一部分，主管财务管理与审计的陆军部助理部长向陆军部部长和陆军参谋长提出非拨款资金方面的问题，以供决策。

第十一部分 计划的执行和审查

8-49. 计划的施行

陆军司令部、计划执行办公室以及其他执行机构利用所提供的人力与资金执行经批准的计划。他们负责审查预算的执行情况，并统计和报告通过拨款与管理决策执行一揽子措施所拨配资金的使用情况。上述做法适用于每一项拨款，包括《未来年份国防计划》与子计划、陆军管理结构代码、陆军计划要素、项目编号、预算排列项目号、标准研究编号、预算项目、预算项目小组以及资源要素。他们还负责统计通过单位识别码而拨配的人力使用情况。所获得的人力与财务数据有助于司令部与机构制定未来需求。

8-50. 绩效评估

a. 主管财务管理与审计的陆军部助理部长负责监督成本与绩效门户网站，该网站负责从不同的陆军数据系统收集陆军财务和绩效数据，将数据集中到单个数据库中，并通过各种报告与图标展示分析信息。成本与绩效门户网站可供包括资源管理员、职能专家以及高层领导在内的所有陆军用户访问，访问通过基于网络的界面进行，并通过陆军联合兵种中心登录。

b. 成本与绩效门户网站能够为高层领导与陆军部总部参谋人员提供实时、相关、准确且透明的财务与绩效信息，以供决策。

8-51. 对选定的采办系统的审查

检查系统计划绩效的方法包括由负责采办、后勤和技术的陆军部助理部长通过陆军系统采办审查委员会和大型自动化信息系统审查委员会对指定的采办计划进行重大审查。

8-52. 联合对账计划

该计划运用了来自财务管理工作方面的主管人员的技能。这些技能包括会计师、预算与计划分析师、合同签订专业人员、后勤人员以及内部审查审计员的技能。联合对账计划运用这些综合技能来核实以下事项的有效性：未结算的偿付专款、正在进行的承包商工作、记账状况以及未交付的货物与服务的持续需求。该计划通过识别和取消划拨给不再需要或重复的货物与服务的偿付专款来节省资金。该计划还将对当前拨款进行对账，以核实偿付金额的正确性。此外，该计划还负责确保清算在财政年度结束前取消的拨款。

第十二部分　总结、关键术语和参考文献

8-53. 总结

规划、计划、预算和执行程序将战略、计划与预算全部联系在了一起，有助于建立一份全面的规划。在该规划中，预算来自计划、计划来自需求、需求来自任务、任务来自国家安全目标。这种从最终目的到资源成本的模式

化流程以详细程度逐渐增加的方式对需求进行了定义。

8-54. 关键术语

a. 规划目标备忘录。国防部各组件的规划目标备忘录是国防部内部规划程序的最终产品，显示了军事部门作出的资源分配决策，该决策根据《规划和计划指南》（国防部指示 7045.14）制定，是对该指南的回应。

b. 《未来年份国防计划》，是经国防部部长批准的国防部计划和财务计划。《未来年份国防计划》列出了 5 年周期内的成本数据、人力和兵力结构（兵力结构会额外列出 3 年），并通过主要兵力计划展示这些数据，用于针对计划和预算审查提交的国防部内部审查。它也与总统预算（国防部指示 7045.14）一起每年提供给国会。

8-55. 参考文献

a. DODD 7045.14 Implementation of the Planning, Programming, and Budgeting System.

b. CJCS Instruction 3100.01B, Chairman's JSPS.

c. AR 1-1, PPBE Process.

美国陆军指挥官法律手册

（中）

李卫海◎等译

本册译者

张译文◎译

中国政法大学出版社

2022·北京

目 录

第九章 资源管理 ··· 265

第一部分 导言 ··· 265

9-1. 资源管理的必要性 ·· 265

9-2. 陆军资源管理的重要参与主体 ·· 266

9-3. 用于研究资源管理的框架 ··· 269

第二部分 获取资源 ·· 270

9-4. 为陆军获取财政资源 ··· 270

9-5. 财政授权支付令 ·· 271

第三部分 向战地单位拨配资源 ··· 271

9-6. 资金分配与控制 ·· 271

9-7. 资金授权文档 ··· 273

9-8. 资金限额系统 ··· 273

9-9. 资金授权的委托 ·· 274

9-10. 特别保密计划 ·· 274

9-11. 陆军部部长代表资金 ·· 274

第四部分 核算资源的使用情况 ·· 275

9-12. 合法使用资源以完成任务 ··· 275

9-13. 偿付专款拨款的可用性 ··· 276

9-14. 合理地将资源划为偿付专款 ·· 277

9-15.《反超支法案》 ··· 278

9-16. 核算偿付专款 278

9-17. 陆军管理结构 279

9-18. 年末账目证明 280

第五部分　分析资源的使用情况 281

9-19. 职责变更 281

9-20. 执行审查 282

9-21. 陆军部总部季度审查 282

9-22. 资源转移 282

9-23. 分析"会计账簿"——联合对账计划 283

第六部分　改善陆军的管理与业务实践 284

9-24. 为改善陆军管理所做的努力 284

9-25. 1982年《联邦管理人员财务完整性法案》 284

9-26. 1990年《首席财务官法案》 284

9-27. 1994年《政府管理改革法案》 285

9-28. 1993年《政府绩效与结果法案》 285

9-29. 1996年《联邦财务管理改善法案》 286

9-30. 管理控制程序 287

9-31. 改善业务实践 287

9-32. 成本管理 289

9-33. 成本建模 290

9-34. 规划 290

9-35. 建立基于项目的成本计算法模型 291

9-36. 使用基于项目的成本计算法模型 293

9-37. 成本投入与审查 293

9-38. 体系资源规划 295

9-39. 通用资金体系业务管理系统 295

9-40. 成本-收益分析——一个重要的决策制定工具 298

9-41. 相关规范 ·················· 298

第七部分 非拨款资金定义 ·················· 299

9-42. 非拨款资金定义 ·················· 299

9-43. 非拨款资金管理机构的管理 ·················· 300

9-44. 对非拨款资金的信托责任（参见《美国法典》第 10 编第 2783 节） ·················· 300

9-45. 士气、福利、娱乐和非拨款资金的管理 ·················· 301

9-46. 陆军部总部对非拨款资金的监督 ·················· 301

第八部分 总结、关键术语和参考文献 ·················· 302

9-47. 总结 ·················· 302

9-48. 关键术语 ·················· 303

9-49. 参考文献 ·················· 304

第十章 能力需求和装备系统的研究、发展与采办管理 ·················· 306

第一部分 导言 ·················· 306

10-1. 国防部和美国陆军能力发展与系统采办管理 ·················· 306

10-2. 主要目的 ·················· 307

第二部分 能力整合与发展 ·················· 307

10-3. 政策 ·················· 307

10-4. 联合能力整合与发展系统 ·················· 307

第三部分 能力需求文档 ·················· 312

10-5. 生成并记录需求 ·················· 312

10-6. 初始能力文档 ·················· 312

10-7. 能力发展文档 ·················· 316

10-8. 能力生成文档 ·················· 317

10-9. 能力需求文档的性能特征 ·················· 318

第四部分 需求审查和验证程序 ·················· 320

10-10. 联合需求审查和验证程序 ·················· 320

10-11. 联合需求监督委员会 ·· 323

10-12. 陆军需求审查和验证程序 ······································ 326

10-13. 陆军需求监督委员会 ·· 327

第五部分　紧急和应急作战需求验证 ·································· 333

10-14. 紧急和应急作战需求要求 ···································· 333

10-15. 联合紧急作战需求/联合应急作战需求框架程序 ········· 334

10-16. 联合快速采办小组/高级整合小组 ····························· 336

10-17. 紧急作战需求的组成：陆军作战需求报表/陆军需求和
资源配备委员会程序 ·· 337

10-18. 定向需求 ··· 339

第六部分　装备系统采办 ··· 340

10-19. 国防部系统采办政策 ·· 340

第七部分　装备系统科学与技术 ·· 342

10-20. 国防部科学与技术 ·· 342

10-21. 陆军科学与技术 ··· 342

10-22. 陆军技术转化战略 ·· 344

10-23. 采办战略和计划规划 ··· 348

第八部分　国防部采办的组织与管理 ································· 348

10-24. 国防部系统采办管理 ·· 348

10-25. 国防高级研究计划局 ·· 349

10-26. 国防采办大学 ·· 349

第九部分　陆军采办装备发展、监督和管理 ························ 350

10-27. 陆军研究、发展与采办目标 ································· 350

10-28. 陆军采办执行官 ··· 350

10-29. 计划执行官 ··· 352

10-30. 计划/项目/产品主管 ·· 354

10-31. 陆军部总部监督者/参与者 ···································· 355

10-32. 陆军司令部/主要下级司令部——监督者/参与者 …………… 361

第十部分　国防采办系统的运作 …………………………………… 367

10-33. 根据国防部指令5000.02（2015年1月7日） ………… 367

10-34. 装备发展决策 ……………………………………………… 367

10-35. 装备发展决策审查 ………………………………………… 368

10-36. 装备解决方案分析阶段 …………………………………… 369

10-37. 里程碑A点 ………………………………………………… 370

10-38. 里程碑A点审查 …………………………………………… 371

10-39. 技术开发与风险降低阶段 ………………………………… 373

10-40. 里程碑B点 ………………………………………………… 375

10-41. 工程与制造发展阶段 ……………………………………… 376

10-42. 工程与制造发展阶段准入标准 …………………………… 376

10-43. 关键设计审查后的评估 …………………………………… 377

10-44. 工程与制造发展阶段的完成 ……………………………… 378

10-45. 里程碑C点 ………………………………………………… 379

10-46. 生产与部署阶段 …………………………………………… 379

10-47. 小批量试生产工作 ………………………………………… 380

10-48. 大批量生产决策审查 ……………………………………… 381

10-49. 大批量生产与部署工作 …………………………………… 382

10-50. 运行与保障阶段 …………………………………………… 382

10-51. 生命周期维持工作 ………………………………………… 382

10-52. 处置工作 …………………………………………………… 383

10-53. 额外的考量 ………………………………………………… 383

第十一部分　采办监督与审查 ……………………………………… 384

10-54. 国防采办委员会 …………………………………………… 384

10-55. 陆军系统采办审查委员会 ………………………………… 385

10-56. 过程中审查 ………………………………………………… 386

10-57. 配置指导委员会 ·········· 386

10-58. 生命周期管理司令部 ·········· 387

10-59. 一体化程序小组 ·········· 388

第十二部分　采办文档 ·········· 389

10-60. 陆军批准的需求文档目录 ·········· 389

10-61. 计划审查文档和计划规划 ·········· 390

10-62. 典型的弃权书与报告 ·········· 394

第十三部分　采办程序中的主要子程序 ·········· 395

10-63. 试验和鉴定程序/产品 ·········· 395

10-64. 研发试验和作战试验 ·········· 396

第十四部分　综合产品支持 ·········· 397

10-65. 综合产品支持程序 ·········· 397

第十五部分　陆军人与系统整合 ·········· 400

10-66. 陆军人与系统整合 ·········· 400

10-67. 人与系统整合目标与概念 ·········· 402

第十六部分　训练发展 ·········· 403

10-68. 训练发展概览 ·········· 403

10-69. 系统训练计划 ·········· 404

10-70. 训练辅助器材、设备、模拟器与模拟 ·········· 404

10-71. 合同签订 ·········· 405

第十七部分　联合作战评估与网络综合评估程序 ·········· 407

10-72. 联合作战评估 ·········· 407

10-73. 网络综合评估 ·········· 407

第十八部分　采办资源管理 ·········· 409

10-74. 拨款 ·········· 409

10-75. 计划和预算程序 ·········· 410

10-76. 研究、发展、试验与鉴定拨款项目 ·········· 411

10-77. 采购拨款 ┄┄┄┄┄┄┄┄┄┄┄┄┄┄┄┄┄┄┄┄┄┄┄┄ 412

　10-78. 军事建设拨款 ┄┄┄┄┄┄┄┄┄┄┄┄┄┄┄┄┄┄┄┄ 412

　10-79. 运作与维修拨款 ┄┄┄┄┄┄┄┄┄┄┄┄┄┄┄┄┄┄ 413

　第十九部分　总结、关键术语和参考文献 ┄┄┄┄┄┄┄┄┄┄ 413

　10-80. 总结 ┄┄┄┄┄┄┄┄┄┄┄┄┄┄┄┄┄┄┄┄┄┄┄┄ 413

　10-81. 关键术语 ┄┄┄┄┄┄┄┄┄┄┄┄┄┄┄┄┄┄┄┄┄┄ 414

　10-82. 参考文献 ┄┄┄┄┄┄┄┄┄┄┄┄┄┄┄┄┄┄┄┄┄┄ 415

第十一章　后勤 ┄┄┄┄┄┄┄┄┄┄┄┄┄┄┄┄┄┄┄┄┄┄┄ 420

　第一部分　导言 ┄┄┄┄┄┄┄┄┄┄┄┄┄┄┄┄┄┄┄┄┄┄ 420

　11-1. 本章内容 ┄┄┄┄┄┄┄┄┄┄┄┄┄┄┄┄┄┄┄┄┄┄ 420

　11-2. 关键概念和定义 ┄┄┄┄┄┄┄┄┄┄┄┄┄┄┄┄┄┄ 420

　第二部分　国家后勤组织-负责采办、技术和后勤的陆军部助理部长，
　　　　　　陆军主管后勤的副参谋长，主管兵力结构、资源与
　　　　　　评估的副参谋长，陆军装备司令部和后勤创新局 ┄┄┄ 428

　11-3. 负责采办、技术和后勤的陆军部助理部长 ┄┄┄┄┄┄ 428

　11-4. 主管后勤的副参谋长 ┄┄┄┄┄┄┄┄┄┄┄┄┄┄┄┄ 430

　11-5. 主管兵力结构、资源与评估的副参谋长 ┄┄┄┄┄┄┄ 430

　11-6. 陆军装备司令部 ┄┄┄┄┄┄┄┄┄┄┄┄┄┄┄┄┄┄ 431

　11-7. 后勤创新局 ┄┄┄┄┄┄┄┄┄┄┄┄┄┄┄┄┄┄┄┄ 440

　11-8. 战区维持 ┄┄┄┄┄┄┄┄┄┄┄┄┄┄┄┄┄┄┄┄┄ 441

　第三部分　其他国家后勤组织 ┄┄┄┄┄┄┄┄┄┄┄┄┄┄ 444

　11-9. 其他与后勤有关的组织 ┄┄┄┄┄┄┄┄┄┄┄┄┄┄ 444

　11-10. 与后勤相关的国防机构 ┄┄┄┄┄┄┄┄┄┄┄┄┄┄ 446

　11-11. 陆军部批准的财产责任记录系统 ┄┄┄┄┄┄┄┄┄┄ 450

　第四部分　总结、关键术语和参考文献 ┄┄┄┄┄┄┄┄┄┄ 451

　11-12. 总结 ┄┄┄┄┄┄┄┄┄┄┄┄┄┄┄┄┄┄┄┄┄┄┄ 451

　11-13. 关键术语 ┄┄┄┄┄┄┄┄┄┄┄┄┄┄┄┄┄┄┄┄┄ 451

11-14. 参考文献 ·· 453

第十二章　军事人力资源管理 ································ 456

第一部分　导言 ·· 456

12-1. 军事人力资源管理 ·· 456

12-2. 军事人力资源生命周期职能 ······························· 456

12-3. 人力资源领导 ·· 457

12-4. 重要的军事人力资源出版物 ······························· 458

12-5. 军事职业分类与结构体系 ·································· 459

12-6. 人力资源程序核心中的相关文件和系统 ················ 459

第二部分　结构职能 ··· 461

12-7. 军事人力管理 ·· 461

12-8. 陆军部总部的人力管理 ····································· 462

12-9. 人事管理授权文件与更新的授权文件 ·················· 464

12-10. 概念兵力系统 ··· 464

12-11. 军事兵力调整 ··· 465

第三部分　征募职能 ··· 465

12-12. 士兵征募 ·· 465

12-13. 准尉征募 ·· 468

12-14. 授衔军官征募 ··· 469

第四部分　薪酬职能 ··· 471

12-15. 薪酬概述 ·· 471

12-16. 人员配备计划评估小组 ··································· 472

第五部分　分配职能 ··· 473

12-17. 征募分配和指派 ·· 473

12-18. 军官的分配与指派 ··· 480

第六部分　发展职能 ··· 483

12-19. 士兵发展 ·· 483

12-20. 士兵人事管理系统 …………………………………………… 483
12-21. 士兵评估系统 ………………………………………………… 484
12-22. 士官领导力自我发展职业模型 …………………………… 484
12-23. 士兵晋升 ……………………………………………………… 485
12-24. 指挥官军士长计划 …………………………………………… 486
12-25. 总体陆军超期服役计划 ……………………………………… 486
12-26. 质量管理计划 ………………………………………………… 486
12-27. 准尉发展 ……………………………………………………… 487
12-28.《准尉管理法案》 …………………………………………… 488
12-29. 准尉教育系统 ………………………………………………… 488
12-30. 准尉晋升 ……………………………………………………… 489
12-31. 准尉超期服役计划 …………………………………………… 491
12-32. 军官发展 ……………………………………………………… 491
12-33. 军官职业管理系统 …………………………………………… 491
12-34. 军官管理基础 ………………………………………………… 494
12-35. 职能类别 ……………………………………………………… 494
12-36. 职能类别指派 ………………………………………………… 495
12-37. 指挥职位与关键性职位的集中选拔 ……………………… 495
12-38. 军官评估系统 ………………………………………………… 496
12-39. 军官评估报告系统 …………………………………………… 497
12-40. 军官晋升 ……………………………………………………… 497
12-41. 官员质量管理 ………………………………………………… 498
12-42. 军官兵力管理 ………………………………………………… 499
12-43.《国防军官人事管理法案》 ……………………………… 499
12-44. 1986年《国防部重组法》(《金水-尼科尔斯法案》) …… 500

第七部分 维持职能 …………………………………………………… 501
12-45. 维持职能概述 ………………………………………………… 501

12-46. 陆军继续教育系统 ······ 501

12-47. 机会均等计划 ······ 502

12-48. 陆军伤亡系统 ······ 502

第八部分 过渡职能 ······ 503

12-49. 过渡职能概述 ······ 503

12-50. 终身军人-过渡援助计划 ······ 503

12-51. 终身军人-陆军退休服务计划 ······ 504

12-52. 退役 ······ 504

12-53. 士兵退役 ······ 504

12-54. 士兵非伤残退休系统 ······ 505

12-55. 军官非伤残退休系统 ······ 506

12-56. 伤残退役 ······ 506

12-57. 陆军综合薪酬与人事系统 ······ 506

第九部分 总结、关键术语和参考文献 ······ 508

12-58. 总结 ······ 508

12-59. 关键术语 ······ 508

12-60. 参考文献 ······ 509

第九章 资源管理

第一部分 导言

9-1. 资源管理的必要性

a. 资源管理是指对财务与其他资源的指示、指导以及控制活动。它涉及计划、预算、会计、报告、分析以及鉴定的运用。2018 年《陆军态势报告》和 2011 年的《陆军部部长备忘录——陆军在做决策时的成本分析》强调了在陆军中进行有效的资源管理的必要性。由于陆军要执行大量大型且复杂的任务,而用来完成这些任务及其配套任务的资源却有限,所以将国会向陆军分配的每一美元的购买力最大化就变得至关重要了。此外,由于陆军承担着公众对其保卫国家的期盼与信任,因此所有陆军领导人都有责任对已交托给他们的所有资源行使有效的和负责任的管理。同样,负责任、有效且高效的资源管理是陆军领导职责和职能的一部分,这对于陆军保持战备以完成支配的任务来说至关重要。

b. 战略层面的资源管理必须解决可负担能力、所需的兵力能力以及整个支持系统结构的问题。战略层面的资源管理者还必须处理更高层次的问题:例如,是否需要特定的计划;这些计划如何为指派给陆军的具体任务提供服务;以及为完成这些任务而设计的战略是否正确且必要。此外,战略层面的资源管理者还负责从计划与财务资源视角审查资金的分配和使用效率,以及特定计划的管理和整合效率。在计划层面上,该程序包括一些方法,通过这些方法可以将军人、文职人员、设施、装备、信息、时间与资金都整合进陆军中。

c. 程序化的资源管理视角隐含着一种认识,即每个人都参与进了资源决策流中，该资源决策流要求其中一些决策一旦被制定便保持不变。例如，在军事设施场所修建一个新的设施通常需要2年或2年以上的时间；对一种新的装备而言，训练教员和士兵的时间因装备的复杂性而异；为新的最终产品订购零部件也需要时间。要想整合所有这三个资源决策，就需要考虑决策的不可逆性。否则，就会出现这样的情况：在一处军事设施中建设新的设施，用于新装备，并为这些装备训练了军人，但装备与军人实际上却是被用于另一处军事设施的。

d. 更重要的是，该"不可替换的决策基础"将生成"应收项目流"，例如飞机、训练组件、装备车间以及替换设备等。在不考虑先前决策依据的情况下重新配置这些应收项目可能会导致资源管理方面的断层，而这些断层很有可能出现在国防部部长办公室资源审查论坛与国会听证会上。

9–2. 陆军资源管理的重要参与主体

a. 国会。国会负责责成政府偿付专款，这一职能的核心是美国宪法赋予国会的针对以下事项的权力：增加税收和借贷（《美国宪法》第一章第8节第1~2条）；组建并支持陆军；供养并维持海军（《美国宪法》第一章第8节第12~13条）；除非取得法律授权，否则不得从财政部支取任何款项（《美国宪法》第一章第9节第7条）。为了满足上述需求，国会通过了《授权和拨款法案》。

b. 管理和预算办公室。管理和预算办公室负责协助美国总统监督联邦预算的编制工作并监管预算在联邦机构中的执行。该办公室负责评估、制定和协调联邦部门与机构内部以及之间的管理程序和计划目标；它还控制着联邦预算的执行，同时定期向总统提供有关预算提案和相关立法提案的建议。此外，它还负责计划、执行并推动评估工作，以协助总统评估联邦计划的目标、执行情况和效率。最后，管理和预算办公室还负责监督和协调政府的采购事务、财务管理、信息事务以及规范性政策（有关管理和预算办公室的详细信息，请访问http://www.whitehouse.gov/omb/）。

c. 负责审计的国防部副部长。国防部部长办公室内部设有一名负责审计的国防部副部长，负责为国防部部长提供咨询与协助，以协助国防部部长行使其预算和财政职责。因此，负责审计的国防部副部长将监督并指导国防部预算评估的编制工作，同时制定相关的政策和程序，并监督其执行，这些政策和程序应用于与以下内容相关的组织和行政事务：预算编制；财政、成本、运作与资本财产的会计工作，以及进度与统计报告。最后，负责审计的国防部副部长将制定与国防部管理的资金支出和筹集有关的政策和程序，并监督其执行，同时建立统一的用于国防部财政管理的财政术语、分类与程序。负责审计的国防部副部长是国防部的首席财务官（有关负责审计的国防部副部长办公室的详细信息，请访问 http://www.dtic.mil/comptroller/）。

d. 陆军部部长。根据国防部部长的授权、指示和控制，以及《美国法典》第 10 编第 3013 节的规定，陆军部部长负责陆军部的所有事务，并享有执行这些事务所需的权力，具体的职能如下：

（1）招募；

（2）编组；

（3）补给；

（4）装备（包括研发）；

（5）训练；

（6）勤务；

（7）动员；

（8）复员；

（9）管理（包括人员的士气和福利）；

（10）维持；

（11）军事装备的建造、配备和修理；

（12）建筑物、构筑物和公共设施的建设、维护和修理，以及为履行指定职责所需的不动产和不动产权益的获取；

（13）此外，在国防部部长的授权、指导与控制下，陆军部部长还就以下事项对国防部部长负责：陆军部的职能与效率；有效、及时地执行总统或国防部部长有关陆军部总部职能的政策、计划和预算决定与指示；以及为满足联合作战司令部当前和未来的作战需求的陆军部各职能的执行情况。因此，陆军部部长可以被视为陆军的高级资源主管，因为该职位针对陆军部总部事务具有固有的决策权。

e. 主管财务管理与审计的陆军部助理部长。陆军部部长办公室内设有一位主管财务管理与审计的陆军部助理部长，负责行使陆军部总部的审计职能，并根据《美国法典》第 10 编第 3016 节的规定，为陆军部部长提供有关财务管理方面的建议。有关主管财务管理与审计的陆军部助理部长办公室的组织结构请参阅图9-1。

（1）预算军事代表。预算军事代表负责陆军部的预算执行工作。陆军预算署署长直接向预算军事代表报告。

（2）陆军预算署署长。见第九章"规划、计划、预算和执行"。

（3）负责财务的陆军部助理部长助理。负责财务的陆军部助理部长助理对以下事项负责：与财务和会计活动及运营有关的政策、程序、计划和系统；陆军财务管理系统和数据整合活动；管理控制、内部审查与审计合规、政府差旅记账卡以及"财务欺诈、浪费和滥用"方面的陆军计划；以及其他管理评估活动。为了完成任务并履行职能，负责财务的陆军部助理部长助理办公室分为三个处：问责和审计战备处、内部审查处以及财务与会计监督处。另外，陆军部总部野外作业机构美国陆军财务管理司令部也由负责财务的陆军部助理部长助理控制。

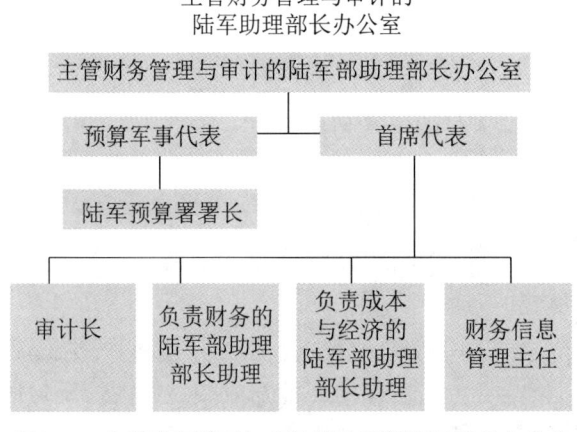

图9-1 主管财务管理与审计的陆军部助理部长办公室

（4）负责成本与经济的陆军部助理部长助理。负责成本与经济的陆军部助理部长助理的职责是通过制定和颁布成本与经济分析政策、成本预估模型和成本数据库来实施陆军成本与经济分析计划，以供陆军广泛使用。它还负责为武器与自动信息系统执行成本分析，并管理陆军成本审查委员会和陆军成本实况。其职能还包括执行兵力结构、作战和支援、人员以及军事设施的成本分析。其他职能包括实施基于陆军行动的成本核算/管理战略计划，管理陆军成本研究计划以及审查和批准成本-收益分析。

（5）财务信息管理主任。该主任负责以下事务：建议、协调并指导相关行动，以实现整个陆军的财政业务转型；运用进行中的计划与项目；确保陆军财务系统与国防系统之间实现兼容性与互操作性；以及吸收陆军信息技术、通信以及政府程序与系统方面取得的进步。该处长还担任陆军财务管理界的总设计师与首席信息官，同时担任通用资金体系业务管理系统的职能倡议者（有关主管财务管理与审计的陆军部助理部长的详细信息，请访问 http://www.asafm.army.mil/）。

f. 陆军司令部司令以及其他执行机构负责人。陆军司令部司令、其他指挥官以及执行机构的负责人（例如，项目/计划执行官、项目/计划主管、国防大学校长）负责制定、论证、陈述并维护为自己的指派任务与职责提供支持的计划。此外，他们还负责确保经核准的计划预算能够得到适当的执行与证明。这项职责包括确保陆军能够按照财政方面的法律以及相关法规和政策完成对已拨付和未拨付资金的核算以及资金情况报告。

9-3. 用于研究资源管理的框架

a. 使用"四 A"模型有助于研究陆军资源管理系统的工作原理及该系统运作的方式。"四 A"是指：

（1）获取资源（Acquire）。

（2）分配资源（Allocate）。按照优先顺序从资金与人力方面进行考虑，以分配资源。

（3）核算资源（Account for）。这一活动将利用两个系统完成：一个是为计划和预算职能提供决策支持和追踪功能的系统；另一个是对法律要求的财务合规性进行核算的系统。

（4）分析（Analyze）上述资源的执行情况，并根据需要，实施方向更正。

b. 这些职能（获取、分配、核算和分析）都是在一个闭合环路程序中执行的。尽管还有其他模型可以描述资源管理中的各个要素，但在本书的讨论中，使用"四 A"模型就足够了。

第二部分　获取资源

9-4. 为陆军获取财政资源

为陆军获取财政资源在第八章中已详细介绍。陆军的计划、规划、预算和执行程序为美国陆军在国会中为资源政策进行辩护并获取这些资源提供了方法。在《授权与拨款法案》通过并签署成为法律之后，管理与预算办公室、美国财政部、负责审计的国防部副部长办公室以及负责财务管理与审计的美国陆军部助理部长办公室将执行几项相互关联的职能，以获取陆军的财务资源并将其分配到各个领域以供执行。

a. 拨配

（1）款项的拨配需要具体的请求。主管财务管理与审计的陆军部助理部长下属的资金控制官使用《标准格式》132"分配和重新分配时间表"，在拨款法案生效后5天内制定拨款请求，或者为响应经批准的重新计划请求、增补拨配或撤销决定制定拨款请求。国防部部长办公室负责批准或修改拨配请求，然后将其提交给管理和预算办公室以备批准。管理与预算办公室负责批准、修改或拒绝这些请求，并通过国防部部长办公室将拨配的款项返还给陆军，以便输入通用资金体系业务管理系统。管理与预算办公室负责以下事项：

（a）按季度结算运营账户——运作与维修、军事人员以及陆军家庭住房（运作）。

（b）在财年之初拨配投资账户——研究、发展、试验与鉴定，采办，军事建设以及陆军家庭住房（建设）。拨配的方式是提供全额款项，而非执行增量拨配。

（2）拨配确定了通用资金体系业务管理系统中可用的预算授权。对于运营账户而言，即使在将整个计划递交给司令部之后，决定拨款执行水平的仍是按季度向各司令部与机构发放的预算授权积累总额。

（3）拨配请求。拨配是对拨款与资金进行行政控制的过程。它也是一个分配过程，负责分配管理与预算办公室批准的特定期间（例如，一个财政季度）、活动、项目或三者结合内可用的拨款/资金中规定的"偿付专款授权额度"。如此拨配的额度将限制陆军可以划拨的偿付专款。当拨款法案被国会批准并由总统签署成为法律之后，陆军部助理部长办公室将通过负责审计的国防部副部长办公室向管理和预算办公室提交资金拨配请求。管理和预算办公室将审查请求，以对陆军先前的花费模式的分析为基础，根据需求调整金额，批准请求；以及将批准的请求通过负责审计的国防部副部长办公室发送回主管财务管理与审计的陆军部助理部长办公室。在主管财务管理与审计的陆军部助理部长办公室中，陆军部总部资金控制人员将批准的拨配金额输入通用资金体系业务管理系统。通用资金体系业务管理系统是国防部的官方资金控制管理系统，整个陆军财务管理中都使用该系统来控制资金分配程序。

b. 计划文件。除上述经批准的拨配外，负责审计的国防部副部长办公室还可以针对拨配文档中规定的偿付专款授权的使用情况做出进一步的限制。这些限制通过偿付专款授权函、国防部表格440或者国防部表格460发布给陆军部总部。其中，授权函的内容针对运作与维修、军事人员以及陆军家庭住房（拨款）；国防部表格440针对采购和研究、发展、试验与鉴定拨款；国防部表格460针对用于军事建设的拨款。

9-5. 财政授权支付令

在总统签署拨款法案后，由美国财政部签发拨款支付令，以便在美国财政部账簿上为每笔拨款建立一个银行账户。财政授权支付令是一种财务控制机制，它授权陆军从这些账户中支出资金（例如，开立支票以支付偿付专款）。如果没有这项授权，陆军就无法使用拨款来支付任何款项。

第三部分　向战地单位拨配资源

9-6. 资金分配与控制

"通过指挥渠道传递资金并由指挥官负责控制这些资金"是陆军资金分配系统运作的基本原则。在这种情况下，使用"资金"（fund）一词意味着已经获得了偿付专款，美国政府必须为此支付。资金分配是指任何已形成文件的活动，这些活动使资金可被划拨为偿付专款。这种分配是在特定时段为特定目的以特定数额向特定机构进行的。指挥官享有的划拨偿付专款的权力来自资金文件，该文件规定了可以使用资金的拨款与预算计划，并确定了适用的法定限制。该程序用于协助对资金的控制以及对违反法律和指令的举报。如今，由军事设施管理司令部对基地运作资金进行集中控制。

a. 分配程序。从管理和预算办公室以及负责审计的国防部副部长办公室获得偿付专款后，陆军部总部会指示主要司令部和其他下属执行机构执行经批准的预算计划（见图9-2）。负责财务管理与审计的陆军部助理部长办公室中的陆军部总部资金控制军官使用通用资金体系业务管理系统，根据拨款倡议者的指导，将计划授权和偿付专款授权分配给各陆军司令部和执行机构。接下来，陆军司令部与执行机构进行再分配，将资金细分给相应的下属组织（例如，军事设施、主要单位、计划/项目主管等），在这些下属组织中执行分配计划的方式是为工资单、出差登记单、合同、采购订单等项目拨付偿付专款。尽管此资金分配系统被用来控制偿付专款并确定责任，但其政策却是最大限度地减少正式分配，并以最为实用的方式为一项活动提供资金。例如，陆军军事人员拨款由陆军部总部集中持有与控制，而陆军运作与维修拨款的持有与控制权限则通过各个陆军司令部下放给了各军事设施。

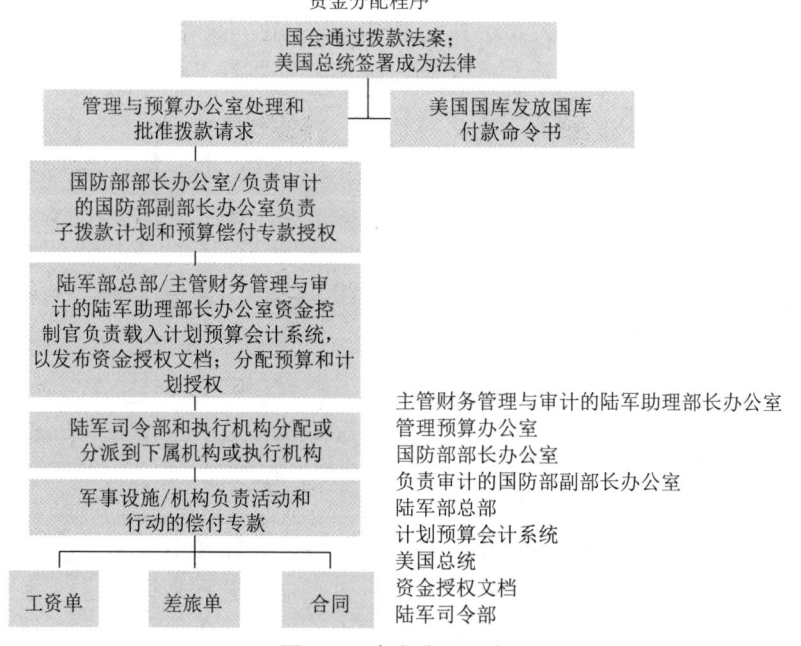

图 9-2　资金分配程序

b. 资金指导。通过通用资金体系业务管理系统，将计划授权和预算授权移交给陆军机构。与此同时，陆军部总部还通常会在财年开始时发布额外的具体支出指导。陆军运作与维修和陆军家庭住房（运作）的拨款倡议者向陆军司令部发出年度供资函，并附有规定的或专门的财政指导，以用于执行该财年的预算。陆军司令部与执行机构还可以向其下属指挥官和机构发布具体的供资指导，以执行计划与预算。陆军预备役局长向美国陆军预备役下级机构发布供资函，以执行陆军预备役运作与维修拨款和陆军预备役人员拨款。同样，陆军国民警局局长也向陆军国民警卫队下级机构（主要是州副长）发布供资函，以执行陆军国民警卫队运作与维修拨款以及陆军国民警卫队人员拨款。

9-7. 资金授权文档

陆军部总部资金控制军官利用通用资金体系业务管理系统发布资金授权文档，以便将偿付专款授权与计划授权分配给各陆军司令部与执行机构。接下来，陆军司令部与执行机构再利用通用资金体系业务管理系统向其下属机构（例如军事设施）发布资金授权文档，以分配偿付专款授权与计划授权。对于采购拨款以及研究、发展、试验与鉴定拨款而言，会附随资金授权文档发布一个经批准的计划文件，以便对那些资金的使用作出进一步的行政限制。

9-8. 资金限额系统

一些陆军司令部与执行机构已经实施了资金限额系统。其中最低级别的正式资金分配为陆军司令部/执行机构级别，然后再由该级别向下级军事设施指挥官或机构负责人发布资金限额。该系统的优势在于，它在资金控制方面具有更大的灵活性，并减少了需要上报的违反规定情况的可能性。

指挥官仍然有责任确保其任务的执行仍在所提供的资金限额范围内。违反该指导原则的行为可能会受到行政纪律处分。超过此资金限额并不违反法规，但可能导致陆军司令部的分配资金（由资金授权文档提供）超过偿付专款或支出超出额度。但是，如果个人超出限额，且由此产生了违反《反超支法案》规定行为，个人应当对此负责。

9-9. 资金授权的委托

拥有资金使用权限的指挥官可以将其权限委托给他人，建立并维持必要的行政控制措施，以符合联邦财政法以及部门的财务管理规定的要求。在进行授权委托时，要牢记以下要点：

a. 授权的委托必须以书面的形式进行（除非在紧急情况下，并且必须尽快以书面形式加以确认，否则不承认口头或电话授权。例如，在危及健康和/或司令部安全的情况下）。

b. 权力授予对象既可以是指定的个人，也可以是某个职位，但授权对象必须是随时都易于辨认的。

c. 将授权进行委托并不能减轻指挥官依法应当承担的财政责任。

9-10. 特别保密计划

出于安全原因，需要保密的计划将会被隔离开来。为了满足此类计划独特的保密需求，国家制定了特别的资金分配程序。通常，要想使用这些计划，必须有陆军副总参谋长的批准。

9-11. 陆军部部长代表资金

国会赋予了陆军部部长一种特定级别的授权，可用于从陆军运作与维修拨款中获取应急和特殊费用的支出。这些授权将受到限制，限制代码为0012，其内容在《陆军条例》37-47"陆军部部长代表资金"中阐述。这些授权的使用将受到非常严格的监督，由陆军审计机构负责审计，以确保在这些权限下使用的资金仅被用于陆军部部长批准的用途。

这些授权的使用规则非常具体，对于不符规则的例外情况，必须取得更高一级司令部的批准。对于这些授权的简要说明如下：

a. 限制0012（杂项费用，A类）。包括与下列事项相关的由陆军部部长授权的费用：在全国性假日期间执行公务；军事设施落成典礼；贵宾来访；在外国的全国性假日与类似庆祝仪式中购买花环、饰品与奖品；以及授权东道主的礼物与纪念品（每份不超过200美元，在官方仪式或职能中使用）。陆军司令部指挥官、其下属司令部指挥官以及军事设施指挥官有权在其本人必须参与上述事件或场合时赠送礼物或纪念品。

b. 限制 0014（杂项费用，B 类）。除官方代表费用之外的杂项费用，不会在其他拨款中提供。这些费用包括紧急救援费用、武装部队合同申诉委员会的证人费以及正当理赔数额（settlement of meritorious claims）。

c. 限制 0015（《陆军条例》195-4 "刑事调查活动"）。用于应急与非常规花费，以支持美国陆军刑事调查司令部在全球范围内活动的花费。

d. 限制 0017（《陆军条例》381-141 "情报应急资金"）。用于与全球情报活动相关的花费。

e. 限制 0019（陆军部部长训令 "分类特种作战"，陆军部总部主管作战、民事和训练事务副参谋长为倡议者）。用于与全球范围内的分类作战相关的应急与非常规花费。

第四部分 核算资源的使用情况

9-12. 合法使用资源以完成任务

本节简要概述了针对财政资源使用的会计工作中的控制原则。《美国法典》第 31 编第 1301 节（a）条规定："除非法律另有规定，否则拨款仅能用于既定的用途。"国会最初于 1809 年 3 月颁布了这项法定控制措施。该法案通常被称为《用途法规》（the Purpose Statute），是陆军部、海军部和财政部重组方案的一部分，旨在限制行政部门在支出拨款方面的自由裁量权。为了防止资金被盗用、滥用，多年来演化出了一系列法律、法规、法院判决和规则，以指导如何使用财政资源来完成陆军的任务和使命。由于国会是通过颁布法律来为特定的用途提供特定额度的资金的，因此这些资金的支出必须在法律规定的范围内。法律中所用的术语"资金的行政控制"一词被用来指称用于确保以下三项原则的措施、事件或系统：

a. 资金只能被用于既定的用途。

b. 超出可用额度的资金不得划为偿付专款，不得支付，也不得进一步分配。

c. 如果违反前两个条款，则该机构负责人应当有能力确定责任。

9-13. 偿付专款拨款的可用性

国会负责确定拨款或资金的使用期限，即可以将规定的拨款或资金划为新的偿付专款的期限。陆军使用的大多数拨款都有一定的期限，在此期间内拨款才可以被划拨为新的偿付专款。注意：在过去，国会对拨款的正常使用期限作出了例外规定。例如，将运作与维修拨款的期限设为 2 年或"X"年；将研究、发展、测试与鉴定拨款的期限设为 3 年；以及在正常的使用期限国会继续使用。

a. 年度拨款。这些拨款通常有 1 年的使用期限，具体包括：

（1）运作与维修拨款。例如，陆军运作与维修拨款、陆军国民警卫队运作与维修拨款、陆军预备役部队运作与维修拨款以及陆军家庭住房（运作）拨款。

（2）军事人员拨款。例如，陆军军事人员拨款、陆军国民警卫队人员拨款以及陆军预备役部队人员拨款。

b. 多年期拨款。这些拨款有多年的使用期限（可被划为偿付专款），具体包括：

（1）陆军研究、发展、试验与鉴定拨款的使用期限为 2 年。

（2）采购拨款（例如，陆军飞机采购拨款、陆军导弹采购拨款、陆军武器与履带式作战车辆采购拨款、陆军弹药采购拨款以及陆军其他采购拨款）的使用期限为 3 年。

（3）陆军军事建设拨款、陆军国民警卫队军事建设拨款、陆军预备役余部军事建设拨款以及陆军家庭住房（建设）拨款的使用期限为 5 年。

c. 无期限拨款。这些拨款和资金的使用期限不受限制。例如，用于基地改组与关闭的拨款以及陆军运作资本资金。

d. 过期拨款。一旦拨款的使用期限到期，无法再划拨为新的偿付专款，则会被视为"过期"。拨款过期（即无法划拨为新的偿付专款）后的 5 年内，该拨款的已划拨与未划拨余额都可以用来调整与清算（即对照先前的偿付专款进行支付）已合法地记入账目的偿付专款。例如，2018 财年的陆军运作与维修拨款的有效期为 2018 年 10 月 1 日至 2019 年 9 月 30 日，此笔拨款具有 5 年的过期期限，为 2018 年 10 月 1 日至 2022 年 9 月 30 日。

e. 已注销拨款。在过期期限满 5 年后，该笔拨款将被从美国财政部账簿上注销。该拨款不可再被用于任何目的，例如不得用于账务调整，已列为和未列为偿付专款的余额都会被注销。以上文所述的 2018 财年陆军运作与维修拨款为例，该笔拨款将在 2022 年 9 月 30 日注销。注意：如果必须从现在已注销的拨款中进行偿付专款调整（例如，对争议合同进行最终结算），则应从项目的当前年度拨款中进行支付，但要遵守若干限制，例如此类交易的总金额不得超过当前拨款的 1%，也不得超过初始拨款（现已成为已注销拨款）的未清偿余额。

9-14. 合理地将资源划为偿付专款

偿付专款的划拨是一种为确定美国政府的某项债务而采取的行动，该债务最终将由美国财政部支付。在执行和核算偿付专款时必须遵循几个原则。《美国法典》第 31 编"资金与财务"提供了这些原则的基础。本书仅概述了最重要的几条"偿付专款划拨"原则，全部原则可以在《国防部财务管理条例》7000.14-R 号或《国防财务会计服务局——印第安纳条例》37-1 号"财务与会计政策的实施"中找到。

a. 当前财政年度的真实需求。必须作出决定，确定根据签订的合同或下达的将年度拨款划为偿付专款的命令所需的补给或勤务，这些补给或勤务旨在满足当前财政年度的真实需求。当提前时间（lead-time）是当前财年的资金划为下一年交付的偿付专款的一个重要因素时，将由相关条款进行规定。

b. 履约意图。仅在承包商（或其他执行单位）具有根据合同条款和条件（包括开始日期）立即开始工作或履行合同的真实意愿时，为获取补给或勤务而签订的合同或下的订单才会得到执行。

c. 确保可用性。在使美国政府与他方签订协议之前，负责人必须确保有足够的资金。这项协议将导致政府必须支付该偿付专款。

d. 书面证据。官方记录中记录的每笔偿付专款都必须得到适当的书面证据支持。这些书面证据可以是适当文件的原件、副本或复印本，只要可见签名即可。在收到实际文件之前，可以暂时使用电话通信备忘录或电子接收的文字消息。

e. 立即录入账目。偿付专款一旦生成，必须立即录入合适的账目之中。在收到额外资金之前，不能推迟对偿付专款的录入。即使没有足够的资金来支付这笔偿付专款，也必须录入该笔偿付专款，但会因此引起违反法规的情况，这种情况必须通过指挥渠道进行报告。未能录入的偿付专款不会消除涉嫌违反《反超支法案》的嫌疑。

f. 及时调整。对于之前录入的偿付专款，一旦确定有必要对其进行调整（增加或减少）且可以确定调整金额，就必须尽快将调整情况录入到账目之中。

9-15. 《反超支法案》

《美国法典》第 31 编第 13 章和第 15 章包含了资金的合法使用方面的禁令，并就违反情况制定了一些惩罚性条款。当《反超支法案》被编入《美国法典》时，其条款被纳入了《美国法典》第 31 编的多个章节。最常引用的章节是第 1341 节、第 1342 节和第 1517 节。

a. 违反《反超支法案》。通常，在以下情况下可能会违反《反超支法案》：

（1）发布的资金授权超出了可用的额度，且超出部分被划拨为偿付专款或被支出。

（2）违反了特殊的和经常性的某项拨款的法定限制，或违反了对使用拨款或资金的金额的法定限制。

（3）违反了拨款或资金的用途方面的法律或法规限制。

（4）偿付专款是在资金具有可得性之前授权或划拨的。

（5）偿付专款或资金开支未能满足资金或账户可用期间内的真实需求，并且无法提供纠正性资金。

b. 违反《反超支法案》的行政和刑事处罚。违反《反超支法案》的人可能会受到制裁，包括停薪停职或罢免职务（参见《美国法典》第 31 编第 1349 节与第 1518 节）。陆军对这些法规的实施程序被规定于《国防财务会计服务局——IN 条例》37-1 "财务与会计政策的实施"中。如果故意采取行动，导致违反《反超支法案》而被定罪，则可处以最高 5000 美元的罚款、最长达 2 年的监禁或两者兼施（参见《美国法典》第 31 编第 1350 节与第 1519 节）。

9-16. 核算偿付专款

a. 对偿付专款进行核算的法律授权。根据法律要求，国防部必须持续运行会计系统。该系统将提供以下内容：

（1）全面披露国防部活动的财务结算情况。

（2）国防部出于管理目的所需的足够的财务信息。

（3）有效控制国防部负责的资产并对其进行核算。

（4）可靠的核算结果将成为以下各项活动的基础：

（a）制定并支持国防部的预算请求；

（b）控制国防部的预算执行；

（c）提供总统要求的财务信息；

（d）将国防部的核算职责与财政部长的集中核算与报告职责进行适当的整合。

b. 国防财务会计系统。可以推测，如果国防部被要求核算其资金使用方式，那么陆军也必须以相同的方式核算其资金使用方式。陆军所需的大部分财务管理会计工作均由国防财务会计服务局执行。该机构成立于1991年1月，旨在通过合并、标准化以及整合财务与会计运作、程序和系统来降低国防部财务管理的成本并提高其整体质量。国防财务会计服务局接管了隶属于各军种和国防机构的5个财务与会计中心以及338个军事设施财务与会计办公室的职责。通过法定整合工作，国防财务会计服务局现在包括1个总部，位于华盛顿特区；5个集中站点（以前是美国陆军财务与会计中心），分别位于安纳波利斯、克利夫兰、哥伦布、丹佛以及堪萨斯城；以及20个野外站点或作业站点。人员编制从1992年的31 000人减少到了目前的18 000人。自1991年以来，国防财务会计服务局将324个财务与会计系统合并，并使其更加标准化。截至1998年，财务与会计系统已降至109个。未来，国防财务会计系统预计将减少到32个。

c. 陆军使用的会计系统。陆军及其下属机构使用由国防财务与会计局运作的多个会计系统。所使用的主要系统是通用资金体系业务管理系统。但是研究、发展与采办活动、美国陆军工程兵团和陆军国民警卫队使用其他会计系统。

9-17. 陆军管理结构

a. 陆军管理结构是第二个主要的资源记录结构。根据国会拨款，陆军管理结构按照《国防财务会计服务局——IN手册》37-100-××××（×××意为当前财政年度，例如2018）的规定，将计划资金和人力与活动和职能的标准分类联系起来。陆军管理结构代码有助于按照预算、执行与会计所需的详细程度记录数据。

b. 陆军管理结构能够提供基于国会拨款的资源管理语言和编码结构。它将计划资金和人力与一种标准的活动以及职能的分类联系起来，这种分类是国会在审议陆军计划与预算请求的时候需要并使用的。通用资金体系业务管理系统提出了一个被称为"职能领域"的术语，它将旧的陆军管理结构代码的前6位数字与管理决策执行"一揽子"结合在一起，以协助记录预算、执行和会计工作所需的详细数据。各陆军机构利用陆军管理结构在必要的会计系统中记录偿付专款与支出。《国防财务与会计局——IN手册》37-100-xx（"xx"表示财政年度的后两位数字）中包含了被用于为陆军收到的所有资金进行会计工作并建立分类代码的详细信息。例如，《国防财务与会计局——IN手册》37-100-18概述的是2018财年的陆军管理结构。使用陆军管理结构的编码结构有助于陆军机构满足联邦会计要求。翻译会计分类代码的一个简单例子是，在Fort Sill警备区的补给品采购交易中引用的以下会计资金（表9-1）：21 2 2020 57-3106 325796. BD 26FB QSUP CA200 GRE12344019003 AB22 WORNAA S34031。

9-18. 年末账目证明

自国防财务会计服务局成立以来，下属的国防会计办公室负责在军事设施中制定并监视"会计报告"。资金授权文档将授权指挥官划拨不超过特定数额且出于特定目的的偿付专款，法律要求收到该资金授权文档的指挥官从每年的9月30日起（即财政年度结束）"证明这些资金的状况"。指挥官可以将证明财年年末报告的权力委托给副指挥官、参谋长、警备区指挥官或资源管理处处长。

a. 国防会计办公室将对"会计报告"作出以下证明："本人兹证明，所附的报告和相关进度表包含了所有已收到的交易，且已经正确记录这些交易，并有附属会计记录为此提供支持。"

b. 国防会计办公室会将该证明递交给指挥官或指定代表。再由该指挥官或代表作出以下证明："本人兹证明，所附的报告和进度表包括了所有已知的交易。已经对这些交易中符合《美国法典》第31编第1501节（A）条规定的标准的交易划拨了偿付专款，并进行了上报。某财年（截至该年9月30

日）所有交易的全部报告和进度表均正确无误，并有附属会计记录为此提供支持。过期拨款中的所有单笔偿付专款和开放性分派支出的调整（如果超过100 000美元）都已经得到了适当的批准，并存档以供审计。"

c. 所有拨款以及司令部或机构进行的任何可偿付活动，都必须提供证明。主管财务管理与审计的陆军部助理部长负责向美国财政部为所有的陆军拨款提供证明。

表 9-1 翻译会计代码

代码	数据要素 财政部符号：	翻译
21	部门代码	陆军部
8	期间可用性	2018 财年
2020	基本符号	陆军运作与维修拨款
57	执行机构	训练与条令司令部
3106	分派序列号	（本地指派代码）
325796.BD	陆军管理结构代码或项目账户	基地运作（–），后勤处处长
26FB	资源要素	补给–陆军管理/国防运作资本资金项目
QSUP	管理决策执行一揽子措施	军事设施补给运作
CA200	职能成本账户	商业活动–合同提供的补给品
GRE1234019003	标准文件编号	（本地指派代码）
AB22	账户处理代码	（本地指派代码）
WORNAA	单位识别码	Fort Sill 警备区
S34030	财政站点编号	国防财务会计系统俄克拉何马州劳顿作业站点

第五部分 分析资源的使用情况

9-19. 职责变更

美国陆军参谋长责成陆军领导人负责评估、分析并报告计划和预算完成的有效性。这些评估和报告将输出项中的资金和人员输入值与《美国法典》第 10 编中规定的陆军职责联系起来。在 2003 年，国防部、各军种部与机构将资源管理程序重新命名为规划、计划、预算和执行程序。

9–20. 执行审查

职能、程序和财务管理人员与指挥官一同利用会计系统与其他数据馈送系统提供的信息，追踪各自机构或职能领域内的计划与预算的执行过程。这种分析的本质是判断计划的执行情况和效率，考虑是否需要更多资源来完成规定的计划，以及考虑是否需要将资源重新分配给优先等级更高的任务与计划。在陆军的所有资源分配梯队中都需要执行上述事项。

9–21. 陆军部总部季度审查

陆军负责对计划实施情况与财政执行情况进行季度审查，并重点审查战略优先事项和绩效指标。负责财务管理与审计的陆军部助理部长办公室负责执行季度审查。

9–22. 资源转移

在分析资源执行情况的过程中，经常需要转移国会授权和拨款的计划范围之外的资金。在现实情况下的实例包括：突发的应急行动、暴风雨对军事设施造成损坏、增加军事设施效用的成本、加快物资采购以实现经济节约，以及因新指派的任务而生成的新账单等。与国防部运作有关的国会委员会普遍认为：刻板地遵守预算项目、拨款和子项目或用途划定的资金额度规定，可能会危及已规划好的计划的有效完成，妨害其高效性和经济性。陆军部已经与国会委员会［众议院和参议院拨款与授权委员会（对于与情报相关的项目而言，是众议院和参议院情报特别委员会）］制定了重新规划程序，以适应对资金重新计划的不同的关切程度。也就是说，某些重新计划需要事先获得相应的国会委员会的批准，而其他一些则需要进行事先通知，还有一些需要事后通知。

a. 重新计划将资金从一个项目重新分配到同一拨款中的另一个项目，或将资金从一项拨款转移到另一项拨款，以解决资金短缺，或者是调整计划以满足未能预见的需求。该过程必须符合指定的资金起付额度，并且按照国会的要求获得事先批准或进行通知。在未获得国会的事先同意前，不得进行任何资金转移（两笔拨款之间的转移），并且必须以向国会递交重新计划请求（国防部 1415）的形式提出书面请求。

b. 通过其他法律、委员会报告或申请增加拨款来获取其他的灵活处理方法。主管财务管理与审计的陆军部助理部长办公室负责管理陆军拨款的重新计划程序。

9-23. 分析"会计账簿"——联合对账计划

联合对账计划是一项综合了以下人员的技能与专长的工作，包括会计师、预算和计划分析师、合同签订专业人员、后勤人员、内部审查审计员以及国防财务会计服务局人员的技能和专长。该计划的目的是验证未结算的偿付专款、正在进行的承包商工作和账单状态的有效性，以及验证对仍未交付的商品和服务是否仍具有持续需求。对账工作必须由所有的司令部来执行，如果能正确执行，将节省实际资金。这一工作可以确认并取消非必要的商品和服务；对当前拨款进行对账，以确保偿付专款金额的正确性；以及结算在财年年末即将到期的拨款。

a. 联合对账计划的主要目标是通过下列措施"收回"偿付专款授权：
（1）解除用于支持无效偿付专款资金的划拨。
（2）禁止使用当前资金支付因拨款到期而产生的负债。
（3）核对并清算拖欠的差旅预付款。
（4）消除和避免不匹配的支出。
（5）消除和避免负面未清偿偿付专款。

b. 联合对账的有效执行使得各司令部的购买力增强，从而直接提高了任务的完成率。购买力增强的原因包括：
（1）减少了注销账户的负债。
（2）收回了当前的偿付专款授权以供重新利用。
（3）确定并消除了错误支出与超额支出。
（4）提高了对承包商在制品和履行中的合同的可视性。
（5）取消了不良的差旅预付款项。

c. 此外，联合对账计划还提高了陆军在国会的管理信誉，使得财务记录的完整性和准确性得到了改善,同时缩短了处理财务交易的周期时间。历史证明,使用彻底而强化的联合对账计划是对时间和资源的极佳投资,它提升了财务管理、后勤和采购活动的价值。

第六部分　改善陆军的管理与业务实践

9-24. 为改善陆军管理所做的努力

自20世纪80年代初以来,主要的立法和陆军管理计划对绩效和成果给予了前所未有的关注。这些举措都指向这样一种转变,即更加注重以结果为导向的计划管理和执行预算。

9-25. 1982年《联邦管理人员财务完整性法案》

a.《联邦管理人员财务完整性法案》要求所有联邦机构建立并维持有效的会计和行政控制,以便为以下三个目标提供"合理保证":

(1) 偿付专款与花费符合适用的法律法规。

(2) 保护资金、财产与其他资产,避免浪费、损耗和未经授权的使用或挪用。

(3) 正确记录收入与支出,并进行核算。

b. 该法案还要求各机构负责人向总统和国会递交一份年度声明,说明机构管理控制措施是否合理。如果不合理,则应当指出实质性缺陷并采取纠正措施。

9-26. 1990年《首席财务官法案》

a.《首席财务官法案》旨在在联邦政府中推行更有效的财务管理实践。其主要目的是通过改进会计系统、整合职能和财务管理以及强化内部控制来为决策者提供更加准确、及时和可靠的财务信息。该法案还通过将管理重心从资源采办转移到资源执行的方式确立了"对绩效进行系统衡量"的初始要求。衡量对象是指纳税人使用资金的有效性,而非偿付专款与支出比率。

b. 该法令的主要条款要求:为周转资金、信托资金和实质性商业活动制定经审计的年度财务报表。该法律指定了包括陆军部总部在内的10个联邦机构作为试点，以制定综合性、全机构的财务报表，报表应覆盖所有业务和活动。作为依照《首席财务官法案》设置的首个国防部试点机构，陆军在诸多重要领域开拓了新局面。这些领域包括：实测库存政策、资产评估、军队薪酬与人事系统之间的对接、在财务报告中采用以结果为导向的计划执行措施，以及管理控制程序的重组。美国政府问责办公室和国会委员会认可了陆军的努力和改进。但是，陆军以一己之力无法使《首席财务官法案》的标准得到全面遵守，要想解决财务系统中长期存在的问题，需要整个国防部的共同努力，且必须制定在整个政府范围内适用的会计原则与标准，以支持管理决策和公共问责制。

9-27. 1994 年《政府管理改革法案》

a.《政府管理改革法案》要求所有的联邦机构提交经审计的年度财务报表，报表应当"覆盖机构的各个办公室、局与处的所有账目与相关活动"。从 1998 年开始，财政部部长应与管理和预算办公室主任协调，每年向总统和国会提交整个政府范围内的经审计的财务报表，报表应当涵盖联邦政府行政部门所有账目和相关活动。随着《首席财务官法案》试点项目的结束和该法案规定的报告制度的全面实施，陆军将继续致力于贯彻该项立法的条文和精神，同时改善陆军财务管理工作的各个方面。

b. 有关美国政府的最新财务报告的更多信息，请访问 http://www.gao.gov/financial.html。

c. 有关陆军的最新财务报表的更多信息，请访问 http://comptroller.defense.gov/cfs/index.html。

9-28. 1993 年《政府绩效与结果法案》

a.《政府绩效与结果法案》是一项重要的管理改革立法，是通向以结果为导向的计划管理与绩效预算这一必然转变的关键一步。如上所述，《首席财务官法案》旨在整合财务和职能系统，以便为决策者提供更好的信息，并将管理重点转移到纳税人资金的使用效率上。尽管《首席财务官法案》的实施和经审计的财务报表制度的落实已经大大改善了财务报告制度，但在"对绩效进行系统性的衡量"这一条款方面，该法律只提供了有限的指导。

b.《政府绩效与结果法案》以《首席财务官法案》为基础,建立了一个框架,用于全面整合在资源配置周期的所有阶段中的财务和职能数据。《政府绩效和结果法案》旨在改善整个政府范围内的计划,方法是在资源支出与所得成果间建立联系。国防部部长办公室通过设定共同的年度绩效目标并将特定的绩效措施与各个目标联系起来实施《政府绩效和结果法案》。最新编制的《四年国防评估报告》是根据《政府绩效与结果法案》要求制定的国防部战略计划。

c.《政府绩效和结果法案》的目的是通过系统性地要求机构对实现计划结果负责来提高公众对联邦政府的信心,并提高计划的有效性和公众责任感。该法律还旨在通过提供更多关于联邦计划和支出的相对有效性和效率的客观信息来提高国会的决策制定水平。《机构财务报告》包含"管理探讨与分析"部分,该部分提供与下列事项相关的行政级别的信息:国防部的历史、使命、组织、主要绩效活动、财务报表分析、控制方法与法律合规以及国防部面临的其他挑战。《年度绩效报告》将被包括在国会预算说明文件中,并提供详细信息,对绩效信息以及对绩效措施达成的结果进行说明。《绩效与财务信息概要》(之前称为《国防部公民报告》)对来自于《机构财务报告》以及《年度绩效报告》的国防部财务与绩效信息进行了总结,以便使信息更加透明,让国会、公众和其他主要选民也可以访问。上述三个报告都可以在国防部审计官的网站(http://comptroller.defense.gov/reports.html)上找到。

d. 陆军通过规划、计划、预算和执行程序审查并监控其战略计划和任务目标。规划、计划、预算和执行程序通过使用《陆军计划》(请参阅第二章"战略")来支持陆军对《政府绩效和结果法案》的实施。

9-29. 1996 年《联邦财务管理改善法案》

《联邦财务管理改善法案》以上述法律为基础,并提供了补充。该法案要求审计员报告其机构的财务管理系统是否基本符合要求,并将这一报告作为其年度财务报表的一部分。以下三个要求对于确保机构财务管理活动得到一致而准确的记录、整个联邦政府中及时而统一地上报而言至关重要:

a. 符合联邦财务管理系统要求。

b. 具有可适用的联邦会计标准。

c. 在交易层面具有美国政府的标准总分类账。

9-30. 管理控制程序

a. 管理控制程序是为确保实现目标并保护陆军资源免受欺诈、浪费和滥用而建立的若干程序。但是，许多审计和检查报告仍然发现了国防部和陆军存在严重的管理控制缺陷，这将损害陆军作为公共资源管理者的声誉，并削弱其在国会中有效争取更多资源的能力。国会明确表示，他们将继续密切关注管理控制活动。

b. 《陆军条例》11-2"管理控制"为实施《联邦财务管理改善法案》制定了相关政策和指南。它描述了陆军现行的管理控制程序，该程序在1995财年进行了重组，以减轻行政负担，使指挥官和管理人员在计划和进行评估时具有更大的灵活性，并使他们直接对其管理控制的有效性负责。重组后的程序仅要求对最关键的控制（"关键管理控制"）进行管理控制评估，并鼓励指挥官和管理人员在可能的情况下利用现有审核和监督程序来完成评估工作。

9-31. 改善业务实践

a. 资源管理的一个基本要素是审查、修订并重建陆军业务实践的程序，以增加收入、降低成本并充分利用陆军资产。目前，美军已经开发了一些工具来进一步改进业务实践：

（1）业务实践计划聚焦于陆军的运作，旨在消除或降低成本、创造并收缴收入、利用资产、精简并合并职能、建立合作伙伴关系，以及运用最新技术来帮助陆军更好地利用稀缺资源。

（2）在业务系统信息技术（BSIT）论坛的集中领导下制定的各种方案旨在支持陆军部业务部门的转型，从而为整个陆军提供更有效且高效的业务环境。

（3）立法计划则加快了可行、高回报且具有重建性的立法提案在国防部部长办公室、管理和预算办公室和国会中的进度。

（4）非拨款资金的财务监督委员会负责制定政策指导并审查非拨款资金的财务状况，同时促进非拨款资金机构的运作模式向企业化运作进一步靠近。

（5）豁免计划有助于制定、协调和提交豁免申请，它可以使个案在某些政策或法规上取得豁免，以改善程序。

b. 陆军正在实施新的和经过改进的业务实践,以缩小陆军资源与陆军需求之间的差距。许多私营部门的业务实践对国防部来说都"很有意义",因此很有可能被用于优化陆军资源的使用情况。总体目标是通过创造收入、降低成本、充分利用资产和改善服务交付来增加可利用的资源。

c. 成功利用业务实践来缩小陆军资源与需求之间的差距的一个重要例子是不动产(土地和设施)领域的实践。从历史上看,陆军主要依靠拨款资金(军事建设资金)来建造、改良和升级陆军设施,同时还依靠拨款资金(运作资金)来维护和修理不动产。但是,由于缺乏足够的资金,陆军只能修建最重要的设施,并造成了维护和修理工作的积压,最终导致了陆军资产使用寿命的减少。对于那些未充分利用且不再需要的不动产资产,即使仅维持在最低水平的运作,也会造成巨大的资产维护方面的成本。因此,在20世纪90年代,随着陆军规模的缩小,陆军开始处置这些未充分利用且不再需要的不动产资产。现今,处置工作仍在继续。但是,出现了这样一个问题,即当需要使用这些设施时,没有足够的拨款资金来修建、改造或维护它们。

d. 为了解决这个问题,陆军开始使用一种新的私营部门工具——公私合资企业。公私合资企业可以采用多种形式:住宅社区方案计划;武器革新与制造支持计划;《美国法典》第10编第2267节授权的租赁计划;士气、福利与文化娱乐计划方案;公用设施民营化;节能项目。公私合资企业的独特之处在于,它运用大量私人资本和专业技能来满足陆军的资源需求,同时也满足了私营部门对成功的商业投资的需求。使用公私合资企业这一方法时,陆军不会购买传统意义上的特定产品,而是通过选择一个私营部门"合作伙伴"来共同开发一种既符合陆军要求又符合成功的商业投资要求的解决方案。

e. 在过去的几年中,对公私合资企业的运用取得了巨大突破。公私合资企业是用于缩小陆军资源与不动产需求之间差距的工具。在住房私有化、公用设施民营化、节能以及强化的租赁权等领域,国会通过了多部非常重要的授权立法,一再表明了对使用此工具的全面支持。在公私合资企业方面的上述努力将对陆军未来管理不动产的方式产生重要影响。如果达成以下条件,则陆军将获得成功:公私合资企业成为完备的战略计划的一部分;陆军充分权衡了措施的长期影响;以及陆军认识到公私合资企业对计划和财务负责人提出了新的和不同的要求。

f. 陆军也在全力应对受非拨款资金支持的项目中出现的类似资源管理问

题。基地的关闭、部队的重新调整以及对拨款资金支持力度的下降都导致了非拨款资金处在一个充满挑战的环境。针对非拨款资金的政策决策必须考虑到一项资源管理战略，这一战略应当考虑到拨款资金和非拨款资金之间的相互关系。非拨款资金界和拨款资金界之间的协调对于确保拨款资金计划和非拨款资金计划的顺利执行至关重要。例如，作为非拨款资金重大建设项目而建造的军事设施可能被授权使用用于提供维护和维修支持的拨款资金。在这种情况下，一次性的非拨款资金支出可能会导致大额度且持续的拨款资金运作支出。相反，减少对非拨款资金活动的拨款资金支持，会导致军人及其家人可得的生活质量水平计划发生重大改变。

g. 以下做法对于最大限度地利用陆军稀缺资源来说至关重要：充分利用资产来实现和促进运作效率的提高；更好地利用信息；实施私营部门实践；以及通过资产杠杆来提高对陆军资源的利用。改善业务与运作实践不仅是对财务改革的补充，也符合重塑政府和"打击官僚主义"的精神，而且是全力支持陆军转型以应对未来挑战的绝对必要条件。

9-32. 成本管理

a. 成本管理在支持决策制定上发挥着重要作用，以保持尽可能多的训练有素且装备精良的部队。面对不断减少的可用资源，成本管理可使陆军保持最大的军事能力。这是一场陌生的战争，指挥官和领导人在陌生的战场上作战，通常对赢得胜利所需的武器也是陌生的。成本管理聚焦于那些用于生产或提供完成任务所需的产品或服务所需的活动，是可供使用的最为重要的"作战原则"。只要能够充分了解成本管理的潜力并全面了解并使用成本管理的工作部件就可以赢得成本战争。

b. 陆军选择了实施基于项目的成本计算法，将其作为一种工具，来协助当地负责人最大限度地利用稀缺资源，并将其作为一种持续改进程序的手段。"陆军实施计划"要求在陆军的 11 个支持业务领域实施成本管理/基于项目的成本计算法。这些业务领域包括：采办、基地运作、文职人力资源、合同签订、仓库维护、信息支持、院校训练、军械、研究与发展实验室、补给品管理以及测试与鉴定。

c. 成本管理原则通过在决策过程中提供更多信息，为指挥官在任务执行时提供了更大的灵活性。计划和基于项目的成本计算法模型为成本管理提供了基础。在履行职责和审查周期中使用该模型，可以使指挥官和其他高层领导在单个作战行动中节省资源。通过降低单个作战行动的成本，负责人可以在执行年度内灵活地使用资金。这些可用资金必须在财年早期确定，以便能够执行其他优先级更高的任务。成本管理/基于项目的成本计算法提供了一种在确定的资金额度内完成任务的机制。

d. 陆军成本管理指导小组。陆军成本管理指导小组是美国陆军的管理机构，负责指导以下内容的实施：成本管理政策、战略、重要能力以及用于协调和实现陆军领导层优先事项的最佳实践。要想成功实施成本管理并满足跨部门的多种信息需求，需要全陆军范围的支持（请参阅发布于 2014 年 10 月 22 日的美国陆军备忘录"建立陆军成本管理指导小组"，访问地址：https：//cpp. army. mil/portal/page/portal/Cost_ Performance_ Portal/CPP_ Main_ Page/Cost%20 Management/CM_ Steering_ Group：About_ CMSG）。

9-33. 成本建模

成本管理/基于项目的成本计算法将所有层级的管理技能和行动都集中在成本建模程序的结果上，该程序以负责人期待希望完成的活动（产品或服务）为基础，提供有用且准确的成本数据。国防部中传统的成本会计系统和程序与上述内容的关注点不同。相反，国防部将成本模型的重点放在了可用于完成粗略定义的支出类别的款项上，通过降低限额或预算将大量的资金分配给其他款项，然后各层级的负责人将花光这笔钱，直到有人告诉他们预算用完为止。这是一直以来的常规做法。事实上，花光分配给各低级机构的全部预算通常被认为是一件好事，因为预算被认为是一种支付权利，但这完全不是在职能层面运行的理想方式。各机构的目标应该是使用尽可能少的资金来达到既定的质量水平，从而留下尽可能多的资金来分配给司令部的其他优先事项。这些可用资金必须在财年早期确定，以便能够执行其他优先级更高的任务。

9-34. 规划

a. 各级负责人应该像战术指挥官规划作战任务一样，准确地计划未来的资源采办需求，以便赢得下一场战斗及整个战役的胜利。衡量成本管理/基于项目的成本计算法是否取得相对的成功应该以下列标准为基础进行判断：负责人在按照可接受的质量水平完成所需任务的同时，可在多大程度和频率内减少资源需求。如此一来，在产出产品或服务时节省出来的资源可由指挥官重新分配，分配给那些原本在计划中未能获得资金的高优先等级的任务。成本管理/基于项目的成本计算法程序聚焦于重要项目，与其他领导工具共同作用，为负责人提供了了解某种产品或服务的真实成本所需的信息，并为他们提供了一个体系来解决生产的单位成本问题。

b. 将成本管理/基于项目的成本计算法这一业务实践融入21世纪陆军的目的是提高各层级的决策水平。这就需要在陆军内部进行文化转型，认识到成本管理/基于项目的成本计算法是包括军事和文职人员在内的所有负责人与决策制定者的必修课。有效的成本管理/基于项目的成本计算法，这一业务实践将帮助我们理解生产商品和服务的真实成本，提高运作水平并将执行与陆军战略联系起来。成本管理/基于项目的成本计算法将全面支持持续的改良，以期组织机构能够达到最高效率。因此，它有助于精简成本竞争（竞争性采购）、提高生产率和绩效计划，最重要的是有助于简化本地负责人的决策制定。执行成本管理/基于项目的成本计算法，这一理念可控制成本并提高效率和有效性。

c. 对业务领域的支持将继续对陆军的任务起到十分重要的作用。成本管理/基于项目的成本计算法是陆军用于最大限度地实现现有财政资源效率的工具。积极主动地管理现有资源是为更高优先等级任务的需求（例如，改善任务支持服务、提高生活质量和部队超期服役需求）提供资源的最佳方式。

d. 成本管理/基于项目的成本计算法的成功实施是有力的领导力支持、周期性的花费与绩效审查、雇员授权和激励措施共同作用的结果。在陆军领导层的大力倡导下，成本管理/基于项目的成本计算法文化确立了一些目标并鼓励人们的参与行为，以提高绩效。

9-35. 建立基于项目的成本计算法模型

a. 陆军需要一个基于项目的成本计算法模型，因为国防部使用的传统成本会计系统不允许将所有相关成本归为一种产品或服务（项目）。例如，指挥官应了解其控制下各项目的总成本（例如，检修战术车辆、为新的军事职业专业训练军人或翻新家属住宅的成本）。更重要的是，有权影响成本的负责人必须知道并理解这些成本。对成本以及产生成本的程序的分析将会促使发现许多能够影响成本的变动之处。负责人应该期待下属理解、解释并提高成本绩效。但遗憾的是，收集和分配成本的（有助于创造产品或服务的成本）程序并不容易获得。要想构建基于项目的成本计算法模型，需要以生产机制在各个业务区域和场所中运作的实际方式为基础。建造特定模型是一项耗时但必要的工作，因为它能够处理真实数据，而其他的模板模型只能产生理论上的或标准的成本。建造并定期更新一个特定模型通常被认为是耗时且费力的工作，因此美军没有尝试这一工作。因为如果为任务划拨的资产大于需要完成的任务，那么这项工作的负责人将被认为是失败的。

b. 对于成本的记录和分配需要使用一个建模程序来完成。构建一个有用的模型的方式是通过让工作人员使用简单的问答，来复盘他们每天执行任务所做的事项，从而建立自己的模型。然后，将所有相关的成本分配给这些任务生产的产品或服务。薪金或其他相关费用也都不得遗漏。管理任务费用通常是指运行费用和必须考虑在内的其他成本。另一方面，如果过分强调精确性可能会使程序变得过于复杂，并降低结果的有用性。在尝试建造有用的成本模型的初期阶段，人们便注意到了这种情况。因此，成本管理和基于项目的成本计算法模型共同为负责人提供了一种结构，使其尽可能地具备高成本效益。

c. 运转中的成本管理/基于项目的成本计算法程序的一个实例是：之前，在财年第一季度的成本管理绩效审查期间，车辆维修车间的一线负责人提出的第二季度支出计划是这样的：在先前类似情况下的审查中，他的团队在第二季度将需要许多小时的加班才能尽可能快速地修理好从延期部署状态返回的车辆。而在本次审查中，由于他了解并使用了成本管理与成本模型，所以他意识到了所有成本，并决定持续致力于降低成本。同时，对工作团队的培养也发生了变化，以将降低成本纳入任务成功的定义。为此，负责人将更多的时间和精力花费在了为全体员工分配工作上，并更加细心地管理第二季度的员工休假情况。负责人还对优先维修指挥官认为最重要的车辆立刻进行了维修。有了上述的额外努力，第二季度工作人员将无需加班，从而使得车辆修理的单位成本低于计划中的成本。在绩效评估中讨论的这一确定的替代程序将得到认可，可以在整个机构中广泛应用。

9-36. 使用基于项目的成本计算法模型

a. 一旦模型建立且该模型不断提供单位成本数据，就应当运行利用数据的管理程序。有权改变相关运作方式的领导者必须查看单位成本数据和负责人的分析，批准或创建新的工作程序，并指导这些程序的实施。

b. 定期开展的绩效审查与计划会议是完成上述所有事项的唯一工具。应当向管理者提供数据，这些数据最好是由负责资金支出（用于生产产品）的个人提供的，且正确性已得到评估的数据。如果由第一线主管负责解释成本有哪些以及为什么会超出或剩余计划内的资源需求，通常能达到最佳效果。由于总体目标是在不牺牲绩效的情况下降低单位成本，因此讨论会随之而来。重要的是要记住，现在正在接受审查的人就是之前提交季度支出计划（以基于项目的成本计算法模型为基础制定的计划）的一线主管。

c. 应当由指挥官或高级负责人担任审查程序的负责人，因为该负责人享有实施程序变更的最终权力，而这种变更可导致处于审查过程中程序的成本降低。指挥官还负责将节省的资源重新分配给优先等级更高的项目。该总体方法还有一个重要组成部分，即必须激励各层级的负责人，以鼓励他们更聪明地思考和工作。

d. 在上文提到的示例中，指挥官可以选择在支付其他需求和奖励负责人（该负责人对赢得"成本战争"作出了贡献）之间分配现在可用于进行重新分配的资金。指挥官可以询问第一线负责人和下一级主管，需要什么来进一步改善已经进行了改进的组织的职能。指挥官可以选择购买他们一直有需要但又没有资金购买的新叉车，以用于搬运补给品。所有这一切都可以在同一次绩效审查中进行，从而减少以后需要召开会议的数量。

e. 指挥官通过在计划和审查的整个周期内管理成本和绩效来聚焦于成本管理/基于项目的成本计算法的战术部分，以实现持续改进。在对项目（成本管理/基于项目的成本计算法）、程序和成本进行管理的过程中，领导层设定了需要实现的效率目标。更好地了解成本和绩效将有利于负责人更好地实现陆军领导层设定的战略目标。

9-37. 成本投入与审查

a. 投入和审查周期是每个业务领域成功实施成本管理/基于项目的成本计

算法的关键。此程序已根据雏形建立起来，如图9-3所示。

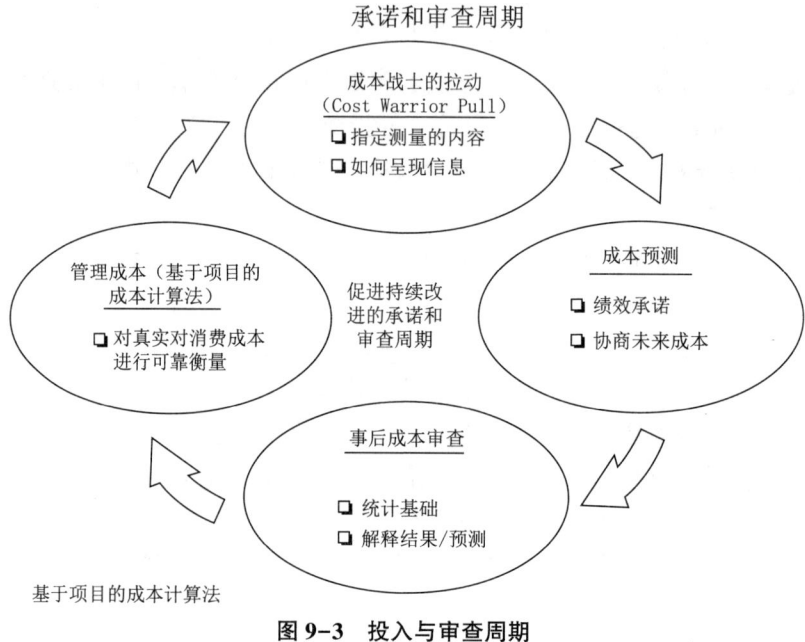

图 9-3 投入与审查周期

b. 管理成本计算要求指挥官和高级负责人提供领导支持及成本管理/基于项目的成本计算法所需的信息。拉动或牵头成本勘察程序的必要性在于整个司令部中创造了一种成本意识氛围。成本预测和事后审查提供了频繁的反馈和问责，以推动持续的改进，并实现对资源的最有效利用。

c. 在未来，观察成本管理的投入与审查周期的一个好办法是将其与战术陆军使用的C3I（指挥、控制、通信与情报）进行类比。相同的原则还可以应用于为决策制定者提供信息，以一种可以改善执行情况的方式进行，这可以轻易地适应新出现的更好的成本管理要求。

d. 基于项目的成本计算法代表着情报或信息收集程序。在战场管理中，这些是为作战人员获取情报的情报技术。成本战士的拉动（Cost warrior pull）将作战人员视为管理信息系统的用户。"成本战士"将决定哪些项目需要测量以及如何递交信息。成本预测认识到了将当前成本状况列入未来计划以控制未来支出的价值和重要性。在财务方面，这意味着成本控制系统应该为预测、假设分析和模拟提供便利。事后成本审查通过考虑实际的任务执行情况并传达结果来完成该周期。在财务方面，这意味着必须对"成本战士"进行最终衡量，并对成本绩效负责。基于成本的绩效指标的趋势应该会显示出持续的提升。

e. 成本管理/基于项目的成本计算法的有效发展应该能够为赢得成本战提供重要武器。用来改善成本的指挥、控制和通信的策略、战术和武器将非常重要。

9-38. 体系资源规划

国防部部长办公室层面的体系资金分配系统是一个基于网络的系统，它将国会的追踪职能与面向陆军的资金分配职能结合起来，并包含了有关资金控制的具体说明。体系资金分配具有标准化的资金授权文件（例如，支付权限信函、国防部 440 文件、国防部 460 文件以及运作资本资金拨款的年度运作预算）。

9-39. 通用资金体系业务管理系统

a. 通用资金体系业务管理系统是经过首席财务官委员会认证的军商通用体系资源规划系统，旨在为陆军和国防部提供全方位的、可靠的和及时的财务信息。通用资金体系业务管理系统能够帮助陆军标准化并简化其财务业务程序，以提供对财务信息的连续访问权，同时在陆军综合的整个体系范围内系统的开发中发挥重要作用。

b. 陆军的三个体系资源规划系统（通用资金体系业务管理系统、后勤现代化计划和陆军全球作战支持系统）为陆军提供了一个综合的整个体系范围内的系统，可为决策者提供数据，以便他们更好地作出有依据的决策，并更好地遵守法律和强制性文件的要求；作为一个"混合系统"，这三个系统均执行财务管理职能，以更好地支持其主要任务和系统职能。

c. 通用资金体系业务管理系统取代了现有的信息系统，即标准陆军财务系统、国防联合会计系统和标准运作与维修陆军研发系统。通用资金体系业务管理系统是一个基于网络的系统，旨在将信息无缝地整合进陆军当前的信息技术环境。该计划还包括重要的业务流程再造、变革管理和业务案例分析支持组件。通用资金体系业务管理系统解决方案包括大约十年的设计、构建、运行和应用服务提供商的服务。最终，通用资金体系业务管理系统将取代八十多种陆军传统会计、财务与资产管理系统。

d. 通用资金体系业务管理系统负责处理财务、不动产、成本管理和绩效数据，然后整合这些数据以便为决策提供支持。该系统的主要目标包括提升绩效、规范财务和业务程序、确保具有满足未来需求的能力以及遵守法定和规定的会计要求。具体来说，通用资金体系业务管理系统旨在：为决策提供支持信息以维持陆军能力；提供分析数据和工具以支持制度适应性；降低业务运行成本；以及强化问责与管理。

e. 通用资金体系业务管理系统是全球最大的体系资源规划系统之一，每天为现役陆军、陆军国民警卫队和陆军预备役部队处理来自全球 200 多个站点的大约 79 000 名最终用户的 100 万笔交易。该系统标准化了全陆军范围内的交易输入和业务程序；提供准确、可靠、在线和实时的数据；推动成本管理活动；以及将预算与执行联系起来。陆军将首次拥有单一的财务和相关的非财务数据来源，以及单一的通用资金记录系统。通用资金体系业务管理系统使得陆军工作人员能够将精力集中在具有附加值的任务上（例如，分析与决策制定），而不必从事冗杂的数据输入或大量的对账工作；同时，协助各级领导人确定运作的实际成本以及会对各自预算产生影响的成本。通用资金体系业务管理系统是一项复杂的计划，它融合了许多陆军和国防机构在开发新的体系业务流程方面的专业知识（更多相关信息，请访问 http://www.gfebs.army.mil/pmo/）。

f. 通用资金体系业务管理系统符合标准的财务信息结构标准，这是一种通用的业务语言，可在整个国防部体系范围内，支持预算、财务会计、成本/绩效管理和外部报告的信息和数据要求（有关标准的财务信息结构的其他信息，请访问 http://www.defenselink.mil/bta/products/sfis.html）。

g. 通用资金体系业务管理系统的业务流程领域。通用资金体系业务管理系统的开发活动被分为与资金管理相关的六个职能业务流程领域。

（1）资金管理（预算执行和预算制定）——包括陆军部总部级别之下的通用资金管理、预算执行和预算制定。

（2）不动产、厂房和设备——包括不动产管理和维护、物资管理、装备和资产管理以及环境责任。

（3）消费链——包括启动采购申请、核验资金、记录偿付专款、管理商品和服务票据以及后勤整合和库存管理。

（4）成本管理——包括全部成本花费、薪资和差旅费。

（5）财务——包括美国标准总账、工作流日记账凭证审批流程、财务报表以及月末和年末结算程序，还包括有偿的管理与会计子程序。

（6）可偿还款项——包括可偿还订单的处理和债务管理。

h. 通用资金体系业务管理系统组件概述。通用资金体系业务管理系统以特别访问计划体系资源规划包为基础，包含了支持各类业务流程领域的软件。

i. 通用资金体系业务管理系统体系资源规划中心组件。体系资源规划的中心组件模块可以实时处理交易，并充当系统的财务核心。

j. 通用资金体系业务管理系统商业情报模块。商业情报模块是通用资金体系业务管理系统的数据库。它吸收体系资源规划中心组件的交易数据，每日更新若干次。商业情报模块旨在快速检索以多种方式分类的数据，并将数据做成易于理解的、由用户生成的报告。

k. 特别访问计划组件。通用资金体系业务管理系统使用八个特别访问计划组件来支持八个陆军业务流程领域：资金管理；财务（包括特殊用途的分类账）；控制；消费链；固定资产；不动产；物资管理；以及商业情报（核心的商业情报应用程序是一个一体化计划，除了具有报告和查询功能外，还提供预算编制和支出计划管理功能）。

l. 资金管理业务流程变更摘要。表9-2对资金管理业务流程领域中旧有情况到通用资金体系业务管理系统的转变进行了简要概述。

表9-2 资金管理业务流程变革概述

无通用资金体系业务管理系统	有通用资金体系业务管理系统	影响
资金分配和资金执行是在不同的系统中进行的，这些系统具有众多复杂的界面和需要进行跨界面管理的手动程序。	与资金执行在同一系统内的资金分配	可视性和控制资金在当前系统中不可用。
向较低层级授予资金管理权限的能力有限。	与资金分配和资金执行在同一系统内的预算规划。	消除了对集中资金控制或集中订单控制点的需求。
	执行承诺确认的会计工作。	在预算和财务报告中可以迅速看到支出活动的影响。

9-40. 成本-收益分析——一个重要的决策制定工具

a. 这是一种结构化的方法，用于预测和比较替代行动方案的预期成本和收益，以便确定实现既定目标的最佳解决方案。其目标是形成一个有力的价值主张，即一份明确的声明，以证明收益相较于成本、风险和付款人是合理的。见图 9-4。

b. 在当今资源有限的环境中，陆军必须明智地使用其管理的每一分钱。该管理工作的关键要素在于在所有的需求/资源配置过程中开发并使用良好的成本-收益分析方法。对于提交给决策者的每个拟议计划、方案或决策意见来说，准确而完整地描述将产生的成本和取得的收益是十分重要的。

c. 陆军部部长于 2011 年 3 月 14 日发布了一份备忘录，题为"对陆军决策成本的考虑"。在该备忘录中，他重申了 2009 年陆军部副部长/陆军副总参谋长备忘录中给出的指导，同时指出，"所有议题、建议或要求都必须对成本和预期收益进行权衡"。

国防部部长将主管财务管理与审计的陆军部助理部长任命为"陆军的决策制定、政策和指导成本的倡议者"。

d. 主管财务管理与审计的陆军部助理部长在成本与绩效门户网站上建立了一个成本-收益分析门户网站，以提供各种需求、议题、任务和问题的信息。这些信息需要经过仔细分析才能得出最佳的行动方案（有关这两份备忘录的详细内容，请访问 https://cpp.army.mil/portal/page/portal/Cost_Performance_Portal/CPP_Main_Page/CBA_Portal）。

e. 成本-收益分析审查委员会对成本-收益分析进行审查，审查该分析是否适合决策制定者或决策制定机构使用。成本-收益分析委员会向负责成本与经济的陆军部助理部长助理提供有关使用适宜性的建议，该助理将有关使用适宜性的最终建议转发给决策制定者或决策制定机构。

9-41. 相关规范

a. 有远见的领导。指挥官、领导与负责人必须确定获取和管理成本的策略。他们对任务完成的重视必须辅之以对任务成本的控制。

b. 持续改进和学习。成本管理/基于项目的成本计算法尚未被普遍理解。

领导者必须在组织内部培养并鼓励持续改进和学习的心态。本章中讨论的建模概念以及投入和审查周期为学习过程提供了一个起点。

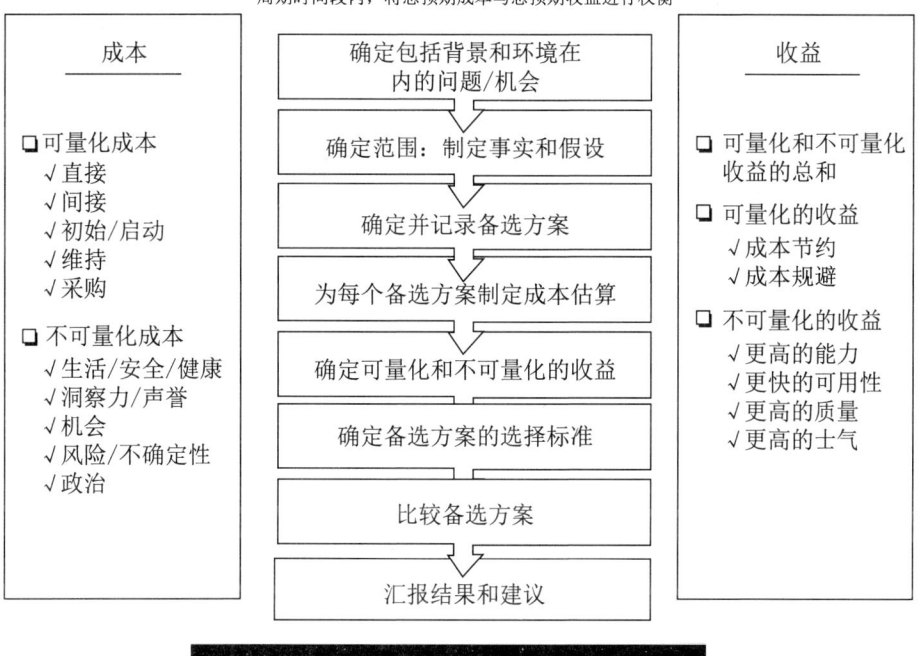

图 9-4　成本-收益分析

第七部分　非拨款资金定义

9-42. 非拨款资金定义

a. 非拨款资金是指非国会拨付的现金与其他资产。非拨款资金主要来自于面向授权客户（国防部军事与文职人员及其家庭成员）的商品与服务销售款，并用于支持士气、福利与文化娱乐计划，从而为销售款来源方的授权客户提供集体利益。非拨款资金属于政府资金，但是与拨款资金分开使用，拨款资金被记录于美国财政部账目之中。

b. 非拨款资金管理机构。非拨款资金管理机构是美国政府的一个财政实体，负责执行基本政府职能。该机构以其自身名义行事，为军事人员及其家庭成员以及获得授权的文职人员提供或协助国防部其他机构提供士气、福利与文化娱乐等计划。

9-43. 非拨款资金管理机构的管理

a. 每个非拨款资金管理机构在法律上均被视为"美国机构"。非拨款资金管理机构账户中的资金均是美国政府的资金，包括建筑物与不动产在内的非拨款资金财产都属于美国政府。即使是为某个共同计划或项目提供支持，非拨款资金也不会与拨款资金混合在一起进行管理，而是单独进行管理。这意味着：

（1）每个非拨款资金管理机构均根据适用的联邦法律及部门法规在美国政府的授权下进行运作。

（2）由于非拨款资金管理机构在联邦政府授权下进行运作，因此其享有与美国政府同样的联邦法律赋予的特权与豁免权。

（3）适用的国防部指令以及正在实施的陆军相关条例具有法律效力。

b. 非拨款资金管理机构由以官方身份行事的军事或文职人员进行管理。非拨款资金管理机构通常对联邦税收享有豁免权，并且可以免除大多数的州、地方与东道国的直接税款。它必须通过司令部与部门渠道来核算与报告财务运作的情况。非拨款资金管理机构的运作情况必须接受国会审查。《陆军条例》215-1"军队士气、福利与文化娱乐计划以及非拨款资金管理机构"提供了有关陆军非拨款资金管理机构管理方面的更多信息。

9-44. 对非拨款资金的信托责任（参见《美国法典》第 10 编第 2783 节）

非拨款资金属于美国政府资金，享有与国会拨款资金相同的保护。

a. 个人责任。正确使用非拨款资金并防止其出现浪费、丢失、管理不当或未经授权使用的情况是个人的信托责任。该项责任适用于国防部的全部人员，包括武装部队成员以及由拨款资金与非拨款资金提供薪资的文职雇员。

b. 违规行为。指挥官有责任迅速发现并适当调查可能出现的违规情况，并采取适当的纠正措施。报告非拨款资金违反情况的个人将受到保护，免受报复。指挥官必须针对违反者采取适当的行政措施。如果有证据表明存在犯罪行为，则指挥官必须将此事转交给相应的刑事调查机构。针对非拨款基金的浪费、损耗、管理不当或未经授权使用违反情况的处罚适用于军事人员和由拨款资金以及非拨款资金提供薪资的文职人员。这些处罚包括刑事和行政上全部种类的法律法规规定的制裁措施，且与管理拨款滥用的联邦法律条款规定的处罚相同。鼓励将疑似违反情况报告给尽可能低的组织层级。但是，也可以向高级别的监察长或国防热线进行报告。

9-45. 士气、福利、娱乐和非拨款资金的管理

a. 士气、福利与文化娱乐以及非拨款资金由理事会进行管理。理事会成员包括四星级司令、陆军主任军士长以及负责人力与预备役事务的陆军部助理部长。由高级军事成员主持理事会事宜。士气、福利与文化娱乐理事会负责制定目标，批准融资战略，监控执行情况，将非拨款资金主要建设需求进行优先排序，并确保士气、福利与文化娱乐的信托责任。

b. 执行委员会负责向士气、福利与文化娱乐理事会进行报告。主管人事的副参谋长担任该执行委员会的主席。士气、福利与文化娱乐理事会的内部部门还包括战略规划委员会、财务委员会以及审计委员会，这些委员会负责向执行委员会进行报告。下属的投资委员会向财务委员会进行报告。

9-46. 陆军部总部对非拨款资金的监督

a. 主管财务管理与审计的陆军部助理部长还采用各种方法来监督非拨款资金。其中一种方法是参加士气、福利与文化娱乐主任委员会。负责财务的陆军部助理部长助理是士气、福利与文化娱乐委员会执行委员会的投票成员。此外，负责财务管理与审计的陆军首席副助理部长担任审计委员会的主席，资源分析和商业实践处处长则在投资小组委员会任职。通过这些职位，主管财务管理与审计的陆军部助理部长实际上影响了士气、福利与文化娱乐财务政策的几乎所有方面。作为非拨款基金监督责任的一部分，主管财务管理与审计的陆军部助理部长向陆军部部长和陆军参谋长提出非拨款资金方面的问题，以供决策。

b. 主管财务管理与审计的陆军部助理部长通过参加军人及其家属战备理事会各个级别的论坛，对陆军控制的陆军部总部层面的财务管理进行监督。陆军预算办公室的一位代表负责参加军人及其家属战备理事会工作组层级的所有会议，会议上可以解决主要的士气、福利与文化娱乐财务政策问题。预算军事代表在负责为军人及其家属战备理事会提供咨询的同时，也是军人及其家属战备理事会的三星级执行委员会中享有投票权的成员。负责财务的陆军部助理部长助理担任军人及其家属战备理事会的审计委员会主席。陆军预算办公室的一位高级成员担任投资委员会的成员，负责陆军金融与投资资金方面的事务。预算军事代表也是在陆、空军联合军人服务社及其财务委员会拥有投票权的成员。陆、空军联合军人服务社的收入是陆军士气、福利与文化娱乐委员会收入的主要来源。通过这些职位，主管财务管理与审计的陆军部助理部长实际上影响了士气、福利与文化娱乐财务政策的几乎所有方面。

第八部分　总结、关键术语和参考文献

9-47. 总结

a. 陆军中的资源管理将不断发展。新的法律法规、新的要求、新的管理举措、新的任务以及从陆军资源中获得"最大效用"的限制性条款不断迫使资源管理者开发新的资源管理方法。最重要的是，IT的应用也确实改变了资源管理界。计算机及其强大的软件功能为各级决策制定者提供了强有力的工具，可最大限度地分配和利用资源。

b. 但是，真正的创新在于资源管理界正在提倡的体系化方案。陆军预算水平的持续下降迫使我们重新审视业务实践，以便以一种更加全面的方式整合计划与预算工作，同时认真研究提高陆军团队人员生产力的方法。管理决策"一揽子"措施概念是这种整合工作的先驱。

c. 第三方融资、价值工程学、退款/直接客户支付、自给自足、组织效率审查以及基于单位成本的产出聚焦是其中的一些概念，这些概念让我们可以审视我们管理陆军的方法，同时可以提升管理效率，从而提高国会和美国纳税人提供给我们的资源的效率和效力，进而增强战斗力。

d. 本章使用与流程相关的最少复杂术语，总结了资源管理系统的更多相

关职能。确定了主要参与者，他们必须完成的主要步骤，以及指导他们在资源管理过程中（尤其是在执行阶段）采取行动的各种控件。

9-48. 关键术语

a. 资源管理。资源管理是指对财务与其他资源的指示、指导以及控制。它涉及计划、预算、会计、报告、分析以及鉴定的运用。

b. 偿付专款。是指法律上规定美国政府承担付款义务的任何行为。"偿付专款"这一概念对于政府中的资源管理至关重要。从"使美国政府担负付款义务"这一中心概念出发，引出了美国财政法以及法律规范的基础。在这一基础上，陆军必须作为美国政府的一部分进行运作。偿付专款的对象可能是承包商提供的服务、物资的采办（例如坦克）、建筑物的建设或维修，或者军人或文职人员的工资等。

b. 国会授权。是由国会通过并由总统签署的一项法律，该法律建立或延续了联邦计划或机构，并规定了该计划或机构必须遵守的指导方针。通常，在每个财政年度，国会都会通过一份《国防授权法案》（例如，公法第111-383号——《2015财政年度艾克·斯凯尔顿国防授权法案》）。该法案规定了可采购的物资、各军种可保有的人力资源水平以及可购买的武器数量和其他装备系统。该法案还对《美国法典》第10编进行了补充和修改。《美国法典》第10编与其他法律一起指导陆军的管理工作以及国防部的其他活动。授权法案并不提供从美国财政部提取资金来支付偿付专款的预算授权。

c. 国会拨款。是由国会通过并由总统签署的一项法律，为法律中规定的特定目的提供预算授权。《国防部年度拨款法案》（例如，公法第111-118号——《2015年国防部拨款法案》），在一段特定的时期内为许多拨款［例如，陆军作战与维持、军事人员、陆军（陆军军事人员）、陆军研究、发展、试验与鉴定以及陆军军事施工等］提供了预算授权，以使陆军在执行国会和其他指导陆军行动的法律授权的程序时能够划拨合法的偿付专款。

d. 成本-收益分析。这是一种结构化的方法，用于预测和比较替代行动方案的预期成本和收益，以便确定实现既定目标的最佳解决方案。其目标是形成一个有力的价值主张，即一份明确的声明，证明收益相较于成本、风险和付款人是合理的。

e. 预算授权。预算授权是一项合法划拨偿付专款的权利，这项偿付专款从美国财政部划拨,用以支付款项。预算授权不是"付现"。实际上,美国财政部仅会在一个机构(例如,国防财务会计服务局)开出美国财政部支票后才会支付现金,并将这笔支出的现金用于支付先前划拨的偿付专款。

f. 偿付。美国政府对偿付专款的支付。

g. 财政年度(财年)。财政年度是政府的会计周期。对于联邦政府而言,财政年度从10月1日开始,至次年9月30日结束。财政年度以其结束时的日历年命名。例如,2015财年始于2014年10月1日,结束于2015年9月30日。

h. 支出。支出是政府在特定财政年度内实际支付的金额。

i. 资产杠杆。是指在一个企业(合资企业)中,将政府资产与私营部门的知识、专长、权益与/或融资相结合,可为政府带来长期利益。

9-49. 参考文献

a. Army Funds Management Data Reference Guide, FY 2015, dated May 29, 2015 @ http://asafm.army.mil/offices/office.aspx? officecode=1200.

b. Army Regulation 5-1, Total Army Quality Management, March 15, 2002.

c. Army Regulation 11-2, Managers' Internal Control Program, January 4, 2010 with a Rapid Action Revision (RAR) 001, March 26, 2012.

d. Army Regulation 37-47, Official Representation Funds of the Secretary of the Army, September 18, 2012.

e. Army Regulation 215-1, Military Morale, Welfare, and Recreation Programs and Non-Appropriated Fund Instrumentalities, September 24, 2010.

f. Cost-Benefit Analysis Portal @ https://cpp.army.mil/portal/page/portal/Cost_ Performance_ Portal/CPP_ Main_ Page/CBA_ Portal.

g. Cost Performance Portal @ https://cpp.army.mil/portal/page/portal/Cost_ Performance_ Portal/CPP_ Main_ Page.

h. DFAS-IN Regulation 37-1, Finance and Accounting Policy Implementation, October 20, 2014.

i. DFAS-IN Manual 37-100-14, The Army Management Structure (AMS) for Fiscal Year 2014, Basic Complete Manual, January 2, 2013.

j. DOD Regulation 7000.14-R, Financial Management Regulation (FMR), consisting of twenty volumes, June 2011.

k. OASA (FM&C) @ http://www.asafm.army.mil.

l. OMB @ http://www.whitehouse.gov/omb.

m. SEMOMY Memo, 主题: Consideration of Costs in Army Decision-Making, dated 24 April 2013 at http://asafm.army.mil/Documents/OfficeDocuments/Cost-Economics/guidances/cba-gd.pdf.

n. Standard Financial Information Structure @ http://www.defenselink.mil/bta/products/sfis.html.

o. USC Titles as follows:

(1) Title 5 USC, Government Organization and Employees.

(2) Title 10 USC, Armed Forces.

(3) Title 31 USC, Money and Finance.

(4) Title 32 USC, National Guard.

(5) Title 41 USC, Public Contracts.

p. USA Memo, "Establishment of the Army Cost Management Steering Group" @ https://cpp.army.mil/portal/page/portal/Cost_ Performance_ Portal/CPP_ Main_ Page/Cost%20Management/CM_ Steering_ Group: About_ CMSG).

q. USD (C) @ http://www.dtic.mil/comptroller.

u. USG @ http://www.gao.gov/financial.html.

第十章 能力需求和装备系统的研究、发展与采办管理

关于本章的说明

2017年10月，陆军代理部长赖安·麦卡锡（Ryan D. McCarthy）先生发布了陆军指令2017-24《支持装备发展的跨职能团队试点》，作为改进陆军需求发展和装备采办程序的第一步。2017年11月，麦卡锡跟进了该指令，推出了一系列支持采办改革的举措，涉及以下方面：科学技术、试验与鉴定、维持、合同签订、成本估算以及评估。

此外，陆军组建了一个特别工作小组，用以确定构建一个新的陆军司令部的路线，该司令部负责监督需求发展和一些与采办相关的活动。上述工作的结果将影响本章将讨论的权限、职责和程序。一旦完成了上述工作，并进行了相应变革以使与陆军有关的企业与陆军领导人在这些领域的决策保持一致，本章将被重新编写，以反映这些变更。本书的电子版将在2019-2020年的更新中加入对这些变更的记录。

第一部分 导 言

10-1. 国防部和美国陆军能力发展与系统采办管理

本章介绍了国防部和美国陆军管理系统的主要角色、任务、职能以及用于能力发展以及装备系统的研究、发展与采办的程序/系统。这些系统可以被简单地视为结构、程序和文化的组合。

a. 结构是指导和组织的总和，其中指导是指法律、政策或法规提供的指导，组织是指为完成能力发展以及系统研究、发展与采办管理职能的组织。

b. 程序是结构在生成输出物的过程中的相互作用。

c. 文化是既往实践及其产生的影响的总和,这种影响是指实践对针对系统的机制变革的指导及见解的解释的影响。

d. 陆军将利用国防部的三个重要系统来执行"条令、组织、训练、装备、领导、教育、人员、设施和政策"解决方案和建议。必须对这三个系统(联合能力整合与发展系统、国防采办系统和规划、计划、预算和执行系统)进行整合/搭配,以提供有效且高效的产品供作战人员消耗。联合能力整合与发展系统的输出物同时供国防采办系统和规划、计划、预算和执行系统使用。

10-2. 主要目的

能力发展和装备采办管理系统的目的是在需要时为联合作战人员提供有效和可负担的陆军能力。这将转化为对陆军主要职责的支持,即生成训练有素、装备精良和持续不断的军事力量以执行任务,从而支持国防战略和国家军事战略。这些程序/系统使陆军能够发展并获取所需的作战能力,以支持国防战略。为了便于理解这个过程,本章将首先重点说明能力发展的一些关键方面。

第二部分 能力整合与发展

10-3. 政策

参谋长联席会议主席指令 3170.01I 为联合能力整合与发展系统规定了政策,而配套的《联合能力整合与发展系统手册》则为联合能力整合与发展系统规定了程序指导。陆军通过陆军能力整合与发展系统程序为联合能力整合与发展系统提供支持,陆军能力整合与发展系统程序被规定在《陆军条例》71-9 和《训练与条令司令部条例》71-20 中。

10-4. 联合能力整合与发展系统

a. 联合能力整合与发展系统,国防采购系统和规划、计划、预算和执行程序是国防部的三个主要决策支持系统/程序,用于构建军事力量,以支持战略指导文件的实施。联合能力整合与发展系统是一种基于能力的程序,用于确定联合部队在执行联合作战任务和职能方面当前持有的与未来预期的能力间的差距。当联合能力整合与发展系统程序认为国防部需要发展新的装备解决方案时，联合能力整合与发展系统的能力需求程序将与国防采办系统以及计划、规划、预算和执行系统共同作用，以提供有效的解决方案。联合能力整合与发展系统中的程序负责为参谋长联席会议主席和联合需求监督委员的建议职能提供支持，他们就涉及确定和评估基于联合军事能力的需求并确定需求的优先等级方面的事项向国防部部长提供建议。

b. 联合能力整合与发展系统是一个需求驱动的、基于能力的联合需求生成程序。其目标是制定平衡且同步的"条令、组织、训练、装备、领导、教育、人员、设施和政策"解决方案，这些解决方案应当是可负担的；在军事上有用/可以有效运行的；可以由外部机构提供支持的；以成熟技术为基础的；以及已经在相关的实验室或作战环境中经过证实的。联合能力整合与发展系统以顶层战略指导为基础，使用了一个整合、协调的程序，以便在"条令、组织、训练、装备、领导、教育、人员、设施和政策"改革中指导新能力的发展。制定和评估"条令、组织、训练、装备、领导、教育、人员、设施和政策"改革建议的目的是对联合部队能力进行充分利用，以便使其作为一支整合的部队进行作战。如果该建议仅优化了陆军（而非联合部队）的作战能力，那么美军将进一步制定"条令、组织、训练、领导、教育、人员、设施和政策"（非装备）的一体化改革建议。一体化改革建议更侧重于非装备的改革，但也会存在一定的装备改革。该整合与协作方法需要一个程序，该程序将利用联合/军种概念和整合体系结构来确定排好优先顺序的高风险能力缺口，并使用一体化的联合"条令、组织、训练、装备、领导、教育、人员、设施和政策"措施（装备与非装备）来解决这些能力缺口。联合能力整合与发展系统程序有三个需求验证通道：一般（标准或传统）、紧急（制度计划内的）和危急（预计会发生或即将发生的）。一般类别的程序利用传统途径完成以下三项工作：确定能力缺口和拟议的解决方案（基于能力的评估程序）；记录基于能力的评估结果（记录于初始能力文档和/或"条令、组织、训练、装备、领导、教育、人员、设施和政策"改革建议/"条令、组织、训练、装备、领导、教育、人员、设施和政策"一体化改革建议中）；以及着手进行装备发展决策和替代方案分析，以支持装备解决方案决策。采办程序的其余部分（原型、设计、发展、生产、部署和维持）都遵循装备解决方案决策。

c. 紧急威胁时间表。在对正在进行的应急作战行动进行规划时，可能也会确定某些紧急作战需求。如果不能通过快速获取的能力解决方案来满足这些需求，则可能会导致关键任务失败或不可接受的人员损失。这些能力需求可以作为联合紧急作战需求或国防部组成机构的紧急作战需求向上提交，以便完成快速验证和快速采办工作。

d. 危急威胁时间表。在对预期的应急作战行动进行规划时，可能也会确定某些作战需求。一旦作战行动开始，如果不能通过快速获取的能力解决方案来满足这些需求，则可能会导致任务失败或不可接受的人员损失。这些能力需求可以作为联合紧急作战需求或国防部组成机构的紧急作战需求向上提交，以便完成快速验证和快速采办工作。

有关联合能力整合与发展系统手册中三个需求程序通道的描述，参见图10-1。

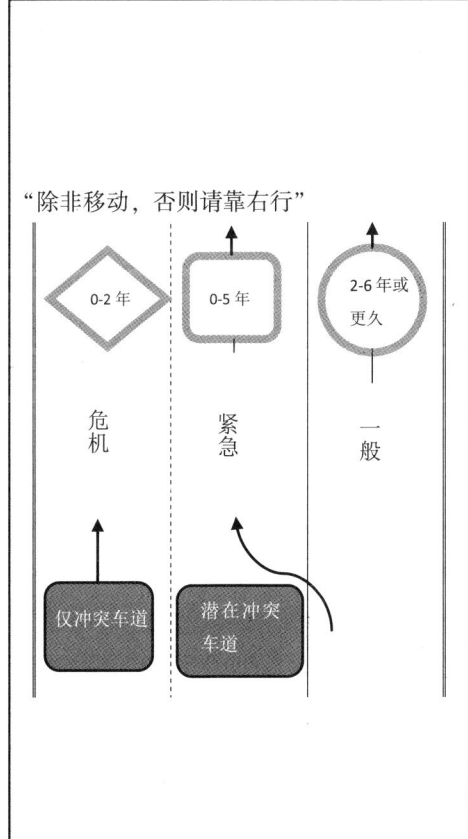

图 10-1 三个"需求通道"

f. 快速采购程序在发展和实施能力解决方案的行动上，比传统的一般国防采办系统程序耗时更短。快速采办活动还可能包括加速采办军商通用产品、军队政府通用产品或无开发需要的产品的解决方案，或修改/加速在一般程序下启动的现有发展计划。重大决策机构负责为每个经过验证的能力需求确定具体的采办程序。

g. 基于能力的评估。成功组织并实施一项联合能力整合与发展系统的基于能力的评估是一项巨大的挑战。联合概念是专门为推动国防部改革进程而设计的。满足战略指导的要求是一项巨大的挑战。对于陆军而言，基于能力的评估分为三个阶段：职能领域分析，即所需的能力及相关的任务、条件和标准；职能需求分析，即高风险/高优先级的能力缺口；职能解决方案分析，即潜在的用于减轻或消除能力缺口的"条令、组织、训练、装备、领导、教育、人员、设施和政策"方法、建议和解决方案。基于能力的评估，尤其是针对广泛任务领域的评估，是由一支有能力的联合团队进行的，该团队可以利用必要的专业知识来解决问题需求，具体如下：

（1）需求。在当前和未来的作战中，所需的用于满足某组织的作用、职能和任务的能力。

（2）缺口。对当前的和计划的兵力进行一次作战评估，以确定能力需求（基于必须执行的特定作战任务，在什么条件下以及按照什么标准执行该任务）。如果能力解决方案无法满足能力需求，即存在有关的能力缺口。缺口是从对任务的风险、对兵力的风险（潜在损失）以及其他重要考虑因素（如资源配置和对盟友的影响）方面进行评估的。

（3）解决方案。解决方案包括接受风险或不采取任何措施，确定非装备方法以填补已发现的能力缺口，以及在必要时推荐装备方法或装备与非装备组成的方法。所需解决方案的优先次序和时间安排对于资源配置和规划非常重要。基于能力的评估是确定能力需求和相关能力缺口的分析基础。也可以使用其他形式的研究、分析或评估，但可能需要对这些方式进行改进才能生成足够的数据以用于能力需求文档。

h. 能力需求分析。能力需求分析由训练与条令司令部陆军军事能力整合中心牵头实施，参与者还包括训练与条令司令部卓越中心和陆军部队现代化的倡议者。能力需求分析是陆军的一体化成本-收益分析程序，同时也是主要的分析程序，用于发展、整合并认可优先等级较高的"条令、组织、训练、装备、领导、教育、人员、设施和政策"解决方案、能力缺口和缺口处理方案，以便在推动能力发展的同时明确陆军的资源优先顺序。能力需求分析评估了陆军作为首要的地面力量，为履行其联合作战职责必须要做的事。能力需求分析有助于确定陆军能力发展的优先事项（即陆军联合能力整合与发展系统行动，包括初始能力文档/能力发展文档/能力生成文档）以及发展学习活动（即实验、科学技术、联合作战评估和一体化评估），并通知陆军部部长和参谋长，有关主管采购、后勤和技术的陆军部助理部长和陆军参谋部的战略项目组合分析审查规划、规划目标备忘录制定以及资源配置优先等级的事项（见图10-2）。

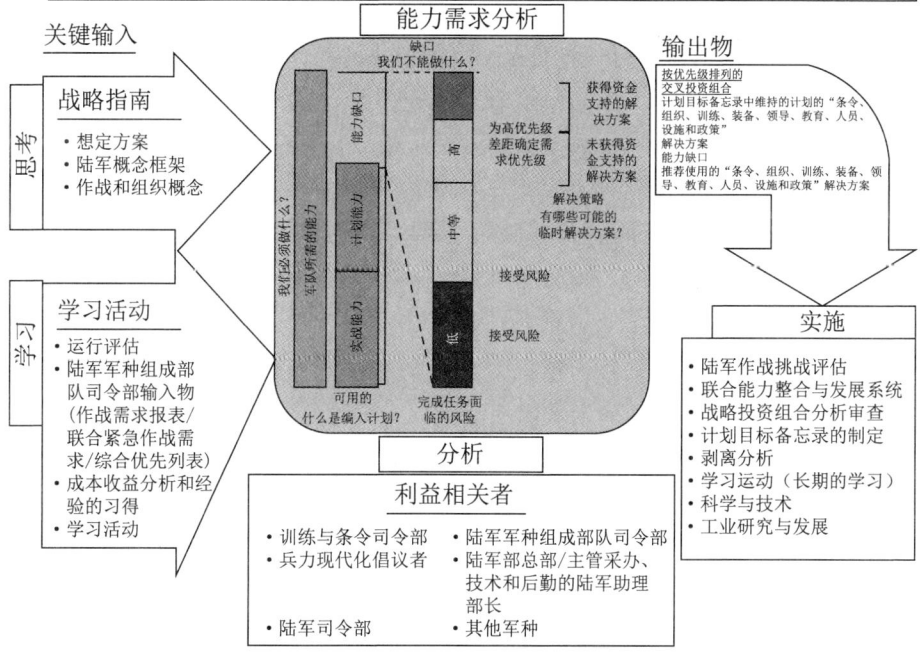

图10-2　能力需求分析概览

第三部分 能力需求文档

10-5. 生成并记录需求

能力需求文档记录了基于能力的评估结果。初始能力文档说明了对装备采办计划的需求、装备的使用方式以及装备必须具备的能力。随着采办计划的推进，对于所需性能与设计规格的说明变得越来越具体。初始能力文档聚焦于职能领域，用于启动国防采办系统。能力发展文档和能力生成文档用于确定满足一项经批准的装备需求（高风险能力缺口）所需的系统能力。

10-6. 初始能力文档

初始能力文档是启动新能力需求最常见的起点。初始能力文档概括陈述了职能方面的所需装备能力（需求），这种能力（需求）可以支持多个发展系统。它记录了对非装备与/或装备解决方案的需求，以便弥补从基于能力的评估程序（上文讨论过）中得出的某一具体高风险能力缺口。它描述了作战职能中存在的能力缺口，正如在相关的作战概念和一体化结构中描述的那样。初始能力文档根据以下几个方面确定能力缺口：职能领域、相关的军事行动范围以及应当考虑的时间期限。

a. 初始能力文档概述了基于能力评估的分析结果，并确定了美国或盟国在条令、作战概念、战术、组织和训练方面的变更，这些内容在填补确定的高风险能力缺口时都会被加以考虑。初始能力文档还说明了为什么非装备方面的变更不足以处理整体能力方面的问题。

b. 初始能力文档记录了为提供需求能力而提出的平衡且协调的"条令、组织、训练、领导、教育、人员、设施和政策"（非装备）方案的评估。初始能力文档还基于对不同装备方案的分析提出了推荐的装备方案，并阐述了该推荐方案如何最好地满足预期的需求能力。

c. 一旦经过批准，初始能力文档通常不会进行更新，而是被存储到联合参谋部之资源与评估部的知识管理/决策支持工具数据库，以便使所有已验证的能力需求文档都被保存在同一个位置。而且，经过批准后，能力发展文档（下文将进行阐述）便会将初始能力文档中规定的预期能力带入国防采办系统的工程与制造开发阶段。随后，能力发展文档充当动态文档，用于在整个采办程序中执行计划或补充方案。

d. 初始能力文档不得超过 10 页，格式和详细的内容说明在《联合能力整合与发展系统手册》中进行了规定。在创建后续文档（即能力发展文档、能力生成文档或联合"条令、组织、训练、装备、领导、教育、人员、设施和政策"改革建议）前，初始能力文档并不是必需的。如果替代研究或文档来源使初始能力文档变得多余，则不再需要初始能力文档。如果倡议者建议直接制定后续文件，则初始能力文档的内容（包括能力需求和能力缺口表）将在后续文件中提供。如果倡议者建议直接制定能力发展文档或能力生成文档，则倡议者需要通过联合参谋部之资源与评估部申请放弃制定初始能力文档。联合参谋部之资源与评估部的"把关人"与重大决策机构和批准机构一起，负责批准放弃初始能力文档的请求。重大决策机构可以在装备发展决策中要求简化或取消采办的装备解决方案分析阶段，并直接在里程碑 A 点、B 点或 C 点开始未来的能力发展解决方案。如果重大决策机构在装备发展决策中作出指示，要求从里程碑 C 点开始计划，则不再需要能力发展文档，而是由能力生成文档为里程碑 C 点的决策提供支持。

e. 对于信息系统解决方案可以解决的能力需求（即软件开发和通用硬件），倡议者应当考虑信息系统-初始能力文档的变体（这一变体在图 10-3 中进行了详细说明）。对于可以通过信息系统解决方案和非信息系统解决方案的混合解决方案解决的能力需求，倡议者必须使用常规的初始能力文档格式，并考虑批准信息系统-初始能力文档和初始能力文档，以简化解决方案发展的信息系统部分。

（1）信息系统-初始能力文档的设置目的在于促进更高效、更及时的软件开发工作，而不适用于硬件开发工作或捕捉多项内容结合的（跨越了硬件、软件和"条令、组织、训练、领导、教育、人员、设施和政策"这一广泛范围）能力需求工作。

（2）信息系统-初始能力文档是常规初始能力文档的变体，实现了本节中概述的"信息技术盒子"模型。信息系统-初始能力文档通过将需求监督和文档格式工作委托给本文档确定的后续文档简化了与信息系统工作相关的需求程序。与其他种类的装备或非装备解决方案相比，这为信息系统项目提供了更大的灵活性，使其可以整合不断发展的技术，并在需求批准程序中获得更快的响应。

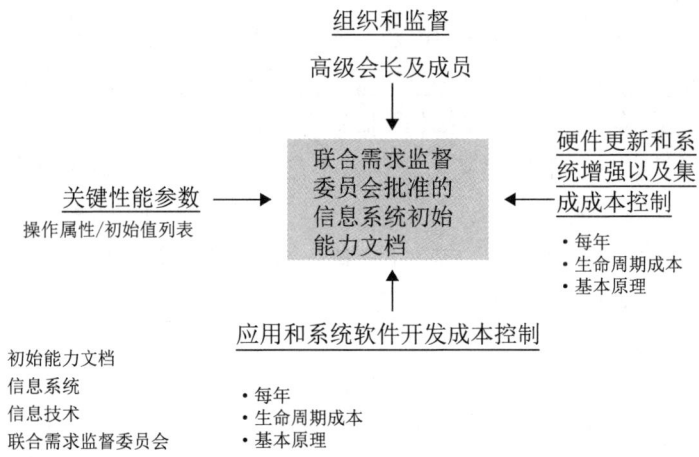

图10-3 信息系统-初始能力文档的"信息技术盒子"组成部分

（3）信息系统-初始能力文档是相应的批准机构进行批准的基础。重大决策机构可以酌情决定是否简化采办程序。

（4）信息系统-初始能力文档适用于以下情形：

（a）对军队政府通用/军商通用信息系统产品（包括国内来源和国际来源）的采办与改良，以及两用技术的发展。

（b）对先前生产的美国和/或盟国/合作伙伴/其他美国政府机构/部门的信息系统产品的额外生产或改良。

（c）对定制的应用程序软件的开发、整合和采办，包括具有整合的国防部特定性能特征/标准的商业信息系统能力解决方案。

（d）与信息系统-初始能力文档相关的所有硬件必须是军商通用/军队政府通用的。

（e）硬件改良仅限于那些为满足信息系统-初始能力文档中规定的能力需求所必需的系统整合和增强改良。

（f）由于过时而导致的硬件更新。

（g）能力解决方案中涉及应用系统软件的研究、发展和/或采办且预计生命周期成本超过1500万美元的方法。

（h）如果需要经批准的需求来支持预算申请或用于其他目的，生命周期成本低于 1500 万美元的信息系统-初始能力文件可能足以用于审查和批准。

（5）信息系统-初始能力文档通过将需求监督和文档格式工作委托给本文档确定的后续文档，简化了与信息系统工作相关的需求程序。与其他种类的装备或非装备解决方案相比，这为信息系统项目提供了更大的灵活性，使其可以整合不断发展的技术，并在需求批准程序中获得更快的响应。

（6）信息系统-能力发展文档（见图 10-4）。信息系统-能力发展文档的目的在于促进更高效、更及时的软件开发工作，而不适用于硬件开发工作或捕捉多项内容结合的（跨越了硬件、软件和"条令、组织、训练、领导、教育、人员、设施和政策"这一广泛范围）能力需求工作。

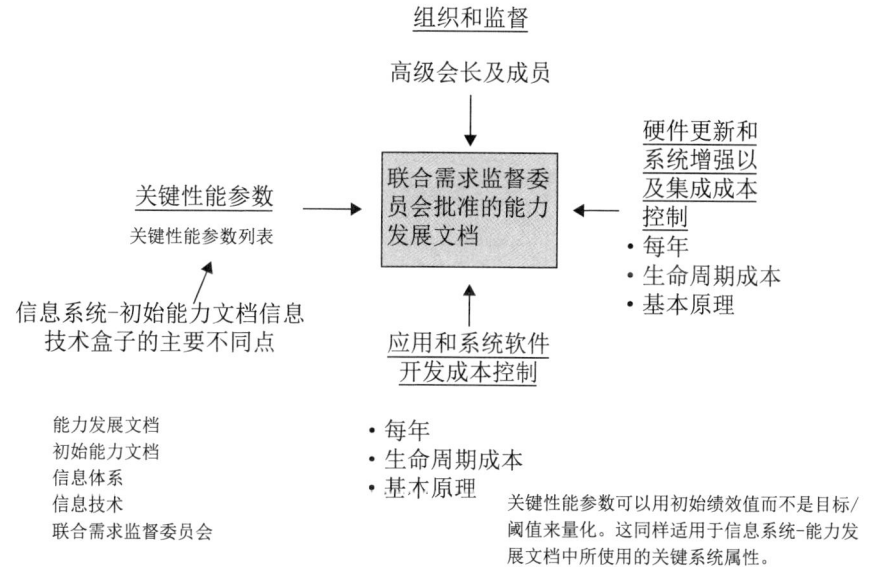

图 10-4　信息系统-能力发展文档的"信息技术盒子"组成部分

（a）信息系统-能力发展文档是常规能力发展文档的变体，用于实施本节附件中信息系统-初始能力文档中概述的"信息系统盒子"模型。信息系统-能力发展文档通过将需求监督工作委托给本文档确定的后续文档简化了与信息系统工作相关的需求程序。与其他种类的装备或非装备解决方案相比，这为信息系统项目提供了更大的灵活性，使其可以整合不断发展的技术，并在需求批准程序中获得更快的响应。通常，信息系统-初始能力文档是实施"信息技术盒子"模型的首选方法，但是：

（b）如果经批准的初始能力文档包含了能力需求，该能力需求可以通过信息系统和非信息系统结合的解决方案解决，且"信息技术盒子"结构可被应用于该能力需求解决方案的信息系统部分，那么，在这种情况下便可以使用信息系统-能力发展文档。

（c）信息系统-能力发展文档可被用于主要国防采办项目/信息技术项目，以符合能力发展文档的法定要求，同时允许"信息技术盒子"模型具有其他灵活性。信息系统-能力发展文档也适用于这一情况，即一个经批准的能力发展文档是在引入"信息技术盒子"结构前生成的，且倡议者希望在"信息技术盒子"结构下重新批准该文档。

（d）在能力发展文档中使用"信息技术盒子"模型不需要前置能力需求文档（初始能力文档、使用需求文档等），这些前置能力需求文档也会在"信息技术盒子"模型中使用，即将能力发展文档转化为信息系统-能力发展文档不需要将相应的初始能力文档转化为信息系统-初始能力文档。

（e）信息系统-初始能力文档是相应的批准机构进行批准的基础。

10-7. 能力发展文档

能力发展文档是作战人员为采办计划的工程与制造发展阶段确定权威、可衡量与/或可验证的能力的主要手段。虽然由初始能力文档对能力发展文档进行指导，但能力发展文档的主要基础是已批准的替代方案分析，这一替代方案分析确定了一套最佳的可以有效作战且可负担得起的系统属性。能力发展文档通过利用成熟的技术来获取必要的信息，以提供可负担得起且可支持的能力，这一过程在采办战略的特定增量内完成。采办战略是一个用来计划、指导和管理采办计划的框架（路线图），旨在满足经批准的装备需求。

a. 能力发展文档草案在采办程序的装备解决方案分析阶段制定，其最终版在采办程序的技术开发与风险降低阶段形成，这两个过程都先于里程碑 B 点（计划开始）。能力发展文档描述了技术成熟且可负担得起的增量，该增量在军事上有用或具有作战效能，且在相关环境下已经得到验证。能力发展文档为进入工程与制造发展阶段提供支持。

b. 由特定增量提供的能力可能仅能提供最终预期的能力的部分解决方案，所以首个增量的能力发展文档必须提供有关实现全部能力的战略的信息。能够使全部能力得以实现的后续增量同时也将得到阐述，以便能够全面了解计划战略。每次增加后续增量时，该战略都会随之更新，以便反映从先前增量中习得的经验、作战概念的变更或整体架构的变更。

c. 能力发展文档阐述以下内容：作战能力；威胁；整体架构；能力需求；计划支持；可支持性；兵力结构；"条令、组织、训练、领导、教育、人员、设施和政策"的影响和限制；时间安排；以及计划的可负担性。

d. 能力发展文档以"门槛–目标"（最低限度）的格式确定了作战性能属性（可验证或可测量的特性），这些属性对于采办界设计一个拟议的系统并建立采办计划基线来说是必要的。能力发展文档规定了性能属性，包括关键性能参数，这一参数为当前增量的发展、验证和试验提供了指导。这些参数为系统的开发和试验提供了"交易空间"。性能属性与关键性能参数仅适用于当前增量。每个增量都必须在预期的任务环境中提供在作战方面有效和有用的能力，该能力必须与投入相称且独立于任何后续增量。

e. 能力发展文档还阐明了将在能力发展文档中进一步完善的属性、关键性能参数和关键系统属性。对于每个里程碑 B 点决策，能力发展文档都将得到更新或增加附录。

f. 能力发展文档不得超过 45 页，格式和详细的内容说明在《联合能力整合与发展系统手册》中进行了规定。

10-8. 能力生成文档

能力生成文档是作战人员为采办计划的生产和部署发展阶段提供授权和可验证的能力的主要手段。能力生成文档在关键设计审查评估完成后最终确定，并在作出里程碑 C 点（小批量试生产）决策之前进行验证。能力生成文档的编制以初始能力文档、能力发展文档、研发试验与运行试验结果以及关键设计审查后评估为指导。它获取了用于支持采办战略中可负担得起的增量的生成、试验与部署的必要信息。

a. 能力生成文档还负责提供对采办界产生和部署某一特定系统的单一增量来说必需的作战性能特征。能力生成文档提供的性能特征包括关键性能参数和关键系统属性，指导了当前增量的产生和部署。由于能力生成文档仅适用于某个计划发展的单个增量，因此性能属性、关键性能参数和关键系统属性也仅适用于能力生成文档描述的增量。每个增量都必须在预期的任务环境中提供在作战方面有效和有用的能力，该能力必须与投入相称。

b. 能力生成文档完善了性能属性和关键性能参数的阈值和目标值，这些性能属性与关键性能参数已在被用于产生增量的能力发展文档中得到了验证。能力生成文档列出的各项生成阈值描述了计划主管、项目主管或产品主管应当为基于关键设计审查后系统设计的增量交付的最低绩效。对性能属性与关键性能参数的完善是能力发展文档与能力生成文档之间最显著的差异。

c. 能力生成文档是进入每个里程碑 C 点（小批量试生产）决策所必需的准入条件项目。能力生成文档不得超过 40 页，格式和详细的内容说明在《联合能力整合与发展系统手册》中进行了规定。

10-9. 能力需求文档的性能特征

a. 能力发展文档与能力生成文档阐述了一个可为军人提供所需能力的系统的运作和支持相关的性能属性。这些性能属性十分重要，必须通过试验或分析进行验证。能力发展文档和能力生成文档以"门槛-目标"的格式确定了为预期作战能力做出最大贡献的属性。这些属性将指导采办界在所述属性的阈值和目标值之间作出交易决策。

b. 关键性能参数被视为对于有效的军事能力来说最重要的系统属性。能力发展文档和能力生成文档包含所需数量的关键性能参数，这些参数反映了在适用增量期间要达到系统总体能力所需的最小作战效能和适用性属性（可试验或可测量的特性）。如果未达到能力发展文档或能力生成文档关键性能参数的阈值，则可能导致选定系统的重新评估，以及计划的重新评估或终止。

（1）"网络就绪（Net-Ready）关键性能参数"（互操作性与合规性）负责评估信息需求、信息时间表、信息安全与网络就绪属性，这些属性是实现信息的技术交换以及该交换的端到端作战效能所需要的。"网络就绪关键性能参数"由一些可测量和可试验的特性和/或性能指标组成，这些特性和/或性能指标是及时、准确和完整地交换和使用信息以满足特定能力所需的信息需求所必需的。"网络就绪关键性能参数"是为所有用于访问、处理、储存、显示或传输国防部信息的信息技术和国家安全系统而设定的，而不论其分类或敏感程度如何。它应涵盖所有涉及生产者、发送者、接收者与用户之间的产品与服务的交换的通信、计算与电磁频谱方面的需求，以便使军人能够成功地完成任务、业务流程与交易。能力发展文档与能力生成文档确定的"网络就绪关键性能参数"将被用于信息支援计划，以确定计划之外所需的支持。

（2）对于所有由人控制的系统和旨在非对称威胁环境中提高人员生存能力的系统，国会都规定了适用的关键性能参数，即"部队防护和系统生存能力关键性能参数"。生存能力属性是那些有助于提升由人控制的系统的生存能力的属性。这包括诸如速度、可操作性、探测能力与对抗措施等属性，这些属性可减少系统被敌对火力袭击的可能性，还包括诸如装甲和冗余或减少系统漏洞的关键组件之类的属性。

（3）"保障关键性能参数"。针对所有联合需求监督委员会感兴趣的涉及装备解决方案的计划，制定了两类关键性能参数，包括一个"保障关键性能参数"（装备可用性）和两个强制性的"支持关键系统属性"（装备可靠性和作战与支援成本）。针对非联合能力委员会/联合需求监督委员会感兴趣的计划，由倡议者决定该关键性能参数的适用性。

（a）"装备可靠性关键系统属性"是对系统在特定时间间隔内无故障运行概率的衡量，可靠性必须足以支持所需的作战能力。装备的可靠性通常用平均故障间隔时间表示。

（b）"作战与支援成本关键系统属性"通过确保在制定决策的过程中考虑到与装备战备相关的作战与支援成本，为维持解决方案提供了平衡。

（4）"训练关键性能参数"确保能够在替代方案分析和为后续的采办阶段提供的支援分析中解决系统训练问题，并确保能在拟议的采办计划生命周期中恰当地解决计划的训练需求和相关费用。

（5）"能源效率关键性能参数"包括对燃料效率方面的考量，这一参数是关于快速购买和作战计划的，这两者应当与任务完成一致。寿命周期成本分析将包括备选方案分析与后续分析中燃料的全负荷成本以及采办计划设计交易。

c. 关键系统属性。关键系统属性是那些被视为对于有效的军事能力来说最为重要或必不可少的，但未被选作关键性能参数的系统属性。关键系统属性为决策者提供了低于关键性能参数优先等级的额外的能力优先排序，但是由高级倡议领导层进行控制（主管当局依采办执行阶段指定的系统而定）。

d. 图10-5展示了从联合能力整合与发展系统程序到能力需求文档，再到国防采办系统之间的联系。

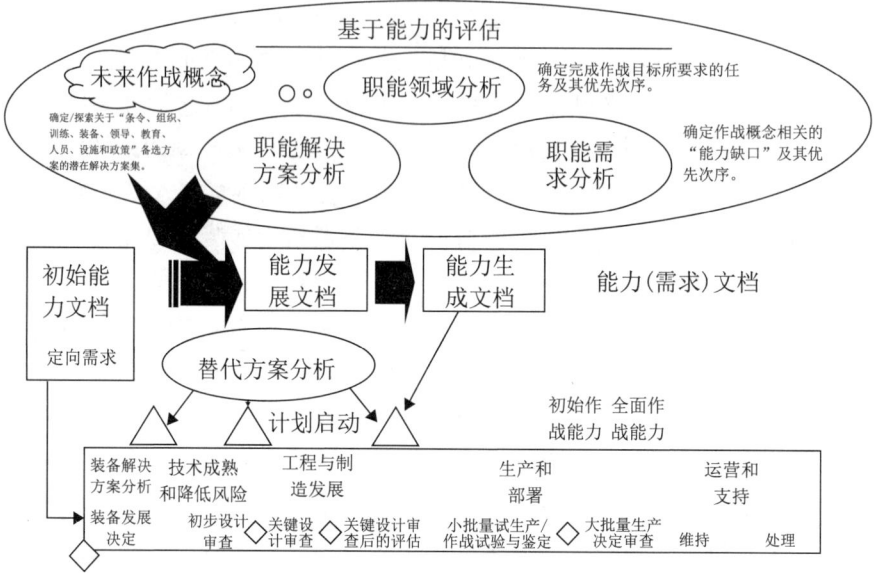

图 10-5 联合能力整合与发展系统至国防采办系统的链接

第四部分 需求审查和验证程序

10-10. 联合需求审查和验证程序

a. 联合能力整合与发展系统文档的验证程序始于向联合参谋部之资源与评估部知识管理/数据系统工具递交能力需求文档,持续至文档得到相应机构的验证(批准)为止。各军种、作战司令部和其他负责执行联合能力整合与发展系统基于对能力的评估分析的国防部机构可以提出想法和构想,进而起草初始能力文档、能力发展文档、能力生成文档和联合"条令、组织、训练、装备、领导、教育、人员、设施和政策"改革建议。当该方案发展成为拟议的"条令、组织、训练、领导、教育、人员、设施和政策"或装备解决方案以提供所需的能力时,职能能力委员会将指派一个牵头军种或组成部队来支持该方案。然后,倡议者负责进一步制定提案。

b. 所有联合能力整合与发展系统文档(初始能力文档、能力发展文档、能力生成文档和"条令、组织、训练、装备、领导、教育、人员、设施和政策"改革建议）都由倡议组成部队提交给联合参谋部之资源与评估部知识管理/决策支持工具。将文档递交给知识管理/决策支持工具后，将触发联合参谋部与"把关人"的下一步工作，他们负责确定该文档是否具备联合影响力或者是否是倡议者特有的。通常，文档在被递交给联合参谋部之资源与评估部知识管理/决策支持工具之前，就已经经过了适当的倡议者人员配备程序。

c. "把关人"。联合参谋部之资源与评估部能力需求处副处长担任联合能力整合与发展系统程序的"把关人"。"把关人"在联合参谋部资源与评估部能力需求处的协助下评估通过联合参谋部之资源与评估部知识管理/决策支持工具数据库递交的所有联合能力整合与发展系统文档。

（1）联合能力整合与发展系统文档被递交给"把关人"以备审查，以确定该提案是否会影响到联合作战人员。"把关人"将审查每一份文档，而不论可能的采办种类、先前的委派决定或先前的联合监管编号决定如何。当确定了装备需求与采办方式后，采办种类会被指定为采办种类Ⅰ、采办种类Ⅱ或采办种类Ⅲ。《美国法典》第10编第2430节规定了确定潜在计划的采办种类的资金标准。采办种类名称决定了审查级别，以及由谁来制定重大决策。

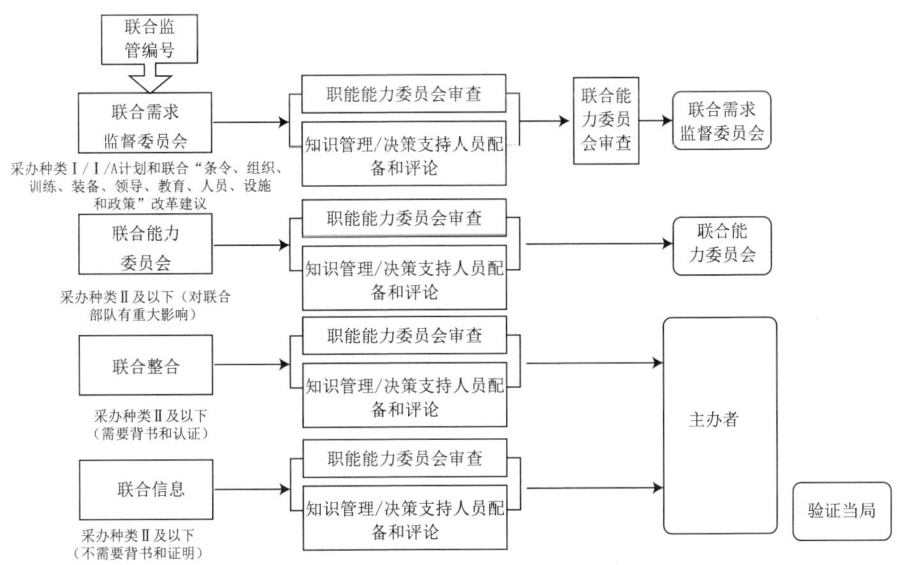

图10-6 联合能力整合与发展系统文档人员配备轨迹

（2）"把关人"以递交提案的内容为基础，将"联合需求监督委员会感兴趣""联合能力委员会感兴趣""联合整合"和"联合信息"的联合监管编号分配给初始能力文档、能力发展文档、能力生成文档或"条令、组织、训练、装备、领导、教育、人员、设施和政策"改革建议，这一过程通过知识管理/决策支持进行。

（a）联合需求监督委员会感兴趣。此名称适用于所有潜在的采办种类Ⅰ/信息安全计划。这些计划的能力会对联合作战产生重大影响，或者对军种或盟军和联合行动的互操作性产生潜在影响。所有的联合"条令、组织、训练、装备、领导、教育、人员、设施和政策"改革建议都将被指定为"联合需求监督委员会感兴趣"或"联合能力委员会感兴趣"。被指定为"联合需求监督委员会感兴趣"的能力文档将通过联合需求监督委员会进行人员配备，以供验证（请参见图10-7）。

（b）联合能力委员会感兴趣。此名称适用于所有潜在的采办种类Ⅱ及以下级别的计划。在这些计划中，与文档相关的能力和/或系统会对联合部队产生影响，并且需要进行扩大的联合审查。这些文件将获得所有适用的证书，包括武器安全背书（如果合适），并通过联合能力委员会进行人员配备，以备验证。

（c）联合整合。此名称适用于潜在的采办种类Ⅱ及以下级别的计划。在这些计划中，与文档相关的能力和/或系统不会对联合部队产生重大影响，并且不需要扩大的联合审查。需要进行人员配备才能获得适用的证书（信息技术与国家安全系统的互操作性、可支持性和/或情报）以及武器安全背书（如果适用）。所有武器和弹药都将至少被指定为联合整合。一旦完成所需的证书/武器安全背书，职能能力委员会即可审查该文档。联合整合文档由倡议组成部队进行验证。

（d）联合信息。此名称适用于潜在的采办种类Ⅱ以及下级计划。这些计划对各军种或国防机构有兴趣或产生潜在影响，但对联合部队没有重大影响，且未达到"联合能力委员会感兴趣"或"联合需求监督委员会感兴趣"的门槛。联合信息不需要证书认证或背书。一旦被标记为"联合信息"，人员配置便仅供参考所用，职能能力委员会可以审查该文档。联合信息文档由倡议组成部队进行验证。

（3）联合参谋部之资源与评估不利用知识管理/决策支持工具，维持联合能力整合与发展系统文档数据库，这些文档通过"把关人"的职能进行处理。该数据库包括以下内容：联合监管编号，职能能力委员会在提案（如果有）中拥有的权益；以及提案（如果有）的牵头职能能力委员会。在联合能力整合与发展系统提案在联合能力整合与发展系统程序中流通时，该数据库有助于确保人员配备的一致性。文档在被指定了联合监管编号之后，将马上进入人员配置与验证程序。

图 10-7 联合需求监督委员会

10-11. 联合需求监督委员会

a. 参谋长联席会议副主席负责主持联合需求监督委员会。此外，在审议与其责任或职能领域有关的事项时，作战指挥官还会被以顾问身份邀请长期出席联合需求监督委员会会议。一直以来，联合需求监督委员会由参谋长联席会议副主席、陆军副参谋长、空军副参谋长、海军作战部副部长和海军陆战队副总司令组成。此外，下列国防部文职官员还在其职权和专门问题方面担任联合需求监督委员会的顾问：主管审计的国防部副部长；主管采办、技术和后勤的国防部副部长；成本分析与项目评估处处长；负责政策制定的国防部副部长；以及作战试验与鉴定处处长。国防部部长指定的其他国防部文职官员也可以向联合需求监督委员会提出建议。此外，有职能能力委员会参与的组织也收到了长期的邀请，以联合需求监督委员会主席顾问的身份出席与联合需求监督委员会有关的会议（见图 10-7）。

图 10-8　联合能力委员会

b. 联合需求监督委员会继续扩大其战略重点，以涵盖以下内容：在从联合的视角定义军事能力这一方面，提供自上而下的指导，并将这一建议纳入规划、计划与预算程序。联合需求监督委员会负责监督联合能力整合与发展系统程序，并就《参谋长联席会议主席指令》3170.01I 和《国防部指示》5000.01 规定的采办程序提供建议。此外，联合需求监督委员会聚焦于与作战指挥官进行全方位的作战需求和能力互动，以及与现在担任联合需求监督委员会顾问的国防部高级领导人进行互动。

c. 联合需求监督委员会特许联合能力委员会作为执行层面的顾问，协助委员会履行其多项职责。联合能力委员会由联合参谋部之资源与评估部部长（作为参谋长联席会议主席）以及相应的军种部和作战司令部指定的陆军将官/

海军将官或同级文职军官代表组成。联合参谋部之资源与评估部的能力需求处处长担任联合能力委员会主任。联合能力委员会负责协助联合需求监督委员会，监督联合能力整合与发展系统程序和能力评估程序。联合能力委员会还负责审查成本-收益分析的意见、研究结果和建议，并提供指导和方向。对于被联合监管编号标为"联合能力委员会感兴趣"的问题，联合能力委员会可以作出决定。而对于其他机构，他们的建议将被提供给联合需求监督委员会进行最终审查（见图10-8）。

图10-9 职能能力委员会

d. 职能能力委员会（见图10-9）负责在指定的职能领域范围内组织、分析和确定联合作战能力需求的优先次序。职能能力委员会是联合能力委员会和联合需求监督委员会的咨询机构，负责为被标上了"联合能力委员会感兴趣"或"联合需求监督委员会感兴趣"的联合监管编号的联合能力整合与发展系统方案提供咨询。职能能力委员会在联合参谋部或职能作战司令部海军将官或高级行政文职官员的领导下充当联合能力发展的整合者，并确保从一开始就将主要计划完全整合到联合架构中。联合需求监督委员会及其关联的子组织不断发展，以继续专注于战略问题和设想。总体目的是提供更多的前期指导，以确保相关的能力和系统更多地聚焦于联合作战的相互依赖性，并在减少冗余的同时解决能力缺口问题。

10-12. 陆军需求审查和验证程序

a. 陆军有一个特定程序，用于内部审查和提交能力需求以供参谋部考虑。如果一份提交的陆军需求没有被联合参谋部标记为"联合感兴趣"（Joint Interest）的能力，那么陆军便可以行使独立的验证权。或者，如果联合参谋部"把关人"（联合参谋部之资源与评估部能力需求处副处长）负责指定"联合能力委员会感兴趣"或"联合需求监督委员会感兴趣"的联合监管编号，则联合参谋部保留验证权。

b. 在陆军中实施联合能力整合与发展系统程序的牵头组织是主管资源与评估的副参谋长/兵力发展、联合与整合处。该处（尤其是需求整合与评估科）是所有陆军和联合"条令、组织、训练、装备、领导、教育、人员、设施和政策"需求的唯一切入点。需求整合与评估科是政策制定、联合能力整合与发展系统程序监督以及与联合能力整合与发展系统程序交互的倡议者。在主管资源与评估的副参谋长/兵力发展处中，需求参谋官直接负责领导陆军部总部参谋人员的整合和协调工作，以满足所有的陆军和联合"条令、组织、训练、装备、领导、教育、人员、设施和政策"需求。需求参谋官与主管资源与评估的副参谋长/兵力发展处中的相当人员（协调参谋官）进行协调，以促进从基于能力的需求的制定与验证到需求解决方案（执行和资源配置）的过渡。

c. 获得联合能力整合与发展系统提议验证的程序始于议案的提交，议案由训练与条令司令部陆军能力整合中心联合能力整合与发展系统"把关人"向能力与陆军需求监督委员会管理系统数据库提交。能力与陆军需求监督委员会管理系统是一个知识管理决策支持信息技术系统，由陆军部总部主管资源与评估的副参谋长/兵力发展处数据库驱动。能力与陆军需求监督委员会管理系统负责支持陆军需求监督委员会文档的人员配备工作，并负责将来自于陆军内部的诸多用户与机构的评论录入集中数据库的储存库。该系统允许用户查看文档信息并监督文档在陆军需求监督委员会验证程序中的进度，直到提交给联合参谋部进行人员配备和验证程序。

d. 所有陆军军事能力整合中心的提案都将通过陆军军事能力整合中心"把关人"进入能力与陆军需求监督委员会管理系统。陆军能力整合中心"把关人"充当以下文档的入口点与出口点：所有的联合能力整合与发展系统能力文档（由美国陆军训练与条令司令部与非美国陆军训练与条令司令部倡议者提交以供验证的），以及其他军种能力文档（提交给陆军能力整合中心以备审查的）。"把关人"负责管理联合能力整合与发展系统能力文档的陆军训练与条令司令部人员配备工作，并将由陆军能力整合中心验证且经陆军训练与条令司令部将级军官签署的能力文档录入能力与陆军需求监督委员会管理系统数据库，以便由陆军需求监督委员会/联合需求监督委员会进行验证。提案的提交将触发陆军"把关人"程序。提交联合能力整合与发展系统的提案，以供陆军部总部进行人员配备和协调。正处于审查程序中的所有提案在得到指定验证当局的验证之前都将被视作草案。

e. 所有由陆军提出的联合能力整合与发展系统提案均已提交，以供陆军部总部联合能力整合与发展系统"把关人"审查，以确定提案的准确性与完整性。根据提案的内容，"把关人"将提案分配给职能需求参谋官，并以能力与陆军需求监督委员会管理系统作为人员配备工具来启动陆军人员配备程序。

陆军验证程序最快也将耗时 90 个工作日以上。联合能力整合与发展系统文档首先应当被提交给陆军需求监督委员会进行初始验证，并最终被提交给联合能力整合与发展系统以供验证，如图 10-10 所示。

f. 在陆军需求监督委员会审查程序结束时，陆军联合能力整合与发展系统"把关人"负责将文档提交给联合参谋部（通过联合参谋部之资源与评估部知识管理/决策支持处）进行人员配备。

g. 陆军部总部联合能力整合与发展系统"把关人"通过发布带有批准的需求文档目录参考编号的批准备忘录来表明陆军与联合人员配备和验证的完成。批准的需求文档目录参考编号表示得到验证的（官方）陆军装备需求。

10-13. 陆军需求监督委员会

a. 陆军需求监督委员会协同主管资源与评估的副参谋长向陆军参谋长/陆军副总参谋长就"条令、组织、训练、装备、领导、教育、人员、设施和政策"的能力整合的评估与优先排序工作提供建议，以涵盖对能力需求文档的处理工作。需求整合与评估科负责安排并主持陆军需求监督委员会论坛。美国陆军训练与条令司令部陆军能力整合中心将继续负责"条令、组织、训练、装备、领导、教育、人员、设施和政策"中概念、能力（需求）和产品的均衡开发。

b. 陆军需求监督委员会程序被用于验证以下内容：

（1）当解决方案扩展到计划目标备忘录时，迅速嵌入相关技术以满足当前能力需求的提案。

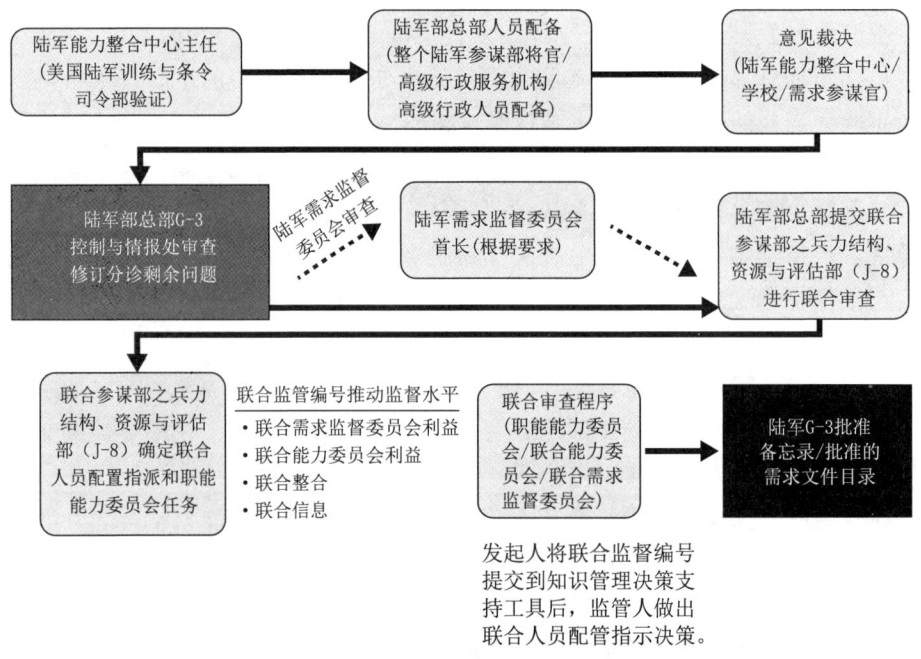

图 10-10　联合能力整合与发展系统-验证/批准程序

（2）旨在解决能力缺口以及因此产生的现代化计划与规划方面的变革的战略。

a. 陆军需求监督委员会负责验证所有的联合能力整合与发展系统文档，之后再将这些文档提交给联合参谋部之资源与评估部联合能力整合与发展系统"把关人"（需求处副处长）。这涵盖了联合能力整合与发展系统的所有工作，包括联合与其他军种装备能力文档的陆军附件以及陆军倡议者被任命为联合能力发展者的陆军附件。

b. 陆军需求监督委员会负责审查联合能力整合与发展系统文档中的以下内容：

（1）军事需求和风险。陆军需求监督委员会将针对能力缺口进行审查并提供决策与指导，这些缺口是在递交上来以备验证的联合能力整合与发展系统提案中确定的。这确保了已发现的能力缺口能够与对于维持地面部队优势来说非常重要的现代化投资优先事项实现连接。

（2）与陆军以及联合现代化战略的同步。陆军需求监督委员会负责确认推荐的战略提案能够解决能力缺口，包括相关的"条令、组织、训练、装备、领导、教育、人员、设施和政策"方面的变革，并且确认推荐的战略能够与陆军现代化战略一致。提案必须有助于达成一个平衡且协调的现代化计划。陆军需求监督委员会将审查推荐的战略如何适应联合概念、兵力现代化战略和投资组合，以便确保互操作性与协同性。

（3）预计的计划可负担性。陆军需求监督委员会根据负责成本与经济的陆军部助理部长助理批准的成本-收益分析，审查所有旨在应对能力缺口的拟议解决方案以及递交计划的可负担性，以确保这些方案和计划（如果执行的话）在发展、采办与维持方面的预算在计划的范围内。陆军需求监督委员会将考虑能力和/或绩效与成本之间的平衡，以便确保只执行可负担得起的解决方案。可负担性还包括了潜在的长期可支持性需求，这种需求是对于概念或系统而言的。

（4）能力定义和互操作性。陆军需求监督委员会负责确定能力缺口的定义，以及确保拟议解决方案是明确的，且符合联合作战概念。关键性能参数与关键系统属性是陆军需求监督委员会在作战提升与成本博弈间风险评议的重心，以便在适当的时间和适当数量上解决能力需求问题。陆军需求监督委员会的报告还讨论了整合其他军种计划或备用技术以改善联合互操作性的机会。

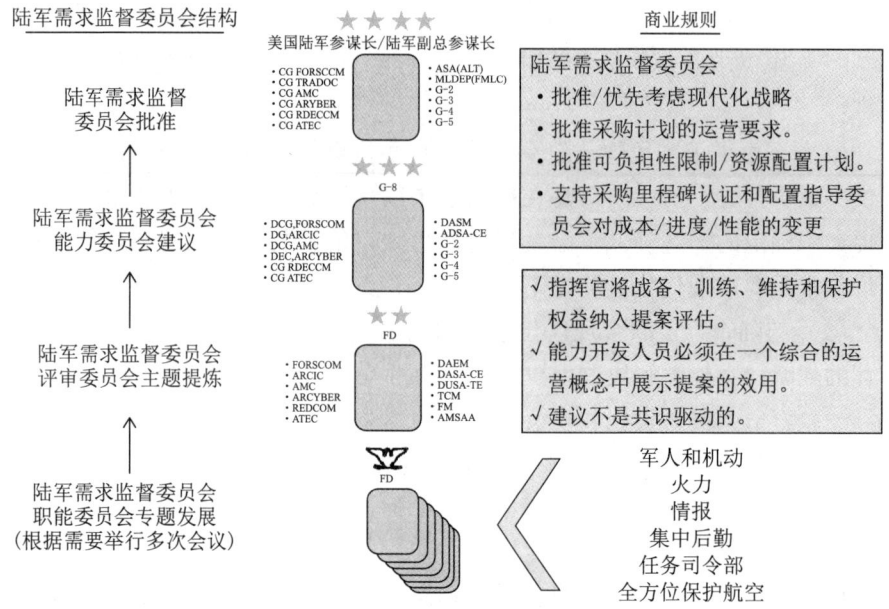

图 10-11 陆军需求监督委员会

（5）陆军需求监督委员会由以下主要成员组成：

（a）陆军参谋长/陆军副总参谋长（主席）；

（b）负责采办、后勤与技术的陆军部助理部长办公室首席军事代表；

（c）陆军试验与鉴定司令部司令；

（d）主管人事的副参谋；

（e）主管情报的副参谋；

（f）主管作战、民事和训练事务副参谋长；

（g）主管后勤的副参谋；

（h）主管兵力结构、资源与评估的副参谋长（部长）；

（i）负责成本与经济的陆军部助理部长助理；

（j）训练与条令司令部司令；

（k）陆军装备司令部司令；

（l）部队司令部司令；

（m）研究、发展和工程司令部司令；

（n）预备役长官；

第十章 能力需求和装备系统的研究、发展与采办管理

（o）国民警卫队长官；

（p）主管兵力结构、资源与评估的副参谋长/兵力发展处；

（q）美国陆军网络司令部司令。

（6）常任顾问包括：主管兵力结构、资源与评估的副参谋长/计划分析与评估处；程序整合与创新；负责试验与鉴定的陆军副部长助理；首席信息官/主管通信的副参谋长；主管兵力结构、资源与评估的副参谋长（兵力发展处/联合与整合处/物资管理处）；美国陆军训练与条令司令部分析中心；相关卓越中心；相关计划执行官，陆军装备分析局；训练与条令司令部陆军能力整合中心；以及其他要求的机构。

（7）此外，陆军需求监督委员会主席可酌情使用"纸质或电子办公"的方式来处理无争议的问题。

（8）陆军需求监督委员会程序审查委员会充当陆军需求监督委员会的中间审查机构，负责在联合能力整合与发展系统提案的初始人员配备之前以及之后立即展开审查，并根据需要对其他文档、分析或措施进行审查与评论。陆军需求监督委员会程序审查委员会还负责确保议题合适、成熟且符合陆军需求监督委员会的目标。除此之外，它还负责决定提案提交验证所需的方式（正式的或书面的陆军需求监督委员会）。陆军需求监督委员会程序审查委员会根据需要召开会议，以管理工作量并确保在未对陆军能力整合与发展系统参谋人员配备程序造成不必要的减慢的情况下实现"增值"。会议日期、时间和地点应当支持安排好的参谋机构作战节奏，并能够提高整个程序的效率。具体方式是：在进行将官级别（一星级）的人员配备之前，确保文档已准备就绪且特别协调需求已得到确认；在将文档提交给陆军需求监督委员会审查之前，解决了陆军参谋部范围内的各种复杂问题；向高层领导就仍未解决或危及人员配备/审查的问题提供态势感知。

（9）需求监督委员会程序整合并同步了未来陆军作战需求，以解决能力缺口问题，并为现代化作战提供信息。陆军需求监督委员会论坛使多个机构协同合作，以得出在可用资源范围内平衡需求的解决方案。主管兵力管理、资源与评估的副参谋长（需求整合与评估处）是陆军需求监督委员会的陆军领导，负责安排陆军需求监督委员会的所有会议，并在陆军需求监督委员会审查委员会、陆军需求监督委员会能力委员会和陆军需求监督委员会之后发布执行方案。反过来，兵力发展处通常会在72小时内发布每个事件的执行方

案。需求参谋官/协调参谋官负责在陆军需求监督委员会职能委员会之后发布会议记录。陆军需求监督委员会通过一个四级审核程序（图10-11）来推动协作：

· 陆军需求监督委员会职能委员会：上校/总计划表第15级（COL/GS15 Level）

· 陆军需求监督委员会审查委员会：一星级或二星级

· 陆军需求监督委员会能力委员会：三星级

· 陆军需求监督委员会四星级陆军参谋长/陆军副总参谋长

a. 主管兵力结构、资源与评估的副参谋长/物资管理处负责主持陆军需求监督委员会职能委员会。这个0-6级小组有权制定有关作战能力的建议（审查并建议需求文档、紧急需求、资源计划和实现投资组合平衡的验证），以供陆军需求监督委员会审查委员会、陆军需求监督委员会能力委员会和陆军需求监督委员会审查。

b. 陆军需求监督委员会审查委员会。陆军需求监督委员会审查委员会由主管兵力结构、资源与评估的副参谋长/兵力发展处或该机构指定的人主持。该1-2星级的委员会有权平衡能力组合。该委员会负责审查陆军需求监督委员会职能委员会的建议；验证能力提案；将采办种类Ⅰ/Ⅱ/Ⅲ和特殊计划转交给陆军需求监督委员会能力委员会作出决定；确定并评估作战能力的优先等级；考虑采办计划的替代方案（成本、进度、绩效）；以及审查资源计划。

c. 陆军需求监督委员会能力委员会：主管兵力结构、资源与评估的副参谋长担任陆军需求监督委员会能力委员会的主席。该三星级委员会的职责是平衡各装备组合。它还负责审核陆军需求监督委员会审查委员会的建议；验证采办种类Ⅰ/Ⅱ/Ⅲ的主要自动化信息系统；非标准装备计划；将主要国防采办计划和特别兴趣计划转交给陆军需求监督委员会；确定并评估作战能力的优先等级；考虑采办计划的替代方案（成本、进度、绩效）；以及验证资源计划。

d. 陆军需求监督委员会。由陆军参谋长或陆军副总参谋长担任陆军需求监督委员会主席。该四星级委员会旨在平衡近期和未来部队的战备状态。其职责为审查陆军需求监督委员会能力委员会的建议；验证主要采办计划和特殊兴趣议题；确定并评估作战能力的优先等级；考虑采办计划的替代方案（成本、进度、绩效）；以及批准资源计划。

第五部分　紧急和应急作战需求验证

10-14. 紧急和应急作战需求要求

a. 紧急作战需求包括能力需求，这一能力需求由国防部组成机构确定，会对正在进行的或预期的应急作战产生影响。如果任其发展，由此产生的能力缺口可能会导致人员伤亡或重要任务的失败。不同的国防部机构可能使用不同的术语来描述紧急作战需求。

b. 国防部和陆军将继续提升和调整其能力和装备发展程序，以响应作战人员/作战指挥官的紧急需求。经过严密设计的联合能力整合与发展系统和国防采办系统程序通过利用传统的国防部程序来获取武器系统，即使该系统进行了最大限度的精简，这一过程通常也需要5年到7年，甚至更长的时间。有时候，作战人员需要尽快取得新的能力。在冲突或危机中，当作战指挥官报告可能危及生命或导致任务失败的情况时，每个军种部都会以其自己的快速反应方法作出反应。当情况是一个联合的、全战区的问题时，他们将采用联合紧急作战需求/联合应急作战需求程序。

c. 联合紧急作战需求是由作战指挥官确定的紧急作战需求，它将影响正在进行的海外应急作战行动中涉及的两个或多个国防部组成部分。联合紧急作战需求的目的是确定需求并获得联合参谋部的验证和批准，获取资源解决方案，以满足特定的高优先级的作战指挥官需求，这一过程通常在几天或几周内完成。联合紧急作战需求的快速验证和资源配置是一个对时间敏感的程序。它为参与了与作战相关的正在进行的行动的作战指挥官提供支持。联合紧急作战需求可以快速验证资源并解决超出既定后勤程序之外的紧急作战解决方案。此程序不与任何当前的后勤程序竞争，而是对他们进行补充。

d. 作战指挥官将联合紧急作战需求定义为本质上是联合的并且会影响到预期或待定的应急行动的需求。联合紧急作战需求/联合应急作战需求的范围将仅限于解决超出既定后勤程序之外的紧急作战需求。最重要的是，如果不立即解决，这将严重威胁人员安全或对正在进行的作战行动构成重大威胁。它们不应涉及新技术或新能力的开发。但是，使用"现成"产品或加速科学技术工作，联合能力技术验证或者对现有系统进行细微修改以适应新任务或类似任务，都在联合紧急作战需求和联合应急作战需求的验证和资源范围内。联合紧急作战需求/联合应急作战需求人员配备/验证程序如表10-1所示。

10-15. 联合紧急作战需求/联合应急作战需求框架程序

在确认联合紧急作战需求/联合应急作战需求符合适当的进入标准后，将其中一项或将两项都直接分配给牵头的职能能力委员会进行审核。但是，联合应急作战需求首先要经过下列两个机构的确认：参谋长联席会议主席、副主席通过联合参谋部之兵力结构、资源与评估部联合应急作战需求"把关人"；联合参谋部之兵力结构、资源和评估部部长。参谋长联席会议副主席将验证机构确定为联合能力委员会或联合需求监督委员会。一旦参谋长联席会议副主席确认联合应急作战需求可以使用紧急程序，便会将联合应急作战需求指派给一个牵头的职能能力委员会，与联合快速采办小组进行协作审查。该牵头的职能能力委员会与联合快速采办小组协作，评估联合紧急作战需求或联合应急作战需求的有效性，并确定潜在的解决方案，该解决方案应当可以在请求的时间范围内满足能力需求。牵头职能能力委员会负责更新职能能力委员会的联合优先等级，以反映新的能力需求在其优先等级列表中的排序。在评估结束时，牵头职能能力委员会主席与一名联合快速采办小组的代表一起，向验证机构提出建议，表明支持或反对验证。

表10-1 联合紧急作战需求/联合应急作战需求程序的四个阶段

生成阶段	审查阶段	装备阶段	运行与维护阶段
·部队指挥官识别危机/紧急需求 ·作战司令部参谋确定最合适的程序 ·作战司令部参谋长进行认证并提交给联合参谋部之资源与评估部（J-8）需求处副处长	·J-8需求处副处长接收并验证联合紧急作战需求/联合应急作战需求是否符合提交标准 ·联合参谋部审查并批准联合紧急作战需求/联合应急作战需求 ·确定解决方案（职能能力委员会工作组）	·发起人制定一份简化的采购计划 ·制定并交付给作战人员的解决方案 ·提供有关绩效、成本和进展计划的进度报告	·发起人维持解决方案并监控其执行 ·国防部组成机构负责人和组成机构采办执行官制定一份确定文档，以便对以部署使用的系统进行处理

续表

生成阶段	审查阶段	装备阶段	运行与维护阶段
	·联合快速采办小组指派一个发起人，并要求该赞助商确定一项资源配置战略		

"时间就是生命"

需求发起人/作战司令部必须在初次部署后 90 天内提供运作效用评估。

（1）验证机构将作出以下决定之一：

（a）验证并批准联合紧急作战需求/联合应急作战需求。验证机构负责验证满足已识别的能力需求的紧迫性，以支持正在进行的或预期的应急作战行动，这排除了一般需求验证程序的适用。对联合紧急作战需求/联合应急作战需求的验证，使得联合快速采办小组可以继续为快速资助、发展和部署能力解决方案指派解决方案倡议者。

（b）验证并批准部分联合紧急作战需求/联合应急作战需求。如果很明显，倡议者提出的能力需求最好通过紧急需求验证程序和一般需求验证程序的结合进行验证和批准，那么验证机构将验证并批准部分能力需求作为联合紧急作战需求/联合应急作战需求，并建议倡议者重新递交能力需求的未批准部分，提交至一般需求验证程序以供验证并批准。

（c）拒绝联合紧急作战需求/联合应急作战需求。如果联合快速采办小组、职能能力委员会或验证机构预见到了技术挑战或其他问题，且这些挑战或问题可能会阻碍在适当的时间范围内提供军事上有用的解决方案，或者如果验证机构确定该请求不满足成为联合紧急作战需求/联合应急作战需求的标准，则验证机构将拒绝该能力需求，并附一份建议，建议倡议者接受风险、采用非装备的方法或通过一般验证程序来满足能力需求。

（2）在联合参谋部之兵力结构、资源与评估部收到联合紧急作战需求/联合应急作战需求后，职能能力委员会负责分类处理联合紧急作战需求/联合应急作战需求。在分类处理分析认定该需求为紧迫和迫切的需求之后，联合参谋部之兵力结构、资源与评估部负责验证并批准联合紧急作战需求/联合应急作战需求，并将其转交给联合快速采办小组以确定资源策略，然后再转交给相应的军种或机构以采取行动。高级整合小组是确定优先次序和指导行动以满足国防部紧急需求的唯一机构。

（3）倡议者向联合快速采办小组和联合参谋部提交一份简短的采办计划，以供批准。然后，倡议者负责制定一个解决方案和支持包，并将其交付给作战人员。

（4）倡议者负责在战场维护联合紧急作战需求/联合应急作战需求解决方案，并监控其绩效、成本和进度最长可达 24 个月。倡议者和受支持的作战司令部必须在批准的需求初次投入使用后 90 天内，向联合参谋部提供作战效用评估。职能能力委员会、临时倡议者和作战司令部负责制定并进行能力审查。此审查为装备解决方案的最终配置提供了信息。

10-16. 联合快速采办小组/高级整合小组

a. 联合快速采办小组。联合快速采办小组被授权突破为作战指挥官提供及时而有效的支持这一制度障碍。该小组没有试图引入新的采办/采购程序，而是尝试通过现有的国防部程序推动联合紧急作战需求/联合应急作战需求。负责采办、技术和后勤的国防部副部长和负责审计的国防部副部长根据国防部部长的指导建立了联合快速采办小组。成员包括来自联合参谋部、各作战司令部和各军种的一星级或高级行政代表，他们有权返回各自的机构，并执行联合快速采办小组的决定。

b. 该小组与各作战司令部进行直接合作，以满足经认证的"条令、组织、训练、装备、领导、教育、人员、设施和政策"（主要是装备和后勤）的关键作战需求。该小组负责选择并聚焦于高优先等级的联合紧急作战需求/联合应急作战需求。目标是在 48 小时内根据要求采取行动，以便在 2 年内签订合同并交付商品与服务。所有紧急作战需求请求必须由作战司令部验证并确定优先顺序，之后才能通过保密互联网协议路由器网络转发给联合参谋部。该小组负责追踪军队的响应速度，并通过国防部常务副部长和作战高级整合小组向国防部部长直接报告。

c. 高级整合小组。国防部部长办公室于 2012 年 8 月正式建立了作战人员高级整合小组，该小组建立在先前联合快速采办小组的建立和成功上，用于解决来自作战部队对紧急需求能力的请求。作战人员高级整合小组负责领导对作战指挥官紧急作战需求的响应，并且必须认识到，响应并减轻与正在进行的或预期的近期应急行动有关的作战奇袭的风险。高级整合小组有望帮助加速发展满足联合紧急作战需求/联合应急作战需求的方法的程序，重点是得出能够在 2 年内实施的解决方案。国防部常务副部长担任作战人员高级整合小组的主席，联合快速采办小组的组长担任行政秘书。国防部的最高优先事项是为参与冲突或准备即将发生的应急作战的作战人员提供紧急能力需求，以确保作战人员能够克服不可预见的威胁、完成任务并降低伤亡风险。对紧急作战需求的响应分三个步骤进行。作战人员高级整合小组负责对监督以下三个步骤并进行优先排序，推动步骤的进行：

（1）首先，验证并批准需求。

（2）其次，确定一个有效的解决方案，该解决方案由装备解决方案和战术、技术和程序的组合组成。

（3）最后，必须迅速执行解决方案，包括完成所有开发（由于时间问题，必须做到最少的开发）和采办工作，并确定资金、训练和部署的优先次序。作战人员高级整合小组的联合主席负责确定优先次序并指挥行动，以满足紧急需求，并整合国防部范围内的管理工作。这是国防部部长签署的决定，是与联合参谋部协商后，针对记录的缺陷而作出的响应。

d. 快速采办授权。美国国会立法使用"快速采办授权"一词来描述国防部部长可以采取的与采购有关的措施，以消除已经导致战斗伤亡的战斗能力缺口。将在本章讨论的快速采办授权以及国防部海外应急行动资金，是加速能力与装备发展者方案的主要资金来源，用于应对参与海外应急行动的军队与联合部队的未能预见的应急作战需要的主要能力。根据第 107-314 号公法第 806（c）节"机构对作战奇袭的响应"的规定，如果在一定的限制范围内放弃遵守法律、政策、指令或法规，能够极大地加速向作战人员提供有效能力的效率，则应当考虑采用快速采办授权。

10-17. 紧急作战需求的组成：陆军作战需求报表/陆军需求和资源配备委员会程序

各军种使用各种方法来缩短采办时间，以满足危机和冲突期间的紧急和迫切需求（例如，空军的紧急作战需求、海军陆战队的紧急通用需求报表、海军的紧急作战需求和美国特种作战司令部的战斗任务需求报表）。作战需求报表是陆军紧急作战需求的程序/方法。

a. 向陆军部总部提出的陆军能力请求构成了装备与/或非装备解决方案请求，以纠正缺陷或提高能够对任务的完成产生影响的能力。这些能力请求通过基于保密互联协议路由网的陆军"自始至终"装备通用作战图像数据库抵达陆军部总部。分为两大类：经授权的/预先验证的装备采购文档和作战需求报表。这些能力请求的最终验证、优先排序与资源配备决策由陆军需求与资源配备委员会作出。

b. 陆军需求与资源配备委员会（参见图 10-12）是一种机制（论坛），用于对重要作战需求（作战需求报表与装备采购文档）进行验证、优先排序和资源配备，旨在使高级领导迅速作出决策（加速部署解决方案），以支持指定的作战行动。陆军需求与资源配备委员会在执行年度和/或预算年度中确定可能需要进行资源调整的解决方案。

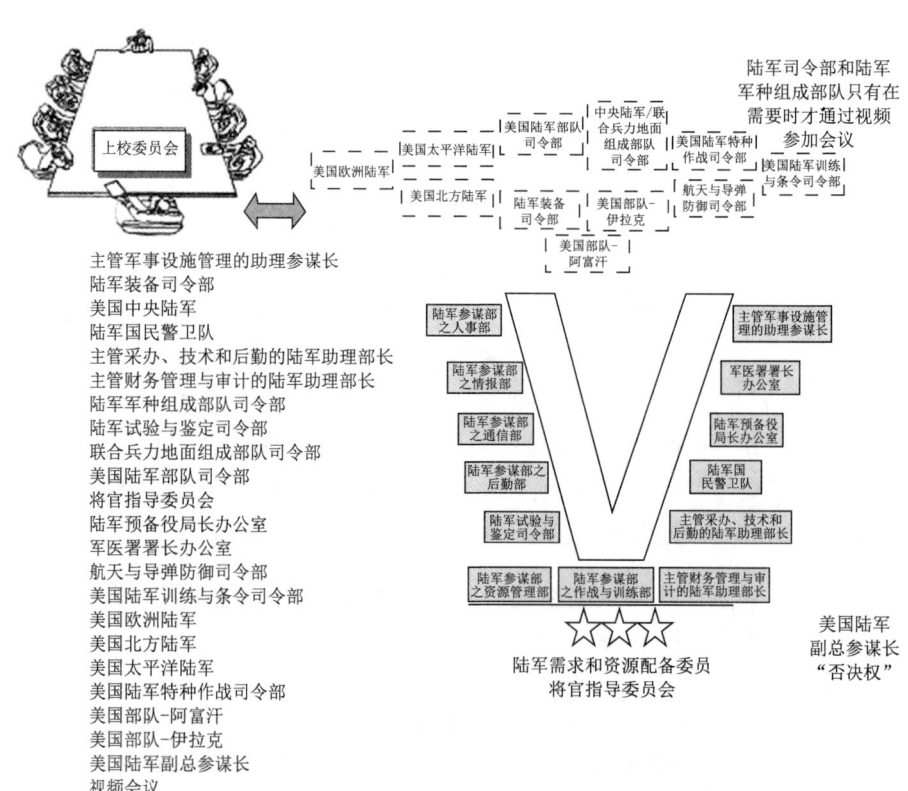

图 10-12　陆军需求和资源配备委员会组织架构

c. 经授权的/预先确认的装备采购请求（陆军部总部授权的短缺或预先批准的项目）。已部署与即将部署的单位或其他陆军部总部指定的高优先等级单位，可以针对已授权的/预先确认的装备递交装备采购文档（比如，经修正的编制装备表短缺、配备与装备数量表短缺、旅战斗队拨发基数计划短缺或经陆军部总部验证的其他装备短缺）。

d. 作战需求报表。野战指挥官利用作战需求报表记录对装备与/或非装备解决方案的紧急需求，以便纠正缺陷或提高在海外应急行动中能够对任务的完成产生影响的能力。

（1）作战需求报表为野战指挥官（06级）提供了通过陆军装备通用作战图像数据库启动陆军部总部陆军需求与资源配备委员会程序的机会。

（2）对作战需求报表的响应以陆军参谋部的验证为基础，由训练与条令司令部、陆军装备司令部和装备发展者的审查提供支持。陆军需求与资源配备委员会负责确定需求的有效性、技术的可用性以及用于满足该需求的资源来源。如果需求被认为是关键性的，且能够获得相关资源，那么就有可能成为定向需求。

（3）所有的作战需求报表都将由能力发展者/训练发展者进行审查，以确定对未来需求或持续需求的适用性（持续需求是标准需求和采办所需的）。如果作战需求报表的验证表明该概念具有在全军范围应用的潜力，且开发一个新系统是适当的，那么训练与条令司令部陆军能力整合中心将启动一个职能领域初始能力文档。

10-18. 定向需求

a. 如果对作战需求报表或联合紧急作战需求解决方案、先进技术验证或联合能力技术验证结果的作战分析和评估表明，存在一项特定的、有限的但必要的、紧急的需求，那么陆军部总部高级领导可以制定并发布一份在陆军中具有适用性的能力定向需求。当联合能力整合与发展系统的能力在计划资金的陆军优先等级排序程序中竞争时，陆军部总部的高级领导将为定向需求指定资金来源和优先等级。定向需求申请将通过陆军需求监督委员会程序审查委员会、陆军需求与资源配备委员会和陆军需求监督委员会进行提交，以供决策。

b. 定向的范围将仅限于解决超出既定的联合能力整合与发展系统程序之

外的紧急作战需求。如果不立即解决，就将严重威胁人员安全或威胁在正在进行的作战中取得胜利机会。定向需求不得涉及新技术或新能力的开发。但是，先进技术验证或联合能力技术验证的加速（上文已讨论过）在定向需求程序的范围之内。

第六部分　装备系统采办

10-19. 国防部系统采办政策

国防部国防采办系统建立了一个管理程序，该程序能够将用户需求和技术机会转换为一个可靠且可持续的系统，以便为用户提供能力（用户需求是指联合能整合与发展系统中概述的职能高风险能力缺口或对新的业务方式做出响应的业务需求；技术机会是在科学与技术计划中制定或确定的，它以用户需求为基础）。

a. 政策旨在确保国防系统采办能够得到有效且高效的运行，以实现美国武装部队在支持国家政策和目标方面的作战目标。主要有国防部指示 5000.01 "国防采办系统"（2007 年 11 月 20 日生效）；国防部指令 5000.02 "国防采办系统的运作"（2015 年 1 月 7 日生效），包括修正一和修正二（分别于 2017 年 1 月 26 日和 2017 年 2 月 2 日生效）。国防部指令 5000.02 强调了对将要采办产品的计划结构、内容和决策点的"调整"。采办系统的基本结构与之前的模型（2008 年 12 月的模型）相比基本保持不变，只有少数例外。国防采办任务从未真正改变，一直是以下内容：

（1）确定对新产品的需求。
（2）将技术风险降低到可以接受的水平。
（3）开发和试验产品。
（4）储存产品。
（5）维持并处理过期产品。

b.《陆军条例》70-1 为装备与信息系统提供了陆军采办政策。《陆军条例》70-1 负责管理陆军装备的研究、开发、采办和生命周期管理，以满足经批准的陆军需求。

c. 采办计划的定义是：一项定向的且得到资金支持的工作，旨在提供一种新的、改进的或持续的武器系统或信息技术系统能力，以响应经批准的作战需求。采办计划分为三个采办种类，旨在推动分散式决策的制定和执行以及对法定和法规要求的遵守（参见图 10-13 和图 10-14）。涉及采办种类 ID 计划（这些采办种类 ID 计划在 2016 年 10 月 1 日之前的里程碑 A 点后，或者对于 2016 年 10 月 1 日之后里程碑 A 点前的计划，由国防部部长将国防采办执行官指定为重大决策机构）、选定的采办种类 IA 计划（至 2017 年 9 月 30 日）和业务类别 I 计划的重要决策，由国防采购委员会监管/提供建议。与信息技术相关的系统或国防业务系统的采办种类 IA 计划（采办种类 IAM 和采办种类 IAC）应当符合国防部指示 5000.75 的规定。

d. 各个采办阶段提供一种逻辑性较强的方法，可以逐步将广泛规定的任务需求转变为明确定义的系统特定需求，并最终转化为在作战方面有效、合适且可存续的系统。根据所需技术的成熟程度或所考虑的可能的装备解决方案的可行性，采办计划可以在任何阶段或里程碑决策点进入系统。使计划进入下一个里程碑决策点所需的所有任务与活动都发生在采办阶段期间。里程碑决策点是启动采办计划的下一个阶段的主要决策点。

采办种类

主要国防采办计划

计划类别	主要标准	
	$=2014财年常数	《美国法典》第10编第2430节
采办种类 I (27)	研究、发展、试验与鉴定＞4.8亿美元，或者采购＞27.9亿美元（由计划执行官或计划主管管理；包括所有计划的增量）	
采办种类 ID (4)		
采办种类 IC (23)		总现役陆军项目342
采办种类 IA (8)	财政年度计划成本＞4000万美元，或总计划成本＞1.65亿美元，或总生命周期成本＞5.2亿美元(由计划执行官或计划主管管理；包括所有计划的增量)	
采办种类 IAM (4)		
采办种类 IAC (4)		

待更新于国防部指令5000.02（2015年1月7日），正在将"变更书4"（草稿）纳入进来

C：组件/组成部队（构成联合部队的下属组织之一）
D：国防采办委员会
PEO：计划执行官
PM：计划主管
PROC：采购
RDTE：研究、发展、试验与鉴定

```
                          ┌──────────────┐
                          │   采办种类    │
                          └──────────────┘

                              主要系统
       计划类别                          主要标准
                                      $=2014财年常数
     采办种类Ⅱ（59）
     采办种类Ⅱ                       研究、发展、试验与鉴定＞1.85美元 或者
                                      采购＞8.35亿美元

     - - - - - - - - - - - - - - - - - - - - - - - - - - - -
                             非主要系统
     采办种类Ⅲ（637）            • 未被归类为主要国防采办计划或主要系统的所有采办
     采办种类Ⅱ                     计划（采办种类Ⅰ或采办种类Ⅱ）
                                 • 包括少于主要的自动信息系统
                                 • 没有财务标准
               注：采办种类Ⅳ已被海军部(包括海军陆战队)指定为内部使用
```

图 10-13 和图 10-14 采办种类

第七部分　装备系统科学与技术

10-20. 国防部科学与技术

随着高科技武器在世界市场上的普及，保持技术优势变得更加重要。在这种环境下，必须确保联合部队拥有技术优势，以确保在各种类型的交战中取得成功并最大限度地减少伤亡。同样，从现在起未来 10 年至 15 年内我们的作战能力很大程度上将取决于今天对科学与技术的投资。

10-21. 陆军科学与技术

陆军的科学与技术投资为陆军统一地面作战提供支持，着眼于未来部队，同时寻求机会为当前部队提供先进技术。这种双重战略需要动态的技术投资组合，该组合应该在战略上与陆军的未来作战能力需求保持一致，并认识到从当前海外应急行动中汲取的教训。从根本上来说，陆军科学与技术计划正在寻求提供能够实现更快、更轻、更智能的系统的解决方案。

第十章 能力需求和装备系统的研究、发展与采办管理 ◆

a. 今天，军人们将从陆军过去投资的技术中受益。科学与技术通过加速正在进行的工作中获得的成熟技术来探索转型的机会。此外，陆军科学与技术计划还利用科学家与工程师的专业知识来开发解决方案，以解决当前作战中遇到的未能预见的问题。

b. 陆军的科学与技术计划的最终目标是为陆军提供战场上的制胜之道。技术变革的步伐不断加快，为增强陆军的生存能力、杀伤力、部署能力和通用性提供了重大机遇。

c. 陆军的科学与技术计划是能力发展和系统采办管理的组成部分。科学与技术计划包括三个阶段：基础研究（6.1），应用研究（6.2）和先进技术发展（6.3）。标识符（6.1、6.2 等）通常用于标识资金，但是也会被研究与发展界的人员作为速记代码，来标记研究发展的水平。类别 6.1、6.2 和 6.3 被称为"技术基础"。基础研究（6.1）包括所有旨在提高对与国家长期安全需求相关的领域的认识与了解的科学研究和实验工作。应用研究（6.2）包括所有旨在解决特定军事问题（缺少重大发展项目）的工作。先进技术开发（6.3）包括所有涉及某些具体项目的工作，这些项目已进入硬件开发以试验操作可行性的阶段。

陆军科学与技术计划在调整技术以满足紧急作战需求方面一直处于最前沿。国防部的科学家和工程师从过去的投资中不断获取装备方面的解决方案。他们还提供了优秀的技术专长，从而促进了技术的发展与整合。陆军科学与技术计划为许多现有系统的升级与现代化计划提供了技术。

d. 陆军军事技术战略的一个支柱是可行的内部研究能力。美国陆军研究、发展与工程司令部，研究、发展与工程中心以及各实验室是负责为能力发展与系统采办管理程序提供技术牵引、科学进步以及支持的关键机构。这些机构的活动范围之广，覆盖了从基础研究到对野战系统中的缺陷的纠正。学术界、产业界以及实践型的实验工作都为科学与技术任务做出了贡献。将技术嵌入到各系统中是通过将专利、数据、设计标准以及其他信息融入至技术验证、先进技术验证、联合能力技术验证、新设计以及已投入使用的系统实现的。

e. 总体而言，陆军科学与技术战略和计划致力于保持技术优势，同时保留灵活性以应对各种可能的威胁、技术以及预算环境。陆军在科学与技术方面的投资是最为重要的，并且在采办中发挥着比以往任何时候更大的作用。

f. 科学与技术活动有助于训练与条令司令部的陆军能力整合中心和卓越

中心更好地理解"可能的艺术"并完善与之相关的许多需求。

g. 有些观点认为，科学与技术研究偶尔会产生一项被视为确定的需求的项目，并应记录在案并配备资源。大多数科学与技术产品必须在作战实验中进行评估，然后才能决定将其作为装备需求记录下来。

h. 对科学与技术计划的监督由陆军科学技术顾问组提供，该小组由陆军采办执行官和陆军副总参谋长共同主持。陆军科学技术工作组由陆军科学技术执行官（负责研究与技术的陆军部助理部长助理）和陆军部总部主管兵力发展、资源与评估的副参谋长共同主持。陆军科学技术工作组负责以下内容：在召开陆军科技顾问组会议之前，针对紧迫的科学与技术问题提供将官级别的决议；为陆军科学技术顾问组提供陆军科学技术愿景、战略、原则和优先事项方面的修订建议。

10-22. 陆军技术转化战略

科学与技术计划的基本战略是将成熟的技术转化成能够满足已批准的基于作战能力的装备需求的作战系统。该战略的关键是验证。技术验证、先进技术验证以及联合能力技术验证利用源自应用研究（6.2）的技术，这些技术又是建立在基础研究（6.1）计划的新知识之上的。这些技术验证、先进技术验证以及联合能力技术验证为新系统、系统升级或更长时间的高级概念提供了基础。

a. 技术成熟度。技术成熟度负责衡量所拟议的关键技术达到计划目标的程度。技术成熟度是计划风险的一个主要因素。技术战备评估负责考察计划概念、技术需求和经验证的技术能力，以确定技术成熟度。

（1）对关键技术的技术战备评估发生在国防采办系统重大决策审查里程碑B点和里程碑C点之前，以便为采办审查程序提供有用的技术成熟度信息。

（2）负责研究与技术的陆军部助理部长助理负责指导技术战备评估，并针对主要国防采办计划向陆军采办执行官提交研究结果。陆军采办执行官将报告连同对每项关键技术的建议技术战备级别一起提交给负责科学与技术的国防部副部长助理。负责科学与技术的国防部副部长助理与负责研究与技术的陆军部助理部长助理一起，对技术战备评估进行评估。评估通过后，将研究结果提交给国防部顶层产品整合小组负责人和国防采办委员会。如果负责科学与技术的国防部副部长助理不同意技术战备评估的结果，则需要在其指导下再次进行独立的技术战备评估。

（3）技术战备级别是针对技术成熟度的一种度量手段，它能够对不同类型的技术进行一致而统一的技术成熟度讨论。决策机构在评估计划风险时必须考虑所推荐的技术战备级别。对技术战备级别的介绍被记录在《国防采办指南》中（见表10-2）。

表10-2 技术战备级别

系统试验、启动和运作	TRL 9	通过成功的任务操作进行了现行系统"运行验证"
	TRL 8	完成了现行系统并通过试验和验证进行了"运行验证"（大批量生产决定）
系统/子系统开发	TRL 7	运行环境中的系统原型验证（里程碑C点）
技术验证	TRL 6	相关环境中的系统/子系统模型或原型验证（里程碑B点）
	TRL 5	相关环境中的组件和/或实验板验证
技术发展	TRL 4	实验室环境中的组件和/或实验板验证（里程碑A点）
研究证明可行性	TRL 3	分析和实验关键功能和/或特征概念验证
基础技术研究	TRL 2	技术概念和/或应用的制定
	TRL 1	遵守和报告的基本原则

b. 技术验证。技术验证的主要任务是证明某一技术在解决特定军事需求时的可行性与实用性。6.2和6.3发展程序的各个阶段均包含技术验证。技术验证鼓励技术竞争。它们通常是在非作战（实验室或野外）环境中进行的。这些验证提供了减少不确定性和后续工程成本的相关信息，同时提供了有价值的发展和需求数据。

c. 先进技术验证。先进技术验证通常是综合性的验证，用于验证新兴技术的可行性与成熟性。它们提供了一种相对低成本的方法，用于在将关键技术纳入正式采办程序的系统之前评估与关键技术相关的技术风险和不确定性。它们在军种与国防部机构层面实施，资金由内部提供。先进技术验证聚焦于发展6.3先进技术发展点（通常是技术战备级别5~6级）中的一个具体的技术要素，以降低其被某一采办计划投入实施时的风险，或者将验证结果纳入联合能力技术验证。

d. 联合能力技术验证。国防部负责启动联合能力技术验证程序，以允许对成熟的先进技术进行较早且相对便宜的评估。由军人对联合能力技术验证进行评估，以便确定各项技术的军事效用，并发展可提高有效性的作战概念。一旦成功安排并执行了联合能力技术验证，国防部便可以迅速进入正式的采办系统。

（1）通过在正式的系统采办启动之前将新技术引入实地，国防部使得具有战斗经验的作战人员能够鉴定和评估军事效用，并制定战术以确保美军能够充分发挥大量可用的技术基础的潜力，技术基础包括国防部的和商业的。联合能力技术验证并不是规避正式采办程序的手段，而是一种进入采办程序的方法，该方法以新技术的价值用户评估为基础，能够降低用户接受风险。这一程序有助于国防部作出更为明智的采办决策，并缩短其采办周期。

（2）联合能力技术验证以用户为导向，是一种综合性工作，用于组合并验证一种基于成熟的先进技术的重要、新兴或改良过的军事能力。而且，联合能力技术验证的规模很大，足以验证作战效用和端到端系统的完整性。作为重要参与者，作战用户会与装备发展界共同制定并实施验证方案。联合能力技术验证允许军人执行以下事项：

（a）在进行重大采办之前，评估一项技术的军事效用。

（b）发展作战概念，以便运用新技术。

（c）根据需要，保持低成本的剩余作战能力。

（3）完成联合能力技术验证之后，进行以下活动中的一种：

（a）根据已验证的军事效用，直接将已成功验证的技术转移给军人，仅对现有的硬件或软件进行必要的较小修改，或者不修改。当军人仅需要少量新装备时，这种转移方法特别合适。

（b）基于已验证的军事效用，根据相关装备发展决议，在相应的里程碑B点或里程碑C点进入正式的国防采办系统。

（c）根据逐步发展的作战概念和在联合能力技术验证期间汲取的经验教训，终止或重新规划采办工作。

（4）联合能力技术验证可由国防部研发机构、联合参谋部、作战指挥官、各军种和产业界提出。有些联合能力技术验证在不到1年的时间内完成，并负责评估某项非常具体的技术或处理某个特定任务领域；其他的则长达数年之久，其中包括将多种开发技术计划融入一系列具体的验证。这样做的目标是在 1 年~3 年内完成联合能力技术验证。

e. 系统和系统升级。

（1）下一组装备系统的开发需要事先验证运用新技术的可行性。一般来说，由于成功地验证了该技术，这些系统可以相对较快地进入国防采办系统工程与制造发展阶段。

（2）陆军正在对现有系统进行渐进式提升，以保持其技术优势。这些提升被称为"系统改良"。系统改良是通过"技术嵌入计划""延长使用寿命计划""预先计划"的产品改进计划以及模块改进计划进行的。

f. 从广义上讲，事件驱动的装备国防采办系统由国防部或各军种部内部制定的一系列管理决策组成。它随着装备系统的发展，从规定的装备需求发展为可操作的系统。对现有系统的产品改进或对无开发需要的产品的获取通常出现在采办流程中。该流程的一个关键方面是它被分为了五个阶段（装备解决方案分析、技术开发与风险降低、工程与制造发展、生产与部署以及运作与维护）和其他工作（例如，小批量试生产、大批量生产以及部署、维持和处理）。具体在哪个正式的里程碑决策点进入国防采办系统取决于装备发展决策。

g. 关于国防采办系统运作的重要政策与原则（规定于国防部指示 5000.01 中）包括：

（1）灵活性。并不存在制订采办计划，进而实现国防采办系统目标的最佳方式。重大决策机构与计划主管负责制定计划战略与监督方案，包括计划信息文档、采办阶段文档、决策审查的时间与范围文档以及决策层级，以便满足计划的特定条件，同时符合相关法律法规的规定，并满足能力需求的时间要求。

（2）响应性。成熟的技术已被融入可进行生产的系统，并可在最短的时间内得到部署。在经批准的分时段能力需求与可用的技术和资源相匹配的情况下，可实现渐进式采办战略。渐进式采办是满足作战需求的陆军方法。

（3）创新。在整个国防部，采办专业人员将不断制定和实施相关方案，以精简和改进国防采办系统。重大决策机构和计划主管负责检查并酌情采用创新实践（包括最佳商业实践），以减少生命周期的时间和成本，并鼓励团队合作。

（4）纪律。计划主管依据法律法规规定对计划进行管理。每位计划主管负责制定计划目标，以期实现最低的成本、最短的时间和最佳性能参数，这些数据可以在计划的生命周期内对计划进行描述。经验证的采办计划基线参数充当该计划的控制目标。计划主管还负责识别偏差，这些偏差源自经批准的采办计划基线参数和退出标准。

（5）精简高效的管理活动。重大决策机构有权授权其他机构授权，以便完成其批准的发展、生产和维持计划目标。重大决策机构对成本、进度和绩效报告负责，并最大限度地确保其可信度。

h. 技术项目（例如，联合能力技术验证、联合作战实验、概念发展和能力发展）是在启动采办计划之前应进行的工作。这些项目被称为采办种类之前的技术项目。

10-23. 采办战略和计划规划

a. 采办战略是一个框架（路线图），旨在规划、指导并管理采办计划，以满足经验证的装备需求。采办战略及其支持性计划规划是精心制定的，旨在完成既定的计划目标并控制风险。而且，它们必须提供对于重大决策必不可少的信息。在这方面，采办战略是事件驱动的，并且明确地将合约主要承诺和里程碑决策与在开发与试验中已验证的成就联系在一起。

b. 渐进式采办。渐进式采办是陆军迅速为用户采办成熟技术的首选战略。这种渐进式的方法以增量的方式提供能力，这种增量可以预先识别出未来对能力提升的需求。该战略的成功取决于对基于能力的需求的一致且持续的定义以及相关技术的成熟度。这些技术将促成系统进行有序的开发和生产活动，从而为装备概念提供不断增强的能力。

c. 计划规划提供了一种系统的工程方法，用于产品及其相关的制造、试验和支持程序的同步设计。这种同步的工程方法对于在各种系统设计需求（例如，作战性能、可生产性、可靠性、可维护性、后勤与人力因素工程、安全、耐久性、互操作性以及标准化）之间实现良好的平衡至关重要。

第八部分　国防部采办的组织与管理

10-24. 国防部系统采办管理

a. 负责采办、技术和后勤的国防部副部长是国防部部长的高级采购执行官、首席参谋助理和顾问。在国防部范围内，他享有与国防采办系统有关的所有事项的优先处理权。这些事项包括：研究与发展、试验与鉴定、生产、后勤、指挥、控制与通信以及与采办、军事施工和采购相关的情报活动。

b. 负责采办、技术与后勤的国防部副部长担任国防采办执行官，负责根据法律以及国会指导和指示监督整个国防采办系统的运行。国防采办执行官为所有国防部内负责采办的部门制定政策。国防采办执行官的基本政策是根据国防部指示5000.01和国防部指令5000.02制定并实施的。国防采办执行官担任国防采办委员会的主席，由与采办程序相关的顶层产品整合团队给予协助。作为国防采办委员会主席，国防采办执行官就采办资源问题与其他采办管理问题向国防部部长提供执行采办里程碑决策所需的建议。

c. 2017财年的《国防授权法案》（第114-328号公法）包含一项条款（第901节），该条款修改了《美国法典》第10编第4章，在国防部中设立了主管研究与工程国防部副部长、采办与维持的国防部副部长以及首席管理官，法案自2018年2月1日起生效。第901节还进行了其他修改和合规性改进，要求国防部部长进行审查，并就国防部的组织和管理结构向国会国防委员会提交一系列报告。

10-25. 国防高级研究计划局

国防高级研究计划局是一个由军官、文职科学家与工程师组成的特殊机构，拥有广泛的权力，可以开展高级研究工作，以弥补各军种责任体系之间的研发空白，或者解决跨军种体系的高优先等级的问题。国防高级研究计划局旨在审查进行中的研究与发展，确定概念的可行性和有用性，并将概念引入到相关的军种中。

10-26. 国防采办大学

国防采办大学是美国国防部授权，根据1990年《国防采办人才队伍提升法案》和1991年10月22日颁布的国防部指示5000.57的规定建立的教育机构，负责在采购、技术和后勤领域培训军事和文职人员。国防采办大学提供了全球性的学习环境，以培养合格的采办、需求和应急专业人员，经过培训后，他们可提供并维持有效且负担得起的作战能力，使得国防采办人员能够获得更好的采办成果。

第九部分　陆军采办装备发展、监督和管理

10-27. 陆军研究、发展与采办目标

a. 陆军部部长对陆军实现研究、发展、后勤支持与维修、战备、作战以及效能所必需的各种职能负责，负责监督与陆军采办有关的所有事务，并通过陆军采办执行官履行其采办管理职责。

b. 中长期的装备规划、产品改良以及寿命延长计划得到了特殊强调。装备采办计划的稳定性也至关重要，尤其是在系统通过了国防采办系统里程碑B点计划启动决策之后。可靠性、可用性、可维修性目标；人与系统整合（Human Systems Integration）；综合产品支持（过去称为"综合后勤支持"）；生存能力；有效性；安全；以及产品质量则都被纳入了系统性能目标之中。

10-28. 陆军采办执行官

负责采办、后勤和技术的陆军部助理部长担任陆军采办执行官。陆军采办执行官由陆军部部长指定，作为陆军部总部内的组成部队采办执行官和高级采办执行官。陆军采办执行官是陆军部总部的主要参谋人员，负责执行陆军采办执行官的职责。在担任陆军采办执行官的时候，将由一个军事部门协助负责采办、后勤与技术的陆军部助理部长履行职责。

a. 该军事部门被指派至负责采办、后勤与技术的陆军部助理部长办公室，并向陆军采办执行官提供参谋支持，以管理所有陆军武器与支持系统的研究与发展、研发试验和装备采办。该军事部门在得到陆军采办执行官委任后，也可以担任陆军采办职业管理处处长。陆军采办职业管理处处长负责指挥陆军采办部队，并负责执行《国防采办人才队伍提升法案》中规定的采办职业管理要求。陆军采办计划的日常管理如图 10-17 所示。

第十章 能力需求和装备系统的研究、发展与采办管理

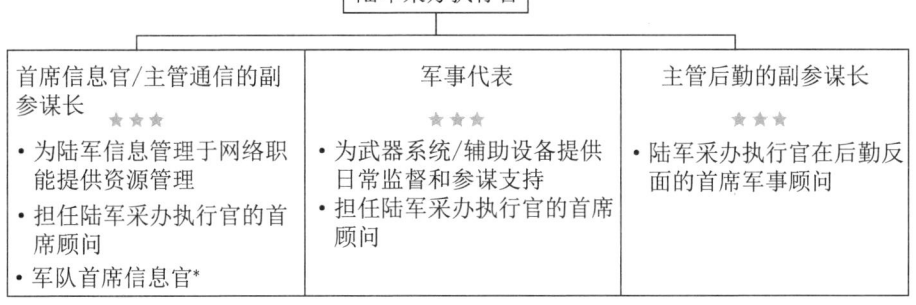

1996 年《信息技术管理改革法案》

图 10-17 陆军采办执行官

b. 陆军采办执行官负责制定陆军采办政策与程序，并管理陆军的生产基地支持与工业动员计划。陆军采办执行官在陆军部部长的全权授权下行动，负责按照国防部政策与指导管理采办计划，并行使国防部指示 5000.01 中规定的组成部队采办执行官的权力和职责。此外，陆军采办执行官还负责以下事项：

（1）任命、管理并评价计划执行官和直接报告的计划主管。

（2）与相关部门协调，以针对采办种类 I 与采办种类 II 计划，为替代方案分析建立政策和指导；指定负责执行针对替代方案分析的系统工程权衡分析的机构；以及针对替代方案分析任务文档之中的内容提供问题与替代方案。

（3）在陆军部部长的授权、指导与控制下，行使或履行陆军部部长在陆军采办工作人员方面的所有权力、职能与职责。

（4）为陆军的研究、发展与采办计划制定指南。

（5）制定全陆军范围内的科学与技术基础战略、政策、指导与规划。

（6）在整个规划、计划、预算和执行程序中确定并验证陆军技术基础优先事项。

（7）除非受到法规或更高级别的规章制度的限制，否则可以在所有影响陆军采办系统的事务方面行使最终决策权，以及指定并颁布采办、采购与合同签订政策与程序。

（8）主持所有的陆军系统采办审查委员会会议。

（9）指导陆军科学委员会。

（10）为特定计划指定来源选择权限。《联邦采办条例》是主要的合同签订条例。这是陆军部采办人员参考的首要条例来源。负责采办、后勤和技术的

陆军部助理部长发布了《陆军联邦采办补充条例》，以实施和补充《联邦采办条例》和《国防联邦采办补充条例》，以便建立统一的政策与程序供陆军使用。

（11）在国防采办委员会审查之前的每个里程碑决策点，为采办种类 ID 计划审核并批准陆军观点。这包括对采办计划基线的审核和批准。陆军采办执行官充当采办种类 IC 和选定的采办种类 II 的重大决策机构，并将采办种类 III 计划的重大决策权委托给计划执行官。重大决策机构是负责批准是否进入下一个采办阶段的个人。

（12）批准所有计划管理办公室和计划执行官的设立和终止。陆军采办执行官有权在计划管理程序的任何时间点上指定用于进行强化的集中管理的系统，并规定适当的管理层级。

c. 陆军部总部系统协调官。系统协调官是陆军部总部的主要采办参谋。系统协调官负责对指定的计划提供日常支持，并充当计划主管的代表和国防部内的主要联系点。系统协调官向负责采办、后勤和技术的陆军部助理部长（负责采办和系统管理的代表）报告。系统协调官还负责使采办指挥系统了解指派的采办程序的状态。此外，系统协调官也负责协助处理计划主管在陆军部总部和国防部部长办公室这一级别的问题。系统协调官是计划主管在五角大楼中的"眼睛与耳朵"，负责确保可能对计划产生负面影响的任何措施或情况告知计划主管。

10-29. 计划执行官

a. 计划执行官体系结构由陆军于 1987 年开始实施，是对 1986 年的《戈德华特-尼科尔斯国防部重组法案》（the Goldwater-Nichols Reorganization Act of 1986）以及里根总统任期内的帕卡德委员会（Packard Commission）的建议的回应，由国家安全决策指令 219 批准并规定（见图 10-15）。

b. 计划执行官管理固定数量的由陆军采办执行官指派的主要国防采办计划、主要和/或非主要计划，负责计划安排（装备采办成本、进度表和总体系统性能），并负责规划、计划、预算和执行程序，这些程序是指导指派的计划通过各个国防采办系统里程碑决策点所必需的。此外，计划执行官还负责向陆军采办执行官、陆军部总部、国防部以及国会提供计划信息；通过陆军立法联络主任办公室为指派的计划向国会辩护；以及参与数据开发以支持规划、计划、预算和执行程序中的陆军采办执行官的计划决策。其他计划执行官和直接报告计划主管的职责包括：通过提供所需的技术、可得性、性能、预期装备采办成本以及时间表方面的信息，协助能力发展者与训练发展者制定装备能力文档。

c. 陆军采办执行官下设 12 位计划执行官，负责对武器和信息系统和研究、发展与采办活动进行集中管理。12 位计划执行官分别负责以下领域：导弹与航天；航空；战术指挥、控制与通信；情报；电子战与传感器；地面作战系统；战斗支援/战斗勤务支援系统；模拟、训练与仪表；组合化学武器替代方案；弹药；军人；体系信息系统；以及生物和化学防护联合计划执行办公室。除非国防采办执行官或陆军采办执行官同意，否则计划执行官必须具有采办管理资格证书。

d. 陆军的主要能力发展者是美国陆军训练与条令司令部。训练与条令司令部负责为指派的陆军职能制定并记录作战概念、条令、组织和/或装备方面的需求。训练与条令司令部在为其批准的装备需求进行采办，以及制定条令和发展组织时，充当用户代表。

e. 装备发展者位于研究、发展与采办司令部、机构或办公室中，对正在开发或处于采办程序中的系统负责。该术语通常可以用于指代装备采办程序中的研究、发展与采办界（与能力发展者的通常用法相同）。

f. 训练发展者位于某个司令部或机构内，负责为指派的任务领域和职能制定、发展和记录或生成训练概念、战略、需求（装备需求和其他需求）以及计划。训练发展者在采办其批准的训练装备需求和训练计划发展中，充当用户（教官与受训人员）的代表。训练发展者独自履行以下职能，以支持训练系统：

（1）为支持指派的所有系统的训练辅助器材、设备、模拟器与模拟提供资金并制定概念；

（2）根据经批准的系统能力需求文档，并与能力发展者协同，将系统训练能力整合到指派的装备系统之中；

（3）使用装备系统开发、采办并部署子系统训练包；

利用远程学习技术，为执行新装备的训练规划和计划资源，和/或签定新装备训练合同，作为预期的训练战略，以支持训练与条令司令部制定或批准的系统训练计划。

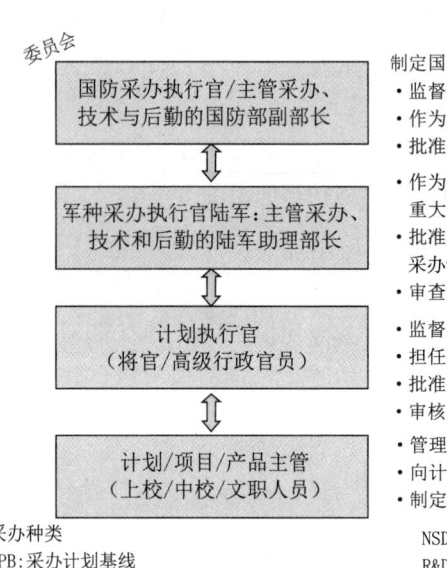

采办种类
APB：采办计划基线
ABA(ALT)：负责采办、后勤和技术的陆军助理部长
MDA：重大决策机构

图 10-15 国防部采办机构体系

10-30. 计划/项目/产品主管

a. 计划/项目/产品主管对所有计划安排（成本、时间表、性能与寿命周期维持）决策具有权力并承担责任，以在经批准的采办计划基线内执行指派的计划，并遵守法规、秘书处、指示或法律规定的职能标准。所有的计划/项目/产品主管都属于计划主管，但是通常根据其主管的计划的价值与重要程度（可视性），被分为计划主管、项目主管与产品主管。为指定的计划主管而建立的标准与启动系统采办（系统采办可分为主要国防采办计划、主要计划或非主要计划）的标准大体相同，即国防部高优先等级、高美元价值或主要国会或国防部部长办公室感兴趣。自 2001 年以来，陆军采办计划，不论采办种类，均由计划主管管理，由计划执行官监督或直接向陆军采办执行官报告。所有的计划执行官向国防采办执行官（采办种类 ID 计划）或组成部队采办执行官（采办种类 IC 以及以下种类）直接报告。项目主管则向计划执行官或陆军采办执行官报告。所有的产品主管向项目主管报告。计划/项目/产品主管之间的这种区别是陆军独有的，不适用于其他军种。

b. 除非获得国防采办执行官或陆军采办执行官管理层的豁免，否则计划/项目/产品主管必须具有采办资格证书。

10-31. 陆军部总部监督者/参与者

a. 陆军参谋长。陆军参谋长依法就陆军效率及其军事行动战备事项对陆军部部长负责。在执行陆军参谋部递交的经陆军部部长批准的计划或建议时，陆军参谋长担任陆军部部长的代理人。陆军副总参谋长通过管理陆军的日常运作来支持陆军参谋长的工作。陆军参谋长/陆军副总参谋长主持陆军需求监督委员会。在研究、发展与采办领域，陆军副总参谋长与他人共同主持陆军系统采办审查委员会。

b. 主管财务管理与审计的陆军部助理部长。主管财务管理与审计的陆军部助理部长对所有财务管理活动和所拨资金的运作承担秘书职责。在预算编制过程中，主管财务管理与审计的陆军部助理部长将接收并合并各陆军司令部和计划执行官提交的采办以及研究、发展、试验与鉴定预算表。主管财务管理与审计的陆军部助理部长还负责履行以下职责：

（1）与陆军采办执行官就所有与采办程序相关的成本与经济分析事宜进行合作。

（2）履行《美国法典》第10编中规定的所有财务管理职责。

（3）指派相关装备发展者按照重大决策审查以及规划、计划、预算和执行方面的要求进行计划办公室估算和/或经济分析。

（4）利用在规划、计划、预算和执行程序框架内，管理所有的预算活动，以支持陆军装备需求程序和研究、发展与采办现代化计划。

（5）为武器和信息系统制定法定的独立生命周期成本估算和组合成本估算。主持并监督陆军成本审查委员会，并批准所有主要采办计划的陆军成本实况。主管财务管理与审计的陆军部助理部长的成本与经济代表负责确保陆军成本实况能够反映与计划相关的成本和风险。

c. 负责军事设施管理的助理参谋长。他负责制定减轻环境影响的标准，以及审查新兴的陆军研究、发展与采办系统对环境的影响。他也是陆军需求与资源配备委员会的正式成员。

d. 主管人事的副参谋长。主管人事的副参谋长负责陆军参谋部的人事管理工作，以及监督新系统的人力与人事方面的规划工作。主管人事的副参谋长是人与系统整合计划的倡议者，并对该计划负主要的部门责任。人与系统整合计划的重点是提高系统的整体性能（循环中的军人），并节省陆军的人力、人员和训练资源。主管人事的副参谋长是陆军需求监督委员会、陆军系统采办审查委员会和陆军需求与资源配备委员会的正式成员。

（1）陆军部总部人事系统参谋官是陆军参谋部在人事界的代表。人事系统参谋官负责提供必要的持续协调工作，以确保新装备、装备系统和新组织的顺利整合。人事系统参谋官的职责包括但不限于：与主管作战、民事和训练事务副参谋长编制整合官，主管兵力结构、资源与评估的副参谋长协调参谋官一起，制定和论证兵力结构申请书；审查并协调兵力结构变更书的制定；人事可支援体系结构相关的工作；与新组织概念和条令相关的军官和士兵问题；以及确保对人力空间进行计划和预算。

（2）人事系统参谋官参与陆军部总部的所有行动，以制定能力发展者针对潜在的主要国防采办计划提案的参谋立场、指定拟议系统、关于系统部署要素的建议（包括提议的拨发基数计划）、初始拨发数量以及陆军采办目标。人事系统参谋官代表主管人事的副参谋长出席陆军部总部主办的有关部队现代化的大会、论坛和会议，讨论有关引入新的和/或重组的现有编制装备表/配备与装备数量表单位的可支持性方面的问题。

e. 主管情报的副参谋长。主管情报的副参谋长提供科学技术情报和对威胁的预测报告，以支持陆军研究、发展与采办计划的各个方面。主管情报的副参谋长是陆军需求监督委员会、陆军系统采办审查委员会和陆军需求与资源配备委员会的正式成员。此外，主管情报的副参谋长任命了一名陆军部总部威胁整合参谋官，负责指定的任务区域、计划和系统方面的工作。威胁整合参谋官在整个系统寿命周期或研究过程中的威胁支持工作的所有方面，代表主管情报的副参谋长。威胁整合参谋官是主管兵力结构、资源与评估的副参谋长需求参谋官和协调参谋官的一种补充，旨在促进情报界、陆军司令部和陆军参谋部机构之间的紧密协助，以确保将威胁及时整合进装备采办程序中。

f. 主管作战、民事和训练事务副参谋长。作为陆军的兵力管理者，主管作战、民事和训练事务副参谋长充当所有与陆军兵力结构有关的政策、程序和行动的陆军倡议者。此外，主管后勤的副参谋长是陆军需求监督委员会和陆军系统采办审查委员会和陆军需求与资源配备委员会的正式成员，主管作战、民事和训练事务副参谋长履行以下职责：

（1）将"条令、组织、训练、装备、领导、教育、人员、设施和政策"方面的基于能力的需求整合进兵力结构之中。

（2）通过陆军总体分析的兵力核算、兵力文档和其他兵力管理论坛来制定和维持兵力计划指南以及现役和预备役组成部队结构。

（3）监督陆军的兵力管理、训练和任务式指挥的优先次序程序和用于执行联合能力整合与发展系统紧急作战需求程序的陆军政策和程序。

（4）为装备/系统能力和兵力部署问题提供支持，包括：国防采办系统程序（陆军系统采办审查委员会/顶层产品整合团队/陆军预算处处长）；规划、计划、预算和执行程序（计划目标备忘录/陆军部总部主管兵力结构、资源与评估的副参谋长的投资审查）；以及国会的问询和证明。

（a）进行作战需求报表的参谋机构整合，以获得迫切需要的作战能力，进而覆盖以下内容：担任陆军部总部的主管，负责作战指挥官提交的作战需求报表请求；为陆军部总部主管作战、民事和训练事务副参谋长制定验证建议书/开展执行计划，以支持海外应急作战任务。

（b）负责向陆军部总部主管作战、民事和训练事务副参谋长提供关于紧急作战需求（作战需求报表）的综合验证建议。

（c）制作国会信函和证词，以满足作战需求和未来的作战能力。

（d）在作战需求与陆军计划综合考量方面为预算、需求与计划委员会提供规划、计划、预算和执行方面的支持。

（e）负责其他军种能力文档的陆军部总部人员配备。

（f）在联合人员配备期间，制定有关陆军和其他军种能力文档的陆军官方立场文件。

（g）负责陆军能力文档（包括注解）的陆军部总部人员配备工作，以支持陆军需求监督委员会批准决策。

（5）G-37副参谋长（兵力管理处处长）。兵力管理支持机构和G-37/兵力管理处的编制整合官/兵力整合官负责协助训练与条令司令部兵力现代化的倡议者和其他兵力现代化的倡议者的工作，包括制定陆军采购目标-拨发基数指南，以及参与倡议者在全球范围内的能力文档人员配备工作。

兵力管理支持机构：提供对编写陆军采办目标-拨发基数指南的见解，重点是与兵力管理支持机构的拨发基数计划保持一致。审查和验证拨发基数指南的编写是否能够促进拨发基数计划补给数据和后续文档所需的具体指导的编写。G-37/兵力发展处编制整合官/兵力整合官：确保拨发基数指南与计划的结构和条令的内容一致，并对倡议者的预计陆军采办目标进行质量控制，以确保准确性。兵力管理支持机构和 G-37/兵力发展处编制整合官/兵力整合官：审查能力文档草案，该审查以陆军采办目标-拨发基数指南为参照，在倡议者的全球范围内的人员配置过程中进行，以便在进入训练与条令司令部需求验证阶段之前，确保陆军采办目标-拨发基数指南的完整性。陆军部军事行动部-兵力发展处负责人员配置工作，并通过能力与陆军需求监督委员会的管理系统为联合能力整合与发展系统能力文档提供一个职位，这项工作应当在陆军需求监督委员会程序中的陆军部总部人员配置阶段进行。陆军部军事行动部-兵力发展处编制整合官和选定的兵力整合官需要注册一个能力与陆军需求监督委员会管理系统账户。

g. 主管后勤的副参谋长。主管后勤的副参谋长在国防采办系统程序中负责评估装备系统的后勤保障能力。他将参与研究、发展与采办管理程序的所有阶段，以确保装备在后勤方面的可靠性、可支持性和可维护性。此外，主管后勤的副参谋长是陆军需求监督委员会、陆军系统采办审查委员会和陆军需求与资源配备委员会的正式成员，且已被任命为陆军采办执行官后勤方面首席军事顾问。

h. 首席信息官/主管通信的副参谋长：根据《克林格·科恩法案》（Clinger-Cohen Act，原名为1996年《信息技术管理改革法案》）的规定，首席信息官/主管通信的副参谋长负责管理所有的陆军信息计划资源，并且是陆军系统采办审查委员会、陆军需求监督委员会和陆军需求与资源配备委员会的正式成员。

i. 主管兵力结构、资源与评估的副参谋长担任陆军作战能力（需求）决策政策（《陆军条例》71-9）的倡议者，并管理陆军联合能力整合与发展系统的实施；主管兵力结构、资源与评估的副参谋长是政策制定和联合/陆军联合能力整合与发展系统程序监督的倡议者。

（1）在主管兵力结构、资源与评估的副参谋长内部，需求参谋官直接负责领导陆军部总部的人员整合和协调工作，以便为陆军解决联合能力整合与发展系统程序中所有的陆军和联合"条令、组织、训练、装备、领导、教育、人员、设施和政策"需求问题。需求参谋官与协调参谋官进行协调，以促进从需求制定与验证到需求解决方案（执行和资源配置）的过渡。主管兵力结构、资源与评估的副参谋长是所有陆军和联合"条令、组织、训练、装备、领导、教育、人员、设施和政策"需求的唯一入口，担任陆军联合能力整合与发展系统"把关人"。主管兵力结构、资源与评估的副参谋长还负责验证当前和未来的陆军作战能力需求；编制陆军计划目标备忘录；整合并同步计划目标备忘录程序；以及向陆军高级领导层提供陆军计划的分析和评估。在充当联合能力整合与发展系统文档的陆军部总部"把关人"时，主管兵力结构、资源与评估的副参谋长负责支持陆军部总部对训练与条令司令部通过陆军需求监督委员会生成的文档的验证；在联合人员配备期间，制定关于其他军种/作战司令部文档的陆军官方立场文件；在联合人员配置和联合需求监督委员会审查期间，对陆军文档进行配置管理，以备验证；以及支持陆军需求监督委员会秘书处的工作。主管兵力结构、资源与评估的副参谋长是陆军需求监督委员会、陆军系统采办审查委员会、陆军海军陆战队委员会和需求与资源配备委员会的正式成员。主管兵力结构、资源与评估的副参谋长的职责还包括：对现代化提案进行参谋整合，以支持兵力发展规划；在陆军参谋部/牵头评论决议程序中，进行联合能力整合与发展系统文档的人员配置工作；向陆军需求监督委员会提交陆军现代化提议，以供验证；在联合人员配备期间，汇编陆军在其他军种联合能力整合与发展系统文档方面的立场/输入物；以及在职能能力委员会考察期间，支持陆军提案/输入的联合审查工作。

（2）向国防部部长办公室、联合参谋部、其他各军种、政府机构和组织倡导陆军计划。

（3）监督全陆军范围内的装备部署，并确保将"条令、组织、训练、装备、领导、教育、人员、设施和政策"整合到装备解决方案中（依据已验证的陆军需求）。

（4）在联合装备需求方面担任陆军参谋长的首席顾问，并在联合参谋部、职能能力委员会、联合能力委员会和联合需求监督委员会程序中代表陆军。

j. 计划分析与评估处处长。在主管兵力结构、资源与评估的副参谋长中，计划分析与评估处处长负责以下事项：审查和分析兵力结构发展的需求和计划；提供分析支持；制定资源指南；制定和编撰计划目标备忘录；维护《未来年份国防计划》的陆军部分；以及向陆军系统采办审查委员会提供可负担性分析报告。其他职责包括：执行并提交可负担性评估报告，以支持国防部和陆军部总部采办种类Ⅰ计划，以及管理规划、计划、预算和执行程序的计划阶段。

k. 兵力发展处处长。在主管兵力结构、资源与评估的副参谋长中，兵力发展处处长负责在可分配的资源范围内，将已验证的"条令、组织、训练、装备、领导、教育、人员、设施和政策"需求转化为计划，以完成陆军任务和职能。此外，兵力发展处处长还负责对装备计划的生命周期进行管理。兵力发展处由装备处、联合与整合处以及资源处组成。

（1）在兵力发展处中，需求参谋官/协调参谋官聚焦于系统与部署工作，以便向陆军的作战兵力结构提供能力和职能；充当所有陆军装备计划整合与同步工作的唯一陆军参谋部联络点，以实现陆军计划的优先排序；以及负责硬件、软件和相关装备的整合、同步和协调工作，以支持陆军计划。

（2）需求参谋官/协调参谋官的职责包括：

（a）在需求阶段，与训练与条令司令部能力主管和陆军部总部G-37的编制整合官进行协调，共同负责可负担性和陆军总体分析/兵力可行性审查资源配置。

（b）在兵力发展投资信息系统的计划目标备忘录年份中规划好资金的适用，以便支持装备计划，并将计划嵌入到陆军之中。其中，兵力发展投资信息系统是将数据嵌入到计划目标备忘录中的主要的规划、计划与预算决策支持工具。

（c）与主管采办、后勤和技术的陆军部助理部长系统协调官和主管财务管理与审计的陆军部助理部长预算联络员一起，影响当前年度和预算执行年度的预算执行情况。该预算联络员还负责在国会拨款委员会为计划和总统预算的细节辩护。

（d）提交海外应急行动资金申请。

（e）与陆军部总部G-37、陆军司令部和计划主管一起，根据陆军优先事项确定部署计划。

（f）根据需求/授权分析现有生产和装备情况。

（g）针对由于资金需求/授权、进度或执行方面的变化而产生的问题制定解决方案。

（h）制作辩护书，以证明当前计划内资金的正当性以及为未拨付资金的需求提供资金的正当性，以便在计划目标备忘录委员会与其他关于资源配备与优先排序的论坛中作出辩护。

（i）与陆军部总部主管后勤的部门和陆军装备司令部协调，负责装备的生命周期维持和处置工作。

10-32. 陆军司令部/主要下级司令部——监督者/参与者

a. 美国陆军装备司令部。陆军装备司令部负责履行被指派的装备方面的职能以及相关的装备系统的后勤支援职能，以及陆军部总部要求的其他系统采办管理职能。陆军装备司令部是陆军需求监督委员会、陆军系统采办审查委员会和陆军需求与资源配备委员会的正式成员。陆军装备司令部负责执行以下任务，以支持研究、发展与采办工作：

（1）装备并维持训练有素且准备就绪的陆军。

（2）为装备发展者（计划执行官和计划主管）提供发展和采办方面的支持。

（3）通过安全援助计划向其他国家提供装备和勤务。

（4）确定、开发和采办高端技术。

（5）保持必要的动员能力，以便在紧急情况下为陆军提供支持。

（6）验证系统的安全性；支持研发试验和作战试验；以及参与连续评估程序。

（7）在负责采办、后勤和技术的陆军部助理部长的监督下，在以下领域中行使委托的权力：制定度量标准；依照成本进行设计；生产战备审查；制造技术标准化；可靠性、可用性和可维护性；质量；风险管理；造价工程；零件控制；以及工业现代化改良。

（8）为所有陆军装备计划提供生存能力、弱点或杀伤力评估以及增强生存能力的专业技能。

（9）对工业基础进行评估并提供改进建议。

（10）为制定的装备提供后勤支持，以响应经验证的基于能力的装备需求。

（11）为计划执行官与计划主管规划、协调并提供职能支持；支持包括但不限于采购与合同签订、法律、管理会计、成本估算、系统工程、系统训练辅助器材、设备、模拟器与模拟和嵌入式训练概念制定、研发试验、后勤支援分析、人与系统整合、环境、情报与威胁支持、配置管理以及各种独立的评估和分析。

（12）为陆军技术基础提供全面管理，包括确认为作战装备系统的采办提供支持所必需的成熟技术。

（13）为陆军研究、发展与采办计划向陆军部总部提供有关研究、发展与采办的科学和基础设施信息。

（14）为战时与平时的作战行动提供初始与最新的成本与系统性能估算报告，作为输入数据为分析和计划决策提供支持。

b. 美国陆军训练与条令司令部。训练与条令司令部是陆军在能力发展和系统采办管理程序中的主要"用户代表"。作为陆军的主要能力发展者，训练与条令司令部负责指导、协调并整合陆军的总体能力发展工作。能力发展是兵力发展的重要组成部分，包括制定概念、条令、编制、装备目标、基于能力的需求以及陆军联合能力整合与发展系统产品的作战试验。训练与条令司令部是陆军需求监督委员会、陆军系统采办审查委员会和陆军需求与资源配备委员会的正式成员。

（1）训练与条令司令部是陆军的主要能力发展者/训练发展者，是陆军的"未来设计师"，负责制定陆军的未来路线。为完成此目标，训练与条令司令部司令负责以下事项：

（a）通过以下方式指导和规范陆军的联合能力整合与发展系统产品：提供基于能力的需求生成与记录程序以及程序指导；制定所有的陆军作战"条令、组织、训练、装备、领导、教育、人员、设施和政策"需求，之后向陆军部总部递交这些需求申请以供验证和资源配备；协调由陆军制定的能力需求文档，并提交给陆军部总部主管兵力结构、资源与评估的副参谋长/兵力发展处处长，以进行人员配置、验证和优先排序。

（b）通过以下方式协助陆军部总部确定作战需求的优先次序并证明其正当性：确定当前部队作战需求报表对未来全军需求的适用性，并将其指派给卓越中心/倡议者，以记录这些需求；为装备计划提供见解和描述性信息；通过向联合能力整合与发展系统基于能力的评估程序提供文档和信息，并协助解决相关问题，从而为陆军部总部主管兵力结构、资源与评估的副参谋长/兵力发展处处长提供支持。

（c）通过以下方式协调和整合陆军的总体能力/训练发展工作：在其他陆军司令部的适当支持下，提供顶级和低级别的运作及职能作战概念以及部队作战能力；作为主要责任人，为"训练辅助器材、设备、模拟器与模拟"与嵌入式训练确定需求并制定基于能力的需求和能力需求文档；以及确定展开联合作战评估的必要性并取得陆军参谋长批准。

（d）根据陆军部总部要求，为采办种类Ⅰ和采办种类Ⅱ的大部分计划进行替代方案分析。根据重大决策机构的要求，对所有其他采办种类计划进行替代方案分析。

（e）为陆军科学与技术审查和管理小组提供代表。

（2）训练与条令司令部按编制可以分为整合中心和职能领域卓越中心与学校。卓越中心能力发展与整合处在研究、发展与采办管理程序中与计划执行官团体密切合作。

（3）陆军能力整合中心主任负责：

（a）在全陆军范围内，确定和整合兵力需求，并同步"条令、组织、训练、装备、领导、教育、人员、设施和政策"解决方案的制定。

（b）通过训练与条令司令部和非训练与条令司令部倡议者牵头联合和陆军概念发展与实验工作。

（c）通过训练与条令司令部和/或非训练与条令司令部倡议者牵头联合能力整合与发展系统的执行，以确定部队的能力需求。确定联合和陆军在能力方面的缺口和冗余；提出"条令、组织、训练、装备、领导、教育、人员、设施和政策"解决方案，以弥补或减小缺口；以及建议剥离相关资产，以便为新的需求提供资金。

（d）在训练与条令司令部内部牵头非对称战争方面的工作。在电子战、防护作战和打击简易爆炸装置的非对称作战领域内整合和同步倡议活动。

（e）协同负责采办、后勤与技术的陆军部助理部长，为陆军概念中列出的需求能力，验证陆军科学与技术需求的研发优先事项，以涵盖特别访问计划。根据需要对特别访问计划和新的科学与技术方案进行审查，以确保技术与未来需求保持一致。

（f）为执行训练与条令司令部兵力的设计目标提供指导，并建议批准针对全陆军范围内人员配置方面的编制变更和调整。

（g）为训练与条令司令部司令提供支持，协助其履行其作为陆军"作战设计师"的职责。

（h）管理、协调、开发并维护"战斗实验室协作模拟环境"的联合建模与模拟以及分布式模拟网络，以支持联合和陆军能力发展和实验。

（i）管理概念开发和实验的建模与模拟需求。

（j）陆军能力整合中心主任通过训练与条令司令部司令直接对陆军部部长和陆军参谋长负责，以确保技术一旦准备就绪，就能尽快为当前兵力所用。

（k）陆军能力整合中心负有以下职责：从"条令、组织、训练、装备、领导、教育、人员、设施和政策"的综合视角，运用演习、实验与概念，制定和整合陆军的部队能力需求；确定并整合陆军当前和未来的"条令、组织、训练、装备、领导、教育、人员、设施和政策"兵力需求，并同步全陆军范围内"条令、组织、训练、装备、领导、教育、人员、设施和政策"解决方案的制定；提供管理架构，以确定能力缺口，并为"条令、组织、训练、装备、领导、教育、人员、设施和政策"程序的发展提供分析支持，包括为关键的陆军科技需求确认研发优先次序，以及发展和验证对作战能力作出说明的综合作战架构；作为与联合机构和其他军种进行协调的牵头陆军机构，以便确认和整合联合需求能力，包括联合演习、概念发展和实验工作。

（l）为支持上述职责的履行，陆军能力整合中心的机构设置如下：概念发展和学习处，负责管理和同步训练与条令司令部在联合和陆军概念发展和实验中的工作，并确定优先次序，以及创建和保持部队的作战概念；能力发展处，负责远期和近期需求方面的工作、分析概念并确定任务、能力缺口和"条令、组织、训练、装备、领导、教育、人员、设施和政策"解决方案，以实现受概念驱动的需求能力；2025年及未来部队处，负责确保进行分析和整合，以发展一支更精简、能力更强并具有更佳的远征能力的陆军。到2025年之后，陆军将从根本上发生变化，具备独特的能力，以能够进行具有重大作战意义的远征演习是方式进行组织编制，以便实现战役目标和战略目标。联合现代化司令部，位于得克萨斯州利斯堡，是陆军能力整合中心的编制制备表的修订单位，其职责是在真实训练环境中试验装备和概念。目前，联合现代化司令部负责参与装备网络整合评估和联合作战评估工作的试验与评估；国际陆军计划处，与训练与条令司令部卓越中心的跨国伙伴一起，负责协调训练与条令司令部的各个机构。

（m）训练与条令司令部的陆军家庭、士气、福利与文化娱乐司令部充当训练与条令司令部和陆军参谋部、联合参谋部、国防部部长办公室和其他位于华盛顿特区内各机构的联络人。

(4) 联合兵种中心。联合兵种中心具有以下职能：领导和监督领导培养工作和专业军事及文职教育工作；院校和集体训练；职能训练；训练支持；任务式指挥；条令；经验教训。联合兵种中心的职责还涵盖训练与条令司令部司令指定的具体区域，以作为变革的催化剂，并支持具有作战能力的准备就绪的远征地面部队的发展，从而为联合部队指挥官提供支持。

(5) 联合兵种支援司令部。联合兵种支援司令部下属的后勤支援卓越中心的任务是制定后勤领导、条令、编制、训练与装备方面的解决方案。联合兵种支援司令部承担以下三项主要职能：

（a）为陆军制定和评估后勤支援作战职能概念、条令、编制、系统、装备概念、需求以及规划因素，上述内容应当与联合后勤条令的规定一致。联合兵种支援司令部负责确保为野战陆军设计的人事勤务支持、补给、维修、运输、勤务与设施系统的有效运作，并确保基于美国本土的战区后勤系统能够与维持基地的系统相兼容。

（b）充当战斗勤务支援训练的训练与条令司令部倡议者，并监督和评估训练与条令司令部院校中的战斗勤务支援训练。美国陆军联合兵种支援司令部还负责确保战斗勤务支援课程的内容符合经批准的条令，并评估相关院校的训练评估程序。

（c）担任陆军部总部、训练与条令司令部和陆军装备司令部在所有战斗勤务支援事务方面的首席顾问。联合兵种支援司令部为指定的能力发展机构、相关卓越中心、其他陆军司令部和陆军司令部参谋机构提供指示、指导和任务，以便上述机构可以为战斗勤务支援的发展与训练做出贡献。

(6) 卓越中心能力发展和整合处。卓越中心能力发展与整合处负责在履行其概念发展、实验和需求确定方面的职责时代表卓越中心。卓越中心能力发展与整合处的目的是促进"条令、组织、训练、装备、领导、教育、人员、设施和政策"一体化联合武器能力的发展、评估、管理、确认与协同，这些能力可以补充联合、跨机构与多国能力。卓越中心能力发展与整合处在进行以下事项时充当主要机构：制定倡议者、陆军和联合概念；审查陆军和联合条令，支持实验工作，审查需求文档并审查训练材料；协助制定训练材料；以及制定倡议者装备作战模式总结/任务简介。作战模式总结/任务简介中介绍了以下内容：预期任务；单位（现役、预备役以及院校训练基地）；在包括平时、危机情况下、国家冲突以及战时的情况下适用该系统的单位组合；作战的环境与条件（气候、地形、战场环境等），以及支援与维持方式。

（7）训练与条令司令部能力主管。计划主管在训练与条令司令部中的对应职位是训练与条令司令部能力主管。该职位是研究、发展与采办程序中的核心人物，也是装备发展者/能力发展者小组的重要成员。训练与条令司令部能力主管是训练与条令司令部中协调工作的中心人物，负责协调能力发展者/训练发展者在发展和采办装备和/或自动信息系统能力方面的工作。训练与条令司令部能力主管还负责协调所有受主要装备能力部署影响的"条令、组织、训练、领导、教育、人员、设施和政策"领域。训练与条令司令部能力主管在发展周期早期（通常与计划主管同时）与能力解决方案联系在一起。训练与条令司令部能力主管位于卓越中心倡议中心或学校的卓越中心能力发展与整合处。

（8）陆军试验与鉴定司令部。陆军试验与鉴定司令部司令负责管理陆军的作战试验、研发试验与系统评估程序。他们对装备与信息技术系统的运行效率、适用性以及生存能力的评估独立于能力发展者/装备发展者，并直接报告给重大决策机构。试验与鉴定司令部司令是陆军系统采办审查委员会和陆军需求监督委员会的成员，同时担任试验计划和审查委员会的主席。试验计划与审查委员会是陆军部总部的集中管理论坛，用于用户（运行）试验和资源配备。试验与鉴定司令部向陆军参谋长、陆军副总参谋长、其他陆军参谋部成员以及陆军部总部其他涉及陆军试验与鉴定的部门提供建议和帮助。其他职责包括：

（a）审查所有能力需求文档草案，审查试验与鉴定方面的影响。

（b）协助训练与条令司令部陆军能力整合中心制定可评估的、与作战相关的，且完全聚焦于系统的关键作战问题和标准。提供方法与措施方面的建议，以便对照关键作战问题和标准，对系统进行评估，并就试验与鉴定系统的资源和能力提供建议。

（c）制定并批准所有试验与鉴定司令部能力和限制报告，以支持快速部署。

（d）支持训练与条令司令部的联合作战评估计划、网络综合评估和概念试验计划。

（9）其他组织。训练与条令司令部是陆军的主要能力发展者；但是，也有其他机构同样负责制定独特的作战概念和基于能力的"条令、组织、训练、装备、领导、教育、人员、设施和政策"需求,并将这些文件提交给训练与条令司令部陆军能力整合中心以采取适当的措施,这些其他机构包括:美国陆军工程兵团;美国陆军情报与安全司令部;美国陆军医务司令部;美国陆军航天与导弹防御司令部;以及美国陆军特种作战司令部。

第十部分 国防采办系统的运作

10-33. 根据国防部指令 5000.02(2015 年 1 月 7 日)

根据国防部指令 5000.02(包括修正二,于 2017 年 2 月 2 日生效)的规定,重大决策机构(即对某个计划负全部责任的指定个人)对向上级机构(包括国会)报告的成本、进度和执行情况负责。这一文档授权重大决策机构对国防部指令 5000.02 中的法规要求和采办程序进行调整,以更有效地实现计划目标,并与法定要求保持一致。该指令提供了指导系统运作的详细过程。成功的国防采办取决于对用于特定产品的最佳采办战略的谨慎思考和合理的专业判断。国防部指令 5000.02 包含若干程序结构模型,而不是自 2008 年 12 月以来生效的单个模型(先前的模型)。计划主管不必须从这些模型中选择替代方案;实际上,它们属于示例和起点,计划主管可以并且应当根据实际采办的产品,对这些模型进行调整。重大决策机构被赋予了广泛的权限来调整计划采办战略。国防采办计划模型如下:模型 1,硬件强化计划;模型 2,国防专用软件强化计划;模型 3,增量部署软件强化计划;模型 4,加速采办计划;模型 5,混合计划 A(硬件主导);以及模型 6,混合计划 B(软件主导)。对国防采办系统模型 1-6 的介绍请参见图 10-19 至图 10-24。

10-34. 装备发展决策

a. 装备发展决策的制定基础是已验证的初始需求文档(初始能力文档或相当的需求文档)以及替代方案分析研究指南和替代方案分析研究计划的完成。该决策将指导替代方案分析的执行,并授权国防部组成机构进行装备解决方案的分析阶段。该决策点是所有国防采办产品进入采办程序的切入点;但是,直到里程碑 B 点(或者对于那些直接进入里程碑 C 点的计划,到达里程碑 C 点）"采办计划"才正式启动（附带相应的法定要求）。此时，国防部组成机构可能已经进行了足够的分析，以支持关于所需产品的初步结论。如果是这样，重大决策机构则可以使用该分析来缩小替代方案的范围。如果不是这样，则说明需求的定义可能不太明确或不够严格，因此需要考虑扩大替代方案的范围。

b. 在装备发展决策中，成本评估与计划鉴定处处长（或相应的国防部组成机构）将提出替代方案分析研究指南，替代方案分析牵头机构将提出替代方案分析研究计划。此外，该机构将提供计划，以便为下一个决策点（通常是里程碑 A 点）之前的行动配备人员并提供资金，包括在适当情况下进行产业的竞争性概念定义研究。如果装备发展决策得到了批准，则重大决策机构将负责指定国防部的牵头机构；确定进入的采办阶段；以及确定初始审核里程碑决策点，通常（但并非一定这样）是其中一个计划模型中描述的特殊里程碑决策点。重大决策机构的决策将被记录在采办决策备忘录中。已批准的替代方案分析研究指南和替代方案分析研究计划将作为附件载于采办决策备忘录中。

10-35. 装备发展决策审查

a. 在装备发展决策审查期间，经批准的初始能力文档将被提交给重大决策机构。初始能力文档记录了对非装备与/或装备解决方案的需求，以便弥补从联合能力整合与发展系统基于能力的评估程序中得出的某一具体高风险能力缺口。初始能力文档包括：初步作战概念；对所需能力的阐述；作战风险；以及确定非装备方案无法充分地减小能力缺口的基础。国防部部长办公室评估与计划评价处处长为进行里程碑 A 点替代方案分析提出研究指南。替代方案分析的目的是评估潜在的系统层级的装备解决方案，以满足经验证的初始能力文档中记录的所选装备概念（方法）。替代方案分析可以确定一套最佳的系统属性，这使得系统可高效运行又可负担得起，为能力发展文档的制定提供了分析基础。

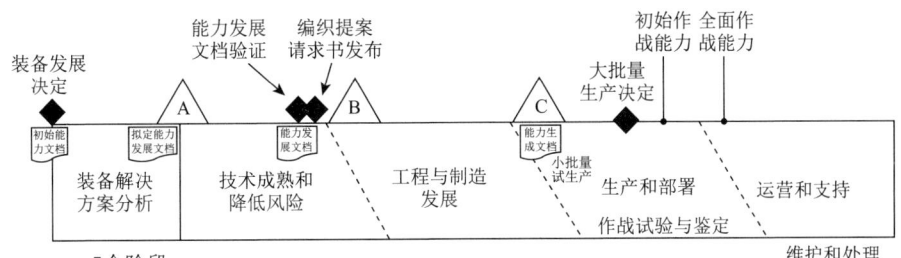

- 5个阶段
- 3个里程碑式决策（A、B、C）
- 装备发展决策中的"强制"进入
- 2次分阶段决策（编制提案请求书发布决策大批量生产/全面部署决策）

图 10-16　国防采购系统，模型 1：硬件强化计划

b. 重大决策机构负责指定牵头机构完善所选的初始装备概念，批准替代方案分析研究指南，并确定里程碑 A 点审查的日期。重大决策机构的决策会被记录在采办决策备忘录中。通常，这项工作中仅有装备解决方案分析工作会得到资金支持。重大决策机构启动装备解决方案分析阶段的决定并不意味着已经启动了新的采办计划。

c. 在研究指南得到批准之后，进行替代方案分析的机构将立即制定替代方案分析研究计划，以评估初步装备解决方案、确定关键技术并估算生命周期成本。在作出装备发展决策之后，重大决策机构可以在符合特定阶段的准入标准和法定要求的任何时间授权进入国防采办系统。装备发展在国防采办系统中的进度取决于是否获得了足够的知识以继续进入下一个发展阶段。装备发展决策审查是进入国防采办系统的正式进入点，并且对所有潜在的采办计划都是强制性的。装备解决方案分析阶段始于装备发展决策设备审查。

10-36. 装备解决方案分析阶段

此阶段的目的是开展为将要采办的产品选择概念所需的分析和其他活动，从而开始将经验证的能力缺口转化为系统特定需求，包括关键性能参数和关键系统属性，并进行规划以支持有关产品采办战略的决策。此阶段的重要活动有：替代方案分析解决方案；成本、进度和绩效之间的关键交易；可负担性分析；风险分析；以及减轻风险的计划。

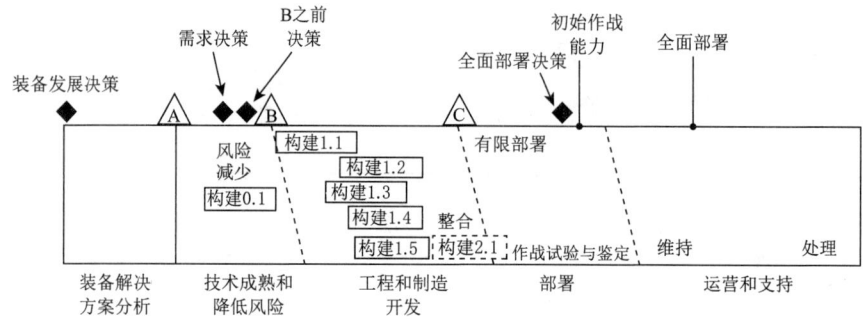

- 复杂的、通常是防御专用的软件程序，在几个软件构建完成之前不会被部署。
- 例子：指挥和控制系统，以及对地面战斗人员和战术飞机等主要武器系统作战系统的重大升级。
- 在部署之前，必须开发和测试几个软件版本：首先，单独进行；然后，作为一个整体进行。

图 10-17 模型 2：国防专用软件强化计划

10-37. 里程碑 A 点

a. 通常，这一阶段要求的最低资金是分析和选择装备发展替代方案所需的资金，以及完成支持进行下一阶段决策的必要活动所需的资金。技术开发以及概念分析和设计工作也可以在此阶段获得资金。

b. 经验证的初始能力文档和替代方案分析研究计划将指导替代方案分析和装备解决方案分析阶段的活动。此项分析将根据本指导附件九的程序进行，并聚焦于确定和分析替代方案；有效性衡量；成本与能力之间的关键交易；生命周期总成本，包括维持费用；进度；作战概念；以及整体风险。替代方案分析将与下列内容相互影响：可负担性分析、成本分析、可持续性考虑、早期系统工程分析、威胁预测和市场研究。

c. 在完成此阶段之前，国防部组成机构作战开发人员将制定一份作战概念/作战模式总结/任务简介，内容包括作战任务、事件、持续时间、频率、作战条件和环境（其中，环境是指推荐的装备解决方案执行每项任务和任务的每个阶段的环境）。作战概念/作战模式总结/任务简介将被提交给计划主管，并将为下一阶段（包括采办策略、试验计划和能力需求交易）的计划发展提供信息。它将被作为下一采办阶段提案请求书的附件提供给业界。

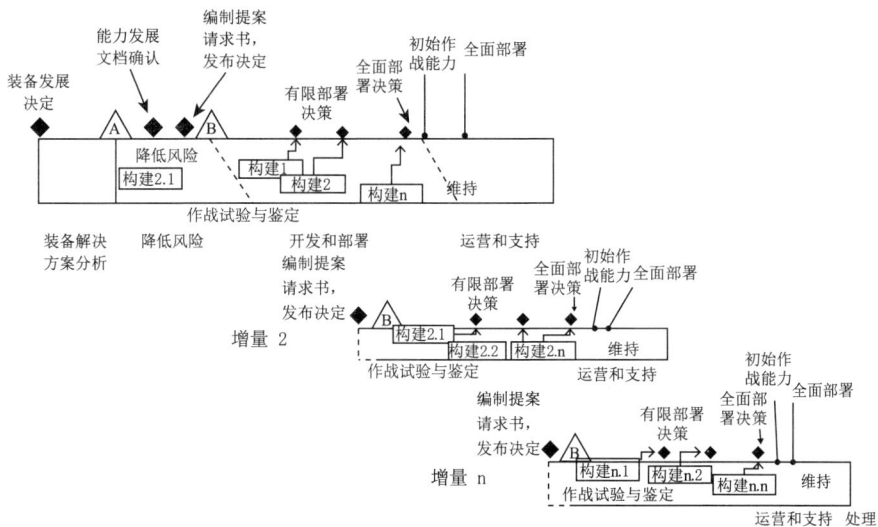

需要应用或修改现有软件的产品，这些软件用于国防部的增量部署能力(包括大多数商业系统和一些武器、指挥和控制升级程序)。

图 10-18　模型 3：增量部署软件强化计划

d. 该阶段结束于国防部组成机构完成下面两项工作：完成必要的分析；完成了支持决策的必要活动，以进入下一个决策点和采办程序的预期阶段。下一阶段可以是技术开发与风险降低阶段、工程与制造发展阶段或者生产和部署阶段，具体取决于使采办产品成熟所需的行动。这些阶段中的每个阶段都需要相关的决策点来授权进入：里程碑 A 点"提案请求书的制定与发布"，以及里程碑 B 点或里程碑 C 点。

e. 计划办公室的设立与下一阶段的准备。在装备解决方案分析阶段，组成部队采办执行官将指定一位计划主管并设立一个计划办公室，以完成与规划采办计划相关的必要行动，这些行动的重点将放在下一阶段。在为计划的下一阶段制定和发布最终的提案请求书之前，计划主管应完成并提交采办战略并获得重大决策机构的批准。经批准的"采办战略"将为计划下一阶段制定最终的提案请求书提供信息。

10-38. 里程碑 A 点审查

a. 计划主管将提出采办首选装备解决方案的方法，包括：采办战略、业务方法、框架假设、对计划风险的评估以及特定的技术发展和其他风险缓解活动如何将风险降低到可接受的水平，以及如何达到适当的"应当成本"管理目标。

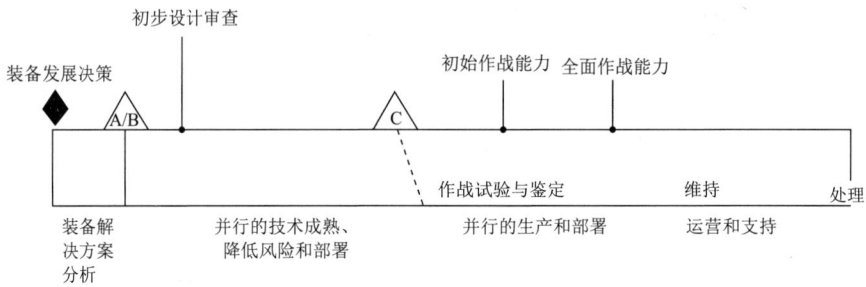

图 10-19　模型 4：加速采办计划

- 必须尽快开发和获取的产品，这通常由潜在的对手推动，从而实现技术上的惊喜，并获得更大的计划风险接受度。
- 进度优先于成本和技术风险考虑；压缩或消除阶段，并接受低效率的可能性，以在压缩的时间表内实现现场能力。
- 加速采办定制的一个例子；许多其他情况也是可能的。

b. 国防部组成机构将根据与考虑中计划相关的组合或任务领域中预计可用于国防部组成机构的资源，提供可负担性分析和建议的可负担性目标。该分析以一份定量评估作为支撑，这份评估对所有未来计划组合或任务领域中的计划进行了评估，证明了该国防部组成机构的估算预算在其预计生命周期内为新计划提供资金的能力。可负担性分析并非旨在制定严格的长期计划，而是旨在为当前决策提供有关在特定能力水平上进行长期投资的合理性的信息。可负担性分析能够为组成机构提出的针对单位生产和维持成本的可负担性目标提供支持，以供重大决策机构批准并纳入里程碑 A 点采办决策备忘录。

c. 证明该计划将在里程碑 A 点的《未来年份国防计划》内获得完全的资金供应。

d. 如果里程碑 A 点获得批准，则重大决策机构将确定装备解决方案、技术开发与风险降低阶段的计划、最终提案请求书的发布，以及完成技术开发与风险降低阶段并进入工程与制造发展阶段所需的具体准出标准。重大决策机构将在采办决策备忘录中记录这些决策。

e. 如果由于来源选择程序，需要对里程碑 A 点上批准的计划进行实质性变更，则国防部组成机构将通知重大决策机构，重大决策机构可以自行决定是否在签订合同之前进行额外审查。

10-39. 技术开发与风险降低阶段

a. 此阶段的目的是将技术、工程、整合和生命周期的成本风险降低到一定程度，以保证在成功执行开发、生产和维持计划的情况下，能够有把握地作出签订工程与制造发展阶段的合同的决定。

b. 此阶段应包括一系列旨在降低与待开发产品相关的特定风险的活动。这包括确保可负担的产品以及可执行的开发和生产程序所需的额外设计交易和需求交易。在此阶段，能力需求已经成熟并得到批准，也将最终确定可负担性能力的上限。此阶段还需要计划办公室与需求界和各机构之间持续紧密的合作。在此阶段，任何已实现的"应当成本"管理节省出来的资金，通常都应该用于进一步降低计划风险和未来计划成本。

c. 此阶段通常包括用于开展技术成熟度和风险降低活动的竞争性来源，以及初步设计活动。初步设计活动将持续到为工程与制造发展阶段选择来源之前的初步设计审查（包括该初步设计审查）。

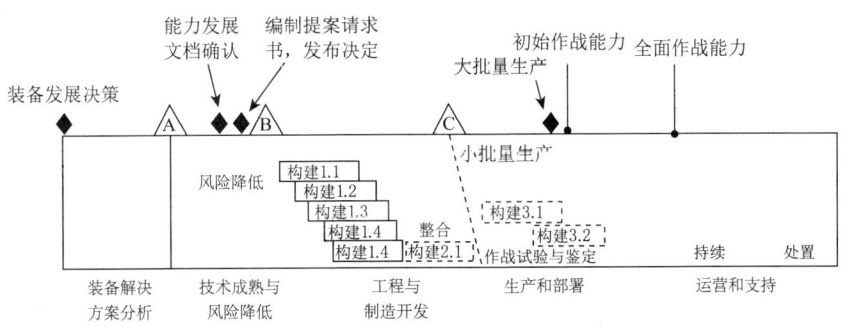

- 将硬件开发与同时发生的软件密集型开发相结合；软件开发通常决定程序执行的速度，必须与硬件开发决策点紧密结合和协调。
- 软件开发应该组织成一系列可测试的软件构建；这些构建应该导致满足程序需求和初始作战能力；里程碑B点和C点的决定应该包括软件功能能力开发成熟度标准。

图 10-20　模型 5：混合计划 A（硬件主导）

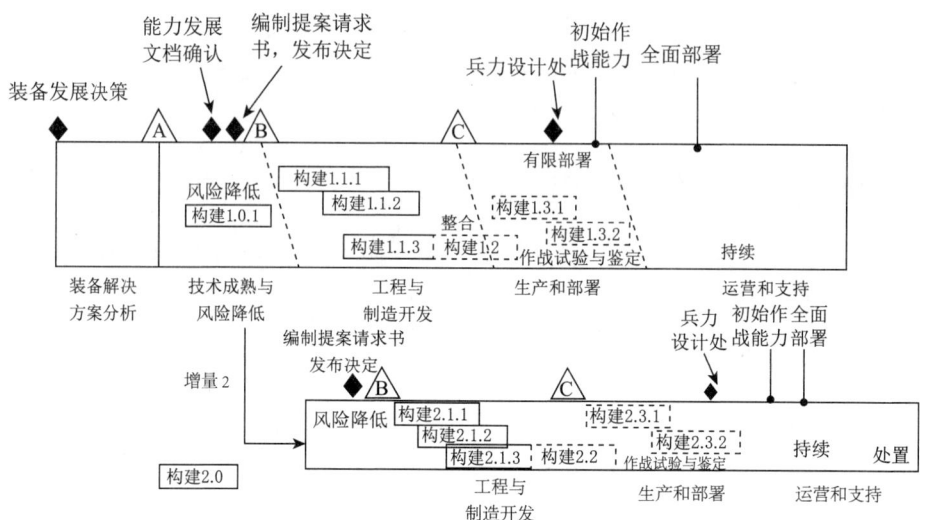

包括中间软件构建的增量领域软件产品/版本的混合。

图 10-21 模型 6：混合计划 B（软件主导）

d. 如果风险降低原型能够以可接受的成本大幅降低工程和制造开发风险，则风险降低原型也将包括在内。风险降低原型可以是系统层面的，也可以是专注于某个子系统或某个组成部分的。

e. 一个有竞争力的原型（如果这不可行的，则是里程碑 B 点之前产出的单一原型或关键子系统的原型）是法定要求的主要国防采办计划战略的一部分，也是所有其他计划的法规要求。

f. 生产有竞争力的原型的成本超过了生产原型的预期生命周期收益（以定值美元计），包括通过竞争性原型的收益。

g. 应当对用于构建该阶段的各种方法做出调整，以减少与被收购产品相关的特定风险。在此阶段，应使用《技术战备评估指南》【参考（e）】中描述的技术战备水平来衡量技术风险。然而，这些指数只是粗略的基准，并不能确定开发前所需的风险缓解程度。必须对与首选设计相关的实际风险进行更深入的分析，并向重大决策机构提供风险缓解措施。

h. 该阶段的指导战略是采办战略。在运行用户和装备发展者能够证实首选解决方案是可行的、可负担的和可支持的；能够满足已验证的能力需求的；以及技术风险在可接受之前，采办战略中确定的多项技术开发验证可能是必要的。在这一阶段，将对拟议产品的工程与制造发展、生产、研发和作战试验以及生命周期维持进行规划。政府将更新《知识产权战略计划》，以确保有能力与采办战略相一致的未来维持工作相竞争，包括备件和仓库维修的竞争。

i. 在这一阶段，为了支持能力发展文档的验证（或同等要求文件），计划主管将进行系统工程权衡分析，以显示成本和能力如何作为主要设计参数的函数而变化。这一分析将为评估能力发展文档中经过改良的关键性能参数/关键系统属性提供支持。能力发展文档（或同等要求文件）提出的能力需求应当与计划的可负担性目标一致。

j. 在能力发展文档验证之后，计划主管将进行额外的需求分析，包括：需求分解和分配，内部和外部接口的确定，以及引起初步设计审查的设计活动。除非重大决策机构选择放弃，否则初步设计审查将在里程碑 B 点之前进行。

k. 在技术开发与风险降低阶段，计划主管将为计划的平衡制定规划，以便为后续的决策点和阶段做准备，并提交一份更新的采办战略供重大决策机构批准。更新后的采办战略将描述采办能力的总体方法，包括计划进度表、风险、资金和业务战略。业务战略将阐述合同方法的基本原理，以及如何在整个计划生命周期中保持竞争力，并详细说明如何使用合同激励来支持部门努力达成目标。

10-40. 里程碑 B 点

a. 这一里程碑点为进入工程与制造发展阶段提供了授权，并为国防部组成部门颁发工程与制造发展阶段的授权证书。该阶段还为该计划投入了所需的投资。里程碑 B 点的大多数要求都应当在制定提案请求书发布的决策点得到满足。但是，如果发生了任何重大变化，或者如果在制定提案请求书发布的决策点未能提供可能影响该决策的附加信息，则这些信息必须在里程碑 B 点提供。在里程碑 B 点，需要最终确保所有风险源都得到缓解，以支持生产设计承诺。这包括技术、工程、整合、制造、维护和成本风险。已验证的能力需求、《未来年份国防计划》的全额资金供给，以及通过独立成本估算的符合生产和维持的可负担性目标都是该阶段所需要的。同时，还需要对计划成本、进度和执行预期的制定起核心作用的框架假设。

b. 里程碑 B 点通常是指获得重大决策机构批准的采办计划基线的正式启动。采办计划基线是重大决策机构与计划主管及其控制的采办链之间的协议，用于追踪和报告计划或计划增量的生命周期。采办计划基线将包括单位生产和维持成本的负担能力上限。可负担性上限为等同于关键性能参数的固定成本需求。

c. 在该里程碑阶段，重大决策机构将完成以下工作（如果尚未完成）：

（1）如果决定适用小批量试生产，确定小批量试生产数量或有限部署范围。

（2）确定用于启动生产或作出部署决策的基于特定技术事件的标准。

（3）在采办决策备忘录中记录决策。

10-41. 工程与制造发展阶段

a. 工程与制造发展阶段的目的是开发、制造和试验产品，以验证该产品是否满足作战和衍生需要，并支持生产和部署决策。

b. 总述。工程与制造发展阶段负责完成所有需要的硬件和软件细节设计；系统性地消除任何未解决的风险；制造并试验原型或首批制成品，检验其是否符合能力要求；以及为生产和部署做准备。该阶段的工作还包括为所有结构组件建立初始产品基线。

c. 设计。系统设计工作通常包括在试验产品制造和/或软件构建或增量编码之前的一系列标准设计评审。可能需要多次设计迭代才能完成最终的产品设计。系统工程计划为设计活动提供了基础。

d. 里程碑 B 点后的初步设计审查。如果放弃了里程碑 B 点之前的初步设计审查，则计划主管应当在计划启动后尽快进行初步设计审查。

10-42. 工程与制造发展阶段准入标准

a. 研发试验与鉴定。研发试验与鉴定工作将向计划主管提供关于设计程序进度以及产品是否符合合同要求的反馈。发展试验与鉴定活动还负责评估系统是否有能力提供有效运行能力，以及评估其是否有能力满足已验证的和衍生的能力需求，包括验证系统实现关键性能参数和关键系统属性的能力，以及支持初始系统生产与部署以及作战试验与鉴定的能力。这项工作需要完成与发展试验与鉴定相一致的国防部试验与鉴定总计划活动。成功并充分地完成试验，同时生产并部署有代表性的原型试验品，通常是小批量生产或有限部署的主要基础。

b. 早期的作战试验与鉴定活动。由组成部门作战试验组织进行的独立作战试验通常也会在工程与制造发展期间进行。这些活动可以采取独立鉴定研发试验结果的形式，也可以采取单独的专用试验活动的形式，如有限用户试验。在可行的范围内，研发试验和作战试验活动应相互结合，以提供尽可能有效的整体试验计划。

c. 生产、部署和维持准备。在工程与制造发展期间，计划主管将最终确定产品支持元素的设计，并将它们整合到一个全面的产品支持包中。在工程与制造发展阶段的早期，计划主管的初始产品支持性能需求分配将根据工程审查的结果进行细化。在此阶段的后期，这些计划将通过试验活动验证产品支持性能，以确保系统设计和产品支持包能够在里程碑 B 点设置的可承受能力范围内满足维持需求。

10-43. 关键设计审查后的评估

a. 在系统层面的关键设计审查完成之后，重大决策机构将实施正式的计划评估。系统层面的关键设计审查提供了评估设计成熟度的机会，其成熟度可通过以下措施得到证明：成功完成子系统关键设计审查；已完成并处在配置管理下的按照规格与图纸生产的硬件与软件产品的百分比；计划对硬件/软件缺陷采取的纠正措施；充分的研发试验；对关键系统特征的识别；关键制造程序的成熟度；以及根据已验证的可靠性比率估算系统可靠性。

b. 计划主管向重大决策机构提交后关键设计审查报告，该报告提供了对设计成熟度的整体评估，以及系统层面的关键设计审查结果的总结。重大决策机构负责审查后关键设计审查报告以及计划主管的解决方案/缓解计划，并确定是否有必要采取额外措施来满足工程与制造发展阶段的准出标准。重大决策机构的后关键设计审查评估结果将被记录在采办决策备忘录之中。成功完成后关键设计审查评估之后，综合系统设计工作宣告结束，并将工程与制造发展阶段延续到系统能力与制造程序验证工作。这项工作旨在证明该系统能够以与批准的性能参数一致的有效方式运行，并且也证明经验证的制造程序能够支持该系统的生产。在完成后关键设计审查评估并建立初始产品基线后，该计划便会进入系统能力与制造程序验证阶段。当满足以下条件后，该项工作便宣告结束：系统满足已验证的需求，并且在目标作战环境中，使用选定的生产-代表性产品完成了验证；制造成果得到有效验证；产业能力合理可用；以及系统满足或超出此阶段的准出条件和里程碑 C 点准入要求。

c. 在这项工作中，以下事项至关重要：旨在根据关键技术参数评估技术进展的成功研发试验；早期运作评估；以及在已证明的能力存在的情况下，利用建模与模拟来验证系统/体系系统制度的整合情况。试验与鉴定工作将基于用户需求对任务能力与作战支持方面的改良进行评估，并向用户报告作战重要性方面的内容。工程与制造发展阶段的完成取决于重大决策机构的决策：是在里程碑 C 点致力于该计划，还是结束这项工作。

10-44. 工程与制造发展阶段的完成

a. 工程与制造发展阶段将在以下情况下结束：
（1）设计已经稳定。
（2）系统满足了已验证的能力需求，根据试验与鉴定总计划的要求，已通过研发试验和初始作战试验验证。
（3）生产程序得到了有效证明并且可控。
（4）软件维护程序已经到位并正在运行。
（5）工业生产能力合理可用。
（6）系统满足或超出了工程与制造发展阶段所有的准出条件和里程碑 C 点准入要求。工程与制造发展工作通常会在初始生产或部署决策后继续，直到该阶段的所有活动都已完成并且所有需求都经过试验和验证为止。

b. 工程与制造发展与生产之间的并发性。在大多数硬件强化产品的程序中，在初始生产和研发试验的完成之间会有一定程度的并发性；也许还有若干设计和发展工作，特别是软件的完成，这些工作将在最初的生产决策之后进行。发展与生产之间的并发性可以减少系统投入适用的时间，但也会增加生产开始后设计变更和高成本改造的风险。计划规划者和决策机构应根据一系列因素来确定可接受或期望的并发程度。但是，一般而言，应该有一个合理的预期，该预期以工程与制造发展阶段原型的研发试验为基础，这一原型的设计是稳定的，在决定进入生产后，也不会发生重大变化。在里程碑 B 点，将确定在里程碑 C 点启动生产或部署的基于特定技术事件的标准,并将其包括在里程碑 B 点的采办决策备忘录中。

10-45. 里程碑 C 点

a. 在里程碑 C 点和有限部署决策点,计划或能力增量将受到审查,以便进入生产与部署阶段或进行有限部署。是否批准取决于在里程碑 B 点中确定的以及包含在里程碑 B 采办决策备忘录中的具体标准。通常将适用以下一般标准:证明生产/部署设计是稳定的,并满足基于研发试验活动中可接受性能的规定和衍生需求;已进行运作评估;具有与软件开发进度一致的成熟软件能力;无重大制造风险;具有已批准的能力生产文档或同等要求文件;已验证互操作性;已验证作战支持性;负担能力上限内的成本;《未来年份国防计划》提供了全部资金;适当分阶段提高产量;以及部署支持。

b. 在制定里程碑 C 点和有限部署决策时,重大决策机构将考虑所有新的已验证的威胁环境。这些威胁环境未被包含在能力生成文档中,并且可能会影响作战效能。此外,作为生产决策过程的一部分,重大决策机构将与需求验证部门协商,以确保能力需求是最新的。

c. 审查后,重大决策机构在里程碑 C 点所做的决策和有限部署决策将被记录在采办决策备忘录中。

d. 高成本产品的首批产品与里程碑 B 点决策和里程碑 C 决策的结合。某些计划(特别是航天器和舰船)的每件产品的成本都很高,因此不会在工程与制造发展阶段生产只作为试验品的原型。在这种情况下,将对生产的第一批产品进行试验,然后作为作战资产进行部署。这些计划可以通过结合开发和初始生产投资承诺等措施来进行规划。在这种情况下,将对里程碑 B 点和 C 点进行结合,还可以为作战试验与鉴定以及大批量生产决策之前的后续小批量生产承诺建立具有适当标准的附加决策点。

10-46. 生产与部署阶段

a. 生产与部署阶段的目的是生产符合要求的产品并交付给接收的军事组织。

b. 阶段说明。在这一阶段,产品被生产出来并交付给作战单位使用。该阶段包括以下几项活动和事件：小批量试生产、有限部署、作战试验与鉴定，以及大批量生产决策或完全部署决策，包括随后进行的大批量生产或完全部署。在此阶段，所有尚未开始的系统维持和配套活动都将启动。当某作战组织已经经过装备和训练，并被确定为有能力执行任务行动时，该作战机构将被视为具有初始作战能力。在此阶段，还将持续使用应当成本管理和其他技术来控制和降低成本。

c. 小批量试生产和有限部署。小批量试生产为系统或能力增量建立了初始生产的基础，提供了作战试验与鉴定的试验产品和高效的大批量生产，并在作战试验与鉴定结束前保持了生产的连续性。小批量试生产和有限部署的持续时间不应过长，以便尽快且尽可能经济地实现高效生产率，但仍然需要确保足够的持续时间，以便在大批量生产之前识别和解决任何缺陷。软件开发的有限部署主要是为了支持作战试验与鉴定工作，并且与计划策略保持一致，可用于在完全部署之前向用户提供经过试验的早期作战能力。

d. 作战试验与鉴定。适当的作战试验组织将在现实的威胁环境中进行作战试验。威胁环境将以该计划的系统威胁评估报告和适当的想定方案为基础。对于主要国防采办计划、主要自动化信息系统计划以及作战试验与鉴定处处长监管清单上的其他计划，作战试验与鉴定处处长将提供一份报告，该报告中包括了作战试验与鉴定处处长的意见，说明了在重大决策机构做出超出小批量试生产的决定之前，该计划是否有效、合适和可存。对于作战试验与鉴定处处长监督清单上的计划，作战试验将根据批准的试验与鉴定总计划以及作战试验规划进行。如果未对作战试验与鉴定处处长监督清单上的计划进行小批量试生产，则必须提供具有大批量生产代表性的产品，以进行所需的作战试验。

10-47. 小批量试生产工作

a. 这项工作旨在完成制造发展工作，以确保充足而高效的制造能力，并至少生产出所需的最低数量的产品，以便提供用于初始作战试验与鉴定的生产配置或样品；建立该系统的初始生产基础；以及有序地提高系统生产率，以便在成功完成作战试验（适当情况下的实弹试验）后进入大批量生产。

b. 在进入里程碑 C 点之前的试验中发现的缺陷将在未超出小批量试生产之前解决（在大批量生产决策审查的时候），所有的修改都将在初始作战试验与鉴定中得到验证。试验资源计划将在作战试验开始前被提供给作战试验与鉴定处处长进行监督计划。

c. 小批量试生产可以由研究、发展、试验与鉴定拨款或采购拨款提供资金，具体取决于小批量试生产系统的预期用途。

d. 小批量试生产数量已降至最低量。作战试验与鉴定处负责在里程碑 B 点为主要国防采办计划和主要系统确定小批量试生产的数量，并为超出采办战略中记录的总生产数量的 10% 的数量提供依据。在作出初始决策后，任何数量上的增加都必须获得作战试验与鉴定处处长的批准。如果由于计划被证明还不具备投入大批量生产的条件从而导致经批准的小批量试生产数量可能会超出预期，那么重大决策机构将协同作战试验与鉴定处处长一起评估中断生产与继续执行年度采办两者各自的成本和收益。

10-48. 大批量生产决策审查

a. 如果采办计划未能在大批量生产决策审查中获得重大决策机构的批准，则采办计划就不可以超出小批量试生产的范围。在作出大批量生产和部署决策之前，重大决策机构应当考虑以下事项：

（1）组成部分成本估算（对于主要自动化信息系统来说，包括组成部分成本估算和经济分析）；

（2）人力估计（如果需要）；

（3）作战试验与实弹试验的结果（如果需要）；

（4）组成部分成本估算合规证明与主要自动化信息系统证明；

（5）"指挥、控制、通信、计算机和情报"支持性证明；

（6）互操作性证明。

b. 重大决策机构应当在发布最终提案请求书、生产采办计划基线和采办决策备忘录之前批准采办战略。作出从小批量生产进入大批量生产，或超出自动信息系统或无需开发硬件的软件强化系统的有限部署的决定需要满足以下条件：完成初始作战试验与鉴定；为作战试验与鉴定处处长的监督计划递交超出小批量试生产阶段报告；以及向主管采办、技术和后勤的国防部副部长、国防部部长和国会递交实弹试验与鉴定报告（如果需要）。

10-49. 大批量生产与部署工作

这项工作为用户提供了系统的全额拨款、配套装备与勤务。在这项工作期间，单位将实现初始作战能力。初始作战能力是经修正的编制装备表单位及其配套要素首次实现有效运作与维护某一产品或系统的能力，需要满足的条件如下：

a. 产品或系统已经按照类型划分为标准型或批准有限生产型；

b. 单位和配套人员已经过训练，可以在作战环境中运作和维护该项目或系统；

c. 该单位能够在作战环境中得到诸如特殊工具、试验装备、维修零件、文档和训练装置等方面的支持。

10-50. 运行与保障阶段

此活动/阶段的目标是执行满足装备战备与作战支援性能需求的支持计划；在系统的总体生命周期内以最具成本-效益的方式维持该系统。当系统达到使用寿命年限时，必须以适当的方式处理该系统。对该阶段的规划应当在计划启动前制定，并记录在生命周期维持计划中。运行与保障阶段有两项主要工作：生命周期的维持和处置。

10-51. 生命周期维持工作

a. 生命周期维持计划包括维持已部署系统的战备与作战能力所需的所有要素。支持的范围因计划不同而各异，但通常包括补给、维护、运输、维持工程、数据管理、配置管理、人力、人事、训练、可居住性、生存能力、安全性（包括爆炸物安全性）、职业健康、关键计划信息的保护、防篡改条款、信息技术（包括国家安全系统）的可支持性和互操作性以及环境管理职能。该活动包括在平时、危机发生时和战时作战支援计划的执行。带有软件组件的计划必须能够响应不断出现的新需求，这些需求在系统实现部署后需要对软件进行修改或定期的强化。在适当的情况下，将执行后续作战试验与鉴定计划，该计划可以评估作战效率、生存能力、适用性、可支持性与互操作性，确定缺陷并确保缺陷得以纠正。

b. 为了支持渐进式采办这一原则，必须在整个生命周期（尤其是渐进式战略、修订、升级和重新采办的后续模块发展期间）不断发展和完善该维持策略。计划主管确保能够制定并执行一种灵活的、以性能为导向的战略，以维持系统。该战略包括考虑作战支持的全部范围，例如维修、补给、运输、维持工程、频谱可支持性、配置与数据管理、人力、训练、环境、健康、安全、处理与安全因素。在签订初始生产合同之后的系统、子系统、组件、备用零件与服务的重新采办期间，性能需求的适用或面向性能需求的转换得到了强调。

c. 计划主管与能力发展者合作，在性能协议中记录性能和维持需求，规定目标成果、措施、资源投入以及利益相关者职责。计划主管利用有效的基于性能的生命周期产品支持规划、发展、执行与管理。基于性能的后勤产品支持代表了基于性能的后勤的最新发展。两者都可被称为基于性能的后勤。基于性能的后勤为交付所需的生命周期战备、可靠性和拥有成本提供了最佳的战略方案。支持的来源可以是系统的、商业的，或两者结合的，其中的主要关注点是优化客户支持、武器系统可用性和降低拥有成本。

10–52. 处置工作

在系统的使用寿命结束时，必须根据与安全性（包括爆炸物安全性）、保密和环境有关的所有法律和法规方面的要求与政策对系统作出非军事化处理和处置。在设计过程中，计划主管负责记录系统中包含的有害材料，并评估和计划非军事化处理和安全处理。在系统设计期间，必须考虑常规弹药（包括任何包含推进燃料、炸药或信号弹的物品）的非军事化。

10–53. 额外的考量

上文考察了采办系统生命周期的每个阶段中根据现行的国防部指示5000.01、国防部指令5000.02以及《陆军条例》70–1执行的活动。这并不意味着所有的系统开发活动都必须严格遵循生命周期各个阶段和活动的确切顺序。相反，国防部指令5000.02明确授权并鼓励计划执行官/计划主管设计适用于具体计划的计划结构和采办战略，这一做法被称为"调整"。采办计划和战略的其他方面也可以在国防部指示5000.01和国防部指令5000.02中包含的广泛指导和指示下进行调整，但始终不变的任务是为美国军人开发并交付具备作战能力、成本效益和可支持的系统。

第十一部分　采办监督与审查

10-54. 国防采办委员会

国防采办系统受多个决策的控制，这些决策是各采办计划重大决策审查的结果。重大决策审查在该计划的各里程碑决策点的适当管理层级上执行，是一种用于根据已批准的计划检查计划进度并制定已修订的采办计划基线的机制。在这些审查中批准采办计划基线与规划不构成对计划的资金批准；需要在"规划、计划、预算和执行"程序中进行资金拨配。

a. 国防采办委员会的职能是审查国防部采办种类 ID 计划，以确保这些计划已准备好从一个国防采办系统程序阶段过渡到下一阶段。国防采办委员会是国防部的高级采办论坛，旨在针对采办种类 ID 计划的重要决策，为负责采办、技术与后勤的国防部副部长（作为国防采办执行官）提供建议。国防采办委员会的审查聚焦于一些关键原则，这些原则包括互操作性、与渐进式战略相关的分时段需求以及已验证的技术成熟度。国防采办委员会由国防部高级官员组成。其中，负责采办、技术和后勤的国防部副部长担任委员会主席。其他主要成员包括：参谋长联席会议副主席；负责审计的国防部副部长；负责政策制定的国防部副部长；负责人事与战备的国防部副部长；负责情报的国防部副部长；国防部首席信息官；成本评估和计划评价处处长；作战试验与鉴定处处长；以及陆海空各部部长。采办资源与分析处处长任国防采办委员会秘书。同时，还包括根据需要邀请的其他顾问。

b. 在国防采办委员会审查前的大约一个星期，顶层产品整合团队将进行会面，向团队领导人作出会前简报。会议的目的是向顶层产品整合团队负责人介绍该计划的最新状态，并向高级采办官员告知任何未解决的问题，并确保该计划已准备好迎接国防采办委员会的正式审查。

c. 联合需求监督委员会将审查所有可能影响采办种类 I 系统必要发展的缺陷，这项工作应当先于国防采办委员会在里程碑 B 点的任何考虑。联合需求监督委员会还负责验证已确定的装备需求，并将能力需求文档连同联合需求监督委员会的建议一起提交给负责采办、技术与后勤的国防部副部长。此外，联合需求监督委员会还负责验证计划基线中的关键性能参数，之后才按计划安排对采办种类Ⅰ计划进行审查，然后再进行后续所有重大决策审查。

d. 正式的国防采办委员会审查是国防采办委员会审查程序的最后一步。计划主管向国防采办委员会简要介绍采办计划、风险管理、可负担性、关键计划信息、技术保护以及面向用户的快速交付。计划主管将处理与其他系统相关的任何互操作性与可支持性方面的需求，并指出接受审查的采办战略是否能满足这些需求。如果该计划是系统体系制度架构的一部分，那么计划主管将在汇报该架构时向国防采办委员会简要介绍该计划。

e. 在计划主管做完陈述并进行充分讨论之后，主管采办、技术和后勤的国防部副部长（作为国防采办执行官）将决定继续、更改或终止该计划。这一决定将在采办决策备忘录中发布。

10-55. 陆军系统采办审查委员会

a. 陆军系统采办审查委员会是陆军的高级采办咨询机构，负责采办种类ⅠC和选定的采办种类Ⅱ计划、采办种类ⅠD计划（由国防采办委员会管理）的咨询工作（在国防采办委员会之前进行）。陆军系统采办审查委员会在正式的里程碑决策点召开会议，来确定计划或系统是否已准备好进入装备采办周期的下一阶段，并就陆军采办执行官作为重大决策机构时批准的计划向陆军采办执行官提出建议。陆军系统采办审查委员会可以在任何时间召开会议来审查计划的状态。陆军采办执行官任陆军系统采办审查委员会主席。

b. 陆军系统采办审查委员会的成员包括：负责采办、后勤与技术的陆军部助理部长（担任陆军采办执行官）；陆军副参谋长；陆军副部长助理（担任试验与鉴定执行官）；负责财务管理与审计的陆军部助理部长；负责设施、能源与环境的陆军部助理部长；负责人力及预备役事务的陆军部助理部长；陆军装备司令部司令；训练与条令司令部（陆军能力整合中心）；法律总顾问办公室；主管人事的副参谋长；主管情报的副参谋长；主管作战、民事和训练事务副参谋长；主管后勤的副参谋长；首席信息官/主管通信的副参谋长；主管兵力结构、资源与评估的副参谋长（兵力发展处）；主管兵力结构、资源与评估的副参谋长（计划分析与评估处）；小型企业办公室；陆军预备役局长办公室；陆军国民警卫队/国民警卫局；陆军试验与鉴定司令部；以及计划执行官/计划副执行官/计划主管。如果在某个组织的职责范围内发现重大问题，则该组织也会被邀请进入委员会。陆军采办执行官对陆军系统采办审查委员会的参与情况做出最终决定。

10-56. 过程中审查

a. 过程中审查是针对采办种类Ⅲ计划的正式的采办审查论坛。过程中审查计划的一般政策与采办种类Ⅰ和采办种类Ⅱ计划的政策相同。审查将在里程碑决策点或者重大决策机构认为必要的其他时间开展。重大决策机构（通常是指派的计划执行官）负责主持过程中审查。

b. 过程中审查将装备发展者、能力发展者、训练人员、后勤人员和独立鉴定员的代表们召集在一起，进行联合审查，并决定是否进入下一个发展阶段。过程中审查的目的是提供建议及建议的依据，并在适当层级的机构制定系统概念、系统发展、类型分类以及生产决策时，将这些建议作为基础。过程中审查是一个论坛，在该论坛中，负责参与装备采办程序的机构可以提出各自的意见，并确保在开发、试验、评估与生产过程中能够考虑这些意见。在该论坛中，审查参与者的范围得到了扩充，进一步涵盖了适当的试验机构、陆军部总部代表以及由过程中审查主席指定的其他机构。

10-57. 配置指导委员会

a. 2009年《国防授权法案》第814节要求各军种部部长为国防采办系统后里程碑B点采办种类Ⅰ计划建立配置指导委员会。配置指导委员会每年召开一次会议，负责审查正在制定中的采办种类Ⅰ计划的所有需求变更和任何重大的技术配置变更。这些变更可能会对计划的成本和进度产生影响。除非变更是确定能够获得资金或减轻进度影响的，否则变更不会得到批准。配置指导委员会旨在对计划进行监控，并避免需求进度非常缓慢。法律并未限制配置指导委员会程序仅能用于采办种类Ⅰ计划；它也可以被用于其他采办种类计划。

b. 2009年《国防授权法案》明确地赋予了计划主管向新的计划需求提出质疑的权力。计划主管与计划执行官协商后，确定并提出一套去范围化的方案，并为解决作战影响提供依据，以期降低计划成本或节制需求。配置指导委员会向重大决策机构建议应采用上述选项中的哪一个。在与相关的联合参谋部及军事部门需求官员进行协调后，将作出有关执行去范围化选项的最终决策。这些制衡措施为采办执行官提供了一个框架，在该框架内，采办执行官可以对需求提出质疑，而无需牺牲各军种的责任，以确保用户需求得到满足。

c. 陆军配置指导委员会由以下主要成员组成：陆军采办执行官（担任委员会主席）；陆军副参谋长（担任委员会副主席）；负责采办、技术和后勤的陆军部助理部长办公室首席军事代表；计划执行官；负责采办、技术和后勤的陆军部助理部长办公室高级执行代表；联合参谋部；试验与鉴定司令部司令；陆军预备役局长；国民警卫局局长；陆军试验与鉴定办公室主任；训练与条令司令部司令/陆军能力整合中心。

10-58. 生命周期管理司令部

a. 为了改善系统生命周期管理，负责采办、后勤和技术的陆军部助理部长与陆军装备司令部部长签署了一份协议备忘录，以建立生命周期管理司令部，并将采办界、技术界和后勤界聚集在一起，以支持计划主管作为指定作战系统的唯一总生命周期管理者或"追踪负责人"。生命周期管理司令部协议备忘录于2004年8月2日签署，生命周期管理司令部计划于2004年8月16日由陆军参谋长批准。生命周期管理司令部协议备忘录将陆军装备司令部系统"军品"管理及其相关的计划执行官调整为四个聚焦于产品的生命周期管理司令部。四个生命周期管理司令部分别是：

（1）航空与导弹生命周期管理司令部，位于亚拉巴马州的亨茨维尔。

（2）坦克与机动车辆生命周期管理司令部（前身为坦克、机动车辆与装备司令部），位于密歇根州的沃伦市。

（3）通信电子生命周期管理司令部，位于马里兰州的阿伯丁试验场。

（4）联合弹药与杀伤力生命周期管理司令部，位于新泽西州的皮卡蒂尼兵工厂。

b. 在生命周期管理司令部计划的初始架构下，许多其他计划执行官均未受到影响。

10-59. 一体化程序小组

国防部指示5000.01指示国防部采办界利用一体化程序小组来推进计划信息的管理与交换。一体化程序小组整合了从能力发展到生产、投放/部署与作战支持的所有采办活动，以优化设计、制造、业务和可支持性程序。一体化程序小组由来自所有相应职能领域的代表组成，与小组负责人一起制定成功且平衡的计划，确定并解决问题，同时提出合理、及时的建议，以促进决策制定。一体化程序小组共有两个层级：顶层产品整合团队——聚焦于战略指导、计划可执行性（成本、进度、风险）和问题解决；工作层面的综合产品团队——负责确定并解决计划问题，确定计划状态，以及寻求机会进行采办改革。

顶层产品整合团队。成立顶层产品整合团队以支持所有的采办种类ID计划，并在这些计划通过采办生命周期的各个阶段时提供协助、监督与审查。负责采办种类ID计划的顶层产品整合团队由相应的国防部部长办公室首席参谋助理或技术指导员领导。顶层产品整合团队的成员包括计划主管、计划执行官以及组成部队参谋人员、联合参谋部、负责采办、技术与后勤的国防部副部部长下属参谋人员以及国防部部长办公室主要参谋人员或他们的代表，他们负责特定采办种类ID计划的监督和审查。

(1) 在陆军中，根据重大决策机构的指导为采办种类IC和大多数采办种类II计划建立了一个陆军系统采办审查委员会顶层产品整合团队。陆军系统采办审查委员会顶层产品整合团队由陆军部总部参谋机构行动官员和计划执行官/计划主管/训练与条令司令部主管组成，负责整合将要提交给重大决策审查论坛的监督问题。

(2) 负责采办、后勤和技术的陆军部助理部长办公室中主管陆军采办种类I和采办种类II计划的系统协调官担任该计划陆军系统采办审查委员会顶层产品整合团队的秘书/协调员。顶层产品整合团队成员包括由陆军系统采办审查委员会成员任命的授权个人（适用于采办种类IC或某些采办种类II计划），以及适用于采办种类III计划的重大决策机构。团队成员资格将根据具体计划的需求与监督层级进行调整。典型的陆军系统采办审查委员会顶层产品整合团队的职责包括：

(a) 在整个计划制定过程中与计划执行官/计划主管召开会议，尽早提出并解决问题，为调整和简化计划提供建议；

（b）与计划主管工作层面的综合产品团队实现垂直联系；

（c）帮助计划主管成功制定里程碑决策；

（d）为重大决策机构提供独立评估报告以供重大决策审查使用；

（e）制定一份备忘录，记录要向重大决策机构提出的问题/风险，并为重大决策机构提供建议。

（3）所有层级的顶层产品整合团队均遵循下述通用程序，该程序是针对典型的采办种类 ID 计划的。最初，顶层产品整合团队召开会议，确定潜在计划在多大程度上需要工作层面的综合产品团队的支持；工作层面的综合产品团队的成员有哪些；开启计划的适当的里程碑决策点；以及计划开启审查所需的最低信息量。当顶层产品整合团队的任何成员有要求时，或重大决策机构有指示时，顶层产品整合团队领导负责采取措施解决问题。目的是在尽可能低的层级上解决尽可能多的问题和关切，并且，当问题需要在更高层级解决时迅速升级，同时仅将最高层级的问题提交给重大决策机构进行决策。在计划的整个生命周期内，顶层产品整合团队根据需要召集会议。

（4）工作层面的综合产品团队。应当为所有采办计划建立工作层面的综合产品团队。工作层面的综合产品团队的成员数量和成员资格将根据监督层级和计划需求，针对各个采办阶段进行调整。工作层面的综合产品团队由陆军部总部与/或军种/职能行动官员组成，通常由计划主管或其指定人员担任主席。工作层面的综合产品团队负责向计划主管提供建议，并协助制定计划战略与规划。每个工作层面的综合产品小组聚焦于一个或多个特定的主题。例如试验与鉴定、成本/性能、风险管理（计划性和安全性）等。

第十二部分　采办文档

10-60. 陆军批准的需求文档目录

陆军批准的需求文档目录是一份公开的陆军部总部主管兵力结构、资源与评估的副参谋长/兵力发展处出版物，该文档提供了有关所有已验证的能力需求文档状态的信息。它包括现行的和闲置的需求文档。现行文档或对批准的需求文档目录参考编号的指派不会自动授权资金支出。每个计划都必须在陆军的优先排序和计划编制过程中竞争资金。陆军部总部主管兵力结构、资源与评估的副参谋长/兵力发展处会为每一份能力需求文档指定一个批准的需求文档目录参考编号，这一程序将在文档批准后、出版和发布前进行。陆军能力整合中心在收到联合能力整合与发展系统文档批准备忘录的训练与条令司令部副本后，将批准的需求文档目录载入标准研究编号-补给品编号自动化管理与整合系统（简称 SSN-LIN 自动化管理与整合系统）中。它们是将 SSN-LIN 自动化管理与整合系统数据用于各种目的的多个程序。批准的需求文档目录通常用于表示/指向已批准的需求。拨发基数计划 Feeder 数据是以下程序之一——当前正在载入 SSN-LIN 自动化管理与整合系统中/在 SSN-LIN 自动化管理与整合系统中处理的，这需要将批准的需求文件目录附加到计划主管的数据集。

10-61. 计划审查文档和计划规划

重大决策机构负责确定进行里程碑审查所需的最少文档数量。只有法规或国防部指令 5000.02 要求的那些强制性文档才是必需的，所有其他文档仅用作指导。计划规划描述了执行采办战略所需的详细活动。计划规划属于计划主管，由计划主管用于在计划的整个生命周期中管理计划的执行情况。计划主管与计划执行官负责共同确定计划规划的类型和数量，但法规或国防部政策已经作出规定的除外。用于支持计划的执行的一些典型计划规划包括：

a. 已验证的线上生命周期威胁报告。已验证的线上生命周期威胁报告是基本的权威性威胁评估，负责为特定的采办种类 I 或采办种类 II 系统的开发与采办提供支持。已验证的线上生命周期威胁报告包括一份对预计的敌方军事能力的综合评估（条令、战术、硬件、编制与部队），预测了敌人在初始作战能力年份以及之后十年所拥有的限制、压制或毁坏系统的能力。它还明确标识了重要情报类别，重要情报类别是可能会严重影响该计划的有效性和生存能力的一系列威胁能力。已验证的线上生命周期威胁报告是一个动态文档，会随着计划的进行而不断更新和完善。它将得到批准和验证，以便为重大决策审查提供支持。该报告是为支持重大决策审查而制定的，是能力发展文档、替代方案分析以及试验与鉴定总计划的主要威胁方面的参考资料。已验证的线上生命周期威胁报告将在里程碑 B 点由陆军部总部主管情报的副参谋长批准，并由国防情报局验证，适用于所有采办种类 I 和作战试验与鉴定处监督列表计划,并在里程碑 C 点进行更新。

b. 采办战略。采办战略是用于规划、指导和管理装备采办计划的框架(路线图)。它阐明了指导和控制总体计划执行的概念和目标,执行程序从计划启动一直持续到后生产支持工作。不论属于哪种采办种类,所有的陆军采办计划都需要一份采办战略。采办战略将记录调整采办计划的方式、确定风险以及降低或消除风险的计划。采办战略由计划主管牵头的工作层面的综合产品团队制定,是一份实时更新的文档,在整个计划期间日趋成熟。它能够为装备发展者/能力发展者组织的职能要素提供基本指导。

c. 采办规划。采办规划是一份正式的书面文件,阐明了执行用于主要系统采办的已批准的采办战略所必需的具体合同签订活动。

d. 替代方案分析。

(1) 为支持采办系统,美国陆军训练与条令司令部分析中心进行了联合和陆军替代方案分析。这些通常由国防部或陆军部总部倡议。联合/陆军替代方案分析由陆军部总部负责,由陆军/国防部部长办公室研究顾问小组指导,由美国陆军训练与条令司令部分析中心领导并由陆军系统采办审查委员会批准。替代方案分析将评估潜在的装备解决方案,以满足已验证的能力,并为就最具成本效益和可负担性的解决方案作出决策提供支持,以满足已验证的能力需求。根据法定要求,应当在里程碑 A 点制定替代方案分析,并在提案请求书发布决策点的里程碑 B 点和里程碑 C 点前进行必要的更新。主要国防采办计划必须具有替代方案分析,但支持当前作战的快速采办和里程碑 C 点及以后的计划除外。国防部决策支持系统提供了一种综合的方法,用于战略规划、能力评估、系统采购和计划预算制定。替代方案分析的目的不是"支持一项决定"(预设的结果或期望的答案)。相反,它是要"作出决定",并提出令人信服的、可辩护的依据来"支持这项决定"。

(2) 替代方案分析被用于评估潜在的装备解决方案,以满足已批准的初始能力文档中记录的能力需求,并经常在起草经济划算且平衡的渐进式采办战略时发挥支持作用。替代方案分析负责完成以下任务:评估成本、性能和进度(以及相关风险),以提供军事上有用的能力来填补能力缺口;确定成本、绩效和进度方面的交易;确定技术成本驱动因素和整合风险;阐明军事能力的优缺点;考虑联合作战计划;审查充分的、可行的替代方案;讨论重要假设和变量以及对这些变量变化的敏感性;估算成本;评估燃料的全额负担成本；以及评估系统训练和后勤影响，以确保系统提供有效且高效的训练和后勤支持。

（3）替代方案分析研究团队是根据问题的类型和被研究的概念或系统的类型而创建的。研究的倡议者负责提供指导。牵头机构负责提供研究主管，该主管负责领导替代方案分析。研究顾问小组负责批准研究计划和研究结果。研究顾问小组是由将官级别的利益相关者组成的团体，包括研究倡议者（在训练与条令司令部层级可能被称为训练研究顾问小组，在联合层级可能被称为联合研究顾问小组）。研究主管负责研究，并负责分析所有方面的最终决定。研究主管应当确保整个研究过程中的研究质量，并确保倡议者能够获得最相关的信息以指导他们的决策。为了方案的有效性，每个替代方案分析都需要整个利益相关者团体的投入和参与。

（4）一旦完成替代方案分析报告，且最终结果简报获得研究顾问小组的批准，国防部部长办公室成本分析与项目评估高级人员将对最终产品（简要的书面报告）进行审查，以确保替代方案分析充分解决了研究问题（达到了必要的程度），并且分析结果足以支持未决的采购决策。如果替代方案分析满足了这两个目标，则可以制定充足性备忘录。至此，可以认为替代方案分析已完成。如果缺少这项批准，则替代方案分析可能需要额外的工作来获得可接受性。

f. 采办计划基线。采办计划基线由概念基线、发展基线与生产基线组成，它们在里程碑 B 点、里程碑 C 点以及大批量生产时获得批准。这些基线的目的是提高计划的稳定性，并为衡量和报告计划的执行情况提供一个重要的参考点。每个基线都包括成本、进度和性能关键参数方面的目标。在每个里程碑决策点，关键参数都必须达到可接受的最低的限度要求，即阈值。这些阈值将确定偏差极值，在该极值之外，计划主管在没有获得重大决策机构授权的情况下，不得作出成本或性能妥协。采办计划基线必须在性能参数方面与计划能力发展文档或能力生成文档相互对应。如果未能达到阈值，则需要重新评估替代方案概念或设计方法。对所有的采办种类计划都需要制定采办计划基线与偏差报告。

g. 试验与鉴定总计划。试验与鉴定总计划是系统所需的执行层级的规划文档，该文档聚焦于试验与鉴定计划的总体结构、主要要素和目标。试验与鉴定总计划与采办战略以及经批准的能力发展文档、能力生成文档与信息支援计划的内容一致。它是一份参考文档,被试验与鉴定界用来制定详细的试验与鉴定计划,并用于确定与给定系统相关的进度表与资源需求。试验与鉴定总计划提供了一个路线图,涵盖了完成试验与鉴定计划所需的综合模拟、试验与鉴定规划、进度与资源需求。试验与鉴定总计划阐述了需要进行哪些试验(例如,研发试验和作战试验);由谁来执行;需要哪些资源;以及鉴定工作的要求是什么。它将计划进度、试验管理战略和结构以及所需资源与重要的作战问题、关键技术参数、有用性和适用性评估以及里程碑决策点进行了关联。计划主管负总责,各试验与鉴定工作层面的综合产品小组的成员也都参与试验与鉴定总计划的制定与维护。试验与鉴定总计划的制定是在系统进行第一次里程碑审查时开始的,并在后续的各个里程碑决策点之前更新(当在能力发展文档/能力生成文档/信息支援计划有重大变更之时,或在采办计划基线遭到违反时更新)。在获得批准之后,试验与鉴定总计划便充当能力发展者、装备发展者和试验与鉴定界之间的一个合同,用于执行系统的试验与鉴定计划。试验与鉴定总计划能够为试验与鉴定工作提供关键的管理控制,以支持采办程序。

h. 生命周期维持计划。生命周期维持计划涵盖了从装备解决方案分析阶段到处理阶段的整个系统的生命周期。它将兵力供应者的能力和性能需求转变成适合的产品支持,以达到具体的、不断发展的生命周期产品支持可得性、可靠性与可负担性参数。生命周期维持计划在装备解决方案分析阶段进行筹划,并在技术开发与风险降低阶段不断成熟。生命周期维持计划是为里程碑B点制定的。该计划是灵活的且以性能为导向的,反映了一种渐进式方法,可以对其进行改良、升级和重新获取。生命周期维持计划是采办战略计划的一部分,并且与其他重要计划规划文档是一体的,在国防采办系统的生产与部署阶段以及运行与保障阶段进行更新与执行。生命周期维持的考虑要素包括:补给;维修;运输;维持工程;数据管理;配置管理;人与系统整合;人力、人事、训练、可居住性、生存能力、环境、安全(包括爆炸物安全)与职业健康;关键计划信息保护与反篡改规定;可支持性;以及互操作性。

i. 人力预估报告。这份由国会指示的报告记录了在完成全部作战部署后,采办种类 I 计划要进行运作、维持、支持与训练所需或即将需要的总人数(包括军事、文职人员与承包商)。人力预估报告的有效性取决于兵力结构、人事管理与战备需求以及对采购规模方面的采办决策。

10-62. 典型的弃权书与报告

a. 选定的采办报告。选定的采办报告的内容包括：总体计划的成本、进度与性能的状态以及计划的单位成本与违反单位成本的信息。对于联合计划来说，选定的采办报告负责按照参与方报告信息。每个选定的采办报告都包括针对报告计划的全面的生命周期成本分析。选定的采办报告还负责将执行机构的补给与后勤采办政策上升为法律。选定的采办报告将被提交给国会。

b.《国防联邦采办补充条例》。《国防联邦采办补充条例》提供了国防部关于采办的具体规定，国防部政府采办官员以及与国防部有业务往来的承包商必须在商品和服务的采办过程中遵守这些规定。

c.《纳恩-迈科迪法案》（Nunn-McCurdy）单位成本违规报告。当主要国防采办计划的计划采办单位成本或平均采购单位成本相比当前的采办计划基线的单位成本至少增加15%，或比原基线增加30%时，就发生了《纳恩-迈科迪法案》规定的单位成本违规，需要国防部部长出具证明。出具证明的责任已委托给负责采办、技术和后勤的国防部副部长。根据《美国法典》第10编第2433条的规定，应当提交单位成本报告。

d. 实弹射击试验与鉴定报告。实弹射击试验与鉴定报告是国防部部长办公室向国会提交的一份独立报告，其中提供了对涵盖的主要系统进行的实际生存能力试验，以及对主要弹药或导弹计划进行的实际杀伤力试验的试验结果与评估。由国会授权编制该报告。

e. 超出小批量试生产报告。该报告为国会提供了一份报告，评估了初始作战试验与鉴定的充分性，并在决定超出小批量试生产阶段进入大批量生产阶段前，确定试验结果是否能够证明产品在作战方面具有有效性、合适性与生存能力。同样，由国会授权编制该报告。

f. 采办决策备忘录。采办决策备忘录负责记录重大决策机构在下列事项上决策：计划采办战略目标、阈值以及进入下一阶段的准出条件。采办决策备忘录用于记录所有的采办种类Ⅰ、Ⅱ与Ⅲ计划的决策。

第十三部分　采办程序中的主要子程序

10-63. 试验和鉴定程序/产品

有几个主要的支持国防采办系统的子程序，其中之一是试验和鉴定程序。

a. 所有的陆军采办计划都必须得到试验与鉴定总计划的支持，该总计划是一个充分且高效的试验与鉴定计划。试验与鉴定是衡量系统发展与采办进度的主要工具。建立试验与鉴定程序的目标是为国防采办系统与用户提供支持。具体方法是：为决策者提供必要的信息；评估技术性能参数是否达到要求；以及确定系统是否在作战方面具有满足预期目的所需的有效性、合适性与生存能力。进行试验与鉴定的主要原因是促进学习；评估技术成熟度和互操作性；促进融入野战部队并确认性能。另外，试验与鉴定能够评估并降低计划的风险（例如，成本、进度、技术可行性、技术过时和软件管理）。试验与鉴定子程序得出的主要产品是信息（无争议的事实），以及对系统上所有可靠数据的独立评估报告，以便重大决策机构作出明智的决策。

b. 对试验与鉴定程序的规划、计划和预算工作在采办程序的早期开始，并与已验证的初始能力文档进行协调。早期的试验与鉴定整合工作是通过独立评估人员的参与完成的，包括参与能力发展小组和试验与鉴定工作层面的综合产品团队内部的采办小组的规划工作。试验与鉴定工作层面的综合产品团队的主要目的是优化适当的试验与鉴定专业知识、仪器、目标、设施、模拟与模型的使用，以实现试验工作的整合，进而降低陆军的成本与决策风险。试验与鉴定工作层面的综合产品团队的主要产品为试验与鉴定总计划。陆军部副部长助理办公室中的陆军试验与鉴定执行官负责在国防部部长办公室的最终批准之前对所有的采办种类 I／IA、采办种类 II 计划以及国防部部长办公室试验与鉴定监督清单中的任何计划的试验与鉴定总计划进行批准。重大决策机构为采办种类 II 和采办种类 III 批准的试验与鉴定总计划不在国防部试验与鉴定监督清单中。

c. 连续评估用于为决策制定者、装备发展者与能力发展者提供连续的信息与数据流。在系统进入正式试验时，可以看到并维护在早期发展阶段中生成的数据，从而可以避免重复试验。连续评估贯穿于系统的后部署阶段，以验证投入使用的系统是否达到或超过了已验证的性能与支持参数。

10-64. 研发试验和作战试验

a. 研发试验包括模型、模拟和工程试验。研发试验用于证实设计风险已降到最低、系统安全得到证明、系统技术性能已经实现，以及已经做好了作战试验的准备。研发试验通常需要仪表和量度，由工程师和技术人员完成，具有可重复性，在环境方面可控，并且覆盖系统能力的全部范围。计划主管负责制定适用于各个阶段与里程碑决策点的研发试验目标。实弹射击试验和生产资格试验都是重要的研发试验示例。其中，实弹射击试验是所覆盖的系统必须开展的试验；生产资格试验是系统层级的试验，能够确保在具体的作战与环境范围内设计的完整性。

b. 作战试验是在现实作战条件下对系统（或产品）的野外试验，在该项试验中，试验人员是那些在系统（或产品）投入使用或部署时可能运作并维护该系统（或产品）的人。一些重要作战试验的示例包括：

（1）有限用户试验。有限用户试验是一种风险缓解试验，通常在里程碑C点之前的系统采办阶段中进行。有限用户试验并非法律要求的试验，但美军会进行该试验以降低后续作战试验中的风险。

（2）初始作战试验与鉴定。初始作战试验与鉴定是在决定进入大批量生产之前进行的，目的是提供相关数据，以确定典型用户在现实条件下（例如，战斗和具有代表性的威胁）运行的系统的作战有效性、适用性与生存能力。

（3）后续作战试验与鉴定。在生产期间（或之后），可能需要进行后续作战试验与鉴定，以完善初始作战试验与鉴定期间所做的估算报告，提供相关数据以便检查变更情况，并验证是否纠正了装备、训练或概念方面的缺陷。后续作战试验与鉴定旨在提供相关数据，以确保系统能够继续满足作战需求，并能在新环境或新威胁中保持其有效性。

c. 陆军试验计划与审查委员会是一个高级别的集中管理论坛，负责审查并协调资源投入（例如，人员、仪器与装备），这些资源投入是用于支持《陆军五年试验计划》中的试验所需的资源。试验计划与审查委员会由陆军试验与鉴定司令部司令主持，并依据《陆军条例》73-1 运作。在批准加入《陆军五年试验计划》后，该计划的试验资源计划便有权在当前和预算年份中进任务分配。试验资源计划是采办系统的正式的试验与鉴定资源规划与任务分配文档。

第十四部分　综合产品支持

10-65. 综合产品支持程序

支持国防采办系统的第二个主要子程序是综合产品支持程序。本章的这一部分还将讨论总体部署和生命周期管理司令部。

a. 综合后勤支持是一种严格的、统一的、交互式的方法，旨在应对将后勤支援整合进系统和装备设计中所需的管理与技术活动。综合产品支持是一个程序，用于陆军执行强制性的生命周期后勤政策与程序，包括陆军装备在整个生命周期内的规划、发展、采办与支持的所有要素。

b. 可支持性综合产品团队。

（1）可支持性综合产品团队是一个工作层面的一体化程序小组，旨在同时支持能力发展和系统采办处理程序。在国防采办系统装备解决方案分析阶段，能力发展者倡议卓越中心建立可支持性综合产品团队，用于所有潜在的采办种类Ⅰ/Ⅱ以及选定的采办种类Ⅲ采办计划，以从总体上协调综合产品支持规划和执行工作。在里程碑B点或者在指派了计划主管后，指定的装备发展者综合产品支持主管负责主持可支持性综合产品团队。

（2）可支持性综合产品团队成员负责制定基于性能的后勤概念和综合产品支持计划文档，并进行可支持性/权衡分析，以确定最佳的基于性能的后勤战略或综合产品支持概念。可支持性综合产品团队负责向计划主管提供建议性的与综合产品支持相关的规划、计划和执行决策。可支持性综合产品团队是一个办事机构，其成员的角色与职责在生命周期维持计划（先前称为"支持性策略"）中进行了规定。可支持性综合产品团队必须与其他职能小组进行合作，例如，试验与鉴定工作层面的综合产品团队以及训练支持工作小组，以确保能够整合各项工作。

c. 综合产品支持主管。综合产品支持主管是在里程碑B点之前或指派了计划主管之后，由装备发展者设置的，旨在充当负责与采办计划有关的所有生命周期管理可支持性活动的中心人物。综合产品支持主管承担主持可支持性综合产品团队的责任,这一责任是从能力发展者手中接管的。

d. 基于性能的后勤。基于性能的后勤是武器系统首选的产品支持战略,该战略将针对采购(针对支援职能的采购)用作综合性能包(integrated performance package),旨在优化系统战备状态。基于性能的后勤的目标包括优化系统的总体可得性,同时最大限度地降低成本和后勤占用。在所有的陆军采办种类计划中,只要在作战与经济方面具有可行性,那么都将实施基于性能的后勤。其中,在陆军采办种类Ⅲ计划中实施基于性能的后勤,需要依据计划主管/计划执行官的决定。基于性能的后勤的一个基本原则是利用高级指标从作战与经济两方面来衡量支持结果。当前的总体生命周期标准包括:可操作性、任务可靠性、单位成本、后勤占用量、后勤响应时间以及总体生命周期单位成本。基于性能的后勤可以在系统、子系统、次要产品、组件、装配或子装配,以及会导致业务程序改良的程序(例如精益或六西格玛改良)中实施。基于性能的后勤通过基于权责分明的性能协议的支持结构来实现系统的性能目标;规定武器系统的结果性能目标;确保职责得到分配;提供激励措施以达成上述目标;以及为总体生命周期管理系统的可靠性、可支持性与总拥有成本提供便利。基于性能的后勤战略必须在每次重大决策审查时得到处理,并根据特定的性能目标、角色和职责(这些内容将在基于性能的协议中进行详述),针对每个单个采办系统进行调整,这一工作在系统进行部署之前进行。

e. 生命周期维持计划。生命周期维持计划记录了计划主管对采办计划维持战略的规划。生命周期维持计划以综合产品支持框架(综合产品支持要素)为基础,定义了在整个系统工程程序中如何使用可支持性分析来设计和支持系统。生命周期维持计划是一份独立的文件,作为采办战略的附件,在里程碑B点提交给重大决策机构以供批准。计划主管还将在采办战略正文部分加入生命周期维持计划的摘要。初始生命周期维持计划由能力发展者综合后勤支援领导在装备解决方案分析阶段制定,并在建立计划主管的可支持性综合产品团队后提交给计划主管的综合产品支持主管或产品支持主管。

(1) 生命周期维持计划的目的是:有条理地收集和审查相关的后勤数据;评估替代系统;使用支持性分析设计和支持概念;记录决策;协调计划;以及执行选定的后勤支持概念。生命周期维持计划将作为正式记录,记录在综合产品支持管理程序的开发和实施过程中所采取的措施。

(2) 生命周期维持计划用于维护影响以下方面的变更的审核跟踪：

(a) 支持规划；

(b) 支持预算，包括估算生命周期成本和降低总拥有成本的方案；

(c) 支持概念，与支持有关的目标和阈值（包括定义的变更）；

(d) 对系统战备目标，支持成本和综合产品支持目标的影响或变更；

(e) 通过大批量生产决策实现类型分类标准和完全装备发放的策略。

(3) 所有采办种类层级的生命周期维持计划均由计划主管可支持性综合产品团队管理，并由重大决策机构批准。可支持性综合产品团队将采办战略作为其基础，以确保将支援能力整合到采办中。

(4) 生命周期维持计划由计划主管更新；与能力发展者协调，为生命周期维持计划、陆军采办后勤人员、技术和作战试验人员/鉴定人员，以及其他计划参与者提供支持；计划应当在里程碑 B 点之前提供：

(a) 如果在里程碑 B 点之前不存在计划主管，则由被指定了系统职责的计划执行官将牵头生命周期维持计划的开发工作；

(b) 在没有能力发展者综合产品支持负责人的情况下，由计划执行官或计划主管（如果分配了的话）将负责制定初始生命周期维持计划；

(c) 超过里程碑 B 点且没有生命周期维持计划的计划，在里程碑 C 点之前需要一个生命周期维持计划，以在开发、生产、部署和维持期间处理综合产品支持规划问题。

(5) 生命周期维持计划将在以下情况下进行更新：

(a) 进行重大决策审查之前；

(b) 收到新的计划指导时；

(c) 计划或资金发生变更时；

(d) 制定招标文件之前；

(e) 向任何机构申请装备发放实况之前；

(f) 如果该计划有任何可能对后勤产生影响的变更，则距离上一次更新的 3 年之内；

(g) 当人力、人事、训练或后勤支援计划发生变更时。

第十五部分 陆军人与系统整合

10-66. 陆军人与系统整合

支持国防采办系统的第三个主要子程序是人与系统整合程序。人与系统整合（Human System Integration）是陆军依据《美国法典》第 10 编并按照系统采办中的国防部人与系统整合要求（国防部指示 5000.01 和国防部指令 5000.02）建立的陆军应用。人与系统整合在《陆军条例》602-2 中进行了详细论述。它是一个陆军计划，旨在确保将军人的表现能够成为系统设计、开发与采办的重点考虑因素。人与系统整合是七个相互依存的要素进行整合的一个技术过程。这些要素包括：人力、人员能力、训练、人因工程、系统安全、健康危害以及军人生存能力。详细来说，七个陆军人与系统整合领域是：

a. 人力。人力是指陆军可利用的人员力量（军事和文职人员）。它指的是考虑陆军系统对总体人力资源需求和授权（空间）的净影响，以确保每个系统从人力方面来说都是可负担得起的。它包括对运行、维护和支持处于采办过程中的各个新系统所需的人员（包括承包商）数量进行分析，其中包括维护和补给人员以及支持和开展训练的人员。它需要确定该系统生成的陆军人力需求，将新的人力需求与正在进行替换的旧系统的人力需求进行对比。如果需要增加人员来支持新的（或经过改良的）系统，则必须从现有的人事账户中确定"付款人"。

b. 人员能力。人员能力是军事与文职人员（包括承包商）在平时和战时拥有的运行、维持和支持一个系统所需的学习能力、特性和水平。人事能力是指陆军提供合格人员的能力，合格人员是指具备运作、维护与支持陆军系统时所需的特定的才能、经验与其他人力特性的人员。它要求对人员必须拥有的才能进行一次详细评估，以便成功地完成训练，并按照要求的标准运作、维护与支持系统。必须对采办中的系统进行迭代分析，将合格人员的预估数量与新系统或任何正在进行替换的系统的人员需求，以及陆军对类似的合格人员的总体需求进行对比。需要及时进行人员分析与预测，以便在部署系统的同时能够有序地进行人员招募、训练与分配。

c. 训练。训练是对时间和资源的考量，这些时间和资源对于使陆军人员拥有必要的知识、技能与能力，以具备运作、维护与支持陆军系统的资格来说是必要的。

（1）训练涉及以下内容：

（a）从训练角度制定并选择具有可支持性的工程设计备选方案；

（b）记录训练战略；

（c）确定资源需求，以便使陆军训练系统能够支持系统的部署。

（2）它包括对以下事项的分析：运作人员、维护人员与支持人员必须执行的任务；必须执行任务时的条件；以及必须要满足的性能标准。训练与人员分析和措施是联系在一起的，因为合格人员的可得性是训练程序的一项直接职能。

d. 人因工程。人因工程是一项技术努力，旨在整合设计标准、心理原则以及人类能力，因为这些因素与系统的设计、开发、试验与鉴定是相关的。人因工程的目标是：

（1）通过消除设计引起的错误，以最大限度地提高军人的能力，从而按照要求的水平执行任务。

（2）确保装备的维修、支持与运输能够与配备了此装备的军人的能力和限制相协调。人因工程为人与系统整合领域和系统工程师之间提供了一个接口。人因工程负责支持发展装备的人与系统整合目标，这些装备能够在训练时间、军人才能与技能、身体耐力、生理忍耐极限以及军人身体标准方面允许的既定限制内，实现在军人与机器之间有效的互动。人因工程通过确定军人在装备系统中的角色，并确定和制定军人-装备接口特性、工作场所布局以及工作环境来提供上述支持。

e. 系统安全。系统安全涉及一个系统的设计特征与运作特性，这些特征与特性可最大限度地减少人为或机器错误/失误造成伤害与/或事故的可能性。

f. 健康危害。健康危害是指系统在使用、运作、维修、支持与处理时的固有条件（例如，声能、生物物质、化学物质、氧气不足、辐射能量、撞击、极端温度、创伤以及震动），这些条件可能导致死亡、伤害、疾病、残疾或降低人员的工作效率。

g. 军人生存能力。在人与系统整合的背景下，军人的生存能力可以是指军事人员或文职人员的生存能力。

（1）系统。系统的特性是能够减少误伤友军，降低军人的可探测性，在被探测到时防止受到攻击；如果受到攻击，防止损害；如果受伤或受到其他损害，尽量减少医疗伤害；以及减少生理与心理上的疲劳。

（2）军人。军人的特性是能够使军人自身承受（或避免）不利的军事行动或自然现象带来的影响，否则这些行动与影响会导致军人丧失继续有效地执行规定任务的能力。

10-67. 人与系统整合目标与概念

a. 人与系统整合计划有三个主要目标：

（1）优化系统所需人员的数量和质量；

（2）设计的系统易于军人使用、操作安全、不会引起不必要的健康问题，并且能最大限度地提高军人的生存能力；

（3）确保在性能、设计、军人能力与限制之间作出可接受的权衡。

b. 能够确保军人的战备状态不会因难以使用或维护的装备而受损。人与系统整合的实施能够通过明确军人性能所起的作用，并通过设计要素塑造军人性能，从而影响系统的总体性能（有效性与可得性）。人与系统整合负责解决达到所需性能所需的人力、人员和训练资源这一问题，并在可能的情况下提供更经济的人力、人员和训练资源配置方案。

c. 人与系统整合的工程设计理念聚焦于战场中的最佳系统性能，其中既包括对军人能力和生存能力的考虑，也包括对装备能力与生存能力的考虑。人与系统整合是选项导向程序，而非目标导向程序。人与系统整合程序为决策制定者提供相关信息，以便在诸如以下领域信息的基础上进行取舍：人员的质量与数量、训练时间、技术、条件、标准、成本、生存能力、安全、健康危害风险、设计与接口特征以及人员分配政策。

d. 人与系统整合专门机构（先前称为人与系统整合联合工作组）通过先前讨论的能力发展小组与综合产品团队程序继续履行职能。能力发展小组的人与系统整合成员在适当的时候将转变成人与系统整合工作层面的综合产品团队。该机构的目的是：

（1）协助能力发展者（或职能倡议者）与计划主管确保人与系统整合原则适用于系统；

(2) 为装备能力文档提供人与系统整合输入物；

(3) 提供一个关于人与系统整合问题的跟踪系统与历史数据库。

e. 陆军的战斗力与战备水平取决于我们能否为军人配备满足其需求且能够使他们迅速、准确且高效地完成指派给他们的任务的装备。

f. 陆军研究实验室的人力研究与工程处充当人与系统整合的协调中心，负责协调卓越中心的能力发展与整合处的能力发展团队和综合产品团队的主要支持。

第十六部分　训练发展

10-68. 训练发展概览

支持国防采办系统的第四个主要子程序是训练发展程序。

a. 训练发展是美国陆军训练与条令司令部为陆军做好战争准备这一任务的一个重要组成部分。训练与条令司令部负责制定训练方案并为个人以及单位训练提供支持。这项职责包括确定射程、弹药、训练设备和设施以及教育/训练课程、产品和计划的需求。

b. 陆军的训练发展程序，即陆军训练和教育发展程序是制定训练/教育决策时使用的一种系统性方法。陆军训练和教育发展程序是一种系统性、螺旋形的方法，可以为陆军制定有关集体、个人和自我发展训练方面的决策。陆军训练和教育发展程序涉及与训练有关的五个阶段：评估、分析、设计、发展与实施。评估在整个陆军训练和教育发展程序中都是连续的，且整个程序必须在给定的资源范围内进行。"条令、组织、训练、装备、领导、教育、人员、设施和政策"负责推动训练以及训练发展基于能力的需求。

c. 陆军国防采办系统的实施是一个复杂而漫长的过程，而训练发展则贯穿于整个过程之中。能力发展与系统采办管理程序为系统管理提供了一个结构。训练影响与成本对系统性能来说至关重要。能力发展者、装备发展者以及训练发展者之间必须开展密切而持续的协调才能开发并部署满足能力发展文档需求的完整的材料系统。

10-69. 系统训练计划

a. 训练计划是针对新的、改良的或替换的装备系统的主要训练计划。它为资源（人力、装备、设施）的确定奠定了基础，以确保训练能够充分开展并得到支持。系统训练计划概述了总体训练策略的制定情况，以便将新系统整合进训练基地和接收单位；所有必要的训练支持、训练产品与课程的规划；以及设置各个里程碑决策点，以确保完成训练策略。此外，系统训练计划还支持系统装备需求文档的制定和批准，并设置用于管理训练发展的里程碑决策点。

b. 训练计划由倡议训练发展者制定，由倡议训练与条令司令部或非训练与条令司令部卓越中心的将级指挥官批准。

10-70. 训练辅助器材、设备、模拟器与模拟

a. 开发和采办"训练辅助器材、设备、模拟器与模拟"的目的是支持单位和/或战斗训练中心以及院校训练基地中的训练。

（1）训练辅助器材是教学辅助工具，用于协助训练人员开展并维持基于任务的训练，而无需使用大量的印刷材料或装备。

（2）训练设备是为了改良学习程序，并通常旨在支持环境而开发、制造、嵌入或附加并采购的三维物品与相关的计算机软件。

（3）模拟器是指一些设备、计算机程序或系统，它们能够模拟基本训练任务，并通过在假定的受控训练条件下提供可重复的练习来使受训人员发展该项任务中的技能。模拟器包括能够复制主要训练要求的物理模型、实体模型以及武器系统的模拟。

（4）模拟是对系统、子系统或情景想定的显著特征、运作情况或环境进行再现，通常为建设性的环境提供支持。

b. 训练辅助器材、设备、模拟器与模拟具有系统或非系统两种分类。

（1）系统训练辅助设施、设备、模拟器与模拟是为系统、系统系列或装备（包括子组件与部件）而设计的。它们可以是独立的、嵌入式的或附加的。它们将作为它们所支持的武器系统的一部分来获得资金（陆军部总部主管兵力结构、资源与评估的副参谋长办公室装备计划评估小组）并被记录。武器系统计划负责系统"训练辅助设施、设备、模拟器与模拟"的采购工作。

（2）非系统"训练辅助器材、设备、模拟器与模拟"旨在支持常规军事训练和非系统特定的训练需求。它们将作为训练任务领域下的一个独立计划获得资金（陆军部总部主管作战计划的副参谋长办公室训练计划评估小组）并被记录。通常，主管模拟、训练与仪器的计划执行官负责采购和开发非系统"训练辅助器材、设备、模拟器与模拟"。独立的能力发展文档与能力生成文档以及支持性的系统训练计划由训练发展者制定。

10-71. 合同签订

a. 合同签订官：有权签订、管理和终止合同以及做出相关决定和结论；负责确保履行有效合同所需行为的执行，确保遵守合同条款；以及确保请求批准采购计划的申请书符合《国防联邦采办补充条例》规定的阈值，从而使政府受到特定金额的约束。

b. 合同签订官代表：合同签订官代表由合同签订官指定，是负责确保合同协议得到遵守的主要政府官员。合同签订官代表应该对所采购的商品和服务有广泛的了解。他无权做出任何影响价格、质量、数量、交付或其他合同条款和条件的承诺或变更，也无权以任何方式指示承包商或其分包商做出违反合同条款和条件的行为。他仅提供技术指导、承包商联络、质量保证以及检验/验收服务。

c. 常见的合同类型：

（1）固定价格合同类型：

（a）固定价格

-价格固定，与承包商的实际成本经验无关。

-典型用途：商业补给和服务。

（2）含绩效奖励的固定价格

-由政府根据对绩效（即质量、及时性、成本效益）的主观评估单方面确定的奖项。

-典型用途：基于绩效的服务合同。

（3）固定价格与经济价格调整

-经济市场状况可能会波动并引发价格变动。

-典型用途：高通货膨胀时期的长期商业供给合同。

（4）固定价格——可重新定价：

-金额是在大多数或全部指定的行为履行完毕后确定的；合同到期后，将谈判确定合同延期的费用。

-典型用途：主要系统零件的长期生产。

（5）固定价格激励

-"利润"调整是基于与目标成本相关的预先确定的公式确定的。

-典型用途：基于原型的主要系统的生产。

d. 成本补偿合同类型：

（1）成本加固定费用

-有权获得固定金额的利润。

-典型用途：研究性学习。

（2）成本加激励金额

-费用（利润）根据承包商与"目标成本"相关的实际成本经验进行调整。

-典型用途：适用于主要系统原型的研究与发展。

（3）成本加绩效奖励

-由政府根据对绩效（即质量、及时性、成本效益）的主观评估单方面确定的奖项。

-典型用途：大规模研究学习。

（4）成本分摊

-承包商支付部分成本开支范围/不支付利润。

-典型用途：与教育机构的联合研究。

（5）时间和材料

-覆盖率：成本和利润的带有商定"每小时"人工费率的最高价格。

-提供直接材料（零件、用品）成本的补偿。

-典型用途：供热设备和飞机发动机的紧急维修。

e. 其他类型的合同包括：

（1）定期/定量合同；

（2）需求合同；

（3）不定期/不定量合同。如果在签订合同时不知道确切的交付日期和/或交付数量，则可以使用适当类型的不定期/不定量交付合同来获取补给和/或服务（请参见图10-22）。

固定价格：
- 需求(产品和服务)定义明确
- 首选类型(《国防授权法案》2017财年)
- 承包商承担更高的成本风险
- 设定工作的总价格

成本补偿(成本加成)：
- 需求(产品和服务/地区主管)定义不明确
- 政府承担更高的成本风险
- 政府尽最大努力购买承包商
- 承包商有权收回允许成本
- 允许政府灵活性

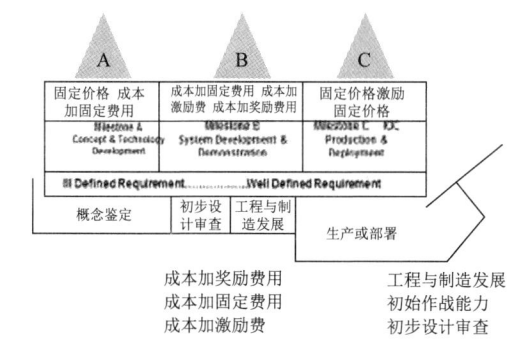

固定价格	成本加奖励费用	工程与制造发展
固定价格	成本加固定费用	初始作战能力
激励	成本加激励费	初步设计审查
概念鉴定		

图 10-22　合同类型/类别

第十七部分　联合作战评估与网络综合评估程序

10-72. 联合作战评估

联合作战评估是陆军的一套思维方法，用于改变陆军为战场开发新技术的方式。它用更广泛的联合作战评估取代了每年 2 次的网络综合评估中的 1 次。联合作战评估将聚焦于以下内容：创新并与工业界和学术界建立合作伙伴关系，以有效设计和完善陆军战术网络；创新技术和新概念、兵力现代化、联合和多国部队的互操作性以及这些部队的战备（这一工作利用实战、虚拟和建设性技术开展，该技术融合了虚拟的训练环境，并允许远程参与者参加训练，见图 10-23）。

10-73. 网络综合评估

a. 采办、试验、评估/鉴定和部署程序通常需要花费数年的时间才能完成，这可能比一些技术成熟的周期更长。因为与网络有关的计划的资金供给和时间进程很少一致。能力部署也是不成系统的,且现有技术的整合有时会留给用户进行。因此,许多最近部署的系统没有从最新的成熟技术中受益,也没能响应陆军的最新能力需求。这种方法对互操作性和训练提出了极大的挑战。但是,陆军已经实施了改进的业务实践,即软件拦截和部队集合配置(Unit Set Fielding)来解决特定问题,但并未全面关注陆军体系网络。

b. 为了实现其网络目标,陆军正在从根本上改变其向作战部队提供能力的方式,这种转变是从头(确定能力需求和能力缺口)至尾的(部署和维持)。根据公法第111-84号(2010财政年度《国防授权法》)第804节,以及向国会提交的国防部部长办公室报告,陆军副总参谋长负责指示陆军参谋部实施灵活的业务解决方案,以解决当前的网络采购缺陷,并提升这些程序的效率、有效性以及可负担性,否则这些程序将是烦琐的。成功实施这一程序意味着尽早并持续地向整个部队的领导和军人提供所需的能力,尤其是基本战斗训练的能力。为了确保新的能力解决方案能够整合进入网络,持续的适应性和经常的变更至关重要,因为信息技术的成熟周期迅速,且陆军需要快速响应。

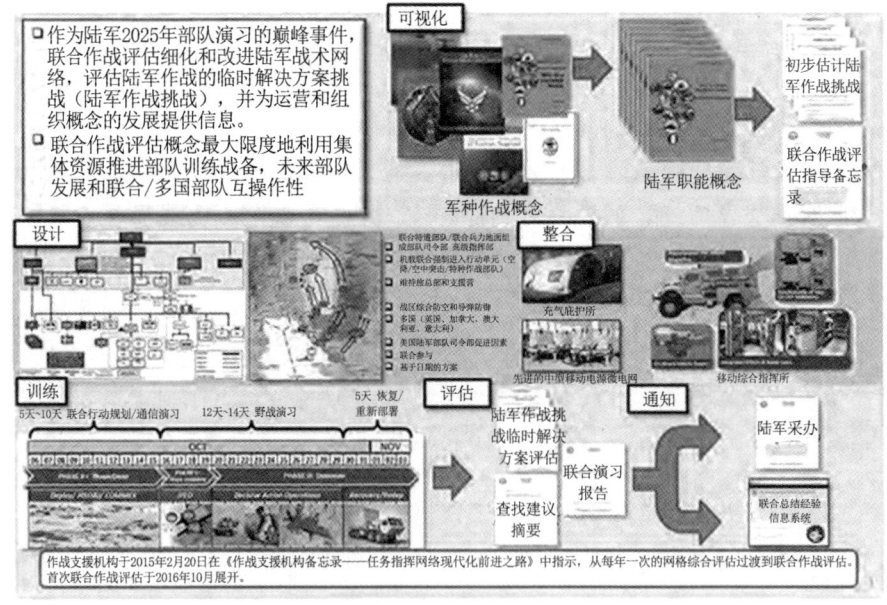

图10-23 联合作战评估

第十章 能力需求和装备系统的研究、发展与采办管理 ◆

c. 军人们从过去的网络综合评估中获得的反馈和经验教训，使陆军得以完善某些计划，重组或终止其他计划，并将资源重新分配给其他优先事项，并提供非网络和非装备解决方案。能力组合包通过网络综合评估进行整合、改良和验证，这减轻了战场上军人的综合负担，同时有助于发展战场上使用网络的战术、技术和程序。备案项目网络系统网络综合评估期间根据军人的反馈进行了更改，从而带来性能更好、用户更友好的系统。网络综合评估每年进行一次（见图10-24）。

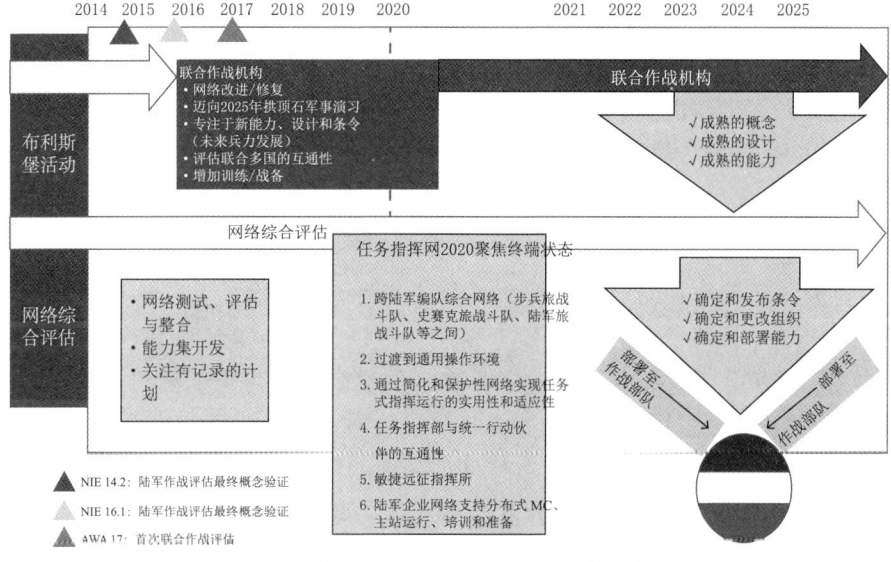

网络综合评估和联合作战评估：2025年部队演习中
持久优先事项和关键组成部分的补充性演习

图10-24 网络综合评估/联合作战评估结构

第十八部分 采办资源管理

10-74. 拨款

"款项的本质"或拨款种类是系统采办管理中的一个重要因素。一笔拨款提供的预算授权的数额有限，各机构可以在特定时间段内将该预算授权划为偿付专款，用于法律规定的用途。预算当局有权要求美国政府支付账单。通常，一项特定拨款只能被用于指定的活动，在没有授权的情况下，预算权限不得从一项拨款转移到另一项拨款。采办管理至少涉及 2 项到 4 项拨款。为期 2 年的"研究、发展、试验与鉴定"拨款为装备系统发展过程中的作战试验和试验与鉴定机构的研究、设计工程、原型生产以及小批量试生产提供资金。为期 3 年的采办拨款为已经经过充分试验和类型分类的装备采办活动提供资金。采购资金用于实现小批量试生产，以提供初始零件、支持与训练装备。为期 1 年的陆军运作与维修拨款提供的资金主要被用于：淘汰和改造正在进行替换的旧装备；在系统部署后的维修系统；训练和作战消耗的燃料与弹药；定期的系统重建；训练系统运作人员与维修人员（新装备训练除外）；以及一般用于使系统保持部署与运作状态的任何其他事项。有些系统可能需要 5 年期的军事建设拨款资金，被用于建设部署该系统所需的专门设施。为每项拨款确定的年限是指可被划拨为偿付专款的时间段。

10-75. 计划和预算程序

通常，正确数额的资金和拨款必须在需要该笔资金的前 2 年通过规划与计划编入陆军预算。在计划和预算程序中，每年都会发起和审查资金请求。国会为"研究、发展、试验与鉴定"和采购拨款，作为年度国防拨款法案的一部分。"研究、发展、试验与鉴定"和采购预算请求必须先得到国防部的批准，然后由总统递交给国会，再在两次单独的国会决定中得到授权与拨款，之后才可以使用这笔资金。在预算执行年度，陆军可以重新分配资金，但国会关切的项目除外。重新分配的资金不得超出预算授权资金限额，如果超过资金限额，则须事先获得国会批准。低于 1000 万美元的"研究、发展、试验与鉴定"拨款以及低于 2000 万美元的采购拨款可能会在没有国会批准的情况下，从低优先等级计划重新规划为更高优先等级的计划。计划主管负责规划并计划"研究、发展、试验与鉴定"和采购资金，以使其覆盖一个计划，并在有需要的时候规划并计划军事建设资金。计划主管负责为该系统计划所有的生命周期系统成本，而该系统仍然在计划主管的管理控制下。这包括为本预算年度外的年度维持资源以及"研究、发展、试验与鉴定"与采购进行计划。管理职责一旦被移交给陆军装备司令部生命周期管理司令部，该司令部便有责任继续执行仓库级别的维持计划。野战用户的陆军司令部负责为日常系统仓库以下级别的作战支持制定计划。野战用户的陆军司令部负责对陆军运作与维修资金进行规划与计划，这是确保已投入使用的系统能够持续保持战备所需的资金。规划与计划产品改进与维持补给备用零件资金方面的责任比较复杂，在生命周期管理司令部与战地陆军司令部之间划分。

10-76. 研究、发展、试验与鉴定拨款项目

为了协助各个研究与发展项目的总体规划、计划、预算和管理，"研究、发展、试验与鉴定"拨款被划分成了7个研究与发展预算项目。这些类别被用于整个国防部。当前的"研究、发展、试验与鉴定"预算项目如下所示：

a. 预算项目1——基础研究。基础研究包括旨在增加对相关领域的基础知识与了解的工作与实验，这些领域包括与长期国家安全需要相关的物理、工程、环境与生命科学。

b. 预算项目2——应用研究。该预算项目将有前景的基础研究转化为针对通常定义的军事需求（缺少发展项目）的解决方案。这一类型的工作种类多样，从系统性的任务导向的研究（这种研究超出了预算项目1中的研究），到复杂的实验板硬件、研究、计划与规划工作（这些工作负责确定应对技术挑战的解决方案提案的初始可行性与实用性）都有。这些资金通常被用于国防采办系统生命周期的装备解决方案分析阶段。

c. 预算项目3——先进技术开发。该预算项目包括所有已经进入硬件开发与整合阶段以备进行野外实验与试验的工作。该类型工作的结果证明了技术的可行性，并评估了可操作性与可生产性，而非发展出可供勤务使用的硬件。这些资金通常被用于国防采办系统生命周期的技术开发与风险降低阶段。

d. 预算项目4——先进组件发展与原型。该预算项目包括所有进行下列事项所需的工作：在尽可能真实的作战环境下评估整合技术；评估先进技术的性能或降低成本的潜力。这些资金通常在技术开发阶段使用，但也可以在整个采办生命周期之中使用。

e. 预算项目5——系统开发与验证。该预算项目包括系统开发与验证方面的项目，但是这些项目尚未在里程碑C点获批准进行小批量试生产。这些资金通常应用于国防采办系统生命周期的工程与制造发展阶段。

f. 预算项目6——"研究、发展、试验与鉴定"管理支持。该预算活动旨在支持进行通用研究与发展时所需的针对"研究、发展、试验与鉴定"军事设施或运作的工作，且这些工作不能被分配给特定的研究与发展任务。这些工作具体包括：技术整合工作、技术信息活动、空间计划、主要试验范围、试验设施与通用试验仪器、目标制定、作战试验支持、国际合作研究与发展以及支持。

g. 预算项目7——作战系统开发。该预算项目包括针对已部署的系统或已处于采购阶段的系统的开发、制造与变更测试的研究与发展工作，这些工作将改变性能范围。作战系统开发可以包括作战试验成本。

10-77. 采购拨款

采购拨款被用于为投资项目提供资金，并覆盖了交付预期用于作战用途或库存的有用的最终产品时所需的全部成本。陆军预算包括五种单独的采购拨款：

a. 飞行器拨款。飞行器采购包括采购飞行器、飞行器改型、备件、维修备件以及相关的支持设备和设施。

b. 导弹拨款。导弹采购包括采购导弹、导弹改装、备件、维修备件以及相关的支持设备和设施。

c. 武器与履带式作战车辆拨款。武器与履带式作战车辆采购包括采购履带式作战车辆、武器、其他作战车辆和维修备件。

d. 弹药拨款。弹药采购包括弹药最终产品的采购、弹药生产基地支持以及弹药的销毁。

e. 陆军其他采购拨款。陆军其他采购涵盖四个主要类别：

（1）战术和支援车辆。

（2）通信与电子设备。

（3）其他辅助设备。

（4）初始备件。

10-78. 军事建设拨款

军事建设拨款负责为大型与小型的建设项目（例如设施）的成本提供资金。大型或特定的军事建设项目超过200万美元，且需要国会的项目授权。未指定的军事建设项目不超过200万美元，但是如果该项目旨在弥补生命、健康或安全方面的缺陷，则可以增至 300 万美元。各军种部都会获得一笔用于小型军事建设项目的拨款。军种部部长负责控制小型军事建设项目资金的支出，并要求将超过 75 万美元的小型军事建设项目通知国会。在通告国会之后，需要 21 天的等待期，之后才可以开始项目。项目成本包括建筑和工程服务、建筑设计、不动产购置成本以及土地征用成本，这些成本都是完成建设项目所必需的。则陆军运作与维修拨款可以用来资助不超过 75 万美元的非特定小型军事建设项目，如果该项目旨在弥补生命、健康或安全方面的缺陷，则只要不超过 150 万美元即可被提供资金。

10-79. 运作与维修拨款

运作与维修拨款负责为在有限的时期内获取利益的项目（例如支出而非投资）提供经费。例子包括总部运作、文职人员的工资、差旅费、燃料费、不超过 75 万美元的小型建设项目、作战部队的支出、训练与教育、征募、仓库维护、以国防运作资本资金购买的物品以及基地运作支持。

第十九部分　总结、关键术语和参考文献

10-80. 总结

a. 本章对联合能力整合与发展系统的管理过程、组织和结构以及系统采办管理程序进行了基本介绍。通过本章内容，读者应该可以对该程序的逻辑、组织和管理（包括最近的变更情况）有所了解。本章重点介绍了国防部与陆军针对能力发展和装备系统采办的基本政策，重点描述了能力发展与系统采办主管。

b. 困难的决策、海外应急行动、资金的不足以及意见分歧都会造成混乱与拖延。不太可能就满足需求的最佳技术方案达成全面一致，甚至就需求方面，也很难达成共识。年度预算周期与预算限制的存在，几乎使得一些项目总是无法获得预期水平的供资，甚至无法获得供资。试验并非总是会取得成功。对于复杂的系统来说，对时间、成本、有效性以及技术可行性的估算往往会"偏差甚远"。毕竟，这些估算是以粗略数据为基础的，对很远的未来所作出的预测。这些现实问题强化了这样一个事实，即能力发展与系统采办管

理对于国防来说是至关重要的复杂过程。能力发展与系统采办可以成为许多新型有效的武器系统，其中有效的管理与专业水平将在海外应急行动中发挥作用。与涉及利用稀缺资源以实现组织目标的任何活动一样，参与人员（能力发展者、采办主管以及军人用户与维修人员）构成了对于任务的完成来说最为重要的环节。

10-81. 关键术语

a. 能力发展者。在部队发展过程中，参与分析、确定、进行优先排序以及记录"条令、组织、训练、装备、领导、教育、人员、设施和政策"需求的人员。他们还负责在整个开发和生命周期过程中代表最终用户，并确保所有能够获得的能力都是已知的、可负担的、预算合理的，并且与同步部署和支持相一致。能力发展者是"条令、组织、训练、装备、领导、教育、人员、设施和政策"作战需求的司令部或机构。缩写"CAPDEV"可以通用地表示用户和用户维护者界在装备采办程序中的角色（与"MATDEV"装备发展者的常规使用相对应）（参见《训练与条令司令部法规》71-20，2013年6月28日）。

b. 能力发展。在部队发展过程中，对条令、组织、训练、装备、领导、教育、人员、设施和政策影响的需求进行分析、确定、优先排序并记录（参见《训练与条令司令部法规》71-20，2013年6月28日）。

c. 文档整合者。确保需求和授权文件满足已批准的陆军部队计划和链接需求、规划或计划的兵力结构行动以及文件指定程序（参见《野战手册》100-11，1998年1月15日，已废除）。

d. 兵力发展。兵力发展是一个程序，用于确定陆军条令、领导者发展、训练、组织、军人发展和装备需求，并将其转化为计划和架构，且在分配的资源范围内完成陆军的任务和职能（参见《陆军条例》71-32，草案）。

e. 兵力现代化。是通过兵力发展和整合提高陆军部队作战效能和作战能力的过程（参见《陆军条例》5-22，11月25日）。

f. 装备发展者。是对正在开发或处于采办程序中的系统负责的研究、发展与采办司令部、机构或办公室。该术语通常可以指代装备采办程序中的研究、发展与采办界（与能力发展的通常用法相同）（参见提案，源自《陆军条例》71-32，草案）。

g. 装备发展。新装备系统的研发、生产和部署（国防采办大学网站）。

h. 协调参谋官。陆军主管兵力结构、资源与评估的陆军副参谋长协调参谋官负责联合能力整合与发展系统、兵力结构、国防采办系统、"计划、规划、预算和执行"程序和装备分配程序的同步，以为推荐可负担的装备现代化投资战略提供支持。该战略最佳地平衡了已批准的装备现代化需求和可用的财政资源，以开发、采购、部署和维持满足陆军战役计划指示的装备目标所需的装备能力。为此，协调参谋官是部队发展小组的成员，成员还包括：主管兵力结构、资源与评估的副参谋长的需求参谋官；主管作战、计划和训练事务副参谋长的编制整合官；国民警卫局长和预备役长官的系统整合官；陆军部系统协调官；以及陆军采办支援中心（后勤管理学院）装备整合官。作为部队发展小组的成员，协调参谋官并不是采办系统/计划的倡导者，而是负责协助陆军部总部作出明智的决策，从而平衡已批准的装备现代化需求与可用的财政资源，对部队进行装备，以满足陆军执行《美国法典》第10编规定的任务的需求。

i. 系统整合官。负责确定需求、确保作战和编制记录、协调、规划和计划部署，并为指定职能区域或特定装备系统推荐资源优先排序的协调员（参见《野战手册》100-11，98年1月15日，已废止）。

j. 训练发展者。负责确定某个系统的训练子系统的需求，并制定、发展和记录相关的训练概念、战略、计划和所需的训练支持的陆军机构。根据《陆军条例》71-9，训练发展者是能力发展者的子集，并包含在其中；在某系统的训练子系统的发展和采办期间充当用户代表（参见《训练与条令司令部法规》71-20，2013年6月28日）。

k. 训练发展是一个程序，负责发展、整合、确定优顺序、进行资源配置并提供陆军训练质量控制/质量保证以及教育概念、战略和产品，以支持陆军对现役陆军、预备役组成部队的军人、文职人员和跨机构、自我发展以及作战训练领域的单位的训练和教育。（参见《陆军条例》350-1，2014年8月19日）。

10-82. 参考文献

a. 2013 Army Planning Guidance.

b. Army G-8 Standard Operating Procedures (SOP) for Joint Capabilities Integration and Development System (JCIDS) Document Review Staffing and Affordability Assessments, Mar 2011.

c. Army Materiel Command Logistics Support Activity (LOGSA) Pamphlet 700-3, Total Package Fielding (TPF).

d. Army Regulation 350-1, Army Training and Leader Development, 18 Dec 2009.

e. Army Regulation 5-22, The Army Force Modernization Proponent System, (Rapid Action Revision (RAR), 25 Mar 2011.

f. Army Regulation 525-29, Army Force Generation, 14 Mar 2011.

g. Army Regulation 602-2, Manpower and Personnel Integration (MANPRINT) in the System Acquisition Process, 1 Jun 2001.

h. Army Regulation 700-127, Integrated Product Support, Oct 2016.

i. Army Regulation 700-142, Type Classification, Materiel Release, Fielding, and Transfer, Sep 2016.

j. Army Regulation 70-1, Army Acquisition Policy, 22 Jul 2011.

k. Army Regulation 71-9, Warfighting Capabilities Determination, 28 Dec 2009.

l. Army Regulation 73-1, Test and Evaluation Policy, 16 November 2016.

m. Army Standard Operating Procedures (SOP) for Agile Capabilities Life-cycle Process, 7 Aug 2012.

n. Capstone Concept for Joint Operations (CCJO), Joint Forces 2020, 10 Sep 2012.

p. CJCSI 3010.02C, Joint Concept Development and Experimentation (JCD&E), 15 Jan 2012

q. CJCSI 3170.01I, Joint Capabilities Integration and Development System (JCIDS) Manual, 23 Jan 2015 is found online at https://www.intelink.gov/wiki/JCIDS_ Manual.

r. CJCSI 5123.01G, Charter of the JROC, 12 Feb 2015.

s. DA Pamphlet 700-142, Instructions for Type Classification, Materiel Release, Fielding, and Transfer, Sept 2016.

t. DA Pamphlet 700-56, Logistics Supportability Planning and Procedures in Army Acquisition, 5 Dec 2005.

u. DA Pamphlet 70-3, Army Acquisition Procedures, 28 Jan 2008.

v. DA Pamphlet 73-1, Test and Evaluation in Support of Systems Acquisition, 30 May 2003.

w. Defense Acquisition University (DAU), Introduction to Defense Acquisition Management, 10th Edition, Aug 2010.

x. Defense Strategic Guidance (DSG), Jan 2012.

y. DOD Directive 5000.01, The Defense Acquisition Management System, 12 May 2003 (certified current as of 20 Nov 2007).

z. DOD Directive 5000.52, Defense Acquisition Education, Training and Career Development Program, 25 Oct 1991.

aa. DOD Directive 5000.71, Rapid Fulfillment of CCDR Urgent Operational Needs, 24 Aug 2012.

bb. DOD Directive-Type Memorandum (DTM) 09-027, Implementation of the Weapon Systems Acquisition Reform Act of 2009 (Public Law 111-23), 4 Dec 2009.

cc. DOD Instruction 5000.02, Operation of the Defense Acquisition System, 7 Jan 2015, Incorporating Change 2, effective 2 Feb 2017.

ee. Federal Acquisition Streamlining Act of 1994, 13 Oct 1994.

ff. HQ TRADOC, ARCIC Memorandum, Subject: Implementing Cost-Benefit Analysis (CBA) Guidance for JCIDS Capabilities Documents, 15 Jun 2012.

gg. HQ TRADOC, Army Capabilities Integration Center (ARCIC) Writer's Guide Initial Capabilities Document (ICD) Instruction Guide, version 3.2, 1 Nov 2016.

hh. HQ TRADOC, Army Capabilities Integration Center (ARCIC) Capability Development Document (CDD) Writer's Guide, version 3.6, 30 Aug 2017.

ii. HQ TRADOC, Army Capabilities Integration Center (ARCIC) Capability Production Document (CPD) Writer's Guide, version 3.5, 1 Nov 2016

jj. HQ TRADOC, Army Capabilities Integration Center (ARCIC) DOTmLPF Integrated Capabilities Recommendation (DICR) Guide, 25 May 2011.

kk. HQ, TRADOC Memorandum, Subject: Doctrine 2015 Guidance, 23 Aug 2011.

ll. HQDA DCS, G-3/5/7, ECOP User's Guide, version 2.3, 20 Jul 2011.

mm. HQDA DCS, G-8 Army Equipping Strategy, 27 Jul 2011.

nn. HQDA DCS, G-8 Memorandum, Subject: Conduct of Review and Affordability Assessments for Joint Capabilities Integration and Development System (JCIDS) and other Emerging Equipment. Requirement Documents, 4 Mar 2011.

oo. HQDA G-3/5/7, The 2012 Army Campaign Plan, 1 Jun 2012.

pp. HQDA, 2010 Army Science and Technology Master Plan, 14 Jul 2010.

qq. HQDA, 2013 Army Posture Statement.

rr. HQDA, 2013 Weapon Systems Handbook.

ss. HQDA, Assistant Secretary of the Army for Financial Management and Comptroller (ASA (FM&C) Memorandum, Subject: Cost - Benefit Analysis Guidance and Training, 1 Feb 2010.

tt. HQDA, Deputy Assistant Secretary of the Army Cost and Economics (DASA (CE)) Memorandum, Subject: U.S Army Cost-Benefit Analysis Guide, version 1.0, 12 Jan 2010.

uu. HQDA, The United States 2014 Army Equipment Modernization Plan, 13 May 2013.

vv. "Initial Message to the Army," General Mark A. Milley, 26 Aug 15.

ww. JCS J-8 Force Structure, Resources, and Assessments Directorate, Capabilities-Based Assessment (C-BA) User's Guide, version 3, Mar 2009.

xx. JROC Memorandum (JROCM), Subject: JROC, and JCIDS Changes, 3 Feb 2012.

yy. National Defense Strategy (NDS), 16 Jun 2008.

zz. National Military Strategy (NMS), 8 Feb 2011.

aaa. National Security Strategy (NSS), May 2010.

bbb. Office of the Under Secretary of the Army and Vice Chief of Staff, Army Memorandum, Subject: Cost-Benefit Analysis to Support Army Enterprise Decision Making, 30 Dec 2009.

ccc. SECARMY Memorandum, Subject: Army Directive 2010 - 07, Non - Standard Equipment Interim Policy, 4 Aug 2010.

ddd. The Defense Acquisition Workforce Improvement Act (DAWIA), Title 10 USC Sections 1701 - 1764, Defense Acquisition Workforce Improvement Act of

1990, as amended by Section 808, Public Law (PL) No. 106-398, National Defense Authorization Act for Fiscal Year 2001, October 30, 2000; Section 824, PL No. 107-107, Dec 28, 2001.

eee. TRADOC Army Capabilities Integration Center (ARCIC), Capabilities-Based Assessment Guide, Version 3.1, 10 May 2010.

fff. TRADOC Pamphlet 525-3-0, The U.S. Army Capstone Concept (ACC), 19 Dec 2012.

ggg. TRADOC Pamphlet 525-3-1, The U.S. Army Operating Concept (AOC) 2016-2028, version 1.0, 19 Aug 2010.

hhh. TRADOC Regulation 350-70, Army Learning Policy and Systems, 8 Dec 2011.

iii. TRADOC Regulation 71-20, Concept Development, Capabilities Determination, and Capabilities Integration, Oct 2014.

jjj. USD (AT&L) Memorandum, Subject: Configuration Steering Boards, 30 Jul 2007.

kkk. USD (AT&L) Memorandum, Subject: Prototyping and Competition, 19 Sep 2007.

lll. Weapon Systems Acquisition Reform Act of 2009 (Public Law 111-23), 22 May 2009.

mmm. DA PAM 700-127 Integrated Product Support Procedures, 8 Oct 2014.

第十一章 后　勤

第一部分　导言

11-1. 本章内容

本章从行政方面对陆军国家后勤系统的性质与结构进行了概述。阐述的内容包括：重要的定义与概念；后勤的原则；使用的后勤术语；陆军国家后勤组织的角色和职责——负责采办、后勤与技术的美国陆军部助理部长，主管后勤的陆军副参谋长，主管兵力结构、资源与评估的陆军副参谋长以及陆军装备司令部。本章还重点介绍了直接影响陆军维持的其他国家后勤组织和国防部机构：美国陆军工程兵团；美国陆军联合兵种支援司令部；陆、空军联合军人服务社；国防后勤局；以及国防合同管理机构。

11-2. 关键概念和定义

a. 维持的基础。对于陆军而言，维持是指提供必要的后勤、人事勤务和卫生勤务支持，以维持作战行动，直到任务得以顺利完成。（参见《陆军条令出版物》4-0）这项工作的实现途径是整合国家和全球资源，并确保陆军部队在适当的地点和时间具有完全可用且适当的装备以支持作战指挥官。该概念利用了多国和东道国支援、作战协议支援，以及其他可用能力，以最大限度地减少军事资源的负担，同时维持一支高素质的陆军。陆军维持是建立在一个综合程序（例如，人员、系统、装备、卫生服务和其他支持）的基础上的，它将维持与行动紧密地联系在一起。该概念的重点在于建立一支随时待命的陆军，作为联合部队的一部分为作战指挥官输送能力，并在整个作战区域的纵深范围内以绝对的耐力维持战斗力。

b. 后勤。后勤是指规划并执行军队行动和支援的活动。（参见《野战手册》4-95）后勤既是一门军事艺术又是一门科学。知道何时以及如何接受风险，确定各种需求的优先次序并平衡有限的资源，这是一门军事艺术。了解装备和系统的能力与局限性，则需要军事科学。后勤负责整合已部署兵力的战略支援、作战支援和战术支援，同时计划额外兵力和装备的动员和部署。陆军后勤包括以下内容：

（1）维护。维护是指为使装备处于可用状态或恢复其适用性而采取的全部行动。陆军的两级维护是野战维护和后勤维护（参见《陆军战术出版物》4-33）。维护对于持久性来说是必要的，是在战术到战略的层面上执行的。

（a）野战维护是指维修并向用户返还维修品，通常以系统内维护/系统周边修护为特征，经常使用可更换的装置、部分替换、战损评估、维修和恢复的方法（参见《陆军战术出版物》4-33）。这种修护的重点在于使系统恢复运行状态。野战维护不仅负责装备的拆卸和替换，还负责提供调整、校准和错误/故障诊断。此外，野战维护还包括由操作人员或支持人员执行的战损评估和修理任务，以便在作战环境中进行系统维护。

（b）后勤维护通常是"关闭系统"和"后方维修"的（《陆军战术出版物》4-33），其目的是对所有支持性物品进行商品导向的维修，从而使物品达到同一标准，这一标准提供了一致且可衡量的可靠性水平。"关闭系统"的维护包括彻底检修和制造活动，旨在恢复组件、模块、零件和最终产品，以便为系统或单位提供补给，从而延长或提高使用寿命。

（2）运输。陆军运输部队在增强持久性方面发挥关键作用。运输单位负责按照需求将兵力、装备和补给从港口运送到需要物资的地点或撤运物资的地点。运输业务包括使用多种能力，以使联合部队和陆军指挥官能够进行作战行动。重要的运输职能包括运输控制、多式联运（末站和方式）和集装箱管理。

（a）运输控制是一个双重程序，用于根据司令部设定的优先等级来调配分配的运输资产，并调节行踪，通过同时对陆、海、空交通线进行流量分配，以维持陆军。运输控制负责保持需求与能力之间的平衡，并要求持续的协调，以便通过所有运输方式来整合军事、东道国和商业行动，以确保作战行动从战略层面到战术层面的无缝过渡。这是一种为指挥官提供态势感知的手段，以协助指挥官控制其作战区域的行动。运输控制职责嵌在一个基础架构中，该基础架构依赖于规划和执行的协调性，以确保能够有效地利用运输资产，同时确保交通线路不受冲突的影响，以保持军事行动的通道畅通。

（b）多式联运是指利用多种方式（航空、海运、公路、铁路）和多种运输工具（卡车、驳船、集装箱、货盘），通过远征入境点和专门运输节点网络运送兵力、补给和装备以维持陆军的过程。陆军利用运输控制来平衡需求和能力，以同步调配运输末站和运输方式的行动，确保运输系统中不间断的物流。它包括支持部署和分配工作所需的设施、运输资产和作战物资搬运设备。末站作业包括乘客的接收、检查和中转；货物的接收、中转存储和编组；运输工具的装卸；以及货物和乘客到目的地的货单/旅客名单的确定和转寄/发送。（参见《联合出版物》4-01.5）末站作业是支持作战范围和持久性的关键要素。它们对于支持部署、重新部署和维持作战而言至关重要。末站共有三种类型：航空、水路和陆路。运输方式是指使用各种运输工具（例如卡车、驳船、铁路和飞机）进行的运输货物的行动。它包括与运输工具的运行相关的管理、维护和安全任务。

（c）集装箱管理是建立和维护国防运输系统内所有货物集装箱的可视性和可问责性的过程。在战区内，集装箱管理工作由指挥官在作战和战术层面进行。战区保障司令部的分配管理中心与运输控制营一起，负责协调运输、储存和配送节点的方面的联运活动。战区保障司令部负责保存战区中有关集装箱和平板箱的位置和状态的信息。运输控制营负责提供有关集装箱位置、用途、流量和状态的基本信息。它们通过确认集装箱是否已做好返回分配系统的准备来协助控制集装箱。分配管理中心负责为集装箱的装运和转运活动设定优先次序。

（3）补给。补给是指提供完成任务所需的物资，这对提高军人的生活质量而言至关重要。补给包括以下类别：

（c）第Ⅰ类——生活必需品，包括冰、水、卫生用品和福利用品。

（d）第Ⅱ类——服装、个人装备、帐篷、成套工具和工具包、手工工具、行政用品和家政用品与装备（包括地图），这一类补给包括装备用品（但不包括主要装备用品），规定在授权/津贴表和补给物品中（不包括维修零件）。

（e）第Ⅲ类——石油、油料与润滑剂。石油和固体燃料，包括散装和包装燃料、润滑油和润滑剂、石油特种产品；固体燃料、煤炭和相关产品。

（f）第Ⅳ类——建筑材料，包括已安装的装备和所有设防/屏障材料。

（g）第Ⅴ类——所有类型的弹药（例如，小武器、炸弹、爆炸物、坦克和炮弹、地雷、引信、雷管、信号弹、导弹、火箭、推进剂和其他相关物品）。

（h）第Ⅵ类——个人需求物品（例如，非军事销售的物品）。

（i）第Ⅶ类——重要终端设备。这是终端产品的最终组合，这类产品已准备好满足其预期用途：（主要产品）例如，发射装置、坦克、游动机械工程车、车辆。

（j）第Ⅷ类——医疗用品，包括独特的医疗维修零件。

（k）第Ⅸ类——修理零部件。修理零部件是指对所有设备进行维护支持所需的可修复和不可修复的零件和组件，包括成套工具、组件和子组件。

（l）第Ⅹ类——支持非军事计划（例如农业和经济发展）的物资，但不包括在第Ⅰ类到第Ⅸ类中的补给品。

（4）野战勤务。野战勤务负责通过提供基本需求并促进卫生、福利、士气和耐力的发展来维护部队战斗力。野战勤务还具有提供生命支持的职能。

（a）淋浴和洗衣。淋浴和洗衣功能为军人提供至少每周2次的淋浴和每周最多17磅的洗衣服务（包括三套制服、内衣、袜子、两条毛巾和两条浴巾）。淋浴和洗衣功能不包括洗衣去污功能。

（b）野战食勤。准备食物是基本的部队职能，也是影响士兵健康、士气和福利的最重要因素之一。该项职责的标准是为所有军人提供一日三顿的优质餐食。（参见《陆军条例》30-22）该项目还包括正确处理垃圾和废物，这对于避免残留的部队签章痕迹和保持战场卫生标准至关重要。

（c）水的生产和分配。水的生产和分配对于水合作用、卫生系统、食物制备、医疗、卫生安全、建筑和排污而言都至关重要。水的生产既是一项野战勤务，又是一项补给职能。军需供给部队通常在储存和分配饮用水的同时进行净化。陆军是陆基水资源管理的执行机构。

（d）空投。空投运输包括折伞、空运和空投器材的保养以及补给和装备的装配。此职能为空中补给、空投和空运着陆再补给提供支持。它是分配系统中的一个重要环节，它在陆地交通线受到破坏或地形过于恶劣时，为补给部队提供能力，从而增加分配系统的灵活性。

（f）殡葬事务。陆军保有一个殡葬事务部队组织，能够根据要求向其他军种提供通用后勤支援。此外，维持战区层面的殡葬事务任务包括：①殡葬事务收集点；②战区殡葬事务疏散点；③战区个人物资库房；④殡葬事务污染缓解现场。任务还包括运行、维护殡葬事务报告与跟踪系统并为其提供资金，以及管理该系统的结构控制委员会（该委员会负责管理该系统内的变革）。作为化学与生物防御计划的国防部执行机构，陆军负责研究、分析和发展与有效管理受生物、化学和放射性污染源污染的遗体有关的殡葬事务用品和指南。（参见国防部指示1300.22"殡葬事务政策"；《联合出版物》4-06"殡葬事务"）

（5）分配。分配是延长持久性的主要手段。分配是同步调配后勤系统所有要素的运作过程，以便将正确的资源在正确的时间运送到正确的地点，从而为地理作战司令部提供支持。分配不是单一的运输，而是补给库存、运输资源和军用物资管理的整合。此外，它也是将军事人员分配到各行动、单位或营房的过程（参见《联合出版物》4-0）。分配系统由一系列设施、军事设施、方法和程序组成，旨在接收、储存、维护、分配、管理和控制军事物资从进入军事系统的接收点到行动和部队使用这些物资的发放点间的物流。

（a）全球分配。全球分配是指分配系统中的联合部分。它被定义为将联合需求的实现与联合部队的部署进行同步并整合的过程。（参见《联合出版物》4-09）它为支援联合行动的执行提供国家资源（包括人员和物资）。

（b）战区分配。战区分配是指分配系统的陆军部分。战区分配是指装备、人员和物资在战区的流动，以满足作战指挥官完成任务的需求。战区分配区间从装卸点或战区内供给源延伸到需求供应点（单位或军人）。战区分配的职能通过一个分配管理系统来实现，该系统可将多个网络的各个方面（物理、通信、信息和资源）与作战和战术维持功能进行同步和协调，以便为作战需求提供响应性支援。分配管理包括以下内容：运输和运输控制、仓库、库存管理、订单管理、站点和位置分析、包装、数据处理，以及设备责任（物资管理）、人员和通信的管理。详细信息请参阅《陆军战术出版物》4-0.1"陆军战区分配"。医疗物资的分配管理由医疗后勤管理中心的支援小组进行。医疗后勤管理中心支援小组与战区保障司令部/远征保障司令部的分配管理中心协作，为医务司令部直接支援提供所有第Ⅷ类补给的可视化和可控性。

（c）在运物资可视化与总资产可视化。在运物资可视化是一种追踪能力，能够追踪运输中的国防部单位或非单位货物、乘客、伤病者和个人财产的身份、状态和位置（不包括散装石油、油料和润滑剂）。追踪过程从出发地起，到收货人或在军事行动范围内的目的地。(《联合出版物》3-35)这包括在分配节点的行动范围内的兵力追踪和运输车队、集装箱/货盘、运输资产、其他货物以及分配资源的可视化。在运物资可视化/总资产可视化为分配主管提供了评估能力,用于评估分配程序对支持部队需求的响应程度。分配主管在管理过程中最早的时间点即可获取并维持可视化(包括项目、人员、单位、中转枢纽和运输方式的可视化)。这使得管理人员可以及时获取信息,以有效评估资源状态,适应并迅速响应即时的分配需求。

(d) 物资撤运。分配的另一个方面是物资的撤运。物资撤运是指物资从拥有/使用单位通过分配系统返回到供应源、直接送货地点和/或处置点。(《陆军战术出版物》4-0.1)撤运包括上交/分类、准备、包装和运输。为了确保能够适当履行这些职能,指挥官必须执行补给问责制和有关条令,并使用适当的包装材料。物资撤运可以作为战区分配行动的重新部署行动的一部分进行。物资撤运必须是连续的,不允许堆积在补给地点/节点。用于仓库层级维修的已不能使用的维修零件的退回,对于为陆军部队提供未来补给支持而言非常重要。初期的撤运计划对于防止物资资产损失、最大限度地减少环境影响和最大限度地利用运输能力是至关重要和必要的。在撤运危险物资时,规划者必须考虑环境问题。军队可以利用承包商或东道国支援撤运物资。这一类支援行动是在作战行动初期就开始进行规划和协商的。必须尽早确定东道国支援,以确保人员得到适当的保护,且不暴露在安全风险之中。各级领导者负责确保承包商和东道国支援遵守所有的政策和安全措施。撤运的物资在分配系统中从战术层面流向战略层面。撤运的物资在最低层级的补给支持项目中进行整合,并通过支援活动上报,以供分配指示使用。当机动指挥官发布物资撤运决定时,陆军装备司令部将承担提供处理指示、核对和运输战区的撤运物资的责任。在重新部署之前,必须有一个经批准的军事海关检查计划,不仅要预先批准重新部署的物资,也要预先批准将战斗损坏的装备运出战区的情况。战区陆军负责制定海关检查计划,以执行美国海关预先批准和美国农业部的检查,并按照《国防运输条例》4500.9-R 清理所有被撤运回美国的物资。

(6) 作战协议支援。作战协议支援是指将商业部门的支持整合到军事行动中。(参见《联合出版物》4-10,《陆军战术出版物》4-10,《陆军条例》715-9)尽管合同签订官发挥着重要的作用,并扮演产生法律约束力的角色,但作战协议支援是指挥官的工作,在所有主要参谋职能和某些特殊参谋职能中具有权重。

(a) 经过适当的规划和整合的作战协议支援行动的理想最终状态包括以下内容:通过替代性支持来源,增强司令部的行动灵活性和可持续性;提高合同签订工作的有效性、效率和成本避免;提高可视性以及将承包商人员及其装备适当地整合到军事行动中的能力;确保指挥官适当地规划、整合和控制作战协议支援行动对民用和军事的影响的能力,包括好的和坏的影响;减少和/或减轻合同诈骗。

(b) 协议(合同)支援的类型。协议(合同)支援分为三类:战区支援、外部支援、系统支援。战区支援合同是一种应急合同,由作战地区任职于合同支援旅的司令部和合同签订机构的合同签订官批准,以支持特定行动。这些合同有时是由快速合同签订机构执行的(这缩短了合同招标的发布时间、简化了高价合同的采办程序等),负责提供货物、服务和小型建筑工程,这些项目几乎全部来自当地可获得的商业来源。从承包商管理的角度来看,当地的国家雇员也很重要,因为他们通常构成了战区支援承包商的劳动力主体。外部支援合同由作战部队以外的合同签订机构批准。外部支援合同提供了各种与后勤及其他非战斗相关的服务和补给支援。外部支援合同的签订方通常包括美国公民、东道国和当地国家承包商的雇员。外部支援合同的例子包括:军种(空军、陆军和海军)民事扩编计划;特殊技能合同(参谋增强、语言学家等);国防后勤局主要供应商合同;以及最大和最广为人知的陆军外部支援合同——陆军的后勤民事扩编计划。后勤民事扩编计划可以提供一整套后勤服务,包括针对九种补给品的供应服务(例如,储存、仓储、分配等),但不包括这些商品的实际供应。系统支援合同属于预先安排的合同,与采办计划执行官和项目/产品主管有关。这些集中供资的合同为各种陆军武器和支援系统提供技术和维护支持,并且在某些情况下提供第Ⅸ类物品的支持。通常会执行系统支援合同,以便为新部署的武器系统提供支持,包括飞机、陆军作战车辆和自动指挥与控制信息系统。系统支持承包商的雇员主要由美国公民组成,在驻军和已部署的行动中为部队提供支持。与其他类型的支援协议相比,作战指挥官对执行系统支援合同的影响通常较小。

(c) 个人训练。联合参谋部和陆军后勤大学提供了三门主要的作战协议支援课程。合同签订官代表培训是一门40小时的陆军后勤大学的课程,可认证军人和文职人员为 B 级合同签订官代表。该课程既可以通过固定课堂授课（位于李堡），也可以面向世界范围内的各类陆军军事设施，通过移动培训小组授课。作战协议支援课程是一门为期 2 周的课程，用于授予 3C 额外技能标识，旨在使军事和政府文职人员为涉及战术层面作战协议支援任务的职能和整合职能做好准备。学生将学习以下内容：最新的作战协议支援条令；如何将合同支援需求纳入军事决策程序；如何建立采办准备需求（也称为需求审查委员会包），以包括工作业绩报告的制定和独立的政府评估；如何将合同要求整合到整个单位支出计划程序中；如何建立合同管理档案；如何建立质量保证监督计划并管理合同签订官代表；以及如何避免与外包需求相关的常见陷阱。作战协议支援课程的毕业生将为部队指挥官和参谋人员提供必要的专业知识，以适当、积极地管理合同和合同要求。与合同签订官代表课程一样，该课程既有固定地点授课的课程（位于李堡），也有通过机动培训小组向全球各地的陆军军事设施授课的课程。联合作战协议支援规划和执行课程是一门为期 2 周的联合课程，这与陆军后勤大学课程相似，但它侧重于战区战略和作战层面。这是由联合参谋部之后勤部设置的课程，可供在战区陆军、野战陆军、兵团、师和战区级支援总部参谋人员学习。联合作战协议支援规划和执行课程通过机动培训小组向全球各地提供。

（d）相关机构。位于伊利诺伊州罗克岛兵工厂的陆军合同司令部是陆军中提供作战协议支援的主要机构。协议支援旅是陆军合同司令部的下属单位，在每个陆军军种组成部队司令部责任区域内中均有设置。这些旅向陆军军种组成部队司令部指挥官和有需要的机构提供协议支援。这些旅设有合同签订营和高级应急合同签订小组，可以根据需要分散在责任区域内。陆军将会为每个旅战斗队分配一个新成立的应急合同签订小组，以满足各单位的合同相关工作的需求。

（e）申请机构的责任。必须记住的是，陆军合同司令部和下属单位将进行合同相关工作，以便向申请机构提供商品或服务。申请机构负有以下职责：根据质量保证监视计划和工作业绩管理承包商的工作；制定工作报告（承包商需要执行的工作的详细说明书），并提供合同签订官代表；指定用于执行合同的资金，包括合同收尾；以及提供和收回承包商所需的任何政府提供的财产。

（7）普通工程支援。陆军具有多样的工程能力，指挥官可以利用这些能力来完成各种不同目的的任务。目的之一是向陆军指挥官提供后勤支援。为了实现此目的，工程师结合并使用来自三个工程学科（作战、通用和地理空间工程）的能力，以建立和维护在作战区域中维持军事行动所必需的基础设施。这涉及主要的普通工程任务，主要包括修建、维修和保养道路、桥梁、飞机场以及空运卸载站、海运卸载站、主要供应路线和基地营地所需的其他建筑和设施。根据军事行动的范围，其他任务包括规划、采办、管理、修复和处置不动产，提供移动电力、公用事业和废物管理、环境支持以及消防。尽管确保实现后勤能力的工程任务主要被视为普通工程任务，但工程师也出于相同目的使用其他工程学科的能力。同样，尽管通常使用普通工程任务来实现后勤能力，但工程师也将普通工程学科的能力用于其他目的，并用于支持其他作战职能。《野战手册》3-34提供了有关所有三个工程学科以及如何将它们用于各种目的并支持所有作战之职能的附加信息。

第二部分 国家后勤组织-负责采办、技术和后勤的陆军部助理部长，陆军主管后勤的副参谋长，主管兵力结构、资源与评估的副参谋长，陆军装备司令部和后勤创新局

11-3. 负责采办、技术和后勤的陆军部助理部长

负责采办、后勤和技术的陆军部助理部长是就采办、后勤和技术上的所有事务向陆军部部长提供建议的主要顾问，负责对陆军部的采办、后勤和技术事务的总体监督，并全权负责在陆军部总部中的采办职能。他被指派为陆军采办执行官、高级采购执行官和负责合同服务采办管理的高级官员、陆军部部长的科学顾问，以及陆军部的高级研究与发展官员。负责采办、后勤和技术的陆军部助理部长负责制定与下列内容有关的战略方向：采办、后勤、技术、采购、工业基础、军事物资相关的安全合作（包括安全援助和军备合作）以及非军事化工计划的陆军部分，并确保与上述内容相关的陆军部政策、规划和计划得以执行。负责采办、后勤和技术的陆军部助理部长办公室被指定为陆军部总部的采办职能的单一办公室，并且根据陆军部部长的授权、指导和控制，在陆军参谋长认为对履行其职责和责任必要时，向陆军参谋长提

供有关采办事务的参谋支持。负责采办、后勤和技术的陆军部助理部长具有以下职责：

a. 在分配的职能和职责范围内，为"规划、计划、预算和执行"程序的各个方面建立战略方向，其中分配的职责包括采办、后勤、技术、采购以及相关的资源分配决策和政策。并且，在适当的时候，与该方向的其他官员或机构进行协调与整合，具体包括主管财务管理与审计的陆军部助理部长；首席信息官；主管后勤的副参谋长；主管作战、计划和训练事务副参谋长；主管兵力结构、资源与评估的副参谋长；以及其他陆军部官员和机构。

b. 为所有采办、后勤和技术方案的政策和计划提供战略指导和监督，这些方案由陆军部官员、机构和司令执行。

c. 行使为装备现代化需求提供装备解决方案的唯一权力。

d. 发展并执行陆军的采办职能和采办管理系统，包括陆军采办计划和陆军采办政策，以及主持陆军系统采办审查委员会和配置指导委员会。

e. 监督国防部的研究和发展职能，并指导陆军科学委员会。

f. 作为陆军采办执行官，并按照陆军部关于任命行政人员或高级专业人员的要求，执行陆军部部长在采办人员方面的职能和职责，包括管理陆军采办部队和陆军购置人员；任命行政级别以下的人员；以及管理和评估采办计划执行官和直接报告的计划主管、项目主管和产品主管。

g. 根据法律法规，行使机构负责人签订有关采购事务合同的权力。

h. 监督后勤活动，包括采办部署、维持和处置后勤管理，并且管理生命周期后勤支持的规划与执行。

i. 监督与陆军物资有关的安全合作活动的政策和计划的制定、协调与实施，包括对外军事销售、对外军事训练、超额国防物资的对外分配、军备合作、技术转让、直接商业销售以及弹药处理。

j. 提供出口政策监督，并主持和指导技术转让与安全援助审查小组。

k. 监督美国陆军化学材料局局长和化学非军事化计划的陆军部分的活动，包括化学储备应急准备工作。

l. 在与国防部和非国防部合作伙伴的相关事务中代表陆军。

m. 共同主持维持计划评估小组（参见第八章"规划、计划、预算和执行"）。

11-4. 主管后勤的副参谋长

主管后勤的副参谋长是负责采办、后勤和技术的陆军部助理部长在后勤方面的首席军事顾问，也是陆军参谋长在后勤方面的主要陆军参谋部顾问，并协助陆军参谋长充当陆军部部长的代理机构，执行批准的计划和建议。在负责采办、后勤和技术的陆军部助理部长的监督下，主管后勤的副参谋长就陆军的后勤和维持问题制定并执行陆军后勤和维持战略、政策、规划和计划；确保政策、规划和计划的执行符合法律、法规和其他陆军部务官员和组织制定的政策；以及审查和评估陆军后勤政策、规划和计划的执行情况。主管后勤的副参谋长具有以下职责：

a. 在保障安全合作的后勤行动方面进行合作，并代表陆军参加联盟，维持标准化行动。

b. 维持当前的后勤行动，应急计划和资源计划，以支持全军的后勤行动。

c. 为后勤民事扩编计划执行人员准备工作，并为联合民事扩编计划的实践协调多国部队互操作性政策的发展。

d. 担任陆军装备安全和适航性的倡议者。

e. 就陆军财产责任计划和装备战备情况提供建议并进行监控，以确定陆军范围内的战备趋势。

f. 确保将支持性需求纳入新系统的采办和部署需求。

g. 协助监督陆军后勤政策、计划、预算投入和活动的执行。

h. 就与能源安全相关的问题、政策和计划（包括作战和战术能源以及应急基地），与负责设施、能源和环境陆军部助理部长进行协调并提供支持。

i. 就陆军建置内的工业基地的事务和活动，为负责采办、后勤和技术的陆军部助理部长提供支持。

j. 确保维持职能和相关的后勤自动化信息系统管理在采办和维持之间实现充分整合和适当平衡。

k. 共同主持维持计划评估小组（参见第八章"规划、计划、预算和执行"）。

11-5. 主管兵力结构、资源与评估的副参谋长

主管兵力结构、资源与评估的副参谋长。他是负责财务管理与审计的陆

军部助理部长在计划制定和正当性辩护方面的首席军事顾问。在履行这一职能时，主管兵力结构、资源与评估的副参谋长就所有与正在进行的采办计划和科技计划相关的拟议计划建议，与负责采办、后勤和技术的陆军部助理部长进行协调。主管兵力结构、资源与评估的副参谋长是陆军参谋长在所有物资需求、陆军和联合物资能力的整合和计划方面的主要陆军参谋部顾问。

监督计划分析与评估处处长。计划分析与评估处处长具有以下职责：

（1）在陆军部财务管理与审计助理部长和主管兵力结构、资源与评估的副参谋长的指导下，负责发展和维护陆军计划。这包括管理规划、计划、预算和执行的计划阶段，以促进制定和辩护陆军计划和《未来年份国防计划》；开发和维护陆军的权威资源情况数据库；确保规划、计划、预算和执行程序中计划阶段和预算阶段的协调以及向陆军预算估算的有效过渡。

（2）直接对陆军部部长和陆军参谋长负责，包括制定陆军计划，并对其进行独立评估。

a. 管理陆军分析中心和其他陆军部总部的研究，并为陆军部总部提供分析支持。

b. 与负责采办、后勤和技术的陆军部助理部长协调，制定规划，以便通过进行计划、物资整合和研究来装备未来陆军。

c. 协调国防部机构审议的联合需求事项中陆军的投入和参与，并支持陆军参谋长和陆军副参谋长履行其相关职责。

d. 共同主持装备计划评估小组（参见第八章"规划、计划、预算和执行"）。

11-6. 陆军装备司令部

陆军装备司令部是陆军在整个联合军事行动中为整个部队提供装备及其战备（技术、采办支援、装备发展、后勤力量投送以及维持）的首要提供商。军人射击、驾驶、飞行、或通信使用的任何物品都由陆军装备司令部提供。陆军装备司令部是陆军的主要装备整合组织，其任务是根据陆军的优先次序和指示同步第Ⅶ类主要物品的分配和重新分配。陆军装备司令部总部位于亚拉巴马州的红石兵工厂（Redstone Arsenal），其影响了所有50个州以及150个国家，并在这些地区和国家都有存在。在这些组织中，有60 000多名敬业的军事和文职人员，其中许多人在武器开发、制造和后勤方面具备丰富、深厚的专业知识。为了开发、购买和维护陆军装备，陆军装备司令部与计划执行官、陆军采办执行官、工业界、学术界和其他相关机构密切合作。该司令部负责的复杂任务包括：发展尖端武器系统并进行前沿研究，以及维护和分配备件。该司令部的维修站和武器库对主要武器系统进行大修、现代化和升级，其目的不仅是让它们看起来更新，更是为了升级技术，使它们更先进、更可靠。陆军装备司令部负责管理研究、开发和工程中心，陆军研究实验室，仓库，武器库，弹药厂和其他设施并负责维护陆上与水面的陆军预置库存。该司令部是进行化学武器储备的国防部执行机构。陆军装备司令部还包括全球陆上运输专家，他们为作战人员提供单一的地面配送供应商，以便提供能够及时交付并维持军事能力的自适应性解决方案。

陆军装备司令部还负责处理陆军的大部分合同，包括为已部署单位提供全套合同服务和安装层面的服务、补给品以及通用信息技术硬件和软件。陆军装备司令部管理着由陆军野战支援旅/营、后勤支援单位和旅级后勤支援队组成的网络，所有这些单位都负责发现并解决装备和维护问题，以及作战司令部的装备战备问题。陆军装备司令部处理的各种任务远远超出了陆军的范围。例如，陆军装备司令部管理着价值数十亿美元的业务，即向美国的友国和盟友出售陆军装备和服务，以及与外国谈判并执行共同生产美国武器系统的协议。美国装备司令部还为国防部的其他部门和许多其他政府机构提供了大量的采办和后勤服务。陆军装备司令部下属司令部包括：

a. 美国陆军化学材料机构。美国陆军化学材料机构负责安全有效地储存、处理和处置美国化学武器。该机构负责开发和使用技术，以便在保护公众、工作人员和环境的同时，在7个储存点安全储存和销毁化学武器。美国陆军化学材料机构还负责在全国最后两个储存点执行储存任务。

b. 美国陆军安全援助司令部。

（1）美国陆军安全援助司令部负责管理美国陆军的安全援助计划和对外军事销售。美国陆军安全援助司令部是与美国陆军装备和服务相关的对外军事销售需求的主要切入点。它的使命是领导美国陆军装备司令部安全援助体系，开发和管理安全援助计划和对外军事销售事项，以建立合作伙伴能力，支持作战司令部的参与战略，并加强美国的全球伙伴关系。美国陆军安全援助司令部负责管理陆军安全援助信息管理和财务政策；向陆军安全援助界提供政策、程序和指导；以及管理陆军的联合制造计划。美国陆军安全援助训练管理组织是美国陆军安全援助司令部的下属部门，可以在世界各地部署工作小组，为那些通过对外军事销售购买装备的国家提供针对性的训练。美国陆军安全援助训练管理组织及地点包括：亚拉巴马州的红石兵工厂的总部；宾夕法尼亚州的新坎伯兰；弗吉尼亚州贝尔沃堡的华盛顿野战办事处；北卡罗来纳州布拉格堡的美国陆军安全援助训练管理组织；沙特阿拉伯利雅得的沙特阿拉伯国民警卫队现代化计划主管办公室；以及科威特和阿富汗的各作战司令部的联络官。

（2）安全援助是一项由国务院监督和指导的国家计划。美国国防部与白宫、国会和财政部一道，执行军事安全援助计划。对外军事销售计划（见图11-1）是美国政府向其他主权国家和国际组织输出国防物品、服务和训练的计划。根据对外军事销售计划，美国政府代表外国客户采购国防物品。美国总统负责指定相关国家和国际组织加入对外军事销售计划。美国国务院根据具体情况提出建议，并逐案批准单个计划。获准参与该计划的国家可以通过使用自己的国家资金或通过援助计划（由美国政府出资）所提供的资金来获得国防物品和服务。在某些情况下，国防用品、服务和训练可以以赠与的形式获得。国防安全合作局管理国防部的对外军事销售计划。美国陆军安全援助司令部负责实施经批准的美国陆军安全援助计划，包括向符合条件的外国政府提供国防物品和服务的对外军事销售。在执行陆军安全援助任务的过程中，美国陆军安全援助司令部负责指挥所有的陆军装备司令部生命周期管理司令部以及其他国防部机构和美国工业界。每次向海外客户销售的设备的"总内容包"与陆军装备司令部向美国陆军单位提供的"总内容包"相同，包括优质材料、设施、备件、训练、出版物、技术文档、维护支持和其他服务。美国陆军安全援助司令部负责管理每个对外军事销售项目的生命周期，从请求的预许可开始，直至完成开发、执行和结束。

c. 航空与导弹司令部生命周期管理司令部。航空与导弹司令部联合了所有致力于设计、获取、整合、部署和维持陆军航空、导弹和无人驾驶飞机武器系统的组织。航空与导弹司令部的总部位于红石兵工厂。航空与导弹装备体系由航空和导弹研究、发展和工程中心、陆军合同司令部（红石）、航空计划执行官以及导弹和航天计划执行官组成。航空与导弹司令部还负责支持航空计划执行官和导弹与航天计划执行官执行获取和管理陆军航空和导弹系统的任务。航空与导弹司令部在陆军航空和导弹系统的生命周期中执行多个程序，包括：采办、备件的维护和修理、飞行安全、维护和检修、对外军事销售以及最终退役或非军事化。航空与导弹司令部为科珀斯·克里斯蒂陆军仓库（Corpus Christi Army Depot）和莱特肯尼陆军仓库（Letterkenny Army Depot）的陆军航空和导弹系统提供了仓库层面的支持，包括专业、复杂的维护和检修活动。航空与导弹司令部仓库的两项重要使命还包括重置设备以及修复坠机和在战斗中受损的飞机。

d. 通信电子司令部生命周期管理司令部。通信电子司令部负责为通信电子系统和装备的生命周期提供支持。通信电子司令部的任务是为联合作战人员开发、获取、提供并维持国际水平的指挥、控制、通信、计算机、情报、监视与侦察系统以及作战指挥能力。在作为生命周期管理司令部时，通信电子司令部负责执行训练任务，为装备和系统的改良和升级提供野外支持，并提供后勤专业知识，以确保向作战人员按时交付装备、服务和能力。通信电子司令部位于马里兰州的亚伯丁试验场，在陆军"指挥、控制、通信、计算机、情报、监视与侦察"装备体系和"指挥、控制、通信、计算机、情报、监视与侦察"卓越中心的建立和优化中发挥着不可或缺的作用。"指挥、控制、通信、计算机、情报、监视与侦察"装备体系由美国陆军装备司令部和负责采办、后勤和技术的陆军部助理部长共同主持。这些组织共同为联合作战人员发展、获取、提供、部署和维持世界一流的"指挥、控制、通信、计算机、情报、监视与侦察"系统和作战指挥能力。通信电子司令部有大约8500名员工，包括军人、文职和合同制人员。通信电子司令部在宾夕法尼亚州的托比哈纳陆军仓库（Tobyhanna Army Depot）提供仓库层面的支持。托比哈纳陆军仓库是陆军的主要仓库，为全球范围内的"指挥、控制、通信、计算机、情报、监视与侦察"系统提供维护、制造、整合和野外维修服务，包括80多项前方维修活动。托比哈纳陆军仓库负责完成陆军、海军和空军"指挥、控制、通信、计算机、情报、监视与侦察"系统的维护、制造和系统整合工作。

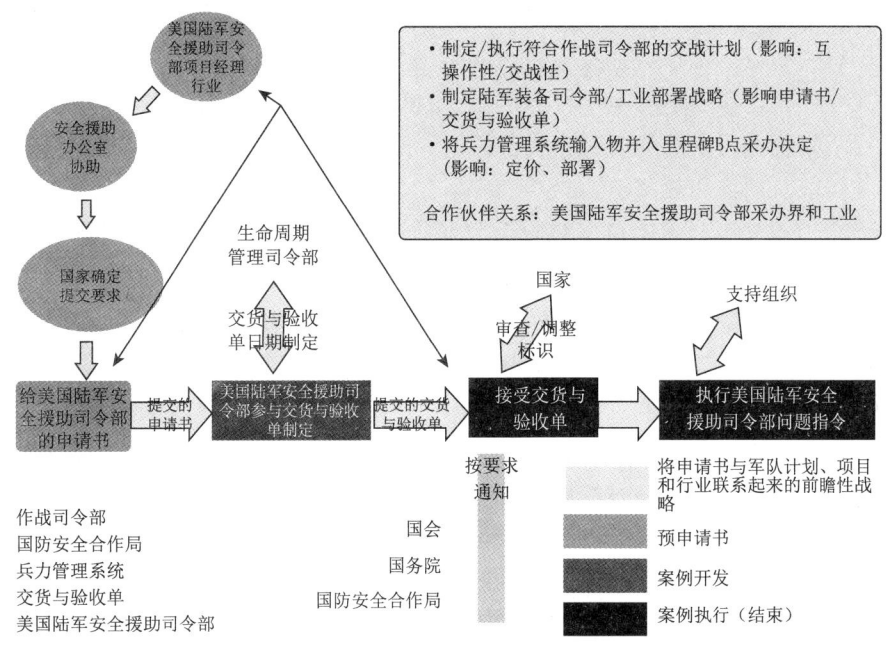

图 11-1 对外军事销售程序

e. 联合弹药与杀伤力司令部生命周期管理司令部。联合弹药与杀伤力司令部生命周期管理司令部负责管理所有常规弹药的研究、开发、生产、储存、分销和非军事化，以及国防部常规弹药有效生命周期管理所需的人员、组织、基础设施和程序。其总部位于新泽西州的皮卡汀尼兵工厂（Picatinny Arsenal），主要部门位于伊利诺伊州的岩岛兵工厂（Rock Island Arsenal）和新泽西州的皮卡汀尼兵工厂。虽然联合弹药与杀伤力司令部生命周期管理司令部的目标是提高产品响应速度，最大限度地降低生命周期成本，提高弹药和杀伤力获取、后勤和技术的有效性和整合性，但其首要目标是在正确的时间以适当的成本将最好的弹药运送到正确的地点。联合弹药与杀伤力司令部生命周期管理司令部汇集了其三个组成机构的资源和专业知识：位于皮卡汀尼兵工厂的弹药项目执行办公室、岩岛兵工厂的联合弹药司令部和同样位于皮卡汀尼兵工厂的军械研究、发展和工程中心。它还负责监督在联合弹药司令部指导下生产和储存常规弹药的全国性的军事设施和设施网络。联合弹药司令部负责管理陆军的弹药工厂和仓库，并担任生命周期管理司令部的后勤部门。联合弹药司令部军事设施应当按照指示，为所有美国军事部门以及其他美国机构和盟国生产、储存、发放常规弹药并负责弹药的非军事化。联合弹药司令部管理着陆军的14个弹药生产厂和储存仓库。联合弹药司令部还充当生命周期管理司令部的后勤和战备部门，确保弹药在正确的地点和时间交付，以支持部队训练和部署。

f. 坦克与机动车辆司令部生命周期管理司令部。坦克与机动车辆司令部生命周期管理司令部的总部设在密歇根州沃伦市，该司令部将整个生命周期内所有致力于陆军和地面系统的组织团结在一起。其任务包括发展、获取、训练和维持军人和地面系统或美国的作战人员。坦克与机动车辆司令部生命周期管理司令部由以下机构组成：一体化后勤支援中心、计划执行办公室-作战支持和作战勤务支持、计划执行办公室-地面作战系统以及项目执行办公室-军人。坦克与机动车辆司令部生命周期管理司令部还具有多个业务合作伙伴：美国陆军坦克与机动车辆研究、发展和工程中心；陆军合同司令部（沃伦）；美国陆军军械研究、发展和工程中心；纳蒂克军人研究、发展和工程中心；艾奇伍德化学和生物中心；化学和生物防御联合计划执行办公室；以及系统体系制度整合处。坦克与机动车辆司令部任务的成功执行需要其下属的采购、后勤和技术部门之间的有效沟通和协调。这些部门属于陆军装备体系的一部分。坦克与机动车辆司令部的武器库和仓库有：位于纽约州沃特弗利特的沃特弗利特兵工厂（Watervliet Arsenal）；位于阿拉巴州马阿尼斯顿的阿尼斯顿陆军仓库（Anniston Army Depot）；位于得克萨斯州德克萨卡纳的红河陆军仓库（Red River Army Depot）；以及位于加利福尼亚州赫尔隆的塞拉陆军仓库（Sierra Army Depot）。

g. 美国陆军研究、发展和工程司令部。美国陆军研究、发展和工程司令部的总部设在马里兰州的亚伯丁试验场。其任务是赋予联合部队力量，减轻其负担并保护他们，以实现陆军的主导地位。陆军研究、发展和工程司令部是陆军最大的技术开发者，它为陆军提供了关键的系统工程能力。该司令部拥有17 600多名科学家、工程师和其他专业人员。陆军研究、发展和工程司令部致力于在为当前战斗制定技术解决方案和为未来挑战投资未来能力之间建立平衡。该司令部利用其与高校的广泛合作关系、与小型企业的创新研究协议、与工业界的合作研发协议以及与20多个国家的国际协议来提高陆军的研发和工程能力。

h. 军事地面部署和分配司令部。地面部署和分配司令部总部位于伊利诺伊州的斯科特空军基地。其任务是提供远征和持续的端到端部署和分配能力，以实现国家的目标。地面部署和分配司令部是美国运输司令部的陆军军种组成司令部。两者的密切关系也将美国运输司令部的联合部署和分配体系与陆军装备司令部的装备体系联系在了一起。司令部还与商业运输行业合作，作为国防部地面运输需求和工业能力供给之间的协调纽带。地面部署和分配司令部，通过协调和利用商业运输行业和其他军事资产的能力，以及在世界范围内创造有效的物资流动，来成功部署和重新部署国防部人员和资产。地面部署和分配司令部平均每年大约有2000万平方英尺的部署和重新部署的货物运输，或者每年大约有314艘船只作业。地面部署和分配司令部管理着遍布美国本土和世界各地的24个港口。他们的支持团队能够部署到世界上几乎任何一个港口。地面部署和分配司令部负责管理和协调所有地面运输，以支持仓到仓的集装箱运输和全球散装货物运输，并为美国本土的铁路和公路运输提供国内路线服务，包括武器、弹药和爆炸物的运输。地面部署和分配司令部还负责管理国防铁路货运通用列车和陆军集装箱弹药分配系统的资产。此外，该司令部还为军人管理家庭物品、私人车辆和汽车包租服务。

i. 美国陆军合同司令部。美国陆军合同司令部的军人、平民和承包商通过获取对军人的任务和福祉至关重要的装备、补给和服务来支持世界各地的军人。随着任务需求的出现，以及陆军在美国本土和全球范围内的运输和移动，美国陆军合同司令部需确保相应的合同支持。美国陆军合同司令部的总部位于美国阿拉巴马州的雷德斯通兵工厂，设有两个下属司令部——远征合同司令部（负责美国本土以外的地点）和任务与军事设施合同司令部——以及6个主要的合同中心，这些中心为陆军装备司令部的生命周期管理司令部和主要下级司令部提供支持。这些中心还为支持美国陆军主要采办计划的若干计划执行办公室和计划主管提供合同支持。远征合同司令部为陆军军种组成部队司令部的全谱系军事行动提供有效且灵活的合同服务，以便为陆军和联合行动以及美国本土以外的其他国防组织提供支持。远征合同司令部通过遍布全球的7个合同支援旅、8个应急合同营和83个应急合同队来一起完成这一重要任务。任务与军事设施合同司令部为遍布美国本土、阿拉斯加和波多黎各的陆军司令部、军事设施和机构提供合同支持。其用户包括美国陆军设施管理司令部、美国陆军部队司令部、美国陆军训练与条令司令部、美国陆军北方司令部、美国陆军预备役部队司令部和美国陆军医务司令部。

j. 美国陆军保障司令部。美国陆军保障司令部负责组织、训练和维持高质量的可部署兵力，并为军人整合物资和服务。美国陆军保障司令部位于岩岛兵工厂，其通过主要装备整合官计划、物资管理、后勤民事扩编计划管理办公室、陆军预置库存以及后勤处，来为陆军提供支持。陆军保障司令部的主要职责包括：

（1）主要装备整合官（Lead Materiel Integrator）。陆军装备司令部能够有效且高效地分配和再分配物资，以便为生成训练有素且准备就绪的兵力提供支持。美国陆军保障司令部作为陆军装备司令部在主要装备整合官的执行代理，是唯一的整合官，用于确保军人在正确的时间拥有正确的装备来完成他们的任务。装备管理：陆军保障司令部负责提供装备战备的可视性和管理，包括财产责任以及维修工作负荷的来源。配送管理中心的工作则包括合同需求、补给品管理、陆军兵力生成装备战略和后勤重组。

（2）后勤民事扩编计划管理。后勤民事扩编计划的目的是根据任务特定因素的需求，通过维持支援服务来扩充已部署的陆军部队和其他指定组织。后勤民事扩编计划是美国陆军部的管理计划（参见《陆军条例》700-137），包括通过预先签订的合同选定后勤民事扩编计划的执行承包商，从而实现预先计划、后勤和一般工程/小型建设的增援。后勤民事扩编计划的独特之处在于，计划使得作战指挥官能够利用指定的执行承包商（来自预先批准的执行承包商）现有的全球和区域性商业资源，来确保在任何环境和任何作战阶段都能维持作战。后勤民事扩编计划旨在提供和平时期预先计划的维持支援，并通过执行战斗指挥任务的部署部队的合同任务订单来实现这种支援。后勤民事扩编计划的作用十分显著，它能够利用商业能力为大多数陆军单位维持职能（请参阅《陆军条令参考出版物》4-0）提供增援，以支持陆军任务。后勤民事扩编计划还可以被用于为在现有陆军兵力结构中未提供的一些通用支援职能提供支持。负责采办、后勤和技术的陆军部助理部长将后勤民事扩编计划指定为后勤管理服务的战略来源。通过设计，该计划减少了制定了单独的合同解决方案所需活动的需求和支持合同签订活动的需求。使用后勤民事扩编计划和其他合同解决方案可以极大地减少需求活动和支持合同签订活动的负担，方法是利用后勤民事扩编计划管理办公室（位于伊利诺伊州岩岛兵工厂的陆军保障司令部的部分区域）及其可部署的支援元素（尤其是在大规模作战中）。在法律、政策和条令的基础上，将整个后勤民事扩编计划范围内的个人维持需求集合进行整合，以实现规模经济和其他效益，同时不损害有效性。尽管后勤民事扩编计划以"持久自由行动"和"伊拉克自由行动"中对美国部队的增援而闻名，但在获得陆军部总部的授权下，后勤民事扩编计划能够支持整个军事行动领域内的所有军种、盟国、联军甚至其他政府机构。

（3）陆军预置库存。陆军保障司令部负责维护、核算和保养世界各地的库存，并向世界各地的部署单位分发库存。这些库存包括作战装备和补给品（第CL Ⅰ类、第Ⅳ类、第Ⅲ（P）类、第Ⅴ类、第Ⅷ类和第Ⅸ类）以及人道主义任务库存。这些库存位于美国、意大利、韩国、德国、日本、科威特、卡塔尔、阿富汗等大陆战略要地的陆基和海基地点以及海上船只。目前有5套陆军预置库存，第六套将在2017财年完成审批，包括：陆军预置库存-1，位于美国本土，为第61天~180天维持补给；陆军预置库存-2，位于意大利和德国（该设备主要由欧洲活动物资组成，它是一种既用于训练又可用于作战应急的旅级物资）；陆军预置库存-3，置于集装箱中，该集装箱位于从军事海运司令部租用的大型中速滚装船上（装备的维护和维持通过查尔斯顿支援机构完成）；陆军预置库存-4，位于日本和韩国；陆军预置库存-5，位于科威特和卡塔尔；以及陆军预置库存-6，用于南方司令部，组成和位置待定。陆军预置库存在其所处位置维持作战项目。这些是在单位经修正的编制装备表授权之上的特殊需求，并根据需要在责任区域中进行了预先安排。作战项目包括建造敌方战俘营地的物资、架桥材料、极端冷热天气装备以及陆军军种组成部队司令部指挥官特别要求的其他物品。活动物资（Activity Sets）是陆军预置库存的一个新类别，具有双重目的。该活动物资由陆军装备部所有和维护，也可作为用于训练目的进行分发。截至本书撰写之时，只有一套活动物资，但在南方司令部和太平洋地区司令部的责任区域则规划了更多的活动物资。

（4）后勤处。负责将全球后勤处的所有职能和职责从军事设施管理司令部转移到陆军装备司令部，并在2013财年将全部运营控制权转移到陆军保障司令部的陆军野战支援旅，使后勤支援与核心能力相匹配。这一行动的目标是通过提高整个装备体系的质量、效率以及标准化绩效，从而以最高的价值提供优质的服务。这种转移在本质上是将陆军的野战维护和补给能力置于一个单一的指挥结构——美国陆军保障司令部——的指挥和控制之下。为了更有效地描述在某个司令部和合同签订战略下调整所有后勤处服务所能实现的效率，这些军事设施后勤供应商现在被称为后勤战备中心。

11-7. 后勤创新局

后勤创新局的总部位于弗吉尼亚州的贝尔沃堡，是陆军部总部和主管后勤的副参谋长的野外作业机构。后勤创新局的任务是评估、发展和整合创新的后勤政策、程序和计划解决方案，以支持陆军部总部和主管后勤的副参谋长的决策和优先事项。后勤创新局提供了对于后勤相关技术、政策、程序改进和商业实践在陆军参谋层面的视角，以确定和解决陆军后勤程序中的能力缺口。后勤创新局在陆军后勤独有的程序和实践的现代化方面提供了各种关键职能和服务。

后勤创新局对陆军的贡献包括：

a. 将后勤业务任务领域的端到端程序融合至采办、财务管理、人力资源管理以及军事设备和环境领域，并将端到端程序与后勤作战任务领域相协调，以便能够发现缺口、确定需求并评估解决方案。

b. 为主管后勤的副参谋长提供投资管理决策、业务流程重新设计工作和系统架构开发所需的后勤业务任务区域架构。

c. 管理陆军后勤的实施计划和评估框架，该框架包含了用于评估风险的成本信息，能够作出基于资源的决策，并开发创新的解决方案，以提高实现战略战备目标的效率和有效性。

d. 向主管后勤的副参谋长提供分析能力，以解决与后勤政策、计划和战略规划决策相关的复杂问题，包括：后勤计划目标备忘录的制定和评估程序（该程序涵盖了需求的可追溯性或对需求的验证，并将需求与行动结果联系起来）；提供业务案例分析，以支持国防业务系统的需求验证和采办建议；通过更准确和可辩护的武器系统生命周期成本估算来改善成本维持和资源配置；以及提高陆军战备水平。

e. 牵头陆军后勤领域审计的战备任务，以确保陆军已经做好审计准备，并准备好迎接2018财年国会授权的外部审计（这项内容规定于2010年《国防授权法案》），并能够在2018财年之后维持这些标准。

f. 促进和同步创新解决方案的开发，以提高补给、维护和分配程序的效率和有效性，从而为未来陆军提供支持。

11-8. 战区维持

a. 战区保障司令部是战区陆军的高级陆军维持总部（不包括医疗），为分配到战区的支援单位提供任务式指挥。其任务是在指定的责任区域内，为作战层面的后勤工作提供任务指挥（不包括医疗）（参见《野战手册》4-94）。战区保障司令部能够为战区的陆军部队规划、准备、执行和评估后勤和人力资源支持，同时也为统一的地面行动提供支持。作为战区的分配协调员，战区保障司令部通过战略伙伴关系和联合能力，建立了一个综合的战区层面的分配系统，以响应战区陆军的需求。它使用维持旅来执行战区开放、战区维持和战区分配行动。战区保障司令部包括多个单位，能够提供多功能后勤服务，具体包括：补给、维护、运输、石油、港口和码头作业。战区保障司令部也可为部队提供其他方面的支持，如殡葬事务、空运、人力资源、拘留/安置的维持以及财务管理。这些能力的组合使战区保障司令部有能力组织和提供有针对性的支持。

b. 远征保障司令部负责部队集中备用的资产。他们通常受战区保障司令部的任务式指挥，并负责对某战区内指定领域的维持单位进行任务式指挥（不包括医疗）。远征保障司令部还负责规划、准备、执行和评估战区陆军部队的维持、分配、战区开放、接收、集结和进驻行动。当由地理作战指挥官或指定的多国或联合特遣部队指挥官指挥时，远征保障司令部可以作为联合后勤远征司令部的基础。它通常在战区保障司令部确定需要前方指挥存在（forward command presence）时进行部署。这一能力为战区保障司令部指挥官提供了必要的区域重点，以便为陆军或联合特遣部队提供有效的行动层面的支持。

c. 如果部署了维持旅，该旅属于战区保障司令部的下属指挥部，或者是远征保障司令部的延伸。维持旅是一个灵活、多功能的维持组织，能够根据任务、敌人、地形和天气、可用兵力和支援、可用时间和民事因素考虑进行调整和任务组织。它负责规划、准备、执行和评估行动领域内的维持行动，并提供维持行动的任务式指挥和分配管理。

d. 陆军野战支援旅被指派给了陆军保障司令部。当部署该旅时，陆军野战支援旅将作为作战控制机构被安排至被支援的战区陆军。这种作战控制关系通常会被酌情委托给战区保障司令部或远征保障司令部。陆军野战支援旅向陆军作战部队提供以装备战备为重点的支持，包括协调采办后勤和技术行动，以及减少战区支援合同和医疗。陆军野战支援旅是美国陆军司令部在生成部队和作战部队之间的纽带。陆军野战支援旅还负责与战区陆军后勤部门和合同支援旅协调，将后勤民事扩编计划支持融入合同支援整合计划（参见《陆军战术出版物》4-91）。

e. 作战维持支援营是隶属于维持旅的单位，具有灵活敏捷、反应迅速的特点，在整个作战领域的纵深层面执行后勤工作，包括运输、维护、弹药、补给、殡葬事务、空投、野战勤务、水和石油。作战维持支援营是发展维持旅能力的基石，根据特定任务需求进行调整。作战维持支援营按领域部署，负责规划、准备、执行和评估某作战领域内的后勤行动。作战维持支援营还为其指定区域内或通过其指定区域的单位提供支持。作战维持支援营可以脱离维持旅开展远程行动，因此必须与维持旅保持通信。作战维持支援营还实现了语音通信，以支持任务式指挥和车队行动，以及监测、更新和评估后勤态势。

f. 旅支援营是旅战斗队、火力和机动增强旅的有机组成部分。旅支援营将根据情况进行调整，以支持其所属的特定旅。例如，装甲旅战斗队的旅支援营拥有比火力旅的旅支援营更强的燃料分配能力和维持能力。旅支援营为支援旅提供补给、维护、汽车运输和医疗支持。旅支援营负责规划、准备和执行后勤行动，以支持旅级行动（参见《陆军战术出版物》4-90）。

g. 航空支援营是战斗航空旅和战区航空旅的主要航空后勤组织。航空支援负责执行旅支援营任务。它为航空旅提供航空和地面现场维护、全旅范围的卫星信号支持、所有补给补充以及医疗支持。航空支援营现已经过优化，以支持战斗航空旅的前方支援连、航空维护连以及旅级总部和总部连（参见《野战手册》3-04.111）。

h. 医疗司令部（部署支持）通过同步陆军卫生体系的行动，并为总部指定的或附属于总部的陆军卫生体系单位提供任务式指挥，向战术指挥官提供卫生服务支持，同时执行维稳任务，从而维持战术指挥官的战斗力。医疗司令部（部署支持）是作战区域内的医疗服务提供者，聚焦于医疗作战计划和应急计划。它还需保持医疗基础设施、治疗和疏散能力的可视性和利用率。医疗司令部负责完成《美国法典》第10编规定的职责，以及在其作战领域内陆军对其他军种的支援。它还负责确定和评估整个作战领域的医疗卫生需求。

i. 人力资源维持中心是战区保障司令部的参谋单位。人力资源维持中心为陆军军种组成部队司令部的人事部门提供战区层面的支持，并确保战区保障司令部指挥官能够完成计划、整合和执行战区的人力资源保障工作。

战区保障司令部是陆军军种组成部队司令部人事部门和人力资源维持中心之间的关键纽带，前者为战区的人力资源支持提供政策、方向和指导，后者执行邮政、伤员、接待、替换、复工、重新部署、休养和人员核算及能力报告方面的人力资源保障任务。人力资源维持中心的角色非常明确，旨在确保战区人力资源支持计划的制定，该计划由战区保障司令部的可用资源提供支持。人力资源维持中心是与人力资源组织的技术链接，人力资源组织负责执行邮政、接待、替换、重新部署、复工、休养、伤员救治和人员核算的支持职能。

j. 财务管理中心作为战区保障司令部的组成部分，对战区的所有陆军财务连和支队进行技术协调。财务管理中心主任与战区保障司令部财务部门或支持行动协调，作为陆军军种组成部队司令部指挥官和陆军军种组成部队司令部财务部门在所有财务管理工作方面的主要顾问。

财务管理中心对战区内的所有陆军财务管理行动进行技术监督，包括与国有金融机构进行谈判，就当地货币的使用向单位指挥官提供建议，并与国家供应商（美国财政部、国防财务会计服务局、陆军财务管理和审计助理部长以及美国陆军财务司令部）进行协调，以确定财务管理支持要求。财务管理中心通过提供及时的合同和采购付款以及战区支付能力来维持陆军、联合和多国作战。

k. 合同支援旅隶属于陆军合同司令部，但每个陆军军种组成司令部都有其分配的合同支援旅。合同支援旅负责提供战区支援合同服务，以及合同咨询和援助，主要是为陆军部队和联合部队提供指导，并按照具体职能排列进行组织。合同支援旅不仅仅提供合同服务；它们还具有合同结算办公室的功能，包括合同支援规划协助、合同监督和欺诈、浪费和滥用预防。合同支援旅的主要任务包括：

（1）规划并执行战区支援合同服务。

（2）提供与合同支援相关的建议和规划协助。

（3）协调并消除共同合同支援行动的冲突。

l. 地面部署和分配司令部运输旅的设置与地理作战司令部保持一致，在一个作战区域提供单一口岸管理职能。地面部署和分配司令部是美国运输司令部的陆军勤务组成部队司令部,是陆军装备司令部的主要下属司令部。该旅与商业运输行业进行合作,作为国防部地面运输需求之间的协调纽带,将设备从一个驻地运送到另一个驻地,或将装备从部署地点运送到另一个驻地。

m. 在快速变化和资源有限的环境中,军队必须对世界各地的局势作出迅速而有效的反应。为了解决这个问题,美国运输司令部于2005年成立了港口开放联合特遣队,以便快速开放和建立卸货港和初始配送网络,从而支持联合行动和跨国行动。该司令部驻扎在弗吉尼亚州的尤斯蒂斯堡,并被指派给了美国运输司令部,一旦部署,作战控制或战术控制将由地理作战司令部执行。

第三部分 其他国家后勤组织

11-9. 其他与后勤有关的组织

a. 卓越维持中心(前身为联合兵种支援司令部,训练与条令司令部的下属司令部)的任务是训练、教育和培养自适应性维持专业人员;发展和整合创新的陆军和联合维持能力、概念和条令,以实现联合地面作战。联合兵种支援司令部的三项核心能力是:

(1) 对履行维持职能的军人和平民进行首次军事训练。

(2) 使军队做好准备,在联合、跨机构、跨政府和多国环境中维持全频谱作战。

(3) 设计和发展维持能力,并将其整合至作战需求中,以促进创新,并领导未来部队的变革。

(4) 负责指挥和控制国防弹药中心,国防弹药中心是弹药技术中心,用于培养下一代文职弹药专家。此外,该组织还设有美国陆军爆炸物安全技术中心。

b. 美国陆军部队司令部。部队司令部负责美国本土所有陆军兵力的行政控制。

c. 陆军军种组成部队司令部。作战战区中的后勤工作将根据情况作出适当调整,以支持联合部队指挥官对各种形势的需求。应当考虑各种类型的任务,因为不同任务对后勤的需要在所需的补给、维护、运输以及服务的数量与类型上有所不同。因此,组织根据各个战区进行调整,以涵盖各种可能性,覆盖从一个或多个军团组成的大型作战战区到师或独立旅所需的支持。陆军军种组成部队司令部负责为战区内的所有陆军单位和承包商提供行政控制（包括后勤支援）。该职责通过战区保障司令部或某个职能司令部（比如，人事、运输、医疗或工程司令部）履行。陆军司令部通过制定多项政策、分配重要补给以及根据联合部队指挥官的指导分配任务来管理战区后勤支援。此外，通过战区保障司令部管理和控制补给、维护和其他后勤服务，并通过战区陆军运输控制局为美国陆军提供集中化的运输控制。

d. 陆、空军联合军人服务社。陆、空军联合军人服务社是为陆军和空军提供第Ⅵ类补给品（个人需求物品）的供应商。它是陆军与空军的联合部门司令部。陆、空军联合军人服务社指挥官对陆、空军联合军人服务社理事会负责。理事会则通过陆军与空军各自的参谋长对陆军与空军的军种部长负责。陆、空军联合军人服务社是一个主要由文职人员在军事领导层的领导下运营的组织，雇用了大约为52 400名员工，并在全世界范围内运营了大约1500处设施。陆、空军联合军人服务社的全球总部位于得克萨斯州的达拉斯，两个下属总部负责管理欧洲与太平洋地区中的业务。陆、空军联合军人服务社的任务是以统一的低价为授权客户提供必需和便利的商品与服务，并获取资金以补充拨款资金，从而支持士气、福利与文化娱乐计划。陆、空军联合军人服务社在和平与战时都履行上述职责。为了完成其任务，陆、空军联合军人服务社需要进行以下事项：

（1）在军事设施中经营零售、食品、个人服务、自动售货中心、剧院、汽车设施以及陆军军服销售商店。

（2）通过在无法进行正常的陆、空军联合军人服务社运营的地方建立军方经营的战术野战贩卖店，为从事应急行动或野战演习的军事人员提供基本的交易支持。根据战区指挥官的要求，该战区的第Ⅵ类补给品可以仅限于基本的健康和卫生需求，也可以扩展到包括食品、饮料和其他舒适性物品。

（3）获取支持士气、福利与文化娱乐计划的收入。陆、空军联合军人服务社向陆军上缴利润，陆军又将资金分配给军事设施中特定的士气、福利与文化娱乐计划。陆军士气、福利与文化娱乐委员会在陆军社区和家庭支援中心下成立，负责在陆军范围内控制从陆、空军联合军人服务社获得的士气、福利与文化娱乐资金。

e. 总务管理局。总务管理局负责提供多个政府部门通用的一般物资和服务。总务管理局负责管理联邦政府的各种业务活动。总务管理局为国防部提供广泛的补给支持，包括租用商务车辆、办公室家具与用品、机器与手工工具以及照相用品等常用物品。

11-10. 与后勤相关的国防机构

a. 国防后勤局。

（1）作为美国的作战后勤支援机构，国防后勤局负责为陆军、海军陆战队、海军、空军、其他联邦机构和伙伴国武装部队提供全方位的后勤、采办和技术服务。国防后勤局负责采购并提供美国军队作战需要的几乎所有消耗品——从食物、燃料和能源到服装、医疗用品和建筑材料。国防后勤局还提供了近90%的军用修理配件，管理军事装备的再利用，提供编目和其他后勤信息产品，并为许多军事和联邦机构提供文档自动化和印刷服务。国防后勤局总部位于弗吉尼亚州的贝尔沃，是一家全球性企业——无论美国在哪里拥有重要的军事力量，国防后勤局都为其提供支持。

（2）国防后勤局的主要机构包括：

（a）位于俄亥俄州哥伦布市的国防后勤局土地和海洋科。负责管理武器系统供应链，是最大的物资库存控制站。国防后勤局土地和海洋科的核心职能包括：监控库存水平，维护技术数据，以及确保超过200万个备用零件和维修零件的质量。国防后勤局土地和海洋科管理着超过200万个不同项目，年销售额约为50亿美元。国防后勤局土地科负责管理轮式、履带式和重型车辆零件，汽车维修套件，动力传动装置，发动机，悬架部件，轮胎，电池和轻武器零件。

（b）位于弗吉尼亚州里士满的国防后勤局航空科。国防后勤局航空科在美国境内拥有18个运营点，能够支持1900多个主要武器系统，重点支持143个主要武器系统，是美国军方的综合装备管理者，负责110多万个维修零件和运营补给项目，为所有固定翼和旋翼飞机提供保障，包括战斗机、轰炸机、运输机和直升机的发动机备件；所有机身和起落架部件；飞行安全设备；以及螺旋桨系统。国防后勤局航空产业支援机构与其军事客户一同位于以下位置：佐治亚州的罗宾斯空军基地；俄克拉何马州的汀克空军基地；犹他州的希尔空军基地；北卡罗来纳州的海军陆战队空军基地樱桃角；加利福尼亚州的北岛海空军基地；以及佛罗里达州的杰克逊维尔海空军基地。国防后勤航空科还负责管理仓库层面的可修复采办业务，这些业务位于以下位置：罗宾斯、汀克和希尔空军基地；费城海军补给系统司令部武器系统支援处；以及亚拉巴马州的红石陆军兵工厂。国防后勤局航空科在宾夕法尼亚州机械堡的海军补给系统司令部武器系统支援处运营了一家工厂装备维修设施，还运营着联邦政府唯一的工业工厂装备设施，该设施位于宾夕法尼亚州机械堡的海军物资库存控制点。

（c）位于宾夕法尼亚州费城的国防后勤局部队支援科。国防后勤局部队支援科负责提供并管理食品、服装和纺织品、药品、医疗用品以及建筑和装备补给，以便为美国在世界各地的作战人员及其家属提供支持。其他客户包括参与联邦学校午餐计划的美国学生，以及其他非国防部客户。国防后勤局部队支援科为几乎所有应急行动、人道主义救援工作、和所有战区的行动提供支持。

（d）位于弗吉尼亚州贝尔沃堡的国防后勤局能源科。国防后勤局能源科负责为国防部和其他政府机构提供全面的能源解决方案，并被指定为散装燃料的执行代理。国防后勤局能源科将继续扩展其使命，整合新兴领域（可再生能源和替代能源），以满足客户的能源需求。国防后勤局能源科的目标是利用新技术，以超越其此前扮演的传统燃料和能源保障者的角色。随着新的采购和研发计划的实施，其业务部门将扩大至太阳能、氢能源、合成燃料和其他替代燃料以及可再生能源。

（e）位于宾夕法尼亚州新坎伯兰的国防后勤局配送科。国防后勤局配送科既是作战支援机构，也是主要的配送中心。国防后勤局配送科在世界各地的 26 个站点负责超过 400 万件物品的接收、储存、发放、包装、保存和运输。

（f）位于密西西比州巴特尔克里克的国防后勤局处置服务科。为支持国防后勤局相关工作，国防后勤局处置服务科负责处置从军事部门收集的多余财产。财产库存每天都在变化，并涵盖了成千上万件的物品：从空调到汽车，从衣服到电脑，等等。这些财产首先在国防部内部进行再利用，之后再转移到其他联邦机构，或者捐赠给州和地方政府以及其他符合标准的组织。再利用节约了巨额资金。在过去的 4 年里，每年有超过 22 亿美元的财产被重新使用。每一美元的财产再利用都是节省下来的税款。国防后勤局处置服务科还负责支持国内救灾、人道主义援助和对外军事销售计划。国防后勤局处置服务科（以前称为国防物资再利用和销售服务处）的使命是通过再利用、转让、捐赠、销售或处置多余的财产来为客户提供支持。

(g) 位于弗吉尼亚州贝尔沃堡的国防后勤局战略物资科。国防后勤局战略物资科是分析、规划、采办和管理对国家安全至关重要的物资的主要机构。他们负责为美国国防储备物资中的战略物资和关键物资提供安全、可靠和环保的管理。

物资储备旨在减少国家紧急状态期间对国外供应来源的依赖。国防后勤局战略物资科在美国15个地点储存了28种物资，目前市值超过14亿美元。

储存物资的范围广泛，涵盖从锌、钴和铬等贱金属到铂、钯和铱等贵金属。美国国会授权国防后勤局战略物资科销售超出国防部需求的商品。自1993年以来，国防后勤局战略物资科的销售总额约为66亿美元。销售多余的国防系统物资为财政部普通资金和各种国防计划带来收入。例如，对外军事销售计划、军事人员福利和回购用于军事目的的宽带频率。销售收入还为国防后勤局战略物资科的行动提供了资金，使其成为一个能够自我维持的组织。

(h) 位于密西西比州巴特尔克里克的国防后勤局后勤信息服务科。国防后勤局物流信息服务科为各军种、国防部和其他联邦机构提供可互操作的、综合的、高质量的后勤数据和信息技术解决方案。国防后勤局后勤信息服务科编目处是国防部所有编目的集中和统一的编目机构。它负责执行国防部的所有12个编目职能，并提供直接编目服务，以便为作战人员、所有国防部机构以及大约50个北约和其他盟国提供支持。此外，它还负责作战指派、生命周期维护以及与各军种就740万个国家库存编号和与每个补给品相关的所有描述性数据进行协作。

(i) 位于宾夕法尼亚州梅奇尼克斯堡的国防后勤局文件服务科。国防后勤局文件服务科负责提供从传统胶印、按需输出到在线文件服务的全套文件服务。此外，国防后勤局文件服务科是工人的一个积极推动国防部使用在线文件和服务的转型服务科。国防后勤局推出的倡议包括：在线客户电子商务界面、用于客户共享功能的电子文档管理卓越中心、分配和打印服务（例如，将数字文件分配到多个生产设施并按需打印）、装备管理解决方案（例如，为客户工作区中最具价值的文档支持装备提供解决方案）以及文档转换服务（例如，联邦政府中最大的服务提供商之一）。

(j) 位于俄亥俄州赖特·帕特森空军基地的国防后勤局交易服务科。国防后勤局交易服务科负责接收、编辑和传送各军种和联邦机构的后勤交易，以便进行标准的军事补给交易，并随时随地向国防部和联邦后勤部门的任意人员提供任何信息。

（k）位于宾夕法尼亚州新坎伯兰的国防后勤局配送科。国防后勤局配送科是美国军方全球配送支援的主要供应商，包括接收、储存和发放供应品，以及提供其他定制服务以提升作战人员战备水平。国防后勤局配送科通过广泛的服务提供最有价值的供应链解决方案，包括存储、配送、定制套件和专业包装以及运输支持和技术开发。国防后勤局配送科的客户涵盖了美国陆军、海军陆战队、海军、空军和其他机构。有超过 10 000 名员工为全球客户提供及时的配送服务。在 2013 财年，国防后勤局配送科处理了近 1600 万份全球客户支援需求订单，其中包括"新曙光行动"和"持久自由行动"、大量人道主义援助任务和确保战备状态的大量军事演习。

b. 国防合同管理局是国防部的组成部分。它直接与国防供应商合作，以帮助国防部、联邦政府和盟国政府的补给品和服务能够依照计划成本按时交付，并满足所有性能要求。国防合同管理局向国防部采办企业及其合作伙伴提供合同管理服务，以确保向作战人员提供高质量的产品和服务，并保证按时按成本付款。这些服务包括：采办规划支持、合同管理、金融服务、工程支持服务、财产管理、质量保证和产品验收、软件采购管理、小型企业和专业安全支持。在采办周期的初始阶段和最终合同的整个生命周期中，国防合同管理局专业人士扮演着军方、联邦政府和盟国政府采办机构的"信息经纪人"和代理人的角色。在合同成立之前，国防合同管理局负责提供建议和信息，以协助推进有效的招标，识别潜在风险，选择最有能力的承包商，并编写满足国防部、联邦和盟国政府需求的合同。合同签订后，国防合同管理局负责监控承包商的执行和管理系统，以确保成本、产品性能和交付时间表符合合同条款和条件。

c. 国防合同审计局向国防部和其他负责采办和合同管理的联邦机构提供审计和财务咨询服务。国防合同审计局在主管审计的国防部副部长/首席财务官的授权、指导和控制下运作。国防合同审计局在为其主要客户（即公众利益）服务的同时，也为国防部执行所有必要的合同审计，并向国防部负责采办和合同管理的所有部门提供有关合同和分包合同的会计和财务咨询服务。在提供这些服务时，应当与合同和分包合同的谈判、管理和结算情况相结合，以确保纳税人的钱花在刀刃上。国防合同审计局应酌情向其他联邦机构提供合同审计服务。

11-11. 陆军部批准的财产责任记录系统

a. 后勤管理计划。后勤管理计划负责提供全面、现代化的后勤解决方案，使陆军装备司令部能够提供世界一流的后勤战备。自2003年7月投入使用以来，后勤管理计划提供了一套完全整合的软件和业务程序，简化了武器系统、备件、服务和装备的维护、修理和大修、规划、财务、采办和补给。如今，后勤管理计划为所有的陆军装备司令部生命周期管理司令部、陆军保障司令部、国防财务会计服务局以及其他陆军部门提供服务。该计划管理着价值数十亿美元的库存，涵盖了数万家供应商，并整合了70多个国防部系统。如今，后勤管理计划已经全面部署，并在全球50处设有运营点，拥有大约25 000名用户。陆军装备司令部后勤管理计划已被指定为陆军批准的批发级别的财产责任记录系统。

b. 全球作战支援系统-陆军。全球作战支援系统-陆军负责向体系资源规划系统计划提供战术后勤和财务数据，以整合维修零件供应库存、正式财产责任、维护和后勤业务程序。它还提供了基于陆军角度的批发级别以下的补给和维护信息。全球作战支援系统-陆军使得指挥官能够预测、分配和同步所有作战区域的资源流动。全球作战支援系统-陆军通过利用陆军指挥与控制系统和联合系统，将其作为后续计划，来替代老化的、落后的战术后勤系统和相关的财务能力和接口。这种基于网络的系统，由笔记本电脑和自动识别技术设备提供支持，使用强大的可部署通信为有限的非连接操作和连接操作提供职能，以便使所有层级的所有用户能够连接到中央数据库。全球作战支援系统-陆军拥有商业情报和商业仓库报告能力，包括财产登记、维护和补给活动。

c. 陆军体系系统整合计划。陆军将持续更新其体系资源规划业务系统，以简化操作、优化程序，并向所有用户提供准确的体系业务信息视图。该倡议的一个关键组成部分是陆军体系系统整合计划。陆军体系系统整合计划作为陆军后勤和金融体系资源规划业务系统的体系中心，负责整合业务程序和系统，包括：后勤管理计划——国家后勤系统；全球作战支援系统-陆军——战术后勤系统；通用资金体系业务管理系统——陆军的财务系统。陆军体系系统整合计划通过整合现有的信息技术系统链接业务程序和数据来实现整合。这种整合优化了业务程序并支持体系级别的信息需求。陆军体系系统整合计划成功地为客户和供应商主数据的创建和管理提供了基于网络的解决方案，并实施了优化的消息传递和中心服务能力。陆军体系系统整合计划还包含并提供陆军体系物资主数据，这也为陆军提供了支持所有陆军部门（现代化和旧有）系统的物资数据的单一、权威来源。此外，陆军体系物资主数据还是管理、控制、创建、更改、存档和验证数据的催化剂，同时提供了装备的单一全局视图，从而为产品生命周期管理/武器系统管理提供了基本的构建模块。体系物资主数据的实施使得库存管理、责任、定价、会计职能和物资需求规划行动能够无缝整合到陆军体系规划中。

d. 主要装备整合官决策支持工具是陆军的协作工具，用于同步基于陆军优先事项和指令的装备分配和再分配。决策支持工具接收来自后勤信息仓库的信息，这是陆军唯一的权威装备数据库。为了给分配和再分配行动提供一个通用操作画面，后勤信息仓库从以下来源接收数据：财产登记单位补给强化系统、全球作战支援系统-陆军、后勤现代化计划、陆军战争储备部署系统、兵力管理系统网站和陆军装备体系系统。整个企业的装备经理能够获得几乎实时的资产可视性，制定装备计划以及规划单位战备。

e. 国家级别的弹药能力是针对第Ⅴ类补给品的国防部可视性工具，为所有军种的弹药在非保密和保密两方面提供执行物资可视性和管理的联合能力。

第四部分 总结、关键术语和参考文献

11-12. 总结

陆军维持程序、组织和管理体系不断转型，以应对我国的挑战，并为联合部队指挥官提供独特的后勤支持；在整个军事行动范围内实现行动自由。后勤人员提供必要的能力，使部队能够防止战争、塑造战争以及赢得战争。

11-13. 关键术语

a. 预期。能够预见事件和需求，并启动必要的行动，以最恰当地满足需求，而无需等待军事行动订单或零碎订单。

b. 集装箱管理。建立和维护国防运输系统内所有货物集装箱的可视性和可问责性的过程。

c. 连续性。在各个级别的战争中提供不间断的维持。

d. 后勤指挥权。为获得完成指定任务所需的尽可能多的共同保障能力，作战指挥官有权向下级联合部队指挥官的军种组成部队指挥官发出指令（参见《联合出版物》3-33）。

e. 节约。以有效的方式提供维持资源，使指挥官能够最大限度地利用所有资产。

f. 随机应变。使维持行动适应影响任务的意外情况或环境的能力。

g. 整合。在行动中整合所有的维持要素，确保指挥和工作的统一。

h. 多式联运。利用多种方式（航空、海运、公路、铁路）和多种运输工具（卡车、驳船、集装箱、货盘），通过远征入境点和专门运输节点网络运送兵力、补给和装备以维持陆军的过程。

i. 后勤。规划并执行军队调动和支援的活动。它包括军事行动的部分方面，涉及设计和开发、采办、储存、调动、分配、维护、疏散和处置物资；设施的购置或建造、维护、运营和处置；以及获取或提供服务。

j. 运输方式。使用各种运输工具（例如，卡车、驳船、铁路和飞机）进行的运输货物的行动。

k. 运输控制。这是一个双重程序，用于根据司令部设定的优先等级来调配分配的运输资产，并调节行踪，通过同时对陆、海、空交通线进行流量分配，以维持陆军。

l. 人事服务。为部队提供人员和资金，维持军人及其家属的战备状态，提升国家的道德和伦理价值观，并增强军队的战斗素质的维持职能。

m. 港口开放。建立、初步运营和促进卸货港吞吐量的能力，以支持联合地面作战。

n. 响应能力。对不断变化的需求作出响应，并满足维持支援能力的需求。

o. 简单化。将维持的复杂性降至最低的过程和程序。

p. 维持。提供必要的后勤、人事勤务和卫生勤务支持，以维持作战行动，直到任务得以顺利完成。（参见《陆军条令出版物》4-0）

q. 作战环境的持续准备。为支持和延续指挥官的作战规划，分析作战环境中有优化效果或对友军有负面影响的基础设施、物理环境和资源。

r. 维持作战职能。为确保行动自由、扩大作战范围和延长作战时间而提供支援和服务的相关任务和系统（参见《陆军条令参考出版物》3-0）。

s. 战区关闭。从战区重新部署陆军兵力和装备，陆军非单位装备和物资的缩编、清除或处置，以及将物资和设施移交给东道国或民政当局的过程。

t. 战区分配。战区内满足作战指挥官任务需求的装备、人员和物资的流动。

u. 战区开放。建立和运营卸货港（空中、海上和铁路）的能力，建立配送系统和维持基地的能力，以及为战区内部队的接收、集结、前进和整合提供港口吞吐量的能力。

v. 出版物。按新编号列出的《野战手册》和选定的联合出版物（同时也列出旧编号）。

11-14. 参考文献

（1）联合出版物。大多数联合出版物均可在线获得：http://www.dtic.mil/doctrine/--.

（a）JP 1, Doctrine for the Armed Forces of the United States, 25 Mar 2013.

（b）JP 1-02, Department of Defense Dictionary of Military and Associated Terms, 8 Nov 2010 (amended 15 Jun 2015).

（c）JP 1-06, Financial Management Support in Joint Operations, 2 Mar 2012.

（d）JP 2-03, Geospatial Intelligence Support to Joint Operations, 31 Oct 2012.

（e）JP 3-0, Joint Operations, 11 Aug 2011.

（f）JP 3-08, Interorganizational Coordination During Joint Operations, 24 Jun 2011.

（g）JP 3-28, Civil Support, 31 Jul 2013.

（h）JP 3-33, Joint Task Force Headquarters, 30 Jul 2012.

（i）JP 3-34, Joint Engineer Operations, 30 Jun 2011.

（j）JP 3-35, Deployment and Redeployment Operations, 31 Jan 2013.

（k）JP 4-0, Joint Logistics.

（l）JP 4-01, Joint Doctrine for the Defense Transportation System, 6 Jun 2013.

（m）JP 4-01.5, Joint Terminal Operations, 6 Apr 2012.

（n）JP 4-02, Health Service Support, 26 Jul 2012.

(o) JP 4-06, Mortuary Affairs, 12 Oct 2011.

(p) JP 4-08, Logistics in Support of Multinational Operations, 21 Feb 2013.

(q) JP 4-09, Distribution Operations, 19 Dec 2013.

(r) JP 4-10, Operational Contract Support, 16 Jul 2014.

(s) JP 5-0, Joint Operation Planning, 11 Aug 2011.

(2) 陆军出版物。大部分陆军条令出版物均可在线获得：http://www.apd.army.mil/--.

(a) Army Doctrine Publication (ADP) 3-0 (FM 3-0), Unified Land Operations, 10 Oct 2011.

(b) ADP 4-0 (FM 4-0), Sustainment, 31 Jul 2012.

(c) ADP 5-0, The Operations Process, 17 May 2012.

(d) ADP 6-0, Mission Command, 17 May 2012 with Changes 1 and 2.

(e) Army Doctrine Reference Publication (ADRP) 1-02, Operational Terms and Graphics, 2 Feb 2015 (replaced FM 1-02).

(f) ADRP 3-0, Unified Land Operations, 16 May 2012.

(g) ADRP 4-0, Sustainment, 31 Jul 2012.

(h) ADRP 5-0, The Operations Process, 17 May 2012.

(i) ADRP 6-0, Mission Command, 17 May 2012, with changes 1 and 2.

(j) AR 11-1, Command Logistics Review Program, 27 Nov 2012.

(k) AR 11-2, Managers' Internal Control Program, 26 Mar 2012.

(l) AR 27-10, Military Justice, 3 Oct 2011.

(m) AR 30-22, The Army Food Program, 24 Jul 2012.

(n) AR 700-8, Logistics Planning Factors and Data Management, 15 Mar 2011.

(o) AR 700-80, Army IN-Transit Visibility, 24 Sep 2008.

(p) AR 700-131, Loan, Lease, and Donation of Army Materiel, 23 Aug 2004.

(q) AR 700-137, Logistics Civil Augmentation Program (LOGCAP), 28 Dec 2012.

(r) AR 702-6, Ammunition Stockpile Reliability Program, 2 Dec 2016.

(s) AR 710-2, Supply Policy Below the National Level, 28 Mar 2008.

(t) AR 711-6, Army Participation in the Defense Logistics Agency Weapon

System Support Program, 15 May 2009.

(u) AR 715-9, Operational Contract Support Planning and Management, 20 Jun 2011.

(v) AR 735-5, Property Accountability Policies, 10 May 2013.

(w) AR 750-1, Army Materiel Maintenance Policy, 12 Sep 2013.

(x) Army Techniques Publication (ATP) 4-0.1, Army Theater Distribution, 29 Oct 14.

(y) ATP 4-90, Brigade Support Battalion, 2 Apr 2014.

(z) ATP 4-91, Army Field Support Brigade, 15 Dec 2011.

(aa) ATP 4-92, Contracting Support to Unified Land Operations, 15 Oct 2014. (cc) ATP 4-94, Theater Sustainment Command, 28 Jun 2013.

(bb) ATP 4-15, Army Watercraft Operations, 3 Apr 2015.

(cc) ATP 4-33, Maintenance Operations, 14 Apr 2014.

(dd) ATP 4-42-General Supply and Field Services Operations, 14 Jul 2014.

(ee) DA Pamphlet 735-5, Property Accountability Procedures and Financial Liability Officer's Guide, 23 Mar 2016.

(ff) Field Manual (FM) 1-0, Human Resources Support, 1 Apr 2014.

(gg) FM 1-04, Legal Support to the Operational Army, 18 Mar 2013.

(hh) FM 1-05, Religious Support, 5 Oct 2012.

(ii) FM 1-06, Financial Management Operations, 15 Apr 2014.

(jj) FM 3-04.111, Aviation Brigades, 7 Dec 2007.

(kk) FM 3-05, Army Special Operations Forces, 9 Jan 2014.

(ll) FM 3-28, Civil Support Operations, TBP.

(mm) FM 3-34, Engineer Operations, 2 Apr 2014.

(nn) FM 4-02, Army Health System, 26 Aug 2013.

(oo) FM 4-95 Logistics Operations, 1 Apr 2014.

(pp) FM 27-10, The Law of Land Warfare, 18 Jul 1956.

(rr) HQDA General Order, 2017-01, Assignment of Functions and Responsibilities within Headquarters, Department of the Army, 5 Jan 2017.

第十二章 军事人力资源管理

第一部分 导言

12-1. 军事人力资源管理

人力资源管理一词已被陆军领导层广泛接受，并且随着时间的推移，已被融合进以前用于描述人事管理和人事管理职能的政策和条令。从最一般的意义上讲，人力资源管理是一系列有关雇佣关系的综合决定，这些决定会影响人员和组织的效率。军事人力资源管理是整个陆军人力资源管理运行的主要组成部分。它已经从支持者的角色演变为陆军的战略推动者。今天我们所面临的挑战要求从个人和单位的角度就兵力结构需求、征募和超期服役计划、福利计划以及人员战备情况作出明智的决定。人力资源领导者必须具备专业和专门技能，以应对这些挑战，并管理包括人力资源生命周期模型的职能和整合系统在内的计划。

12-2. 军事人力资源生命周期职能

广义上讲，军事人力资源生命周期职能通过执行下述基本职能来描述人事管理程序，这些基本职能包括规划、组织、指导和监督在人事管理和运行所需的有效程序。人力资源生命周期管理职能来源于陆军生命周期，如下所示：

a. 人员结构。陆军兵力发展职能的人力资源部分，在此部分中确定并记录了人员需求和授权。

b. 采办。该职能可确保陆军配备正确的等级和技能，以满足兵力需求，它包括三个组成部分：

（1）人力管理。连接入伍、超期服役和晋升目标与陆军需求的程序。陆军需求是根据规划、计划、预算和执行程序中的军事人员配备计划进行衡量的。

（2）入伍和超期服役管理。将人力目标转换为任务并监督执行的程序。

（3）训练整合。建立对训练计划的需求，以及控制受训人和学员的输入和跟踪的系统。

c. 分配。根据陆军的需求和优先事项将可用士兵分配给部队的职能。

d. 发展。此功能从入伍训练开始，贯穿军人的整个服役期间。它包括机构训练、自我发展、领导能力培养以及配套计划，例如，自愿教育、评估、晋升和指挥选择系统。

e. 部署。此职能使陆军可以从"准备模式"转换到"军事作战指挥"模式。部署包括动员、部署、重新部署、复员、安置、非战斗人员撤离和遣返。

f. 薪酬。此职能包括对军人、退休人员和领取年金的人员的所有薪水、津贴、福利和财务权利的管理。这项职能所涉及的金额超过了陆军预算授权总额的 1/3。

g. 维持。该职能涉及对各项计划的管理，以维护和改善军人、文职人员、退休人员及其家庭成员的福祉。

h. 过渡。当个人离开现役组成部队进入预备役组成部队或平民生活时，此功能将为军人、陆军文职人员以及各家庭成员提供帮助。

12-3. 人力资源领导

a. 负责人力与预备役事务的陆军部助理部长主要负责人力、人事和预备役组成部队事务的整体监督。

b. 主管人事的副参谋长作为美国陆军的人事倡议者，负责决定军事人员管理系统的总体目标。主管人事的副参谋长还负责为陆军参谋部倡议者对该系统的职能和计划的监督制定政策并实施。

c. 美国陆军人力资源司令部司令是陆军军事人员管理系统的职能倡议者，并在主管人事的副参谋长设定的目标范围内运作陆军的军事人力资源系统。美国陆军人力资源司令部司令也同样支持军事人力资源管理系统在人员数据库和自动化系统的设计、开发和维护方面的自动化需求。

d. 美国陆军军人支援研究所司令负责发展和协调作战概念、物资需求、编制和兵力设计需求，并将训练整合进副长官学校的教学课程中。

12-4. 重要的军事人力资源出版物

a.《陆军条例》600-8"军事人员管理"。本条例建立了军事人员管理系统。它描述了系统的职能结构，并建立了用于指挥、整合和协调系统执行的组织结构。《陆军条例》600-8 系列负责解决军事人员管理领域中的具体问题。

b.《野战手册》1-0"人力资源支持"。这份《野战手册》介绍了美国陆军的人事条例，它如何在整个冲突范围内适应陆军的作战概念，以及它如何支持部队指挥官和军人的作战。它提供了一个对人力资源支持的通用解释，涵盖了人员信息和战备的管理概念；人员替换、人员伤亡和邮政服务；人员统计和兵力报告；动员和复员；以及其他重要人事服务。

c.《陆军条例》600-3"陆军人事倡议系统"。

（1）人力资源司令部负责管理人事倡议系统、指定人事倡议者、分配其基本职责，以及确定人事生命周期管理职能。人事倡议系统的目标如下：

（a）确定负责各个职业领域（军官、准尉、士兵和文职人员）所有人事事务的单一代理人（倡议者）。

（b）确定所有与职业领域相关的事务的责任。

（c）确保将文职人员纳入人事倡议系统。

（d）确保陆军部总部制定的人事管理政策和计划纳入了与职业领域相关的考虑。

（e）提高对将军官人事管理系统、全体准尉系统、士兵人事管理系统以及文职人员纳入人事倡议系统这一目标的认识，并推动这一目标的实现。

（2）人事倡议的职能是通过大约 54 个人事倡议办公室与人力资源司令部一起完成的。这些倡议机构共同协助主管人事的副参谋长处理与人事有关的所有事务。

（3）倡议职能的框架由 8 个生命周期管理职能组成。人事倡议系统作为最诚实的"经纪人"，能够确保人事系统在各个方面的公正性、完整性、准确性和及时性。

12-5. 军事职业分类与结构体系

a. 军事职业分类与结构系统将人力需求转化为特定的技能和级别层级。《陆军条例》611-1 "军事职业分类与结构发展与实施"阐明了与该系统相关的政策。《陆军部手册》611-21 "军事职业分类与结构"阐述了一些程序和详细军官、准尉与士兵的分类和结构指南。《陆军条例》611-1 出版物的电子版可以在美国陆军出版局网站（www.usapa.army.mil）上获得。《陆军部手册》611-21 是一份实时文档，可在 milSuite 网站（https://www.milsuite.mil/book/groups/smartbookdapam611-21）上找到。

b. 军事职业分类与结构中的职业识别码的变更通常由需求确定程序驱动。人事倡议者根据《陆军条例》600-3 规定的职责，就推荐的分类标准向系统递交提议的变更。人事职业专用代码编辑系统是由主管人事的副参谋长维护的自动化系统，用于编辑和更新授权的自动化人事系统中的数据，是一份正式的军事职业编辑文件。该文件是根据军职分类与结构系统中的批准修订进行更新的。它包括了一份清单，记录了所有授权的授衔军官、准尉和士兵的识别码；与这些识别码相关的级别；以及其他人员信息。

12-6. 人力资源程序核心中的相关文件和系统

a. 现役陆军军事人力计划。人力计划可以是每月更新的，也可以作为规划目标备忘录、国防部部长办公室预算提案以及总统预算的决策计划制定。它是由士兵级别的模型产生的报告。士兵级别的模型利用线性程序，可以在诸如财年年终兵力、入伍年数和征募能力等约束条件下运行，以编制出与兵力结构定额尽可能匹配的作战兵力。它还具有长达 7 年的兵力损耗行为，用作预期（预测）数据库。数据库的输入值是最新的可用兵力、增益和损耗兵力数据。现役陆军军事人力计划的重要数据来自（或将来自）几个人力资源系统，其中大部分将在本章后面讨论。这些系统包括下列模型构成的一组预测：军官预测模型；士兵专长模型；个人账户模型；以及美国陆军训练需求和资源系统。现役陆军军事人力计划负责记录和/或计划美国陆军兵力；损失和收益；兵力结构限编制定额；训练投入；军官、军校学员和女性计划；以及受训人员、临时人员、受控人员和学员（即未分配进入部队的士兵，以下简称为 TTHS）名册。

b. 总体陆军人事数据库。总体陆军人事数据库是一个自动化、标准化的数据库，其中包含军队人事数据，以便按照人力资源司令部和国民警卫队的要求，在和平时期以及动员的情况下全面支持人员配备和维持职能。它由多个整合的数据库组成，但这些数据库在实体上属于分布式设置，包括：总体陆军人事数据库-现役军官、总体陆军人事数据库-现役士兵、陆军预备役数据库、陆军国民警卫队数据库，以及核心数据库。其中，总体陆军人事数据库核心数据库包含了支持动员所需的每个组成部队数据库中的精选数据要素。

c. 军事人事电子办公室。这个基于网络的自动化人员信息系统是陆军的档案数据库，也是主要的人力资源系统。军事人事电子办公室具有以下职能：向指挥官提供管理信息报告；执行自动化野战档案记录维护；以及向总体陆军人事数据库-现役士兵/现役军官，士兵分配和指派系统-现役士兵以及军官人事管理信息总系统-现役军官提供自动化人事信息。军事人事电子办公室基于网络，使用集中式数据库，能够在人事信息方面实现接近实时的、全陆军范围的可视性。

d. 士兵专长模型。士兵专长模型是陆军部总部决策支持系统的一部分。该模型是一种人事规划优化模型，用于计算推荐的军事职业专业和级别、士兵入伍以及主要用于支持入伍的训练以及在役的重新分类/重新征募和晋升，以便在整个计划目标备忘录周期内保持兵力的平衡。

e. 军官预测模型。军官预测模型使用时间序列预测技术来验证当前人力政策提案的总体影响。它通过最小化每个竞争种类和级别中的计划作战兵力与预期作战兵力之间的差异来保持兵力的平衡。其主要输入物为授权数据、库存数据、损耗率和晋升目标。该模型提供的输出数据可以导入电子表格或文字处理文档进行分析和报告。军官预测模型的输出物能够支持计划和预算的制定、政策分析以及其他管理活动，同时也是士兵等级的输入物或限制因素。

f. 现役陆军兵力预测器。现役陆军兵力预测器是由主管人事的副参谋长开发和使用的系统，替代了以前用于预测军官与士兵兵力、增益、损耗以及部队人员配备的几个旧有系统。该系统使用最新的方法——"以目标为导向的设计"，这一设计能够提供更精准、更及时的预测，同时能够显著增强详细信息（特定人群、性别等其他要素的比率），以支持主管人事的副参谋长的制定决策。它利用总体陆军人事数据库获取人事源数据，并生成现役陆军军事人力计划作为其主要报告之一。

g. 陆军训练需求与资源系统。陆军训练需求与资源系统是美国陆军的训练记录系统。它是一个自动化的信息系统，负责在平时以及动员时期为美国陆军部总部、各司令部、各学校和训练中心的训练管理信息提供人事输入值。该系统包含所有课程的详细信息，这些课程以美国陆军为授课对象和授课主体。陆军训练需求与资源系统的一个主要产品是陆军个人训练计划。

h. 陆军个人训练计划。陆军个人训练计划是一份任务文档，为现役军人、陆军预备役组成部队、陆军部文职人员、其他军种和外国军队的军官和士兵提供训练要求、目标和计划。训练是在财政年度的基础上制定和执行的，其目标是在每个军事职业专业及职能领域训练出足够的人数，以便达到在财政年度结束时的计划授权人数。

第二部分　结构职能

12-7. 军事人力管理

第三章讨论了兵力结构和兵力计划，阐述了兵力规模和人员配置方式，以及在文档系统中如何统计兵力。本节内容为第三章的延伸，将集中讨论在确定了兵力配置和规模之后，陆军如何管理人力和人员。

a. 宏观层面的人力管理职能包括确定需求、获取人力和分配资源。它包括确定最低限度的基本需求、提供资源的替代方案以及使用人力时应遵循的政策，涉及组织结构的发展与评估以及对使用情况的审查。人力管理包括现役组成部队、美国陆军国民警卫队与陆军预备役部队中的军人，陆军文职人员的人力资产，以及某些承包商资产（针对人力需求由合同服务而非美国陆军军事或文职人员满足的情况）。

b. 人力主管从组织结构的视角处理人力资源需求，从而以最高效、最经济的方式利用它们。首先，他们聚焦于需要具有明确的级别和技能的人员所执行的特定任务这一需求。然后，他们聚焦于确定授权（员额）将支持哪些需求。最后，他们将 TTHS 名册（也称为个人名册）中的需求与兵力结构授权结合，以便在现有限制范围内，按级别与技能分类确定美国陆军需求。同时，人力资源主管在人员的获取、训练以及分配过程中聚焦于支持需求。

c. 国会、管理与预算办公室、国防部部长办公室以及陆军部部长办公室不会直接参与单个军事人员的管理工作，但是他们会制定一些政策，这些政策将规定这些资源的可得性以及参与人事管理工作的人员的管理范围。诸如限制永久性调动、规定任期时长、设置军官级别限制或设置雇用所在国人员数量上限的政策将影响人事主管的灵活性。国防部部长办公室以及管理与预算办公室（参与程度更加有限）也参与了兵力结构的建设。陆军部以上层级的主管主要关注员额的管理，而低于陆军部总部层级的主管则越来越关注人员及其相关成本的管理。陆军部层级的大部分工作涉及整体的兵力结构和库存方面的决策，而非级别与技能这些子集。在较低层级上，人力资源程序则更多地聚焦于人员的管理。每当兵力结构发生变化时，在许多支持人力规划与人力资源管理的系统上都会存在重要的因果关系。

12-8. 陆军部总部的人力管理

a. 在宏观层面管理军事人力的时候，人力资源主管使用的一个重要衡量指标是作战兵力差额。作战兵力差额是对作战兵力（人员）在多大程度上偏离了兵力结构限额（员额）的测量。不得将作战兵力与兵力结构限额混淆。但是，预期的作战兵力规模将提供关于多大规模的结构能够被实际配备的建议。全年中，造成这些差额的原因很多，例如，未知的超期服役率以及采办的季节性波动。人事主管必须不断地监视作战兵力差额并调整人事政策，以便确保陆军的作战兵力与员额实现最佳匹配。同时，陆军必须遵守国会的命令，以确保在每个财年的最后一天达到授权财年的年终兵力。

b. 虽然目标是尽量减小兵力结构限额与作战兵力之间的差异或偏差，但有些差额（如作战兵力差额）几乎总是存在的。正差额（作战兵力大于兵力结构限额）表示当前部队中的人员超过了结构需求人员。负差额（作战兵力小于兵力结构限额）表示可用人员少于填充结构所需的人员。从总人数减去TTHS人员，即可轻松地计算出作战兵力。作战兵力差额则为作战兵力减去部队结构限额。

c. 在任何特定的时候，作战兵力的规模都会受到两个要素波动的影响：总兵力（财年年终兵力）以及TTHS的总人数。作战兵力随时间发生的变化以及兵力结构限编制定额的规模都会对作战兵力差额产生影响。通常，只有在财年结束时（财年年终兵力）才会对比这些数量。但是，通过计算出这些数量的每人的年价值，通过全年平均值来了解情况通常更有意义。这通常能够比非典型且扭曲的财年年终兵力表提供更多的信息，因为后者只反映一年中一天的情况。图12-1说明了刚才讨论的各个兵力组成之间的关系。

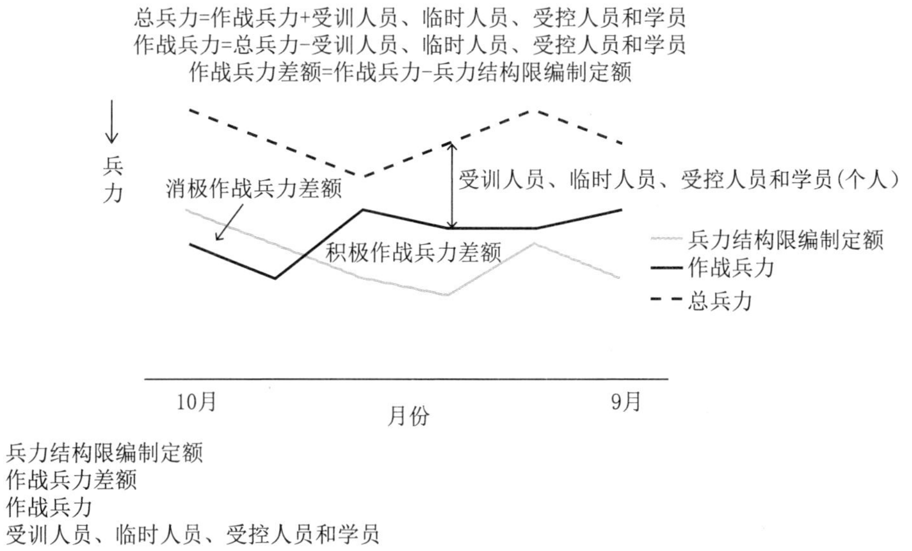

总兵力=作战兵力+受训人员、临时人员、受控人员和学员
作战兵力=总兵力-受训人员、临时人员、受控人员和学员
作战兵力差额=作战兵力-兵力结构限编制定额

兵力

消极作战兵力差额
积极作战兵力差额
受训人员、临时人员、受控人员和学员（个人）
兵力结构限编制定额
作战兵力
- - 总兵力

10月　　月份　　9月

兵力结构限编制定额
作战兵力差额
作战兵力
受训人员、临时人员、受控人员和学员

图12-1　人力兵力关系

d. TTHS的人员总数在全年中的波动很大。造成这一现象的原因有很多，例如，临时人员会在夏季出现季节性增长，而受训人员则会在秋季与冬季出现季节性增长。以往的经验和针对政策变化带来的影响的预估，使得该名册中的人员数量基本可预测。近年来，这类人员数量的平均值约为总兵力的13%。

e. 通过了解TTHS与总兵力的预测数值，人力规划人员可以轻松地确定可分派兵力的规模，并且将其作为确定兵力结构限编制定额的基础，用于建设授权单位。TTHS人员数量、兵力结构限编制定额和国防部部长办公室的预测报告均被包含在现役陆军军事人力计划中。

f. TTHS人员数量往往会受到现行人事政策的直接影响。对TTHS人员数量规模产生影响的政策的实例有很多，例如，军人伤亡、对预计的部署兵力数量的填补以及训练需求和政策。由于TTHS人员可以直接影响用于进行兵力结构限编制定额人员配备的兵力数量，因此这些政策也会直接影响陆军可投入战场的部队和机构的数量。因此，人力和人事主管面临着不断的挑战，以确保在使用授权员额和获取、训练和分配人员财产之间保持平衡，以满足陆军需求。陆军各个编制文档中记录的人员需求，每天都会随着不同的部队和机构的进入现役、退出现役或发生变更而变化，但是，提供人员以便满足这些不断变化的需求的过程却慢得多。

12-9. 人事管理授权文件与更新的授权文件

a. 人事管理授权文档和更新的授权文档是用于记录现役组成部队军事授权的陆军文档。人事管理授权文档和更新的授权文档提供截至当前年度计划结束时的单位识别码、军事职业专业和级别的详细授权数据。人事管理授权文档和更新的授权文档将支持陆军的人员分配、兵力预测、计划、预算、入伍、晋升和训练工作。

b. 人事管理授权文档和更新的授权文档的主要输入数据来自兵力结构文件的年度更新文档，这份文档由陆军部总部主管作战、计划和训练事务副参谋长下属的兵力管理部提供。具体包括：结构与人力分配系统文件和陆军授权文档系列文件。人事管理授权文档以"锁定的"结构与人力分配系统文件为基础。在正常情况下，一年中会生成2份"锁定的"结构与人力分配系统文件以及2份相应的人事管理授权文档。在各个指挥计划之间，通常会作出导致授权发生重大变化的决策。定期生成对人事管理授权文件授权进行调整的更新授权文件，以记录此类更改。陆军将发布更新的授权文档，以记录人员结构的新变化。在正常情况下，一年会发布2份更新的授权文档。人事部门使用人事管理授权文件及其最新的更新授权文档作为当前年度和预算年度的现役部队授权的唯一来源。授权包括单位识别码、军事职业专业、级别和额外技能标识详细级别。人事管理授权文档和更新的授权文档的重点在于近期人员分配的详细信息。人事管理授权文件是制定有关入伍、训练、兵力调整、晋升和人员分配决策的基础。在本书中，"人事管理授权文件"这个术语指的是人事管理授权文档本身或其最新的授权文档。

12-10. 概念兵力系统

根据需要，陆军还可以发布概念兵力。概念兵力提供的授权数据与人事管理授权文件或更新的授权文档的数据一样，即直至计划结束时，当前年份现役组成部队对于单位识别码、军事职业专业以及细节级别的授权。两者的区别在于，设想的兵力系统反映的是尚未获得批准的兵力结构或人事结构决策。设想的兵力系统文件的目的仅仅是为分析提供支持，而且它的分布有限。

12-11. 军事兵力调整

兵力调整是按级别和职业管理领域/军事职业专业，同时管理不断变化的作战兵力和员额，重塑当前部队，以便满足未来的需求。在"规划、计划、预算和执行"程序的 6 年周期中，每个月都会对不断变化的现役陆军军事人力计划、人事管理授权文件和预算进行集中管理；确保军事人员技能符合要求且可供分配。兵力调整工作的目的在于使军事人员计划保持协调，包括晋升、征募、入伍、训练、重新入伍、重新分类以及特殊和激励性质的酌情调整薪酬的协调。同时，将尽一切努力为合格军人提供符合陆军人员配备水平的专业职业发展。进行兵力管理所用的论坛包括职能审查、人员职能评估、结构和人员配备决策审查、月度军事人员审查、训练资源仲裁小组和职业管理领域的审查。塑造军官与士兵的内容涉及整个人事部门，并存在于计划与执行各个阶段。士兵兵力模型是对士兵兵力调整进行分析的主要规划工具。目标是实现当前年度、预算年度和计划年度的人事管理授权文档级别和职业管理领域/军事职业专业与作战兵力匹配。

第三部分　征募职能

12-12. 士兵征募

a. 以人事管理授权文档（按技能和级别授权）、"总体陆军人事数据库-现役士兵"（现有技能和级别）和现役陆军军事人力计划（预计入伍总数）的输入数据为基础，士兵专长模型预测了各军事职业专业的训练人数和需求人数。相应地，这些数据又被用于制定年度计划和陆军个人训练计划，并将人员输入数据反馈给陆军训练需求和资源系统，该系统连接着征兵配额系统和再次应征入伍/重新分类系统（图 12-2）。

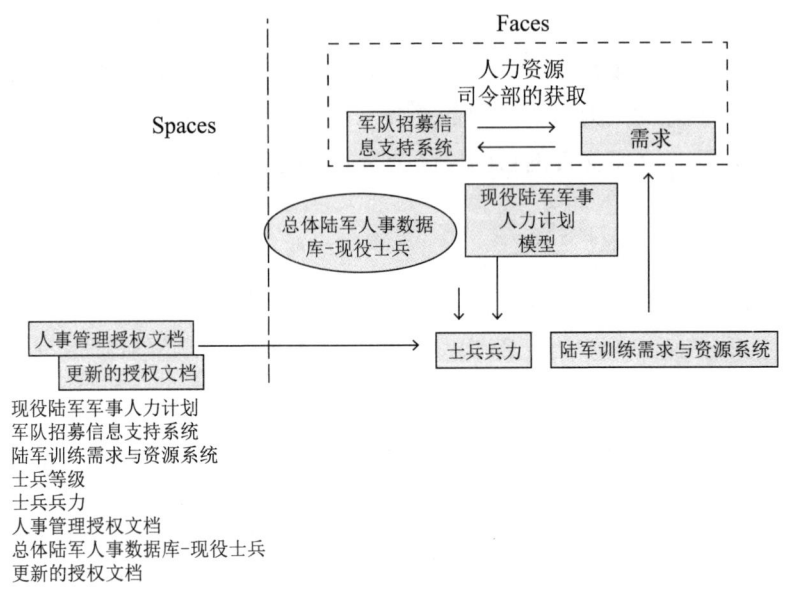

图 12-2 士兵征募

b. 美国陆军征兵司令部的任务是获得足够数量的满足质量要求的新兵，以便同时满足现役组成部队和陆军预备役的需求。现役组成部队征募选项提供了吸引自愿入伍士兵的机会。选项包中涵盖多种选择，对申请人的激励措施有训练保障、部队/驻扎地的精选职位（主要适用于先前已服役的申请人）以及额外津贴或教育激励。此外，征兵期的长短因不同选项和技能而各不相同。

（1）人员质量标准的限制。征兵人员将受到质量标准的限制，他们必须达到这些质量标准。潜在的应征者将接受武装部队职业能力测验，并根据测验结果被分入 10 个能力领域。应征者将被分入不同的测试成绩类别，并确定其基本征募资格和特别军事职业专业资格。法律和陆军政策都限制了征兵部队可能招募的特定测试类别的人员数量。美国陆军先前未服役人员入伍质量计划旨在最大限度地增加高中文凭毕业生和测试成绩较高的毕业生的人数，并为测试成绩较低的类别设定了人数上限。

（2）军事职业专业训练目标。在进行部署之前，所有新兵都要接受至少 12 周的首次入伍训练。所有由美国陆军征兵司令部征募的新兵都会签署一份特定的军职专业合同，各军事职业专业将由资源配备齐全的训练单位提供支持。人力资源司令部将利用来自士兵专长模型的预估报告，在年度计划中为每个军事职业专业预测首次入伍训练年度需求，然后将这些需求输入陆军训练需求与资源系统。在陆军训练需求与资源系统中，首次入伍训练的需求应当与职业发展和其他训练需求相结合，并提交至结构和人员配备决议进行审查，以便进行资源配备。一旦获得美国陆军领导层的批准，所有训练需求和经批准的训练计划都将在陆军个人训练计划中被确定。

（3）征募目标的管理。征兵配额系统是一个自动化的征募和训练员额管理系统，旨在支持美国陆军的征募和预备役组成部队的超期服役任务。该系统是一个全球性的实时交互式系统，它是一个控制装置，征兵人员和预备役组成部队负责超期服役工作的士官可以利用该系统将总任务目标转化为陆军军事职业专业需求。它使用一个全球通信网络，该网络配有多个远程数据终端，这些终端能够访问陆军训练计划共用数据库，陆军训练计划由美国陆军个人训练计划确定，并由训练资源仲裁小组来执行年度修订，通过增加或减少结构和人员配备决议审查和年度计划来满足当前需求。陆军训练需求与资源系统负责为征兵配额系统提供种类表和配额分配，陆军征募人员可以看到这些信息并按照需求征募士兵。该系统还负责提供来自远程数据终端的征募选项、入伍控制和管理信息报告的预留处理。

（a）征兵配额系统是为提高陆军征兵效率而设计的，为陆军提供了一种为入伍新兵分配训练资源的手段。非动员期间的征募选项是根据武装部队职业能力测验、体能测试、个人偏好和陆军军事职业专业需求对申请人的资格进行审查的结果。自动匹配算法能够使申请人的资格、意愿和能力与美国陆军的需求相匹配。资格审查和系统的其他功能则可以防止出现申请人被错误地征募至自己不具备资格的技能岗位的情况。

（b）征兵配额系统单位分配计划负责将单位空缺和分配指导文件添加到征兵配额系统。一部分在某一征募选项下可用的军事职业专业员额将负责确保首批指派人员能够被分配至特定的单位与站点。首批指派人员的分配应当基于计划的单位要求和分配政策。这主要用于先前已服役的军人。对于非先前已服役申请人，大多签订的为未承诺合同，这为分配系统提供了最大的灵活性，可以将他们分配到最能满足美国陆军需求的单位。

（c）征兵配额系统是一种控制工具，征募人员利用该系统将总征募目标转换为陆军军事职业专业需求。

(4) 入伍处理站。

(a) 入伍处理站是一个联合参谋服务机构,负责对武装部队申请人进行能力测试、体检、道德评估和行政审理。陆军部是入伍处理站的国防部执行代理。入伍处理司令负责指挥和控制入伍处理站。

(b) 一旦征募人员确定了申请人的入伍意愿及其感兴趣的领域,该申请人即可进入征兵筛选测试,这个测试以非正式方式说明了申请人可能在武装部队职业能力测验中取得的成绩。如果申请人仍然愿意入伍,则可以进入入伍处理站进行处理。

12-13. 准尉征募

a. 准尉是高度专业化的军官,根据技术能力和领导能力获得任命。征兵司令部负责为现役组成部队征募准尉候选人。主管人事的副参谋长负责根据军事职业专业为每个财年制定征募目标。征兵司令部使用此目标和内部制定的细化列表来指导征募工作,尤其是为当前或预计存在严重短缺的高难度技能军职专业的征募工作提供指导。申请人的来源有:优秀士官、陆军外部人员(主要是航空部门申请人)、其他在役人员(如来自其他军种的申请人)、授衔军官以及预备役组成部队成员。

b. 所有合格个人的申请都将由陆军部总部的选拔委员会进行评估。该委员会由征兵司令部领带,由校级军官担任主席,并由来自有需要审核的申请人的各个兵科的多名准尉担任委员。那些在绩优名单上被委员会推荐的人选,将以候选人身份进入准尉候选人学校,在有征募职位空缺时展示自己。然后,每位新的一级准尉都要参加相应的准尉基础课程以完成认证培训。

c. 陆军预备役的准尉征募、申请处理和选拔方式与现役组成部队的方式类似。不同的是,征兵司令部将针对陆军预备役部队的具体空缺征募准尉候选人。此外,征兵司令部负责接受并处理现役警卫队与预备役、单兵动员增援人员和第一类预备役人员空缺的申请。陆军预备役使用的委员会程序和学校候选人程序同样与现役组成部队使用的程序类似。陆军国民警卫队则通过内部征募工作,以公示职位空缺的方式来征集申请。其委员会程序和学校候选人程序的具体形式由各州副官长确定。所有预备役组成部队准尉申请人都要参加准尉候选人学校和准尉基础课程。许多准尉基础课程也都有针对陆军预备役部队的版本。

12-14. 授衔军官征募

a. 人事管理授权文档是军官需求的权威文档。授权是根据单位、集结地域和除一级准尉以外的各级别进行确定的。美国陆军没有针对一级准尉的授权。每年授权军官的征募数量都是根据当前授衔军官的数量和主管人事的副参谋长预测的损失分析确定的。之后，人力资源司令部将年度征募数量分配给各兵科。主管人事的副参谋长再将各个兵科的名额分配给每个授衔军官的申请单位。必须确保每年都拥有足够数量的完成训练的人员（按级别、集结区域和技能分类），以供未来使用。《美国法典》第10编规定了有关军官财年年终兵力管理的一些限制。在美国陆军授权的财年年终兵力中，没有为军官队伍设置具体的兵力结构限编制定额。但是，对于校级军官，《美国法典》第10编对其各级别的军官人数与整个军官队伍规模的比例进行了限制。同时，训练方面的制约条件也限制了每个兵科可征募的军官人数。

b. 军官来源。基础兵科的军官的来源有：军官候选人学校、预备役军官训练队以及美国军事学院。需求由主管人事的副参谋长确定，并通过各种授衔计划和专门兵科计划进行填充。为了补充这些需求，还会采用召回预备役军官、召回退役军官、直接任命和跨军种调动的方式。其中，跨军种调动计划使陆军可以利用空军、海军、海军陆战队或海岸警卫队的成员，以填补中级军官的短缺。由于其他军种正在缩减军官的人数，该计划被证明是有效的。所有授衔军官都必须接受法定的8年服兵役义务，该义务可通过同期或后续义务进行补充（例如《陆军条例》350-100中的规定的义务）。军官服兵役的方式多种多样，取决于其授衔来源，具体来说：

（1）军官候选人学校。

（a）美国佐治亚州本宁堡的军官候选人学校负责为现役组成部队和预备役组成部队的军官提供训练并授衔。现役组成部队征募的来自军官候选人学校的毕业生应承担3年服现役义务，并可能在现役或预备役组成部队中服8年兵役义务中的剩余部分。预备役组成部队毕业生在完成初始军官训练需求后（如初级军官领导课程或者空降或突击队学校），将获得预备役部队的任命并回归预备役状态。预备役组成部队的毕业生不仅应担负法定服兵役义务，还必须在部队规划单位作为预备役人员服役6年。

（b）在役候选人是指正在服现役的士兵。人力资源司令部每半年一次的选拔委员会负责为军官候选人学校挑选符合资格的申请人。兵科的分配根据陆军的需求和候选人的喜好进行。在役候选人必须履行 8 年的兵役义务，且包括 3 年的现役义务。

（c）征募选项候选人是指选择参加陆军以进入军官候选人学校且符合资格的大学毕业生。这些候选人加入陆军，并参加为期 12 周的军官候选人学校基础课程，然后进行基础训练。同样，征募选项候选人必须担负的 8 年的兵役义务，且包括 3 年的现役义务。

（d）此外，每个州都设有一所国民警卫队军官候选人学校，以便将军官委派到预备役组成部队。

（2）预备役军官训练队。预备役军官训练队为现役组成部队和预备役组成部队训练军官并授衔。兵科分配通过军校学员司令部和陆军部总部委员会进行，以陆军需要和军校学员资格为基础，并根据成绩排名和个人喜好来完成。

（a）现役组成部队。在正式入伍后，获得奖学金的军校学员要履行 8 年的兵役义务，且包括 4 年的现役义务，而非奖学金军校学员的 8 年兵役义务则只需 3 年的服现役义务。兵役义务的剩余部分可在现役组成部队或预备役组成部队中完成。

（b）预备役组成部队。获得奖学金的军校学员必须在部队规划单位中履行 8 年的服兵役义务，而非奖学金军校学员则必须在部队规划单位中服役至少 6 年。兵役义务的剩余部分可在单个待命预备役单位中完成。

（3）美国军事学院。美国军事学院为现役组成部队训练军官并授衔。正式的兵科选择程序会以严格的成绩排名为基础，将陆军需求与军校学员偏好进行匹配。美国军事学院的现役义务为 5 年，兵役义务的剩余部分可在现役组成部队或预备役组成部队中完成。

（4）特种兵科。特种兵科：军法署署长团、医疗兵科和牧师队——通过各自的计划获取军官，兵役义务的时长因计划而异。大多数的军医官和牧师的征募由陆军征兵司令部负责，但军法署署长则自己负责征募工作。

第四部分　薪酬职能

12-15. 薪酬概述

a. 薪酬是军事人力资源生命周期中相对较新的一个板块。陆军总偿付专款授权中，有超过1/3的部分与薪酬有关。因此，只有通过控制成本驱动因素（军人的人数、级别和技能），陆军才能妥善管理国会的拨款。

b. 陆军的人力资产以及与这些资产相关的军队资源都是集中管理的。陆军按照编制的清单（指派的兵力）发放薪酬，但授权和人事政策是这项工作的成本驱动因素。

c. 人事管理政策、兵力结构决策和兵力内容都会对陆军军事人员的拨款需求产生影响。在以上几种驱动因素中，成本动因包括以下内容：

（1）薪金额；

（2）退休率，包括医疗退休、非正常退休和提前退休（服务不满20年）的人数；

（3）勤食成本；

（4）社会保障与医疗保险费率；

（5）基本住房补贴，包括类似计划；

（6）住宅社区计划、住房私有化以及兵营私有化；

（7）军事医疗保健；

（8）部署计划和人力；

（9）服装袋；

（10）补贴；

（11）特殊薪酬（医疗、航空、特别任务委派报酬等）；

（12）指派任务奖金；

（13）入伍津贴；

（14）经济状况；

（15）再应征入伍额/津贴；

（16）离职金；

（17）婚姻状况；

（18）美国陆军在本土以外地区与海外驻扎津贴；

（19）任期长度；

（20）部队变革；

（21）级别与技能内容；

（22）现役作战支持；

（23）失业补助；

（24）预备役军官训练队薪资/奖学金；

（25）初级预备役军官训练队支持。

d. 陆军军事人员账户负责为部队发放薪资，调动部队，为部队提供供给以及为部队提供支持支付资金。薪资包括军官、士兵和学员的薪资和津贴。调动在永久性调动账户下管理，该账户细分为入伍账户、解散账户、训练账户、作战账户、轮换账户和单位调动账户。生存津贴则提供基本生活津贴和实物生活津贴。最后，还有用来支持来自其他军事人员的费用，如教育、收养、失业、死亡保险金和幸存者福利计划。

12-16. 人员配备计划评估小组

在陆军部层面，所有与人事相关的计划都包含在人员配备计划评估小组中。人员配备计划评估小组负责确定表12-1中这些计划的有效需求。所有参与者都应该团结在一起，在正确的时间和地点提供正确的技能帮助。

表 12-1　人员配备计划

工资	陆军军事薪酬 陆军国民警卫队薪酬 陆军预备役薪酬 军事技术人员	战备	检验（入伍处理司令部） 人力资源司令部 接收营 征募与广告 非现役任务训练 年度训练 单兵动员增援人员 军官和士兵入伍计划

续表

军种范围的支援	牢固的结合 预防自杀 受伤的战士 性骚扰/攻击应对和预防 遗体处置 军事葬礼荣誉	自动化支持	军事人事电子办公室 陆军训练需求与资源系统 拱顶石 电子人事记录管理系统 入伍处理司令部自动化 人力资源司令部自动化 征兵司令部自动化支持 陆军改进的处理系统
特别计划	乐队（专门与警备区） 男/女童子军 初级预备役军官训练队 退伍军人教育援助计划	领导发展	陆军继续教育系统 学费补助 文职人员实习计划

第五部分 分配职能

12-17. 征募分配和指派

a. 分配挑战。从理论上讲，分配规划和指派程序是指将具有正确的技能的正确的士兵在正确的时间放置在正确的位置上。事实上，对于那些几乎达到平衡的军事职业专业和级别、对海外和维持基地比率具有可支持性的军事职业专业和级别，以及那些具有可替代技能的高密度人员军事职业专业和级别，该系统表现得十分可靠。如果军事职业专业不具备这些条件，就会产生问题，此时要求所有司令部共享缺额。当某些司令部或组织依据特别指导被免除"共享缺额"时，这些缺额将由优先级较低的组织分担。每个组织都必须在月度战备报告中评估其执行任务的能力状态。此时，这种增加的"缺额共享"的战备成本就会暴露出来。报告的人事部分涉及多个数据，但其主要因素是指派兵力、可用兵力、可用的高级人员（中士及以上级别人员）和军事职业专业资格。

（1）士兵分配是一项非常复杂的工作，由于存在迅速变化的变量（包括兵力结构变化、是否征募成功、训练减员率、超期服役率、军事人员授权、资金限制，以及最重要的是，单个军人——其本人健康以及其家庭），因此存在很多陷阱和缺点。所有这些变量都指向了决定分配成功的关键因素——用于分析的数据库的准确性和及时性。未经批准且未被快速发布到人事管理授权文档的授权，以及未得到正确报告的单个变更数据，都无法被录入"总体陆军人事数据库-现役士兵"，这使得本已复杂的分配系统变得更为低效。

（2）军人有能力以多种方式影响他们的指派。一种是通过提交指派意向书。他们通过一个基于网络的应用程序递交指派意向书，该程序被称为指派满意度密钥，它允许军人更新自己的指派意愿，并直接、实时地向人力资源司令部提出有效要求。

b. 分配规划与优先顺序。为所有单位/机构确定分配士兵的优先顺序的基础文件是《财政年度陆军部总部人员配备指南》（以下简称《指南》）。经美国陆军参谋长批准后，主管人事的副参谋长将发布《指南》并分发给人力资源司令部和各陆军司令部，以供实施。《指南》规定了各级人员配备单位的职责，以及预期的可填充的司令部的级别。分配是由填充已批准的授权的需求驱动的，这些授权被记录在人事管理授权文档/更新的授权文档、直接军事人员超额文档和特定高优先等级单位的人员超额文档中。分配受以下因素的影响：征募和超期服役目标的实现；计划外亏损；以及影响晋衔、永久性调动和年终兵力的财政限制。特殊优先等级以特殊技能（例如，突击队员资格和语言学家）的运用和训练需求为基础。

c. 士兵分配目标模型。

（1）士兵分配目标模型是一个自动化系统，能够按照军事职业专业、级别和单位识别码制定士兵的分配目标。该模型是根据主管人事的副参谋长制定的分配政策，负责用模型中计划的可用士兵存员填充为人事管理授权文档中展示的各个单位识别码。这使得稀缺资源能够得到最佳分配，并且符合分配政策的优先填充顺序。士兵分配目标模型将约束指派程序，使其与预计作战兵力目标一致。它代表了陆军实际期望的可以用于分配的资产。

（2）士兵分配目标模型由士兵战备科、士兵人事管理局和人力资源司令部进行维护。该模型能够每月生成目标，包括覆盖了E1-4、E5-8和E9级别段士兵的士兵分配目标模型目标。战地人事主管可通过士兵分配和指派系统中的人事网络看到当前月份直到当月+18天的情况。

d. 管理系统。人力资源司令部使用多个自动化数据处理系统来分配、管理和培养现役士兵。这些系统将在下文进行阐述，并反映在图12-3中。

（1）总体陆军人事数据库是整个系统的核心。它由三个逻辑组件构成，包括人事数据、请求数据和组织数据。人事数据（总体陆军人事数据库组件）包含每位现役军人的人事信息。人力资源司令部和主管人事的副参谋长通过这些信息来确定军队战备、兵力、符合晋升资格的人员、可重新指派的人员和训练要求。请求数据库（总体陆军人事数据库组件）包含个人调动需求方面的信息，以及已经接到调动（指派）指示的人员的信息。组织数据库（总体陆军人事数据库组件）包含有关于陆军部队位置和状态的信息；但不包含任何授权或单位兵力信息。

（2）人力资源司令部士兵人事数据更新系统是用于更新总体陆军人事数据库中数据的主要系统之一。它由两个组件组成，一个批组件和一个在线交互组件，在线交互组件使得世界各地的管理人员都可以查询和更新人事数据。

（a）批组件负责接收来自其他系统的日常业务信息。主要来源是军事人事电子办公室，但是也有其他递交事务信息的来源，如集中式晋升系统和士兵分配和指派系统。人事数据更新系统还旨在支持动员。在动员预案中，每天能够处理超过 50 万件事务。当人事司令部士兵人事数据更新系统对总体陆军人事数据库进行更新时，它还会产生一些回传给军事人事电子办公室的事务（例如，接收通知、更新事务、陆军部错误通知等），以便更新总体陆军人事数据库的动员数据库，并提供反馈信息给其他系统。

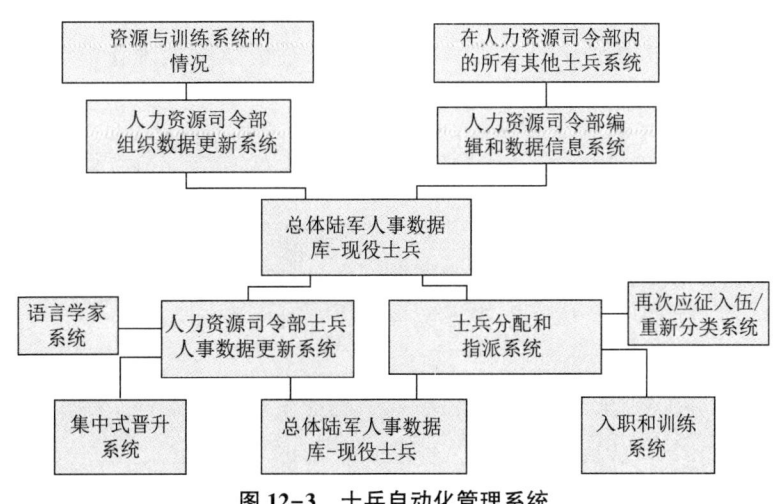

图 12-3　士兵自动化管理系统

(b) 在线交互组件允许士兵人事管理局的管理者更新人事数据库中的数据。例如，美国本土和美国本土以外地区的指派意向、指派资格以及可从海外返回的日期在士兵。在人事管理局主管人员更新认识数据库的同时，人事司令部士兵人事数据更新系统也会更新军事人事电子办公室的人事档案。

(3) 士兵分配和指派系统是一个在线系统，允许士兵人事管理局的主管人员创建、审查并更新请求和指派数据。该系统还为负责部队兵力管理的管理人员提供报告。它具有若干用于与外部系统交换信息的批处理程序。士兵分配和指派系统允许士兵人事管理局负责分配和指派的主管人员在同一个计算机上处理收集到的一组信息。在之前的系统中，信息的更新仅在周末进行，而现在更新是即时的。这使得一个主管作出的决策能够立即供其他主管所用。此外，士兵分配和指派系统还能够为战地用户提供查看以及在某种情况下更新信息的能力，可更新的信息是与分配和指派主管用于决策的信息相同的信息。最后，士兵分配和指派系统缩短了确认需求、挑选用来满足需求的军人并将指派指示传达到战地的时间。后续的章节将详细介绍士兵分配和指派系统如何被用在分配和指派士兵上。

(4) 新训练人员的指派。

(a) 常设部队的指派以人力资源司令部收到的输入值为基础，输入值来自基础和高级学员的个人训练中心，通过"学员/受训人员管理系统－士兵"（陆军训练需求与资源系统中的一个模块）进行输入。相关信息通过陆军训练需求和资源系统传递到士兵分配和指派系统，后者负责处理新训练的人员以供指派。

(b) 如果个人与某地区某单位签有征兵协议，则他或者她会在圆满完成训练后，根据协议受到指派。没有地区或单位选择权的士兵则会根据人力资源司令部制定的分配计划按照需求受到指派。指派指令由士兵分配和指派系统生成，直接被发送到输出人员的司令部。这些事务通过士兵分配和指派系统进行处理，并进入总体陆军人事数据库。士兵分配和指派系统负责向接收人员的司令部提供关于指派的建议。

e. 士兵分配管理。人力资源司令部士兵战备科负责管理全球主要海外司令部、陆军司令部以及特殊管理和职能司令部的兵力。人力资源司令部为每个旅战斗队和装甲骑兵团设立了一个直接请求机构，以便确保这些组织的预计输入人员不会被军事设施兵力管理者所转移。在模块化和以旅为中心的组织下，拥有建制军事人力资源资产的各旅将直接向人力资源司令部请求和接收补充士兵。人力资源司令部的兵力主管负责计划某个机构所需的指派兵力，范围为从当月起的 12 个月内的兵力，并确定每月需要多少军人，以确保司令部能够达到财年士兵分配政策所设定的目标。这些总数（按单个级别或级别段列出，即列兵–特种技术人员、中士–上士、一级士官–士官长以及军士长），是转变成单个军事职业专业需求的基础。然后，这些系统顶端的兵力管理人员通过直接制定请求或与战地指挥官协调后制定请求，来确定应在士兵分配和指派系统中请求多少补充人员。

f. 海外的人员请求。针对韩国和美国驻欧陆军，将会分析未来 10 个月的兵力需求，而针对美国太平洋陆军则会分析未来 8 个月的兵力需求。分配主管运用士兵分配目标模型中的目标，将人员请求分派给处于"四字符"的军事职业专业级别的各司令部，从而使各司令部可以在 2 周内递交"九字符"军事职业专业级别的人员请求，包括任何其他特别需求的请求。

g. 美国本土的人员请求。

（1）对于美国本土的军事设施，人员请求通常通过"人员请求分配计划–美国本土"的程序执行。由于美国本土司令部中空缺的一部分是由符合资格的海外返回人员填充的，因此，"人员请求分配计划–美国本土"输入了"总体陆军人事数据库–现役士兵"中可从海外返回的日期这一数据，并计算出预计在人员请求月份返回美国本土的某一军事职业专业和级别的军人数量（人员请求月份是指"可从海外返回的日期"的 2 个月后）。对于美国本土的人员请求，通常会验证当月之后的 12 个月份的请求。人力资源司令部的分配人员使用士兵分配目标模型来分配这些军人。如果士兵分配目标模型确定的请求人员数量大于从海外返回的士兵数量，则需增加额外的人员申请，而这就需要从美国本土范围内进行人员调动。

（2）无论是对美国本土还是美国本土以外的地区，陆军部总部分配管理人员的下一个工作都是进行验证。如果人员请求存在明显数量过多或不足的情况，则在作出是否验证人员请求的决定之前，管理人员应当与司令部/军事设施一起，尽力解决这些偏差。这两项预测存在偏差的原因有许多种，可能是由倡议者已经批准了单位层面的变更，但还未在人员结构与组成系统中进行记录造成的，也有可能是由使用人事管理授权文件获得了人力资源司令部可用的更新的授权数据所致，或者是由获得了更新的接收与输出数据导致的。

应当在将经验证的人员请求提交到士兵分配和指派系统中进行指派前,确保问题已经得到解决。

(3) 分配主管应当持续监控司令部和军事设施的兵力预测,并根据情况做出相应调整。删减、授权变动和其他变量都可能会导致增加或减少人员请求。

h. 士兵分配和指派系统。士兵分配和指派系统包括几个主要子系统:信息管理子系统、人员请求子系统、政策子系统、指派子系统和人事子系统。

(1) 士兵人事管理局使用信息管理子系统来确定一个组织的授权、指派和预测的兵力。士兵人事管理系统的管理人员可以通过以下项目获得信息:军事职业专业、技能、职业管理领域、级别、特殊技能资格代码、额外技能标识、语言、分配管理级别/子级别、地点(国家、州和军事设施)、司令部、请求项目代码、部队计划序列号与/或单位识别码。此信息被用于确定将组织保持在可接受的兵力级别所需的有效人员请求的数量。

(2) 在分配主管确定有效的请求人员数量后,指派主管必须填充这些请求。政策和任命子系统通过建议分配每个军人应当被指派给哪个请求,以及提供替代建议,来协助主管指派工作的管理人员。

(3) 政策子系统使士兵人事管理局主管可以将符合当前政策的指派情况输入士兵分配和指派系统。例如,签有总部/高级指派计划协议的军人只能被推荐到担任符合该协议的指派系统。

(4) 除了进行指派之外,指派子系统还具有删除或延期军人指派的功能。如果战地用户有权批准删除或延期,则他们可以通过指派子系统以交互的方式完成该项活动,而不用通过军事人事电子办公室递交活动。如果战地用户无权批准该活动,则他们可以通过士兵分配和指派系统以电子方式请求删除或延期。在整个过程中,战地用户可以交互式地监控请求的当前状况。

(5) 士兵分配和指派系统的一个重要方面是,该系统严密控制着访问权以及用户在系统中可以进行的活动。一些模块允许用户查询数据,而有些模块则允许用户更新数据。士兵分配和指派系统控制着单个用户的访问,并为系统管理人员提供审计追踪,审计追踪可以被用于确定哪些用户访问或更改了系统中的数据。另外,士兵分配和指派系统还控制着用户可以查询和/或更新的记录。

(6) 士兵分配和指派系统晋升分数更新模块允许战地人事主管将 E4 和 E5 级的军人的晋升分数数据直接输入总体陆军人事数据库。这项功能使得人事管理人员能够审查并更新总体陆军人事数据库中的信息。然后，人力资源司令部将使用这些信息来确定各个军事职业专业每月的晋升数量。通过使用晋升子系统，战地管理人员在运算完成之后，可以看到被视为符合晋升资格的军人的名字。如果关于军人的数据不完整或出现错误，战地管理人员将利用士兵分配和指派系统的晋升分数更新功能和晋升更新功能来更新数据、晋升军人或提醒人力资源司令部主管为什么不能晋升该军人。士兵分配和指派系统将军人的晋升信息回传给军事人事电子办公室，军事人事电子办公室再更新本地数据库以及国防财务会计服务局的数据。

（7）士兵分配和指派系统能够全面支持动员预案。政策子系统可以储存并维护任意数量的预案（和平、有限动员以及全面动员等），且用户可以在短时间内调用任何一种预案。该系统还可以评估"假设"问题。

i. 陆军自动化再次应征入伍/重新分类系统。再次应征入伍/重新分类系统是一个实时的自动化系统，它为潜在的再次入伍人员确定并预留训练名额或指派空缺，并根据个人的资质以及陆军的需要确定需要重新分类的军人的军事职业专业可得性。该系统还被用于处理进行再次入伍指派或重新分类指派的军人。

（1）如果某位军人正在申请某个军事职业专业的训练名额，再次应征入伍/重新分类系统将访问征兵配额系统，以确定这个军人期望进去的学校是否有现役组成部队的在役名额。如果有空位，则允许超期服役的士官或负责重新分类的机构进行预约，并将记录录入再次应征入伍/重新分类系统的等待列表，以便该军人在完成训练后在新的军事职业专业中完成最终指派。等待列表的管理人员必须在学校开学前120天内给该军人一个最终指派。再次应征入伍/重新分类系统还被用于处理潜在的重新登记的接受指派的人员。再次应征入伍/重新分类系统将确定军人想要的军事设施/海外区域是否有可用的空缺。如果存在空缺，它将被提供给该军人。如果不存在空缺，则该军人可以选择被列入再次应征入伍/重新分类系统的等待列表。

（2）再次应征入伍/重新分类系统的等待列表适用于那些想要进入某个军事设施/海外区域的军人，但是在进入再次应征入伍/重新分类系统的时候，这些设施/区域无可用空缺，其他地区/位置也没有选择。每周，再次应征入伍/重新分类系统会尝试将等待列表上的军人与他们想要去的地方相匹配。

（3）再次应征入伍/重新分类系统是指挥官、职业顾问和人事服务中心在指导军人重新入伍和重新分类时使用的工具。由于再次应征入伍/重新分类系统是一个实时的自动化系统，因此它可以向参与重新分类的潜在的重新入伍者或军人提供最近、准确的信息。

j. 重新分类。再次应征入伍/重新分类系统还负责解决重新分类问题。重新分类是提供了从一个军事职业专业转移到另一个军事职业专业的过程。它能够减少军事职业专业的超编并缓解短缺的政策和目标。除非是个人自愿请求，否则当军人丧失资格时（例如，未通过忠诚调查或医疗状况不合格）就必须进行强制性的重新分类。特殊的重新分类计划（例如，快速通道）通过重新入伍和重新分类来重新调整军事职业专业的超龄问题。拥有超编军事职业专业的军人可以不用考虑服役期满而进行重新分类或重新入伍，以重新接受训练。

12-18. 军官的分配与指派

陆军将继续按兵科、职能领域和级别调整和更改其军官人力资源，使其等于授权文档中的总数，同时考虑到每个兵科和职能领域的职业军事教育学校和训练计划。事实上，由模块化导致的兵力结构的改变与增长已经远远超过了陆军满足某些技能或级别的授权的能力。

a. 分配计划。人力资源司令部的人员分配，包括规划人员和管理人员的分配（见图12-4）受到三个主要因素的影响：军官人力资源（库存）、授权和优先次序。这三个因素都处于不断变化的状态。因此，需要制定一个总分配计划，以便确保所有司令部、机构和部门都能够按优先次序接收适当份额的可用军官资产/库存清单。此总计划的基础是一个名为动态分配系统的管理工具，以前被称为军官分配计划，也被称为军官分配系统。动态分配系统能够使资产/库存、授权和优先次序保持平衡，是陆军最重要的军官分配规划系统之一。动态分配系统允许我们随着陆军不断变化的优先事项而作出变动，从而使得陆军在战争和转型时期更加灵活。

b. 动态分配系统程序。如果可用的军官人力资源与通过人事管理授权文档确定的需求（按照兵科、职能领域与级别确定）相匹配，则仅根据授权进行人员指派，但是，这种情况很少发生。对于大多数资源而言，通常供不应求，因此会导致某些单位的人员短缺。此时，需要一些确定优先次序的系统来协助管理这些短缺。在对可用军官的库存清单与人事管理授权文档中的授权进行对比之后，将利用统计分析软件（这是一个计算机系统）运行一个程序模型，以便根据当前的陆军人员配备指导计划以及陆军部总部确定的任何特别分配指导来确定军官需求（见图12-4）。根据动态分配系统，可用军官可被分为两类：可自行决定（是否使用）的和不可自行决定的（discretionary or non-discretionary）。需要记住的一个重要概念是可用军官的定义。每种类型的单位对可用军官的定义均各不相同。一般而言，一个正在部署的旅需要的军官应当是非居住地受限的、可部署的职业军事教育毕业生，且该毕业生需要进行关键发展。对于国家训练中心而言，情况却恰恰相反。它需要的是近期进行过部署的、已完成关键发展的军官。不可自行决定的调动包括那些涉及军官职业生涯中硬性日期的调动。例如，可从海外返回的日期、到职业学校报到的日期、从学校毕业的日期、司令部选拔日期、人事管理系统选择日期，联合服役完成日期、连续指派报告日期或退休日期。这些通常可以从军官人事管理信息总系统的数据分析中确定。可自行决定的调动包括那些由指派军官触发的调动，旨在确保军官能够继续进行适当的职业发展。例如，军官需要新的技能（联合或陆军参谋部）、军官的技能不再适用于当前任务，或者军官将被安排担任职业强化职位（司令部、学校等）。由军官的个人需求驱动的调动也包括在此类别中。例如，特殊家庭成员计划、联合住所、照顾性重新指派和个人偏好相关的调动。

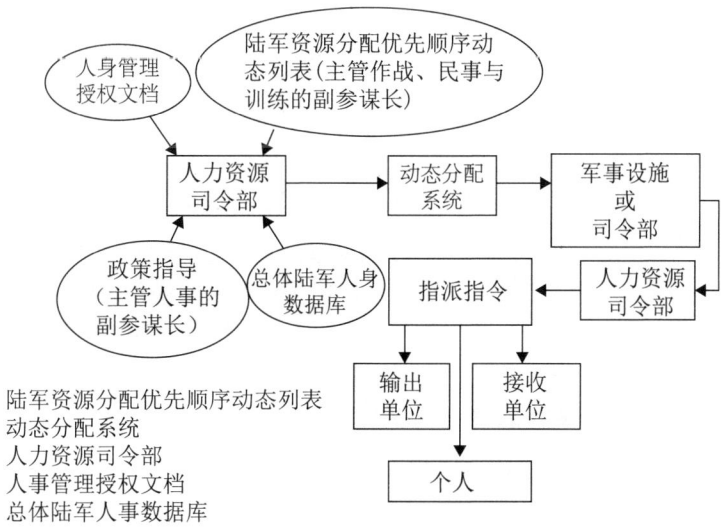

图 12-4　军官分配

c. 军官请求系统。军官请求系统旨在满足所有的司令部与机构的军官需求。

（1）军官人事管理信息总系统。这是一个综合管理信息系统，用于支持人力资源司令部与全球请求机构中的军官管理程序。军官人事管理信息总系统由 7 个模块组成：

（a）控制模块能够为访问和更新活动提供安全性，创建个人用户配置文件，并为所有的军官人事管理信息总系统用户提供在线电子邮件服务。

（b）兵力模块以各种报告格式为请求机构显示各类兵力信息，包括细分到职业管理领域层面的作战兵力和预计兵力。

（c）目标和监测模块显示了在财政年度根据级别和职业管理领域指派的目标。此模块也被用于规划动态分配系统并监控其进度。

（d）请求模块允许分配管理人员与请求机构管理人员生成、编辑、验证（基于动态分配系统）并更新请求。此模块根据预计兵力生成并维护请求。最终产品是一份请求清单，由职业管理人员进行填充。

（e）资产/军官档案摘要模块提供了军官档案摘要的在线版本，并允许职业管理人员对军官档案摘要进行在线更新。该模块同时还提供了访问已被指派了任务或正在执行任务的军官的署名报告的途径。

（f）这份委任板块提供了对人事、请求与组织数据的访问；提供了通过军官人事管理信息总系统从"总体陆军人事数据库-现役军官"中在线提取/更新相关数据的能力；以及处理军官人事管理处中的人力资源司令部管理人员生成的指派命令。指派命令以电子信息的形式，每日发送给接收与脱离请求机构。

（g）用户协助模块允许用户查看军官管理中使用的数据名称定义和有效代码表。

（h）军官人事管理信息总系统与总体陆军人事数据库-现役陆军进行交互，由基础兵科、医疗部兵科、牧师长以及军法署署长办公室的指派与分配管理人员使用。全球请求/军官管理机构可以通过国防数据网或各种"主机到主机"的系统访问军官人事管理信息总系统。

（2）请求周期。军官请求 2 个月生成一次，既可以是海外请求，也可以是美国本土请求。作为一般目标，应当对请求进行确认，以便军官在请求得到确认后的 12 个月后到达，这也允许向有关军官发出一份为期 12 个月的通知。通常海外返回人员、学校需求和准备部署的单位将推动指派系统的运行，因为这些军官必须准时调动，而且部署单位必须拥有必要的军官资产。海外返回人员和各种学校需求分别主要受任期时长政策和毕业日期的限制。其他人员被指派替换这些人员，并且该循环将继续进行。

（3）指派面临的挑战。在选择合适的军官来填充已验证的请求这一过程中，军官人事管理处的部门和分支机构中的指派军官必须考虑该过程中的多种竞争因素。下面列出了其中一些需要考虑的因素（但不是全部）。这些因素没有特定的顺序，因为每个指派活动都是独一无二的：

（a）陆军需求；

（b）接收与脱离组织的需求；

（c）任期的平衡（美国本土与美国本土以外地区）；

（d）进入站点时间与驻留时间；

（e）职业发展；

（f）军官偏好；

（g）联合住所；

（h）照顾性情况；

（i）战斗训练中心的经验；

（j）联合职责。

第六部分　发展职能

12-19. 士兵发展

我们必须有一种方法来发展领导能力、评估并奖励表现良好的人员，同时剔除那些达不到标准的人员。本节将介绍用于完成上述任务的相关计划，并在社会中形成一种能够激励人们成为职业军人的环境。

12-20. 士兵人事管理系统

a. 士兵人事管理系统提供一种从列兵到军士长的合乎逻辑的职业路径、贯穿整个职业生涯的训练以及以绩效为导向的评估。此外，该系统还用于消除晋升瓶颈，为所有军人提供晋升机会，使指派更加灵活，并使军事职业专业更具多功能性来应对更大的挑战。

b. 士兵人事管理系统的一项主要内容是将士兵军衔与 5 个标准化技能等级关联在一起，其中列兵与专业人员为技能一级，士官长和军士长为技能五级。选择士兵人事管理系统技能等级，以便重要的中级士官更加清晰和可见，从而便于管理。

c. 士兵人事管理系统的另一项主要内容是士官职业发展系统。士兵人事管理系统和士官职业发展系统是同一连续体的一部分。

12-21. 士兵评估系统

士兵评估系统是士兵人事管理系统的核心，用于协助确认军人的指派、晋升、重新入伍、重新分类、特种训练、退伍以及其他人事管理活动。士兵评估系统由学术评估报告和针对中士及中士以上军衔士兵的士官评估报告组成。这两份报告都是对士兵职务表现和学术成就的正式评估，并提供了对每位士官潜力的记录。

12-22. 士官领导力自我发展职业模型

a. 士官领导人自我发展职业模型为士兵选择职业管理领域倡议者推荐的自我发展活动提供了指导。领域专家为每个职业管理领域制定了职业模型，并在《陆军部手册》600-25 中发布了这些模型。

b. 这些职业模型与陆军领导发展程序相对应，能够将自我发展活动与院校训练和作战指派联系起来。这些模型可以帮助军人制定计划好的、渐进的和连续的自我发展计划，从而增强并维持军人的军事能力以及所需的技能、知识与特性。职业模型还包含职业管理领域建议的目标，例如，许可证、证书或学位，并允许军人将经验和训练与自我发展活动相结合，以实现职业发展和目标实现。

c. 活动和目标只是建议而不是要求，并且不排除任务指派与训练。完成上述活动或目标并不能保证获得晋升。职业模型是监管员和职业教育顾问使用的工具，用于帮助指导军人的职业和个人成长。这些模型还可用于帮助军人为士官职业发展系统和士官职能住校课程做准备。

d. 领导发展程序中的要素——教育、训练、经验、评估、反馈以及强化——起到了动态的协同作用，使得军人能够为承担更大的责任做好准备。自我发展是该程序中军人能够进行直接控制的唯一一个方面。职业模型能够激励军人参与这一至关重要的任务，这项任务应该是每位职业军人的目标。为了培养这种意愿，需要指挥官、监管员、教育顾问和军人之间的密切合作。

12-23. 士兵晋升

a. 士兵晋升系统的目标是：确保最有资质的军人能够晋升；提供职业激励；军人的晋升是基于潜力的，而非以往服役时的奖励；以及发现和剔除未做出贡献和效率低下的军人，拒绝对他们作出晋升决定。晋升制度由三个计划组成：控制从列兵到专业人员的非集中式计划；控制向中士和上士的晋升的半集中式计划；以及控制向一级士官再到军士长司令部军士长的晋升的集中式计划。

b. 在非集中式计划下，任命和晋升军人的权力被委托给了当地指挥官，但必须遵守陆军部总部制定的标准政策和程序。此时不需要组建晋升委员会。

c. 根据陆军部总部的指导，在半集中式计划下，晋升军人的权力被委托给了野战指挥官（这些指挥官应当是担任授权的中校或中校以上级别职位的）。在这种情况下，符合资格的军人在全陆军范围内竞争，这种竞争以标准化的积分系统中所得的积分确定的相对排名为基础。被推荐晋升的军人必须亲自到场接受选拔委员会的评估。获得委员会推荐的军人的名字将被列于当地维护的推荐名单中，按照军职专业分组，并根据积分系统获得的总积分进行排名。陆军部总部负责控制每个军职专业中能够进行晋升的军人人数，方式是根据陆军需求确定分数线。积分达到分数线即可获得晋升，而无需考虑指派情况。除非出于行政原因被除名，否则无法立即晋升的军人将被继续保留在推荐列表中，直到晋升为止。推荐名单中的军人可以请求进行重新评估，以便提高其排名。

d. 晋升至三级军士长再至一级军士长是以集中的方式进行的，由美国陆军部总部召集的委员会进行选拔。选拔是基于"全人"概念的，即不应因单个因素取消某人资格，而应当仔细考虑个人的整体记录。这种选拔会在考虑陆军需求的同时选取最具资格的人员。

12-24. 指挥官军士长计划

该计划负责确保能够选拔并指派最具资格的军士长、第一军士长以及担任司令部士官长职位的军士长。这些职位是特定组织指挥官的主要士兵助理，这些组织的士兵兵力相当于一个营或更高级别的组织，由中校或中校以上级别的指挥官指挥。由陆军部总部召集的委员会进行选拔，并由人力资源司令部发布和维护所选人员名单，以便用于指派人员填补职位空缺。司令部军士长只能被指派至已由主管人事的副参谋长指定的职位。

12-25. 总体陆军超期服役计划

这一计划由现役陆军超期服役计划和预备役组成部队过渡计划组成，负责通过在正规陆军士兵队伍中实现并保持职业方面的平衡，协助为部队配备优质军人。这个超期服役计划同时聚焦于通过提高那些训练有素、符合资格、富有经验且处于合适的军职专业与级别的士兵军人的质量来提高军队质量。那些没有在现役部队里超期服役，但具备资格的人员，会被美国军队预备役部队或者陆军国民警卫队单位重新征募并服役。陆军现役组成部队超期服役计划和预备役组成部队过渡计划的目标由主管人事的副参谋长指派给各司令部，人力资源司令部负责提供上述两项计划的整体计划以及人事管理。陆军预备役组成部队过渡计划的人事和财政支持由陆军国民警卫队和陆军预备役部队提供。

12-26. 质量管理计划

a. 该计划是一种管理手段，旨在提高职业士兵队伍的质量，有选择地保留最有资质的士兵，并拒绝无法做出贡献的士兵继续服役。

b. 根据陆军部总部集中式选拔委员会（该委员会负责质量管理计划的筛选）的批准建议，其绩效、行为或者进步的潜力不符合陆军标准的士官将被拒绝继续服役。由于未能完成士官职业发展系统的下一个适当级别的训练而未能晋升到下一级别的士官，也将被拒绝通过质量管理计划继续提供服务。质量管理计划并非要代替其他计划，也不会免除指挥官根据《陆军条例》635-200 的其他规定在需要或适当时启动离役程序的责任。针对上士到司令部军士长的集中式晋升/选拔委员会将定期召开会议，负责确定晋升或超期服役的人员，以及被禁止的军人。这些委员会使用"全人"概念来考虑军人的整体记录，而不仅仅是只考虑他/她当前的工作或服役期限。军人在退役时，如果被标为"禁止在陆军服役"（DA bar），则将被标为再次服役资格代码"3"，即个人没有资格继续在陆军服役，但这种"不符合资格"是可以声明放弃的。除非放弃声明获得批准，否则不符合入伍资格。2016年10月1日生效的"禁止再应征入伍"被重新命名为"禁止继续服役"。"禁止继续服役"的标识可以让军人意识到，如果他/她继续服役可能不符合军队的最佳利益。"禁止继续服役"将限制品德高尚、个人能力强的军人的继续服役。这一标准适用于所有军衔等级的士兵，而不论为每个军衔等级设定的超期服役控制点/最高服役时间如何。因此，目前在士官职业状况计划下服役的军人，包括从现役转入预备役组成部队的军人，可能被禁止继续服役。再应征入伍被视为一种特权，而不是一项权利。各级指挥官应当确保只有品德高尚、个人能力强、表现突出的军人才被允许重新入伍。如果军人的绩效、行为和潜力表明他们继续服役将是无效的，则应当拒绝他们再应征入伍。

c. 根据《陆军动员作战计划》附件E"人事"，当陆军处于局部动员时，质量管理计划可以暂停实施。

12-27. 准尉发展

a. 1986年陆军实施了全体准尉系统，1991年实施了《准尉管理法案》，1992年实施了《准尉领导发展行动计划》，1993年实施了《准尉教育系统》并且在2002年作出了陆军训练与领导发展小组决策，这些内容对准尉的管理和职业发展产生了重大影响。陆军当前的目标是在职业生涯的早期阶段征募准尉，对其进行更好的训练，并留任更长时间。几乎一半左右的准尉会在服完23年的综合（士兵与准尉）联邦现役之后退休。《准尉管理法案》规定，应当根据准尉的服役时间来决定晋升、训练和指派。具有职业抱负的人将有机会以准尉身份服役长达30年，但是，2次未被选拔晋升到更高的级别的人员不可继续服役。

b. 授权文件中的每个现役陆军军官职位都根据该职位所需的技能、知识、能力和经验按军衔进行了分类。以前，准尉职位是没有军衔差异的。

12-28.《准尉管理法案》

a.《准尉管理法案》提供了一个综合、统一的人事管理系统，这一系统与《国防军官人事管理法案》相似，用于准尉的任命、晋升、退役与退休。《准尉管理法案》的关键条款包括以下内容：

（1）对五级准尉进行授权，包括薪资与津贴。现役五级准尉的数量被限制在现役准尉总数的5%以内。

（2）废除双重晋升系统，并建立一个类似于《国防军官人事管理法案》的准尉晋升系统。

（3）制定最低现任级别时间要求，只有达到该要求后才可考虑晋升。

（4）建立主管机关以召集选择性退休委员会，用于考虑对符合退休资格的准尉作出非自愿退休的决定。

（5）建立按准尉服役时间而非联邦现役服役时间对准尉进行管理的制度。准尉的准尉服役时间可达30年。联邦现役服役时间达20年后便享有退休资格，这一规定保持不变。

（6）为2次未被选拔晋升的准尉建立选择性继续服役方案（该制度的应用非常有限，并且通常针对短缺技能）。

（7）将非自愿退役日期从60天改为批准委员会结果后的第7个月的第1天。此项规定适用于2次未被选拔晋升和那些被选为非自愿退休的准尉。

b.《准尉管理法案》实现了准尉生命周期管理现代化，为所有准尉提供了全职业性的可能性，为塑造军队提供了工具，并通过为陆军提供了一支资质良好、经验丰富的准尉队伍来增强部队战备水平。

12-29. 准尉教育系统

准尉教育被整合进了军官教育系统。图12-5描述了准尉教育的具体课程。本书第十四章提供了有关这些课程以及其他准尉训练和教育的更多信息。

a. 准尉基础课程是所有新任命的一级准尉学习的第一门课程。准尉基础课程用于确认新的一级准尉在各自兵科与专业中的资质。

b. 准尉高级课程是通用核心训练与军事职业专业倡议训练的结合，通过该课程，准尉可做好在三级准尉职位上任职的准备。准尉高级课程以两种方式提供：非驻地通用核心阶段与驻地阶段。驻地阶段包括一个通用核心模块与一个军事职业专业特定模块。完成行动军官发展课程是参加准尉高级课程的前提。

c. 准尉中级教育为高级三级准尉和初级四级准尉提供中等水平教育与重要领导技能，这些教育与技能是他们在联合地面作战中，使用其技术专长为战术和作战层面的联合、跨机构、跨政府和多国参谋部门领导提供支持所必需的。

d. 准尉高级参谋课程是准尉职业军事教育的顶层课程，授课地点为美国阿拉巴马州拉克堡的准尉职业中心。准尉高级参谋课程为高级四级准尉和初级五级准尉提供高等水平教育、知识和重要领导技能，这些内容是他们在联合地面作战中，使用其技术专长为战术和作战层面的联合、跨机构、跨政府和多国参谋部门领导提供支持所必需的。

e. 准尉职业中心充当陆军训练与条令司令部的执行机构，负责准尉通用核心教育。准尉职业中心负责评估通用核心教学，通用核心教学位于准尉基础课程和准尉高级课程教学的倡议者特定教学计划中。

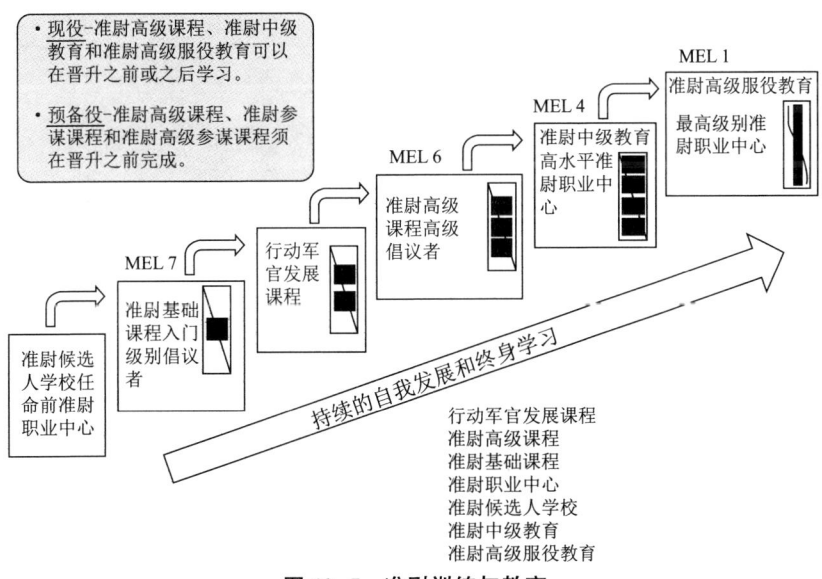

图 12-5　准尉训练与教育

12-30. 准尉晋升

准尉的晋升是在单一永久晋升系统下进行的，该系统与授衔军官系统类似。

a. 陆军部总部负责管理现役名册上准尉向三级准尉、四级准尉和五级准尉的晋升。二级准尉的晋升权限被委托给了中校及以上级别的指挥官。根据现行政策，准尉可以在一级准尉任职满 24 个月后晋升为二级准尉。《准尉管理法案》允许二级准尉在任职满 18 个月后考虑晋升。晋升到三级准尉、四级准尉和五级准尉的任职时间如图 12-6 和表 12-2 所示，但会随陆军需求而变化。

b. 若非被选为继续服现役以满足陆军的有效需求的情况，两次未被选拔晋升为下一级别的准尉将面临退役或退休（如果符合资格）。

表 12-2　准尉晋升目标

级别	晋升机会	平均服役年限
二级准尉	完全合格	2 年
三级准尉	80%	7-8 年
四级准尉	74%	12-14 年
五级准尉 1	44%	17-20 年

注意：1. 根据法律，五级准尉的数量不高于准尉人数的 5%。

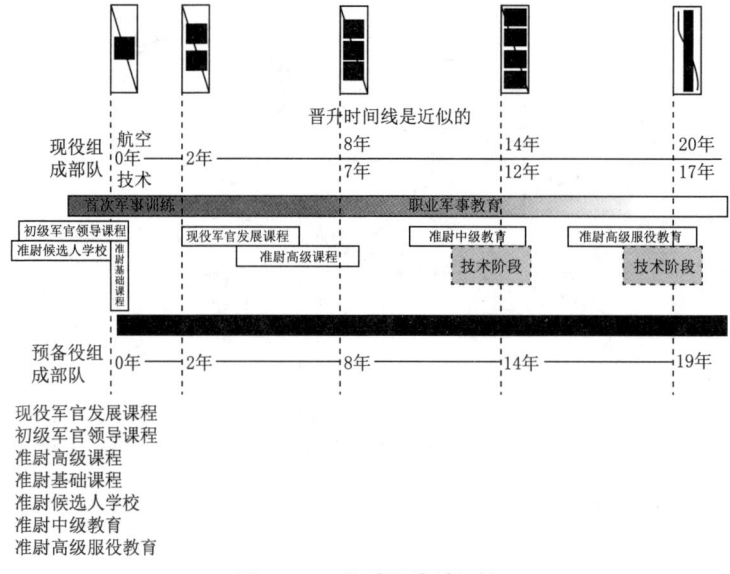

图 12-6　准尉晋升时间线

12-31. 准尉超期服役计划

a. 正规陆军的整合和授衔与二级准尉的晋升同时进行。拒绝正规陆军整合的军官将不得晋升，并应在退役日期或完成任何现役义务之日起 90 天内退役（以较晚的时间为准）。

b. 各独立正规陆军整合委员会将在陆军裁军期间中断。未来委员会只会考虑一些例外情况。例如，陆军预备役部队三级准尉申请并被召回现役以便填补有效需求。

c. 准尉如果经过 2 次选拔都未能得到晋升，则会被解除现役（除非该准尉被选择为继续留用）。

12-32. 军官发展

军官人事发展系统提供了一个框架，用于发展所需数量的具备必要技能的军官，并管理所有现役军官的职业生涯，但被指派到特种兵科（如陆军医务部、军法署署长和牧师队）的军官除外。该框架包括了所有的军官人事管理系统职能类别，其中每个类别都是一组职位，这些职位在技能、知识与工作方面协同，共同支持军官在自己的职能类别中有效履行职责。每个职能类别都包含充足的职位，以支持晋升至上校级别。军事与文职人员教育机会也是针对该军官的职能类别进行安排的。陆军需求以及个人的资格与偏好是确定职能类别的主要考虑因素。军官人事管理系统包含三个主要且相互关联的子系统：兵力管理子系统、职业发展子系统与评估子系统。

12-33. 军官职业管理系统

1997 年 5 月陆军参谋长根据军官人事发展系统 XXI 专门工作组的建议，批准了在军官人事发展系统中实施的几项改革。在 2002 年，陆军参谋部人事部将该系统更名为军官人事发展系统 III，以反映该系统的进步和发展，并支持 21 世纪新出现的需求。2006 年，陆军参谋部人事部取消了数字标识，承认军官人事发展系统是一个不断发展的系统。

a. 历史。

（1）军官人事发展系统的存在是为了平衡陆军的需求与军官的志向和发

展需求。军官人事发展系统成立于 1972 年,是美国陆军战争学院对军事职业素质的研究和一项由陆军参谋部人事部指导的后续分析的产物。在国会于 1981 年通过了《国防军官人事管理法案》之后,陆军参谋长下令进行了一次重大审查,以审查该立法对军官职业管理系统政策的影响。作为结果,1984 年建立了军官人事发展系统Ⅱ,以适应《国防军官人事管理法案》带来的变化,包括建立职能领域、双轨制和正规陆军整合。1987 年,陆军参谋长指示对军官领导发展进行一次审查,以说明自军官人事发展系统Ⅱ创建以来法律、政策和程序发生的变化。这项研究使得领导人发展行动计划于 1989 年获得批准实施。

(2)在过去的十多年里,由于冷战结束后的裁军以及主要的立法措施的影响,陆军经历了重大变革,对军官人事系统产生了重大影响。1986 年《国防部改组法案》(《戈德华特-尼科尔斯国防部改组法案》)要求各军种提高协同能力,并为联合任务指派、联合任期分值以及联合军事教育规定了法定要求。1986 年,国会还通过了第 99-145 号公法,规定了军官担任主要武器系统项目主管所需的采办经验和教育。这项法律使得陆军在 1990 年成立了陆军采办部队。1990 年的《国防采办人才队伍提升法案》对陆军采办部队的军官提出了额外的要求,并指示他们在其职能领域内施行单轨制。《国会法案》第 7 编(1992 年)与第 11 编(1993 年)对为预备役组成部队提供支持的现役组成部队军官提出了额外的要求。1996 年的《预备役军官人事管理法案》使得预备役组成部队军官晋升系统与现役组成部队晋升系统实现了同步。该法案为预备役组成部队军官建立了最佳的晋升系统,从而取代了以前使用的合格系统。

b. 军官人事发展系统Ⅲ的启动。

(1)1994 年,一个由资深校级军官等人员组成的团队,旨在调查针对军官人事管理系统方面的一系列问题,并确定是否需要对军官人事管理系统进行总体审查。这个军官人事管理系统 XXI 先行研究小组最终审查了 60 多个单独的问题。在这些问题的共同基础上,军官人事管理系统 XXI 专门工作组于 1996 年 7 月召开会议,对人事管理系统进行了必要的审查和修订,以确保该系统能够应对未来挑战。专门工作组的工作重点在于陆军竞争性类别的军官的发展和职业管理。尽管军官人事管理系统 XXI 的一些问题和针对教育、军官评估与通用晋升政策的解决方案是适用于某些特种兵科的(随军牧师、军法署署长以及陆军医务部），但这些特种兵科并未得到具体处理。

（2）该专门工作组将其工作与陆军正在进行的其他规划工作联系在一起：针对近期的 21 世纪部队、针对中期 21 世纪部队计划、针对长期规划环境的"下下代陆军"计划。在设计未来的人事系统时，美国陆军参谋长负责指导专门工作组创建一个概念框架，该框架将军官人事管理系统与领导者发展系统、正在进行的性格发展计划以及当时新型的军官评价报告相结合。

（3）该专门工作组的工作结果表明，为了使军官人事发展系统Ⅲ有效工作，必须联合处理三套战略性变革建议。

（a）第一项建议呼吁建立军官发展系统，作为整个美国陆军发展系统的一部分。军官发展系统将包括并整合军官领导发展、性格发展、评价和人事管理工作。

（b）第二项建议认识到，在 21 世纪，有必要对军官发展与人事管理采用整体性、战略性的人力资源管理方法。

（c）第三项建议则呼吁建立一个基于战地的军官职业管理系统，该系统由作战、作战支持、制度支持以及信息作战 4 个职业领域组成。在军官人事管理系统Ⅲ中，军官在选择专业后将被指派到一个单一职业领域，并在此服役并竞争以得到晋升。

（d）陆军参谋长于 1997 年 12 月批准了这些战略性建议的成果，为 2005 年军官人事管理系统的变革奠定了基础。

（e）2005 年，陆军参谋长指示对军官人事发展系统进行审查，以确定系统是否满足军官部队的发展需求。在新的军官人事管理系统特别工作组进行研究之后，并在主题专家、代表所有利益相关者的上校委员会以及将官指导委员会对相关建议进行审批之后，在撰写本书时，许多变革已得到批准或已纳入考虑范围。上述许多变革的驱动因素是陆军领导层的观点，即未来的军官需要更多的技能，而指派与教育机会有助于达成这一目标。得到批准的变革之一为将四个职业领域改为三个职能类别，如图 12-7 所示。这一新的设计被认为更有利于实现军官队伍的平衡，包括宽度和深度两方面，同时减少了规定，并能够提供多种职业路径。但是，由于一些职能领域被取消或合并（如审计官、人力资源官）或设立了某些新的职能领域（如后勤部队），这一初始结构发生了变化。

作战	部队维持
机动（装甲兵、步兵、航空兵） 火力（野战炮兵、防空） 机动支援（工兵、化学兵、军事政策） 特种作战部队（特种部队、心理战、民事事务）	后勤（运输、军需、军械、多功能后勤） 军人支援（顾问团、人力资源、兵力整合、审计官） 采办 特种兵科（兽医、医疗服务、陆军护理、医学专家、医疗、牙科、牧师、军法官）
作战支援	信息优势
信号兵、电信、自动化、太空作战、军事情报、战略情报、外事军官、战略计划与政策、核与反扩散、兵力管理、作战研究/系统分析、模拟作战、终身/学院教授、公共事务	信息作战、网络、电子战

图 12-7　按照职能划分的军官人员管理系统设计

12-34. 军官管理基础

美国陆军需要（且将继续需要）一些最为优秀的军官，这些军官充满了作战精神并具备适当的技能、知识和经验，可以有效应对任何挑战。此外，美国陆军仍然是一个以价值观为基础的组织，坚守核心原则与信念，这使"草根"军人脱颖而出，成为一名独特的职业军人。军官人事发展系统对军官的管理、发展和晋升等许多方面作出改进，以赋予军官队伍适当的技能、知识和品质成长，从而应对不断发展的未来挑战（包括当前和未来）。

a. 基于职能类别的管理。军官只会在一种兵种发展，并且，在该军官职业生涯的大约前 6 年至 8 年中，此兵科都是主要兵科。但是，因兵科而成为新任中尉的军官以及少数处于精选职能领域的军官除外。在服役的第 4 年之后开始指定职能类别。在职能类别的指定程序中，军官个人偏好是委员会选拔标准的一个重要因素，但美国陆军需求始终是最重要的。

b. 职能领域。职能领域与任何特定兵科都不直接相关。职能领域吸收了许多非正式入伍专业，提供了一个管理和发展系统，以有效地利用各种军官队伍中的大量人才，并满足陆军需求。

12-35. 职能类别

军官只能与同一职能类别的其他军官竞争晋升机会。每个职能类别，或某个职能类别中的兵科或职能领域,都具有其独有的特征和发展轨迹,反映了当今和21世纪陆军的备战需求。《陆军部手册》600-3概述了军官人事发展系统的所有方面,包括军官训练、教育与发展。

每个兵科和职能领域的军官还将用于填充军官通才和作战兵种通才(01A/02A)职位。职能类别具体如图12-8所示。

12-36. 职能类别指派

职能指派程序负责决定军官将在哪一专业领域内继续发展——是在他们的入伍兵科中继续发展,还是调配到其他职能领域中。按职能类别对军官发展进行管理的活动使我们认识到,有必要在军官队伍的专业化与军官的固有需求之间取得平衡,这种固有需求是指在日益复杂的环境中军官希望获得更大发展的需求。自军官服役的第4年后,军官将有定期机会转换到其他兵科或职能领域。这一程序被称为自愿调遣奖励计划,由人力资源司令部管理,旨在平衡职位库存清单与陆军需求,并更加有效地利用军官个人偏好与其已证实具备的能力。

自愿调遣奖励计划小组每年开展2次至3次工作,并通过军事人员文电公告工作内容,该电文将说明交叉调整中所考虑的手续与专业。自愿调遣奖励计划还使得人力资源司令部可以在军官发展的早期阶段便识别并锁定具有重要技能的军官,从而使他们获得额外的训练与经验,以便军官能够尽快掌握这些技能并付诸实践。自愿调遣奖励计划还负责在四个职能类别之间平衡兵力。自愿调遣奖励计划小组的目的是:满足陆军需求,并为职能领域提供足够的时间,以便在使用之前将其军官送往学校并接受训练。自愿调遣奖励计划程序可确保满足陆军的需求,以满足各个职能类别中未来校级军官的需求。每个职能类别都具有其独有的特征和军官发展模式,这反映了当今和21世纪陆军的战备需求。所有职能类别的军官将被指派至编制装备表和配备与装备数量表的各个组织中,遍布整个陆军。

12-37. 指挥职位与关键性职位的集中选拔

集中选拔列表强调了基于偏好的军官职业模式。集中选拔列表涵盖了四种职能类别的指挥职位与重要职位,如图12-8所示。选拔列表中的指挥职位包括陆军批准的所有中校和上校指挥职位。集中选拔的指挥职位列表将定期更新。2004 财年，重要的师级参谋机构职位（主管人事的副参谋长、主管情报的副参谋长和主管通信的副参谋长）被添加到集中选拔的职位列表中。在召集各个指挥职位选拔委员会之前，纳入考虑范围的军官将有机会表达自己期望的职能类别。委员会从给定职能类别中选拔在指挥职位任职的军官，人力资源司令部负责执行选拔程序，并就军官负责指挥的具体单位或组织进行建议。陆军参谋长对指挥官候选人名单享有最终决定权。

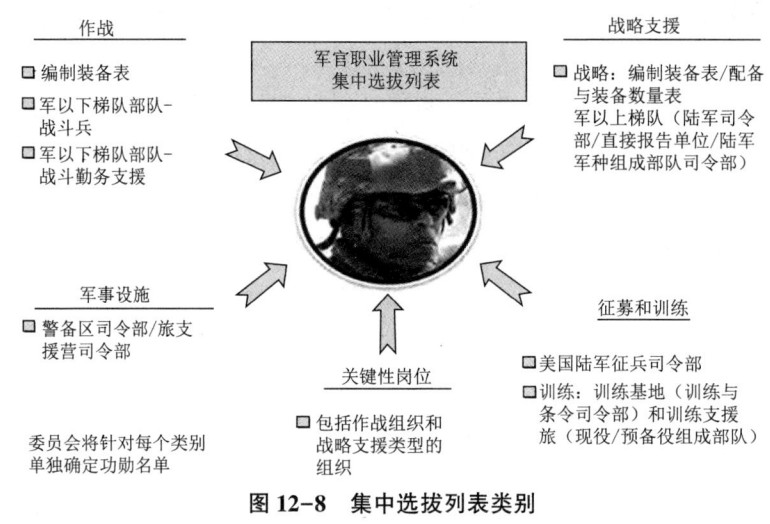

图 12-8　集中选拔列表类别

12-38. 军官评估系统

a. 陆军使用军官评估系统来确定哪些军官最有资格晋升并指派至更高职位。该系统包括对军官在以下环境中的绩效与潜力进行评估：组织任务环境、学术环境（包括军事和民用）以及联合和部门层面。

b. 对军官潜力的评估是对军官在特定的责任、权力或敏感性水平上履行职责的能力的主观判断。虽然，潜力通常与在更高级别上表现出的能力相关，但陆军部也会在具体级别上对该军官能否超期服役或增加其责任作出判断。评估基于三个主要因素：陆军对军官的需求、军官个人资质以及单个军官绩效的总和。

c. 陆军部的绩效评估与在组织职责环境中完成的绩效评估有着明显不同。

组织职责评估涉及特定时期内个人对态势的了解，而陆军部的评估是通过对一系列关于各种职责的绩效报告进行事后评估来完成的，覆盖了军官的整个职业生涯。

12-39. 军官评估报告系统

a. 军官评估报告系统是军官评估系统的子系统。它包括对军官的绩效进行组织评估与评价，并根据绩效表现对未来服役潜力进行评估的各种方法和程序。这些评估的正式文件是军官评估报告与学术评估报告。

b. 军官评估报告系统的主要功能是提供自己组织体系的信息，陆军部将使用这些信息进行针对军官的人事决策。军官评估报告中包含的信息与陆军的需求和单个军官资质相关，为人事调动提供基础，包括：晋升、除名、本级别超期服役、超期服现役、兵力缩减、指挥官选派、学校选拔、指派以及职能类别指定等。

c. 军官评估报告系统的次要功能是鼓励军官队伍的职业发展。为了强化这一职能，重点应放在高级军官向下级军官提供建议的责任上。尽管这一直是领导的一个重要方面，但有必要不断强调。军官评价报告系统通过为上下级军官之间的持续双向沟通提供自然动力，为陆军作出了重要贡献。正是通过这种沟通，接受评估的军官可以了解其职责的具体性质，并有机会参与该过程。评估者使用"沟通"这一方式来指导和发展其下级军官，获取有关其组织的状态和进展信息，并系统地计划任务的完成。上下级军官之间的沟通过程还有助于向受评估的军官传播职业发展信息、建议和指导。这样还可以使受评估的军官在作出与职能类别或指派任务相关的决策时，能够吸收借鉴上级军官的经验。

12-40. 军官晋升

1981年9月15日起，《国防军官人事管理法案》修改了《美国法典》第10编关于军官晋升的内容。《国防军官人事管理法案》适用于现役名册上的所有军官。但它不适用于准尉。该法案为所有军官（正规陆军和非正规陆军）提供了一个单一的晋升系统，从而取消了之前的双晋升系统（美国陆军/正规陆军或者美国陆军/非正规陆军）。目的是在出现空缺时军官能够拥有公平统一的晋升时机与机会。晋升的候选资格以最短现任级别时间和服役时间为基础，晋升范围以外的选拔率最高不得超过 10%，如果获得国防部部长的授权，对于上校以上级别的选拔可以提高到 15%。表 12-3 列出了晋升机会和相点目标（即大多数军官晋升时的服役时间），与 2014 年 10 月 30 日发布的国防部指令 1320.13 的规定一致（实际晋升百分比和现任级别时间/服役时间可能相差很大）。

表 12-3 职业发展模式

级别	晋升机率	《国防军官人事管理法案》相点
中尉	完全合格	现任级别时间/服役时间不少于 18 个月
上尉	90%	现任级别时间不少于 2 年
少校	80%	10 +/-1 年
中校	70%	16 +/-1 年
上校	50%	22 +/-1 年

注意：晋升机率和服役时间是由政策规定的。晋升至中尉和上尉的现任级别时间由法律规定。

12-41. 官员质量管理

a. 军官管理计划的目标是确保只有那些绩效有益且具有良好道德和职业素质的个人才可以服现役，保留其职务并保留在陆军部晋升名单上。

b. 指挥官与陆军部各个机构通过识别和处理绩效、职业或道德不佳的军官并将其清除出去维持军官队伍的质量。为此，应当不断审查军官的档案，以识别出效率低下、绩效不佳、行为不当、道德缺陷或职业失职需要剥离的军官。

c. 当某位军官被发现具有上述不足，并被要求作出解释时，该军官即有机会提出辞职，而不用经历整个程序。同样，陆军部机构负责审查晋升名单和集中选拔列表，确保在进入名单列表后出现了精神、身体、道德或职业缺陷的军官不会得到晋升或担任指挥职位。当军官能否晋升或担任指挥职位存在疑问时，该军官的档案将被递交给陆军部晋升/指挥职位审查委员会，该委员会将就是否应该将其保留在晋升/集中选拔列表之中这一问题，向陆军部部长提出建议。

d. 晋升制度还负责将未能选拔晋升至某一级别的军官清出现役，以此作为质量管理工具。但是，未入选晋升名单的军官如果获得了陆军部晋升委员会的推荐，则可以选择以当前军衔继续服役。

e. 没有人拥有作为军官继续服役的固有权利。继续服役的特权只有在该军官的履职情况令人满意时才有。领导和榜样的责任要求军官有效地履行职责，并始终以模范方式行事。

12-42. 军官兵力管理

当必须要缩减人员时，陆军有多种方案选择来裁减现役军官的人数。在可能的情况下，可通过正常损耗、自愿退役计划以及减少军官授衔来实现裁减。以往来说，国会指示各军种在削减军官人数时，既要涵盖高级军官，也要包括低级军官，且在必要时可以启动选择性提早退休委员会以及兵力缩减计划。兵力缩减的对象是所有达到服役年份的军官，而选择性提早退休委员会则是选择固定数量的符合退休条件的人员进行非自愿提前退休。兵力缩减与选择性提早退休委员会都是定性管理的定量措施。

12-43.《国防军官人事管理法案》

由于1947年的《军官人事法案》（后来被1954年《军衔限制法案》修订）无法满足需求，因此制定了现今的《国防军官人事管理法案》，此法案旨在为现役部队提供一个现代、公正的军官管理系统，以满足其不断变化的需求。《国防军官人事管理法案》的目的是：为各军种提供一个公正、有效且高效的系统，以便管理准将级别以下的军官队伍。

a. 其管理目标是：在各军种中提供相同的职业与晋升机会，以便吸引并留住有才干的军官，并在有利于他们有效履行职责的特定服役阶段对这些军官进行晋升。为了实现上述目标，《国防军官人事管理法案》将1954年《军衔限制法案》与1947年《军官人事法案》规定的双轨制正规陆军/预备役系统整合成了一个单一的晋升与级别授权系统。

b. 该法案关于上尉与少校可以选择性继续服役，且能够就技能需求对晋升委员会发出指示的规定，为军队提供了一种机制，该机制既能满足军队的专业需求，还增加了军官继续服现役直到退休的机会。根据《国防军官人事管理法案》，一名中尉如果 2 次未被选拔晋升为上尉，将被强制退出现役。根据法律，上尉与少校可以选择性继续服役，直到达到 20 年（针对上尉）与 24 年（针对少校）的期限。《国防军官人事管理法案》为所有的军种制定了统一、通用的建设性条款，承认所获得的特殊技能在特种兵科中的有效履职至关重要。该条款对在该法案生效日期之后入伍的美国陆军医务部人员、随军牧师以及军事法律部门产生了影响。

12-44. 1986 年《国防部重组法》（《金水-尼科尔斯法案》）

国会的这项法案的目标是：通过建立军官选拔、教育、指派和晋升的管理程序，来提高担任联合职务的军官的绩效。该法案的主要规定如下：

a. 指派。对于被指派担任联合任务职务的军官的限制应当满足某些特定晋升率，该晋升率应当与其服役的军种总部以及总体的选拔率相当。被指派担任联合任务职务的军官的任期应该达到规定的时间：将官任期为 2 年，其他军官为 3 年。某些具备重要职业专长（对陆军来说是战斗兵种兵科）的军官的任期，在某些条件下可以缩短至少 24 个月。所有联合专业教育毕业生（例如，国家战争学院和武装部队工业学院毕业生）将被指派为联合特种军官，同样在未被指定为联合特种军官的毕业生中也有很大比例（超过 50%），将在毕业后被立即指派至联合任务职位。

b. 晋升。负责考察在联合任务中任职或曾经任职的军官的选拔委员会将至少包括一名由参谋长联席会议主席指定的目前在联合任务中任职的军官。选拔委员会的指示信包括以下指导："您必须适当考虑在职或曾担任过联合任务职位的军官在联合任务中的绩效。"在得到军种部长批准之前，选拔委员会对在职或曾担任过联合任务职位的军官的考察结果由军种部长递交给参谋长联席会议主席。参谋长联席会议主席将审查上述结果，以评定是否适当考察了该军官在联合任务中的绩效。

c. 报告。各军种部长都必须提供与上述晋升目标相关的晋升率的定期进度报告。

d. 针对将官的措施。在国防部部长未提供豁免权的情况下（2007 年《国防授权法案》取消了豁免权制度），1994 年 1 月之后被选拔晋升至 0-7 级的军官必须在被选拔之前，任职过全职联合任务职位，或者他们作为将官的首个职位是联合任务职位。最高军事教育课程已经设立，所有新晋升的将军必须在选拔后 2 年内参加该课程（除非获得国防部部长的豁免）。

第七部分　维持职能

12-45. 维持职能概述

维持职能包括以军人、退伍军人及其家属的福利为重心的各种活动。范围包括但不限于生活质量活动、奖励和奖章、伤亡和纪念事务、住房、士气、娱乐、人事安排以及军人战备。

12-46. 陆军继续教育系统

a. 陆军继续教育系统是招募和保持一支高质量部队的关键因素。陆军继续教育系统旨在确保军人有机会进行个人与职业的自我发展。教育机会通过教育中心、地区和州教育办公室以及位于世界各地的学习中心提供。教育计划包括以下内容：

（1）在职职能学术技能训练，能够为军人或其成年家庭成员免费提供阅读、数学和英语语法等与工作相关的学术领域的教学。

（2）中学补习计划，能够为没有高中文凭的军人提供高中教育。

（3）本科和研究生课程和计划，能够提供经济援助，如学费资助计划。

（4）外语计划，能够为指派至海外的符合资格的陆军语言人才提供外语教育。

（5）技能发展计划，能够为士官教育系统做好准备。

（6）咨询服务，用于建立具有挑战性但可实现的短期和长期目标。

（7）学术测试，通过国防部非传统教育保障机构进行。

（8）陆军人员测试，针对特定技能和单位训练的训练支持，领导人自我发展和语言与计算机实验室。

b. 此外，对于经常调动与轮换的军人，学分转换（军人机会学院陆军学院和大学网络学位系统可支持学分转换）和学分记录（联合军种记录系统可记录军人的训练与经验受荐学分）为他们提供了获得学位的途径。陆军继续教育系统是主要的家庭协议计划，主要面向军人及其家庭成员，也可用于陆军部文职人员。

c. 为了进一步促进军人接受继续教育，美国陆军建立了一个基于网络的门户网站：GoArmyEd.com，以便军人及其家庭成员能够随时随地访问教育计划与服务。通过 GoArmyEd，军人们可以在世界的任何地方申请大学水平课程的资金。GoArmyEd 为军人提供了最大的灵活性来继续追求他们的个人教育目标。

12-47. 机会均等计划

a. 陆军军事机会均等计划旨在制定、指导和维持一项综合工作，以便最大限度地发挥人的潜力，并确保能够仅根据功绩、考绩和能力公平对待所有人员，以支持陆军战备。该计划致力于消除基于种族、肤色、性别、宗教或民族和性取向的歧视事件，并提供一个没有非法歧视或歧视性行为（包括欺侮和欺凌）的环境。陆军均等机会计划在领导层中引起了共鸣。该计划根植于对军人的照拂，对单位凝聚力、战备和任务完成至关重要。确保军人得到公平、公正和公道的对待，这是陆军文化的核心内容。陆军文化致力于遵循最高的职业与个人标准并维持我们最为重要的资源——人。

b. 在维持军事均等机会目标方面，指挥官将得到以下人员的协助：师及以上级别的均等机会计划主管、旅及以上级别的均等机会顾问以及具有附带职责的营级和连级均等机会领导。上述军事均等机会工作人员负责协助指挥官开展均等机会训练、报告以及对司令部氛围的持续评估，以便识别个人和机构障碍的迹象。资源或被选作均等机会计划主管和均等机会顾问的军人将在国防均等机会管理学院接受为期 11 周的集中训练。完成训练后，军官将获得"T"额外技能标识，士官将获得"Q"技能资格代码。此后，他们将作为均等机会计划主管或机会均等顾问任职 24 个月。均等机会领导将在军事设施中接受 80 小时的训练。均等机会工作人员为指挥官提供了宝贵的主题资源，以便维持积极的均等机会氛围、开展训练并制定救济措施，以消除影响战备状态的做法。

12-48. 陆军伤亡系统

a. 伤亡运作职能包括伤亡报告、通知、援助以及致命性事故家属简报计划。伤亡报告是向直系亲属提供的有关伤亡事件信息的来源。信息应当准确、及时并尽可能详细，以便其直系亲属能够尽可能全面地了解伤亡事故。

b. 国防伤亡信息处理系统负责为所有军种提供以下内容：伤亡讯息、丧葬事务、物品追踪与处理、遗骸搜寻、因公伤亡以及《信息自由法案》管理能力。国防伤亡信息处理系统是国防部规定的伤亡管理系统（国防部指令1300.18）。国防伤亡信息处理系统数据库中包含的所有信息均"仅限官方使用"。这些信息受《隐私法》的约束，且不应与不需要知情的人员讨论。

第八部分　过渡职能

12-49. 过渡职能概述

过渡职能包括一系列活动，这些活动的重点在于确保军人及其家属在从现役组成部队过渡至预备役组成部队与/或平民身份时能够获得尊严并受到尊重，且得到一切可能的帮助。下文将对选定的过渡活动作出更详细的介绍。

12-50. 终身军人-过渡援助计划

a. 终身军人-过渡援助计划精心策划了各种计划和服务，旨在协助军人做出重要的职业和过渡决策。终身军人-过渡援助计划负责为军人、陆军部文职人员、退役人员及其家庭成员提供过渡服务。预备役组成部队人员如果在离职前连续服役 180 天以上，则也有资格获得终身军人-过渡援助计划提供的服务。

b. 终身军人-过渡援助计划并非一项工作安置服务，而是一个计划，通过该计划，用户可以获得由国防部、劳工部、退伍军人事务部、陆军以及承包商提供的各种服务。过渡咨询和职业规划是基础服务，有助于用户在继续执行现役或过渡到平民生活时，能够正确关注他们的职业道路和他们的经验价值。使用终身军人-过渡援助计划服务的个人可以获得大量有关下列事项的参考材料与信息：福利、平民就业机会、职业规划，以及通过联邦、州和地方政府机构可获得的服务。

c. 所有即将退役或退休的现役军人都必须参加终身军人-过渡援助计划。退休人员及其家属有资格终身使用终身军人-过渡援助计划（但是，以该计划有名额为前提）。因兵力调整、兵力缩减或基地关闭而被迫离开部队的文职人员必须向参加终身军人-过渡援助计划。对于过渡到平民的部队家庭成员以及符合资格的预备役组成部队军人来说，终身军人-过渡援助计划则是可以选择性参加的。

d. 终身军人-过渡援助计划在陆军与私营部门之间建立了牢固的伙伴关系，创造了一个征募倍增数，改善了过渡人员的就业前景，降低了陆军的失业补偿成本，并允许职业军人能够专心执行任务。终身军人-过渡援助计划是一项长期计划，已作为一种制度被纳入了陆军文化和生命周期职能。

12-51. 终身军人-陆军退休服务计划

a. 终身军人-陆军退休服务计划负责为准备退休或向退休过渡的军人及其家庭成员、因公殉职的现役军人家属以及退休军人、遗孀及其家庭成员提供援助。通过在世界各地的主要陆军军事设施、国民警卫队总部和陆军预备役区域支援司令部的退休服务军官网，他们：（1）向这些群体提供关于其基本权利、福利和被赋予的权利的咨询；（2）协助幸存者救济计划选举；（3）使退休人口了解法律和福利变化。

b. 美国陆军部总部退休服务办公室负责为军事设施退休服务官提供政策指导与计划监督，并为幸存者救济计划制定陆军政策与程序；出版"回声"（Echoes），这是一份实时发布给退休军人、未亡配偶及其家庭成员的内部通信；为军队退休服务计划的实施制定政策；以及管理陆军参谋长退休人员委员会。

12-52. 退役

离役包括自愿与非自愿解除现役、退伍、非伤残退休以及伤残退休。由于退伍的类型以及服役性质对服役人员来说至关重要，因此必须准确反映所服兵役的性质。法律规定的退伍军人福利资格、重新入伍资格以及地方社区就业的可接受性等可能会受到上述决定的影响。

12-53. 士兵退役

a. 士兵可以在服役期满之后退役，但是，如果出现了身体残疾、一般或特别军事法庭的判决或执行《陆军条例》635-200 规定的行政退役计划之一的情况，士兵也可以在服役期满之前退役。《陆军条例》635-200 中概述了自愿和非自愿的行政退役措施。

b. 自愿退役是由军人自己提出的。原因包括：出现困难/从属问题、未亡家属、加入后备役军官训练队计划、接到作为军官或准尉加入现役的命令、入伍时有缺陷、怀孕、因军事利益而不执行军法庭判决、因拒绝再应征入伍而提早退役。检出 HIV 抗体呈阳性的军人可以根据部长授权申请退伍。军人也可以提早退役以接受进一步的教育。

c. 指挥官可能会因父母身份、人格障碍、隐瞒逮捕记录、欺诈或错误入伍、酒精或药物滥用戒断失败、不符合身体成分/体重控制标准、低等绩效和行为、不合格的绩效或不当行为而启动非自愿离役程序。如要强制军人退役，单位指挥官必须以书面形式通知该军人。凡涉及服现役/预备役满 6 年及以上的军人的非自愿离职，则该军人将有权要求行政退役委员会举行听证会。如果该军人服役时间满 18 年或以上，则该委员会的听证会将成为强制性的程序且不能放弃。联邦现役时间满 18 年或以上的军人的行政退伍，必须得到陆军部长层级的批准。

d. 退伍证书仅提供给荣誉退伍或在光荣条件下退伍的军人。最后，应当向所有离开现役的军人发放国防部表格 214"解除现役或退伍证书"。国防部表格 214 记录着服役的特性，除非军人在最低等级状态下即退役。最低等级的离职通常被描述为"无特性"。荣誉、一般以及在光荣条件下的服役特性是通过行政方式指派的。一经军事法庭判定有罪后，即可公布为行为不端退伍与非荣誉退伍。

12-54. 士兵非伤残退休系统

要获得自愿退役的资格，士兵必须是现役军人，并且在退役之日服联邦现役时间已经达到或超过了 20 年。对于联邦现役服役满 20 年但不满 30 年的士兵，如果完成了所有规定的服役义务，可在提出申请后退休。联邦现役服役满 30 年的士兵依法享有退休的既得权利，除非有法律规定（如止损），否则部队不得拒绝士兵退休。陆军部政策规定，在批准服役不满 30 年的士兵自愿退休之前，必须完成因晋升、学校教育或永久性调动而产生的所有服役义务。然而，士兵可以请求免除服役义务，是否批准将取决于该申请是否涉及军种的最大利益，或者如果拒绝退休申请是否会给军人带来巨大困难。士兵退休通常由将官级别的战地指挥官批准。

12-55. 军官非伤残退休系统

a. 军官退休有两种类型：自愿退休和强制性退休。要获得自愿退役的资格，军官在退休之前必须完成至少 20 年的联邦现役服役。除非陆军部总部豁免，否则必须完成所有服务义务。强制性退休日期是由法律规定的，只有在罕见的情况下，个人才会在这些日期之后继续服现役。少校、中校和上校可分别担任联邦政府现役军官职务至 24 年、28 年和 30 年，但是，通过选择性提早退休委员会程序非自愿退休的除外。

b. 少校及少校以下级别必须在其级别服役满 6 个月才能退休，中校和上校必须在其级别服役满 3 年才能退休，除非获得陆军部总部豁免。一些计划（如自愿提前解除现役与退休计划）能够免除 3 年兵役中的 1 年，但是必须符合国家的限制与规定。被选择性提早退休委员会选择的军官，不论任职时间长短，都可以保留其级别。

12-56. 伤残退役

关于伤残离役退出陆军的法律规定，当身体/精神状况严重影响军人履行其职务、级别、军衔或等级带来的职责的能力时，因伤残而被认定为不适合继续服役的军人可以进行医疗退休或退役。残疾福利、残疾退休和离职金的资格以伤病的严重程度为根据。军人也有可以在有伤残的情况下进行非伤残退役，但这样做可能会影响地方就业以及退休福利的潜力。对于影响军人生活质量的任何医疗情况的残疾补偿金，可由退伍军人事务部确定，这项工作与退役是分开的。

12-57. 陆军综合薪酬与人事系统

陆军综合薪酬和人事系统是陆军未来基于网络的人力资源解决方案，旨在为所有陆军部门提供综合的人力资源能力。该系统将在未来几年分 5 个阶段（称为"发布"）逐步启动。从陆军综合薪酬和人事系统的第一次发布起，每次发布都将以系统的上一次发布为基础。第一次发布将与 15 个人事系统进行交互，并为所有未来发布建立了可信赖的人事数据基础数据库。此外，此次发布为每个军人提供了对"军人记录简报"的访问权限，这最终取代了

"军官和士兵记录简报"、陆军部表格 2-1 和 9 个针对人力资源专业人员的多组成部分报告。第一次发布由各组成部分于 2014 年分 3 批部署到陆军,包括一个可信赖的数据库。这包括陆军国民警卫队、美国陆军预备役部队和现役陆军军人查看并检索其选择性退休委员会的能力,以及领导、指挥官和管理人员访问 9 个预定义询问的能力。第二次发布将为国民警卫队提供目前由"标准军事设施/师级人事系统-陆军国民警卫队"提供支持的能力。第三次发布将为陆军预备役和现役部队提供目前由主要野战系统支持的能力。第四次发布将薪酬能力引入所有组成部分,第五次发布将提供以前不支持的其余基本人事服务。这种方法可确保陆军综合薪酬与人事系统能够满足所有用户的需求。陆军综合薪酬与人事系统最终将涵盖目前使用的 45 个人力资源和薪酬系统。在任何系统的功能被包含进陆军综合薪酬与人事系统或其他系统之前,陆军都将对其进行分析,以确保每个被包含的系统的功能都可以通过陆军综合薪酬与人事系统或其他系统有效行使。见图 12-9。

图 12-9 陆军综合薪酬与人事系统按发布次数的增量范围

第九部分 总结、关键术语和参考文献

12-58. 总结

a. 军事人力资源管理系统的主要目的是满足有效的陆军总需求，并在可行的情况下满足陆军成员的合法需求。该系统是一个复杂、动态、多面的拼接系统，包括多个相互作用的子系统，这些子系统可通过多种方式与所有其他主要的美国陆军系统进行交互。它必须紧跟陆军的变革速度，以确保军人能够得到适当的支持，且指挥官可及时获得制定行动决策所需的相关信息。

b. 必须对旨在构建、获取、训练、教育、分配、维持、职业发展和军人离役的各种程序进行持续评估和改进，以确保它们能够支持当前和未来的陆军需求。这些程序中的各个子系统也必须具备一定的灵活性，以满足陆军需要。无论陆军是在裁军还是在扩军，都有一些关键的原则来指导决策者在困难而复杂的选项中作出选择。这些原则包括：维持部队规定的战备水平；保持征募、超期服役与发展计划的质量；在所有的级别与专业中（包括军官与士兵）平衡、有序地进行变革；维持当前的委员会选拔职能，以便并在最优基础上继续发展陆军队伍；依靠预备役组成部队；保护福利；以及确保制定一个可理解的综合计划以减少不确定。

c. 本章旨在为读者提供主要的人事管理系统的宽泛概述。在接下来的几年中，每个子系统中的政策、职能和程序都将不断受到挑战，以确保满足陆军需求，并关注其最重要的资源——人。

12-59. 关键术语

a. 年终兵力。在财政年度的最后一天（9月30日），国会授权的陆军总人数。这通常在《国防授权法案》中提供。

b. 兵力结构限编制定额。所有经修正的编制装备表单位和配备与装备数量表类型的组织中包含的授权总员额。

c. 总兵力。在陆军中服现役的所有人员总数，包括单位与组织中的军人以及个人名册上的军人数量。

d. 作战兵力。可用来填充经修正的编制装备表单位以及配备与装备数量表组织中的员额的军人,有时称为"可分配"存量人员。

e. 个人名册。该名册通常称为"受训人员、临时人员、受控人员和学员"名册,由可以用于填充单位缺额的人员组成。个人名册分为6个子名册:受训人员、军官入伍学员、临时人员、受控人员、学员以及美国军事学院学员。

12-60. 参考文献

a. 条例:

(1) Army Regulation (AR) Series Title 600, Personnel—General.

(2) AR Series Title 601, Personnel Procurement.

(3) AR Series Title 614, Assignments, Details, and Transfers.

(4) AR Series Title 621, Education.

(5) AR Series Title 623, Evaluations.

(6) AR Series Title 624, Promotions.

(7) AR Series Title 635, Personnel Separations.

(8) AR Series Title 680, Personnel Information Systems.

(9) Field Manual 1-0, Human Resources Support.

(10) "Initial Message to the Army," General Mark A. Milley, 26 Aug 15.

b. 相关链接:

(1) http://www.army.mil.

(2) http://www.armyg1.army.mil.

(3) http://www.asamra.army.pentagon.mil.

(4) http://www.usarec.army.mil.

(5) http://www.goarmy.com.

(6) https://www.hrc.army.mil.

(7) https://www.goarmyed.com.